안중근과 한국근대사

안중근과 한국근대사

1판 1쇄 인쇄 | 2009년 10월 15일
1판 1쇄 발행 | 2009년 10월 26일

지은이 | 신운용 지음 / 안중근의사기념사업회 안중근연구소 편
펴낸이 | 서채윤
펴낸곳 | 채륜

본문 | design ◐₂ (ahha02@hanmail.net)
표지 | 디자인창(66605700@hanmail.net)

등록 | 2007년 6월 25일(제25100-2007-000025호)
주소 | 서울 광진구 군자동 229
전화 | 02-6080-8778
팩스 | 02-6080-0707
이메일 | chaeryunbook@naver.com

© 신운용, 2009
© 채륜, 2009, printed in Korea

ISBN 978-89-93799-10-1 93910

안중근과
한국근대사

신운용 지음
안중근의사기념사업회 안중근연구소 편

채륜

의거 직후의 안중근의사

안중근이 어린 시절을 보냈던 청계동

안중근 기념비

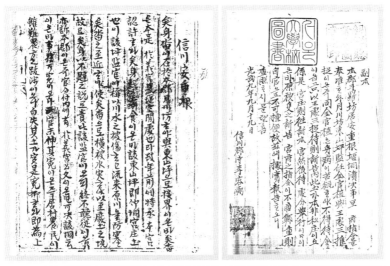

안중근 소송장

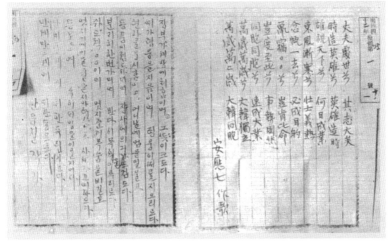

안중근의 시

이강에게 보내려던 편지

하얼빈역

이토 도착 전의 하얼빈역

이토 히로부미

기차에서 내리는 이토

안중근의거 장면

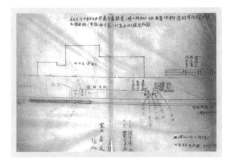

의거상황도

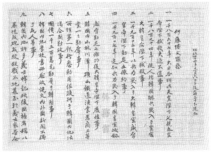

이토 처단 15개 죄상

여순법원

여순지방재판소로 가는 안중근

여순지방재판소 도착 장면

여순지방법원의 안중근의사와 동료들

여순 옥중의 안중근

옥중의 안중근

빌렘 신부와 안정근, 안공근

순국 직전의 안중근

안중근 엽서

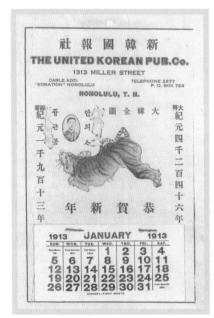

안중근과 호랑이로 상징화된 대한전도 달력

엽서-대한독립기와 정천동맹 때 자른 손가락

옥중 유묵

2004년 여름 저는 한 통의 전화를 받았습니다.

그분은 제게 이렇게 말했습니다.

"안중근의사를 가장 잘 알고 역사에 남겨야 할 책임이 있는 분들은 바로 사제들입니다. 안중근의사는 우리 민족의 선구자이지만 무엇보다도 그는 가톨릭 신자이셨습니다. 그러나 당시 프랑스 사제들과 주교 그리고 제도교회는 그분을 핍박했습니다. 그 결과 안중근의사의 정신이 바르게 전해지지 않고 있습니다. 지금 안중근의사를 모시고 있는 단체는 민족사적 관점에서 많은 한계를 지니고 있습니다. 인간의 자유와 해방 그리고 안의사의 삶과 정신을 제대로 계승해야 할 책무가 바로 사제들에게 있습니다. 사제들이 적극적으로 안의사를 연구하고 그 뜻이 후세에 전해지도록 앞장서야 합니다."

사제들에 대한 질책이기도 하고 또한 교회에 대한 제안이기도 하였습니다. 그가 오늘 이 책의 저자인 신운용 박사입니다.

저는 그를 통해 역사와 교회 안에서 안중근의사를 새롭게 만나게 되었습니다.

안중근의사는 프랑스 선교사들의 협소한 신앙관을 넘어 하느님과 정의의 보편적 가치를 깨닫고 확인한 대단한 신앙인이었습니다. 프랑스 선교사들의 신관을 능가한 실천적 구도자이기도 했습니다.

그는 참으로 위대한 사상가, 교육자 그리고 독립운동의 실천가였습니다. 겨레를 위해 몸바친 안중근의사는 참으로 우리 모두의 귀감이며 길잡이 입니다.

신운용 박사는 바로 이 점을 우리에게 일깨워주고 있습니다.

신운용 박사의 별명은 "신중근"입니다.
우리 모두 이 책을 통해 새로운 "중근"으로 태어나기 바랍니다.

2009.10
함 세 웅

안중근과 이등박문의 사람값을 읽는 잣대

1. 머리말

이등박문을 안중근이 총으로 쏴 죽인 지 오늘(2009년 10월 26일)이 꼭 찬 100년째가 되는 해이다. 한국 사람으로 차오르는 생각이 없을 수 없다. 한국 안에서는 그동안 여기저기 안중근을 기리는 모임을 갖고, 이 의거의 뜻 매김을 위해 각 분야에 따른, 따짐 모임이 있어 왔다. 이 글을 쓰는 사람도 지난 10월 22일 고려대학교 100주년기념관에서 열린 <안중근의사 하얼빈 의거 100주년 기념 국제학술대회>에서 한 귀퉁이에 앉아 문학작품에 관련된 말을 발표하였다. 한국 근·현대문학 작가들은 1900년대, 특히 1930년대에, 퍽이나 화려한 빛으로 문학작품들을 써놓았다. 그런데 어쩐 일인지 안중근에 관한 소설 작품들은 별로 없었다. 한심하기도 하였고 이상하기도 하였으나, 그것이 우리 문학 현실이라는 것을 확인하는 자리였다. 아니 역사 사실이 뚜렷하면 할수록 문학작품으로 글쓰기가 어려워서인지, 아니면 친일 세력들이 오랫동안 이 나라 정권을 쥐고 있었던 탓이 그 이유였는지는, 앞으로 더욱 꼼꼼하게 살펴보아야 할 일로 발표하였다. 역사 쪽에서는 그래도 꽤 활발한 연구가 있어 왔다. 1970년대부터 이 일은 본격화되어 추진되었다. 특히 역사학자 조 광 교수를 비롯하여 사상가 함세웅 신부를 주축으로 하는 안중근의사기념사업회에서 꾸준하게 자료를 모으고 연구를 계속해온

신진 역사학자 신운용 박사의 연구 성과는 특히 빛나는 바가 있어 보였다.

이제 신운용은 그동안 여기저기 발표하면서 정리하여 모았던 커다란 부피의 저술 『안중근과 한국근대사』를 내어 놓는다. 역사학계나 안중근 정신 찾기에 나선 수많은 한국 사람들이 찾아 키운 열매들은 무르익어, 이제 안중근이 100년 전 오늘 이토 히로부미를 쏘아 죽인 일에 대한 밝은 앎의 길이 열리고 있는 것으로 보여, 여간 마음 놓이는 일이 아닐 수 없다. 그런데다가 이번에 내는 신운용의 저술 『안중근과 한국근대사』는 이 방면에 관한 진짜배기 학술연구 저술로 될 열매로 읽힌다. 그가 2007년에 박사학위 논문으로 낸 「안중근의 민족운동연구」는 한국 대학교에서 내는 박사학위 논문으로는 첫째에 해당하는 것이어서, 한국 역사학계에 스며든, 알게 모르게 눈치나 보는 비겁하거나 슬픈 치우침 내력을 읽게 하는, 퍽 안쓰러운 느낌이 없지 않은 곳에 던진 폭탄과도 같았다. 실제로 이 시기로부터 안중근에 관련된 각종 역사자료 찾기나 전기, 아동소설로 된 위인전 밝히기, 그를 기리는 학술모임 따위가 본격적으로 이루어지기 시작하였다고 해도 지나친 말은 아닐 터이다. 안중근의사기념사업회가 위대한 영혼을 기리는 사업으로 웅성대는 용틀임이 꿈틀대고 있는 가운데, 진짜배기 연구 성과로 읽힐만한 이런 알찬 저술을 내게 된 것은, 경사가 아닐 수 없다. 이 신운용 박사의 꼼꼼하고도 뜨거운 마음으로 밝힌 학술적인 전거들로부터 이제 안중근은, 그가 평생 키우려고 꿈꿨던 그 꽃봉오리를 터뜨려 올려, 그 깨끗한 정신이 불꽃처럼 번져갈 것이다.

신운용의 안중근 연구는 안중근이라는 생생한 한국의 영웅을 역사 여울목 깃대로 꽂아놓고 한국근대사를 읽는 눈길로 나아가기 시작한 저술이다. 그래서 그의 한국근대사는 한국 근현대 역사기술로는 정말 귀한 저술이 된다. 이제까지 한국 근·현대사는 왜놈들이 만들어, 한국 지식 숙주들 귀에 억지로 쑤셔 넣은 친일 바이러스로 길이 들어, 툭하면 한국근대사는 일본이 저지른 왜정 덕이었다느니, 한국이 잘살게 된 오늘이 있었던 것은 오로지 왜국의 은혜로 된 것이라는 투로 민중의식 밑바닥을 질펀하게 깔아놓곤 하였었다. 참으로 꾀죄죄하기 짝이 없는 한국 친일 역사학계의 한 모습이었다. 100년 전에 안중근은, 이토 히로부미를 쏘아 죽였다고 해서, 그들만의 법정에서 재판을 받았다. 그 자리에서 이토 히로부미를 피해자로 읽고 그를 옹호하는 재판을 진행한 미조부치 검찰관과 안중근이 주고받은 심문내용은 지금도 그 왜식 바이러스가 그대로 죽지 않고 살아 있다는 느낌을 준다. 그 내용을 조금 따 보이면 이렇다.

> **감찰관**: 이토 공은 오늘날 일부 한국민의 반감을 사고 있다고 하나, 이는 한국의 백 년을 위해 계획을 세우고 실행하는 것이다. 현재 한국을 정말로 합병하려고 한다면 별로 어려움을 느끼지 않는다. 헛되이 국정을 개선하고 곁에서 도와줄 필요가 없는 것이다. 피고의 말과 같이 모르는 사이에 취하는 것을 모를 이토 공이 아니다. 한국민을 보호하고 각성시켜 국민들에게 분발하여 힘쓰도록 채찍질을 가하는 등 세계를 향해 일본이 한국의 독립·안녕과 황실의 번영을 보장하고 있는 점을 보더라도, 이토의 행위는 일본의 국사와 일치하며, 또한 공이 고결하다는 것을 알 수 있을 것이다. 가령 남의 재산을 훔칠 때, 그 사람이 자고 있으면 가만히 훔쳐 가는 것이 득책(得策)임은 아무리 무지한 사람이라도 안다. 일부러 피해자나 인근 사람들에게 경계하도록 하고 훔치려는 방법을 취할 까닭이 없지 않은가.
>
> **안응칠**: 이토의 행위는 잘못된 것이다. 왜냐하면 예컨대 먼저 적을 경계하려 와 있던 자가 도리어 도적질을 하는 것과 마찬가지이기 때문이다.
>
> ─ 이기웅, 『안중근 전쟁 끝나지 않았다』, 열화당, 2000, 148~149쪽

왜국 검찰관이 했던 말들을 오늘 자세히 읽으면 '자기들은 도둑놈들'이라는 사실을 밑에 깔아놓은 이야기로 끌어가고 있다. 조선왕궁에 들어와 조선

의 왕비를 죽였다든지, 조선의 앞 날 행복을 위해 힘쓴다는 핑계로 조선왕을 겁박하는 것이 실은 도둑질이라는 것을 그들은 잘 알고 있었던 것이다. 문제는 이런 뻔뻔스런 들이댐에 오늘날 우리가 우리 눈으로 내세울 도덕적 잣대를 내놓아야 하는 것이다. 신운용의 이 저술 『안중근과 한국근대사』는 바로 이런 잣대에 해당하는 저술일 터이다. 그의 저술을 읽으면 한눈에 볼 수 있도록 안중근이 평생 해 온 일과 그가 먹었던 마음의 깨끗하고도 도도한 정신이 잘 드러난다. 그는 결코 개인의 원한이나 복수심에 불타는 그런 쬐쬐한 사람이 아니었다. 그는 떳떳하고 당당한 영웅의 기상을 그의 행적으로 드러내 보여주었다. 그렇게 우리는 한국근대사에 위대한 정신, 안중근이 불꽃 지펴 남겨준, 크고 휘황한 열매 하나를 지닐 수가 있었던 것이다.

2. 자기 믿음의 옳고 그름

위에 따다가 보여준 이토 히로부미의 행적과 안중근의 행적 가운데 이등박문이 굳게 믿었던 것이란 무엇이었나? 조선 사람 따위, 착하기만 하고 순한 사람들은 짓밟아 죽이고 왜놈 밑창에 깔아뭉개도 괜찮다는 도덕적 불구자의 마음보가, 그와 그를 지지하던 왜국 사람들의 통창 속에 들어 있었던 것이 분명하다. 이것은 물론 미국의 시어도르 루스벨트라는 쬐쬐한 도덕적 불구자(제국주의 부라퀴)의 등밀이를 받아 저지른 어리석은 짓거리였지만, 그렇게 남을 짓밟아도 된다는 생각이 굳어버린 씨알들은, 그 때나 이때를 가리지 않고 그 따위로 생각한다. 남은 모두 나의 먹잇감이거나 수단이어서 짓밟거나 죽여도 죄가 되지 않는다는 생각, 이 따위 생각으로 굳어진 사람들, 가장 모진 들짐승 같은 것들에 의해 저질러진 행악들이 우리의 근현대사에는 저질러져 왔고 아직도 그와 닮은 악행들이 이 지구에서 모질게 진행 중이다. 더럽고 쬐쬐한 사람됨의 그런 증거들은 이라크나 아프가니스탄에서 '초록 마을(그린 존)'과 '붉은 마을(레드 존)'들로 나뉜 채 행운(?)과 불행의 두 겹 줄기로 겹쳐 지내고들 있다. 초록 마을에 사는 미국 군인들과 그들에 붙어사는 장사치들이야 행운으로 나날들이 즐거울 터이지만, 붉은 마을에 사는 이라크 원주민들의 나날들은 지옥으로 이어지는 삶을 살고 있다. 정말 그런 것을 만든 자들이 누리는 천국이 진짜 하늘 위에서도 천국일 것인가? 물론 그럴 것으로 그들은 믿고 있을 것이다. 부라퀴들의 철석같은 이 믿음, 악마의 심뽀들!

그렇다면 안중근이 믿었던 것은 무엇이었나? 신운용 박사가 제시하는 그의 생각들은 아래에서 보듯이 이런 것이었다. 어차피 이웃하여 사는 아시아 여러 나라 사람들은 서로가 서로의 값을 인정하는 정신으로 서로 돕고 밀어주며 함께 행복을 찾는 그런 평화와 상생의 삶이었던 것이다. 이토 히로부미나 시어도르 루스벨트 따위들의 생각으로는 도저히 따를 수도 흉내 낼 수도 없는 보편철학의 밑받침이었고 속 알이었다. 신운용은 그것을 이렇게 적고 있다.

> 그는 한국의 독립과 동양평화를 천명(天命 : 하느님의 뜻)으로 여기고 그 실현을 위해 목숨을 걸었던 것이다. 이러한 의미에서 안중근의거의 사상적 배경은 천주교의 이론이었음은 두말할 필요가 없다. 이러한 천명을 구체적인 실천방법론을 정리한 것이 바로 그의 「동양평화론」인 것이다. 한국의 독립과 동양의 평화가 실현될 때 비로소 천명이 완성되는 것으로 보았다. 따라서 그에게 천명은 곧 목숨 이상의 의미를 갖는 것이다. 이러한 면에서 그는 천명의 신천을 위해 최선을 다했으므로 자신은 천당에 갈 것이라고 굳게 믿고 있었다.

서양 사람들이거나 그들에게 길이 들어 그들을 흉내 내려고 마음먹은 패들로서는 도무지 생각할 수 없는 상생과 평화에 대한 이런 철학적 진술을 안중근이 일찌감치 내보였던 것이다. 바로 100년 전에 말이다. 그런데 이런 생각의 틀은 다행스럽게도 안중근이 굳게 믿었던 가톨릭 정신의 한 가르침에도 뚜렷하게 들어 있었던 것이어서, 보편자라는 잣대의 틀에서, 벗어나지 않을 수가 있었다. 「동양평화론」! 그는 그런 꿈을 꾸면서 자기 삶의 발걸음을 옮겼던 것이고 모질고도 무식하며 어리석은 부라퀴 이토 히로부미를 쏘아 죽였던 것이다. 이토 히로부미는 왜놈들이 등밀이를 하는 바람에 그 등에 올라타, 거들먹거리는 맛에 취해, 그가 저지르는 악행의 꾀죄죄함을 몰랐던 것이고, 인류사에서 씻을 수 없는 죄를 뒤집어쓰게 된 것이다. 그런 짝패 왜놈들은 아직도 이토 히로부미가 대단한 인물이라는 환상과 착각을 자꾸 만들어 내려고 한다. 이 세상은, 조건 없이, 이기는 자의 것이라는 착각! 그러나 안중근의 생각은 아예 달랐던 것이다. 그 믿음을 영국의 한 사람 눈을 통해 우리는 알 수 있다.

3. 영웅의 왕관을 쥐고 재판정을 나선 사람

열음사 사장 이기웅은 2000년도에 안중근의 공판 기록을 옮겨 엮는 책을 묶어내었다. 그 서문은 참으로 사람의 마음을 움직이는 감동적인 것이었다. 2009년도에 그는 이 책에서 잘못된 곳을 고치고 새롭게 내면서, 그가 그동안 찾아낸, 영국 기자 찰스 모리머(Charles Morrimer)가 쓴 화보신문 『더 그래픽』 1910년 4월 16일자 공판관련 취재 기사를 옮겨 실었다. 신운용 박사가 세계 각국에 흩어져 있던 안중근 관련 기록들을 꼼꼼히 읽으면서 하나하나 그 이야기 열매를 실에 꿰듯 정리하여 한 줄기로 한국 근현대사의 물줄기를 찾았듯이 이 출판사 사장 또한 사실을 드러내는 일에 큰일을 하고 있었다. 마침 지난 22일 그는 안중근의거 기념 국제학술대회장에 나타나 이 책을 내게 주고 갔다. 2000년도에 내었던 책을 이미 다 읽어 여기저기 붉은 줄이 쳐져 있었으나 2010년도 판으로 낸 이 책 끝에 실린 이 영국 기자의 공판관람 기록은 그 책에 없었던 것이다. 그 기록이 하도 놀라운 내용이어서 여기 옮겨 신운용 박사의 훌륭한 저술 끝에 붙이는 쪽 말씀에 빛을 더하려고 한다.

　2월 14일 월요일, 마침내 이 죄수들은 선고를 받기 위해 검은색 죄수 호송차에 실려 법정에 도착했다. 예상한대로 안중근에게는 사형이 선고되었다. 살해당한 이토 공작도 이와 같은 극형은 결코 바라는 바가 아닐 것이라는 한 변호인의 탄원도 있었지만 묵살되었다. 우씨에게는 징역 삼 년에 중노동이, 조씨와 유씨에게는 각각 십팔개월의 징역이 선고되었다.

　형을 선고받은 피고들의 모습은 각각 특색이 있었다. ……(우씨나 유씨 얘기는 줄이고) …… 안중근은 기뻐하는 모습이 역력했다. 그가 재판을 받는 동안 법정에서 자신의 정당성을 주장하는 열변을 토하면서 두려워한 것이 하나 있었다면, 그것은 혹시라도 이 법정이 오히려 자기를 무죄방면하지나 않을까 하는 의심이었다. 그는 이미 순교자가 될 준비가 되어 있었다. 준비 정도가 아니고 기꺼이, 아니 열렬히, 자신의 귀중한 삶을 포기하고 싶어 했다. 그는 마침내 영웅의 왕관을 손에 들고 늠름하게 법정을 떠났다. 일본정부가 그처럼 공들여 완벽하게 진행하고 현명하게 처리한, 이 세상을 떠들썩하게 만든 일본식의 한 '유명한 재판 사건'은 결국 척살자 안중근과 그를 따라 범행에 잘못 인도된 애국동지들의 승리로 끝난 것이 아닐까.

　　　　　　—위의 책, 부록 1(「그는 영웅의 왕관을 손에 들고 늠름하게 법정을
　　　　　　　　　　　떠났다」—한 신문기자의 안중근 공판 참관기)

　아마 앞으로도 이토 히로부미와 안중근 삶의 행적들은 모든 사람살이의 여러 고비마다 중요한 도덕적 잣대로 쓰임이 클 것이다. 남을 함부로 찍어 누르고 재물을 빼앗으며, 심지어 남의 목숨조차 죽여 없애는 일에 국가니 민족이니 하는 이름의 이상한 집단 정신병증을 내세워, 악행을 저지르는 사람과 그것을 막으려는 사람에 관한 이야기는, 세계 어느 역사에서든 싱싱하

게 살아 그 훌륭한 잣대로 살이 남을 것이다.

그런 점에서 신운용의 커다란 저술『안중근과 한국근대사』출간의 뜻이 크고 깊다. 이제까지 안중근 연구에 대한 연구사는 물론이고 그 연구의 잘잘못까지 연구 방향을 내세움으로써 한 나라 역사를 기록하는 잣대의 중요성을 이 저술은 뚜렷하게 내보이고 있기 때문에 그 공적은 크다. 왕조사로만 읽어왔던 역사 기록은 그 사회사나 민중사를 놓치기가 쉽다. 하지만 이런 영웅의 삶을 잣대로 삼아 한국근대사의 숨겨진 삶 자리를 그려내는 일은 가장 볼만한 어떤 것이고 그것은 큰 덕목일 수 있다.

모쪼록 이 저술을 통해 한국 근대사의 어두웠던 삶의 골짜기, 국내 각 곳은 말할 것도 없고, 왜놈 부라퀴들의 억압과 눈 부라림을 참을 수 없어 피해 간, 연해주에서 만주, 블라디보스토크, 조선 사람이 살던 여러 지방 곳곳마다에서, 숨죽인 채 울먹이던, 여러 옛 우리들의 어려운 삶 판 내용들이 다시 밝혀지는 불 밝히기로 나아가기를 빈다. 아니 이것은 참말로 그런 빛을 내는 좋은 저술로 읽혀질 것이다. 인문학 여러 사람들이 모두 축하해야 할 일이다. 그리고 묵묵히 이 일을 해 온, 외로웠던 젊은 학자의 발걸음 자취로 보여주는, 신운용 박사에게 참말로 고맙다는 축복인사도 덧붙이겠다.

2009년 10월
정 현 기(문학평론가, 세종대 초빙교수)

학문하는 사람은 각자 하나의 화두를 갖고 있다. 물론 필자도 역사를 공부하는 사람으로서 '역사란 무엇인가' 하는 화두를 멍에처럼 짊어지고 있다. 학생들에게 역사란 무엇인가라는 질문으로 매학기 강의를 시작한다. 다양한 학생들의 물음에 대해 역사란 '권력관계의 해체과정'이 아닐까 조심스럽게 필자의 역사에 대한 정의를 내놓곤 한다. 역사란 모든 권력관계의 해체와 탄생의 과정이 평등·자유·인권이 확대되는 방향으로 진행되는 인간들의 삶의 궤적이다.

한국근대사도 성리학을 중심으로 짜여진 권력관계가 새로운 차원으로 이행되는 과정이었다. 그 이행의 원동력은 다양한 측면에서 살펴볼 수 있지만 조선후기 사회의 성장과 외부세계로부터의 충격이었다. 다시 말하면, 외세의 침략에 직면하여 민족을 지키려는 일련의 움직임이 민족의 뿌리와 정신에 대한 성찰을 바탕으로 큰 강줄기가 되어 흐르고 있었다. 특히 한글의 광범위한 확산으로 정보의 전달속도는 비약적으로 발전하였고, 새로운 사상의 출현과 유입은 세계관의 변화를 초래하였던 것이다.

특히 동학의 출현으로 한국근대사의 새로운 장이 열렸다. 인간을 '신적 존재'로 이해하는 동학의 이론은 인간이란 무엇인가에 대한 서양인들의 해석을 본질적으로 바꾸어 놓기에 충분하였다. 이러한 해석은 절대자인 신 중심의 세계관을 바탕으로 제국주의에 젖어 있던 서양과는 상당히 다른 인간에 대한 철학적 접근이었다. 그러나 근대적 권력관계의 출현은 성리학적 권력관계를 유지하려던 지배세력과 외세의 협공으로 효과적으로 진행되지 못하였던 것이다.

이러한 가운데 외세와 부외(附外)세력은 한국사에서 보기 드문 파괴적이고 침략적인 권력관계를 형성하기 시작하였던 것이다. 1895년 민을 기반으로 한 동학세력의 와해는 주체적 권력관계의 형성을 가로막는 원인이 되었고, 그 결과 일제와 부일세력을 중심으로, 반역사적이며 민을 권력에서 철저하게 소외시킨 세력이 한국근대를 장악하였던 것이다.

이러한 역사단계에서 불의한 권력의 출현에 저항하면서 평화를 중심으로 한 권력관계의 형성을 역사 전면에 내세운 일련의 세력도 나타나기 시작하였다. 그 대표적인 인물이 바로 안중근이다. 안중근을 단순히 일제에 항거하기 위해 이토 히로부미(伊藤博文)를 처단한 독립운동가 중의 한 사람으로만 볼 수 없는 이유가 여기에 있는 것이다.

그는 천주교 신자이면서도 역사의 현실과 괴리된 천주교 상층부와 마찰을 마다하지 않으면서 천주교의 토착화에 앞장섰던 인물이었다. 또한 중국의 『민우일보(民吁日報)』의 평가에서 보듯이 인도(人導)철학을 격변시킨 행동가였다. 민우일보의 이러한 평가는 제국주의가 세계를 병들게 하던 시대적 환경 속에서 그가 반제의 이론으로써 '평화'의 문제를 전면에 내세웠던 사실을 꿰뚫어본 통찰력의 결과였던 것으로 해석된다. 이러한 맥락에서 그의 세계사적 위치를 다시 평가해야 할 충분한 가치가 있는 것이다.

중국인들의 평가와 수많은 추모의 글에 볼 수 있듯이, 안중근은 중국인들의 반제국주의 투쟁 에너지를 제공하였고, 동시에 오늘날까지도 한중우호의 상징적인 인물이다. 뿐만 아니라 일본 평화세력의 성장에 일정한 역할을 하였던 것이다.

또한 한국인들이 안중근을 신불(神佛)로 섬겼다는 일본의 기록에서 보듯이, 한국근대사 속의 신적 존재로 추앙받았다. 김구는 그를 사당의 신주에 비유하여 한국인의 정신적 기둥으로 삼았던 것이다. 뿐만 아니라 대표적 사회주의 운동가인 김산(장지락)도 그를 독립운동의 모델로 삼았다. 이처럼 안중근은 좌우 독립운동세력의 간극을 메우는 동시에 사상적 행동의 기반이었던 것이다.

더욱이 남북이 분단된 오늘날의 현실에서도 남과 북에서 동시에 존경을 받는 안중근은 남북한 서로에 대한 질시와 반목을 없애고 평화통일을 지향할 수 있는 사상적 에너지이자 우리 민족의 자산으로 역사현실 속에서 살아 움직이고 있다.

특히 그의 「동양평화론」은 100년 전에 태어났음에도 지금까지도 여전히 살아 숨을 쉬는 이론이라는 사실에 토를 달 사람은 거의 없을 것이다. 그는 「동양평화론」을 인류의 문제를 해결하기 위한 방법론으로 제시하였다. 이러한 이론은 적인 일본을 타락의 끝에서 건지기 위한 것이었다는 면에서 특별한 의미를 갖는다. 이러한 점에서 침략을 반대하던 일본인들이 그를 '의사(義士)'로 평가한 이유를 이해할 수 있는 것이다.

적국 일본인마저 감싸 안고 나가야 한다는 그의 사상은 두말할 것 없이 그의 종교사상에 기반하는 것이다. 독실한 천주교 신자로서 '한국(각국) 독립'과 '동양(세계) 평화의 구현'이 천의(天意, 하느님의 뜻)라는 종교적 확신을 갖고 있었다. 그는 그 천의의 실천이야 말로 참된 교인의 의무이자, 민족 구성원으로서 마땅히 해야 할 일로 여겼던 것이다. 이런 의미에서 그의 죽음은 한국인뿐만 아니라 인류를 살리기 위한 선택이었다고 하더라도 지나친 평가는 아닐 것이다.

그렇다고 안중근이 시대를 초월한 완벽한 인물이었다고는 단정할 수 없다. 그에게도 인식의 한계는 있었다. 특히 동학의 진압과 부정적인 평가에서 보듯이 그는 동학의 역사성을 인식하지 못한 한계를 보인 것도 사실이다. 또한 일각에서의 주장과 달리 정치체제 변화 즉 군주제 타파의 문제를 전면에 내세우지 않았다. 이러한 측면에서 안중근은 일정한 한계를 보이고 있는 것도 사실이다. 물론 이는 안중근만의 문제가 아니고 당시 많은 지식인에게서 볼 수 있는 시대적 한계였던 것이다.

필자는 근 10여 년 이상을 안중근이라는 한 인물에 매달려 살아왔다. 그와의 만남은 즐거움이기도 하지만 동시에 괴로움의 연속이기도 하였다. 가난한 필자로서는 연구에만 매달리기에는 버거운 나날들이었다.

뜻이 있으면 길이 있다고 했던가. 2004년경 함세웅 신부님과의 만남은 필자의 안중근연구에 획기적인 전기가 되었다. 우선 매년 개최한 학술대회에 빠짐없이 필자에게 안중근의사기념사업회 부설 안중근연구소의 책임연구원으로서 발표 기회를 주시었다. 매년 발표된 논문은 필자가 학위논문 「안중근의 민족운동 연구」(2007)를 완성하는데 결정적인 도움이 되었다. 특히 함 신부님은 필자를 만날 때마다 학위논문을 언제 쓰냐며 독려를 마다하지 않으셨다. 이 자리를 빌려 깊은 감사의 말씀을 전한다. 더불어 안충석 신부님과 안중근의사기념사업회의 윤원일 사무총장께도 고마움을 표하지 않을 수 없다.

필자를 학문의 길에 들어서게 하고 독려를 해주신 몇 분들이 있다. 그중에서도 필자의 석사과정 지도교수인 박창희 선생님께 크나큰 학은을 입었다. 필자의 학문적 소양은 그분으로부터 물려받았다고 해도 과언이 아니다. 이 자리를 빌려 고개 숙여 감사의 말씀을 올린다.

필자의 모교인 한국외국어대학교 사학과 이영학 교수님, 반병률 교수님, 임영상 교수님, 여호규 교수님, 최갑순 교수님, 노명환 교수님께 감사의 말씀을 전한다. 특히 노명환 교수님께서는 학문하는 이의 자세를 몸소 보여주시었다. 그분의 학문에 대한 자세는 늘 나를 되돌아보게 하며 오늘도 힘을 내는 에너지원이 되고 있다. 그리고 문형진 선배님, 김선정 선배님, 이병조 후배님, 정동민 후배님, 김성수 후배님 등 외대의 선후배에게도 이 자리를 빌려 고마움을 표한다.

그리고 안중근의사기념사업회 부설 연구소 소장을 맡고 계신 조광 교수님, 오영섭 교수님, 이동언 독립운동사연구소 책임연구원님께도 감사의 말씀을 올린다. 특히 조광 교수님은 필자의 연구와 연구소 운영에 지대한 공이 있는 분이다. 이분에 힘입어 올해 <안중근의사의거100주년기념학술대회>를 성공적으로 마무리할 수 있었다.

우리의 철학사상에 대한 학문적 길을 열어준 정현기 선생님과 김의규 선생님, 이현주 선생님을 비롯한 우리말로학문하기모임의 여러 선생님께도 감사의 말씀을 올린다. 어려운 경제사정에도 이 책의 출판을 기꺼이 맡아준

채륜의 서채윤 사장님과 이 책의 편집을 맡아준 김영이님께도 감사를 드린다.

아울러 필자를 스승이라고 따르며 온갖 잡일을 마다않은 남정훈 학생, 채상원 학생, 장동섭 학생을 비롯한 외대학생들과 민족 통일문제를 깊이 있게 생각할 기회를 준 북한 출신 외대학생들에게도 고마움을 전한다. 외대 사학과 박사과정 이숙화님과 민족의 현실을 분개하며 울분을 함께 한 이형래 선생님, 연대 대학원 석사과정 이지원 학생에게도 감사의 말씀을 전한다. 이 밖에도 기쁨을 함께 나눌 분들이 많지만 한 분 한 분 거명하지 못함을 용서해 주시기 바란다.

끝으로 무능한 이 사람을 세상에서 제일인 줄 아는, 필자의 삶의 버팀목인 아내 은정과 딸 서영, 그리고 장인장모님과 기쁨을 함께 하면서 못난 아들에게 끝까지 기대를 거셨던 다시 뵐 수 없는 부모님께 이 책을 바친다.

2009년 10월 26일 안중근의사의거100주년을 맞이하며
안중근의사기념사업회 부설 안중근연구소에서

신 운 용 씀

차례

1부

안중근연구의 현황과 사료

안중근연구 현황과 과제

1. 들어가는 말

올해는 안중근의거 100주년이 되는 해이다. 지난 100년 동안 안중근에 대한 연구는 상당히 축적되었다.[1] 안중근에 대한 최초의 학술적인 연구는 북한의 김영숙이다.[2] 이후 안중근연구 성과는 한국현대 역사학의 흐름과 보조를 같이하며 축적되었다.

안중근은 황해도 지방의 유력자인 안태훈과 조마리의 사이에서 1879년 9월 2일 해주에서 태어났다. 그는 유복한 경제적 사회적 환경 속에서 성장하였다. 그의 가문적 전통은 문보다 무의 기질이 강하였다. 안중근도 이러한

---

1 조광, 「안중근연구 100년 현황과 과제」, 『안중근의사 하얼빈의거 100주년기념대회』, 안중근의사 기념사업회, 2009, 참조.
2 김영숙, 「열렬한 반일 애국렬사 안중근의 생애와 그의 옥중 투쟁」, 『력사과학』 1965년 제3호, 평양: 사회과학원 력사연구소, 1965.

가문의 환경 속에서 무인의 기질을 발휘하며 성장하였다. 그의 인생의 최대의 전환점은 1897년 1월 천주교 입교였다. 천주교는 안중근이 성리학적 지배질서로부터 벗어나는 계기가 되는 동시에 민족의 현실을 직시하고 대안을 강구하는데 원천적 이론으로 작동되었던 것이다.

말하자면 그는 한국의 독립과 동양의 평화를 천명(天命 : 하느님의 뜻)으로 여기고 그 실현을 위해 목숨을 걸었던 것이다. 이러한 의미에서 안중근의거의 사상적 배경은 천주교의 이론이었음은 두말 할 필요가 없다. 이러한 천명을 구체적인 실천방법론으로 정리한 것이 바로 「동양평화론」인 것이다. 그는 한국의 독립과 동양의 평화가 실현될 때 비로소 천명이 완성되는 것으로 보았다.[3] 따라서 천명은 곧 목숨 이상의 의미를 갖는 것이다. 이러한 면에서 그는 천명의 실천을 위해 최선을 다했으므로 자신은 천당에 갈 것이라고 굳게 믿고 있었다.

그는 이상적인 세계를 '도덕세계'라고 보았다.[4] 물론 도덕세계는 한국의 독립과 동양의 평화가 완성된 세계를 의미하는 것이었다. 이러한 면에서 그는 타락한 일본을 개도해야 한다는 소명의식을 깊이 간직하고 있었다. 이는 동양평화를 파괴하는 일본을 이토를 중심으로 하는 침략세력과 이토의 침략정책에 속고 있는 천황, 그리고 이토의 침략정책으로 신음하고 있는 일본민으로 구분하여 일본을 인식하였던 것이다. 이러한 인식을 바탕으로 안중근은 일본민을 구원하기 위해 역천한 이토의 제거를 순천 곧 하느님의 뜻을 따르는 길이라는 여겼던 것이다.

동양평화론은 한국만을 위한 것이 아니라 일본민을 구하는 방법론이자 동양이 함께 번영하는 길을 제시한 이론이었던 것이다. 따라서 그의 이론은 세계사적 의미를 갖는 동시에 현재 직면해 있는 동양의 문제를 해결하는 데 중요한 이론을 제공하였다는 면에서 '현재적'이라고 평할 수 있다. 무엇보다

---

3 신운용, 「안중근의거의 사상적 배경」, 『한국사상사학』 25, 한국사상사학회, 2005, 참조.
4 안중근, 「안응칠역사」(윤병석 역편, 『안중근의사전기전집』, 1999), 141쪽.

동양평화론은 침략을 속성으로 하는 제국주의에 대항하기 위해 '평화'의 실천문제를 전면에 내세웠다는 면에서 의미가 크다. 이러한 맥락에서 중국의 『민우일보(民吁日報)』는 안중근의거를 인도(人道)철학을 격변시켰다고 평가하였던 것이다.

또한 식민지근대화론에 매몰되어 자국의 역사를 파멸로 몰아넣었던 근대 지식인들과 달리, 반식민지 이론을 넘어 '평화'를 역사 전면에 내세우며 일본과 함께 역사의 장을 새롭게 쓰려고 하였다는 데서 그의 가치를 평가할 수 있다.

뿐만 아니라 안중근은 천주교 토착화의 전범이었던 점, 강렬한 민족의식을 드러내면서도 세계인으로서의 자세를 몸소 보여주었던 점, 해외독립운동 기지론의 주창자였던 점, 의열투쟁의 선구자였던 점, 인종론에서 벗어난 이라는 점 등을 필자는 그동안의 연구를 통하여 강조하였다.[5]

이러한 인물에 대한 연구는 2005년 이전에는 그다지 진척을 보이지 않았다. 본격적인 안중근연구는 안중근의거 100주년 준비와 기념사업을 목표로 한 안중근의사기념사업회의 제1회 안중근학술회의(2005년)부터라고 할 수 있다.[6] 안중근의사기념사업회는 32편에 달하는 방대한 안중근연구 논문을 안중근의거 100주년이 되는 해인 2009년 3월 출간하였다.[7]

안중근연구는 사료의 발굴과 더불어 그 깊이를 더하였다. 안중근연구의 획기적 계기는 1969년 4월 최서면의 『안중근자서전(安重根自敍傳)』(『安應七歷史』) 발굴, 1976~7년 국사편찬위원회의 『한국독립운동사』 자료 6·7 간행, 1995년 국가보훈처의 『아주제일의협 안중근』 1·2·3의 발간이다. 특히 안중근의사기념사업회에서 약 25권에 달하는 방대한 양의 『안중근관계자료집』

---

5 신운용, 『안중근의 민족운동연구』, 한국외국어대학교 대학원 박사학위논문, 2007, 27쪽.
6 안중근의사기념사업회, 『제1회 국제학술대회 안중근의거에 대한 인식』, 2005; 한국근현대사학회, 『한국근현대사연구』 33, 2005.
7 안중근의사기념사업회 편, 『안중근과 그 시대』(안중근의거100주년기념연구논문집 1)·『안중근연구의 기초』(안중근의거100주년기념연구논문집 2), 경인문화사, 2009.

을 순차적으로 발간할 예정이다. 이러한 면에서 안중근연구는 지금부터라고 할 수 있을 것이다.

여기에서 다음과 같이 우선 사료의 발굴에 따른 각 단계별 연구경향과 성과를 살펴보려고 한다. 제1단계는 의거 이후 1960년대 중반까지이다. 해방 이전의 안중근 전기류를 소개하면서 해방 전후의 연구경향을 분석해보겠다. 제2단계는 1960년대 중반부터 1970년대이다. 『안응칠역사』, 『한국독립운동사』 자료 6·7로 안중근연구 토대의 구축과정을 살펴보겠다. 제3단계는 1980년대이다. 안중근의 활동과 사상에 주목하면서 연구의 폭을 확대시킨 과정과 연구 성과, 그리고 그 한계를 짚어보겠다. 제4단계는 1990년대이다. 천주교 측의 집중적인 안중근사상 연구의 성과와 한계, 그리고 그 쟁점에 착목하고자 한다. 제5단계는 2000년부터 현재까지이다. 기왕의 연구를 바탕으로 안중근의거에 대한 인식, 정치사상, 공판투쟁, 안중근의거의 사상적 배경, 안중근가문 등의 안중근연구 확대과정과 그 쟁점을 살펴보려고 한다.

이러한 작업을 통하여 필자는 안중근연구의 현황과 과제를 개괄적으로 검토하면서 향후 안중근연구의 과제와 방향을 제시하였으면 하는 바람이다.

2. 연구 현황

안중근에 대한 연구 성과와 쟁점은 크게 5단계로 나누어 정리할 수 있다.[8] 제1단계는 의거 이후 1960년대 중반까지이다. 특히 해방 이전 안중근연구는 대일투쟁의 하나의 방법론이라는 시각에서 이루어졌다. 이 시기 안중근연구서는 전기류의 저서들이 주종을 이루고 있다. 특히 의미 있는 전기

---

8 안중근에 대한 연구사적 검토는 조광, 「안중근연구의 현황과 과제」, 『한국근현대사연구』 12, 한국근현대사학회, 2000, 참조.

류는 우선 『근세역사(近世歷史)』를 들 수 있다. 이는 1910년 4월 15일 천주교 측에서 만든 것으로 추정되는 최초의 안중근 전기라는데 주목된다. 다음으로 1914년경에 출간된 박은식의 『안중근』과 1914년 『권업신문(勸業新聞)』 (1914.6.28~8.29)에 10회에 걸쳐 연재된 계봉우의 『만고의ㅅ안중근전』을 들 수 있다. 전자는 안중근의거의 보편적인 가치를 '평화'라는 측면에서 평가했다는 데 의미가 있다. 후자는 안정근으로부터 안중근관계 사료를 넘겨받아 국내진공작전과 정천(단지)동맹에 대해 기록하는 등 사료적 가치가 높다.[9] 해방 후 주목되는 전기는 1949년에 출간된 『안중근혈투기』와 1957년 간행된 황의돈의 『안의사전』이다. 전자는 안중근이 운영하던 돈의학교의 학생 이전(李全)의 저술이다. 이는 자료가 정확하고 기술이 자세하다는 이강(李全)의 평가에서 보듯이 사료적 가치가 풍부한 전기라고 하겠다. 후자는 신문기록과 공판기록을 참고하는 등 문헌에 입각한 역사학자의 저술이라는데 의미가 있다.[10]

제2단계는 1960년대 중반부터 1970년대이다. 해방 후 한국사학계는 식민사관의 극복 방법으로 내재적 발전론을 강조하였다. 이러한 시각에서 개화운동·애국계몽운동·위정척사운동·의병운동을 집중적으로 연구하기 시작하였다. 안중근연구도 이러한 문제의식에서 출발하였다고 볼 수 있다. 이 시기 학술적 의미를 갖는 국내외의 논문은 10여 편이 나왔다. 특히 1960년대 안중근연구는 김영숙에 의하여 북한에서 먼저 이루어졌다.[11] 그러나 이는 「안응칠역사」 등의 기본사료들이 활용되지 않은 상태에서 이루어졌기 때문에 한계를 갖고 있다.

안중근연구에 한 획을 긋는 사건은 1969년 4월 일본에서 이루어진 최서면의 『안중근자서전(安重根自敍傳)』(『安應七歷史』) 발굴이다.[12] 이후 1969년 12

---

9 윤병석, 「해제 안중근전기전집」, 『안중근전기전집』, 국가보훈처, 1999, 51쪽.
10 안중근 전기류 및 저술에 관한 종합적인 소개와 평가는 윤병석, 「해제 안중근전기전집」, 참조
11 김영숙, 「열렬한 반일 애국렬사 안중근의 생애와 그의 옥중 투쟁」.

월에 조동걸은 『안응칠역사』에 나오는 김두성(金斗星)의 실체가 유인석(柳麟錫)이라고 주장한 논문을 발표하였다.[13] 그러나 1960년대의 안중근연구는 여러 사정으로 크게 진전되지 못하였다. 1975년에 들어와 김갑득이 안중근을 주제로 최초의 석사학위논문을 발표하였다.[14] 그는 안중근을 의열투쟁의 전범(典範)으로 규정하기도 하였으나 자료의 부족 등으로 인하여 일정한 한계성을 노출하였다. 조선사편수회가 1939년 9월에 수집한 안중근 관계 사료와 주일본공사관기록 등[15]을 국사편찬위원회가 1976~7년에 『한국독립운동사』 자료 6·7로 번역하여 간행하였다. 이처럼 안중근연구의 기초적인 사료가 제공되었다는 면에서 이 시기에 안중근연구의 토대가 구축되었다고 할 수 있다.

제3단계는 1980년대로 볼 수 있다. 1980년대 한국 사학계에 전반적으로 '민중'에 착목하면서 개화파와 애국계몽운동에 대한 비판적인 시각이 대두되었다. 이 시기의 안중근연구는 이러한 흐름 속에서 전단계의 문제의식을 계승하면서 심화되었다. 이 시기에 나온 국내외의 연구논문은 10여 편에 달

---

12 이후, 1978년에는 일본인 와나타베 쇼시로(渡邊庄四郎)가 한문본 「안응칠역사」를 한국대사관에 기증하였다. 물론 이 두 가지 판본은 완전한 것이 아니었다. 그러나 다행히도 1979년 시치카와 마사아키(市川正明)가 일본 국회도서관 헌정자료실의 시치죠 키요미(七條淸美)문서에서 「안응칠역사」, 「안중근전」과 더불어 「동양평화론」을 발견하였다. 시치카와의 『안응칠역사』 발견은 그 진위논쟁을 촉발시켰다. 즉, 일본 국회도서관에서 발견된 것이 원본이라고 주장한 시치카와의 연구(市川正明, 「安重根の獄中記(自筆)發見을 마구って」, 『安重根と日韓關係史』, 原書房, 1979, 1~4쪽)에 대해 최서면은 부정적 견해를 제시하였다(최서면, 「安重根自傳攷」, 『淸坡盧道陽博士 古稀紀念文集』, 1979, 참조). 그러나 현재 통용되고 있는 「안응칠역사」는 원본이 아님이 분명하다. 필시 조선사편수회의 『吉林·新京·奉天·旅順·大連史料探訪復命書』(국사편찬위원회 소장)에서 확인할 수 있듯이, 원본은 여순지방법원에 소장되어 있었다. 따라서 일본 국회도서관본은 필사본으로 추정된다. 이후 이은상이 이를 번역 출판하였다(안중근의사숭모회, 『안중근의사자서전』, 1979). 아울러 윤병석은 안중근 관계 전기류를 안중근의 저작들과 함께 종합하여 1999년 『安重根傳記全集』을 간행하였다.

13 조동걸, 「安重根義士 裁判記錄上의 人物 金斗星考-舊韓末 沿海州地方 義兵史의 斷面」, 『春川敎育大學論文集』 7, 1969.

14 김갑득, 「안중근에 관한 일연구: 국권회복운동과의 관련에서」, 이화여대 대학원 석사학위 논문, 1975.

15 이는 국사편찬위원회에서 『駐韓日本公使館記錄』 38·39·40으로도 영인 출판되었다.

한다. 특히 1980년에 발표된 신용하의 논문은 본격적인 안중근연구라고 할 수 있다.[16] 이 논문은 안중근의 개화운동·독립투쟁·의거과정·동양평화론 등 다양한 측면에서 안중근이라는 인물과 의거를 구체적으로 연구하였다는 데서 안중근연구의 고전이라고 할 만하다. 특히 안중근의거가 대동공보사의 인사들과의 합작에 의해 이루어졌다는 그의 주장은 학계 정설로 받아들여지고 있다. 그러나 이는 일제의 초기 첩보기록을 근거로 했기 때문에 전적으로 믿기에 문제점이 많다.[17]

안중근의 사상적 측면을 본격적으로 다른 연구자는 윤경로이다. 그는 개화사상과 천주교사상의 수용을 통해 안중근의 민권·민족의식이 형성되었다고 주장하였다. 의병전쟁의 성격에 대해서도 당시의 의병들은 군왕에 대한 충성심에 기인한 반개화적 입장에서 일어났으나 안중근은 개화사상과 기독교사상에서 나온 민권의식에 기초하여 의병전쟁에 참여하였다고 주장하였다.[18] 이러한 견해는 의거를 독립운동의 일환으로 설명하던 방식보다 진일보한 것이다. 아울러 그는 서세동점이라는 시대상황 속에서 동양인종의 단결을 강조한 안중근의 논리는 아시아연대주의와 동일한 구조를 갖고 있고 있으나 아시아 연대론의 침략성에 대항하기 위한 반침략적 성격을 특징으로 하고 있다고 주장하는 등 「동양평화론」을 본격적으로 다루었다.

특히 이 시기 안중근연구의 쟁점은 김두성(金斗星)에 대한 해석의 문제와 안중근이 추구한 정체로 나누어 볼 수 있다. 전자의 경우, 신용하가 조동걸의 유인석설을 비판함으로써 촉발되었다. 즉, 그는 김두성을 실존인물이라고 보고 있다. 하지만 여전히 조동걸의 주장이 학계의 지지를 받고 있는 것

---

16 신용하, 「安重根의 思想과 義兵運動」, 『한국사학』 2, 한국정신문화연구원, 1980.
17 예컨대, 조도선이 대동공보사에서 이토 히로부미(伊藤博文)의 처리문제를 논의하기 위해 개최되었다는 시국담화에 참여하였다고 일제의 기록은 전하고 있다(국사편찬위원회, 「헌기 제2634호」, 『한국독립운동사』 자료 7, 1977, 248~249쪽). 그러나 조도선은 이 무렵 하얼빈에 있었다(국사편찬위원회, 「피고인 조도선 제5회 신문조서」, 『한국독립운동사』 자료 6, 297쪽).
18 윤경로, 「사상가 안중근의 생애와 활동」, 『한국근대사의 기독교사적 이해』, 292쪽.

같다.[19] 조동걸의 주장은 상황론에 따른 것으로 근거를 제시하지 못한 문제점이 있다. 반면 신용하는 일본의 사료를 바탕으로 주장하고 있으나 이를 뒷받침할 만한 방계 사료를 제공하지 못하였다. 후자의 경우, 윤경로는 안중근이 추구한 정체가 입헌적 국민국가라고 주장한 반면 박성수는 그를 위정척사계열의 인물로 분류하였다.[20]

제4단계는 1990년대이다.[21] 1990년대의 학계의 분위기는 사회주의권의 몰락과 민주주의의 정착과정 속에서 민중적 입장이 약화되고 세계사적 시각에서 한국 근대사를 바라보려는 경향을 보였다. 이러한 맥락에서 의거의 사상적 배경, 동양평화론, 의거의 국제적 의의 등으로 연구 주제가 확대되었다. 그러한 가운데서도 1980년대에 이루어진 사상 및 계몽운동과 의병운동에 대한 한층 깊이 있는 논의가 이루어졌다. 이 단계의 연구 논문은 36여 편에 이른다. 특히 이 시기의 특징은 안중근의 사상을 집중적으로 조명하였다는 데 있다. 이는 크게 안중근의 사상적 근간인 천주교와 동양평화론으로 나누어 볼 수 있다.

전자는 주로 천주교 사가들에 의해 연구되어 1994년 11월에 발행된 『교회사연구』 제9집에 수합되었다.[22] 이에 참여한 대표적인 연구자로 노길명과 최석우를 들 수 있다. 노길명은 윤경로의 연구를 극복하기 위해 반침략 민족운동에 일관되게 작동되고 있는 안중근의 사상적 기반에 대한 연구의 필

---

19 윤병석, 「安重根의 沿海州 義兵運動과 同義斷指會」, 『한국독립운동사연구』 14, 독립기념관 한국독립운동사연구소, 2000, 117쪽.

20 윤경로, 「사상가 안중근의 생애와 활동」, 317~318쪽; 박성수, 「민족수난기의 기독교신앙: 安義士와 金九의 입교 동기가 주는 교훈」, 『광장』 109, 세계평화교수협의회, 1982, 50쪽.

21 1990년 초반까지의 연구 성과는 장석흥의 『安重根의 生涯와 救國運動』(독립기념관 한국독립운동사연구소, 1992)에 종합되었다.

22 이러한 천주교 사가들의 안중근 재평가는 천주교 내부의 사정과도 연동되어 있었다. 즉, 1980년대 말부터 천주교정의구현사제단은 진로를 모색하는 과정에서 안중근을 주목하였다. 그 결과가 1990년 3월 『안중근(의사)추모자료집-서거 80주년을 맞이하여』로 표출되었다. 이후 김수환 추기경이 1993년 8월 「안중근의 신앙과 민족운동」이라는 심포지엄에서 집전한 '안중근 추모미사'는 안중근 재평가 작업에 힘을 실어주었다.

요성을 강조하였다.[23] 최석우는 안중근의거의 추동력이 천주교였음을 밝히면서 그에 대한 한국 천주교의 부정적 인식의 원인과 상황을 구체적으로 논증하였다.[24] 그러나 이들은 의거 당시 천주교 세력의 안중근 인식을 구조적으로 보지 못하였다. 뿐만 아니라 안중근의거와 천주교의 관계성을 분석적으로 접근하지 못한 한계점을 노출하였다.

이 단계의 안중근연구사에서 의미 있는 사건은 일본 외교사료관의 안중근관계 사료를 영인한 1995년 국가보훈처의 『아주제일의협 안중근』 1·2·3의 발간이다. 이 사료의 편찬으로 특히 안중근의 동양평화론의 구체적인 내용을 알 수 있게 되었다.

안중근 사상의 핵심은 「동양평화론」에 담겨져 있다. 그의 동양평화론은 신용하·윤경로에 의해 학문적으로 언급된 이후 홍순호가 좀 더 깊이 있는 연구를 하였다. 그는 1990년대 천주교 측의 일련의 안중근연구 흐름 속에서 천주교의 가르침과 천주교인으로서의 양심이 동양평화론에 반영되어 있다는 입장을 취하였다.[25] 윤경로로 대표되는 1980년대의 동양평화론 연구 경향은 김옥희와 김호일이 계승하였다.[26]

한편, 신용하가 안중근의거에 대해 합작설을 주장한 것에 반하여 최서면은 단독설을 주장하였다.[27] 이는 안중근의거가 노령 독립운동가들의 연합전선의 결과물이라고 본 견해와 상반되는 주장이다. 분명한 사실은 이로 인해 안중근의거가 노령 독립운동가들의 합작품인가, 아니면 우덕순의 협력하에 이루어진 단독거사였는가 하는 문제가 쟁점으로 부상하였다는 것이다. 또한

---

23 노길명, 「安重根의 信仰」, 『교회사연구』 9, 한국교회사연구소, 1994.
24 최석우, 「安重根의 義擧와 敎會의 反應」, 『교회사연구』 9.
25 홍순호, 「安重根의 東洋平和論」, 『교회사연구』 9.
26 김옥희, 「안중근의 자주독립운동과 동양평화사상」, 『安重根과 東洋平和論』, 여순순국선열 기념재단, 1997; 김호일, 「舊韓末 安重根의 '東洋平和論' 연구」, 『중앙사론』 10·11합집, 1998.
27 최서면, 『大韓國人 안중근』, 문화체육부·한국문화예술진흥원, 1993, 13~17쪽. 하지만 최서면은 구체적인 논증을 바탕으로 단독설을 내세우고 있지는 않다.

조광은 계몽운동과 의병전쟁을 중심으로 안중근이 시대상황 속에서 어떠한 변모를 보였는가 하는 문제를 천주교와 관련하여 구체적으로 논증하였다.[28] 특히 그는 『안응칠역사』에 기록된 사실들이 편년체적 순서로 기술되어 있지 않다고 전제한 후 안중근의 대학건립 제안 시기에 대해 1907년 4월설을 제기하였다.[29] 이러한 주장은 대학건립 제안 시기 논쟁을 촉발시키기도 하였다. 또한 윤선자는 안중근이 의병투쟁을 국내에서 결심한 상태에서 해외 망명을 단행하였다고 주장하였다.[30] 그러나 이는 보다 정밀한 검토가 요구된다.

1990년대 중반까지 안중근연구는 국제적 시각에서 이루어지지 못하였다. 이는 물론 장기간에 걸친 중러와의 외교관계 부재와 안중근 관계 자료의 부족 때문으로 보인다. 이러한 문제는 중러와의 외교관계 수립과 국가보훈처의 일본 외무성자료 간행으로 어느 정도 해소되었다.[31]

이를 바탕으로 안중근연구의 시각도 국제적인 규모로 확대되었다. 이를 주도한 학자는 박보리스와 박벨라·박종효 등이다. 이들은 러시아에 소재한 안중근 관련 자료를 발굴하여 활용함으로써 연구수준을 한 차원 끌어올렸다.[32] 그러나 이들의 연구는 국내의 연구 성과를 충실히 반영하지 못한 아쉬움을 남겼다.

제5단계는 2000년부터 현재까지이다. 이 시기 안중근연구는 탈이념화와

---

28 조광, 「안중근연구의 현황과 과제」, 참조 이후 안중근의 계몽운동은 윤선자에 의해 구체적으로 연구되었다(윤선자, 「안중근의 계몽운동」, 『한국근대사와 종교』, 국학자료원, 2002, 172쪽).
29 조광, 「안중근연구의 현황과 과제」, 79쪽.
30 윤선자, 「안중근의 계몽운동」, 197쪽.
31 국가보훈처, 『亞洲第一義俠 安重根』 1·2·3, 1995.
32 박보리스 드미트리예비치·박벨라 보리소브나, 「안중근의 위대한 업적」, 『安重根과 東洋平和論』, 재단법인 여순순국선열기념재단, 1997; 박보리스 드미트리예비치·박벨라 보리소브나, 「안중근의사의 위업에 대한 러시아 문서 및 자료」, 『安重根義士의 偉業과 思想 再照明』, 안중근의사숭모회·안중근의사기념관, 2004; Б.Д.Пак, 『Возмездие На Харбинском Вокзале』, Москва-Иркутск, 1999; 박종효, 「안중근의거에 관련된 러시아 문서」, 『21세기와 동양평화론』, 국가보훈처, 1996.

다양성이라는 한국 근대사의 연구경향 속에서 전단계의 연구 성과를 계승하면서도 다방면에 걸쳐 진행되고 있다. 이러한 경향은 안중근연구에도 반영되어 이 시기 안중근연구 논문이 약 55편에 이르고 있다. 특히, 안중근 가문, 안중근의 동양평화론과 대일인식, 공판투쟁과 안중근의거에 대한 국내외의 인식과 국제적 의의, 안중근이 추구한 정체 등이 집중적으로 조명되었다.

안중근 가문에 대한 연구는 오영섭이 본격적으로 하였다. 그는 안중근 가문의 상무적 가풍이 의병전쟁과 이토 포살 의거로 표출되었고, 향후 안중근 가문의 독립운동의 추진력이 되었다고 진단하고 있다.[33] 또한 안태훈의 정치적 성향(개화 지향적 성향), 동학진압, 천주교 수용 과정, 천주교를 바탕으로 한 향촌사회 장악과정, 중앙정부와의 마찰 등을 기술하여 안태훈에 대한 종합적 검토를 시도하였다.[34] 그리고 김구와 안중근 가문의 관계를 밝힌 장석흥의 연구도 주목된다.[35] 아울러 안중근 가문에서 배출된 대표적인 독립운동가인 안정근과 안공근에 대한 연구논문이 각각 발표되어 안중근 가문의 독립운동을 이해하는 데 도움을 주고 있다.[36]

이 시기 안중근의 동양평화론에 대한 연구는 삼국제휴론과 관련하여 설명되는 등 시각의 다각화를 이루었다. 그 대표적인 논자는 현광호이다. 그는 안중근의 동양평화론이 반침략의 성격을 갖고 있는 삼국제휴론의 연장선에 있다고 보면서 그 독창성은 민권에 바탕을 둔 '민중'을 중시한 점에 있다고 주장하였다.[37] 안중근의 동양평화론은 대체로 반침략이론으로 평가되

---

33 오영섭, 「안중근 가문의 독립운동」, 『한국민족운동사연구』 30, 2002.
34 오영섭, 「安泰勳(1862~1905)의 생애와 활동」, 『한국근현대사를 수놓은 인물들』(Ⅰ), 경인문화사, 2007.
35 장석흥, 「백범과 안중근집안의 인연과 독립운동」, 『백범과 민족운동』 2, 백범학술원, 2004.
36 송우혜, 「독립운동가 안정근의 생애」, 『수촌박영석교수화갑기념 한민족독립운동사논총』, 탐구당, 1992; 한시준, 「안공근의 생애와 독립운동」, 『교회사연구』 15, 2000; 오영섭, 「일제시기 안공근의 항일독립운동」, 『한국근현대사를 수놓은 인물들』(Ⅰ).
37 현광호, 「안중근의 동양평화론과 그 성격」, 『아세아연구』 46, 고려대학교 아세아문제연구소,

고 있다. 이와는 반대로 일본의 아시아연대주의의 연장선상에서 분석한 논자도 등장하였다.[38] 이로써 동양평화론에 대해 새로운 쟁점을 낳았다. 그리고 안중근의 대일인식은 안중근의 사상 연구에서 주목받는 분야이다. 이 문제는 윤경로·박창희에 의해 제기된 이후[39] 장석흥이 종합적으로 연구하였다.[40] 이들의 공통적인 지적은 을사늑약 이전 안중근이 일본의 침략성을 인식하지 못하였다는 것이다.

2000년대에 들어와 집중적으로 조명된 분야는 안중근의거에 대한 인식이다. 이는 국내인식과 국외인식으로 대별된다. 전자의 대표적인 연구자는 윤선자이다. 그는 안중근의거에 대한 천주교의 인식을 1990년대까지 개괄적으로 다루면서 천주교 측의 안중근 인식에 대한 연구를 확대시켰다.[41] 그러나 국내의 여러 세력의 인식과 반응을 구조적으로 파악하고 있는 것 같지 않다. 이러한 문제는 신운용의 논문으로 보완되었다.[42] 후자의 대표적인 연구자는 한상권이다. 그는 『신한민보』를 중심으로 미주한인의 안중근 인식을 다루었다.[43] 이는 미주한인의 안중근의거에 대한 인식을 처음으로 다루었다는 데서 연구사적 의미를 갖고 있다. 그러나 의거 이후 미국 한인사회의 반향을 충분히 반영하지 못하는 한계점도 드러내고 있다. 이 시기에 박환이 노령한인의 반응과 인식을 밝히기도 하였다.[44] 하지만 이들은 노령한인의

2003.

38 최기영, 「한말 사회진화론의 수용」, 『한국근대계몽사상연구』 32쪽; 허동현, 「개화기(1876~ 1910) 한국인의 일본관」, 『사학연구』 76, 2005, 221쪽.

39 윤경로, 「사상가 안중근의 생애와 활동」, 325쪽; 박창희, 「안중근의 동양관과 아시아의 어제와 오늘」, 『안중근의사 연구의 어제와 오늘』, 안중근의사기념관, 1993.

40 장석흥, 「안중근의 대일본의식과 하얼빈의거」, 『교회사연구』 16, 2001.

41 윤선자, 「안중근의거에 대한 천주교의 인식」, 『한국근현대사연구』 33, 한국근현대사학회, 2005.

42 신운용, 「안중근의거에 대한 국내의 인식과 반응」, 『한국근현대사연구』 33.

43 한상권, 「안중근의거에 대한 미주 한인의 인식」, 『한국근현대사연구』 33.

44 신운용, 「露領韓人을 中心으로 본 安重根」, 『21世紀와 東洋平和論』, 국가보훈처·광복회, 1996; 박환, 「러시아 沿海州에서의 安重根」, 『한국민족운동사연구』 30, 2002, 80~90쪽.

다양한 추모와 유지계승운동을 구체적으로 논증하지 못하였다.[45]

안중근의 공판투쟁은 한상권에 의해 일련의 연구 성과가 나왔다. 그는 일제의 침략이론에 맞서는 안중근의 논리를 구체적으로 논증함으로써 공판투쟁이 사상투쟁이었음을 밝혀내 이 분야의 공백을 메우는 성과를 거두었다.[46] 박종효는 안중근 관계 러시아 사료를 소개하면서 러시아가 안중근을 일본에 넘긴 이유를 정치적 역학관계에서 찾았다.[47] 반면 신운용은 안중근 재판의 배경을 국제적 시각에서 고찰하였다. 특히 안중근재판이 「동청철도민정청훈령(東淸鐵道民政廳訓令)」에서 볼 수 있는 러·일의 불법적 야합에 의한 재외한인의 치외법권 침해와, 김재동(金在同)·서재근(徐在根)의 일본인 살해사건(1907)의 연장선에서 이루어진 것임을 밝혀 안중근재판에 대한 연구 시각을 확대시켰다.[48]

국제적 시각에서 본 대표적인 연구자는 변기찬이다. 그는 프랑스에서 영웅으로 추앙받고 있는 잔다르크와 안중근의 비교를 통하여 안중근이 민족주의의 토대 위에 동양평화, 더 나아가 세계평화를 지향하였다는 점을 밝힘

---

45 이외에 안중근의거에 대한 각국의 인식은 이상일·김춘선·박보리스와 박벨라 등에 의해 연구되었다. 이상일은 안중근의거에 대한 각국의 동향과 신문논조를 분석하였다(이상일, 「안중근의거에 대한 각국의 동향과 신문논조」, 『한국민족운동사연구』 30, 2002, 참조). 국외언론의 안중근에 대한 인식을 처음으로 구체화하였다는 데 그 연구사적 의미를 부여할 수 있다. 김춘선은 안중근의거에 대한 중국인의 인식을 다루고 있다(김춘선, 「안중근의거에 대한 중국인의 인식」, 『한국근현대사연구』 33). 그의 연구는 안중근의거에 대한 중국인의 인식을 종합적으로 다루었다는 점에서 연구사적 의미가 크다. 박보리스와 박벨라는 러시아의 신문을 중심으로 안중근의거에 대한 러시아인들의 반응과 의의를 조명하였다(박보리스 드미트리예비치·박벨라 보리소브나, 「안중근의사의 위업에 대한 러시아신문들의 반응」, 『제1회 국제학술대회 안중근의거에 대한인식』, 안중근의사기념사업회, 2005).

46 한상권, 「안중근의 하얼빈 거사와 공판투쟁(2)−외무성 관리·통감부 특파원의 신문과 불공정한 재판진행에 대한 투쟁을 중심으로」, 『덕성여자대학논문집』 33, 2004; 한상권, 「안중근의 하얼빈거사와 공판투쟁(1)~검찰관과의 논쟁을 중심으로」, 『역사와 현실』 54, 한국역사연구회, 2004.

47 박종효, 「안중근(安重根)의사의 하얼빈(哈爾賓)의거 진상(眞相)과 러시아의 대응」, 『安重根義士의 偉業과 사상 再照明』, 안중근의사숭모회·안중근의사기념관, 2004.

48 신운용, 「일제의 국외한인에 대한 사법권침탈과 안중근 재판」, 『한국사연구』 146, 한국사연구회, 2009.

으로써 의거의 세계사적 의미를 부각시켰다.[49] 신운용은 의거의 국제적 의의를 밝히면서 이토 히로부미(伊藤博文)와 까갑쵸프(Коковцов)회담의 진행과정과 그 목적을 주목하였다.[50]

안중근이 지향한 정체에 대한 논의도 이 시기에 확대되었다. 예컨대, 한상권은 윤경로의 주장에서 더 나아가 안중근이 공화정을 지향하였다고 주장하였다.[51] 반면에 오영섭은 안중근을 근왕주의자로 파악하였다.[52] 이처럼 1980년대의 윤경로와 박성수의 상반된 시각에 이어서 최근에 들어와서도 안중근을 공화주의자와 근왕주의자로 보는 상반된 주장이 쟁점으로 등장하였다.

또한 안중근의 '독립전쟁론'이 신민회의 '독립전쟁방략'에 영향을 미쳤다는 신용하의 주장과는 반대로, 한상권은 신민회의 영향으로 안중근이 의병전쟁으로 전환하였다고 설명하고 있다.[53] 아울러 정천(단지)동맹 장소를 엔치아(煙秋, 현 크라스키노)의 '다지치프'라고 지적한 윤병석의 주장에 대해 박환은 보다 정밀한 검토가 요구된다고 주장하였다.[54]

2008년 안중근하얼빈학회·동북아재단의 『동북아 평화와 안중근의거 재조명』과 2009년 안중근숭모회의 『안중근의거를 도와준 인물』 등 안중근연구논문이 발표되었으나 기왕의 연구 성과를 극복할 만한 학문적 성과는 미비하였다. 그 가운데서도 안중근숭모회에서 주최한 학술회의에서 반병률은 안중근과 최재형의 관계를 밝히는 논문을 발표하였다. 여기에서 그는 안중

---

49 변기찬, 「안중근의 신앙과 헌양에 대한 비교사적 검토」, 『교회사연구』 16, 2001.

50 신운용, 「안중근의거의 국제 정치적 배경에 관한 연구」, 『역사문화연구』 33, 한국외국어대학교 역사문화연구소, 2009.

51 한상권, 「안중근의 국권회복운동과 정치사상」, 『한국독립운동사연구』 21, 2003, 76~83쪽.

52 오영섭, 「한말 의병운동의 근왕적 성격」, 『고종황제와 한말의병』, 203~204쪽.

53 신용하, 「安重根의 思想과 義兵運動」, 『한국민족운동사연구』, 을유문화사, 1895, 156~157쪽; 한상권, 「안중근의 국권회복운동과 정치사상」, 57쪽.

54 윤병석, 「安重根의 沿海州 義兵運動과 同義斷指會」, 122쪽; 박환, 「러시아 沿海州에서의 安重根」, 74쪽.

근의거를 대동공보사와 안중근의 합작이라는 신용하의 설을 지지하면서 김두성은 최재형이며 김두성을 내세운 것은 최재형을 보호하기 위한 것이라는 설을 주장하고 있다.[55] 최재형이 김두성이라는 주장은 새로운 의미를 갖는 연구성과이다. 안중근하얼빈학회·동북아재단의 학술회의에서 오영섭은 김두성을 신용하와 같이 실존인물로 보고 고종 세력이라는 주장을 하였다.[56]

독립기념관부설 독립운동사연구소의 주최로 2009년에 열린 학술대회에는 5편의 논문이 발표되었다. 특히 손염홍과[57] 이규수[58]의 연구는 이 분야의 연구부제라는 측면에서 의미 있는 작업으로 평가된다.

한편 안중근의사기념사업회에서 2005년부터 발표되어 온 연구성과를 모아 두 권의 단행본으로 발간하였다.[59] 이는 종합적 안중근연구 성과물로 안중근 연구의 집대성이라고 할 수 있다.

이처럼 안중근연구는 의거 이후 1960년대 중반까지는 전기류가 주종을 이루고 있다. 1969년 『안응칠역사』의 발굴은 안중근연구의 새로운 전기가 되었다. 이후 1976~7년 국사편찬위원회에서 『한국독립운동사』 자료 6·7이 발간됨으로써 안중근연구를 위한 기초적인 사료를 갖추게 되었다. 이를 바탕으로 1980년대에 들어와 안중근연구가 본격화되었다고 볼 수 있다. 1990년대 안중근연구는 동양평화론, 대일본 인식 등의 사상적 측면으로 확대되었다. 1995년 국가보훈처의 『아주제일의협 안중근』 1·2·3의 발간은

55 반병률, 「안중근(安重根)과 최재형(崔在亨)」, 『역사문화연구』 33, 한국외국어대학교 역사문화연구소, 2009.
56 오영섭, 「간도지역 독립운동과 안중근이 지도한 의병전선」, 『동북아 평화와 안중근의거 재조명』, 안중근하얼빈학회·동북아재단, 2008.
57 손염홍, 「안중근의거와 중국의 반제민족운동」, 『안중근의거의 국제적 영향』(광복 60주년 및 개관 22주년 기념학술심포지엄), 독립기념관 한국독립운동사연구소, 2009.
58 이규수, 「안중근의거에 대한 일본 언론계의 인식」, 『안중근의거의 국제적 영향』(광복 60주년 및 개관 22주년 기념학술심포지엄), 독립기념관 한국독립운동사연구소, 2009.
59 안중근의사기념사업회 편, 『안중근과 그 시대』(안중근의거100주년기념연구논문집 1)·『안중근연구의 기초』(안중근의거100주년기념연구논문집 2), 경인문화사, 2009.

안중근연구를 촉발시킨 또 하나의 계기가 되었다. 2000년대의 안중근연구는 1990년대의 문제의식을 구체화하면서 안중근 가문, 안중근의거에 대한 인식, 국제적 의의 등으로 다변화되었다.

3. 연구 과제

이상의 안중근연구 현황을 바탕으로 이 글에서는 그동안 연구가 부진했던 부분을 중심으로 안중근연구의 폭과 깊이를 넓혀나가고자 한다.

안중근에 대한 학계의 연구 성과는 상당히 축적되어 안중근의 전체상을 규명하는 데 많은 도움을 주고 있다. 그러나 한국 민족운동사상에서 안중근의 민족운동이 갖는 위치와 그 의미를 그의 활동과 시대의 변화라는 연관관계 속에서 깊이 있게 설명하고 있는 논저는 드물다.[60] 그 위치와 의미를 명확하게 파악해야 그의 민족운동을 총체적으로 규명할 수 있다.

이를 위해서는 안중근이 한국 근대사의 조류에 어떠한 방식으로 조응하면서 선구적이고 구체적으로 무엇을 실천하였는가를 밝혀야 한다. 특히 그의 민족운동과 관련하여 안태훈의 영향, 안태훈의 천주교 입교 시점과 배경, 천주교 수용 과정과 성격, 대학설립을 주장한 시점과 성격, 하야시 곤스케(林權助)와 부일세력 처단 계획의 의미와 해외이주계획의 성격, 삼흥학교의 설립과 의미, 국채보상운동 참여와 의미, 신민회와의 관계, 계몽운동에서 의병전쟁으로 전환한 시점과 과정, 동의회의 성립과정과 안중근의 역할, 의병

---

60 그동안 학계에서 민족운동사상의 안중근의 위치를 전혀 평가하지 않은 것은 아니다. 예컨대, 조광은 안중근을 계몽운동과 의병전쟁 노선을 동시에 수행하며 이를 결합시킨 대표적 인물이라고 하면서 의거도 의병전쟁의 일환이었고 계몽운동의 연장이었다고 평가하고 있다(조광, 「안중근의 愛國啓蒙運動과 獨立戰爭」, 『교회사연구』 9, 1994, 66쪽). 또한 김창수도 안중근을 의열투쟁과 항일민족운동의 연원으로 보고 있다(김창수, 「安重根義擧의 역사적 意義」, 『한국민족운동사연구』 30, 2002, 18쪽). 그러나 이러한 연구들은 안중근의 전생애를 대상으로 한 구체적인 논증이라고 할 수 없다.

전쟁의 전개과정과 성격, 의병투쟁 이후의 진로 모색 과정과 의미(연추한인일심회와 정천동맹(단지동맹)), 대동공보사와의 관계, 의열투쟁(이토 처단)의 전개과정과 의미, 공판투쟁의 논리와 의미, 옥중생활 등 그동안 학계의 쟁점이 되었거나 불명확한 부분을 중심으로 살펴볼 필요가 있다.

이와 더불어 그의 의거가 어떠한 사상을 바탕으로 이루어졌으며, 이것이 한국 민족운동사에 끼친 영향은 무엇인가 하는 점에 대한 종합적인 검토가 선행되어야 한다. 안중근의거의 사상적 배경을 기왕의 연구에서는 독립운동의 일환으로 이해하였다. 이러한 시각에서 진척된 연구는 천주교 사가들이 주도하였다. 이들은 안중근의거의 사상적 배경을 천주교 사상에서 찾는 일련의 연구 성과를 내기도 하였다. 그러나 구체적으로 천주교의 어떠한 사상이 그의 민족운동을 추동하였는가 하는 문제까지 진전되지는 못한 것 같다. 또한 안중근의 사상적 한계성도 짚어볼 필요가 있다. 이를테면 안중근이 한국침략의 최종 책임자인 일본 천황을 세상에서 가장 존귀한 존재[61]라고 표현한 이유는 무엇인지 하는 문제도 밝혀야 한다. 이는 그의 군주관의 성격과 그가 추구한 정체를 규명하기 위해 반드시 확인해야 할 대목이다.

필자는 안중근의 동양평화론이 천주교·삼국동맹론과 깊은 관계가 있음을 살펴보면서 안중근의 그것과 일본의 아시아 연대론은 그 성격을 달리하고 있음을 이 책에서 증명하고자 한다. 그리고 나서 그 내용과 특징을 기술하겠다.

안중근의 대일인식의 변화과정도 대체적으로 러일전쟁 이전의 긍정적인 대일관이 러일전쟁을 계기로 부정적으로 변하였다는 단순논리로 설명되고 있다. 이에 대한 반론으로 필자는 러일전쟁을 전후한 그의 대일인식이 어떠한 양상을 띠는지를 살펴보고자 한다. 이를 통하여 기왕의 주장과 달리 안중근은 러일전쟁 이전부터 일제의 침략을 인식하였음이 증명될 것이고, 일

---

61 滿洲日日新聞社, 『安重根事件公判速記錄』, 1910, 105쪽.

제의 침략 강도에 상응하여 확대되는 그의 대일인식의 변화과정을 밝히고
자 한다.

그리고 안중근의거에 대한 국내의 인식과 반응을 종합적으로 다룬 논저
는 거의 없다는 실정이다. 이에 필자는 국내의 민족운동세력과 부일세력의
인식과 반응을 심도 있게 다루려고 한다. 특히 천주교 측의 인식과 반응은
부정적 평가가 주를 이루고 있다. 이에 대한 반론으로 필자는 안중근의거에
대한 천주교 측의 반응이 다양하였다는 사실을 증명하고, 더 나아가 안중근
의거를 긍정적으로 평가한 천주교세력도 존재하였음을 밝힐 것이다. 따라서
이 책에서 다루려고 하는 「국내의 인식과 반응」은 이 분야의 본격적인 연구
라고 할 수 있다.

안중근의거에 대한 국외의 인식과 반응을 다룬 논문은 5편 나와 있다.[62]
그중에서 국외 한인을 중심으로 기술된 연구는 3편이 있다. 그러나 이 논문
들은 안중근의거 당시에 국한되어 있어 포괄적 연구라고 보기에는 한계를
안고 있다. 말하자면 연극의 공연, 창가의 창작과 보급, 사진(초상)의 출판과
반포, 단지한 손가락(指頭)의 '신성화', 유족에 대한 극진한 대우 등 러시아
한인사회의 다양한 인식과 반응을 세밀하게 다루고 있지 않다. 또한 미국
한인사회의 안중근의거에 대한 반응을 밝힌 연구는 『신한민보』를 중심으로
했기 때문에 한인사회의 인식과 반향을 다양한 측면에서 규명하였다고는
볼 수 없다. 특히 중국 한인사회의 안중근의거에 대한 반응을 본격적으로
다룬 연구는 아직 없는 실정이다. 따라서 국외한인들이 안중근과 그의 의거
를 시간·공간에 따라 어떠한 인식을 갖고 있었으며, 그 인식의 결과가 어
떻게 표출되었는가 하는 문제에 대한 통합적 연구가 필요하다. 이러한 문제
점을 극복하기 위해 필자는 새로운 사료를 바탕으로 안중근의거와 그의 정

---

62 김춘선, 「안중근의거에 대한 중국인의 인식」; 이상일, 「안중근의거에 대한 각국의 동향과 신
문논조」; 한상권, 「안중근의거에 대한 미주 한인의 인식」; 박환, 「러시아 沿海州에서의 安重
根」; 신운용, 「露領韓人을 中心으로 본 安重根」.

신이 어떠한 방식으로 독립운동가들에게 전승되었고 그가 독립운동사에 어떠한 역할을 하였는가 하는 문제를 러시아·미국·중국의 한인사회를 중심으로 규명하려고 한다. 이를 통하여 안중근이 한국 민족운동에 어떠한 영향을 끼쳤는가 하는 문제가 다소 해결될 것이다.

4. 맺음말

이상에서 필자는 안중근연구의 현황과 그 과제에 대해 기술하였다. 이를 다음과 같이 마무리하고자 한다.

안중근연구는 『안중근자서전(安重根自敍傳)』『安應七歷史』의 발굴, 『한국독립운동사』 자료 6·7 간행, 『아주제일의협 안중근』 1·2·3의 발간 등으로 연구자료가 공개됨에 따라 연구의 폭과 깊이를 더 하였다. 특히 2005년 이후 안중근의사기념사업회가 주도한 일련의 연구 성과는 안중근연구의 질과 양을 획기적으로 발전시키는 데 큰 역할을 하였다.

제1단계에서는 박은식·계봉우·이전·황의돈 등의 전기류가 주로 간행되었다. 제2단계인 60년대에 들어와서 10여 편의 본격적인 학술논문이 발표되었다. 특히 1965년 최초의 안중근관계 학술논문은 북한학자 김영숙에 의해 이루어졌다. 이후 김두성의 실체를 추적한 조동건의 논문이 발표되었다. 특히 1975년 김갑득은 안중근을 주제로 한 최초의 석사학위논문을 발표하였다. 이 시기에 안중근연구의 기초가 구축되었다고 할 수 있다.

제3단계인 80년대의 안중근연구는 안중근의 계몽운동·독립투쟁·의거 과정·동양평화론 등으로 연구가 확대되었다. 이 시기는 신용하·윤경로가 주도하였다. 특히 신용하는 안중근의 전시대에 걸친 활동과 사상을 본격적으로 다룬 논문을 발표하였다. 그의 논문은 이후 안중근연구에 큰 영향을 미쳤다. 특히 안중근의거가 대동공보사 인사들과의 합작이라는 그의 설은 학계의 정설로 받아들여지고 있는 실정이다. 또한 안중근 김두성이 유인석이라는 조동걸의 주장에 반박함으로써 논쟁을 촉발시켰다. 윤경로는 개화사상과 천주교사상의 수용을 통해 안중근의 민권·민족의식이 형성되었음을 주장하면서 그의 동양평화론은 반침략적 특징을 갖고 있다고 평가하였다. 또한 박성수는 안중근을 위정척사계열의 인사로 분류한 반면 윤경로는 입헌적 국민국가를 추구한 인물로 보았다.

제4단계의 안중근연구 경향은 안중근의 사상을 집중적으로 조명하는 것이 특징이다. 이 작업은 교회사연구소의 주도로 이루어졌다. 이때 최석우·노길명·홍순호·조광 등이 주도하였다. 최석우는 안중근의거의 추동력이 천주교의 사상이었음을 밝히었다. 그러나 이들의 연구는 천주교와 안중근의거의 관계를 분석적으로 접근하지 못하는 한계점을 보이고 있다. 이 단계에 특히 주목되는 부분은 안중근과 대동공보사와의 관계에 대해 신용하의 합작설을 부정하는 최서면의 단독설 주장이다. 이처럼 이 단계의 안중근연구의 폭이 확대되었다. 이 시기의 또 다른 특징은 안중근의거를 국제적인 시각에서 다룬 연구논문의 출현이다. 이는 박종효, 박보리스 박벨라 부녀가 주도하였다.

제5단계에 들어와 안중근가문, 사상, 공판투쟁, 국제적 의의, 안중근이 추구한 정체, 안중근의 대일관 등 다양한 분야에 걸쳐 안중근연구가 진척되었다. 이 시기의 연구는 한상권·오영섭·신운용·운선자·장석흥 등이 주도하였다. 특히 장석흥은 안중근은 을사늑약 이전 일본의 침략을 인식하지 못했다는 논점을 제시하고 있다. 안중근을 한상권은 입헌군론자로, 오영섭은 근왕론자로 각각 입장을 달리하였다. 신운용은 안중근재판과 국제적 배경, 의거의 사상적 배경 등을 주제로 한 논문을 발표하였다. 반병률은 안중근과 최재형의 관계를 밝히는 논문을 발표하였다. 김두성은 최재형이며 김두성을 내세운 것은 최재형을 보호하기 위한 것이라는 설을 주장하고 있다.

이러한 연구 성과를 바탕으로 필자는 안중근의 민권민족의식, 계몽운동, 의병전쟁의거, 공판투쟁, 사상, 안중근의거에 대한 국내외의 인식, 안중근의거의

국제 정치적 배경, 안중근재판을 주제로 안중근연구를 전개하고자 한다.[63]

---

63 안중근의거 100주년인 올해 8월에 독립기념관, 10월에 안중근의사기념사업회, 안중근의사숭
모회, 안중근 하얼빌학회 · 동북아재단 등에서 발표된 논문을 이 책에서 모두 분석의 대상으
로 하지 않았음을 밝혀둔다.

2

안중근 관계자료 사료의 검토

『만주일일신문(滿洲日日新聞)』을 중심으로

1. 들어가는 말

100년 전 안중근은 한국사에 길이 남을 의거를 단행하였다. 그동안 안중근의거 100주년을 맞이하여 안중근관계종합자료집 출판의 당위성이 제기되어 왔다. 이에 부응하여 안중근의사기념사업회는 그동안 2005년부터 매년 2회 학술대회를 개최하였고, 별도로 안중근관계자료집의 수집과 정리에 진력해왔다. 그러한 결과 현재 많은 양의 사료가 전문학자들에 의해 검토되고 있다. 그동안 필자는 안중근관계신문자료를 발굴 소개하여 안중근의 연구에 일조해왔다.[1]

안중근연구는 다양한 측면에서 이루어졌다. 예컨대, 안중근연구는 안중근가문, 천주교 수용과정과 민권민족의식, 계몽운동, 의병전쟁, 사상, 안중근의

---

1 『중앙일보』, 2003년 2월 26일자, 「'안중근 재판' 보도 현지언론발굴」.

거에 대한 국내외의 인식, 안중근의거의 국제 정치적 배경, 안중근의 공판투쟁 등 여러 방면에서 이루어졌다. 이 중에서 안중근의거에 대한 국내외의 인식 등의 연구에 신문자료가 이용되기도 하였다. 예컨대『만주일일신문(滿洲日日新聞)』은 천주교 측의 안중근의거를 부정적으로만 보았다는 기왕의 연구를 일정하게 극복할 수 있는 사료를 제공하고 있다.[2] 또한 안중근의거에 대한 국외 한인의 인식을 살펴보는 데도 활용되었다.[3] 그러나 안중근관계신문자료가 전면적으로 활용되었다고는 할 수 없다.

이러한 측면에서 안중근관련 정보를 풍부하게 담고 있는 신문자료는 앞으로 안중근연구에 적극적으로 활용되어야 한다고 생각한다. 또한 안중근관계 사진설명을 바로 잡을 수 있는 근거를 신문들이 제공하고 있기도 하다. 예컨대 국사편찬위원회에서 간행한『한국독립운동사』자료 6의 제18도의 설명에 '사형장으로 나가는 안중근'이라고 되어 있고, 제19도에 '여순감옥 형장에서 사형 후 감옥묘지로 발인하는 장면'이라고 설명되고 있다. 그러나 제18도는『만주일일신문』에 안중근을 감옥에서 법원으로 호송하는 상황을 설명한 것을 보건대 이는 법원으로 향하는 모습임에 틀림이 없다. 제19도는 일본에서 발행되던 1910년 2월 25일자『법률신문』1910년 2월 26일자에「兇漢 등이 新調檻車로 법원유치장에 도착하는 광경」이라고 설명되어 있다. 이처럼 신문자료는 새로운 사실을 확인할 수 있으며, 잘못 알려진 사실을 바로 잡을 수 있는 기회를 제공해준다.

우선 안중근관계자료를 개괄하고자 한다. 이는 안중근관계자료를 이해하는 데 도움이 될 것이다. 그 다음으로 한국어 신문, 일본어 신문, 중국 및 러시아어 신문, 기타어의 안중근관계신문자료를 검토하겠다. 이는 노령한인의 안중근 구출운동관계, 안중근의거에 대한 국내외의 인식과 반응, 천주교

2 신운용, 「안중근의거에 대한 국내의 인식과 반응」, 『한국근현대사연구』 33, 한국근현대사학회, 2005.
3 한상권, 「안중근의거에 대한 미주 한인의 인식」, 『한국근현대사연구』 33.

의 안중근의거 인식, 안중근재판의 준비상황과 반응, 해외 한인의 안중근재판에 대한 대응과 안중근유지 계승운동, 제삼국의 안중근의거 인식, 안중근의거가 독립운동세력에 미친 영향, 부일세력의 활동상황, 안중근 관계사진 등을 살펴보는 데 기초적인 작업이 될 것이다. 특히 『만주일일신문』은 안중근을 연구할 때 반드시 검토되어야 할 정보를 풍부하게 담고 있다. 이러한 의미에서 많은 지면을 할애하였다.

이러한 필자의 연구가 안중근의 전체상을 밝히고 안중근관계 종합자료집을 만드는 데 도움이 되었으면 한다.

2. 안중근관계 자료의 개괄

기왕의 안중근연구에서 주로 사용된 사료는 크게 『안응칠역사(安應七歷史)』와 『한국독립운동사(韓國獨立運動史)』 자료 6 · 7, 『아주제일의협(亞洲第一義俠) 안중근(安重根)』 1 · 2 · 3으로 나누어 살펴볼 수 있다. 『안응칠역사(安應七歷史)』는 1969년 최서면이 일본어본을 발견하여 그 내용이 처음으로 세상에 알려지게 되었다.[4] 이후, 1978년에는 일본인 와타나베 쇼시로(渡邊庄四郎)가 한문본 『안응칠역사』를 한국대사관에 기증하였다. 물론 이 두 가지의 『안응칠역사』는 완전한 것이 아니었다. 그러나 다행히도 1979년 이치카와 마사아키(市川正明)가 일본 국회도서관 헌정사료실의 시치죠 키요미관계문서(七條淸美關係文書)에서 『안응칠역사』 · 「안중근전」 · 「동양평화론」을 발견하여 세상에 알렸다.[5] 이에 힘입어 완벽에 가까운 『안응칠역사』를 재구성할 수 있었

---

4 필자는 일본어본 『안응칠역사』를 日本 公文書館에서 확인하였다(日本 公文書館, 『韓國警察報告資料』 卷ノ三(內務省警保局)).

5 이치카와 마사아키(市川正明)의 『安應七歷史』 발견은 그 진위논쟁을 촉발시켰다. 즉, 일본 국회도서관에서 발견된 것이 원본이라고 주장하는 이치카와의 연구(市川正明, 「安重根の獄中記(自筆)發見をめぐって」, 『安重根と日韓關係史』, 原書房, 1979, 1~4쪽)에 대해 최서면은 원

다. 이후 이은상이 재구성된 『안응칠역사』를 번역 출판하였다.[6] 아울러 『안 응칠역사』는 다른 안중근 관계 전기류와 함께 윤병석에 의해 『안중근전기 전집(安重根傳記全集)』으로 역편(譯編)되어 안중근과 그의 의거에 대한 후대의 평가를 연구하는 데 도움을 주고 있다.[7]

그런데 『안응칠역사』는 안중근을 이해하는 데 있어 기초적인 정보를 제 공하고 있지만, 이는 어디까지나 안중근의 시각에서 작성된 것이므로 다른 자료와 비교 검토할 필요성이 있다. 특히, 계몽운동 이전 안중근의 행적을 객관적으로 살펴보기 위해서는 『각사등록(各司謄錄)』・『공문편안(公文編案)』・ 『내부거래안(內部去來安)』・『기안(起案)』・『외부소장(外部訴狀)』・『사법품보(司 法稟報)』 등의 대한제국 정부가 남긴 관찬사료와의 비교검토가 요구된다. 특 히 『각사등록』의 「황해도편」[8]에서는 안중근가문이 천주교를 통하여 주변지 역을 장악해 들어가는 상황을 살펴볼 수 있다. 또한 법부에서 생산한 『외부 소장(外部訴狀)』[9] 중에는 안중근의 대외인식을 규명하는 데 도움이 될 만한 문서가 남아 있다. 그것은 안중근의 부 안태훈을 폭행한 청의(淸醫) 서원훈 (舒元勛)을 고발한 「청원서」로 안중근과 그의 친구 이창순(李敞淳)이 외무대 신에게 제출한 문서이다. 또한 『황해도장토문적(黃海道庄土文績)』[10]은 안중근 의 경제관념과 민권의식을 살펴보는데 의미 있는 사료이다. 아울러 『사법품 보(司法稟報)』에 1899년 10월경 '한원교의 이경주(이경룡, 안중근의 친구)를 살

본이 아니라고 주장하였다(최서면, 「安重根自傳攷」, 『淸坡盧道陽博士 古紀念文集』, 1979). 그것은 현재 통용되고 있는 『안응칠역사』의 원본이 아님이 분명하다. 필시 조선사편수회의 『吉 林 新京・奉天・旅順・大連 史料探訪復命書』(국사편찬위원회 소장)에서 확인할 수 있듯이, 원본은 여순지방법원에 소장되어 있었던 것으로 추정된다. 따라서 일본 외무성본과 일본 국회 도서관본은 필사본으로 추정된다.
6 안중근의사숭모회, 「발간사」, 『안중근의사자서전』, 1979, 11~15쪽.
7 윤병석, 「安重根의사 전기의 종합적 검토」, 『한국근현대사연구』 9, 1998.
8 『각사등록』 제25권(황해도편 4), 국사편찬위원회, 1987.
9 『外部訴狀』, 서울대 규장각, 2002.
10 「黃海道信川郡所在庄土安重根提出圖書文績類」, 『黃海道庄土文績』(서울대 규장각소장, 문서번호 : 奎 19303-v.60).

해사건'이 기록되어 있다.[11] 이들 사료는 기왕의 안중근연구에서 그다지 주목되지 않았던 문서로 러일전쟁 이전의 안중근의 활동을 규명하는 데 유익하다.

『한국독립운동사』자료 6·7은 사건 당시의 『통감부문서』[12]와 조선사편수회가 1939년 9월에 수집한 것[13]을 1976~77년에 국사편찬위원회가 번역하여 수록한 것이다.

『아주제일의협 안중근』1·2·3은 일본외무성 외교사료관에 소장되어 있는 『이토공작만주시찰일건』[14]에 편철된 「구라치정무국장여순출장중발수서류」2책,[15] 「이토공작조난에 관한 각국인의 태도 및 신문논조」1책,[16] 「이토공작조난에 관한 구라치정무국장여순출장중범인신문일건」3책[17]을 국자보훈처가 영인 출판한 것이다. 이도 상당 부분이 『한국독립운동사』자료 7과 겹치고 있지만 새로운 내용도 다소 담고 있다. 특히 「이토공작조난에 관한 각국의 태도 및 신문논조」는 각국의 반응을 규명하는 데 기초적인 사료가 된다. 특히 안중근이 히라이시(平石) 고등법원장을 만나 그의 동양평화론을 설파한 내용은 안중근의 동양평화론의 전모를 살펴보는 데 있어 분석을 요하는 부분이다.[18]

그러나 『이토공작만주시찰일건』에 편철되어 있는 「이토공작조난에 관한

---

11 『司法稟報』갑 제82권(서울대 규장각 소장, 문서번호: 奎 17278). 한원교의 약력은 일본 외교 사료관, 「陸軍步兵副尉 韓元敎履歷書」, 『倉知政務局長統監府參事官兼任中ニ於ケル主管書類雜纂(來住公信)』第一卷(문서번호: 7.1.8-21). 참조.
12 국사편찬위원회, 『統監府文書』7, 2000; 『주한 일본공사관 기록』, 64쪽.
13 이는 국사편찬위원회에서 『駐韓日本公使館記錄』38·39·40으로 영인 출판되었다.
14 일본 외교사료관, 『伊藤公爵滿洲視察一件』(문서번호: 4.2.5, 245).
15 일본 외교사료관, 『倉知政務局長旅順出張中發受書類』2冊(문서번호: 4.2.5, 245-1).
16 일본 외교사료관, 『伊藤公爵遭難ニ關シ各國人ノ態度並新聞論調』1冊(문서번호: 4.2.5, 245-2). 사료관
17 일본 외교사료관, 『伊藤公爵遭難ニ關シ倉知政務局長旅順へ出張中犯人訊問一件』3冊(문서번호: 4.2.5, 245-3).
18 일본 외교사료관, 『伊藤公爵遭難關倉知政務局長旅順出張中犯人訊問一件』제3권.

구라치정무국장여순출장및범인신문일건」2권[19]은 안중근을 비롯한 사건연루자 신문기록, 하얼빈 한인신문기록, 일본인 신문기록, 러시아인 신문기록 등, 『한국독립운동사자료』6에 실려 있지 않는 풍부한 신문기록이 편철되어 있다.[20] 특히 필자는 이 사료에 실려 있는 우덕순이 안중근과 함께 썼던 미공개 사료인 「이토척결을 읊은 시(詩)」와 유동하가 그의 부친에게 보낸 편지를 발굴하여 소개하였다.[21] 유동하의 편지는 안중근과 대동공보사의 관계를 검토할 때 참고가 된다는 면에서 주목된다.

아울러 「이토공작조난에 관한 각국으로부터의 조사신출지건」2책[22]은 각국의 안중근의거에 대한 공식적인 인식을 엿볼 수 있는 사료이다.

또한 일본외무성 외교사료관에 보관되어 있는 『불령단관계잡건(不逞團關係雜件)』은 안중근의거에 대한 재외한인의 인식과 반응을 기술하는 데 큰 도움이 된다. 뿐만 아니라, 이는 안중근의 의병투쟁, 동의회(同義會)관계, 정천동맹(단지동맹) 등에 대한 정보를 담고 있어 「독립전쟁기의 안중근」을 서술하는 데 기반이 된다.

그리고 안중근재판의 배경을 규명하는데, 이 글에서 일본외무성 외교사료관에 소장되어 있는 『청국에 있어 한국신민치외법권향유에 관한 하얼빈제국총영사노국총영사와 교섭일건』[23]과 『재외한국민보호 및 동국민에 대한 제국영사의 직무집행방관계일건』을[24] 이 책에서 활용하였다. 이 자료는 안중근이 일제의 재판을 받게 된 사유가 단순히 일제의 순간적인 결정에 따른

---

19 일본 외교사료관 『伊藤公爵遭難ニ關シ倉知政務局長旅順出張並ニ犯人訊問之件(聽取書)』 2冊(문서번호 : 4.2.5, 245-4).

20 특히 이는 『한국독립운동사』 자료 6과 대체로 같으나 다른 부분도 상당히 있기 때문에 비교 검토가 요구된다.

21 『중앙일보』, 2002년 10월 25일자, 「우덕순 '의거歌' 원문 발견」.

22 일본 외교사료관 『伊藤公爵遭難ニ關シ各國ヨリ弔詞申出之件』 2冊(문서번호 : 4.2.5, 245-5).

23 日本外務省 外交史料館, 『淸國ニ於ケル韓國臣民治外法權享有ニ關シ在哈爾賓帝國總領事露國總領事ト交涉一件』(문서번호 : 4.1.2. 39).

24 『在外韓國民保護並ニ同國民ニ對スル帝國領事ノ職務執行方關係一件』(문서번호 : 6.1.2-47).

것이 아니라, 재외한인의 사법권을 침탈하는 과정에서 이루어진 극치(極致)임을 살펴보는 데 도움이 된다.

이 외에 일본 외교사료관에 소장된 사료 중에 안중근연구에 참고가 될 만한 사료는 『요시찰외국인의 거동관계잡찬(要視察外國人ノ擧動關係雜纂)』에 편철되어 있는 「한국인지부(韓國人之部)」이다. 이 사료는 국사편찬위원회에서 발행되었고,[25] 『불령단관계잡건(不逞團關係雜件)』과 중복되는 경향도 있으나, 안중근연구에 참고될 부분도 많다.

일본의 안중근 관계 사료는 『일본외교문서』에도 일부가 실려 있다.[26] 또한 이치카와 마사아키(市川正明)의 『안중근과 일한관계사(安重根と日韓關係史)』도 참고된다.[27] 여기에 신문(訊問)기록과 재판기록, 그리고 일본 국회도서관에서 발견된 『안응칠역사』가 일본어 번역본과 함께 게재되어 있다. 이외에 일본국회도서관 헌정자료실에 보관되어 있는 안중근 관계 사료도 안중근연구에 있어 그 중요성을 더 한다. 특히 산조가문서(三條家文書) 중 『이토히로부미 암살사건 앨범(伊藤博文暗殺事件アルバム)』은 안중근 관계 사진을 살펴볼 수 있는 사료이다. 이외에도 카츠라 타로관계문서(桂太郞關係文書)·고토 신페이문서(後藤新坪文書) 등에도 안중근 관계 사료가 있으나 특별한 의미는 없는 것으로 보인다.

한편, 안중근의거가 당시 러시아 관할지역인 하얼빈에서 일어났다는 지리적 이유와 더불어 까깝쵸프·이토회담 직전에 이루어졌다는 정치적인 사유로 러시아도 많은 안중근 관계 사료를 남기고 있다. 러시아가 남긴 대표적인 안중근 관계 사료로는 『군 첩보원 비류꼬프(Бирюков Н.Н.) 보고서』[28]·『이토 히로부미의 암살범 안중근의사의 공범체포에 관한 보고서』[29]·『안중근

---

25 국사편찬위원회, 『要視察韓國人擧動』 3, 2001.

26 日本外務省 編, 『日本外交文書』 第四十二卷 第一冊.

27 市川正明, 『安重根と日韓關係史』, 211~667쪽.

28 РГВИА(러시아국립군역사자료보관소), фонд No.2,000, опись No.1, дело No. 4134.

29 РГИА(러시아국립역사자료보관국), фонд No.2000, опись No.1, дело No. 41349.

의거 첩보 보고서』[30] · 『재상의 극동 출장과 하얼빈역 이토 히로부미(伊藤博文)사살 사건』[31] 등이 있다. 이들 외교사료는 박보리스(Б.Д.Пак, Возмездие)의 『하얼빈역의 보복(На Харбинском Вокзале)』[32]의 저술에 활용되었다. 이외에 블라디보스톡의 극동문서보관서에 소장되어 있는 안중근 관계 자료는 박환에 의해 국내에 소개되었다.[33] 이는 국사편찬위원회에서 번역 출판되었다.[34] 이러한 러시아의 사료에서 까깝쵸프와 이토의 회담과 안중근의거에 대한 러시아의 입장을 확인할 수 있었고, 아울러 안중근의 독립전쟁에 대한 러시아의 평가를 엿볼 수 있었다. 이러한 측면에서 안중근연구에 러시아의 사료들은 적극적으로 활용되어야 한다.

그리고 안중근의 종교 활동과 행적을 엿볼 수 있는 천주교 측의 사료는 『뮈텔문서』· 『뮈텔주교일기』(Ⅱ · Ⅲ · Ⅳ) · 『조선교구통신문』· 『한국여행기』[35] 등이 있다. 이들 사료는 안중근의 천주교 입교 과정과 활동 및 천주교의 안중근의거에 대한 반응을 살펴보는데 기초자료가 된다.

신문자료는 안중근연구에 반드시 검토해야 할 대상이다. 안중근관계신문자료는 크게 한국어 신문과 외국어 신문으로 분류할 수 있다. 한국어신문은 다시 국내신문과 국외신문으로 나누어 볼 수 있다. 국내신문으로는 『대한매일신보』· 『황성신문』· 『대한민보』· 『경향신문』 등이 있다. 특히 『대한매일신보』는 국내의 안중근의거에 대한 인식과 반응을 살펴보는 데 참고된다.

무엇보다 『대한매일신보』의 안중근재판 관계기사는 일제의 보도와 극한

---

30 РГВИА фонд No.2,000 опись No.1, дело No.4107. 이는 박종효, 『러시아 국립문서 보관소 소장 한국 관련 문서 요약집』(한국국제교류재단, 2002, 665~666쪽)에 일부가 번역되어 있다.
31 РГВИА фонд No.150 опись No.493 дело No.1379.
32 박보리스 저, 신운용 · 이병조 역, 『하얼빈역의 보복』, 채륜, 2009.
33 박환, 「러시아 소재 한인독립운동 자료현황」, 『재소한인민족운동사-연구현황과 자료해설』, 국학자료원, 1998, 108~109쪽 · 127쪽.
34 국사편찬위원회, 『한국독립운동사』 자료 34, 1997.
35 Weber Norbert, 『Im Lande der Morgenstille : Reise-Erinnerungen an Korea』, Missionsverlag St.Ottilien, 1923.

대조를 이루고 있다는 데서 그 의미를 부여할 수 있다. 『대한매일신보』는 애국계몽운동기 안중근의 활동, 공판투쟁, 천주교를 비롯한 국내의 안중근의거에 대한 인식, 안중근의거의 역사적 위상 등을 살펴볼 수 있다.[36]

국외에서 발행된 한국어 신문 중에서 안중근연구에 기반이 되는 사료는 블라디보스톡에서 발행되던 『대동공보』이다. 이 신문에서 많은 분량의 안중근관계기사를 엿볼 수 있는데 이는 안중근의 활동무대가 노령이었다는 사실과 깊은 관계가 있다. 이러한 측면에서 『대동공보』는 안중근 구출운동, 외국언론보도, 안중근의거에 대한 노령한인의 인식 등을 살펴볼 수 있다.[37]

특히 미국 캘리포니아 프레스노에서 발행되던 일본어 잡지 『주간노동(週間勞動)』의 기사를 역재한 12월 19일자 『대동공보』의 「역주간노동지쾌론(譯週間勞動之快論)」이 주목된다. 즉, 『주간노동』은 안중근을 '의사'로 이토를 '더러운 놈'으로 묘사하고 있다는 점 때문이다. 이는 안중근의거의 국제적 의미를 되새길 수 있는 기회를 제공하고 있다는 면에서 의미가 있다.[38]

이외에도 미주에서 발행되던 『신한민보』와 『신한국보』에서도 안중근의거를 살펴볼 수 있다. 이들 신문은 안중근의거에 대한 미주한인의 인식 등을 구체적으로 살펴볼 수 있다는 면에서 안중근연구에 반드시 참고해야 할 사료이다.

안중근관계 외국어 신문은 각국의 신문들이 이에 해당한다. 외국어 신문 중에서 안중근관계 기사를 가장 많은 분량으로 다룬 신문은 주로 일본어 신문이다. 일본어 신문은 발행지역에 따라 일본 국내와 일본 국외로 나누어 볼 수 있다. 전자의 대표적인 신문으로 『조일신문(朝日新聞)』·『매일신문(每日新聞)』·『법률신문(法律新聞)』 등을 들 수 있다. 후자는 주로 한국과 중국에

---

36 신운용, 「안중근의거에 대한 국외 한인사회의 인식과 반응」, 『한국독립운동사연구』 28, 한국독립운동사연구소, 2007, 101~104쪽.

37 신운용, 「안중근의거에 대한 국외 한인사회의 인식과 반응」, 103~104쪽.

38 이는 『신한민보』 1909년 11월 10일자에 게재된 「譯「週間勞動之快論」」을 다시 『대동공보』에 게재한 것 같다.

서 발행되던 신문으로 대표적인 것은 『조선신문(朝鮮新聞)』·『경성신보(京城新報)』·『만주일일신문(滿洲日日新聞)』·『만주신보(滿洲新報)』 등이 있다. 전자에서는 주로 일본의 한국병탄을 앞에 둔 상황 속에서 일본이 안중근의거를 어떻게 보고 있으며 이들의 대응책이 무엇인지, 그리고 안중근의거의 배경이 된 국제정세에 대한 일본인들의 인식 등을 자세히 살펴볼 수 있다. 후자에서는 이토의 만주방문을 통하여 만주일본인들이 얻고자 하는 바, 이토의 만주방문의 목적, 한국인들의 반응 등을 살펴볼 수 있다.

한편, 중국어 신문으로는 『민우일보(民吁日報)』·『상해신보(上海申報)』·『상해시보(上海時報)』·『상해주보(上海週報)』·『천진대공보(天津大公報)』 등을 들 수 있다.[39] 이는 국가보훈처에서 발행된 『해외의 한국독립운동사료』[40]에 일부가 수록되어 있어 안중근의거를 전후한 중국의 반응을 살펴보는 데 도움이 된다.

중국신문들은 대체로 일본의 눈치를 보고 있었기 때문에 안중근의거를 긍정적으로 보도한 것 같지 않다. 이러한 상황 속에서 『민우일보』는 약 93회에 걸쳐 안중근에 대해 보도하였다.[41] 무엇보다도 『민우일보』는 서양의 혁명을 "100만 대군의 혁명에 버금가는 것으로 세계의 군주정치와 인도철학(人道哲學)에 관한 학설을 일변시켰다고 평가한 연장선에서 안중근의거를 인류가 지향해야 할 보편적 가치를 제공하였다"고 주장한 대목은 주목된다.[42] 또한 중국 상해에서 발행된 1910년 2월 22일자 『내셔날리브』(『上海週報』第十九號)는 일제의 안중근재판 관할권 행사의 부당성을 지적하였다. 동시에 같은 신문은 이러한 일제의 조치에 대해 한인을 일인으로 취급하고 요동반도를 일제의 소유로 보고 있는 일제의 시각을 드러낸 것이라고 신랄하

---

39 중국의 안중근관계 기사내용은 이상일, 「안중근의거에 대한 각국의 동향과 신문논조」, 『한국민족운동사연구』30, 2002, 101~105쪽; 김춘선, 「안중근의거에 대한 중국인의 인식」, 『한국근현대사연구』33, 2005, 111~116쪽, 참조.

40 국가보훈처, 『해외의 한국독립운동사료』(VI) 중국편②, 1992.

41 김춘선, 「안중근의거에 대한 중국인의 인식」, 국사편찬위원회 논문, 113쪽.

42 백암 박은식, 이동원 역, 『불멸의 민족혼 安重根』, 135쪽.

게 비판하였다.[43]

안중근의거를 다룬 러시아어 신문은 『동방의 여명(Восточная заря)』, 『신생활(Новая жизнь)』, 『연해주(Приамурье)』, 『변방(Далекая окраина)』, 『우수리스크변방(Уссурий скаяокраина)』, 『극동(Дальний Восток)』, 『말(Речь)』 등을 들 수 있다. 이들 신문사료는 안중근의거를 전후한 러시아의 반응과 안중근의거의 국제적 의미를 살펴보는 데 유익하다.[44]

안중근의거에 대한 러시아신문의 논조는 서구의 신문이 대체로 그러하듯이 부정적인 측면이 강하다. 이런 와중에서 『말(Речь)』는 안중근의거를 위대하다고 평가한 이범윤과의 인터뷰 내용을 게재하면서[45] 안중근의거를 '민족적 복수'라고 보도하였다.[46] 『말』과 같은 논조를 보인 러시아신문은 『신생활』, 『우수리스크변방』, 『동방의 여명』 등을 들 수 있다.[47] 1910년 4월 16일자 영국신문 『더 그래픽(The Graphic)』이 "세계적인 재판의 승리자는 안중근이다"라고 보도하여 『말』과 보조를 같이하였다.

---

43 日本 外交史料館, 『上海週報』(문서번호 : 1.3.2, 30) "數回의 宣言에 의해 韓國의 지위는 명확하게 되었음에도 불구하고 한국은 이미 일본의 속국이 되었다. 그의 伊藤公暗殺事件의 경우는 분명히 이를 例證하는 것이다. 대저 암살이 행해진 장소는 露淸 어디냐는 명백하다. 그리고 일본은 한국의 외교권을 갖고 있으므로 在淸韓人의 재판은 일본영사관에서 관할할 수 있다하더라도 일본영사관은 살인죄와 같은 중대한 사건을 관할할 수 없다는 것은 사실로 상해의 예에 비추어 보아도 명백하다. 고로 本件은 犯人의 本國 즉 한국재판소에 이송하지 않으면 안 되는데도 일본은 이를 행하지 않고 여순으로 移牒하였다. 이러한 처리는 韓人을 日本人과 같이 취급하고 遼東半島를 日本領土視하는 요구의 例證을 구성하는 것이다. 그러나 이는 모두 근거 없는 부당한 요구인 것은 이를 각 조약에 비추어 보아도 명백하다."

44 러시아의 안중근 관계 신문자료에 대해서는 박보리스 드미트리예비치 · 박벨라 보리소브나, 「안중근의사에 대한 조선과 해외의 반응」, 『안중근연구의 기초』(안중근의사 의거 100주년기념연구논문집 2), 안중근의사기념사업회, 2009, 참조.

45 국가보훈처, 『아주제일의협 안중근』 3; 150~153쪽.

46 박보리스 드미트리예비치 · 박벨라 보리소브나, 「안중근의사에 대한 조선과 해외의 반응」, 369쪽.

47 박보리스 드미트리예비치 · 박벨라 보리소브나, 「안중근의사의 위업에 대한 러시아 신문들의 반응」, 368~375쪽.

3. 『만주일일신문(滿洲日日新聞)』의 안중근 관계기사

국내 일본어 신문에서 다음과 같은 사실을 확인할 수 있다. 즉, ① 국내의 일반(반일세력)의 반응,[48] ② 국외의 안중근 구출운동의 실상,[49] ③ 안중근의거가 의병세력에 미친 영향[50]과 의병의 활동상,[51] ④ 학생세력의 인식과 행동,[52] ⑤ 유생세력의 활동상,[53] ⑥ 부일세력의 활동상황,[54] ⑦ 일인의 안중근의거 인식과 이토 추모[55] 등을 엿볼 수 있다.[56]

그러나 무엇보다 안중근 관계 자료가 풍부하게 게재되어 있는 신문은 중

48 『朝鮮新聞』 1909年 10月 28日字, 「排日黨の狂態」. "伊藤公暗殺의 急報가 韓人間에 전해지자 排日黨은 拍手喝采를 보내어 公의 遭難을 慶祝하고 혹자는 此際에 曾禰統監을 暗殺해야 한다고 絶叫하여 狂態를 보이고 있으므로 統監邸內外를 엄중히 경계하고 있다."

49 『京城日報』 1910年 2月 6日字, 「安重根への醵出」. "安重根에의 醵金 거의 七萬圓에 달하다. 旣報 安重根의 辯護料 支給이 어렵다는 것은 바로 同志들의 詭計로 事實은 전연 그와는 반대이다. 當局이 偵知한 바에 따르면 排日同志가 同人에 傾注하는 同情은 대단하여 今日에 이르기까지의 醵出金은 七萬圓의 巨額에 달한다고 한다. 돈을 醵出한 사람은 경성에 오히려 적고 西北方面에 많다. 게다가 이 金額의 處分에 대해서는 단순히 同人의 身上을 위해서만 지불하지 않고 금후 同志의 秘密費로도 충당할 것이라는 內議가 있었다고 한다."

50 『朝鮮新聞』 1909年 11月 11日字, 「浦鹽と韓人」.

51 안중근에게 의거자금을 제공한 이진용(이석산)의 활동상황에 대해서도 일본어 신문에서 확인된다. 『京城新報』 1910年 3月 5日, 「暴徒暴徒! 李鎭龍の出現 …… 部下는百名 …… 北行列車脫線」.

52 『京城日報』 1909年 11月 5日字, 「學童禮拜를 拒絶」. "一昨日 장충단 追慕會에서 市內各學校生徒 參列到着順에 의해 梅洞普通學校를 第一로 祭壇前面에 整列한 순서대로 예배를 행하였는데 오직 늦게 참회한 西小門外 梨花學校의 女生徒만은 제단 앞에 참렬하였을 뿐 예배를 촉구하였으나 종교상의 신념으로 결국 예배를 행하지 않았다. 덧붙여 말하면 同校는 감리교를 信奉하는 자이다."

53 『京城日報』 1909年 10月 29日字, 「儒生の檄文配布」. "京城에서 儒生 등은 五名의 連書로 統監政治를 攻擊하고 伊藤公을 誹謗하는 檄文을 낭독하고 各國 영사관에 배포한 것이 발견되었다 한다."

54 『京城新聞』 1909年 10月 29日字, 「一進會の弔問使」・「大韓協會の決議」.

55 『朝鮮新聞』 1909年 10月 28日字, 「紀念像を建てよ」.

56 한국 내에서 발행되던 신문 중에 통감부의 영어판 기관지『The Seoul Press』를 주목할 필요가 있다. 이를 통하여 통감부의 안중근의거에 대한 기본적 인식을 살펴볼 수 있을 뿐만 아니라, 안중근의거를 계기로 외국선교사로 구성된 한국 천주교의 최고위층의 부일적 성향을 여실히 확인할 수 있다.

국 대련(大連)에서 발행되던 『만주일일신문(滿洲日日新聞)』이다. 대련에 본사를 둔 이 신문은 일본 외교사료관 사료에서 볼 수 없는 생생한 현장분위기와 많은 정보를 제공하고 있다. 이러한 의미에서 『만주일일신문』은 안중근을 연구할 때 반드시 검토해야 할 사료라고 할 수 있다.

1909년 10월 27일자 『만주일일신문』「伊藤公哈爾賓着」에 안중근의거 기사가 보도되었다. 이때는 이토를 처단한 사람이 안중근이며 이토의 사망사실은 일제의 보도통제로 기사화되지 못하였다. 이후 1909년 10월 28일자 「대흉보!! 대비보!! 하얼빈에서 이토공작의 조난(大凶報!! 大悲報!! 哈爾賓より伊藤公爵の遭難)」에서 안중근의거가 본격적으로 다루어졌다. 이로부터 1910년 5월경까지 제외국과 일본정부의 반응, 공판관계, 면회관계, 옥중생활, 순국상황 등이 『만주일일신문』에 게재되었다. 이러한 내용은 일제의 공문서에서도 대부분 확인되고 있다. 그럼에도 『만주일일신문』의 가치는 일제의 공문서에서 확인할 수 없는 부분 즉, 1) 천주교 측의 인식, 2) 사진관계, 3) 공판준비와 개정전후의 상황, 4) 공판진행상황과 공판내용, 5) 변호사관계, 6) 면회상황관계, 7) 옥중생활과 수형상황(안중근의 최후) 등을 자세히 알 수 있다는 데 있다.

1) 천주교 측의 인식

천주교 측의 안중근의거에 대한 인식이 『만주일일신문』에서도 확인할 수 있다. 즉,

> 安의 擁護者
> 韓國 京城中都 黃土峴 二十三通 卞榮順 同鏡峴 天主教 宣教師 佛國 歸化人 安神父 즉 安世華 兩人은 安이 拘禁되었을 當時부터 安을 위해 八方奔走하여 辯護 其他에 관해서 熱心盡力 中이라고 한다.[57]

이처럼 변영순[58]과 안(安) 신부[59]의 경우에서 보듯이 안중근의거에 적극적으로 호응한 천주교 인사들이 있었다는 사실을 『만주일일신문』에서 확인할 수 있다. 이는 천주교 측이 안중근의거를 부정적으로 보았다는 주장의 허구성을 뒷받침하는 중요한 근거가 됨에 틀림없다. 그리고 안중근의 신앙심은 절친한 교우 한동후(韓桐候)·이승효(李勝孝)에게 신앙생활을 열심히 하라는 전언을 남긴 데서도 알 수 있다.[60]

2) 사진관계

『만주일일신문』에 최초로 게재된 안중근관계사진은 1910년 2월 3일자의 「兇漢 安重根」이다. 이후 3월 31일자 「安重根死裝束(處刑十分前의 撮影)」을 포함하여 26여 종의 사진이 게재되어 있다. 이 중에는 아직까지 일반에 알려지지 않았거나 사적 의미를 갖는 사진이 포함되어 있다.

우선 「거사 3일전 하얼빈 중국인 사진관에서 촬영한 안중근(安重根), 우덕순(禹德淳), 유동하(劉東夏) 기념사진」을 들 수 있다. 이 사진은 『만주일일신문』 1910년 2월 4일자에 실려 있고 가로 13센티, 세로 5.5센티로, 그 우측면에 사진설명이 있다.[61] 이는 1909년 10월 21일 안중근 일행이 하얼빈에

---

57 『滿洲日日新聞』 1910年 2月 5日字, 「安の擁護者」.
58 변영순에 대해 정확히 알려진 것은 없으나 안 신부와 함께 안중근 변호비 모금활동을 한 것으로 보아 천주교 교인으로 추정된다.
59 안세화 신부에 대해 『滿洲日日新聞』은 3月 12日字의 「安神父の人物」에서 다음과 같이 전하고 있다. 즉, "記者는 또한 대단히 排日思想을 鼓舞하고 있다고 稱하는 京城 安神父라는 사람에 대해 확인한 바, 安은 本名이 프로안 도벤치유(필자─드망즈 플로리 아노)라고 하며, 千七百(필자─千八百의 잘못)七十五年 巴里에서 태어난 者로 當年 三十五歲, 十年前 韓國에 와서 열심 전도에 종사하고 있는 有爲의 인물이라 한다."
60 『滿洲日日新聞』 1910年 3月 17日字, 「安未練を出す」.
61 『滿洲日日新聞』 1910年 2月 4日字, 「兇行三日前哈爾賓支那人寫眞館より撮影したる紀年寫眞 左安重根, 中禹德淳, 右劉東夏」.

도착한 다음 날인 22일 오전 10시경에 찍은 것이다.[62] 이 사진의 의미는 크게 두 가지 측면에서 살펴볼 수 있다. 즉, 하나는 현존하는 안중근 관계사진의 대부분은 일본 조사당국이 남긴 것임에 반하여 이것은 안중근이 그 자신의 의지로 촬영한 현존하는 유일한 사진이라는 것이다. 다른 하나는 두 동생에게 찾으라는 유언을 남겼을 정도로 안중근에게는 매우 중요한 사적 의미를 갖고 있다는 데 있다.[63]

두 번째는 변호사관계 사진이다. 이는 크게 변호사 단체사진과 안병찬 단독사진으로 나누어 볼 수 있다. 전자는 1910년 2월 13일자에 게재된 것으로 크기는 가로가 8.3센티, 세로가 5.7센티로 그 우측면에 「미즈노(水野) 일본 변호사, 더글라스 영국 변호사, 안변찬 변호사」라는 사진설명이 붙어 있다.[64]

이 사진이 갖는 의미는 크게 두 가지로 나누어 볼 수 있다. 하나는 미즈노(水野)·가마다(鎌田) 일본인 변호사와 안병찬(安秉瓚) 변호사, 더글라스 변호사가 안중근 변호를 위해 9일과 12일 야마또호텔에서 재판에 대한 의견을 서로 교환하는 등의 친밀한 관계를 유지했다는 증거라는 데 있다. 다른 하나는 이들 변호사들의 유일한 단체 기념사진이라는 데 있는 것이다.

후자는 1910년 10월 4일자 게재된 것으로 그 크기는 타원 안에 가로 3.9센티, 세로 5.5센티로 그 하단에 「韓國人 辯護士 安秉瓚氏」라고 설명되어 있다. 이 사진의 의미는 안중근재판 당시의 안병찬 모습을 알 수 있는 사진이라는 것에 있다.

세 번째 사진은 안중근 면회를 위해 여순에 와 있는 빌렘 신부 사진이다. 이것은 1910년 3월 9일자에 게재되어 있는 것으로, 크기는 가로 6센티, 세로 12센티로 그 상단에 「宣敎師 洪神父」라는 사진설명이 있다.

---

62 국사편찬위원회, 「전보 제171호」, 『한국독립운동사』 자료 6, 345쪽.
63 국사편찬위원회, 「보고서」, 『한국독립운동사』 자료 7, 541쪽.
64 『滿洲日日新聞』 1910年 2月 13日字, 「水野辯護士, 西川玉之助氏, 英國辯護士ユ一, ダグラス氏, 韓國辯護士安秉瓚氏, 田辯護士(旅順法院に於て撮影)」.

네 번째는 옥중에서 붓글씨를 쓰고 있는 모습으로 추정되는 안중근사진이다. 이것은 안중근이 순국한 1910년 3월 26일에 게재된 것으로 그 크기는 가로 8센티, 세로 11.9센티로 그 상단에 「最近의 安重根」이라고 설명이 기재되어 있다.[65] 이는 오른손이 전면을 향해 있고 왼손은 허리의 약간 뒤쪽에 둔 자세의 사진이다. 이것은 여순감옥의 전람관(展覽館) 복도에 걸려 있는 붓글씨를 쓰는 모습과 비슷하다. 이로써 그 출처가 『만주일일신문』임이 확인되었다.

다섯 번째는 안중근 최후의 사진이다. 이는 1910년 3월 31일자에 게재되어 있는 것으로 「수의를 입은 안중근, 처형 십분 전 촬영」이라고 사진설명이 되어 있다.[66] 이는 안중근이 죽기 5분 전의 사진이라는 사진설명이 잘못된 것임을 확인할 수 있는 사료라는 면에서 의미 있다.

여섯 번째는 유묵사진이다. 이는 두 가지가 실려 있다. 하나는 3월 26일자의 「一勤天下無難事」이고, 다른 하나는 3월 27일자에 게재되어 있는 「通情明白光照世界」이다. 전자는 『만주일일신문』을 통해 그 존재가 알려졌다. 후자는 이미 알려진 것으로 안중근이 통역관 소노키(園木)에게 증여한 것이다.

그 이외에도 안중근사진과 관련하여 러시아 사진사[67]가 의거전후의 상황을 찍은 활동사진을 주목할 필요가 있다. 이는 1910년 1월 16일자 『만주일일신문』에 「藤公遭難活動寫眞」이라는 제목으로 실려 있다. 즉, "사진 상태가 좋지 못함에도 많은 사람들이 몰려드는 인기물이다"고 보도하고 있다. 이로 보아 당시 안중근의 의거에 대한 국제적인 관심이 어떠했는지 짐작하고도 남을 것이다.

---

65 『滿洲日日新聞』 1910年 3月 26日字, 「最近の安重根」.
66 『滿洲日日新聞』 1910年 3月 26日字, 「安重根死裝束, 處刑十分前の撮影」.
67 국사편찬위원회, 「전보 호외 9호」, 『한국독립운동사』 자료 7, 14쪽.

3) 공판 준비와 개정 전후의 상황

안중근 공판내용은 신문(訊問)조서가 남아있기 때문에 잘 알려져 있다. 그러나 여순감옥과 재판장까지 안중근일행을 호송하기 위한 방법과 그 과정 및 상황, 재판장의 확장정비, 재판 분위기, 외국인 및 외국인 변호사의 재판평가 등에 대한 것은 자세히 알 수 없었다.

법원 측이 많은 방청인을 수용하기 위해 여순법원에서 가장 큰 제1호 법정을 안중근재판 법정으로 정하고 난방시설을 정비하였다는 보도도 보인다.[68] 아울러 준비상황으로 방청인이 갖추어야 할 자세를 9가지로 분류하여 구체적으로 제시한 내용도 보도되어 있다.[69] 2월 7일에 있었던 제1회 공판의 전후 상황을 2월 8일자 「하얼빈 비탄의 여음」이라는 큰 제목으로 보도하였다.[70] 즉, 일제가 안중근 공판을 위해 일본에서 특수 제작된 호송마차를 들여왔다는 사실, 안중근의 호송경계 상황과 법원으로 입장하는 광경 등을 『만주일일신문』에서 확인할 수 있다.[71]

또한 재판이 시작되기 전의 분위기와 외국 귀빈도 언급되어있다.[72] 그리고 삽화와 더불어 안중근의 진술내용을 간략하게 소개하고 있다.[73] 특히 안중근에 대해 "그다지 흉한 남자로 보이지 않았다. (…중략…) 수많은 방청객이 장하게도 망국의 괴로움에 못 견뎌 독립자유의 넋자에 목숨도 아깝게 여기지 않고 생사를 함께 하기로 약속한 애국우세(愛國憂世)의 지사의 용모가 어떠한가 기대하고 있다"고 지적하기도 하면서 안중근의 훌륭한 복장과 태도에 오히려 일본인들이 당황하였다고 기록하고 있다.[74]

---

68 『滿洲日日新聞』1910年 2月 6日字, 「法院の準備」.
69 『滿洲日日新聞』1910年 2月 6日字, 「傍聽人心得」.
70 『滿洲日日新聞』1910年 2月 7日字, 「哈爾賓飛彈の餘音」.
71 『滿洲日日新聞』1910年 2月 8日字, 「護送馬車の到着」.
72 『滿洲日日新聞』1910年 2月 8日字, 「開廷前の模樣」.
73 『滿洲日日新聞』1910年 2月 8日字, 「安重根の陳述」.
74 『滿洲日日新聞』1910年 2月 8日字, 「被告人の入廷」.

4) 공판 진행상황과 공판 내용

『만주일일신문』은 안중근 공판내용을 「安重根事件公判速記錄」이라는 제목으로 현장에서 채록하여 보도하였다. 이는 일본의 공문서에서는 볼 수 없는 안중근공판을 생생하게 전해주고 있다. 이를 통해 안중근의 진면목이 알려졌던 것이다. 특히 2월 8일, 9일, 11일, 12일, 13일에 「哈爾賓飛彈의 餘音」을 연재하여 재판장의 분위기 등 「안중근사건공판속기록」[75]에서 다룰 수 없는 부분을 보충하였다. 예컨대 안중근의 두 동생도 공판을 지켜봤다. 이때의 상황을

> 8일 오전 9시 15분 재판장 이하 착석 피고도 입장, 안중근의 얼굴을 보자 신문기자석 후방의 방청석에 있던 중근의 동생 定根은 불쑥 韓語로 큰 소리를 내어 "형님 定根도 여기에 있소"라고 외쳤다. 그러자 重根이 흘끗 소리 나는 쪽을 보고서 고개를 끄덕이자 오히려 일어나 무언가를 말하려고 할 때에 옆에 있던 戶田 형사에 이끌려 퇴장당하였는데 廊下에서 定根, 恭根 兩人은 서로 부둥켜안고 渾然一體 울기만 하고 있었다. 吉田 警視 齊藤 警部 등도 다가가 달랬지만 계속 울기만 하므로 한국에서 出張 온 酒井 警視는 두 사람을 3호 법정으로 끌고 가서 20분여 이들을 懇諭하였다. 겨우 납득되어 맥없이 법원을 나가는 모습은 너무나 애처러웠다. 恭根은 결국 계속해서 오후공판을 방청할 예정이다.[76]

라고 전하고 있다.

---

75 이는 이후 만주일일신문사가 1910년 3월 『安重根事件公判速記錄』이라는 제목으로 다시 정리하여 단행본으로 출판하였다.
76 『滿洲日日新聞』 1910年 2月 8日字, 「定根法廷騷亂을 騷す」.

또한 평양 이화동에 사는 무명씨가 고등법원장 앞으로 협박편지를 보냈다는 기록이 있다.[77] 즉, "공판은 사설재판에 지나지 않으며 외국인 변호사를 허가하지 않은 것은 재판장의 私感에서 나온 것"이라는 주장이다.[78] 이는 당시 한국인들의 안중근재판에 대한 입장을 살필 수 있는 중요한 사료이다. 그리고 사형선고를 받은 안중근이 평소와 같이 얼굴색 하나 변하지 않고 태연한 모습인데 반하여 두 동생들은 눈물을 주체할 수 없었다는 기사도 보인다.[79]

5) 변호사 관계

『만주일일신문』에서 변호사들의 활동과 이력을 확인할 수 있다. 안병찬은 1903년부터 프랑스인에게서 법학을 4년간 배운 후 평안북도 영변(寧邊)지방재판소에서 1년간 검사직에 있다가 경성(京城)으로 옮겨 변호사를 하고 있다고 보도하였다. 그리고 그 신문은 노령 한인의 부탁을 받고 온 미하일로프를 그다지 주목하지 않은 반면 상해에 있던 영국인 변호사 더글라스에 대해서는 지면을 할애하고 있다. 즉, 33세로 1900년 옥스포드 대학을 졸업하고 한 번 재판장이 되었으나 후에 상해로 건너와 4년부터 변호사를 개업하였다고 더글라스를 소개하였다. 그리고 그의 부친이 일본 해군창건에 일정한 역할을 하였으며 천황의 훈장도 받았고 이토의 사망소식을 듣고 애도문을 일본정부에 보낸 사실도 언급하였다. 그러면서 아버지는 일본을 위해 일한데 반해 자신이 안중근 변호를 위해 여순에 온 것은 그와 특별한 인연 때문이라는 더글라스의 발언을 소개하였다.[80]

---

77 『滿洲日日新聞』 1910年 2月 24日字, 「法廷へ脅迫」.
78 『大阪朝日新聞』 1910年 2月 24日字, 「韓人の脅迫狀」.
79 『滿洲日日新聞』 1910年 2月 14日字, 「法廷雜觀」.

그리고 미즈노(水野)와 가마다(鎌田) 두 일본인 변호사가 안중근 변호를 맡게 된 사유를 관선 변호사의 순번에 따른 것이라고 『만주일일신문』은 전하고 있다.[81] 또한 안중근이 미즈노 변호사에게 "曲突徒薪無恩澤, 焦頭爛額爲上客"라고 말한 일화를 소개하고 있다.[82] 그 말은 『한서(漢書)』「곽광전편(藿光傳扁)」에 나오는 것으로 화재의 예방책을 알려준 사람에게는 감사를 표하지 않고 불난 뒤 진화를 도와준 사람에게만 보답한다는 뜻이다. 그 신문은 "일본이 한청 양국인의 팔을 자르고 다리를 잘라 머리만으로 혼자 일을 하려고 하는 통감의 시정방침의 잘못을 응징한 것으로 필경 자신이 동양의 평화를 위해 일신을 희생하려고 하는 의미일 것이다"고 뜻풀이를 하였다.[83]

6) 면회상황 관계

안중근을 면회한 사람들은 일본인 변호사들과 두 동생 그리고 빌렘 신부이다. 안중근은 동생들과의 면회에서 "깨끗하게 죽어라"는 어머니의 전언을 듣게 된다. 그 과정과 상황을 『만주일일신문』은 자세히 기록하고 있다.[84] 또한 안중근은 두 동생과 면회에서 한복을 청하였다. 그 이유에 대해 아직까지 정확하게 알려지지 않았다. 『만주일일신문』은 이에 대한 해답을 주고 있다. 즉, 그는 "내 衣服은 染血로 더러워졌으니 朝鮮風의 白衣로 속히 바꾸어 입고 싶다"고 하였다.[85] 말하자면 이는 이토를 처단할 때 입고 있던 옷은

80 『滿洲日日新聞』 1910年 2月 10日字, 「公判廷雜觀」; 2月 15日字, 「父は日本後援者」.
81 『滿洲日日新聞』 1910年 2月 5日字, 「辯護人に對して」.
82 『滿洲日日新聞』 1910年 2月 16日字, 「宣告後の安」.
83 『滿洲日日新聞』 1910年 2月 17日字, 「曲突云云の意」.
84 『滿洲日日新聞』 1910年 2月 13日字, 「健氣の母」; 1910年 2月 14日字, 「安の從弟來る」.
85 『滿洲日日新聞』 1910年 3月 17日字, 「安未練を出す」.

이미 더러워졌기 때문에 깨끗한 한복으로 갈아입고 천국으로 가고자 했던 그의 의지가 반영된 것이다.

또한 여순감옥 전옥(典獄) 구리하라(栗原)의 명으로 그의 장녀가 안중근이 사형을 당하였을 때 입고 있던 한복을 만들어 주었다는 주장이 일본에서는 마치 사실로 받아들여지고 있는 것 같다.[86] 그러나 "한복을 고향에서 56원에 사서 보냈다"는 『만주일일신문』의 보도를 보건대, 이는 사실이 아니다.[87]

그리고 안중근은 "동양평화 한국독립을 입에서 그치지 않고 두 동생은 태도를 바르게 하여 흐트러지지 않고 감탄할 뿐"[88]이라는 보도에서 알 수 있듯이 두 동생에게 한국의 독립과 동양평화의 당위성을 자세히 설명하였다. 이는 필시 두 동생의 향후 대일투쟁에 투신하게 된 정신적 유산이 되었을 것이다. 또한 두 동생이 '한일합방론'을 어떻게 생각하느냐고 물었는데 그는 '불가론'을 피력하기도 하였다.[89]

안중근과 빌렘 신부의 면회는 3월 8일부터 11일까지 총 4회에 걸쳐 이루어졌다.[90] 『만주일일신문』은 빌렘 신부가 여순에 도착하기까지의 과정[91]과 면회상황을 상세히 다루었다. 특히 한국 천주교를 소개하면서[92] 한일양국인

---

86 齋藤充功, 「"新發見"寫眞六十点の檢討と安重根の眞筆, 處刑の謎追」, 『寶石』 4월호, 1994, 361쪽.

87 『滿洲日日新聞』 1910年 3月 24日字, 「安の死裝束」.

88 『滿洲日日新聞』 1910年 3月 21日字, 「二弟最後の面會」.

89 『滿洲日日新聞』 1910年 3月 17日字, 「安の合邦論」. "二弟는 近日來 合邦問題로 떠들썩한데 兄 어떻게 생각하느냐고 묻자 重根은 合邦 따위는 조선의 事情을 몰라서 하는 헛소리이고 말로만 그렇고 실제로 불가능하다고 合邦論에 대해 기세등등하게 부정하였다. 하찮은 질문을 하기보다 다음에 올 때는 談話要領을 적어오라고 꾸짖었다."

90 빌렘 신부를 만난 안중근의 심정은 다음과 같이 전해지고 있다. "安은 看守에 끌려나와 용수를 쓴 채로 면회실에 웃으면서 들어와 신부와 얼굴을 맞대자 그는 너무나 기쁜 나머지 쏜살같이 다가와 신부의 발밑에 무릎을 꾸니 신부도 2·3보 다가가 굳건한 악수를 교환하였다. 그 후 안에게 자리를 내주며 서서히 이야기를 시작했다. ……이때까지 말한 빌렘 신부는 어느덧 시간도 예정이 지나자 일단 돌아가야 한다고 하자 소매를 잡고 중근은 계속 울었다"(『滿洲日日新聞』 1910年 3月 9日字, 「神父と安の面會」).

91 『滿洲日日新聞』 1910年 2月 14日字, 「神父へ電報」; 1910年 2月 18日字, 「洪神父は來らず」; 1910年 3月 7日字, 「洪神父來る」.

간의 재판은 한국인에게 불공평하다는 빌렘 신부의 언급을 엿볼 수 있다.[93] 이는 일본 공문서에서 빌렘 신부가 안중근을 일본이 관대하게 대우하였다고 한 기록과는 상반되는 대목이다.

더 나아가 그는 일본인에 의해 만들어진 교과서를 비판하면서 "한국입국사(韓國立國史) 및 국가(國歌)를 가르쳐야 한다"고 강조하기도 하였다. 더욱이 그는 일본이 한국병탄을 단행하면 천주교도가 봉기하지 않는다고 보장할 수 없다고 하여 일본의 한국병탄은 불가하다는 입장을 취하였다.[94] 이러한 『만주일일신문』의 기사는 빌렘 신부의 성향을 파악하는 데 중요한 단서를 제공하고 있다.[95] 말하자면 드러내놓고 일본의 대한정책에 반대할 수 없으나 속으로는 일본의 침략성을 인식하고 있었다는 의미이다. 이러한 면에서 "평양 안 신부가 돈 100원을 여순의 두 동생에게 송부하였다"는 기사에서 보듯이[96] 일부 천주교세력이 안중근을 위해 진력한 이유가 설명될 수 있다.

7) 옥중생활과 수형(受刑)상황

안중근의 일본인에 대한 평가를 엿볼 수 있다. 그는 히라이시(平石) 고등법원장이 가장 마음에 들며, 사리가 통하는 인물이라고 평하였다. 이는 2월 17일에 있었던 면담에서 그가 일본의 대외정책을 비판하는 동양평화론 등을 들어주었기 때문으로 보인다. 그 다음으로 안중근을 '우국지사(憂國志士)'

---

92 『滿洲日日新聞』 1910年 3月 10日字, 「支那宿の神父」.
93 『滿洲日日新聞』 1910年 3月 12日字, 「洪神父の談話」.
94 위와 같음.
95 빌렘 신부는 의병을 일제에 투항시키는 데 일정한 역할을 하였다(『滿洲日日新聞』 3月 10日字, 「洪神父を賞讚す」). 이러한 측면에서 그를 부일성향의 인사로 평가할 수도 있다. 그러나 이러한 발언과 이후 안중근의거를 지지한 그의 행동을 보건대, 빌렘 신부에 대한 새로운 평가가 가능하리라고 생각된다.
96 『滿洲日日新聞』 1910年 2月 15日字, 「鄕里より送金」.

라고 한 미즈노(水野) 변호사를 높게 평가하였다. 그 다음으로 감옥생활의 편의를 제공해준 전원 구리하라(栗原)를 꼽았다. 그리고 안중근에게 사형을 구형한 미조부치(溝淵) 검찰관을 가장 혹평하였고 그 다음으로 마나베(眞鍋) 재판관(裁判官)을 꼽았다.[97]

반면, 일본의 안중근 평가도 『만주일일신문』에서 엿볼 수 있다. 즉, 통역관 소노키(園木)는 안중근을 "그 최후의 결심은 깨끗하게 죽겠다고 하여 남자로서 명예를 지켰고 내기에 이긴 사람이다"라고 평가할 정도였다.

그런데, 대개의 사람들은 사형선고를 받은 후, 죽음에 대한 불안감으로 몸무게가 현저하게 주는 것이 일반적인 현상이다. 그러나 안중근은 입감될 당시 14관(貫) 400양(兩, 54.5kg)이었는데, 사형선고를 받은 이후 14관(貫) 940양(兩, 56.5kg)으로 540양(兩, 2kg)이나 체중이 증가하였다. 이를 『만주일일신문』은 특이한 일이라고 보도하였다.[98] 이처럼 그의 체중이 증가한 것은 무엇보다 죽음을 앞두고서도 그의 심리상태가 안정되었음을 의미하는 것이다.

『만주일일신문』은 안중근의 장엄한 최후를 비교적 상세히 그리고 있다. 안중근이 감방에서 사형장으로 끌려가는 과정, 사형장구조, 안중근 사형에 대한 일본인들의 감상 등을 엿볼 수 있다. 이처럼 사료적 가치가 높기 때문에 다음과 같이 전재하기로 한다.

> 안중근의 최후
> 흉행 후 145일
> 봄비가 몹시 내리다
> 3월 26일 오전 10시 안중근의 사형은 여순감옥에서 행하였다. 당시의 상황을 들은 바에 따르면 안은 예정시각보다 일찍 어젯밤 향리에서 온 수의를 입고 간수 4명이 앞뒤에서 경호하여 형장의 교수대 옆에 있

---

97 『滿洲日日新聞』 1910年 2月 21日字, 「安重根の見た日本官人」.
98 『滿洲日日新聞』 1910年 2月 23日字, 「安重根の體重」.

는 공소로 우선 끌려갔다. 당일의 수의는 겉옷과 속옷 모두 순백의 조선 명주복을 입고 있었고 바지는 흑색의 같은 조선명주로 만들어 흑백이 선명하게 나뉘어져 있는 바, 아무리 봐도 수분 후에는 명(필자─이 세상)에서 암(필자─저세상)으로 가야할 형인의 신상과 상응하여 보는 사람으로서 일종의 감에 젖게 된다.

집행언도

드디어 미조부치(溝淵) 검찰관 구리하라(栗原) 전옥 소노키(園木) 통역 기시다(岸田) 서기 제씨(諸氏)는 교수대의 전면에 있는 검시실에 착석하였다. 이후 안을 공소에서 끌어내어 구리하라 전옥은 안에 대해 올 2월 14일 여순지방법원에서 재판언도 확정명령에 의해 사형을 집행한다는 취지를 고지하고 소노키 통역의 통역이 끝나자 안은 아무 말하지 않은 채 알았다는 듯이 고개만 끄덕였다. 전옥은 재차 안에게 뭔가 유언하고 싶은 말이 없느냐고 하였다. 그 말에 안은 아무 할 말도 없다. 다만 자신의 범죄는 동양평화를 위해서 한 것이니 자신의 사후에도 한일 양국인이 서로 일치협력하여 동양평화의 유지를 꾀하기를 바란다고 하였다. 이때 간수가 반지 두매를 접어 안에게 씌우고 그 위에 백포를 씌어 눈을 가린 안의 최후는 시시각각 다가왔다.

최후의 기도

재판당초부터 판결언도에 이르기까지 제반취급에 정중하고 친절하게 시종한 관헌은 안이 최후의 순간에 이르자 한층 관대한 대우를 하여 우선 그에게 마음대로 최후의 기도를 하라고 허가하였다. 안은 전옥의 말에 따라 수분간 묵도를 하고 나서 수명의 간수의 부축을 받아 교수대에 올랐다.

교수대의 구조는 마치 중이층과 같은 것으로 작은 계단 7개를 오르면 그 위에 화덕만한 크기로 잘라 판자를 덮었다. 안은 조용히 한 계단 한 계단 죽음의 길로 다가가는 그 찰나의 감인가 아마도 얼굴색은 백의와 대조적으로 한층 창백해진 것 같다. 드디어 대상(臺上)에서 책상다리를 하고 밧줄을 조용히 그의 목에 걸었다. 한 사람의 옥리가 그 한 쪽 끝을 밟자 판이 꿈틀거리며 뒤집힘과 동시에 교수형은 아무 일 없이 끝났다. 10시 15분 안은 완전히 숨이 끊어졌다. 그 시간은 불과 수 분간이었다.

침관에 안치하다

보통 사형수의 유해는 조통(早桶)에 안치하는 것이 상례이지만 특별히 안을 위해서 새로 송판으로 침관을 만들어 정중히 시체를 안치하고 그 위를 치장하였는데 옥개(屋蓋)로 백의를 덮고 매우 정중히 취급하여 일단 이를 교회실(敎誨室)에 안치하였는데 안이 형장에 임할 때 품 속에 품은 기독의 서상(書像)을 관의 안쪽에 놓았다.

공범자의 조배(弔拜)

안의 공범자인 조도선 우덕순 유동하 세 사람은 교회실에 끌려와 안의 유해를 향하여 최후의 고별을 허가받아 세 사람은 모두 천주교도가 아니라서 조선식으로 머리를 2회 조아려 안의 최후를 조상(弔喪)하였다. 모두 감격에 겨운듯하였다. 그 중 우는 하얼빈 이래 행동을 함께 하였으나 안중근의 소식은 그 후 끊어져 알 길이 없었다. 이번과 같이 정중한 취급을 받고 우리에게 최후의 고별을 허가한 것을 들으면 안도 필시 만족해 할 것이라고 당국의 취급에 대해 감사했다.

4. 맺음말

이상에서 필자는 안중근 관련 자료와 『만주일일신문』의 기사를 분석하고 그 의미를 살펴본 바 다음과 같이 맺음말을 대신하고자 한다.

그동안 안중근관계 자료가 상당히 발굴되어 안중근연구에 도움을 주고 있다. 그러나 여전히 연구자의 손길을 기다리는 사료도 많이 남아 있다. 특히 러시아의 사료에 대해 관심을 가지고 앞으로 지속적으로 연구를 할 필요가 있다.

국내외의 신문에 보도된 안중근관련기사는 당시 각국의 국제정치에 대한 인식이 반영되어 있고 철저하게 자국의 이익과 정치적 성향에 따라 안중근의거를 평가하였다. 한국은 일제에 완전히 장악되어 있었기 때문에 안중근의거를 객관적으로 평가하는 논조는 상당히 드물었다. 그러나 그러한 가운데서 많은 한국인이 안중근의거를 민족적 쾌거이자 길이 이어가야만 하는 독립투쟁의 모델로 삼고 그의 뜻을 받드는 일에 매진하였다.

그 대표적인 국내의 신문은 『대한매일신보』였다. 이 이외는 거의 안중근의거를 긍정적으로 평가하지 않았다. 특히 『황성신문』 등은 안중근을 역도라고 표현하는 부일적 성향을 노출시키기도 하였다. 물론 이러한 평가는 일제의 한국병탄 직전 부일세력의 정치적 성격을 반영하고 있는 것이다. 이러한 측면에서 안중근의거에 대한 국내의 인식은 부일이냐 독립전쟁이냐를 결정짓는 바로메타였다는 평가를 받기도 한다.[99]

안중근의거를 집중적으로 다룬 해외의 한인신문은 대표적으로 노령의 『대동공보』, 미주의 『신한민보』·『신한국보』를 들 수 있다. 이 신문들은 안중근의거에 대한 해외한인의 인식을 살펴보는데 기초적인 정보를 제공하고 있다. 전자는 안중근과 관련이 있는 인사들이 포진해 있었다. 따라서 안중근과 직접적인 접촉이 있던 대동공보인사들의 안중근에 대한 애정은 남달랐다. 후자인 미주의 한인 신문들은 안중근의거를 찬양하면서 일제의 대한정책을 비판하는 데 초점을 맞추었다. 이 두 신문은 미주한인의 단결력을 강화하면서 대일투쟁의 정당성을 확보하기 위해 안중근의거를 집중적으로 다루었다.

한편, 안중근의거에 대한 일본인의 인식은 부정적 시각을 넘어서 한국을 병탄하라는 주장으로 나타나기도 하였다. 이러한 인식을 바탕으로 일본의 거의 모든 신문은 안중근의거의 의미를 폄하하면서 이토의 대한정책의 정

---

99 신운용, 「안중근의거에 대한 국내의 인식과 반응」, 48쪽.

당성을 부각시키는 데 주력하였다.

그럼에도 불구하고 일본의 신문들은 안중근의거의 사실관계를 규명하는 데 참고해야 할 부분이 많다. 특히 『만주일일신문』은 일본의 공문서에서 확인할 수 없는 새로운 정보를 제공하고 있음을 확인하였다. 예컨대, 『만주일일신문』을 통하여 천주교 측의 인식, 사진관계, 공판 준비와 개정전후의 상황, 공판진행상황과 공판내용, 변호사관계, 면회상황관계, 옥중생활, 수형(受刑)상황, 안중근의 최후 등을 확인할 수 있다.

그리고 안중근의 중요한 연구 분야는 그에 대한 일본인의 인식이다. 물론 안중근의거에 대한 평가는 대체로 부정적이라는 사실은 인정해야 하지만 이토의 대한정책을 반대한 세력도 존재했던 것도 사실이다.[100] 특히 미국 캘리포니아 프레스노에서 발행되던 일본어 잡지 『주간노동(週間勞動)』을 주목할 필요가 있다. 여기에 안중근을 '의사'로 이토를 '더러운 놈'으로 묘사한 내용이 게재되어 있다.

중국 신문의 대체적인 안중근의거 보도는 긍정적이지 않았지만 몇몇 신문의 논점과는 사뭇 다른 내용을 다루었다. 그중에서 『민우일보(民吁日報)』·『상해주보(上海週報)』·『자유신보(自由新報)』의 안중근평가는 이채롭기까지 하다. 『민우일보』는 안중근의거를 서구에서의 혁명투쟁의 연장선에서 인류의 인도(人道)철학을 일변시킨 위대한 사건이라고 하여 중국의 어느 사건보다도 높이 평가하였다. 『상해주보』는 안중근재판의 불법성을 예리하게 지적하였다. 또한 『자유신보』는 "4억의 중국인은 부끄럽게 여기고 죽어야 한다"는 표현을 빌려 안중근의거의 위대성을 평가하였다.

러시아신문의 안중근의거 평가도 대체적으로 긍정적이지만 않았다. 그런 가운데서도 『말(Речь)』, 『동방의 여명(Восточная заря)』, 『신생활(Новая жизнь)』 등의 신문은 안중근의거를 긍정적으로 평가하는 기사를 게재하기도 하였다.

---

100 특히 니시자카 유타카(西坂豊)는 이토의 한국정책에 반대하여 자결하였다. 『대한매일신보』 1907년 1월 7일자, 「寄書」.

이상과 같이 안중근의거를 다룬 국내외의 신문을 검토하여 보았다. 물론 이 글에서 안중근 관계 신문기사가 전부 다루어진 것은 아니다. 이는 아직도 연구가의 손을 기다리는 신문이 많이 남아 있다는 의미이다. 따라서 앞으로 안중근관련 신문자료에 대한 발굴과 연구를 더욱 진척시켜야 한다는 연구자로서 의무를 다시 한번 절감한다.

2부 안중근의 계몽운동과 독립전쟁

안중근의 민권·민족의식과 계몽운동

1. 들어가는 말

안중근은 사당의 '신주'에 비유하여 독립운동가 중에서 최고봉이라는 김구의 평가에서 보듯이 한국민족운동사의 중축적인 역할을 하였다. 뿐만 아니라 중국 신문 『민우일보(民吁日報)』는 안중근의거를 "人道철학에 관한 학설을 일변시킬 위대한 사건"이라고 평가하였고,[1] 심지어 안중근을 '의사'라고 상찬한 일본 언론도 있었다.[2]

안중근의 민권·민족의식의 형성은 천주교와 깊은 관련이 있음은 대체로 인정되는 바이다. 안중근의 민권사상은 "천명의 본성으로 천주가 태중에서부터 불어 넣은 것"이라는 천부인론을 근간으로 한 것으로 보인다. 아울러

---

1 백암 박은식, 『불멸의 민족혼 安重根』(이동원 역, 한국일보사, 1994), 135쪽.
2 『신한민보』 1909년 11월 10일자, 「譯 「週間勞動之快論」」.

그는 독립국가의 실현은 민권의 구현에 달려 있다고 보았다. 민권의 실현은 구체적으로 난신적자의 제거에 두었던 것이다. 그리하여 그는 '김중환의 옹진군민 돈 5천 냥 갈취사건'과 '이경주사건'을 통하여 민권을 실천하고자 하였다.

안중근의 민족의식은 일찍이 그의 대학건립 주장에 대해 뮈텔 주교가 거절하였을 때 표출되었다. 그는 영어와 일본어를 배우는 자는 영국과 일본의 앞잡이가 될 것이라는 논리로 그때까지 배우고 있던 프랑스어를 그만두었다. 뿐만 아니라 한국이 세계에 위력을 떨치면 한국어가 통용될 것이라는 주체적 언어관을 드러내기도 하였다.

이러한 의식은 천주교를 바탕으로 한 안중근의 인식이 사적 영역에서 공적 영역으로 전환됨을 의미하는 것이다. 말하자면 안중근의 민족의식은 청국의사 서원훈·안태훈 충돌사건(舒元勛·安泰勳 衝突事件), 하야시(林權助)와 부일배 처단시도, 해외이주계획, 교육활동, 의병투쟁, 이토 히로부미(伊藤博文) 처단을 가능케 한 원동력으로 작용하였던 것이다.

안중근은 중국 상해에서 서상근(徐相根)을 만나 구국의 방책을 논하는 가운데 "지금은 민족세계인데 어째서 한국만이 남의 밥이 되겠는가"라고 하여 민족을 중심으로 당 시대를 보았던 것이다. 더 나아가 그는 해외망명 결심을 빌렘 신부(Wihelm, Nicolas Joseph Mare, 洪錫九, 1860~1938)에게 고하였는데, 이를 만류한 빌렘 신부를 향하여 "종교보다 국가(민족)가 앞선다"고 선언하기에 이르렀던 것이다. 이처럼 안중근의 민족운동의 추동력은 천주교를 바탕으로 한 민족의식이었음이 분명하다.

그런데 그동안 학계에서 안중근의 민권·민족의식에 대한 연구가 전혀 이루어지지 않은 것은 아니다.[3] 그러나 안중근의 민권·민족의식의 형성과 전개과정을 구체적으로 살펴본 연구 성과는 드물다고 할 수 있다. 아울러

---

3 한상권, 「안중근의 국권회복운동과 정치사상」, 『한국독립운동사연구』 21, 2003.

'하야시와 부일배 처단계획의 의의', '해외이주계획을 세우게 된 배경', '계몽운동기의 교우관계', '교육활동의 의의', '국채보상운동의 참여' 등 자세하게 밝혀야 할 부분이 남아 있는 것도 사실이다.[4]

이러한 의미에서 필자는 이 글에서 구체적으로 안중근의 민족의식이 각 단계별로 어떠한 양태로 나타나고 있는지를 살펴보면서 그 의미를 추적해 보고자 한다. 더불어 그동안 착목하지 못했던 삼흥학교가 국채보상운동에 참여한 사실과 그 의미와 계몽운동의 의의를 짚어 보도록 하겠다. 그리고 안중근의 민족운동에 대한 이러한 연구가 안중근의 연구에 일조하기를 바라마지 않는다.

2. 민권·민족의식의 형성

인생의 전환점이 된 안중근의 천주교 입교는 안태훈의 영향이 컸다.[5] 그러나 그의 천주교 수용을 안태훈의 영향으로만 설명될 수 없다. 그의 열정적인 천주교 전교활동과 교리의 이해수준으로 볼 때[6] 종교적 감흥에 의해 자발적이고 주체적으로 천주교를 수용했음을 알 수 있다.[7] 그렇기 때문에 개인의 구복차원에서 천주교에 접근하지 않고, 천주교의 교리에서 세상을 바꾸고자 하는 방법을 찾았던 것이다. 말하자면 "천주교를 믿어 지난날의 과오를 깨닫고 참회하여 현세를 도덕의 시대로 만들고 내세에 천당에 올라

---

4 안중근의 계몽운동에 대한 대표적 연구 성과는 다음과 같다. 조광, 「安重根의 愛國啓蒙運動과 獨立戰爭」, 『교회사연구』 9, 1994; 윤선자, 「안중근의 계몽운동」, 『한국근대사와 종교』, 국학자료원, 2002.
5 안중근의 천주교수용 과정과 의의는 신운용, 「안중근의 민족운동연구」, 한국외국어대학교 대학원 박사학위, 2007, 14~20쪽, 참조.
6 안중근, 「안응칠역사」(윤병석 역편, 『안중근의사전기전집』, 1999), 137~141쪽.
7 최석우, 「안중근의 신앙과 애국심」, 『안중근(도마)의사 추모자료집』, 천주교정의구현전국사제단, 1990, 134쪽.

가자"[8]라고 한 그의 말에서 알 수 있듯이, 그는 천주교를 새로운 시대를 열 열쇠로 보았던 것이다.

이처럼 현세에서 종교적 가르침을 구현하여 그 시대를 도덕의 시대로 만들고자 하는 안중근의 목표는 내세를 중심으로 종교 활동을 하던 당시 천주교인들의 경향과는 다른 양상을 보이고 있다는 면에서 주목되는 대목이다. 이러한 종교의식은 향후 그의 민권·민족의식의 성장으로 이어졌고 이는 다시 민족운동에 참여하게 된 원동력이 되었던 것이다.

안중근은 당대의 문제를 두 가지 측면에서 보았던 것 같다. 하나는 지방 관리들의 가렴주구에 대해 '민권'을 그 해결책으로 설정한 것이다. 그는 천주교 교인의 문제를 처리하는 과정에서 관료들의 부패상을 목격하면서 민권의식에 눈을 뜬 것으로 여겨진다. 다른 하나는 빌렘 신부 등 외국인 신부들의 제국주의적 속성을 깨달았다는 것이다. 이는 당시 천주교 상층부를 상대화하는 과정에서 나타난 주체성의 발로로 보인다. 동시에 이는 안태훈이 세력을 확대하기 위한 방법으로 천주교를 받아들였다면, 그는 안태훈의 한계를 극복하면서 천주교를 민족적 차원에서 믿게 되는 중요한 연결고리가 된다는 면에서 의미가 있는 대목이다.

우선, 안중근의 민권의식부터 살펴보겠다. 그는 천주교의 내부병폐와 사회적 병리현상을 '민권'이라는 시각에서 바라보았다. 그리하여 사제단의 폭압에 대해 평신도의 권리를 주장하였고 탐관오리에 대해 민권을 내세웠다. 그의 민권사상은 "천명(天命)의 본성(本性)으로 천주가 태중에서부터 불어넣은 것"[9]이라는 '천부인권론'에 근거한 것으로 볼 수 있다. 이처럼 그의 민권론에는 만민평등을 주장하는 천주교 교리가 깔려 있었던 것이다.[10]

안중근은 민권이 구현되어야만 문명독립국을 이룰 수 있다고 보았다.[11]

---

8 안중근, 「안응칠역사」, 141쪽.
9 안중근, 「안응칠역사」, 138쪽.
10 차기진, 「안중근의 천주교 신앙과 그 영향」, 『교회사연구』 16, 23쪽.

이는 "문명독립국가의 구현은 민권의 실현에 있다"[12]는 그의 믿음에서 나온 것이다. 때문에 안중근은 '민권실현'의 핵심을 난신적자(亂臣賊子)의 제거와 문명독립국의 쟁취에 두었던 것이다.[13] 이러한 의미에서 그는 '난신적자'를 응징하기 위해 여러 재판에 관여하게 된다. 그 대표적인 예로 '김중환(金仲煥)의 옹진군민 돈 5천 냥 갈취사건'과 '이경주사건'을 들 수 있다. 이 사건들은 천주교 교도와 관련이 있었다. 교인의 일에 항상 앞장서던 그는 총대표로 뽑혀 상경하여 이 두 사건의 해결을 위해 진력하였다.[14]

전자의 경위를 살펴보면 다음과 같다. 천주교 교인인 옹진군민이 5천 냥을 참판을 지낸 김중환에게 갈취당한 사건이 발생하였다. 안중근은 교인 대표로 김중환에게 환불을 요구하며 "대관이 시골백성의 재산 몇 천냥을 강탈하고 돌려주지 않는다면 무슨 법률로 다스릴 수 있는가"[15]라고 반문하였다.

마침 옆에 있던 한성부재판소 검찰관 정명섭(丁明燮)이 김중환을 두둔하였다. 안중근은 물러서지 않고 "공들은 국가를 보필하는 신하로서 임금의 거룩한 뜻을 받들지 못하고 백성을 학대하니 어찌 국가의 앞날이 통탄스럽지 아니하겠소"[16]라고 그들을 질책하였다. 결국 김중환은 옹진군 군민의 5천 냥을 반환하겠다고 약속하여 이 일은 일단락되었다.[17]

그러나 이 무렵 그는 동학군에 대한 비판적 평가를 견지하였고, 빌렘 신부의 천주교 신자에 대한 폭압적 자세를 비판하면서도 천주교의 확장 과정에서 벌어진 청계동 주민에 대한 폭력을 문제 삼지 않았던 것 같다. 이를테

---

11 안중근, 「안응칠역사」, 148쪽.
12 한상권, 「안중근의 국권회복운동과 정치사상」, 66~69쪽.
13 안중근, 「안응칠역사」, 148쪽.
14 안중근이 개간한 장토(庄土)의 수침문제로 監官 왕처삼 등을 제소한 사건에도 안중근의 민권의식을 엿볼 수 있다(규장각), 「黃海道信川郡所在庄土安重根提出圖書文績類」, 『黃海道庄土文績』(19303-v.60)
15 안중근, 「안응칠역사」, 145쪽.
16 안중근, 「안응칠역사」, 146쪽.
17 위와 같음.

면 안중근 가문은 향촌을 장악하는 과정에서 향민으로부터 결전(結錢)을 무단으로 징수하였고 유만현(柳萬鉉) 등에게 폭행을 가하기도 하였다.[18] 이는 적어도 이 무렵 그의 민권의식이 일정한 의미를 갖고 있음에도 전민족적 범위로 확대되지 못했음을 의미하는 것이다. 따라서 그의 민권의식은 '계급적 한계성', '향반적 의식', '문명개화론적 인식', '개인적 성격' 등이 복합적으로 작용한 것으로 일정한 한계성이 있음도 지적되어야 한다.

후자의 경우를 살펴보면 다음과 같다. 즉, 해주부 지방대병영(地方隊兵營) 위관(尉官) 한원교(韓元敎)는 1899년 10월경 이경주를 구타하고 재산마저 갈취하며 한성에서 이경주 부인과 동거를 하였다. 이에 안중근과 이경주는 한원교를 잡아 법정에 넘기기 위해 천주교 신자들과 함께 한원교의 집으로 찾아갔으나 이미 도망가고 없었다. 그런데 오히려 한원교가 자신의 모친을 이들이 구타했다며 한성부에 고소하는 사태가 발생하였다.

이 일로 이들은 김중환의 옹진군민 돈 5천 냥 갈취사건으로 면식이 있던 정명섭에게 문초를 당하기도 하였다. 결국 안중근은 무사하였으나, 이경주는 징역 3년형을 선고받았고 1년 후인 1900년에 출옥하였다. 이에 한원교는 1902년 10월 26일 양주에서 송만진·박응현에게 사주하여 이경주를 살해했다. 얼마 후 송·박 두 사람은 종신형을 선고받았으나 한원교는 일본으로 도주하여 법의 심판을 면하였다.[19]

그런데 1903년 9월 안중근을 비롯한 천주교인들은 한원교의 약탈재산을 속공(屬公), 즉, 국고에 귀속시키라고 법부에 청원하였다. 그 결과 법부는 이경주의 해주 전답 52석(石) 13두락(斗落)을 영구히 속공하고 교중(敎中)에서 소비한 돈은 돌려주라는 조치를 취하였다.[20]

18 오영섭, 「安泰勳(1862~1905)의 생애와 활동」, 『한국 근현대사를 수놓은 인물들』(Ⅰ), 경인문화사, 2007, 248~249쪽.
19 『司法稟報』갑 제82권(규장각 소장 문서번호 : 규 17278); 『독립신문』 1899년 1월 3일자, 「필무시리」; 日本 外交史料館, 「陸軍步兵副尉 韓元教履歷書」, 『倉知政務局長統監府參事官兼任中ニ於ケル主管書類雜纂(來住公信)』(문서번호 : 7.1.8, 21).

하여튼 이러한 사건을 통하여 안중근은 민권의식을 확대해 나갔던 것으로 보인다. 이는 천주교와 밀접한 관계를 갖고 있는 것이기도 하지만 당시 사상계의 동향과 연관성이 있는 것이다. 말하자면 인간은 태어날 때부터 천부의 자유권과 평등권이 주어지며 이 권리를 보장하기 위한 방법으로 국가가 조직되어 국가는 인민과 통치자의 계약에 의하여 성립된다는 국가계약설이 문명개화 세력을 대변하던 『독립신문』·『황성신문』을 중심으로 퍼져 나갔다.[21]

안중근도 『황성신문』 등을 읽었다는 기록으로 보아 그의 민권의식 형성에 한말의 신문들이 일정한 영향을 끼친 것으로 보인다. 따라서 안중근의 민권의식은 천주교의 영향과 시대상황 속에서 형성된 것으로 보는 것이 타당하다.[22]

한편, 안중근의 민족의식은 외국 신부들의 제국주의적 태도를 경험하면서 형성되었다.[23] 이는 안중근이 『안응칠역사』에서 교인들을 억압적 태도로 대한 빌렘 신부와 크게 다툰 일화를 소개한 데서도 알 수 있다.[24] 즉, 그는 "거룩한 교회 안에서 이같은 도리가 있을 수 있겠는가 우리들이 당연히 경성에 가서 민 주교에게 청원하고 만일 민 주교가 안들어 주면 당연히 로마부 교황에게 가서 품해서라도 기어이 이러한 폐습은 막도록 하는 것이 어떻소"[25]라고 교인들과 상의하였다. 이를 알게 된 빌렘 신부는 대노하여 그에게 폭행을 가하기도 하였다.

그러나 무엇보다도 안중근의 민족의식에 큰 영향을 끼친 계기는 바로 대학 건립문제였다. 그는 청계동에 본당이 완공되고 빌렘 신부가 부임한 1898

20 국사편찬위원회, 『각사등록』 제26권(황해도편5), 1987, 329~330쪽.
21 김숙자, 「대한제국기 민권의식의 변화과정」, 『한국민족운동사연구』 20, 1998, 261쪽.
22 국사편찬위원회, 「피고인 신문조서」, 『한국독립운동사』 자료 6, 1976, 5~6쪽.
23 한상권, 「안중근의 국권회복운동과 정치사상」, 48~51쪽.
24 안중근, 「안응칠역사」, 152쪽.
25 위와 같음.

년 4월 이후, 이경주 사건이 일어난 1899년 10월경 사이에 빌렘 신부와 함께 뮈텔 주교를 만나 대학 설립을 건의한 것으로 보인다.[26] 여기에서 안중근이 대학설립을 건의한 것은 1899년 10월 이전의 일로 대체로 1899년경으로 추정된다. 그의 증언으로 보아 안중근이 염두에 둔 대학은 천주교 교리를 중심으로 한 '천주교대학'이었음을 알 수 있다.[27] 이에 뮈텔은 "한국인이 학문이 있게 되면 교회 믿는 일에 좋지 않을 것이니, 다시는 그런 의론을 꺼내지 말라"[28]며 그의 제안을 묵살하였다. 이에 대해 "분개함을 이기지 못하고"라고 술회한 데서도 알 수 있듯이, 그는 이 일로 상당히 충격을 받았다.

그리하여 일본말을 배우는 자는 일본의 앞잡이가 되고 영어를 배우는 자는 영국의 종이 된다는 논법으로 프랑스어를 배우는 자는 프랑스의 종놈을 면치 못할 것이라고 하면서 프랑스어를 그만두겠다고 선언하였다. 더욱이 그는 '한국이 세계에 위력을 떨치는 날에는 한국어가 통용될 것'이라는 주체적 언어관을 보이기까지 하였다. 이 사건으로 인하여 비로소 그는 종교적 제국주의에 눈을 뜨게 되었던 것이다. 특히 이는 후일에 간도로 가면서 "국가(민족) 앞에서는 종교도 없다"[29]는 선언을 하게 되는 배경과 관련하여 주목해야 할 대목이다.

또한 안중근의 민족의식과 관련하여 주목되는 대목은 '청국 의사 서원훈·안태훈 충돌사건(舒元勛·安泰勳 衝突事件)'이다.[30] 즉, 그는 "청나라의 의

---

26 안중근이 뮈텔 주교에게 대학설립을 건의한 시기로는 1900년설(최석우), 1902년설(원재연·윤선자·장석흥), 1907년설(조광)이 있다. 안중근이 공판과정에서 대학설립 시기를 '10년 전쯤'이라고 한 것(국사편찬위원회, 「피고인 안응칠 제8회 신문조서」, 『한국독립운동사』 자료 6, 233쪽)을 보면 적어도 1907년설은 그 가능성이 없는 것으로 보아야 한다. 그런데 안중근이 「안응칠역사」를 대체로 연대기 순으로 서술하였다는 것을 인정한다면, 그 시점은 빌렘 신부가 청계동에 본당이 완공되고 부임한 1898년 4월 이후 1899년 10월 이경주사건 이전의 일이다. 따라서 1900년설보다는 앞선 시기로 보는 것이 타당하다고 생각된다. 또한 1897년 12월 1일 안중근은 뮈텔 주교의 길 안내를 해준 인연으로 뮈텔 주교에게 대학건립을 건의할 수 있었던 것으로 보인다.
27 국사편찬위원회, 「피고인 안응칠 제8회 신문조서」, 『한국독립운동사』 자료 6, 233쪽.
28 안중근, 「안응칠역사」, 141쪽.
29 국사편찬위원회, 「보고서」, 『한국독립운동사』 자료 7, 1977, 543쪽.

사의 행위가 이와 같을진대 우리 백성의 생명을 어찌 지킬 도리가 있겠는가 (如淸醫之所爲면 我韓民生이 豈有支保之道乎잇가)"[31]라고 서원훈과의 대립과정에서 느낀 바를 소장에 기입하였다. 이는 안중근이 중국을 비롯한 외세의 압제에 처한 조선의 현실을 개탄하는 민족의식의 발로이다.

이와 같이 안중근은 천주교에 입교하여 동양에 국한되어 있던 세계관에서 벗어나 동서를 아울러 볼 수 있는 눈을 갖게 되는 기회를 얻었던 것이다.[32] 뿐만 아니라 천주교 내부의 모순과 민족내부의 모순관계를 체득하게 되었다. 그리하여 민권의식을 통하여 민족모순을 해결하려고 하였고 선교사들의 제국주의적 태도를 통해 민족의식을 성장시켰던 것이다. 이러한 사회의식의 성장은 향후 계몽운동·의병전쟁·의열투쟁(이토 처단)으로 이어지는 그의 행로에 밑거름이 되었다.

---

30 안중근이 말하는 이 사건의 내막은 이러하다. 즉, 안중근은 안태훈이 1904년 4월 20일 서원훈에게 치료를 받다가 '구타'를 당하였다는 소식을 친구 이창순으로부터 전해 듣고 이창순과 함께 서원훈을 찾아갔다. 먼저 서원훈이 이들을 위협하자, 안중근이 총으로 그를 제압하였다. 이후 안중근은 이 일을 법에 호소하였으나(서울대규장각, 『外部訴狀』, 2002, 551~552쪽) "외국인을 재판할 수 없다"는 법관의 말을 듣고 귀가해야만 했다. 그로부터 5·6일 후 서원훈이 자객을 보내어 이들에게 위해를 가하려고 하였으나 무사하였다(국사편찬위원회, 『각사등록』 제25권(황해도편 4), 1987, 427쪽). 이렇게 되자, 서원훈은 이들을 진남포 청국영사에게 고소하였다. 그리하여 청국순사 2명과 한국순검 2명이 이들을 체포하러 오기도 하였다. 그러나 이들은 7월경 서울 등지로 도피하여 무사할 수 있었다. 이후 안중근이 이하영 등에게 전후사실을 진정하는 등 규명운동을 한 결과, 사건은 다시 진남포재판소에 환부되어 서원훈과 함께 재판을 받았다(국사편찬위원회, 「헌기 제2634호」, 『한국독립운동사』 자료 7, 243쪽). 그 결과 안중근은 무죄판결을 받았다. 후에 안중근과 서원훈의 화해가 이루어져 이 사건의 결말을 보게 되었다.

31 서울대규장각, 『外部訴狀』, 552쪽.

32 이는 안중근이 천주교 입문 이전에 유학을 수학하여 동양적 세계관을 갖게 되었고, 동시에 천주교에 입교함으로써 서양의 세계관을 습득하게 되었다는 의미이다.

3. 계몽운동의 전개

1) 러일전쟁 발발과 해외이주계획

일본과 러시아가 한국에 대한 지배권을 강화시키기 위해 각축을 벌이는 과정에서 1896년 2월 11일 발생한 아관파천은 표면적으로 일본세력의 약화를 의미하는 것이었다. 그러나 오히려 러·일간의 대립과 경쟁은 더욱 격화되어 러일전쟁으로 이어졌다. 즉, 1903년 4월 러시아는 용암포사건으로 한국에 대한 군사적 압박을 강화하였다.

일본은 이에 대항하여 1903년 10월 이후 이지용 등의 부일관료를 매수하고 1904년 1월 초에 일본군을 서울에 주둔시켜 러일전쟁 준비를 끝마쳤다. 결국 1904년 2월 8일 일본의 여순 선제공격으로 러일전쟁이 발발하였다. 이후 일제는 1904년 2월 23일 「한일의정서」를 강제로 체결하여 한국을 식민화하기 위한 기반을 구축했다.

또한 국내에서는 일진회 등의 부일배들이 러일전쟁에서 일본을 지지하면서 러시아 세력을 물리쳐야 한다며 나서고 있었다. 더욱이 최익현 등의 인사도 이와 같은 주장에 동조하는 경향마저 보였다.[33]

이러한 국내외의 상황에서 안중근은 러일전쟁에서 일본의 승리를 바라기도 하였다. 이를 근거로 그가 러일전쟁 이전에 일본의 침략성을 인식하지 못하였다고 평가하기도 한다.[34]

그러나 안중근은 러일전쟁 이전 일본의 침략의도를 간파하고 있었던 것으로 보인다. 말하자면 안중근은 『안응칠역사』에서 러일전쟁이 일어날 무렵

---

33 민족문화추진위원회, 『(국역)勉菴集』 II, 勉菴先生紀念事業會, 1970, 229~230쪽.
34 박창희, 「안중근의 동양관과 아시아의 어제와 오늘」, 『안중근의사 연구의 어제와 오늘』, 안중근의사기념관, 1993, 37쪽; 장석흥, 「安重根의 대일본 인식과 하얼빈의거」, 『교회사연구』 16, 2001, 41쪽.

빌렘 신부가 "러일전쟁에서 일본과 러시아 중 어느 한 쪽이 승리하더라도 한국을 관할하려고 할 것"[35]이라고 하였다. 이에 대해 안중근은 "신문과 잡지, 각국 역사를 상고하고 있어 과거·현재·미래의 일을 예측하고 있다"[36]며 러일전쟁의 결과에 대한 빌렘 신부의 견해에 동의하였다. 이는 이미 안중근이 일본의 침략성을 인식하고 있었음을 의미하는 것이다.

안중근은 이러한 민족의식 위에서 더욱 노골화된 일본의 침략에 대해 행동으로 대항하고자 하였다. 즉, 1904년 6월 일제는 황무지개척권을 한국정부에 요구하는 등 침략성을 드러냈다. 이에 대항하여 심상진(沈相震) 등은 1904년 7월 13일 보안회를 창립하였다.

이 무렵 안중근은 '청국의사 서원훈·안태훈 충돌사건'으로 서울에 피신하여 그 해결을 위해 분주한 나날을 보내고 있었다. 그러던 중 그는 보안회의 취지에 찬동하여 입회하고자 보안회를 방문하였다. 방문목적은 한국침략의 선도자라고 할 수 있는 '하야시 곤스케(林權助) 대리공사와 부일파의 처단'을 보안회에 제안하기 위해서였다.[37]

---

35 안중근, 「안응칠역사」, 152쪽.
36 위와 같음.
37 이는 다음의 사료에서 엿볼 수 있다. "ㅎ로난 청인 일명이 ㅈ긔의 부친과 홈믜 다토다가 쥬목으로 챠며 발노 차고 갓ᄂᆞᆫ디 즁근이 산영ㅎ고 집에 도라와셔 그 말을 듯고 분긔를 춤지 못ㅎ야 그 청인을 쏫츠가 안악군 등디에 맛나 총을 노와 죽이고 인ㅎ여 피신 ᄎ로 상경ㅎ니 이째는 한일간에 즁대흔 문데가 층성텹츌할 째이라 보안회가 창셜되엿거늘 안즁근이 그 회에 입참코져 ㅎ야 그 회 회쟝을 차져가 보니 시국ㅅ를 담론ㅎ더니 그 회쟝이 목덕을 무르믜 안즁근이 디답ㅎ기를 내가 림권조를 버리려고 쟝졍 이십명을 준비ㅎ엿스니 회즁에서 삼십명만 틱츌ㅎ여 도합 오십명으로 결ᄉᆞ디를 조직ㅎ면 림권조 죽이기는 여반쟝이라 흔디 회쟝이하가 모다 묵묵부답ㅎ믜 안즁근이 박쟝대쇼ㅎ며 말하기를 버러지ㄱ흔 인싱이 여러 천명의 두령 노릇을 엇지ㅎ리오 ㅎ고 즉시 썰치고 니러나셔"(『大韓每日申報』 1909년 12월 3일자, 「안즁근리력」). "明治三十八年(一九0五) 新條約 締結時 京城으로 나가 儒生 等이 創設한 保安會(協約 反對를 目的으로 組織한 것)에 가서 그 會의 首領을 찾아가 該會의 注意 方針을 따지고 그 不振함을 罵倒하고 또한 말하기를 나에게 지금 決死의 部下 五十名이 있다. 만약 保安會에서 決死隊 二十名을 모아 我와 일을 같이 하게 된다면 京城에 있는 日韓 官吏를 屠殺하고 나아가 日本으로 건너가 日本當務者를 暗殺하여 그 壓迫을 免케 하는 것은 손바닥을 뒤집는 것보다 쉽다고 말했으므로 同會 首領이 이를 叱責하고 放逐한 일이 있다고 한다"(국사편찬위원회, 「헌기 제2634호」, 『한국독립운동사』 자료 7, 243쪽).

안중근은 하야시뿐만 아니라, 을사오적 등 부일세력과 재한 일본 관리를 척살하고 더 나아가 일본으로 건너가 이토 등 일제의 주축세력을 제거하려는 원대한 포부를 품고 있었던 것이다. 물론 보안회는 그의 제안을 받아들이지 않았다.

이에 그는 보안회 가입을 단념하고 그들의 무력함을 책망하였다. 이러한 보안회의 반응은 안중근이 국내에서 거사를 도모하기에 한계가 있음을 자각하게 된 계기가 되었음이 분명하다. 또한 이는 그가 해외이주계획을 추진하게 된 하나의 배경이 되었던 것으로 보인다.

안중근이 하야시와 부일세력 처단을 보안회에 제의한 사실에서 몇 가지 생각해 보아야 할 점이 있다. 첫째는 하야시와 부일세력 처단계획의 성격이다. 둘째 그의 대일(對日)인식이다. 셋째는 그가 의열투쟁을 고려한 시점이 언제부터인가 하는 점과 그 의미를 규명하는 것이다.

우선 첫째 문제에 대해 살펴보겠다. 안중근의 하야시와 부일세력 처단은 무엇보다도 천주교인들의 문제 해결에 진력하던 사적 영역에서 민족문제의 구체적인 해결방법을 강구하는 공적 영역으로의 전환을 의미하는 것이다. 학계에서는 대체적으로 의열투쟁의 효시를 1907년 나철 등의 을사오적 처단시도로부터 잡고 있는 것 같다. 이보다 약 3년 전인 1904년의 하야시와 부일세력 처단 구상을 보건대 그의 민족운동사상의 위치를 의열투쟁사의 효시로 볼 수 있다. 그의 의거도 바로 이러한 의열투쟁 구상의 연결선상에서 이루어진 것이라고 할 수 있다.

둘째 문제에 대해 살펴보면, 안중근의 일본인식은 러일전쟁을 전후하여 변한 것이 아니라고 볼 수 있다. 이러한 사실을 뒷받침하는 것이 바로 보안회에 하야시와 부일세력 처단을 제의한 사실이다. 러일전쟁이 한창 전개되고 있던 1904년 7월경에 안중근은 한국침략의 선도자라고 할 수 있는 하야시의 처단을 주장하며 일제의 한국침략에 맞서 행동으로 적대의식을 표출하였다. 이것이야말로 그가 러일전쟁 중에 일제의 대한침략을 인식하고 있었음을 증명하는 것으로 그의 대일관의 성격을 여실히 보여주는 것이다.

이러한 맥락에서 그가 러일전쟁에서 일본의 승리를 바란 것은 일본의 침략성을 인식하지 못하였다기보다도 전략적 판단에 따른 것으로 보인다. 그러므로 그는 선택의 문제로 일본을 지지하였지만, 일제의 한국침략이 노골적으로 드러남에 따라 "일제가 역천(逆天)했다"는[38] 논리를 내세워 일본과 대립각을 세웠던 것이다.

세 번째 문제에 대해 살펴보면, 안중근이 이토 처단이라는 의열투쟁을 국권회복의 방법론으로 고려한 시점은 하야시 처단 계획을 실행하려고 한 1904년 7월로 보는 것이 타당하다. 말하자면 하야시 처단 계획은 이토 처단의 '전사적(前史的)' 의미를 갖고 있는 것으로 평가할 수 있다. 또한 그의 이토 단죄는 하야시 처단 계획의 연장선에서 이루어진 것으로 볼 수 있다.

한편, 1903년 해서교안에 따른 조선정부의 항의로 인해 빌렘 신부는 청계동을 떠날 수밖에 없었다. 이러한 상황변화는 안중근 가문에 큰 타격을 주었다. 왜냐하면 안중근 가문은 서양 선교사에 의지하여 즉, '양대인자세(洋大人藉勢)'에 의해 향촌사회의 지배권을 유지해왔기 때문이다. 이와 같은 상황에서 빌렘 신부의 소환은 지역민의 양대인자세 경향에 영향을 끼쳐 천주교교세가 1/3로 줄어들었다.[39]

이러한 위기에서 벗어나기 위한 하나의 방법으로 안태훈·안중근 부자는 해외이주계획을 추진한 것으로 판단된다. 이와 더불어 러일전쟁이라는 국제정세도 안중근 일가의 해외이주계획을 촉진시킨 요소로 작용하였다. 즉, 안중근은 러일전쟁이 발발하고 나서 얼마 후 안태훈과 선후방책을 논의하였다. 이때 그는 "이토가 한국의 독립과 동양의 평화를 위해 러시아와 개전한다는 천황의 러일전쟁 선전조칙을 어기고 조약을 강제하고 한국의 유지당을 없앤 뒤 한국을 식민화하려 하고 있다"[40]고 현실을 진단하였다. 그러므

---

38 안중근, 「안응칠역사」, 158쪽.
39 윤선자, 「안중근의 계몽운동」, 『한국근대사와 종교』, 국학자료원, 2002, 217쪽.
40 안중근, 「안응칠역사」, 152~153쪽.

로 이제 국내에서 의거를 일으켜도 소용이 없기 때문에 조속히 계획을 세우지 않으면 화를 면하기 어렵다는 것이 그의 생각이었다.

이와 같은 시대인식은 중국의 산동·상해지방 등지로 이주계획을 세우는데 하나의 요인이 되었던 것이다. 결국 안중근 일가의 해외이주계획은 해서교안으로 인한 가문의 영향력 약화, 하야시와 부일세력 처단계획의 실패에 따른 국내 국권회복운동세력에 대한 실망, 러일전쟁이라는 국제정세로 인한 위기의식이 복합적으로 작용한 결과로 보인다.

안중근이 산동을 걸쳐 상해에 도착한 것은 1905년 6월 중순경으로 추정된다.[41] 상해에 도착한 그는 현지의 상황을 알아보고 앞으로의 대책을 강구하기 위해 당대의 유명한 망명객인 민영익의 집을 몇 번이나 방문하였다.[42]

그러나 민영익은 그를 만나주지 않고 문전박대하였다. 이에 그는 "공은 한국에서 여러 대로 국록을 먹은 신하로서 이같이 어려운 때를 만나, 전혀 사람 사랑하는 마음이 없이 베개를 높이고 편안히 누워 조국의 흥망을 잊어버리고 있으니 세상에 어찌 이 같은 도리가 있을 것인가. 오늘날 나라가 위급해진 것은 그 죄가 전혀 공들과 같은 대관들한테 있는 것이오 민족의 허물에 달린 것이 아니기 때문에 얼굴이 부끄러워서 만나지 않는 것인가"[43]라고 민영익을 책망하기도 하였다.

---

41 르각 신부는 휴양차 1905년 6월 26일에 홍콩에 도착했는데 도중에 상해에 8일간 머물렀다고 한다(『뮈텔문서』, 「르각 신부의 1905.7.26 서한」). 이 무렵 안중근이 상해에서 르각 신부를 만난 것으로 여겨진다. 그리고 뮈텔의 일기에 따르면 르각 신부가 1906년 1월 19일 홍콩에서 돌아온 것으로 되어 있다(뮈텔, 『뮈텔 주교 일기』 4, 한국교회사연구소, 1998, 21쪽).

42 일제의 기록에 다음과 같은 내용이 있다. "其後 明治三十八年(一九〇五) 新條約 締結에 즈음하여는 이를 憤慨하고 長男 安應七을 上海로 보내어 上海에 있는 閔泳翊을 일으켜 倡義하여 協約의 破棄를 꾀하였으나 이루지 못하였다"(국사편찬위원회, 「헌기 제2634호」, 『한국독립운동사』 자료 7, 242~243쪽). 물론 이 기록은 안중근이 상해로 간 시점의 오류를 보이고 있다. 그러나 여기에서 안중근의 상해 방문은 민영익을 만나는 것을 전제로 이루어졌을 가능성이 큰 것으로 안태훈과 민영익의 관계 속에서 이루어진 것임을 알 수 있다. 말하자면 안태훈은 향후 국권회복운동의 방략을 민영익과 연계하여 도모하려고 하였던 것으로 판단된다.

43 안중근, 「안응칠역사」, 153쪽.

그 후 그는 상인 서상근(徐相根)을[44] 찾아가 구국의 방책을 구하려고 하였다. 그러나 서상근은 한국의 장래는 자기와 상관없다며 민영익과 같은 반응을 보였다. 이에 그는 "만일 국민이 국민된 의무를 행하지 아니 하고서 어찌 민권과 자유를 얻을 수 있을 것이오"[45]라고 하면서 "지금은 민족세계인데 어째서 홀로 한국 민족만이 남의 밥이 되어 앉아서 멸망하기를 기다리는 것이 옳겠소"[46]라고 서상근을 타일렀다.

그런데 여기에서 주목할 것은 안중근이 '민족'이라는 용어를 사용하고 있다는 것이다. 물론 이는 민족에 대한 논의가 활발하게 진행되고 있던 상황을 반영하고 있는 것이지만,[47] 그가 민족의 의미를 이해하고 있다는 증거이다. 또한 이는 그의 해외이주계획이 단순히 해서교안 이후 향촌사회에서의 세력약화를 만회하기 위한 수단에서 나온 것만은 아니었다는 것을 뜻한다. 말하자면 안중근은 해외이주계획을 거시적 안목에서 민족의 장래문제와 결부하여 고려했던 것으로 볼 수 있다.

또한 여기에서 안중근의 해외이주계획의 성격을 살펴볼 필요가 있다. 그의 해외이주계획은 의병전쟁을 고려하는 위에서 추진되었다는 사실이 주목된다. 의병전쟁에 대한 그의 열망은 해외이주를 모색하기 위해 상해에 머물던 무렵 르각 신부(Le Gac, Charles Joseph Ange, 郭元良 1876~1914)[48]를 만났을

---

44 司果·監理를 지낸 서상근은 인천의 부자로서 李容翊과 쌀장사를 하였으나 충돌하여 상해로 도주한 사람이라고 한다(국사편찬위원회, 「境경시의 신문에 대한 안응칠의 공술(제5회)」, 『한국독립운동사』 자료 7, 415쪽).

45 안중근, 「안응칠역사」, 154쪽.

46 위와 같음.

47 한반도 주민집단을 의미하는 개념으로 '민족'이라는 용어는 1904년 러일전쟁 중에 황성신문 등의 언론에서 쓰기 시작하여 보편화된 것으로 볼 수 있다(백동현, 「러·일전쟁 전후 '民族' 용어의 등장과 민족의식」, 『한국사학보』 10호, 2001, 165쪽). 『황성신문』등을 읽고 있던 안중근도 '민족'에 대한 개념을 알고 있었던 것이다. 이러한 점이 서상돈과의 대화 속에서 드러난 것으로 보인다.

48 한국가톨릭대사전편찬위원회, 『한국가톨릭대사전』 4, 한국교회사연구소, 2004, 2266~2267쪽, 참조.

때 제반 상황이 갖추어지면 "거사를 일으키겠다"[49]는 그의 언급에서 엿볼 수 있다. 이러한 생각은 보안회와 협력하여 하야시와 부일세력을 척결하려는 그의 계획이 실패로 돌아간 이후 모색된 국권회복운동의 일환으로 볼 수 있다. 또한 이는 1907년 8월 해외망명의 '전사적(前史的)' 의미가 있다는 면에서 평가될 만하다.

이와 같이 안중근의 민족의식은 어느 한 시기에 형성된 것이 아니라, 한국근대사의 전개과정에서 자연스럽게 이루어진 것으로 보인다. 또한 그의 민족의식은 천주교와 결합되어 의거로 이어졌다고 볼 수 있다. 물론 이는 당시의 민족에 대한 담론이 사회적으로 확산되는 가운데, 『태서신사(泰西新史)』 등의 영향을 받으며 이론화되었을 가능성도 배제할 수 없다.[50]

한편, 안중근의 해외이주계획은 "가족들을 외국으로 옮겨다가 살게 해 놓은 다음에 외국에 있는 동포들과 연락하여 여러 나라로 돌아다니며 억울한 정상을 설명해서 동정을 얻은 뒤에 기회가 오기를 기다려서 한 번 의거를 일으키면 어찌 목적을 이루지 못하겠소"[51]라고 한 그의 말에서 보듯이, 의병전쟁을 국권회복운동의 하나의 방략으로 상정하였음을 알 수 있다.[52] 말하자면 그는 외교적 방법을 동원하여 한국에 유리한 환경을 조성한 후, 국제적 지지 하에 의병을 일으켜 국권을 회복한다는 복안을 갖고서 해외이주계획을 추진하였던 것이다.

안중근은 민영익과 서상근에게 향후방책에 대해 조언을 구하여 해외이주계획을 구체화하려고 하였으나 여의치 못하였다. 그러던 1905년 6월 중순 어느 날 상해의 한 성당에서 예배를 드린 후 밖으로 나왔다. 이때 마침 자

---

49 안중근, 「안응칠역사」, 154쪽.
50 박성수, 「民族受難期의 基督教 信仰; 安義士와 金九의 입교동기가 주는 교훈」, 『광장』 109, 세계평화교수협의회, 1982, 52쪽.
51 안중근, 「안응칠역사」, 154쪽. 윤선자 등은 안중근이 의병전쟁을 고려한 시기를 1905년 11월 을사늑약 무렵으로 보고 있다(윤선자, 「안중근의 계몽운동」, 201쪽).
52 김창수, 「安重根義擧의 역사적 意義」, 『한국민족운동사연구』 30, 2002, 15쪽.

신과 절친한 르각 신부를 만나게 되었다.[53]

그가 상해에 온 이유를 들려주자, 르각 신부는 두 가지 이유를 들어 안중근 일가의 해외이주계획을 반대하였다.[54] 첫째, 프랑스와 독일의 예를 들어가며 한국인 모두가 해외로 이주한다면 국가는 텅 빌 것이고 이는 일제가 바라는 바이다. 둘째, 열강이 한국을 위해 일본과 대결하지 않을 것이나 만약 일본과 대결할 결정적인 시기가 오면 그때 한국의 독립을 위해서 해외에 있는 것은 오히려 효과가 없다. 이어 르각 신부는 한국독립의 구체적인 방법으로 ① 교육의 발달, ② 사회의 확장, ③ 민심의 단합, ④ 실력의 양성을 제시하며 이것만 이루어지면 한국은 반드시 독립할 수 있을 것이라고 힘주어 말하였다.

르각 신부의 정교분리 원칙에 입각한 계몽주의적 입장은 천주교 교단의 기본적인 정책이었다. 천주교 교단은 의병활동을 부정적으로 보았던 빌렘 신부의 경우에서 보듯이 폭력을 수반하는 민족운동에 반대하고 있었다. 물론 이러한 프랑스 선교단의 태도가 소위 '정교분리'라는 천주교 지도층의 선교방침에 기인한 것임은 두말할 필요도 없다.[55]

민영익 등의 비협조적 태도에서 해외국권회복운동의 전개가 무리라고 판단한 안중근은 르각 신부의 방안을 받아들여 해외이주계획을 포기하였다. 이후 그의 행적은 르각 신부의 조언을 충실히 이행한 것으로 보인다. 즉, ①과 ④를 실현하기 위해 안중근은 삼흥학교를 건립하고 돈의학교를 운영하였다. 또한 ②와 ③을 실천하기 위해 안중근은 서우학회(서북학회의 전신)에 가입하고 국채보상운동에 투신하였으며 석탄회사 삼합의를 설립하였던 것이다.

그런데 안중근이 교육의 중요성을 강조한 르각 신부의 조언을 전적으로

---

53 안중근, 「안응칠역사」, 154쪽.
54 안중근, 「안응칠역사」, 155쪽.
55 윤선자, 「민족운동과 교회」, 『한국근대사와 종교』, 국학자료원, 2002, 232~238쪽.

수렴한 것은 1899년경 대학설립을 뮈텔 주교에게 건의한 예에서도 보듯이, 평소 교육의 중요성을 인식하고 있었기 때문이다. 그는 해외이주계획의 목적 즉, 외교적인 방법에 입각해서 국제적 환경을 조성한 후 의병을 일으켜 국권을 회복하려는 계획이 현 단계에서 무리라고 판단하였던 것이다. 이러한 맥락에서 교육을 통해 현실을 개조하고 민족의 부흥을 꾀하는 길이 국가의 독립을 이룰 첩경이라는 평소의 지론을 르각 신부를 통해 재확인한 것으로 여겨진다.

안중근은 1905년 12월 진남포 억양기(億兩機)로 돌아왔다.[56] 이때 부친 안태훈은 이미 운명을 달리하였다. 안태훈 사망 후 안중근은 그의 가솔을 이끌고 1906년 3월 진남포 억양기에서 용정동(龍井洞)으로 다시 이주한 것으로 보인다.[57] 안중근에게 가장 영향을 끼친 부친의 죽음은 "그때 나는 술을 끊기로 맹세했고 대한이 독립하는 날까지로 기한을 정했다"[58]는 그의 말에서도 알 수 있듯이, 일생을 독립투쟁에 바치겠다는 자신의 의지를 더욱 확고히 한 계기가 되었던 것이다.

2) 삼흥학교 설립과 돈의학교 운영

1905년 11월 을사늑약은 한국 근대사의 운명을 결정지은 사건이었다. 안중근은 상해에서 1905년 12월경 귀국했기 때문에 을사늑약 당시 국내에 없었다. 을사늑약 체결 소식은 중국신문 등에 보도되었고 안중근도 이를 충격적으로 받아들인 것으로 보인다. 그의 증언에서 알 수 있듯이 을사늑약은 그의 운명을 결정짓는 사건이었다.[59] 이로 말미암아 이토는 죽여야만 하는

---

56 국사편찬위원회, 「경비 제□□□호」, 『한국독립운동사』 자료 7, 156쪽.
57 위와 같음.
58 안중근, 「안응칠역사」, 156쪽.

'국적'이라는 확신을 갖게 되었던 것이다.

뿐만 아니라 을사늑약은 안중근이 본격적으로 국사에 진력한 계기가 되었다. 그는 이토가 황제를 협박하여 강제로 을사늑약을 체결하였다고 확신했으며,[60] 을사늑약의 본질이 '일제가 한국인을 먹이로 삼고자 하는 데 있다고 보았다.[61] 또한 이토가 한국에 와서 을사늑약을 무력으로 체결하고 한국인을 기만하고 있다고 여겼다. 때문에 이토를 제거하는 것만이 비경에 빠진 한국을 구하는 길이며, 이것만이 한국을 보존할 수 있는 방법이라고 생각하였다.[62]

안중근은 을사늑약을 계기로 대일인식을 보다 구체화시키고, 이를 바탕으로 앞날의 방향을 설정하였다. 말하자면 을사늑약은 그의 일본 인식을 확장시켰다는 데 그 의미가 있는 것이다. 이는 을사늑약 이후 그가 국채보상운동에 적극적으로 참여하기도 하고, 서우학회에 가입한 사실에서도 입증된다.

당시 안중근은 교육을 통하여 국가의 동량을 길러낸다면 한국에 아직 희망이 있다고 생각한 것 같다. 그렇기 때문에 기울어가고 있는 가산을 모두 털어 구국운동의 일환으로 교육사업에 진력하였다. 이는 삼흥학교와 돈의학교의 운영으로 구체화되었다.[63]

안중근은 1906년 봄경 삼흥학교를 진남포 용정동의 자택에 설립하고 세관(稅關) 폐판(幣辦)으로 있던 오일환(吳日煥) 등을 교사로 용빙하였다.[64] 삼흥학교의 설립경위와 정황에 대해 『대한매일신보』는 다음과 같이 전하고 있다.

59 滿洲日日新聞社, 『安重根事件公判速記錄』, 1910, 6쪽.
60 국사편찬위원회, 「피고인 제6회 신문조서」, 『한국독립운동사』 자료 6, 176쪽.
61 국사편찬위원회, 「피고인 제6회 신문조서」, 『한국독립운동사』 자료 6, 177쪽.
62 滿洲日日新聞社, 『安重根事件公判速記錄』, 6쪽.
63 안중근, 「안응칠역사」, 156쪽.
64 국사편찬위원회, 「기밀통발 제1982호」, 『한국독립운동사』 자료 7, 201쪽.

三和港 寓居 安重根 三兄弟가 私立三興學校ᄒ고 前後經費를 自擔
한 지 有年에 斗屋中 五六拾名 生徒가 難容其膝이라. 安氏가 勉勵學
徒曰 天이 幸感則 將有大厚ᄒ야 必有吾徒成就之日이라 ᄒ며 撫胸痛
泣을 無時不然터니 何幸安氏妻男 載寧居 金能權氏 聞學校之情形ᄒ
고 不勝感慨之心ᄒ야 有田與畓을 一幷放賣ᄒ여 葉一萬五千兩으로
買得三十餘間瓦家一座하여 義附三興ᄒ얏다더라.[65]

이 기사에서 보듯이 그는 하늘이 다행히 감복한다면 장차 좋은 일이 있
을 것이므로 반드시 우리의 뜻을 성취하는 날도 있을 것이라며 삼흥학교 학
생들을 격려하며 어려움을 타개하고 있었다. 이는 그의 독립자유 의지이며
교육의 목적이기도 하였다. 그는 오일환에게 "한국의 장래를 위해서 공부해
야 한다"[66]고 학문의 중요성을 강조하기도 하였다. 여기에서 상무정신을[67]
강조하던 그의 학문자세를 알 수 있다. 그는 문무의 구비를 강조하면서 학
문의 목적을 개인이 아니라 국가발전에 두었던 것이다. 이러한 맥락에서 그
가 사흥(士興)·민흥(民興)·국흥(國興)을 의미하는 '삼흥학교'를 건립한 이유
를 이해할 수 있다.[68]

그런데 삼흥학교의 설립경위와 운영상황을 보도한 『경향신문』의 기사와
안중근의 주장이 다소 차이점을 보인다. 즉, 『경향신문』 1907년 1월 4일자
에는 오일환이[69] 진남포 천주교회에 야학부를 설치하여 영어를 가르쳤고[70]

---

65 『대한매일신보』 1907년 5월 31일자, 「賣土寄校」.
66 국사편찬위원회, 「경비 제317호」, 『한국독립운동사』 자료 7, 196쪽.
67 안중근의 상무정신은 소년시절 학문에 힘쓰라는 친구의 충고에 대해 "項羽와 같은 사람이
　되어 명성을 날리겠다"는 데서도 엿볼 수 있다(안중근, 「안응칠역사」, 133쪽).
68 최서면, 『새로 쓴 안중근의사』, 집문당, 1994, 70~71쪽.
69 오일환에 대해 천주교신자로 진남포 천주교 교회에서 야학교를 운영하고 있던 삼흥학교에
　경비를 제공한 것으로 설명되고 있다. 조광, 「安重根의 愛國啓蒙運動과 獨立戰爭」, 『교회사
　연구』 9, 1994, 77쪽; 윤선자, 「민족운동과 교회」, 192~193쪽.
70 1907년 5월 29일자 『대한매일신보』의 「國債報償義捐金收入廣告」에 '三和港私立英語三興
　學校'라는 기사가 보인다. 이로 보아 삼흥학교가 영어교육을 표명한 것은 분명한 사실이다.

안중근은 그 경비를 부담하였다고 기록되어 있다.[71] 즉, 안중근이 설립자가 아니라는 것이다. 그러나 그는 삼흥학교를 자신이 설립하였다고 하였고[72] 『대한매일신보』기사도 안중근 3형제가 삼흥학교의 설립자임을 증명하고 있으며[73] 일제도 그를 창설자로 보고 있다.[74] 이런 점으로 미루어 보아 그가 설립자임에는 틀림이 없다.

그리고 『대한매일신보』에서 1907년 5월 말경 교장 한재호(韓在鎬), 교감 안동근(安東根),[75] 경무 김경지(金庚地), 찬성(贊成) 고우정(高尤廷), 교사 김문규(金文奎)가 근무하고 있었다는 사실과 학생 27명의 실명을 확인할 수 있다. 특히 「동양평화론」에서 "삼국의 학생을 모아서 교육시켜야 한다"는 그의 주장을 상기할 때 삼흥학교의 학생 중에 '진기남(陳기南)'이라는 중국인이 있었다는 사실이 주목된다.[76]

삼흥학교의 운영경비는 늘 부족하였던 것 같다. 안중근 가문의 재력은 해서교안 이후로 점차 쇠락의 기로에 들어서 1907년에 이르러서는 상당히 기울었던 것으로 보인다. 이러한 맥락에서 안중근이 미곡상과 석탄회사 삼합의를 운영한 이유를 알 수 있을 것이다.

이는 영어의 중요성을 인식한 안중근의 배려에 의해 가능하였던 것이다. 일본어에 대한 열기가 더하던 시기에 영어를 가르치는 학교를 만든 것은 그의 세계사에 대한 인식에 기인하는 것으로 볼 수 있다. 말하자면 러일전쟁이 발발했을 무렵 "나는 날마다 신문과 잡지와 각국의 역사를 상고하며 읽고 있어 이미 지나간 과거나 현재나 미래의 일들을 추측했었다"는 기록(안중근, 「안응칠역사」, 152쪽)을 통하여 볼 때 그는 세계사가 미영 중심으로 재편될 것을 예상하는 가운데 영어의 필요성을 절감했던 것으로 판단된다. 그런데 뮈텔 주교에게 대학설립을 건의했다가 거절당하자, 그는 천주교 상충부의 대한인식을 비판하며 언어의 주체성을 강조하기도 하였다. 이러한 맥락에서 그의 언어관은 주체성을 바탕으로 하면서도 세계사의 흐름을 파악하기 위해 영어습득의 필요성을 몸소 실천하였다는 면에서 동시에 '개방적'이라고 평가할 수 있다.

71 조광, 「安重根의 愛國啓蒙運動과 獨立戰爭」, 77쪽.
72 안중근, 「안응칠역사」, 156쪽.
73 『대한매일신보』 1907년 5월 31일자, 「賣土寄校」.
74 국사편찬위원회, 「고비발 제342호」, 『한국독립운동사』 자료 7, 156쪽.
75 안중근의 잘못으로 보인다.
76 『대한매일신보』 1907년 5월 29자, 「國債報償義捐金收入廣告」.

그러나 다행히 안중근의 정성에 감동한 처남 김능권(金能權)이 15,000냥을 들여 30여 간의 기와집을 지어 삼흥학교의 교사로 제공하였다.[77] 김능권은 이후에도 안중근 가문의 재정 후원자 역할을 하였다. 예컨대, 김능권은 안정근·공근의 학비를 부담하였으며, 안중근 부인과 자녀의 블라디보스톡 망명비용도 제공하였다.[78] 그러나 삼흥학교의 운영은 김능권의 지원만으로 충분하지 못하였던 것 같다. 그래서 삼합의를 함께 설립한 한재호를 교장으로 초빙한 것으로 파악된다.[79]

돈의학교는 한국의 식물을 유럽에 소개한 식물학자로 유명한 프랑스인 포리에(Faurie, Jean Bpt. 方소동, 1875~1910) 신부가 운영하던 학교였다.[80] 이 학교의 초대 교장은 이평택(李平澤)이었고 안중근이 제2대 교장(1906~1907년 7월)을 지냈다.[81] 이 학교의 재적인원은 1903·1904년에 각각 15명과 17명이었으며[82] 1907년 1월에는 45명에 이르렀다.[83] 이 학교의 교사로 임안당 부자 등이 있었고, 외사경찰인 순검 정씨가 비번이면 자진하여 학생들에게 체조를 가르쳤다.[84] 특히 돈의학교는 1908년 9월 15일에 평안도와 황해도의

---

77 김능권은 1909년경까지 삼흥학교의 교사에 설립된 五星學校를 운영하였다(국사편찬위원회, 「기밀통발 제111호」, 『한국독립운동사』 자료 7, 293~294쪽).
78 이에 대해 안정근은 다음과 같이 증언하고 있다. 즉, "今日까지의 生活費는 金能權 卽 重根의 妻兄과 共同으로 산 水田의 收穫을 基礎로 하고 또 恭根의 月給 每月 二十圓이 있다. 나의 學費는 恭根의 月給에서 若干과 妻의 鄕里에서 若干을 合하여 充當하고 있었다. 這回의 家族의 出發旅費는 當地 林君甫로부터 恭根의 名義로 五十圓을, 重根의 妻側 金能權으로부터 三十圓을, 借入 計 八十圓이나, 能權으로부터 二十圓을 餞別金으로 贈與받으므로써 都合 百圓을 鄭大鎬에게 주어 블라디보스톡까지 同行할 것을 依賴하였다. 一人當 旅費가 三十圓이 所要되므로 途中 雜費와 發病時 準備金을 생각하여 以上의 金額을 準備한 것이다"(국사편찬위원회, 「복명서」, 『한국독립운동사』 자료 7, 343쪽).
79 『대한매일신보』 1907년 5월 29자, 「國債報償義捐金收入 廣告」.
80 이창복·이문호, 「프랑스 선교사의 한국식물연구」, 『교회사연구』 6, 1987, 150~151쪽.
81 『경향신문』 1907년 10월 16일자, 「雜報」.
82 Faurie, 「진남포 성당 교세통계표」, 1904년 6월; 조광, 「安重根의 愛國啓蒙運動과 獨立戰爭」, 76쪽.
83 한국교회사연구소, 『뮈텔주교일기』III, 206쪽; 윤선자, 「민족운동과 교회」, 191쪽.
84 『경향신문』 1907년 7월 20일자, 「雜報」. 안중근이 가입한 서우학회의 취지서에서도 그 창립 목적을 "我同胞靑年의 敎育을 啓導勉勵ㅎ야 人才를 養成ㅎ며 衆智를 啓發홈이 卽是國權

80여 학교에서 온 3천여 명의 학생들과 교사 등 학교관계자 1천여 명이 참가한 운동회에서 3등을 차지하는 성과를 올렸다.[85] 이러한 결과는 이 학교가 천주교 학교이므로 종교적으로 단결되어 있었고 정씨의 예에서 보듯, 체육을 강조한 교육방침에 힘입은 바 크다.[86]

그의 교육에 대한 열망은 두 동생 안정근·공근에게 이어졌다. 안공근은 안중근의거가 있기 3·4년 전 경성에서 사범학교 속성과를 졸업하고 진남포 공립보통학교 교사가 되었다.[87] 안정근도 1909년 상경하여 하숙하며 3월경부터 양정의숙에서 공부하였다.[88]

한편, 진남포에서 안중근이 교제를 한 대표적인 인사는 오일환(吳日煥)·정대호(鄭大鎬)·김문규(金文奎)이다. 그가 오일환을[89] 처음 만난 것은 1906년 봄경이었다. 안중근이 진남포로 이주했을 무렵 해관주사(海關主事)로 승진한 오일환이 인천에서 진남포로 전근하여 그의 이웃이 되었다. 아마 그는 삼흥학교를 개교했을 때 안공근에게 영어를 가르친 오일환을 교사로 채용한 것 같다.[90]

을 恢復ᄒ고 人權을 伸張ᄒᄂ 基礎라"고 강조하였다(아세아문화사, 『西友』 제1호, 1978, 1쪽). 돈의학교에서 체육이 강조된 것은 이러한 맥락에서 이해될 수 있다.

85 조광, 「安重根의 愛國啓蒙運動과 獨立戰爭」, 77쪽.

86 윤선자, 「민족운동과 교회」, 192쪽.

87 국사편찬위원회, 「기밀통발 제111호」, 『한국독립운동사』 자료 7, 293쪽.

88 국사편찬위원회, 「경비 제294호」, 『한국독립운동사』 자료 7, 153쪽.

89 오일환은 안중근보다 두 살 아래로 추정된다. 그는 서울에서 1895년경 정대호와 서울 서부 공후동의 영어학교에서 4년간 수학한 후, 1898년 양지아문 견습을 걸쳐 1901년 지계아문의 技手로 승진했다. 1903년 2월 인천해관 서기를 거쳐 7월 진남포 해관 주사로 승진하였다. 그 후 1908년 1월 관제개혁에 의해 해관주사가 되었다가 동년 8월 사직, 9월 재원조사국 주사에 임명되었으나 1910년 1월 일본어를 못해 무시당하여 사직한 것으로 보인다. 이후 그의 행적은 주로 개신교와 관련이 있는 것 같다. 즉, 그는 기독교 청년회 총무 일을 잠시 하다가 브르크만의 어학교사가 되었다. 또한 기독교청년회 회계주임 최재학이 입감된 후, 월급 20원을 받고 임시 주임대리를 한 것으로 추측된다. 그의 가족으로는 1910년 당시 어머니와 동생 吳景煥이 있다. 오경환은 1910년경 평안북도 영변에 있던 미국인 노튼이 경영하던 美以교회당 부속병원에서 의술을 견습하고 있었다고 한다(국사편찬위원회, 「경비 제317호」, 『한국독립운동사』 자료 7, 196~197쪽).

90 국사편찬위원회, 「경비 제327호」, 『한국독립운동사』 자료 7, 196쪽; 국사편찬위원회, 「기밀통

그와 정대호의 관계는 오일환을 처음으로 만난 1906년 봄경으로 거슬러 올라간다. 정대호는 영어학교에서 오일환과 동문수학하였으며 1903년 8월 10일 진남포 해관으로 전근하여 함께 근무하였다.[91] 안중근은 오일환·정대호가 이웃에 거주하여 자연스럽게 왕래를 했던 것으로 보인다. 이후로도 안중근과 정대호의 관계는 계속되었다. 정대호는 그의 부탁으로 가족(안중근 부인과 두 자녀)을 간도로 망명시키는데 일조하였으며, 러시아 연해주에서 1909년 7·8월경 그를 만난 적이 있었다.[92] 이후 정대호는 독립투쟁에 투신하여 혁혁한 공을 세웠다.[93]

김문규와 안중근의 만남은 천주교 신자라는 인연으로 이루어졌다.[94] 김문규는 오일환·정대호와 함께 진남포해관 주사로 근무하였다.[95] 정대호는 수분하(綏芬河)로 간 이후 진남포해관 후배인 김문규를 통해 가족과 서신왕래를 하였다. 또한 안중근의 가족을 하얼빈으로 데리고 가는 데 필요한 서신

발 제1982호」,『한국독립운동사』자료 7, 201쪽. 안중근은 오일환 등과의 교제를 통하여 영어의 중요성을 확인하게 되었을 것이고, 이는 삼흥학교에서 영어를 가르치게 된 배경이 되었던 것으로 보인다.

91 국사편찬위원회, 「경비 제327호」,『한국독립운동사』자료 7, 196쪽.

92 국사편찬위원회, 「공판시말서」,『한국독립운동사』자료 6, 316쪽.

93 정대호는 1884년 1월 2일 서울 종로구 중학동 43번지에서 부 鄭繼聖과 모 김씨 사이에서 태어났다. 그는 1893년 한학공부를 시작하였으며 서울에서 1895년경 오일환과 영어학교에서 함께 4년간 수학하였다. 1899년에 안예도씨와 결혼하였다. 그는 1903년 8월 10일부터 진남포 해관에서 오일환과 함께 근무하였다. 1906년 봄부터 안중근과 친하게 지냈다. 1908년 9월부터 綏芬河 세관에 근무하면서 1909년 10월 안중근의 부탁을 받고 안전하게 안중근의 가족을 하얼빈까지 망명시켰다. 이 일로 일경에 체포되어 옥고를 치르기도 하였다. 1912년에 한인회 지방총회 회장으로 있다가 귀국하였다. 1916년 다시 중국 天津으로 망명하였다. 1919년에 상해로 이주한 이후, 임시정부에 참여하면서 임시의정원 경기도 의원에 선출되었다. 동년 11월에 대한 적십자회 三. 一隊에 소속되어 적십자회원 모집운동에 참여하였다. 1921년에는 신한청년당에 가입하여『신한교육보』를 발행하였다. 그는 1923년 중국의 손문의 부탁을 받아 수마트라섬의 팔림방시에 있는 화교학교 교장으로 취임한 후 화교로부터 군자금을 모집하는 활동을 하였다. 1925년 싱가폴에 있는 화교학교인 돈암학교에서 근무하였다. 1941년 5월 싱가폴에서 57세로 유명을 달리하였다(愛國志士 鄭大鎬先生 追慕委員會, 「愛國志士 鄭大鎬先生年譜」,『愛國志士鄭大鎬先生墓碑除幕式』, 1991, 4~5쪽).

94 국사편찬위원회, 「복명서」,『한국독립운동사』자료 7, 345쪽.

95 위와 같음.

왕래도 김문규가 맡았을 정도로 이들의 관계는 특별했다.[96] 안중근이 천주교 교인 중에서 김문규에게만 편지를 보냈다는 사실에서도 이들의 관계를 알 수 있다.[97] 이러한 신뢰를 바탕으로 김문규는 삼흥학교의 교사로 근무했다.[98] 그러나 김문규는 안중근의거에 대한 부정적인 인식을 드러내기도 하였다.[99]

3) 국채보상운동의 참여와 활동

1905년 11월 을사늑약 체결을 전후하여 대한제국의 지식인들은 일제의 침략에 맞서 계몽운동을 전개하였다. 계몽운동은 크게 각종 학교를 설립 운영하는 교육운동, 각종 정치단체와 학회를 설립하여 정치 현실에 참여하는 정치운동, 일제의 경제침략에 대항하는 식산운동 등을 중심으로 전개되었다. 안중근도 국내 계몽운동에 적극적으로 참여하였다. 그는 교육활동으로 삼흥학교를 설립하고 돈의학교를 운영하였고, 정치운동으로 국채보상운동과 서우학회에 적극 참여하였을 뿐만 아니라, 식산운동으로 미곡상과 석탄회사 삼합의를 경영하기도 하였다.

우선, 안중근이 국채보상운동에 참여하게 된 경위와 그 의미를 살펴보면 다음과 같다. 국채보상운동은 1907년 1월 29일 대구에서 서상돈(徐相敦)이 대구 광문사를 대동광문회로 개칭하는 회의석상에서 국채 1,300만 원을 갚지 못하면 장차 국토라도 팔아서 갚아야 한다며 자신부터 8백 원을 내놓으면서 2천만 동포가 회원들에게도 국채를 갚자고 제의한 것에서 시작되었다.[100] 그

---

96 국사편찬위원회, 「기밀통발 제1982호」, 『한국독립운동사』 자료 7, 203~204쪽.
97 국사편찬위원회, 「기밀통발 제111호」, 『한국독립운동사』 자료 7, 286쪽.
98 『대한매일신보』 1907년 5월 29자, 「國債報償義捐金收入廣告」.
99 국사편찬위원회, 「복명서」, 『한국독립운동사』 자료 7, 345~346쪽.
100 조항래, 「國債報償運動의 發端과 展開過程」, 『한국민족운동사연구』 8, 1993, 64~65쪽.

후 대동광문회에서 서상돈 등이 「국채보상취지서」를 발표하여 국채보상의 필요성과 동참을 호소하였고, 2월 21일부터 대구 민의소에서 단연회를 설립하고 의연금 모금에 나섬으로써 본격적인 국채보상운동이 전개되었다. 그 결과 서울에서도 1907년 2월 22일에 국채보상기성회가 설립되고, 4월 8일에는 대한매일신보사에 '국채보상지원금총합소'가 설치되었다. 당시 학회와 사회단체, 그리고 각 신문사는 국채보상운동을 적극적으로 전개하여 187,842원 78전 5리를 모금하였다.[101]

이 무렵 안중근은 국채보상운동에 적극적으로 참여하였다. 계봉우는 "안중근이 1907년 2월 평양 명륜당(明倫堂)에서 뜻있는 선비 천여 명을 모으고 의연금을 크게 거두었으니 이것은 나라를 사랑하는 충성이니라"[102]라고 하여 안중근의 활약상을 소개하였다. 뿐만 아니라 안학식도 안중근이 "대구 국채보상회 본부 서상돈 회장에게 자청하여 관서지부를 개설하고 자신이 지부장이 되었다"[103]라고 안중근의 활동을 기록하고 있다. 특히 안중근의 어머니 조마리아는

> 년전에 국채보상금 모집홀 때에도 그 부인과 그 뎨수가 싀집올 때 가지고 온 패물 등을 다 연조케 흐여 굴오디 나라이 망흐게 된지라 패물을 익끼여 무엇에 쓰리오 흐미 그 부인과 그 뎨수들도 락죵흐야 그 뜻을 조곰도 어긔지 못흐엿다.[104]

라고 증언하고 있다. 이처럼 국채보상운동에 안중근뿐만 아니라 온 집안이 동참하였다.[105] 여기에서 주목할 사실은 국채보상운동에 안중근과 그의 집

---

101 조항래, 「國債報償運動의 發端과 展開過程」, 91쪽.
102 계봉우, 「만고의사 안중근전」(윤병석 역편, 『안중근전기전집』), 521쪽.
103 안학식, 『義士安重根傳記』, 만수사보존회, 1963, 47~48쪽.
104 『대한매일신보』 1910년 1월 30일자, 「놀라운 부인」.
105 『대한매일신보』 1907년 5월 29자, 「國債報償義捐金收入廣告」.

안만이 참가한 것이 아니었다는 것이다. 즉, 안중근이 만든 삼흥학교도 혼연일체가 되어 참여했던 것이다. 이는 안중근의 사회활동이 그와 그의 가족의 범위를 넘어 하나의 사회세력으로 확대되어 갔음을 의미하는 것으로 그의 시대인식과 그 대응을 엿볼 수 있는 중요한 근거가 된다.[106]

안중근이 국채보상운동에 참여한 이유는 독립의 출발점을 일본 채무청산에서 찾았기 때문이다.[107] 이러한 현실인식은 미곡상 운영과 1907년 7월경 평양에서의 삼합의(三合義) 설립으로 이어졌던 것이다. 미곡상은 김능권의 재정지원으로 이루어졌으나 실패하였다.[108] 그리고 삼합의는 한재호[109]·송병운과 함께 평양에 설립한 무연탄 판매회사였다. 이는 3인이 공동체라는 의미이다. 하지만 회사명과는 정반대로 공동사업자들과의 불화와 일본의 방해 등으로 인해 석탄사업은 결국 실패로 돌아가고 말았다.[110]

이때 안중근은 일제의 존재에 대해 다시 한 번 직시하였을 것이고, 그에 따른 반일독립 정신을 더욱 확고히 하였던 것이다. 간도망명 이전 물적 기반의 조성을 위해 시작한 삼합의의 실패는 안중근에게 적지 않은 물질적 손해와 정신적 충격을 가져다주었다. 이는 삼합의 실패가 간도행의 원인이었다는 안정근의 지적과,[111] 일제의 조사기록에도 노령행의 직접적인 동기라고 기술되어 있다는 점에서도 확인된다.[112]

---

106 1907년 5월 29자 『대한매일신보』의 「國債報償義捐金收入廣告」에 삼흥학교의 교원과 학생들이 34원 60전의 국채보상 의연금을 냈다는 기록이 있다. 특히 여기에 삼흥학교의 교감 '安東根'이 3원을 희사했다는 기록이 있다. 전후사정으로 보아 안동근은 안중근의 오기로 보인다. 이것이 사실이라면 그의 국채보상운동의 시점과 무대는 계봉우의 주장(1907년 2월 평양과 달리(계봉우, 「만고의사 안중근전」, 521쪽) 1907년 5월경 삼화항 즉 진남포일 가능성이 높다. 또한 안정근과 안공근도 각각 1원씩 국채의연금을 냈다는 사실도 확인된다.

107 안중근, 「안응칠역사」, 156~157쪽.

108 국사편찬위원회, 「복명서」, 『한국독립운동사』 자료 7, 338쪽.

109 『대한매일신보』 1907년 5월 29자, 「國債報償義捐金收入廣告」. 한재호가 삼흥학교의 교장으로 온 것을 인연으로 안중근은 한재호와 삼합의 설립을 도모한 것으로 보인다.

110 안중근, 「안응칠역사」, 157쪽.

111 국사편찬위원회, 「복명서」, 『한국독립운동사』 자료 7, 339쪽

112 국사편찬위원회, 「복명서」, 『한국독립운동사』 자료 7, 337쪽.

그러나 삼합의 실패는 그의 간도망명을 결정짓는 원인이 아니었음이 분명하다. 말하자면 이는 일제의 한국침략에 대한 그의 인식과 대응이라는 일련의 과정에서 이루어진 필연적인 결과로 볼 수 있다. 그가 1907년 봄에 이미 빌렘 신부에게 간도로 망명하기로 하였다고 통보한 이후 설립된 삼합의는 그 자금을 마련하기 위한 방안으로 볼 수 있다는 면에서 그러하다.

안중근의 서북학회(西北學會)의 전신인 서우학회(西友學會)의 가입경위와 그것이 의미하는 바는 다음과 같이 살펴볼 수 있다. 즉, 러일전쟁 중 '황무지개척권요구' 등으로 일제의 한국침략 의도가 선명하게 드러났다. 이에 당시 지식인들은 1904년 보안회를 설립하여 대응하였고, 이어 1905년 정치단체인 헌정연구회를 설립하여 독립의 선결요건이 실력양성임을 설파하였다. 이후 일제의 침략과 탄압이 한층 강화됨에 따라 1906년 대한자강회가 탄생되는 등 일제의 탄압을 피하면서 정치활동을 하기 위한 수단으로 각종 학회가 설립되었다. 즉, 1906년에 서우학회와 기호학회, 1907년에 호남학회와 관동학회 등이 각각 창립되어 교육개발과 식산흥업활동에 진력하였다.

안중근도 시대의 흐름에 보조를 맞추어 1907년 봄경 평양에서 서우학회에 가입하였다.[113] 이 학회는 1906년 10월 26일, 11월 2일 김달하(金達河)의 집에서 회합하여 회장에 정운복, 부회장에 김명준, 평의장에 강화석, 평의원에 박은식·이갑·노백린·안병찬 등을 각각 선정하여 정식으로 발족하였다. 그리고 "생존경쟁과 우승열패의 진화론을 적극 수용하여 '自保自全之策'을 강구하려면 동포와 청년의 교육을 啓導勉勵하여 인재를 양성하고 衆智를 계발함으로써 국권을 회복하고 인권을 신장시킬 수 있다"[114]는 것이 서우학회의 기본노선이었다. 그도 이러한 서우학회의 취지에 공감하여 가입

---

113 위와 같음. 안중근의 서우학회 가입사실은 1907년 7월 1일자 『西友』의 「第八回新入會員金收納報告」에서 확인된다(아세아문화사, 『西友』(開化期의 學術誌), 1978, 474쪽). 물론 그 가입시점은 6월 이전으로 안중근의 주장대로 1907년 봄인 것으로 보인다.
114 『대한매일신보』 1906년 10월 16일자, 「本會趣旨書」.

한 것으로 보인다. 그는 안병찬·김달하·박은식·이갑·안창호 등 서우학회 회원과의 직간접 교류를 통하여 이들과 현실인식을 공유하며 국내외정세에 대한 정보를 수집하면서 국권회복의지를 다졌던 것이다.[115]

그런데 안중근의거 직후 이갑·안창호 등의 서북학회 회원이 대거 일제에 검거되었다. 일제는 안중근의거와 서북학회가 일정한 연관성이 있는 것으로 처음부터 단정하였다. 그것은 안중근이 서북학회 회원으로 활동하였고 안창호 등의 서북학회 회원과 밀접한 관계가 있었으며,[116] 서북학회의 부회장 김달하의 아들 김동억(金東億)과 함께 간도로 간 사실까지도 일제가 파악하고 있었기 때문이었다.[117]

이상에서 보듯이, 1905년 12월 중국 상해에서 돌아온 그는 계몽운동계열의 인사들과 관계를 맺으면서 사회단체에 가입하거나 당대의 문제해결에 진력하였다. 이처럼 이 시기 안중근은 국권회복운동이라는 시대적 조류와 조응하여 사회활동을 전개하였던 것이다. 이 또한 일제의 한국침략에 대한 일련의 대응과정 속에서 연유된 것이다.

한편, 안중근이 해외망명 계획을 구체화시킨 시점은 그가 빌렘 신부에게 원산의 브레 신부(Bret, Louis Eusébe Armand, 白類斯, 1858~1908) 앞으로 보내는 소개장을 요구하여 받았다고 하는 일제의 기록으로 보아 1907년 3월 무렵인 것 같다.[118] 안중근은 그 소개장으로 원산에 머무는 동안 브레 신부로부터 편의를 제공받을 생각을 갖고 있었다. 그러나 평소 그의 정치활동에 극력 반대하던 빌렘 신부는 "국사에 진력할 생각이면 교육에 종사하고 선량한 교도와 착실한 국민이 되라"[119]며 그의 간도행을 극구 만류하였다. 이때 빌렘 신부가 안중근의 정치활동에 반대한 이유는 그 개인의 성향에 기인하

---

115 국사편찬위원회, 「복명서」, 『한국독립운동사』 자료 7, 336쪽.
116 위와 같음.
117 국사편찬위원회, 「헌기 제2634호」, 『한국독립운동사』 자료 7, 244쪽.
118 국사편찬위원회, 「헌기 제2634호」, 『한국독립운동사』 자료 7, 243쪽.
119 국사편찬위원회, 「보고서」, 『한국독립운동사』 자료 7, 534쪽.

지만, 당시 뮈텔 주교를 중심으로 한 천주교 지도부의 정교분리방침에 따른 것이다.[120]

그러나 당시 대외상황은 악화되었다. 일제는 1907년 7월 18일 고종의 퇴위, 7월 24일 한일신협약에 따른 대한제국의 내정권 장악, 7월 27일 보안법에 의한 결사 금지, 8월 1일 군대의 강제 해산 등 침략정책을 구체화시켰다. 이와 같이 국내외의 상황 변화는 안중근이 간도행 결심을 굳힌 주된 요인이 되었다.

안중근은 급변하는 시대 상황 속에서 프랑스 선교사의 포교방침에 전적으로 동의하지 않았을 뿐만 아니라 간도행도 단념할 수 없었다. 때문에 그는 경성 중부 다동 김달하의 집에 머물며 해외망명 준비에 착수한 것으로 보인다.[121]

서울에서 군대해산을 목격하면서 출발했다는 기록으로 보아 그가 간도로 떠난 시점은 1907년 8월 1일경으로 추정된다.[122] 따라서 안중근은 약 5개월간 서울·평양·진남포 등지를 왕복하면서 간도행을 준비하였던 것이다. 특히 이 무렵 안중근은 서울에 머물며 서북학회 회원과 교제를 하고 국사를 논하며 미래를 설계했던 것으로 보인다.[123]

아버지 안태훈과 친한 사이였던 김진사의 간곡한 권유도 간도행을 결행한 하나의 요인이 되었던 것으로 보인다.[124] 만약에 김진사가 김달하라고 한다면[125] 안중근의 망명은 개인적인 행위가 아닌 적어도 김달하와 관련이

---

120 윤선자, 「민족운동과 교회」, 232~238쪽.
121 국사편찬위원회, 「헌기 제2634호」, 『한국독립운동사』 자료 7, 243쪽.
122 국사편찬위원회, 「境경시의 신문에 대한 안응칠의 공술(제1회)」, 『한국독립운동사』 자료 7, 394쪽.
123 국사편찬위원회, 「헌기 제2634호」, 『한국독립운동사』 자료 7, 243쪽.
124 안중근, 「안응칠역사」, 156쪽. 오영섭은 김진사를 김달하로 보고 있다(오영섭, 「일제시기 안공근의 항일독립운동」, 『한국근현대사를 수놓은 인물들』(Ⅰ), 경인문화사, 2007, 273쪽).
125 오영섭, 「간도지역 독립운동과 안중근이 지도한 의병전선」, 『동북아평화와 안중근의거 재조명』, 안중근 하얼빈학회·동북아재단, 2008, 14쪽.

있는 서북학회 등의 세력과 일정한 관계를 갖고서 추진된 것이라는 의미를 부여할 수 있다. 그는 간도 망명 자금을 마련하기 위해 1907년 7월경에 미곡상을 운영하고 삼합의를 설립하면서 정세를 관망하고 있었다.

그리하여 해외망명을 결심한 안중근은 종현성당(명동성당) 부근에 있던 김기문(金崎文) 집에서 이틀간 머물렀다. 이때, 그는 군부 경리국장 이강하(李康夏) 집에서 동생 안정근과 만나 간도행을 피력하였으나, "장남으로서 노모를 봉양해야 한다"[126]는 동생들의 반대에 직면하기도 하였다. 그러나 그는 대한제국 군대와 일군이 충돌하는 광경을 지켜보고서[127] 김동억과[128] 함께 부산으로 출발하였다.[129]

가족의 반대에도 불구하고 안중근은 민족의 독립을 위해 1905년에 계획하였던 해외망명을 단행하였다. 이는 안중근 단독망명이라는 점에서 1905년에 추진하였던 해외이주계획과 차이가 있는 것이다. 그의 간도행은 한순간에 결정된 것이 아니라, 일관된 대일인식의 연장선상에서 이루어졌다는 의미이다. 물론 안중근의 간도행 결심은 그 자신이 1907년 3월 간도행 결심을 빌렘 신부에게 고하며 "국가 앞에는 종교도 없다"[130]고 한 사실에서도 알 수 있듯이, 그의 민족의식 내지 국가의식에 의해 추동되었음이 분명하다.

아울러 당시 신민회 등의 인사들과의 교류를 통하여 해외 망명을 결심하

---

126 국사편찬위원회, 「境경시의 신문에 대한 안응칠의 공술(제1회)」, 『한국독립운동사』 자료 7, 394쪽.
127 박은식은 『안중근』에서 "이때 안중근은 평양에 있다가 국변이 있다함을 듣고 급히 경성에 들어와 남문 밖 제중원에 머물고 있었다. 이 날 이 참상을 보고 어찌할 바를 몰랐다. 포성이 약간 멎으니 즉시, 안창호, 김필순 그리고 미국의사 몇 명과 함께 적십자표를 달고 싸움터에 뛰어들었고, 부상자들을 부축하여 들고 입원 치료시켰다. 무려 50명이었다"라고 하여 일제에 의해 대한제국의 군대가 해산되었을 때 안중근의 활약상을 소개하고 있다(박은식, 「안중근」, (윤병석, 『안중근전기전집』), 289쪽).
128 안중근은 간도행을 함께 했을 만큼 김동억과 절친한 사이로 여겨지나 간도와 노령에서 김동억과의 관계는 분명하지 않다. 이는 안중근이 김동억의 부일성향(국사편찬위원회, 「서신」, 『한국독립운동사』 자료 7, 147쪽)을 알고서 의도적으로 멀리하였기 때문인 것으로 추정된다.
129 국사편찬위원회, 「헌기 제2634호」, 『한국독립운동사』 자료 7, 244쪽.
130 국사편찬위원회, 「보고서」, 『한국독립운동사』 자료 7, 534쪽.

였을 것으로 보인다. 특히 1907년 안창호 등의 신민회 회원들 사이에서 해외 독립기지론이 논의되었다고 한다면 이러한 분위기도 안중근의 해외망명을 촉진시킨 원인으로 작동되었을 개연성도 배제할 수 없다.

또한 그의 해외망명은 한 측면에서는 일제의 침략을 인식한 아래 해외이주계획의 연장선상에서 추진되었다고 볼 수 있고 다른 측면에서는 신민회 등의 인사와의 교류 과정에서 국권회복의 방법론으로 추진되었다고 볼 수 있다.

4. 맺음말

이상에서 안중근의 민권·민족의식과 그의 계몽운동을 살펴보았다. 이를 다음과 같이 정리는 하는 것으로 이 글을 마무리하고자 한다.

안중근의 민권의식은 천주교의 민권론과 당시 펴져 있던 민권에 대한 관심이라는 시대적 조류 속에서 형성되었다. 그의 인권론은 "난신적자를 제거하고 문명국가를 이룩하는 것"으로 요약할 수 있다. 이는 '김중환의 웅진군민 돈 5천 냥 갈취사건'과 '이경주사건' 등 민권운동을 전개하는 가운데 표출되었다.

안중근의 민족의식은 대학설립문제를 뮈텔 주교에 건의하였다가 거절당한 후 "하느님을 믿겠으나 서양인은 못 믿겠다"고 하면서 배우고 있던 프랑스어를 그만둔 사건에서 드러난다. 더욱이 그는 한국이 강성해지면 한국어가 통용될 것이라는 주체적인 민족의식을 드러냈다.

이후 그의 민족의식은 '청국의사 서원훈·안태훈 충돌사건'에서 확인된다. 즉, 그는 '청국 의사가 이와 같이 한다면 민생을 어떻게 보호할 수 있을 것인가'라고 하여 청국을 비롯한 외세의 압제에 시달리고 있던 당시 조선의 현실을 개탄하였다.

이러한 민족의식은 하야시(林權助)와 부일파 처단시도라는 의열투쟁, 해외이주계획, 계몽운동의 추진력이 되었으며 이후의 의병투쟁, 이토 처단이라는 항일투쟁의 사상적 동력이 되었던 것이다. 특히 하야시와 부일파 처단을 보안회와 협의한 것은 안중근이 천주교활동이라는 사적 영역에서 민족운동이라는 공적 영역으로 전환하는 분수령이 되었다는 면에서 의미가 크다.

안중근의 민족의식은 그의 종교와 역사의식이 결합된 총체적 결정판이라고 할 수 있다. 그는 "대한의 독립 유지"라는 민족문제의 해결을 위해 동시대 천주교인들의 인식상의 한계를 넘어 종교와 민족문제를 일체화시켰다. 더 나아가 그의 민족의식은 우리의 문제에만 국한되어 있지 않고 적어도 동양을 단위로 하는 지역 공동체의식으로 승화되었다. 이는 그의 민족의식이 개방적이었음을 의미하는 것이다. 이러한 측면에서 우리는 그의 민족의식의 특징을 엿볼 수 있다.

안중근은 하야시와 부일세력 제거계획에서 보듯이 일제의 침탈이 가중되는 러일전쟁 와중에서 독립을 유지하기 위한 방법론으로 의열투쟁을 상정하였다. 이러한 면에서 이토의 처단은 그의 의열투쟁의 연장선에서 이루어진 것이라고 할 수 있으며, 그를 의열투쟁의 선구자로 보아도 손색이 없을 것이다.

그러나 의열투쟁은 현실적으로 불가능하였다. 이러한 국내의 한계를 극복하기 위해 안중근은 해외이주를 계획하여 중국 상해 등지를 탐방하였다. 해외이주 계획은 두 가지 의미가 있다. 하나는 이 무렵 의병투쟁을 고려했다는 것이고 다른 하나는 '민족'에 대한 이해이다. 전자는 국제적 환경이 한국에 유리한 시점에 의병을 일으켜 국권을 회복한다는 복안이었다. 후자는 서상근과 대화에서 보듯이 안중근이 국제정세를 민족을 중심으로 파악하고 있음을 의미하는 것이다.

그러나 현실적으로 해외이주는 불가능하였고, 르각 신부의 권유도 있고 해서 그는 계몽운동론에 입각한 교육활동에 진력하였다. 계몽운동이 전개되기 이전에 선구적으로 대학설립을 주장한 것에서 보듯이, 안중근은 교육을 국권회복의 방법론으로 제시한 계몽운동의 선구적 위치에 있는 인물이다.

이러한 측면에서 그가 교육운동에 매진한 것은 자연스런 수순으로 민권회복과 민족의 독립을 유지하기 위한 방법론으로 교육의 중요성을 확고하게 인식하고 있었기 때문이었다.

안중근은 삼흥학교를 설립하고 돈의학교를 운영하는 등 교육활동에 진력하였다. 특히 삼흥학교가 『대한매일신보』에 영어학교로 소개될 만큼 안중근은 영어의 중요성을 인식하고 있었다. 이는 그가 언어의 주체성을 인식하면서 동시에 개방적이고 진취적 언어관을 갖고 있음을 의미하는 것이다.

안중근은 교육활동에 힘을 쏟으면서도 서북학회에 가입하였고, 국채보상운동에 적극 참여였다. 또한 그는 삼합의라는 석탄판매회사를 운영하였다. 특히 안중근의 국채보상운동 참여는 고립적 운동이 아닌 자신의 사상에 일정하게 영향을 받고 있던 삼흥학교를 중심으로 이루어졌음을 특기할 필요가 있다. 이는 안중근의 국내에서의 활동이 일정한 세력을 바탕으로 전개되고 있었음을 의미하는 것이다.

한국 근대 계몽운동은 크게 보아 학교·언론기관을 세우는 교육운동, 학회를 창설하는 정치운동, 식산흥업에 진력하는 경제운동이라는 세 가지 방향에서 전개되었다고 볼 수 있다. 계몽운동을 총체적으로 전개하였다는 면에서 안중근의 계몽운동이 갖는 특징을 엿볼 수 있다.

1907년에 들어와 일제는 고종을 폐위하고 한일신협약에 따른 내정권 장악이라는 구조 속에서 계몽운동을 중심으로 한 국권회복운동은 한계성을 노출하였다. 안중근은 이러한 상황을 예견하면서 1907년 3월경 해외망명 결심을 반대한 빌렘 신부에게 "종교보다 국가(민족)가 앞선다"고 선언하고 해외망명을 준비한 끝에 1907년 8월 1일경에 간도로 출발하였다.

2

안중근의 의병투쟁과 활동

1. 들어가는 말

안중근은 시대의 문제를 자기화하여 국내외의 상황의 변화에 따라 그 해결을 위해 자기변신을 거듭한 대표적인 독립운동가이다. 그는 동학군이 전국을 휩쓸고 있을 때 무장의 기질을 발휘하여 동학세력과 대립하였다. 천주교에 입교한 이후, 민족 내부의 모순을 자각하면서 천주교를 통하여 한국의 진보를 추구하는 민권운동을 펼쳤으며 동시에 천주교 상층부와의 대립을 겪으면서 민족의식을 키워나갔다. 특히 안중근의 대학건립 건의에 대한 뮈텔 주교의 거부는 그가 외국인에 대한 환상에서 벗어나 민족 주체성을 확립하는 계기가 되었다. 이러한 주체성은 한국어의 세계화를 주장한 그의 언어관에서도 엿볼 수 있다.

그는 러일전쟁의 발발 전후로 국내외의 정세를 관망하면서 향후 대책을 수립하였다. 그것은 1904년 하야시 곤스케(林權助)처단계획과[1] 1905년 해외이주계획으로 구체화되었다. 전자는 보안회의 비협조적인 태도로 무산되었다. 후자는 해서교안과 맞물린 가세의 약화로 인한 새로운 모색의 결과이기도 하지만 하야시 처단계획의 한계성을 극복하기 위한 방책이기도 하였다.

이후 르각 신부의 권유와 평소 교육의 중요성을 인식하고 있던 그는 삼흥학교와 돈의학교를 설립하여 교육운동을 전개하였다. 또한 그는 서우학회에 참여하였고 삼합의라는 석탄판매회사를 설립하기도 하였다.

그러나 1907년 고종의 퇴위와 정미7조약으로 국내의 상황은 더욱 악화되었다. 이러한 상황 속에서 안중근은 국내활동의 한계를 돌파하기 위한 진로를 모색해야만 했다. 그것은 1904년도에 시도했던 국외망명을 다시 단행하는 것이었다. 그리하여 안중근은 1907년 8월 서울을 출발하여 부산과 원산을 거쳐 1907년 9월 간도에 도착하였다. 간도망명은 안중근에게 새로운 도전을 요하는 것이었다. 이전의 운동방법론을 본질적으로 되돌아보고 운동방안을 다시 찾아야 했다. 그것은 바로 의병을 모집하여 대규모로 거병하는 의병투쟁이었다.

안중근은 이범윤·최재형 등과 협력하여 국내진공작전을 전개하였다. 그는 의병투쟁을 통하여 의병의 문제성을 자각하면서 또 다른 차원의 방법을 강구한 결과가 바로 이토 히로부미(伊藤博文)의 처단으로 나타났던 것이다.

이 글에서 다루어질 안중근의 의병투쟁과 활동에 대한 연구는 신용하의 연구[2] 이래 몇 편의 연구논문에서 안중근의 의병활동이 다루어졌다.[3] 그러

1 『大韓每日申報』1909년 12월 3일자, 「안중근리력」.
2 신용하, 「安重根의 思想과 義兵運動」, 『韓國獨立運動史硏究』, 을유문화사, 1985.
3 조광은 안중근이 계몽운동을 살펴보면서 의병투쟁으로 전향하는 과정을 그렸다(조광, 「安重根의 愛國啓蒙運動과 獨立戰爭」, 『교회사연구』9, 1994). 박환은 동의회 결성과 그의 활동, 정천동맹 등을 집중적으로 조명하는 등 안중근연구에 많은 시사점을 주고 있다(박환, 「러시아 沿海州에서의 安重根」, 『한국민족운동사연구』30, 국학자료원, 2002). 반병률, 「안중근(安重根)과 최재형(崔在亨)」, 『연사문화연구』33, 한국외국어대학교 역사문화연구소, 2009; 오영섭, 「간도지역 독립운동과 안중근이 지도한 의병전선」, 『동북아평화와 안중근의거 재조명』, 안중근 하얼빈학회·동북아재단, 2008.

나 기왕의 연구로 의병투쟁기 안중근의 활동을 완벽하게 복원하였다고는 볼 수 없다. 말하자면 안중근이 의병투쟁을 결심하게 된 경위와 노령 한인 사회에 적응하기까지의 과정, 동의회와 의병부대의 창설과정, 의병투쟁과정, 그 의의와 평가 등은 노령에서 안중근의 활동과 관련하여 좀 더 구체적으로 살펴볼 필요가 있다. 이에 필자는 이 글에서 이러한 문제를 깊이 있게 다루어 보려고 한다. 이러한 작업을 통하여 필자는 안중근연구가 심화되어 그의 전체상을 이해하는 데 도움이 되었으면 한다.

2. 해외 망명과 의병투쟁 모색

1) 간도망명과 의병투쟁 결심

1907년 8월 1일 경성을 출발하여 부산에 도착한 안중근은 부산 초양의 객주가에서 1~2박한 후 신호환(神戸丸)으로 원산으로 향하였다. 원산 시장에서 5~6일 체류하는 동안 누차 브레 신부를 방문하였다. 그는 천주교 교단의 선교방침에 따라 정치 활동에 비판적이던 브레 신부에게 간도행을 고하였다. 그러나 브레 신부는 그곳은 아무런 취미가 없는 곳이라며 못마땅하게 생각하였을 뿐만 아니라, 그의 성사요청도 거부하였다.[4] 심지어 그는 안중근을 '위험한' 인물로 여겨 그의 행동상황을 빌렘 신부에게 알리기까지 하였다.[5]

안중근이 원산을 출발하여 간도에 도착한 것은 1907년 9월 10일경이었다. 간도에서 그는 주로 불동(佛洞, 敎村)의 천주교인 남(南)회장의 집에서 기숙하면서 불동과 용정촌(龍井村) 등에 거주하는 한인들의 상황을 시찰하기도

---

4 천주교정의구현사제단, 「조선교구통신문」, 『안중근(도마)의사 추모자료집』, 1990, 174쪽.
5 국사편찬위원회, 「복명서」, 『한국독립운동사』 자료 7, 337쪽.

하였다.[6] 불동이라는 지명이 생겨난 것은 천주교의 교세가 그만큼 영향력을 발휘하고 있었다는 의미이다. 즉, 불동에 천주교가 포교되기 시작한 것은 1890년 초 원산의 천주교 교회에서 프랑스인 선교사를 매년 파견하여 전교하면서부터이다. 그 후 신자가 꾸준히 늘어 1905년부터는 태납자(太拉子)와 용정에 교회당이 건립되고 전임 선교사가 상주하였다. 이처럼 간도 용정에는 천주교 세력이 포진하고 있었다. 그가 이 지역을 방문하게 된 배경도 이러한 사실과 무관하지 않다.[7]

그런데 통감부 간도 파출소가 1907년 8월 23일 설치되면서 간도 한인은 일제의 감시와 통제를 받게 되어 그 생활은 갈수록 피폐해져 갔다. 이로 인하여 천주교 세력도 점차 약화되었다. 더불어 간도 한인의 민족운동은 위축될 수밖에 없었다.

안중근은 불동에 머물면서 정세파악을 위해 간도지방의 유력자인 이동녕·이상설 등이 1906년 간도에 세운 서전서숙을 방문하기도 하였다. 그러나 이상설은 4월에 이미 헤이그로 출발하였고 8월 20일에 서전서숙도 일제의 압력으로 폐교되었다. 때문에 그는 이상설을 만나지 못하였다.

이와 같이 안중근은 불동을 중심으로 간도의 정황을 살피면서 향후 계획을 구상하였다. 그러한 가운데 그는 일제의 압박 아래 신음하는 간도 동포

---

6 국사편찬위원회, 「境경시의 신문에 대한 안응칠의 공술(제1회)」, 『한국독립운동사』 자료 7, 395쪽.
7 일제의 기록에 간도 천주교의 상황이 다음과 같이 전해지고 있다. "本敎의 傳播는 去今 二十餘年前 元山敎會堂에서 一名의 佛國 宣敎師를 派遣한 것이 布敎의 기원이다. 每年 二回 出張布敎를 행하여 점차 信者가 증가함에 따라 명치 三十八年(1905)부터 太拉子 및 當地에 교회당을 창설하고 전임 각 일명을 주재시키고 때때로 遠近의 村落을 巡回布敎한 이래 天主敎의 勢力이 점차 왕성하게 되었다. 당지를 敎村이라 칭하고 瑞甸書塾이라는 학교를 세우기에 이르렀다. 그 유명한 平牙會議의 密使인 李某와 같은 자가 該敎의 一敎師였다. 그러나 통감부파출소 설치 후 該校를 閉鎖하자 재빨리 信者 兒童을 會堂의 일부에 모아 놓고 私塾的으로 교육시켰으나 작년 여름 이래로 商埠局으로 이전하여 금후 構內 校舍를 택하여 官立學堂이라 개칭하였다. 목하 間島 전역의 천주교신자는 支鮮人을 합해 一萬五千人에 달하고 當地에서도 四十五戶 二百五十名의 信者가 있다(日本 外務省 外交史料館, 『在間島總領事館ノ調査ニ係ル龍井一般』(문서번호 : 1.6.1, 68)).

들의 비참한 모습을 직접 목격하였다. 이를 통하여 그는 그동안 구국방책의 일환으로 진력하던 계몽운동의 한계를 절실하게 느껴 뭔가 새로운 방안을 강구해야 한다는 위기의식을 갖게 되었던 것으로 보인다. 그리하여 그는 국내에서 전개하던 계몽운동으로는 한국의 독립을 담보할 수 없음을 자각하고 의병투쟁으로 전환을 결심하였던 것이다.[8] 즉,

> 또 나는 間島의 同胞를 視察하는 한편 民智 開發을 꾀할 생각이며 義兵을 일으킬 생각은 毛頭 만큼도 없었던 것이다. 그런데 同地에서 內地의 形勢를 보니 날로 同胞는 不幸에 빠질 뿐이므로 不得已 義兵을 일으켜 天下를 向해 伊藤이 韓民을 壓制하는 것을 公表하고 한편으로는 日本 皇帝에게 伊藤의 政略에 韓民이 滿足하고 있지 않음을 알리고 韓民이 日本의 保護를 願한다는 것은 事實이 아니라는 뜻을 呼訴하려는데 있었다.[9]

이와 같이 안중근은 일본의 통제 하에 들어간 간도에서 계몽운동의 한계성을 통감하였다. 그리하여 이토의 정책을 한국인들이 찬동하지 않고 있다는 사실을 알리고 일본의 한국보호정책의 허구성을 폭로하기 위한 수단으로 거병을 결심한 것으로 여겨진다.[10]

---

8 윤선자는 안중근이 의병투쟁에 투신하기로 결심한 시점을 해외망명 전인 1907년 8월 1일 군대해산을 목격하고 한국을 떠나기 이전으로 보고 있다(윤선자, 「안중근의 계몽운동」, 『한국근대사와 종교』, 국학자료원, 2002. 179쪽).

9 국사편찬위원회, 「境경시의 신문에 대한 안응칠의 공술(제1회)」, 『한국독립운동사』 자료 7, 394쪽.

10 안중근의 의병으로의 전환을 신민회와의 관계에서 설명하는 견해가 있다. 즉, 신용하는 안중근과 신민회가 깊은 관계가 있음을 전제로 안중근의 '독립전쟁론'이 신민회의 '독립전쟁 방략'에 영향을 미쳤다는 주장을 하기도 한다(신용하, 「안중근의 사상과 의병활동」, 『한국민족독립운동사연구』, 을유문화사, 1985, 156~157쪽). 이와는 반대로 한상권은 안중근의 무력투쟁으로의 전환을 신민회의 영향으로 설명하고 있다(한상권, 「안중근의 국권회복운동과 정치사상」, 『한국독립운동사연구』 21, 2003, 57쪽). 그러나 신민회의 인사들이 본격적으로 무장투쟁

그런데 안중근이 의병투쟁으로 노선을 변경한 것은 두 가지 측면에서 의미가 있다. 첫째, 이 시기의 의병투쟁 결심은 이전 시기의 그것과 성격을 달리하고 있다는 것이다. 즉, 그가 이전에 고려한 하야시와 부일세력 처단계획은 개별적인 협력을 전제로 한 것이었다. 또한 해외망명 후 거병하려던 안중근의 생각도 계획에 그치고 말았다. 이에 반하여, 간도에서의 의병투쟁 결심은 "거병밖에 없다"는 자각 위에서 노령지역의 의병세력과의 포괄적인 연대를 상정하여 이루어진 것이다.

둘째, 안중근이 의병투쟁으로 선회한 것이다. 1904~1905년 러일전쟁, 1905년 을사늑약, 1907년 고종의 퇴위·한일신협약·군대해산 등 일제의 침략정책이 표면화되자, 계몽운동가들 사이에서 운동노선을 둘러싸고 좌우 분화현상이 나타났다. 말하자면 대한협회를 중심으로 한 계몽주의의 전통을 계승한 우파세력과 대일 강경론에 입각한 신민회를 중심으로 한 좌파세력으로 분화되어 갔다.[11]

신민회로 대표되는 계몽운동의 좌파세력이 무력투쟁을 본격적으로 고려한 시점은 신민회 간부회의가 있었던 1910년 4월로 보인다. 이에 반해 한때 학교설립 등의 계몽운동을 통하여 구국을 실현하려고 한 안중근은 계몽운동가들과 다른 노선을 걷고 있었다. 즉, 그는 1904년 하야시와 부일세력 처단계획과 1905년 거병을 목적으로 한 해외이주계획의 연장선에서 1907년 9월경 계몽운동 방식의 한계를 직시하고 의병투쟁으로 전환하였던 것이다. 물론 이는 반일투쟁이라는 일관된 그의 의식의 흐름 속에서 나온 것이다.

이와 같이 간도에 더 이상 머물 수 없다고 판단한 안중근은 불동을 출발

을 논의한 것은 1910년 4월 간부회의와 7월 청도회담을 통해서였다. 더욱이 안중근과 신민회의 관계가 구체적으로 증명되지 않는 이상 안중근의 무장투쟁론이 신민회와의 관계 속에서 형성되었다는 주장은 재고되어야 한다. 오히려 안중근은 간도의 상황을 목격하고 계몽운동으로 국권회복이 불가능하다는 판단 아래 무력투쟁을 위해 노령행을 결정한 것으로 보는 것이 타당하다.

11 조동걸, 「한말 계몽주의의 구조와 독립운동상의 위치」, 『韓國民族主義의 成立과 獨立運動史研究』, 지식산업사, 1989, 117~118쪽.

하여 종성(鍾城)을 거쳐 경원(慶源)에 이르러 5·6일간 머문 후 연추(烟秋)로 출발하였다. 다시 안중근은 연추의 도주막(都酒幕)에서 2·3일 체류한 후 포시에트에서 러시아 기선을 타고 1907년 10월 말경 블라디보스톡에 도착하였다.[12]

2) 노령 한인사회 안착과 의병모집 활동

블라디보스톡에 안중근의 우인(友人)이 특별히 있었던 것은 아니었다. 그는 무엇보다도 현지정보를 얻고 거사를 함께 도모할 만한 동지를 물색해야만 했다. 그래서 청년회에도 가입하여 임시사찰로도 활동하였다.[13] 그러나 러시아 한인사회에 적응하는 것은 청년회에서 누군가로부터 폭행을 당하여 귓병을 얻었다는 그의 증언에서 알 수 있듯이 그리 쉬운 일이 아니었다.[14]

왜냐하면 일제가 블라디보스톡에 많은 첩자를 심어 놓고 한인 활동가들을 감시하고 있었기 때문이었다.[15] 뿐만 아니라 러시아도 한인의 동태를 파

---

12 국사편찬위원회, 「境경시의 신문에 대한 안응칠의 공술(제1회)」, 『한국독립운동사』 자료 7, 395쪽.

13 日本 外交史料館, 「被告人第六會訊問調書 被告人 安重根」, 『伊藤公爵滿洲視察一件 伊藤公爵遭難ニ關シ倉知政務局長旅順出張竝ニ犯人訊問之件(聽取書) 第一卷』(문서번호 : 4.2.5, 245-4). 안중근이 활동한 청년회에 대해 일제는 다음과 같은 기록을 남기고 있다. 즉, "블라디보스톡에는 靑年會라 稱하는 韓國人의 秘密結社가 있는데 그 會員이 될 수 있는 者는 二十歲 以上의 韓人으로 하고 會員은 韓國에 있어서의 日本의 抑壓을 顚覆하는 것을 목적으로 한다"(국사편찬위원회, 「전보 제82호」, 국사편찬위원회, 『한국독립운동사』 자료 7, 231쪽). "「블라디보스톡」의 靑年會는 再昨年 冬頃 成立되고 會長은 金致甫이며 나는 査察(査察은 議場을 整理한다)을 하고 있었다. 그 當時 會가 目的으로 하는 바는 學校設立에 있었고 日本의 抑壓을 顚覆하겠다는 等 말하는 따위는 目的이 아니었다. 議會의 事業으로 생긴 것이 啓東學校이다. 지금은 아마 居留民會에서 學校를 支配하고 있을 것이다"(국사편찬위원회, 「기밀수 제5호」, 『한국독립운동사』 자료 7, 451쪽). 또한 안학식은 이 청년회를 '계동청년회'라고 하였다(안학식, 『義士安重根傳記』, 만수사보존회, 1963, 59쪽).

14 안중근, 「안응칠역사」(윤병석 역편, 『안중근전기전집』, 국가보훈처, 1999), 158쪽.

15 국사편찬위원회, 「境경시의 신문에 대한 안응칠의 공술(제10회)」, 『한국독립운동사』 자료 7,

악하기 위해 감시망을 가동하고 있었다. 무엇보다 한인들이 그를 인정하고 활동공간을 열어주는 데는 일정한 시간이 필요했기 때문이다. 안중근은 그 폭행자에게[16] "서로 다투면 어찌 남의 웃음거리가 되지 않겠는가. 옳고 그르고는 물을 것 없고 서로 화목하는 것이 어떤가"[17]라고 화해를 청하여 이 일은 더 이상 확대되지 않았다. 이러한 그의 행동은 필시 블라디보스톡 한인 운동가들의 의심에서 벗어날 수 있었던 계기가 되어 점차 블라디보스톡에 뿌리를 내리게 되었던 것으로 보인다.

1907년 11월경 안중근은 1903년 간도관리사에 임명되어 의병투쟁을 전개하던 이범윤을 만났다.[18] 이때 그는 이범윤에게 "이토가 극악해져서, 위로는 임금을 속이고 백성들을 함부로 죽여 신의를 버리는데 그치지 않고, 세계를 위협하고 있으니 그야말로 역천한 자이므로 하늘의 뜻에 순응하여 일본을 치는 것은 천명이다"[19]라고 하면서 "만일 하늘이 주는 것을 받지 않으면 도리어 그 벌을 받게 되는 것이니 어찌 각성하지 않을 것입니까 원컨대 각하께서는 속히 큰일을 일으켜서 시기를 놓치지 마십시오"[20]라며 거병을 촉구하였다.

이처럼 안중근은 거병을 '천명(天命)'에 근거하여 설명하고 있다. 이는 그의 사상을 이해하는 핵심적인 부분이기도 하다. 한 마디로 그는 의병투쟁을 천명으로 보고 있는 것이다. 그러나 이범윤은 거병하는 데 필요한 자금과 무기가 갖추어지지 않았으므로 당장은 불가능하다며 그의 요청을 거부하였

<hr />

439쪽.

16 이강은 안중근에 폭행을 가한 사람을 '문동패'라고 기술하고 있다(『국민보』 1958년 9월 10일자, 「나의 망명생활 五十년기」). 반면, 안학식은 '애골崔'로 기록하고 있다(안학식, 『義士安重根 傳記』, 59~60쪽).

17 안중근, 「안응칠역사」, 158쪽.

18 국사편찬위원회, 「境경시의 신문에 대한 안응칠의 공술(제1회)」, 『한국독립운동사』 자료 7, 396쪽.

19 안중근, 「안응칠역사」, 158쪽; 신운용, 「안중근의거의 사상적 배경」, 『한국사상사학』 25, 한국사상사학회, 2005, 참조.

20 위와 같음.

다. 이에 안중근은

> 조국 흥망이 조석에 달렸는데, 다만 팔짱끼고 앉아 기다리기만 한다
> 면 재정과 군기가 어디 하늘에서 떨어져 내려올 것입니까. 하늘에 순
> 응하고 사람의 뜻을 따르기만 하면 무슨 어려움이 있을 것입니까 이제
> 각하께서 의거를 일으키기로 결심만 하신다면, 제가 비록 재주야 없을
> 망정 만분의 일이라도 힘이 되겠습니다.[21]

라고 하여 거병의 당위성을 재차 강조하면서 "의병을 일으키겠다"는 의지를
불태웠다. 이러한 열망은 약 9개월 후인 1908년 7월경의 국내 진입작전으로
실현되었다.

안중근은 1907년 겨울 노령에서 엄인섭(嚴仁燮)·김기룡(金起龍)을 만났
다.[22] 이때 엄인섭이 큰형, 안중근이 둘째, 김기룡이 셋째가 되어 이들은 의
형제를 맺었다. 당시 블라디보스톡 지방 세력가인 엄인섭과 만남은 그에게
특별한 의미가 있었다. 이들은 의리와 정을 두터이 하고 향후 거사를 모의
하면서 노령 각지를 다니며 한인들에게 독립운동 참여를 호소하였다.[23] 이

---

21 위와 같음.
22 1877년 7월 24일 러시아에서 출생한 엄인섭은 최재형의 생질이자 부하로 알려졌다. 그는
 1900년 의화단 사건이 발생하자 러시아군에 종군하여 남만주에서 공로를 세워 훈장을 받았다.
 러일전쟁 때에는 주하얼빈 제1군단 본부의 통역으로 활동하였고 그 공로로 훈장을 받기도 하
 였다. 또한 그는 1908년 7월 안중근과 더불어 최재형 부대의 좌영장으로 참전했다. 1910년 5
 월 엄인섭 부대는 총 263명이었으며, 후에는 권업회 경찰부원 등으로 활동하기도 하였다(박환,
 「러시아 沿海州에서의 安重根」, 『한국민족운동사연구』 30, 2002, 64~65쪽). 그러나 그는 안중
 근의 사진이 『신한민보』에 게재된 사실을 일제에 알리는 등의 부일행위로 인해(日本 外務省
 外交史料館, 「五月十二日嚴仁燮ヨリ得タル情報」, 『在西比 亞』 第2卷(不逞團關係雜件-朝
 鮮人ノ部, 문서번호 : 4.3.2, 2-1-2) 독립운동가들의 표적이 되었다. 한편, 평양출신 김기룡(1909
 년 당시 36세)은 단지동맹의 한 사람으로 안중근의 측근이었다. 1907년 안중근과 함께 블라디
 보스톡으로 왔다는 일제의 기록이 있으나 (국가보훈처, 『아주제일의협 안중근』 3, 1995, 398쪽;
 박환, 「러시아 沿海州에서의 安重根」, 65쪽) 이를 전적으로 믿을 수 없다.
23 안중근, 「안응칠역사」, 159쪽.

때 그는 노령의 한인들에게 ① 고향을 떠나온 자에게 고향집에서 사람이 와서 강도가 부모를 내쫓고 집을 강탈하여 살며 형제들을 죽이고 재산을 약탈하였다고 하는데도 무관심하다면 이는 사람이 아니고 짐승이나 하는 짓이다. ② 이런 사람은 친구와 친척으로부터 배척당할 것이므로 무슨 면목으로 살겠는가라고 비유하여 조국의 현실을 설명하였다.

그러면서 그는 다음과 같이 의병을 일으켜야 하는 당위성을 역설하였다.[24] 즉, ① 5조약과 7조약으로 일제는 정권을 손아귀에 쥐고서 황제를 폐하고 군대를 해산하였으며 철도·광산·천택·전답·가옥을 군용지로 강탈하여 그 피해가 무덤의 백골에까지 미치니 국민된 사람으로서 분함을 참을 수 없어 전국에서 의병이 일어났다. 그러나 ② 일제는 의병을 폭도라고 하며 수십만 명의 한국인을 살육하였다. ③ 이토는 한민족 2천만이 일본의 보호를 받기 원하고 발전을 거듭하고 있다고 세계를 속이고 있다. 따라서 ④ 이토를 죽이지 않으면 한국은 물론 동양은 망하고 말 것이다. ⑤ 일본은 5년 사이에 러시아·청국·미국과 개전할 것이므로 이에 대비해야 한다. ⑥ 한 번 의병을 일으켜 적을 치는 것밖에 달리 방법이 없으므로 국내외를 막론하고 한국인들은 모두 총을 메고 칼을 차고 일제히 의병을 일으켜야 후세에 부끄럽지 않다. ⑦ 이러한 의미에서 혹자는 자원 출전하고 혹자는 무기와 의연금을 내어 의거의 기초로 삼아야 한다. 이처럼 그는 거병 이유와 이토 처단 명분을 명확히 들어가며 러시아 한인에게 항일 투쟁의식을 불어 넣었다.

이러한 거병논리는 의병투쟁을 무력투쟁이자 독립전쟁이라고 규정한 『공립신보』의 논리와 궤를 같이하고 있는 것이다. 안중근은 『공립신보』를 열독하였던 것으로 보여[25] 그의 의병론은 『공립신보』의 영향을 일정하게 받은 것으로 보인다.[26]

---

24 안중근, 「안응칠역사」, 159~161쪽.
25 국사편찬위원회, 「피고인 신문조서」, 『한국독립운동사』 자료 6, 6쪽.
26 한상권, 「안중근의 국권회복운동과 정치사상」, 58~61쪽.

여기서 특별히 지적해 두고자 하는 것은 이 당시 이미 안중근이 이토 처단의 논리를 구체적으로 갖고 있었다는 것이다. 때문에 거사 후에도 '이토 히로부미 죄상(伊藤博文罪狀) 15개조'를 막힘없이 외칠 수 있었다. 물론 이는 그의 주장대로 을사늑약 이후 이토의 죄상을 추적하는 과정에서 형성된 이론으로 볼 수 있다.

또한 그는 "일본이 러시아·미국·청국과 반드시 전쟁을 할 것"[27]이라고 국제정세를 분석하고 있다. 이는 당시 노령 독립운동가들의 국제정세에 대한 인식을 그도 공유하고 있음을 의미하는 것이다. 아울러 이 시기에 터득한 국제정세에 대한 인식은 「동양평화론」을 작성하는데 기반이 되었다고 볼 수 있다.

그리고 그의 유세에 한인들이 감동하였고 그를 따르는 사람들도 생겨났다.[28] 따라서 각지에서 이루어진 그의 연설은 이후에 전개될 의병투쟁의 밑거름이 되었던 것이다.

블라디보스톡 한인사회에 어느 정도 적응한 안중근은 "『해조신문』 논설에 감복하여 글을 보낸다"는 것으로 시작하는 '인심단합론(人心團合論)'을 1908년 3월 21일 『해조신문』「긔서」에 발표하였다. 즉,

> 귀보의 논설에서 인심이 단합하여야 국권을 흥복하겠다는 구절을 읽으매 격절한 사연과 고상한 의미를 깊이 감복하여 천견박식으로 한 장 글을 부치나이다.
>
> 대저 사람이 천지만물 중에 가장 귀한 것은 다름이 아니라 삼강오륜을 아는 까닭이라. 그런고로 사람이 세상에 처함에 제일 먼저 행할 것은 자기가 자기를 단합하는 것이오, 둘째는 자기 집을 단합하는 것이오, 셋째는 자기 국가를 단합하는 것이니 그러한 즉 사람마다 마음

---

27 안중근, 「안응칠역사」, 161쪽.
28 위와 같음.

과 육신이 연합하여야 능히 생활할 것이오 집으로 말하면 부모처자가 화합하여야 능히 유지할 것이오 국가는 국민상하가 상합하여야 마땅히 보전할지라.

슬프다. 우리나라가 오늘날 이 참혹한 지경에 이른 것은 다름이 아니라 不合病이 깊이 든 연고로다. 불합병의 근원은 驕傲病이니 교만은 만악의 뿌리라. 설혹 도적놈이 몇이 합심하여야 타인의 재산을 탈취하고 잡기군도 동류가 있어야 남의 돈을 빼앗나니 소위 교만한 사람은 그렇지 못하여 자기보다 나은 자를 시기하고 약한 자를 능모하고 같이 하면 다투나니 어찌 합할 수 있으리오 그러나 교오병에 약은 겸손이니 만일 개개인이 다 겸손을 주장하여 항상 자기를 낮추고 타인을 존경하며 책망함을 참고 잘 못한 이를 용서하고 자기의 공을 타인에게 돌리면 금수가 아니거늘 어찌 서로 감화하지 않으리오

옛날에 어떤 국왕이 죽을 때에 그 자손을 불러 모아 회초리나무 한 뭇(묶음)을 헤쳐주며 각각 한 개씩 꺾게 함에 모두 잘 부러지는지라 다시 분부하여 합하여 묶어놓고 꺾으라 함에 아무도 능히 꺾지 못하는지라. 왕이 가로대, "저것을 보라. 너희가 만일 나 죽음 후에 형제간 散心되면 남에게 용이하게 꺾길 것이오 합심하면 어찌 꺾일 것이오"라고 하였다 하니 어찌 우리 동포는 이 말을 깊이 생각하지 않으리오

오늘날 우리 동포가 불합한 탓으로 삼천리강산을 왜놈에게 빼앗기고 이 지경 되었도다. 오히려 무엇이 부족하여 어떤 동포는 무슨 심정으로 내정을 정탐하여 왜적에게 주며 충의한 동포의 머리를 베어 왜적에 받치는가.

통재 통재라 분함이 徹天하여 공중에 솟아 고국산천 바라보니 애매한 동포가 죽는 것과 무죄한 조선의 백골을 파는 소리를 참아 듣고 볼 수 없네. 여보 강동 계신 우리 동포 잠을 깨고 정신 차려 본국 소식 들어보오. 당신의 일가가 친척일가가 대한 땅에 다 계시고 당신의 조상 백골 본국강산에 아니 있소 나무뿌리 끊어지면 가지를 잃게 되며 조

상 친척 욕을 보니 이내몸이 영화될가 비나이다.

　여보시오 우리 동포 지금 이후 시작하여 불합 이자 파괴하고 단합 두 자 急成하여 幼稚子姪 교육하고 노인들은 뒷배보며 청년형제 결사하여 우리 국권 어서 빨리 회복하고 태극기를 높이 단 후에 처자권속 거느리고 독립관에 재회하여 대한제국 만만세를 육대부주 혼동하게 일심단체 불러보세.[29]

　그 주된 내용을 정리하면 다음과 같다. 안중근은 '단합'에 대해 자기가 자기를 단합하는 것, 자기 집을 단합하는 것, 자기 국가를 단합하는 것으로 분류하였다. 그는 이를 몸과 마음의 연합, 부모처자의 화합, 국민 상하의 상합이라고 구체적으로 규정하였다.

　그러면서 그는 대한제국이 일제의 침탈이라는 참혹한 지경에 이른 가장 큰 원인을 불합병에서 찾았다. 더 나아가 불합병의 원인이 교오병에 있다고 하면서 교만을 만악의 뿌리라고 주장하였다. 그는 교오병의 치료약은 겸손이라고 하면서 개개인이 겸손을 주장하여 자기를 낮추고 타인을 존경하고 책망을 참아내고 잘못한 이를 용서하고 자기의 공을 타인에게 돌리면 서로 감화될 것이라는 논리를 펼쳤다.

　계속해서 그는 죽음을 앞둔 어느 국왕이 회초리 나무를 합치면 부러뜨릴 수 없다는 사실을 통해 형제들의 단합을 이끌어낸 일화를 소개하였다. 그러면서 국망에 직면한 한국을 구할 대안으로 '단합'을 재차 강조하였다. 이처럼 그는 단합을 러시아 한인사회 더 나아가 대한제국을 구할 수 있는 유일한 방안이라고 주장하였던 것이다.

　위의 글은 이 시기 안중근의 현실인식을 엿볼 수 있는 중요한 사료이다. 이는 몇 가지 점에서 음미할 필요가 있다. 첫째, 안중근의 현실인식이다. 즉,

---

29 『해조신문』 1908년 3월 21일, 「긔서」.

그는 대한제국이 일제의 침략을 당하는 이유를 개인·가족·국가의 단결력 부족과 교만함에 있다고 진단하고 있다.

결국 그는 대한제국이 단결된 일본을 이기기 위해서는 '불합' 두 자를 거두어내고 단합할 때만이 가능하다고 판단하고 있는 것이다. 이러한 인식은 미국 한인사회의 운동노선과도 일정한 관련성이 있는 것으로 보인다. 이를테면 공립협회는 국권회복운동의 선결과제로 '국민단합론'을 제기하면서 한인단체의 '통일연합론'을 주창하는 등 한인사회의 통합운동을 전개하였다.[30] 이러한 운동방략은 러시아 한인사회와 연동되어 있었고 미주에서 발행된 한인신문을 읽고 있던 안중근도 이에 공감하며 '인심단합론'을 주장하였던 것으로 보인다.

둘째, 러시아 한인사회를 어떻게 바라보고 있는가 하는 문제를 엿볼 수 있다. 그는 한인사회의 분열양상을 정확히 인식하였고 그 해결책으로 단합론을 제시했다. 러시아 한인사회는 지방색에 따른 분열양상을 보이고 있었다.[31] 특히 의병세력은 최재형 등을 중심으로 토착세력과 이범윤 등을 중심으로 한 이주세력으로 양분되어 있었다. 이는 대일투쟁의 걸림돌로 작용하였다. 따라서 그의 인심단합론은 본토와의 관계를 깊이 생각하지 못하고 분열되어 있는 러시아 한인사회에 대한 안타까움의 표현이며 단결을 촉구한 호소문이라고 할 수 있다. 이러한 주장은 「동의회(同義會) 취지서」의 단합론과 맥락을 같이하는 것이다.

셋째, 「동양평화론」의 근간이 이미 이 무렵에 성립되었음을 알 수 있다. 즉, 그는 「동양평화론」에서 일본이 러일전쟁에서 승리한 원인을 단결에 있

---

30 김도훈, 「한말·일제초 재미한인의 민족운동」, 『미주한인의 민족운동』, 연세대 국학연구원, 2003, 117~125쪽, 참조.

31 특히 지방색에 따른 분열은 1910년 1월 정순만의 양성춘 살해사건으로 표면화되었다. 러시아 한인사회는 수년간 기호파(정순만·윤병일·김현토·이치권 등)와 서도파(양성춘·정재관·이강·차석보·유진율 등)로 나뉘어 대립하는 양상을 보였다. 이 사건도 이런 와중에서 발생한 것으로 지방색에 따른 파쟁이 그 원인이었던 것 같다(반병률, 「노령연해주 한인사회와 한인민족운동(1905~1911)」, 『한국근현대사연구』 7, 한국근현대사연구회, 1997, 88쪽).

다고 보았다. 반면 청국이 청일전쟁에서 패한 이유를 교만에 있다고 주장하였다. 또한 죽음을 앞둔 국왕의 왕자들처럼 단결해야 한다는 논리는 서양세력의 침략을 막기 위해 한·청·일 삼국의 단결이 절대적이라는 「동양평화론」과 궤를 같이하는 것이다.

넷째, 안중근이 러시아 한인사회의 여론형성에 일정한 역할을 하고 있다는 사실을 이를 통해 알 수 있을 뿐만 아니라 한인사회의 지도자로 성장하였음을 보여주는 증거이다. 이러한 면에서 안중근이 동의회 참여와 국내진공작전을 이끌 수 있었던 배경을 이해할 수 있다.[32]

3) 동의회 참여

1863년 함경도에서 13가구가 지신허 지역으로 이주하였다. 이후, 1882년 공식통계에 의하면 10,137명으로 늘어나는 등 러시아 지역의 한인문제는 한·러 양국의 주된 외교현안이 되었다. 1888년 「조로육로통상장정」의 성립으로 러시아 한인의 법적 문제가 타결되었다. 이후에도 한인의 러시아 이주는 계속되어 1892년에는 12,940명에 달하였다.

한인의 증가는 1895년에는 한인자치구인 도소(都所)가 러시아의 인가를 받아 연추(煙秋, 현 크라스키노)에 설치되어 최재형이 도헌(都憲)이 되는 성과를 낳기도 하였다. 이후에도 한국인이 계속 증가하여 1898년 남우수리지역의 한인 인구는 러시아인에 이에 2위로 20%를 차지하였으며, 1902년에는 16,140명으로 늘었다.[33] 또한 1905년 이후 운떼르베르게르 총독의 반(反)한

---

32 조광은 안중근이 「긔서」에서 교오병과 겸양을 대비하여 설명한 내용이 당시 천주교도들에게 널리 알려진 천주교 가사 중 사향가의 내용과도 합치된다고 하여 안중근의 민족주의적 열정과 그 열정을 구현하는 방법론에서 천주교 신앙의 요소를 확인할 수 있다는 견해를 밝혔다 (조광, 「安重根의 愛國啓蒙運動과 獨立戰爭」, 『교회사연구』 9, 1994, 86쪽).
33 반병률, 「노령연해주 한인사회와 한인민족운동(1905~1911)」, 74쪽.

인정책에도 불구하고 1910년에는 8~10만으로 급증하였다.[34]

이러한 상황 속에서 러시아 국적을 취득한 한인은 러시아의 보호를 받았으나 비귀화인 즉 여호인은 어떠한 법적 보호도 받을 수 없는 불안한 환경 속에서 온갖 불이익을 당하였다. 그리하여 비귀화 한인의 권익보호와 환난상구(患難相救)의 필요성이 대두되었다.[35] 그 결과 러시아에 망명한 이범윤·안중근 등의 의병세력과 최재형 등의 토착세력이 결합하여 동의회를 만들었던 것이다.

그러나 동의회는 상황의 변화에 따라 언제든지 의병조직으로 전환될 수 있는 성격의 조직체였다. 이는 당시 안중근·엄인섭·백규삼·김기룡·이범윤·최재형·이위종·전제익 등 반일세력이 동의회에서 활동하고 있었다는 사실에서도 자명하다. 더욱이 이러한 동의회의 의병적 성격은 국내의 의병 활동에 부응하여 이범진이 거병을 전제로 자금을 보냈다는 사실에서도 확인된다.

1908년 4월(음력)에 이위종은 이범진의 지시로 1만 루블을 최재형에게 보냈다. 동의회는 이 자금을 바탕으로 최재형·이범윤·이위종·엄인섭·안중근·백규삼 등을 중심으로 발기되었다.[36] 즉, 회원 수백 명이 최재형의 집

---

34 반병률, 「노령연해주 한인사회와 한인민족운동(1905~1911)」, 1997, 79쪽.

35 박민영, 「러시아 연해주지역의 의병」, 『대한제국기 의병연구』, 한울, 1998, 292쪽.

36 동의회의 발족 경위는 다음의 사료(日本 外務省 外交史料館, 「排日鮮人退露處分ニ關スル件」, 『在西比利亞』第5卷(不逞團關係雜件－朝鮮人ノ部, 문서번호 : 4.3.2, 2-1-2))에서 확인된다. 즉, "千九百八年 四月(陰曆 以下同) 李範晉은 烟秋 方面에서의 暴擧 準備가 점차 됨을 듣고 그의 아들 李瑋鍾로 하여금 金一萬留를 휴대하도록 하여 露都를 出發하여 烟秋의 崔才亨方에 보냈다. 同行者는 瑋鍾의 舅父 「놀켄」伯爵이며 於是 在烟秋의 暴徒派 等은 發企하여 同地에 同義會 一名 唱義會라는 것을 組織하기로 하였다. 發起人 中 중요한 者는 아래와 같다.

　　　　　池云京 張鳳漢 全濟益
　　　　　全濟岳 李範允 李承浩(議官 前年 「이만」에서 사망)
　　　　　李君甫(烟秋에 在) 崔才亨 嚴仁燮
　　　　　安重根 白圭三 姜議官(前年 間島에서 被殺)
　　　　　金吉龍(前警務官) 李瑋鍾 趙順瑞(蘇城)

에서 회합하여 동의회 결성을 결의하고 이위종이 임시회장을 맡아 총장·부총장·회장·부회장 기타 임원을 선출하였다. 그 결과 총장에 최재형, 부총장에 이위종이 각각 선출되었다.

그러나 이범윤은 한 표차로 부총장에 낙마하자 "수년 동안 국사에 진력하였는데 연소한 이위종보다 못한 처지가 되었으니 참으로 한스럽다"[37]며 불만을 표출하였다. 이렇게 되자 이범윤의 부하들도 동요하는 모습을 보였다. 이는 다시 이위종이 부총장직을 이범윤에게 양보하고 사퇴하는 상황으로 이어졌다. 결국 회장단 선거를 다시 하여 회장에 이위종, 부회장에 엄인섭, 서기에 백규삼, 평의원에 발기인 모두가 각각 선출되었다. 그리하여 동의회는 총장 최재형·부총장 이범윤·회장 이위종·부회장 엄인섭을 지도부로 하여 출발하게 되었다.[38]

하지만 이위종에 한 표차로 부총재에 낙선한 이범윤파의 불만으로 야기된 의병세력 간의 알력은 이범윤파와 최재형파의 충돌로 이어졌다. 즉, 이범윤은 고종황제로부터 받은 권한을 내세워 안중근 등 9명의 반이범윤파를 모반자라고 매도까지 하였다.[39] 이로써 이 양파의 관계는 더욱 냉각되어 이범윤파의 이탈을 초래하였다.

이에 그치지 않고 이들의 알력관계는 이범윤 휘하의 김찬오(金燦五)가 백여 명의 부하를 인솔하고 동의회 소유의 총기 보관소 한 곳을 습격하여 83정을 탈취하는 사건으로 이어지기도 하였다.[40] 이를 전해 들은 안중근 등의

張奉金(蘇城) 白俊成(同上) 金致汝(蘇成)

37 위와 같음.

38 위와 같음. 박환, 「구한말 러시아 沿海州 崔才亨義兵 硏究」, 『한국독립운동사연구』 10, 1996, 17쪽.

39 이는 다음에서 확인된다. 즉, "如此히 하여 점차 同義會라는 組織을 만들었으나 翌日에 이르러 昨日의 選擧에 不快感을 갖는 李範允 一派의 者는 各所에 貼紙를 보내 아래 九名은 御名을 어기고 謀反人이 되었다고 攻擊하였다. 當時 李範允은 太皇帝의 密勅을 奉하여 擧事했다고 하고 있다. 池云京 全濟益 全濟岳 安重根 白圭三 金吉龍 姜議官 張鳳漢 嚴仁燮"(日本 外務省 外交史料館, 「排日鮮人退露處分ニ關スル件」, 『在西比利亞』 第5卷).

40 위와 같음. 위의 사료에 따르면 안중근은 이범진과 이범윤 간의 왕복문서를 보고서 이들이

소성(蘇城, 水淸(수찬), 현 빠르찌산스크)파가 크게 분노하여 일거에 이범윤파를 제거하려고 하는 등 사태는 더욱 악화되었다. 이처럼 안중근 등의 최재형파와 이범윤파는 적전분열 양상을 보이기도 하였다.

이러한 이범윤파의 고압적 행동을 직접 목격하고서 안중근은 일진회를 친일파라고 한다면 이범윤·이범진세력을 '친로파'라고 할 정도로 평가 절하하였다.[41] 러시아 한인사회의 분열양상은 이범윤의 권위주의적 태도에 대한 최재형 등의 반감으로 설명되기도 한다.[42]

그러나 이는 무엇보다도 한인사회의 주도권을 장악하기 위한 일종의 정치세력 간의 통상적인 대립으로 볼 수 있다. 때문에 이들은 지상과제인 국권회복이라는 당위성 앞에 대결의식을 버리고 대일연합전선을 형성할 수 있었다.[43] 결국, 최재형과 이위종의 노력으로 이범윤파와 최재형파는 국사를 위하고, 같은 형제라는 명분으로 다시 화해를 하게 되었다.

그리하여 동의회는 1908년 5월 10일자 『해조신문』에 「동의회(同義會) 취지서」를 총장 최재형·부총장 이범윤·회장 이위종·부회장 엄인섭의 명의로 발표하였다. 취지서에서 "한국의 현실에 대해 위로는 국권이 소멸되고 아래로는 민권이 억압당하고 있다"고 주장하였다. 그러면서 이를 극복하는 방법으로 "금일시대에 교육을 받아 조국정신을 배양하고 지식을 밝히며 실력을 길러 단체를 맺고 일심동맹을 이루는 것이 제일방침"이라고 하여 한인의 단결과 교육 그리고 조국정신 즉, 국가에 대한 충성을 강조하였다. 이처럼 동의

한국 황제를 제거하고 스스로 황제가 되려는 역모를 꾸미고 있다고 분노하고 있다고 한다. 이러한 측면에서도 안중근 등의 소성파와 이범윤파의 대립원인을 찾을 수 있다.

41 위와 같음.

42 반병률, 「노령연해주 한인사회와 한인민족운동(1905~1911)」, 82쪽.

43 이는 다음에서 확인된다. 즉, "蘇城派로 보아야 할 暴徒派의 者는 이를 듣고 크게 怒하여 一擧에 李派를 撲滅하려고 포위하였으나 崔才亨 李瑋鍾은 극력 이를 慰撫하여 李派의 者는 원래 國事에 盡力하려는 지나친 熱誠에서 나온 것이므로 今日에 있어서 兄弟간에 다투면 다른 무리들에게 外侮를 당한다고 하여 점차 이를 진무하고 한편으로는 급히 손을 써서 2일간에 軍銃 120여정을 購買하여 이를 보충했다"(日本 外務省 外交史料館, 「排日鮮人退露處分ニ關スル件」, 『在西比利亞』 第5卷).

회는 단순한 환난상구를 넘어 국권회복을 목표로 건립된 단체였음을 알 수 있다.

여기에서 동의회 내에서의 안중근의 역할과 위치에 대해 살펴볼 필요가 있다. 안중근은 엄인섭·김기룡과의 형제관계, 이범윤에게 거병 촉구, 인심단합론 발표 등 일련의 행보를 통하여 한인사회에 점차 적응하며 주목받는 인물로 부상하였다. 안중근은 동의회 결성에 적극 참여하였지만 동의회의 창설에 결정적인 역할을 할 수 있는 위치는 아니었다. 그러나 그는 한인사회에 일정한 영향력을 행사하고 있었던 것만은 분명하다.

때문에 이범윤파와의 대립과정에서 엄인섭과 친밀한 최재형의 신임을 얻게 되어 한인사회와 동의회 내에서 그의 위치를 강화할 수 있었던 것으로 볼 수 있다. 이는 특히 이범윤 세력에 맞선 안중근을 비롯한 전제익·오내범·백규삼·강의관·장봉한·엄인섭 등이 1908년 7월경 국내진공작전을 펼친 최재형 부대의 핵심적인 지위를 담당했다는 사실에서도 알 수 있다. 따라서 안중근 의병부대 결성의 인적 구성도 이때 성립된 것으로 볼 수 있다. 이러한 측면에서 안중근이 최재형을 동의회 총장에 추대하고 김기룡·엄인섭 등과 더불어 청년들의 두목이 되었다는 일제의 평가는 의미 있는 대목이다.[44]

3. 의병투쟁과 그 의의

1) 의병부대의 결성

1905년의 을사늑약 이후 1907년 고종 퇴위, 정미7조약, 군대해산으로 이

---

44 국사편찬위원회, 「헌기 제2634호」, 『한국독립운동사』 자료 7, 244쪽.

어지는 일련의 과정 속에서 국외 국권회복운동의 중심지로 부상한 러시아 한인사회의 의병활동은 국내의 상황과 연동되어 있었다.[45] 즉, 1908년 봄 의병이 재봉기하는 가운데 3월 21일 장인환·전명운이 부일성향의 미국인 스티븐스를 처단한 의거는 거병을 모색하던 의병의 사기를 진작시키는 계기가 되었다.[46] 참여 의병 수는 5월에는 약 11,400여 명에 달하였고, 6월에는 무려 31,245명으로 급증하였다. 이러한 의병의 수적 증가는 의병세력의 확대를 의미하는 것이었다. 이와 같은 흐름 속에서 러시아 연해주와 인접한 함경북도에서 일어난 의병은 3월 말 무산(茂山)의 일본군을 궤멸하고 무산시를 장악했을 뿐만 아니라, 5월 초에 일본군의 반격도 격퇴하는 등 일제를 위협하였다.

이러한 국내의 의병활동에 호응하여 러시아 한인 의병은 훈춘과 간도를 거쳐 두만강 상류 산악지대로 이동하여 국내의병과 합동작전을 펼칠 계획을 가지고 있었다.[47] 또한 한인 의병들이 지속적으로 국내로 침투하여 일본병과 격전을 벌이고 있었다.[48]

이에 대해 연해주 지방경찰은 의병들이 국내외의 한인들로부터 전폭적인 지지와 지원을 받는 등 의병과 한인이 일치단결하여 대일투쟁을 수행하므로 통제와 감시가 불가능하다고 했을 정도였다. 이처럼 연해주 의병은 국내 의병과 연합작전을 시도하고 있었던 것이다.

안중근도 연합을 위하여 4월경에 갑산으로 홍범도를 찾아갔지만 만나지 못하였다.[49] 이후 그는 6월 의병투쟁을 모색하던 중 홍치범·윤치종·김기열을 대동하고 회령방면에서 홍범도를 만났다.[50] 이범윤이 거병에 대한 소

---

45 『한인신보』 1917년 10월 7일자, 「강동쉰해」.
46 위와 같음. 안중근도 장인환·전명운 의거를 듣고 환호하였으며 이들을 위한 기부금 모금에 참여하기도 하였다(국사편찬위원회, 「헌기 제2116호」, 『통감부문서』 7, 64쪽).
47 국사편찬위원회, 「바실리 예고르비치 각하께」, 『한국독립운동사』 자료 34, 12쪽.
48 국사편찬위원회, 「연해주 군총독 각하께」, 『한국독립운동사』 자료 34, 17쪽.
49 국사편찬위원회, 「境경시의 신문에 대한 안응칠의 공술(제2회)」, 『한국독립운동사』 자료 7, 398쪽.

극적인 태도를 보이는 상황 속에서도[51] 그는 이처럼 홍범도와 연합을 꾀하는 등 의병투쟁을 위한 노력을 지속적으로 경주하였다. 그러나 홍범도와의 연합은 적합하지 않다는 것이 그의 결론이었다.[52]

이범윤은 러시아 당국의 추방명령을 따라 5월 초(러시아력) 연추를 떠나 훈춘의 산악지방으로 이동하여 거병을 모색하였다.[53] 또한 최재형과 이위종은 의병부대의 조직에 분주하였다. 이를 간파한 러시아 당국은 이위종에게 추방하겠다고 위협하였다. 최재형에게도 러시아 공민으로서 의병활동에 가입하지 말라는 압력이 가해졌다.[54]

러시아의 압력에 굴하지 않은 최재형은 직접 전투에 참가하지 않았으나 엄인섭과 이위종에게 그 책임을 맡겨 거병을 준비하도록 하였다. 거병하는 데 가장 큰 문제는 군자금이었다. 군자금은 동의회를 조직하는 과정에서 이범진이 이위종에게 준 1만 루블, 최재형이 제공한 약 1만 3천 루블, 소성 방면으로부터 모금된 6천 루블 등 각지로부터 기부를 받은 자금으로 충당하였다.[55] 안중근도 여러 지역을 돌며 의병을 모집하였고 그동안 모금한 약 4

---

50 국사편찬위원회, 「境경시의 신문에 대한 안응칠의 공술(제9회)」, 『한국독립운동사』 자료 7, 434쪽.

51 안중근, 「안응칠역사」, 158쪽.

52 국사편찬위원회, 「境경시의 신문에 대한 안응칠의 공술(제1회)」, 『한국독립운동사』 자료 7, 396쪽. 안중근이 홍범도와의 연합을 포기한 이유는 다음에서 엿볼 수 있다. 즉, "洪의 人物을 보니 나이는 四十歲 가량인데 勇猛하고 氣力이 있으나 無學으로 時勢에 通하지 않았다. 元金鑛夫를 한 者이다. 同人은 斷髮者를 보는 대로 殺戮한다고 들었으므로 그 不可한 所以를 說諭하고 一進會員 따위도 日本人조차 使用하고 있었다. 同胞인 우리가 그를 使用할 수 없는 까닭이 없다. 그들을 敵으로 待遇하는 것보다도 오히려 우리가 使用해야 한다. 斷髮者를 보면 모두 죽이는 것은 野蠻이다. 나도 보는 바와 같이 斷髮하고 있다. 斷髮者가 반드시 國賊은 아닌 것이다. 또 日本人이라 할지라도 普通 良民을 멋대로 殺害해서는 안 된다. 서로 感情을 害치고 온다면 우리 同胞야말로 多數 그들에게 殺害 당하는 까닭이다. 생각하지 않으면 안 된다고 말했다"(국사편찬위원회, 「境경시의 신문에 대한 안응칠의 공술(제3회)」, 『한국독립운동사』 7, 406쪽).

53 국사편찬위원회, 「프리아무르스크 총독 암호전문」, 『한국독립운동사』 자료 34, 23~24쪽.

54 국사편찬위원회, 「연해주의 군통동 각하께」, 『한국독립운동사』 자료 34, 21쪽.

55 日本 外交史料館, 「排日鮮人退露處分ニ關スル件」, 『在西比利亞』 第5卷.

천 원의 군자금을 쾌척하였다.[56] 이리하여 의병들은 약 100정의 총으로 무장할 수 있었다.

군자금의 확보는 곧 의병조직의 편성으로 이어졌다. 그리하여 정치적 알력관계를 초월하여 이범윤 세력과 최재형 세력은 연합전선을 형성하여[57] 총독(總督) 김두성(金斗星)과[58] 대장(隊長) 이범윤을 중심으로 하는 연합부대를 창설하였었던 것이다. 이들은 결의록·동맹록을 작성하였고[59] 안중근도 이에 서명하였다.[60] 이 의병부대는 특히 국외에서 성립된 최초의 연합의병부대라는 측면에서 의미를 부여할 수 있다.[61]

의병세력은 이범윤파의 창의회와[62] 최재형파의 동의회를 중심으로 양분

---

56 국사편찬위원회, 「헌기 제2624호」, 『한국독립운동사』 자료 7, 235쪽.
57 국사편찬위원회, 「헌기 제2634호」, 『한국독립운동사』 자료 7, 244쪽.
58 여기에서 김두성이라는 인물의 실존성에 대해 살펴볼 필요가 있다. 이 문제는 여전히 풀리지 않는 숙제로 남아 있기 때문이다. 즉, 조동걸은 김두성을 유인석으로 보았다(조동걸, 「安重根義士 재판기록상의 인물 金斗星考」, 『韓國近現代史의 理想과 形象』, 푸른역사, 2001, 123쪽). 반면, 신용하는 실존인물이라고 주장하고 있다(신용하, 「안중근의 사상과 의병운동」, 163쪽). 그러나 필자는 김두성을 최재형으로 보고 있다. 왜냐하면 동의회는 최재형과 이범윤의 양대파의 합작으로 성립되었는데, 위에서 보듯이 이범윤에 필적할 사람은 당시 최재형밖에 없기 때문이다. 또한 일제의 사료도 안중근을 최재형의 부하로 파악하였다는 점도 이를 뒷받침하고 있다(국사편찬위원회, 『한국독립운동사』 자료 7, 263쪽). 아울러 최재형의 의병조직은 우영장에 안중근이, 좌영장에 엄인섭이 각각 임명되고, 이들의 상관인 都營將을 전제익이 맡았다. 형식적으로 전제익이 중심이 된 의병대였으나, 실질적인 최고 상관은 최재형이었다. 문제는 안중근이 최재형을 김두성이라고 기술한 이유가 분명하지 않다는 데 있다. 이에 대해 반병률은 안중근이 최재형을 보호하기 위해서 그렇게 기술하였다고 주장하고 있다(반병률, 「안중근(安重根)과 최재형(崔在亨)」, 『역사문화연구』 33, 한국외국어대학교 역사문화연구소, 2009, 참조). 하지만 이범윤 등의 인물에 대해서는 그대로 진술하고 있다는 측면에서 그럴 가능성은 없다. 『안응칠역사』 많은 인물들이 등장하는데 최재형에 대한 언급이 없는 점도 앞으로 해결해야 할 문제이다. 하여튼 이 문제는 앞으로 정밀한 검토가 요구된다.
59 국사편찬위원회, 「헌기 제2634호」, 『한국독립운동사』 자료 7, 244쪽.
60 일제는 의병부대의 조직과 활동상황은 다음에서 보듯이 이때 이미 파악하고 있었던 것으로 보인다. 즉, "當時 郡守의 使丁 李德七이란 者가 賊에게 拿捕되어 擔夫로 賊에게 使役되어 이 戰鬪에 參加하였는데 德七은 賊의 荷物을 질머진채 我軍으로 逃歸하였다. 그리고 그 荷物 속에 賊徒의 結義錄, 同盟錄, 旅行券 等이 있었다"(국사편찬위원회, 「헌기 제2634호」, 『한국독립운동사』 자료 7, 244쪽).
61 장석흥, 「국외의 망명과 의병운동의 전개」, 『안중근의 생애와 구국운동』, 84쪽.
62 이범윤은 독자적으로 창의회를 운영하고 있던 것으로 보인다. 이에 대해서는 박민영, 「러시

되어 있었는데, 안중근은 최재형파에서 활동하고 있었다.[63] 최재형파의 의병 조직은 동의회의 성립과정에서 반이범윤파의 주요인사인 전제익·엄인섭·안중근 등을 중심으로 한 약 3백여 명으로[64] 탄생되었다.[65] 그 조직은 다음과 같다.[66]

都營將　　全濟益

參謀長　　吳乃凡

參　謀　　張鳳漢, 池云京

軍　醫　　미국으로부터 온 후 日本兵에게 逮捕되어 會寧에서 銃
　　　　　殺당함

兵器部長　金大連

同　副張　崔英基(御衛長)

經理部長　姜議官

同　副長　白圭三

左營將　　嚴仁燮

　　　　　第一中隊長　金某(俗으로「완빠우쟌」病死)

　　　　　第二中隊長　李京化(현재 蘇城에 있음)

　　　　　第三中隊長　崔化春(위와 같음)

右營將　　安重根

　　　　　中隊長　三人

아 연해주지역의 의병」, 295~298쪽, 참조.

63　위와 같음. 신용하는 안중근을 이범윤파로 분류하고 있다(신용하, 「안중근의 사상과 의병운동」, 163쪽). 그러나 위에서 보듯이 최재형파로 보는 것이 타당하다(박환, 「구한말 러시아 沿海州 崔才亨義兵 硏究」, 69쪽).

64　연해주 의병의 총수는 4,800명 이상이라는 기록도 있다(국사편찬위원회, 「헌기 제420호」, 『한국독립운동사』 자료 11, 1982, 462쪽).

65　『독립신문』 1920년 5월 15일자, 「의병전(七)」.

66　日本 外交史料館, 「排日鮮人退露處分ニ關スル件」, 『在西比利亞』 第5卷.

이와 같이 회령(會寧) 출신으로 함북관찰부 경무관 출신인 전제익을 수장으로 하는 의병부대가 창설되었다. 안중근은 좌영장 엄인섭과 나란히 우영장을 맡았다. 위의 사료에서 보듯이 안중근 휘하에 3인의 중대장이 있었음을 알 수 있다. 이는 한인사회에서 안중근의 위치가 엄인섭과 견줄 만큼 확고해졌음을 의미하는 것이다. 그리고 이 의병부대는 실질적으로 안중근 부대와 다름없다는 평가를 받기도 한다.[67]

2) 국내 진공작전

우여곡절 끝에 성립된 연합부대의 국내진공 계획이 어떠한 상황에서 어떠한 전술적 목적을 갖고서 이루어졌는가 하는 문제는 정확히 알 수 없다. 다만 여러 상황으로 보아 국내진공작전이 700~800여 명의 의병부대가 참여하여 육로와 해로 두 방향의 공격루트로 전개되었던 것은 분명한 것 같다.

이들의 최종 집결지는 갑산·무산 등지로 보인다. 해로의 경우, 600여 명의 의병이 두만강 하구 녹둔(鹿屯)에서 중국 선편을 이용해 청진과 성진 사이의 해안으로 상륙하였다.[68] 육로의 경우, 안중근을 비롯한 300여 명은 지신허(현 비노그라드노예)를 출발하여 두만강을 건너 홍의동(洪儀洞)과 신아산(新阿山)을 거쳐 회령에서 무산으로 이동하는 경로를 택하였다. 러시아 사료에 따르면 의병부대는 두만강상류 산악과 삼림지역으로 이동하여 현지에 있는 의병부대와 연합하여 무산 공략에 성공하면 회령으로 진격하여 점령하고 종국에는 두만강 상류지역을 장악하려고 하였던 것으로 보인다.[69]

---

67 장석흥, 「국외의 망명과 의병운동의 전개」, 83쪽.
68 국사편찬위원회, 「경비수 제6822호」, 『한국독립운동사』 자료 11, 459; 박민영, 「러시아 연해주지역의 의병」, 323쪽.

안중근의 진술, 일본 측의 자료, 러시아 측의 사료를 바탕으로 안중근의 전투일정을 종합해 보면 그 신빙성이 더해진다.[70] 의병부대는 300여 명의 의병이 7월 3일(음 6월 5일) 밤 8시 야음을 틈타 지신허를 출발하여 홍의동(혼쯔르코르)에 도착하였다.[71] 첩보를 입수한 일본군은 척후병 4명을 파견하였으나 7월 7·8일경 의병이 이들을 총살하였다.

이때 안중근은 일본군인과 상인 등을 포로로 생포하였다. 안중근이 일본인들에게 일본의 침략으로 동양의 평화가 파괴되었다고 추궁하자, 그들은 "이 모든 것이 천황의 뜻을 어기고 멋대로 권세를 주물러서 일본과 한국 두 나라의 귀중한 생명을 무수히 죽였음에도 편안히 복을 누리고 있는 이토에 대해 분개하는 마음을 갖고 있다"[72]고 하였다. 이에 그는 충의로운 사람들이라는 칭찬과 더불어 이토와 같은 난신적자(亂臣賊子)를 제거해야 한다는 당부의 말을 하고서 만국공법에 입각하여 이들을 석방하였다.[73]

여기에서 안중근의 일본과 만국공법에 대한 인식을 살펴볼 필요가 있다. 전자의 경우, 안중근은 일본인들과의 솔직한 대화를 통하여 일본인 중에서도 이토의 대한 정책을 반대하는 세력이 있다는 사실을 확인하게 되었다는 것이다. 이를테면 이때 안중근은 일본을 보다 분석적으로 접근할 수 있는 기회를 얻었다고 평할 수 있다. 그가 사형선고를 받고도 "일본국 4천만 민족이 안중근의 날을 크게 외칠 날이 멀지 않을 것이다"[74]는 말을 남길 수 있었던 것도 이러한 맥락에서 설명될 수 있다.

---

69 국사편찬위원회, 「바실리 예고르비치 각하께」, 『한국독립운동사』 자료 34, 12쪽.
70 국사편찬위원회, 「境경시의 신문에 대한 안응칠의 공술(제9회)」, 『한국독립운동사』 자료 7, 434~438쪽, 국사편찬위원회, 『한국독립운동사』 자료 11, 452~613쪽, 국사편찬위원회, 『한국독립운동사』 자료 34, 11~36쪽.
71 국사편찬위원회, 「境경시의 신문에 대한 안응칠의 공술(제9회)」, 『한국독립운동사』 자료 7, 434~435쪽.
72 안중근, 「안응칠역사」, 162쪽.
73 안중근, 「안응칠역사」, 162~163쪽.
74 안중근, 「안응칠역사」, 180쪽.

후자의 경우, 안중근은 만국공법에 대해 정확하게 인식하고 있었다는 사실을 알 수 있다. 물론 이는 만국공법을 반일투쟁의 방법론으로 인식한 시대적 분위기를 반영하고 있는 것이다. 이를테면 안중근의 일본포로 석방은 1907년 12월에 결성된 십삼도창의대진소(十三道倡義大陣所)의 정책과 접점을 이루고 있는 것으로 보인다. 즉, 서울진입작전을 계획한 이인영(李麟榮)은 일제의 침략을 규탄하면서 의병을 국제공법상의 교전단체로 인정하고 의병투쟁의 정당성에 대한 지지를 호소하는 통문을 각국 공사관에 보냈다.[75]

그러나 안중근의 포로 석방은 결과적으로 의병세력의 분열을 가져왔다. 그리하여 엄인섭 등은 안중근을 강하게 비판하였다.[76] 이에 안중근은

> 그렇지 않다. 그렇지 않다. 적들이 그같이 폭행하는 것은 하느님과 사람들이 다 함께 노하는 것이다. 이제 우리들마저 야만의 행동을 하고자 하는가. 또 일본의 4천만 인구를 모두 다 죽인 뒤에 국권을 도로 회복하려는 계획인가. 저쪽을 알고 나를 알면 백번 싸워 백번 이기는 것이다. 이제 우리는 약하고 저들은 강하니, 악전(惡戰)할 수는 없다. 뿐만 아니라, 충성된 행동과 의로운 거사로써 이등의 포악한 정략을 성토하여 세계에 널리 알려서 열강의 동정을 얻은 다음에라야, 한을 풀고 국권을 회복할 수 있을 것이다. 그것이 이른바 약한 것으로 강한 것을 물리치고 어진 것으로써 악한 것을 대적한다는 그것이다. 그대들은 부디 많은 말들을 하지 말라.[77]

라고 의병들을 간곡하게 타일렀다. 그러나 의병들의 마음을 돌릴 수는 없었다.[78] 결국 엄인섭 부대는 러시아로 귀환하고 말았다.[79]

---

75 장석흥, 「국외의 망명과 의병운동의 전개」, 92~93쪽.
76 안중근, 「안응칠역사」, 163쪽.
77 위와 같음.

이후 홍의동에서 척후병을 사살한 것이 곧 일본군에 알려져, 일제의 동부 수비군 사령관 마루이 소장(丸井小將)은 회령·웅기·경원 등의 각 일본 수비대에 서로 책응하여 의병부대를 공격하도록 하였다. 일본군의 추적을 당한 안중근은 도영장 전제익과 상의하여 지형에 익숙한 무산방면으로 이동하기로 하였다.

한편, 부대장 김모와 참모장 오내범이 이끄는 의병대는 7월 10일 오전 4시경에 경흥군 신아산에서 하루 종일 전투를 벌여 일본군을 경흥으로 몰아내고 일본군 하사 이하 5명의 행방불명과 1명의 사살이라는 상당한 전과를 올렸다.[80]

홍의동과 신하산 전투는 연해주 의병부대의 대표적 승첩으로 의병의 사기를 드높였으며 일제를 긴장시키기 충분했다. 일제는 10일 저녁 무렵에 보병 제49연대 제9중대를 파견하였고 경성(鏡城)으로부터 70여 명의 지원군이 웅기를 걸쳐 경흥으로 출동하였다. 이에 의병부대는 회령방면으로 이동하였다.

회령 온성 방면에서 김모(金某, 이범윤의 部將)와 만나 합병(合兵)을 권유했

---

78 안중근의 의병대가 패한 주 원인을 안중근이 일본인 포로를 방면하여 위치가 알려졌기 때문이라는 측면에서만 설명되어 왔다. 신용하, 「안중근의 사상과 의병운동」, 172쪽. 그러나 이에 대해 안중근의 다음과 같은 주장에서 보듯이, 안중근과 엄인섭이 진로를 놓고 벌인 충돌도 그 하나의 원인이 되었음을 알 수 있다. 즉, "그 때 軍議가 맞지 않아 嚴仁燮은 自己의 兵을 이끌고 헤어졌다. 軍議가 맞지 않았던 것은 단지 四名의 日兵을 죽인 것만으로 目的을 達한 것이 아니다. 이 때문에 최대 目的을 그르치고 前進하지 못하게 된 것은 遺憾이라고 論하였더니 嚴이 敵의 前進을 막으려면 교통을 공격하지 않으면 안 된다 하여 서로 의견이 衝突하였던 것이다"(국사편찬위원회, 「境경시의 신문에 대한 안응칠의 공술(제9회)」, 『한국독립운동사』자료 7, 435쪽).

79 엄인섭 부대의 李明虎가 이끈 의병들이 8월 4일 두만강변 노령 녹둔을 걸쳐 경흥군 盧西面의 土里와 西水羅 일본인의 어장을 습격하여 일본인 10여 명을 사살한 후 노령으로 회군하였다(국사편찬위원회, 「경고비 제88호」, 『한국독립운동사』자료 14, 1985, 688~689쪽).

80 러시아의 기록에 따르면 7월 10일 의병부대는 64명 사살, 부상자 30명의 전과를 올린 데 반해, 아군의 피해는 참모장 오내범이 부상을 당하는 등 부상자가 겨우 4명뿐으로 피해는 경미하였다고 한다(국사편찬위원회, 「연해주의 군총독 각하께」, 『한국독립운동사』자료 34, 30쪽). 물론 이 기록을 전적으로 믿을 수 없으나 의병이 소기의 성과를 거두었음은 분명하다.

으나 김모와 전제익이 서로 대장이 되려고 하는 바람에 합병은 결렬되고 말았다. 때마침 7월 16일 경성의 미하라 중좌(三原中佐)가 회령을 향해 출발하여 의병부대를 추적하자 7월 19일 회령군 영산사 창태평에 있던 것으로 추정되는 전제익·안중근 부대와 김모는 사방으로 흩어졌다.

이때 안중근은 일본군과 산발적인 교전을 하면서 산간 밀림의 폭우 속에서 밤을 보냈다. 다음 날 흩어진 병사를 모았으나 60~70명에 지나지 않았다. 이들은 전투로 지쳐 있었고 군기도 서지 않았다. 이때 그는 의병의 현실을 보고서 창자가 끊어지고 간담이 찢어지는 것 같이 괴로워했다.

이후 안중근은 의병을 재정비하였으나 일본군의 습격을 받고 또 다시 대오는 흩어지고 말았다. 이 후 그는 고생 끝에 손(孫)·김(金) 두 부하를 만났다. 이들이 우왕좌왕하는 모습을 보이자 그는 "일본군과 더불어 한바탕 장쾌하게 싸움으로써 대한국인의 의무를 다한 다음에 죽으면 여한이 없을 것이다"[81]라며 격려하고 시를 짓기도 하였다.[82]

이후 안중근은 다른 의병을 만나기도 하였으나 폭우로 헤어졌다. 이때 민가를 찾아 일본군의 파출소까지 내려갔으나 다시 일본군을 피해 산속으로 들어가야만 했다. 안중근은 기력을 잃고 땅에 쓰러졌다가 얼마 후 정신을 차리기도 하였다. 흔들리는 두 부하에게 "사람의 목숨은 하늘에 메인 것이니 걱정할 것 없소. 사람은 비상한 곤란을 겪은 다음에라야 비상한 사업을 이루는 것이오, 죽을 땅에 빠진 다음에야 살아나는 것이오. 이같이 낙심한 대서 무슨 유익이 있겠소, 천명을 따를 뿐이오"[83]라며 의병들의 용기를 북돋아주었다.

이에 힘을 얻은 의병들과 안중근은 한인으로부터 밥을 얻어먹으며 일본

---

81 안중근, 「안응칠역사」, 165쪽.
82 안중근, 「안응칠역사」, 164~165쪽. 안중근이 이때 지은 시는 다음과 같다. "男兒有志出洋外 事不入謨難處身 望須同胞警流血 莫作世間無義神."
83 안중근, 「안응칠역사」, 166쪽.

군의 추격을 따돌렸다. 이처럼 절망적인 상황 속에서도 안중근은 국권회복의 희망을 잃지 않았고 의병들을 천주교인으로 인도하는 등 천주교인으로서 본분도 잊지 않았다. 그러던 중 어느 노인의 도움으로 지친 몸과 정신을 회복하여 겨우 연추로 돌아와 윤주사(尹主事)의 집에서 약 10일간 요양한 후 블라디보스톡으로 귀항하였다.[84] 블라디보스톡의 한인들은 안중근의 의병투쟁을 환영하는 모임을 가졌다.[85] 이는 의병투쟁이 안중근의 한인사회 내의 위치를 확고히 하는 계기가 되었음을 의미하는 것으로 보인다.

3) 의병투쟁의 의의

안중근은 위와 같은 과정을 거치며 의병투쟁을 수행하였다.[86] 여기에서 그가 의병투쟁을 수행할 수 있었던 원동력이 무엇인지에 대해 몇 가지 측면에서 살펴볼 필요가 있다. 첫째는 안중근에게 통솔력이 있었다는 점이다. 그는 국내진격 출정식에서 ① 한 번의 의거로써 성공할 수 없으니 백번을 실패하여도 굴하지 말고 싸워 백년토록 이 전쟁을 계속해야 한다. ② 이 전쟁을 우리 시대에 못 끝낸다고 하더라도 손자 대까지 지속한다면 독립을 회복할 수 있을 것이다. ③ 목적을 달성하려면 지속적인 교육과 사회를 조직하고 실업에 힘쓰고 민심을 단합해야 한다는 연설을 하였다.[87] 그러나 그의

---

84 안중근의 증언에 의하면, 이범윤부대는 회령방면 신아산·종성·명천지방에서 일병과 접전하였으며 엄인섭도 경흥지방에서 일병과 접전하였다고 한다(국사편찬위원회, 「境경시의 신문에 대한 안응칠의 공술(제3회)」, 『한국독립운동사』 자료 7, 406~407쪽). 연해주의병의 국내 진공작전의 전반전인 내용은 박민영, 「러시아 연해주지역의 의병」, 참조.
85 안중근, 「안응칠역사」, 168쪽.
86 안중근이 의병투쟁을 이끈 사실을 일제는 파악하고 있었던 것으로 보인다(국사편찬위원회, 「친28호」, 『한국독립운동사』 자료 13, 1984, 469쪽). 때문에 이토를 처단한 사람이 안중근이라는 사실을 정확히 알고 있었던 것 같다(최서면, 「安重根을 조사한 日本경찰의 工作」, 『신동아』 1993년 10월호, 667~669쪽).
87 안중근, 「안응칠역사」, 161~162쪽.

권위를 존중하는 분위기는 아니었다. 왜냐하면 그는 권력과 재산이 있는 것도 아니고, 나이도 많지 않았기 때문이다. 그럼에도 부대를 독자적으로 운영하였다는 사실은 그에게 특별한 통솔력이 있었기 때문에 가능하였던 것이다.

둘째, 안중근은 의병투쟁의 목적과 대상을 분명히 하였다는 점이다. 그는 의병투쟁 중에 사로잡은 포로들을 한국인들과 같이 이토를 '적(敵)'으로 여긴다는 이유로 풀어주었다. 이에 대해 장교들 사이에서 불만이 나오자, 그는 일본 국민 전부를 상대로 하는 대일투쟁은 불가능하며, 충성된 행동과 의로운 거사로 이토의 포악성을 세상에 알리고 열강의 동정을 얻은 뒤에 독립을 쟁취할 수 있다고 의병들을 설득하였다.[88] 이는 투쟁의 대상이 일본의 일반 국민이 아니라, 일본인들을 위험에 빠뜨린 이토와 같은 침략세력임을 분명히 하였음을 의미하는 것이다. 말하자면 그는 의병투쟁을 통하여 이토가 한일 양국의 공적이라는 확신을 더욱 굳히게 되었던 것이다.

셋째, 안중근의 의병활동은 종교성을 바탕으로 하고 있다는 점이다. 그는 의병투쟁을 '천명(天命)'으로 여겼다.[89] 이러한 의미로 그는 국내에서 간도로 출발하기 전에 빌렘 신부와의 의견충돌 과정에서 "국가 앞에는 종교도 없다"[90]고 선언했다. 이는 안중근이 국가, 종교, 인민을 분리할 수 없는 삼위일체로 보았음을 뜻하는 것이다. 이러한 종교관이 의병투쟁 중에도 발휘되었다. 예컨대 그는 의병투쟁 동안 일병에 쫓기며 굶주림과 죽음의 공포로 삶의 의지마저 잃어가는 동지 두 사람에게 "천주님을 믿어 영생하는 구원을 받는 것이 어떻소"[91]라고 하여 천주교에 귀의하기를 권하였다. 이 두 사람은 그의 대세(代洗)를 받고 천주교에 입교하였다. 이들은 이로써 삶의 희망

---

88 안중근, 「안응칠역사」, 162~163쪽.
89 신운용, 「안중근의거의 사상적 배경」, 참조.
90 국사편찬위원회, 「복명서」, 『한국독립운동사』 자료 7, 534쪽.
91 안중근, 「안응칠역사」, 167쪽.

을 갖게 되었을 것이고 대일투쟁의 의미를 되새기게 되었을 것이다.

안중근 등이 주도한 의병투쟁은 성공을 거두지 못한 채, 소강상태로 접어든다. 의병부대의 국내 진공작전이 성공할 수 없었던 원인을 안중근은 다음과 같이 분석하고 있다. 즉, 의병은 의(義)에 기초하여 스스로 지원하는 자유의지에서 나왔기 때문에 이것이 도리어 의병의 규율을 문란케 하는 원인이 되었다는 것이다. 이를테면 의병은 자유의사에 따라 의병이 되었으므로 타인의 ·제재를 받아야 할 필요가 없다고 생각하여 제멋대로 행동하기 때문에 지휘·명령이 이행되지 않아 통일성이 결여되어 오합지졸을 면치 못하였다는 것이다.[92] 더욱이 그는 이러한 의병과 함께 전투에 임한 자신이 한심스러울 정도이며, "이와 같은 民度와 國情을 돌아볼 때 언제 독립의 기초가 만들어질 수 있을지 분개함을 금치 못하였다"[93]라고 의병을 혹평하였다. 결국 그는 의병투쟁의 실패 원인을 의병들의 자질에서 찾았던 것이다.

그러나 이러한 안중근의 의병평가와는 반대로 러시아 당국은 의병투쟁은 유래를 찾아볼 수 없는 대성공이었다고 평하였다. 그 이유를 ① 유리한 조건에서만 전투, ② 비정규군의 형태유지 및 탁월한 전술전략과 냉정한 전투자세, ③ 뛰어난 사격술과 무기라고 지적하였다.[94] 따라서 이러한 러시아 측의 평가에서 본다면 의병투쟁을 실패로만 볼 수는 없는 것이다.

안중근이 행한 의병투쟁은 다음과 같은 의미를 갖는다. 즉, ① 의병세력의 한계성을 인식하여 이후 의열투쟁으로 전환하는 계기가 되었다. ② 지속적인 대일항전을 위한 전투 경험을 쌓음으로써 향후 일제와의 의병투쟁을 전개하는 데 중요한 경험이 되었다. 이러한 전투경험은 이후의 독립전쟁의 밑바탕이 되었던 것이다. ③ 러시아인에게는 한인의 독립에 대한 열망이 얼

---

92 국사편찬위원회, 「境경시의 신문에 대한 안응칠의 공술(제9회)」, 『한국독립운동사』 자료 7, 434쪽.
93 위와 같음.
94 국사편찬위원회, 「연해주의 군총독 각하께」, 『한국독립운동사』 자료 34, 31~32쪽.

마나 대단한지를 보여주었고, 일제에게는 한국인의 독립에 대한 의지를 과시하였다.

이러한 의병의 활동은 러일 양국에 충격을 주었던 것이다. 러시아당국은 일제의 압력의 원인을 러시아 한인의 무장봉기에서 찾고 있었다. 때문에 러시아당국은 한층 강경한 한인정책을 취하였다. 이는 국경수비위원회가 1909년 2월 6일 연해주 군총독에게 러시아 한인문제에 대한 정책을 건의한 비밀전문에서도 확인된다. 즉,

> 일본정부와의 갈등을 방지하고 우리 영역 내에서 한인들의 정치적인 시도를 근절시키기 위하여 저는 다음과 같은 조치가 필요하다고 생각합니다.
> 1. 한국 공민인 니콜라이 리(필자-이위종)를 강도요 약탈자로서 체포하여 경흥시에 있는 일본당국에 인계할 것.
> 2. 한국 망명자인 이범윤을 하바롭스크 시로 보내어 거기서 경찰의 감시를 받으며 다른 데로 떠나지 못하도록 할 것.
> 3. 얀치혜 마을의 농민인 표트르 최(필자-최재형)와 티젠흐(필자-지신허) 마을의 농민인 엄인섭을 블라고베쉔스크로 보내어 비록 일년이라도 경찰의 감시를 받도록 할 것.[95]

물론 이는 러시아 내부의 사정과도 깊은 관계가 있는 것이다. 말하자면 운떼르베르게르 총독의 반(反)한인 정책의 궤도상에서 이루어진 것이다.

---

95 국사편찬위원회, 「연해주의 군총독 각하께」, 『한국독립운동사』 자료 34, 42쪽.

4. 맺음말

이상에서 필자는 안중근의 의병투쟁과 활동을 살펴본바, 다음과 같은 결론에 도달하게 되었다.

안중근은 고종의 퇴위, 정미7조약 체결, 군대해산이라는 일제의 한국침략을 목격하면서 간도망명을 단행하였다. 간도망명은 처음부터 의병투쟁을 염두에 두고서 단행된 것이 아니었다. 안중근은 간도에 도착하여 일제의 통제 아래에 있던 한인들의 비참한 상황을 목격하고 나서 계몽운동으로 현실을 타파할 수 없다는 생각을 갖게 되었다. 이러한 맥락에서 안중근은 의병투쟁으로 전환하였던 것이다.

노령에 도착한 안중근은 청년회 활동을 하면서 노령한인 사회에 그 자신의 존재성을 부각시켰다. 그 결과 엄인섭·김기용과 의형제를 맺기도 하였다. 안중근은 천명론에 입각하여 이범윤에게 거병을 설득하였으나 거절을 당하였다. 하지만 그는 이에 실망하지 않고 한국독립의 당위성을 열심히 유세하면서 홍범도와 연합전선의 구축을 시도하는 등 독립투쟁의지를 굳건히 하였다. 이 무렵 안중근의 연설내용이 「동양평화론」에 녹아 있는 것으로 보아 동양평화론은 적어도 이 시기부터 이론화되었을 개연성이 충분하다. 이러한 가운데 그는 1908년 3월 『해조신문』에 '인심단합론'을 투고하여 한인의 단결만이 대일투쟁의 승리를 가져올 것이라고 설파하였다.

1908년 3월 장인환·정명훈 의거를 계기로 노령에서 대일투쟁 분위기가 고조되는 가운데 이범진이 자금을 보내와 1909년 5월 총장에 최재형, 부총장에 이범윤, 회장에 이위종, 부회장에 엄인섭을 지도부로 하는 동의회가 발족되었다. 동의회는 표면적으로는 비귀화 한인의 보호를 표방하는 단체로 출발하였으나 점차 무장투쟁단체로 전환되었다. 안중근도 평의원으로서 동의회에 참여하기도 하였다. 동의회는 내부모순을 안고 있었으나 대일투쟁과 독립이라는 공동의 목적을 위해 힘을 합쳤다.

그 결과 동의회는 곧 군사조직으로 전환되어 총독에 김두성, 대장에 이범윤, 도영장에 전제익, 우영장에 안중근, 좌영장에 엄인섭으로 이루어진 의병 조직으로 체제를 바꾸었다. 안중근은 신아산 회령부근까지 진격하는 등 소기의 성과도 거두었으나, 결국 의병투쟁은 소강상태로 들어가게 되었다. 이때 안중근은 두 가지의 교훈을 얻은 것 같다. 하나는 의병투쟁의 한계성을 분명히 인식하고 새로운 방법론을 강구하였다는 것이다. 다른 하나는 의병투쟁 때 사로잡은 포로들도 이토 히로부미를 제거할 대상으로 여긴 데서 이토가 한일양국의 공적이라는 확신을 갖게 되었다는 것이다.

특히 안중근은 의병투쟁의 당위성을 천명론에서 찾고 있음을 주목할 필요가 있다. 때문에 그의 투쟁은 한국의 독립만을 목표로 한 것이 아니라, 인류의 보편적인 가치인 '평화'를 실현하는데 그 목적으로 둔 것이다. 그리고 안중근은 의병투쟁을 실패로 규정짓고 있으나 러시아는 이를 성공적으로 보고 있다는 데 그 의의가 있다. 이러한 맥락에서 결코 의병투쟁은 실패로만 규정할 수 없는 것이다.

3

안중근 세력형성과 정천동맹(단지동맹)

1. 들어가는 말

안중근은 한국독립운동의 선구적인 역할을 하였다는 것은 주지하는 바이다. 안중근은 한국근대사의 가장 중요한 시기에 일생을 보냈고 그는 동학과의 대립에서 보듯이 청소년기에 무인기질을 발휘하였고 천주교에 입교하면서부터는 천주교의 이상을 실현하기 위해 동분서주하였다.

러일전쟁 전후의 안중근은 국내망명의 추진과 교육활동에 전념하면서도 하야시 곤스케(林權助) 대리공사를 처단하려는 계획을 세우기도 하였다. 1907년 8월 1일 정미7조약·군대해산을 목격하면서 안중근은 교육계몽활동에 입각한 구국운동을 전개하기 위해 간도지방으로 망명을 택하였다. 간도망명은 안중근의 구국방책의 전환을 가져오는 기회가 되었다. 그는 간도한인의 상황을 목격하고 나서 무력투쟁에 투신하기로 결심하였고, 이후 블라디보스톡으로 본거지를 옮겼다.

망명객으로서 블라디보스톡 정착은 그다지 녹록하지 않았다. 블라디보스톡 한인사회에 안착하기 위해 안중근은 자신의 신념과 의지를 보여주었다. 그는 청년회에서 활동하면서 점차 신임을 얻게 됨에 따라 거병을 촉구할 정도의 관계를 이범윤과 맺었고, 최재형 등을 중심으로 한 동의회의 발기인으로 참여할 수 있었다. 이후 안중근은 최재형부대의 우영장으로 국내진공작전을 이끄는 등 노령 한인사회의 핵심적인 일원이 되었던 것이다.

1908년 6·7월 의병전쟁 이후 노령 한인사회에는 의병전쟁에 대한 부정적인 분위기가 조성되었다. 물론 이는 큰 희생을 치렀음에도 과시적인 성과를 거두지 못한 상황, 그리고 러시아 측의 압력에 따른 최재형 등 러시아 국적자들의 태도의 변화와 밀접한 관계가 있는 것이다.

이러한 상황 속에서 안중근은 의병전쟁의 후유증을 가라앉히면서 운동노선의 방향을 재정비하려고 하였다. 그러한 결과물이 연추일심회의 참여와 정천동맹(단지동맹)의 결성으로 나타났던 것이다.

그런데, 학계에서는 안중근의 구국운동노선이라는 측면에서 연추한인일심회와 정천동맹에 대한 구체적인 연구는 이루어지고 있지 않다. 이러한 측면에서 필자는 그동안 중점적으로 살펴보지 않았던 의병전쟁 이후 안중근세력의 형성과정을 살펴보는데 이 글의 목적으로 두고자 한다.

이를 위해 필자는 우선 의병전쟁 이후 형성된 의병활동에 대한 한인사회의 배타적 분위기 속에서 안중근의 활로 모색과정을 살펴보려고 한다. 그 다음으로 1909년 1월경 박춘성(朴春成)·한기수(韓起洙) 등 30여 명의 안중근세력이 수청으로 이동한 사실을 주목하면서 그 의미를 반추하려고 한다. 아울러 일명 단지동맹의 명칭문제와 일시 및 의의, 단지동맹자들의 활동 등을 밝히는 데 주력하고자 한다. 끝으로 이후의 안중근의 부일세력 응징활동을 드러내고자 한다.

필자의 이러한 작업이 의병전쟁 이후 이토 처단 이전의 안중근의 활동과 그 의미를 밝힘으로써 안중근의 전체상을 파악하는 데 도움이 되었으면 하는 바람이다.

2. 안중근세력의 형성과 연추한인일심회

의병전쟁 후 블라디보스톡으로 돌아온 안중근은 주로 수찬·우수리스크·몽구가이·아지미·시지미 등을 탐방하고, 하바로프스크 방면에 이르러 배로 흑용강 수천여 리를 시찰하면서 한인 3·4호가 살고 있던 사만리에 이르렀다. 이때 그는 일진회 무리에게 구타를 당하는 등 고난을 겪으면서도 교육에 힘쓰기도 하고 혹은 사회를 조직하기도 하면서 각 방면을 두루 다녔다.

이 무렵 의병전쟁으로 고조되던 반일분위기는 1908년 가을 무렵부터 퇴조기로 접어든다. 이는 다음과 같이 몇 가지 측면에서 살펴볼 수 있다. 첫째 러시아 연해주 당국의 의병에 대한 정책의 변화를 들 수 있다. 일본의 압력을 받은 러시아 중앙정부는 연흑룡주 총독에게 이범윤이 의병활동을 재기할 경우 그를 체포하라고 명령하였다. 또한 러시아 당국은 두만강 일대에 군대를 주둔시켜 의병활동을 억제하였고 훈련과 무기 소지를 금지시켰다.[1] 뿐만 아니라 중국 당국도 의병이 2명의 중국군을 살해했다는 이유를 내세워 포세트의 러시아 6연대에 의병의 무기를 압수하고 의병 본부의 해체를 요청하는 등 의병을 탄압하였다.[2]

둘째로 의병세력의 분열을 들 수 있다. 동의회 창립과 의병전쟁 과정에서 의병세력의 내분이 격화되었다. 이를테면 국왕의 권위를 내세워 한인사회를 장악하려고 한 이범윤세력과 이를 비판한 최재형세력 간의 극심한 대립으로 의병은 분열되어 있었다. 이러한 양상은 의병전쟁의 효과적 전개를 방해하는 요소로 작용하여 국내 진공작전 이후의 변화된 상황에 대처할 의병세력의 역량 약화를 초래하였다.

셋째로 한인사회의 의병에 대한 비판적 분위기를 들 수 있다. 이는 대체

---

1 국사편찬위원회, 「경비수 제118호의 1」, 『한국독립운동사』 자료 12, 259쪽.
2 국사편찬위원회, 「국비수 제204의 1」, 『한국독립운동사』 자료 13, 193쪽.

로 러시아에 귀화한 한인들의 성향으로 이해될 수 있다. 그 대표적인 인물
은 러시아 한인사회의 최대 부호이자 최초의 러시아 한인 신문인『해조신문
(海朝新聞)』의 창간자인 최봉준이다. 그는 의병활동의 억제 방안을 일제와 협
의하였으며 러시아 당국에 최재형의 협조요청을 거부하도록 종용하였다.[3]
또한 그는 최재형에게 의병해산을 촉구하는 것에 그치지 않고 김학만·차
석보·이영춘 등과 공동으로『대동공보(大東共報)』에 "의병을 지원하지 말
라"[4]는 내용의 광고를 내기도 하였다. 물론 이러한 최봉준의 행위는 의병의
존재를 한인의 사업과 교역을 방해하는 요인으로 보는 러시아 입적자의 입
장을 대변하고 있다는 것이다.

이러한 분위기 속에서 의병세력의 중추적 위치에 있던 최재형도 1909년
1월 17·20일 양일에 걸쳐『대동공보』에 의병을 혹독하게 비판한 광고문을
게재하기에 이르렀다. 이는 의병세력의 결정적인 퇴조를 의미하는 것이다.
결국 이러한 한인사회의 변화는 의병전쟁과 같은 급진적인 운동이 퇴조하
고, 점차 교육·문화활동에 치중하는 점진운동이 한인사회의 지배적 운동노
선으로 등장한 배경이 되었던 것이다.[5]

이러한 상황에서 안중근은 새로운 진로를 모색하고 있었다. 즉, 1905년에
미주에서 안창호를 중심으로 조직된 공립협회는 노령에 지회를 둘 목적으
로 이강을 1908년 3월 24일 블라디보스톡에 파견하였다. 1908년 9월경 이
강은 공립협회 블라디보스톡 지회를 설치하였다. 그런데 공립협회의 블라디
보스톡 지회 명부인 「아령해삼위지방회원명록속(俄領海參威地方會員名錄續)」
에 우덕순과 함께 안중근의 아명(兒名)인 안응칠(安應七)이 기록되어 있다.[6]

---

3 반병률, 「노령연해주 한인사회와 한인민족운동(1905~1911)」,『한국근대사연구』7, 한국근현대
  사학회, 83쪽.
4 국사편찬위원회,『한국독립운동사』자료 15, 167쪽.
5 반병률, 「노령연해주 한인사회와 한인민족운동(1905~1911)」, 84쪽.
6 이상봉·이선우 편,『李鎭龍 義兵將 資料全集』, 국학자료원, 2005, 68쪽. 안중근이 우덕순과
  함께 공립협회의 회원으로 활동한 사실은 안중근이 이토 처단의 동지로 우덕순을 택한 이유
  를 이해하는 데 일정한 실마리를 제공한다는 측면에서 그 의미가 크다.

이로 보아, 그는 우덕순과 더불어 공립협회와 연결고리를 유지하면서 독립투쟁의 방략을 다양하게 모색하고 있었던 것으로 보인다.[7]

그러나 안중근은 여전히 의병투쟁에 무게를 두고 있었기 때문에 공립협회의 활동에 적극적으로 참여한 것 같지 않다. 말하자면 그는 1909년 1월경 박춘성(朴春成)·한기수(韓起洙) 등 30여 명의 의병을 데리고 수청에서 연추 지역으로 이동하는 등 지속적으로 의병전쟁을 준비하고 있었다.[8] 이는 그를 추종하는 세력이 존재하였음을 의미하는 것으로 그의 행로와 관련하여 주목되는 대목이다. 안중근의 의병전쟁이 최재형세력의 일원으로 참여하였다는 의미라고 한다면, 이는 최재형세력에서 벗어나 독자적인 안중근세력의 형성을 의미하는 것이다.

이후 그는 1908~9년 겨울 동안 수청 김교감(金敎監)의 집에서 주로 지내면서 1909년 봄까지 아지미·시지미·우수리스크 지방을 탐방하기도 하였다.

그러나 의병활동은 현실적으로는 불가능하였다. 안중근은 동의회의 조직과정과 의병전쟁의 와중에서 드러난 러시아 한인사회의 분열상을 목격하였고, 이를 대일투쟁의 걸림돌로 생각하였다.[9] 그래서 그는 이러한 문제에 공감을 하는 동지들과 단결을 과시하면서 항일투쟁에 활력을 불어넣기 위한 단체의 필요성을 느꼈던 것이다.

이러한 맥락에서 동의회 후신임을 자처하며[10] 1909년 2월 15일에 발기한

---

7 노령에서의 안중근의 정치활동과 관련하여 안중근이 국민회를 조직하였다고 일제의 기록은 전하고 있다(국사편찬위원회,「헌기 제2634호」,『한국독립운동사』자료 7, 1977, 244쪽). 물론 안중근이 국민회라는 조직을 별도로 만들었다고 보기는 어렵다. 그러나 공립협회와 협성협회가 1909년 2월 1일 통합하여 미주에서 국민회가 조직되었고 1909년 7월 정재관과 이상설이 국민회 지부를 설치하기 위해 블라디보스톡에 도착하였다. 이때 이상설을 존경하던 안중근이 국민회 극동지부에 가입했을 가능성도 배제할 수 없다(국사편찬위원회,「기밀 제78호」,『요시찰한국인거동』3, 2002, 362쪽).

8 국사편찬위원회,「친 제28호」,『한국독립운동사』자료 13, 1984, 469쪽.

9 이러한 문제는 단결력이 강한 벌에 비유하며 한인의 협심협력을 강조한 연추한인일심회「취지서」에서도 엿볼 수 있다(『대동공보』1909년 3월 17일자,「취지서」).

10 국사편찬위원회,「境경시의 신문에 대한 안응칠의 공술(제9회)」,『한국독립운동사』자료 7,

'연추한인일심회(煙秋韓人一心會)'를 주목할 필요가 있다. 즉,

> 七 一心會
>
> 水淸派의 安應七, 金起龍 等이 一心會라는 者를 組織하고 本年 陰
> 曆 一月 二十五日 發會式을 擧行하였다. 同會는 同義會의 變形이라
> 는 評判이 있었으므로 當日 發會式에 傍聽하러 가서 實見하건대 會
> 則은 阿片 禁止할 事, 會員이 病 또는 死亡 時 서로 扶助할 事, 入會
> 金은 一円 等으로 하고 暴徒에 關係되는 事項은 없다.[11]

이와 같이 안중근은 수청파를[12] 중심으로 일심회를 조직하여 지속적으로
사회운동을 전개하고 있었다.

연추한인일심회는 회장 김길량, 부회장 김지창, 평의장 김병호, 사찰 박이
완·박창순·박이근·김도현·김기풍, 서기 김기룡을 지도부로 조직되었
다.[13] 안중근은 최행륜·박준보·김윤삼·오영근·김병낙·고문약·이차서
등과 더불어 평의원으로 참여하였다.[14] 안중근은 연추한인일심회에 평의원
으로 활동하였지만, 일제는 안중근과 김기룡이 연추한인일심회를 주도한 것
으로 보고 있다. 이는 그만큼 그의 지위가 한인사회에 확고히 뿌리내리고
있었음을 의미하는 것이다.

연추한인일심회는 "우리 한국인들이 일심 단체하여 동종을 상보하며 아
무쪼록 문명에 引進하여 외국인의 수모를 면케 하고, 우리 동포 중에 아편

434쪽.

11 국사편찬위원회, 「친 제28호」, 『한국독립운동사』 자료 13, 470쪽.

12 수청파는 1908년 3월 안중근·김공심·박춘성·원임집·박태여 등이 거병을 목적으로 유세
를 하면서 모은 의연금 1,200루블을 동의회가 창립되었을 때 기부하였다. 이 과정에서 수청파
라고 불리는 수청을 중심으로 한 일련의 세력이 형성된 것으로 보인다(국사편찬위원회, 「친
제28호」, 『한국독립운동사』 자료 13, 470쪽).

13 박환, 「러시아 沿海州에서의 安重根」, 『한국민족운동사연구』 30, 2002, 73쪽.

14 『대동공보』 1909년 3월 17일자, 「취지서」.

을 엄금할 것"[15]이라는 창단목적을 공표하였다. 이러한 맥락에서 일제는 연추한인일심회가 아편금지와 회원 간의 상호부조를 목적으로 조직된 단체로 의병과 관계가 없는 것으로 보고 있고 안중근도 그와 같이 증언하고 있다.

그러나 동의회의 목적도 거병과 관계가 없는 것처럼 주장되었으나, 국내의 의병전쟁에 자극을 받아 동의회가 의병단체로 변신한 것처럼, 일심회도 상황에 따라서는 의병단체로 전환할 수 있는 성격을 갖는 조직으로 보아야 한다. 예컨대, 이는 일심회가 조직된 이후 즉, 2월 23일경 안중근·박춘성·한기수 등이 거사계획을 갖고서 블라디보스톡의 유력자 최봉준·김학만에게 지원을 요청한 일도 있었다는 데서도 확인된다. 그러나 이들의 반의병적 성향을 볼 때 이는 실현될 수 없는 문제였다.[16] 결국 의병의 재기는 실현되지 못하였다.

3. 정천동맹(단지동맹) 결성

의병전쟁 후 러시아 한인사회의 의병에 대한 비판적인 분위기와 의병세력의 분열은 무력에 의한 대일투쟁력의 약화를 초래하였다. 이와 같은 상황을 반전시키고 동지간의 결의를 다지기 위한 결사단체의 필요성을 안중근은 절실하게 느꼈다.[17] 이러한 의사가 반영된 것이 1909년 3월 2일 연추(煙秋, 크라스키노) 하리(下里)에서[18] 동지 11인과 더불어 결성한 '정천동맹(正天同

---

15 위와 같음.
16 국사편찬위원회, 「친 제28호」, 『한국독립운동사』 자료 13, 469쪽.
17 안중근, 「안응칠역사」(윤병석 역편, 『안중근전기전집』, 국가보훈처, 1999), 169쪽.
18 일제는 하리의 위치에 대해 다음과 같이 전하고 있다. 즉, "일찍이 露領 沿海州를 旅行한 古澤通譯生의 解釋에 의하면 「下里」는 同州 「하바로츠스크」곧 淸國名 玻璃 또 双城은 同州 「니코리스크」곧 淸國名으로 双城子인 것 같다. 調査하기 바란다"(국사편찬위원회, 「전보」, 『한국독립운동사』 자료 7, 409~410쪽). 안중근이 정천동맹을 결성한 지역에 대해 윤병석은 엔치아 (연추), 다지치프로 추정하고 있다(윤병석, 「安重根의 沿海州 義兵運動과 同義斷指會」, 『한국

2부─안중근의 계몽운동과 독립전쟁 163

盟, 단지동맹)'이었다.[19]

안중근이 세칭 단지동맹의 회명을 '정천'이라고 한 것은 한국의 독립과 동양평화를 가장 큰 덕목으로 본 그의 종교사상이 반영된 결과로 추정된다. 말하자면 안중근은 한국의 독립과 동양평화의 유지라는 천명을 실천하리라는 그의 의지를 회명에 투영하고 있는 것으로 보인다.

안중근은 정천동맹의 결성일에 대해 미조부치 타카오(溝淵孝雄) 검찰관에게는 1908년 10월 12일·1909년 봄, 사카이 요시아키(境喜明) 경시에게는 1908년 12월·1909년 정월이라고 주장하였다.[20] 또한 계봉우가『권업신문』에 9회에 걸쳐 기고한「만고의사 안중근전」에도 정천동맹 결성일이 1909년 2월 7일로 기술되어 있다.[21]

이처럼 정천동맹 결성시점에 대한 기록이 일치하지 않으나 대체로 1909년 3월임에는 틀림없다.[22] 문제는 3월 며칠인가 하는 것이다. 이는 3월 2일

독립운동사연구』14, 2000, 122쪽;「근세역사」,『안중근전기전집』, 국가보훈처, 1999, 435쪽). 박환은 이에 대해 좀 더 검토할 여지가 있다고 주장하고 있다(박환,「러시아 沿海州에서의 安重根」, 74쪽). 하여튼 정천동맹을 결성한 장소는 앞으로 확인해야 할 과제이다.

19 국사편찬위원회,「피고인 안응칠 제8회 신문조서」,『한국독립운동사』자료 6, 1976, 246~248쪽; 신운용,「안중근의 '동양평화론'과 이토 히로부미의 '극동평화론'」,『역사문화연구』23, 2005, 155~156쪽, 참조.

20 국사편찬위원회,「피고인 안응칠 제8회 신문조서」,『한국독립운동사』자료 6, 246쪽; 국사편찬위원회,「境경시의 신문에 대한 안응칠의 공술(제2회)」,『한국독립운동사』자료 7, 400쪽.

21 계봉우,「안중근전(9회)」,『권업신문』1914년 4월 28일자; 박환,「러시아 沿海州에서의 安重根」, 74쪽.

22 정천동맹 결성시점에 대한 기왕의 주장은 다음과 같이 정리될 수 있다. 즉, ① 1908년 10월 12일 설(국사편찬위원회,「피고인 안응칠 제8회 신문조서」,『한국독립운동사』자료 6, 246쪽; 최서면,『大韓國人 안중근』, 문화체육부·한국문화진흥원, 1993, 13쪽, 박민영,「러시아 연해주지역의 의병」,『대한제국기 의병연구』, 한울, 1998, 306쪽). ② 1908년 12월 또는 1909년 정월 설(국사편찬위원회,「境경시의 신문에 대한 안응칠의 공술」,『한국독립운동사』자료 7, 400쪽, 신용하,「안중근의 사상과 의병운동」,『한민족독립운동사연구』, 을유문화사, 1985, 176쪽). ③ 1909년 2월 7일 설(계봉우,「안중근전(9회)」,『권업신문』1914년 4월 29일자; 박환,「러시아 沿海州에서의 安重根」, 74쪽). ④ 1909년 3월 5일 설(윤병석,「安重根의 沿海州 義兵運動과 同義斷指會」, 12~13쪽). 그런데 일심회가 발기한 것이 2월 15일이므로 안중근의 정천동맹은 그 이후의 일이다. 따라서 정천동맹이 2월 15일 이전에 성립되었다는 기존의 주장은 타당성이 없다. 그러므로 3월 중에 성립된 것이 확실하다.

로 보는 것이 타당할 것으로 사료된다. 이러한 사실은 안중근이 정천동맹을 결성한 지 10일 후, 정천동맹의 결성 사실을 확인한 일제의 기록에서 엿볼 수 있다. 즉,

去 三月 二日 安應七 白圭三 金起龍 三名이 煙秋에 會合하여 義兵의 件(暴徒振興의 件)에 關하여 協議하고 斷指同盟을 하였다. 그 盟約文中에 死亦同穴 生亦同日의 文字가 있다. 三名이 共히 手指 一本을 截하여 違約하지 않을 것을 盟誓하였다 한다.[23]

이와 같이 정천동맹은 일제의 정보망에 의해 결성과정이 파악되고 있었다.[24] 그러면서도 일제는 국경지역의 한인이 의병을 꺼리므로 정천동맹의 파괴력은 그다지 크지 않을 것이라고 진단하였다.[25]

안중근은 정천동맹을 대표하여 단지한 피로 태극기에 '대한독립(大韓獨立)'이라고 썼으며 취지서도 작성했다.[26] 정천동맹의 '설립취지'에 대해 계봉우는 다음과 같이 전하고 있다. 즉,

오늘날 우리 한국 인종이 국가가 위급하고 생민이 멸망할 지경에 당하여 어찌 하였으면 좋은 방법을 모르고 혹 왈 좋은 때가 되면 일이 없다고 하고, 혹 왈 외국이 도와주면 된다 하나 이 말은 다 쓸데없는 말이니 이러한 사람은 다만 놀기를 좋아하고 남에게 의뢰하기만 즐겨하는 까닭이라. 우리 2천만 동포가 일심단체하여 생사를 불고한 연후

---

23 국사편찬위원회, 「경비친 제22호」, 『한국독립운동사』 자료 13, 803쪽.
24 국사편찬위원회, 「회극비 제4호」, 『한국독립운동사』 자료 13, 805쪽.
25 국사편찬위원회, 「경비친 제22호」, 『한국독립운동사』 자료 13, 804쪽.
26 안중근은 정천동맹의 취지를 다음과 같이 말하고 있다. 즉, "先日 陳述한 바와 같이 目下 民心이 散亂하여 收拾하지 않으면 안 된다. 義兵을 일으킬 것도 아니므로 當地에서 遊說하여 人心을 收拾하여 再擧를 꾀해야 한다는 主意였다"(국사편찬위원회, 「境경시의 신문에 대한 안응칠의 공술(제5회)」, 『한국독립운동사』 자료 7, 425~426쪽).

에야 국권을 회복하고 생명을 보전할지라. 그러나 우리 동포는 다만 말로만 애국이니 일심단체이니 하고 실지로 뜨거운 마음과 간절한 단체가 없으므로 특별히 한 회를 조직하니 이 이름은 동의단지회라. 우리 일반 회우가 손가락 하나씩 끊음은 비록 조그마한 일이나 첫째는 국가를 위하여 몸을 바치는 빙거요, 둘째는 일심단체하는 표라. 오늘날 우리가 더운 피로써 청천백일지하에 맹세하오니 자금위시하여 아무쪼록 이전 허물을 고치고 일심단체하여 마음을 변치 말고 목적을 도달한 후에 태평동락을 만만세로 누리옵시다.[27]

이처럼 정천동맹은 목숨을 바칠 각오로 일심 단결하여 국가의 독립을 이루기 위해 만들어진 조직이었다.[28] 안중근과 뜻을 같이한 정천동맹의 동지는 모두 11명으로 그 성명·연령·이명(異名)·출생지는 아래와 같다.

성명	이명(異名)	출생지	활동지역	연령	직업 및 활동내용
安重根 (안중근)	安應七	황해도	煙秋 (크라스키노) 블라디보스톡	31세	교육가, 군인. 1908 : 동의회 평의원, 의병참모중장. 1909 : 연추한인일심회 평의원, 정천동맹 　　　 맹주, 이토 처단. 1910 : 순국.
金基龍 (김기룡)	金吉龍 金泰龍	평안도	蘇城(水淸) (수찬), 현 빠르찌산스크	30세	경무관, 상업, 의병. 1909 : 연추한인일심회 서기. 1917 : 露領韓人協會 발기회 서기. 1918 : 블라디보스톡 朝鮮人軍人會 대 　　　 표. 1921 : 大韓國民議會 외무부장. 1935 : 昏齒同濟黨 회원, 琿春正義團團 　　　 長.
姜基順	姜起順	평안도	水淸	40세	의병.

---

27 계봉우, 「만고의사 안중근전」(윤병석, 『안중근전기전집』), 525쪽.
28 윤병석은 계봉우의 주장을 받아들여 안중근의 정천동맹을 '동의단지회'라고 하였다(윤병석, 「安重根의 沿海州 義兵運動과 同義斷指會」, 123쪽).

성명	이명(異名)	출생지	활동지역	연령	직업 및 활동내용
(강기순)	姜順琦				
鄭元桂 (정원계)	鄭元植 鄭桂元	함경도	蘇城	30세	의병.
朴鳳錫 (박봉석)	朴奉石	함경도	蘇城	32세	농업, 의병.
柳致弘 (유치홍)	劉致鉉	함경도	蘇城	30세	농업, 의병.
趙應順 (조응순)	曹順順 趙順應趙 一飛 王大方 五周 金閔	함경도	蘇城 블라디보스톡 上海	25세	농업, 의병. 1917~1920 : 모스크바 유학, 1920 : 치타 고려공산당 입당, 치타 高麗 共産黨東亞韓人部 위원. 1921 : 한국독립단부단장. 1922 : 안중근의사 추모회(서거 12주년)에 서 정천동맹 증언.
黃炳吉 (황병길)		함경도	훈춘	25세	농업, 의병. 1912 : 屯田營 평의원. 훈춘. 1913 : 조선인기독교교우회회장, 1915 : 대한민회 연추지방회 사무원. 훈춘 의용군사령관. 1919 : 훈춘현 한덕자의 만세시위주도, 대 한국민회고 교제과장. 1920 : 건국회조직, 조선애국부인회조직, 의용군 1,300여 명의 慶源·穩城 등의 국경지방을 습격 주도, 훈춘 한민회경호부장. 1920년 6월 : 사망.
白圭三 (백규삼)	白南奎 白樂奎 白圭復	함경도	훈춘 연추	27세	1908 : 농업, 의병, 동의회 서기, 최재형파 의병 경리부장. 1912 : 훈춘조선인기독교우회회장, 屯田 營總理, 안중근유족구제회 간부.
金伯春 (김백춘)	金海春 金應烈	함경도	蘇城	25세	어업, 의병.
金天化 (김천화)	葛化千 金千化	강원도	니콜라예프스크 블라디보스톡	26세	노동, 의병.
姜昌斗 (강창두)	姜計瓚 姜斗讚 姜昌東	평안도	니콜라예프스크	27세	노동, 의병. 동의회 회원.

출처 : 일본 외교사료관, 『不逞團關係件−朝鮮人之部』(문서번호 : 4.3.2, 2); 국사편찬위원회, 『한국독립운동사』 자료 6~7.

정천동맹은 몇 가지 측면에서 분석할 필요가 있다. 먼저 정천동맹 회원들은 공통적으로 의병출신이라는 사실이 주목된다. 황병길·조응순의 경우를 보아도 알 수 있듯이, 이들은 1908년 7·8월 의병전쟁 때 함께 했던 안중근 세력으로 보인다.[29] 정천동맹 이후 이들은 행동을 같이하는 모습을 보였다.[30] 그 구성에 있어서도 함경도 출신이 7명, 평안도 출신이 3명, 황해도 출신 1명, 강원도 출신이 1명으로 전체적으로 함경도 출신과 평안도 출신의 연합으로 주로 20대 중후반 혹은 30대 초반의 젊은이들로 이루어져 있다. 이것이 의미하는 바는 안중근이 소장층의 지지를 받고 있었다는 것이다.

또한 정천동맹은 안중근이 친로파로 단정한 이범윤·최재형파와 결별을 선언하는 동시에 대내외에 안중근 세력의 건재함을 선포하였다는 점에서 의미가 깊다. 이러한 측면에서 연추한인일심회는 정천동맹을 결성하기 위한 하나의 포석으로 그의 정치적 역량이 노령사회에서 확고하게 인정받는 시금석이 되었던 것이다. 그러므로 일심회에서 정천동맹으로의 전환은 그의 정치적 지도력이 러시아 한인사회에 깊이 뿌리를 내리고 있었다는 증표로 해석될 여지가 충분하다.[31]

아울러 그가 주도한 정천동맹은 구체적으로 계획된 행동을 하지 못하였다고 하더라도 동지들의 대일투쟁 의지를 다지는 원동력이 되었다. 특히 정천동맹 회원들은 백규삼·황병길·조응순의 경우에서 보듯이 이후 한국독

---

29 황병길은 엄인섭의 부하로 1908년 7월경 국내 진공작전에 참여하였다(日本 外交史料館, 「排日鮮人ニ關スル名簿送付ノ件」, 『在滿洲』 第5卷(不逞團關係雜件-朝鮮人ノ部, 문서번호 : 4.3.2, 2-1-3); 조응순은 1908년 봄에 안중근을 만나 최재형 부대의 도영장 전제익의 부하가 되어 7월경의 국내 진공작전에 참여하였다(日本 外交史料館, 「上海ニ於ケル赤化鮮人趙應順及桂埈昊ノ供述槪要」, 『鮮人卜過激派』 第2卷. 不逞團關係雜件-朝鮮人ノ部, 문서번호 : 4.3.2, 2-1-11).

30 日本 外交史料館, 「屯田營及其他ノ他朝鮮人ニ關スル情報ノ件」, 『在滿洲』 第2卷(不逞團關係雜件-朝鮮人ノ部, 문서번호 : 4.3.2, 2-1-3).

31 이는 "應七은 非凡한 腕力을 가졌으며 平安 黃海 및 露領에서도 日常 腕力에 依해 勢力을 가지고 大衆에 畏敬받고 있다"는 일제의 기록에서도 엿볼 수 있다(국사편찬위원회, 「헌기 제2634호」, 『한국독립운동사』 자료 7, 244쪽).

립운동의 한 부분을 담당할 정도로 성장하였다.[32] 이처럼 안중근이 한국독립투쟁의 밑거름을 주체적으로 만들어 냈다는 점에서 그의 한국독립운동사 상의 위치를 평가할 수 있다.

안중근은 이들과 단지하면서 "三人同盟 汎萬注一 報國血心 斷石透金 結義同盟 患亂相救 輔國安民 死生同居"[33]라고 하는 동맹회 취지서를 직접 지어 정천동맹의 의미를 되새기었다고 한다. 이후 그가 대한독립(大韓獨立) 이라고 쓴 '한국독립기(韓國獨立旗)'와 정천동맹 때 자른 '손가락(指頭)' 및 기타 서류를 백규삼이 보관하고 있다가 나중에 안정근에게 넘겨주었다.[34]

특히 그의 손가락은 독립운동가와 러시아 한인이 대일투쟁을 지속적으로 전개하는데 정신적 지주가 되었다 즉, 일제는

排日徒는 神을 崇敬하듯이 하고 새로 조선에서 오는 자는 일부러 와서 禮拜를 請하는 者조차 있다. 今以後 獨立旗를 들고 大義를 주창 하여 煽動하면 愚民은 다소 動搖할지도 모른다고 盲從하는 者 있을 지도 모른다고 云云한다.[35]

라고 그의 정천동맹 결과물인 손가락이 러시아 한인사회에 끼친 영향의 일 단을 설명하고 있다.

안중근은 정천동맹 결성 이후에도 계속 거사를 준비하였다. 즉, 1909년 3월 5일 무장한 약 300명의 의병을 이끌고 수청방면으로부터 합십마(哈什螞) 부근으로 이동하는 등 의병활동을 벌였다.[36] 또한 그는 일진회 색출에도 진

32 박환, 「러시아 沿海州에서의 安重根」, 76~77쪽.
33 계봉우, 「안중근전(9)」, 『권업신문』 1914년 8월 23일자.
34 日本 外交史料館, 「朝鮮人ノ動靜ニ關スル密偵ノ情報送付」, 『在西比利亞』 第3卷(不逞團 關係雜件-朝鮮人ノ部, 문서번호 : 4.3.2, 2-1-2).
35 日本 外交史料館, 「六月二十一日以降木藤通譯官カ嚴仁燮ヨリ得タル情報」, 『在西比比 利亞』 第3卷.
36 국사편찬위원회, 「극비친 제7호」, 『한국독립운동사』 자료 13, 808쪽.

력하였다. 이를테면 1909년 3월 3일 회령(會寧) 상인 박(朴)이라는 사람이 연추에서 6리 떨어진 南石洞(수하노브카)에 이르렀는데 의병 세 사람이 여관에서 그의 짐 보따리를 검사했다. 이때 안중근 수하의 의병들은 회령인 모(某)가 수청인 모(某)에게 보낸 편지 한 통을 발견하였다. 그것은 "현재의 시세로는 의병이 아무것도 안 되니, 조속히 일진회 가입을 유지자에게 권고하라"[37]는 내용이었다. 의병들이 이 편지를 그에게 주었다. 그는 크게 노하여 3월 6일 상인 박을 포박하여 수청으로 데리고 갔다. 이는 그의 부일세력에 대한 인식을 엿볼 수 있는 단서가 된다는 점에서 주목되는 대목이다. 이처럼 안중근은 대일투쟁과 더불어 일진회 처단을 위하여 진력하였다.

이후 안중근은 각지를 돌아다니며 교육에 힘쓰고, 러시아 한인의 애국심을 규합하고자 동분서주하였다. 또한 신문을 구독하기도 하고 1909년 봄 여름 사이에 국내의 동정을 살피려는 계획을 하는 등 활로를 모색하였으나[38] 경비부족으로 실행에 옮기지 못하였다.[39]

4. 맺음말

이상에서 의병전쟁 이후 이토 처단 이전 시기 안중근의 활동을 그의 세력형성이라는 측면에 의미를 부여하면서 살펴보았다. 이를 다음과 같이 정리함으로써 맺음말을 대신하고자 한다.

의병전쟁 이후 의병에 대한 부정적 분위기가 노령한인사회에 확산되는

---

37 국사편찬위원회, 「경비친 제22호」, 『한국독립운동사』 자료 13, 803~804쪽.
38 안중근, 「안응칠역사」, 169쪽.
39 안중근은 노령으로 망명한 이후 1908년 10월 1일 수원에서 빌렘 신부에게 엽서(안의사기념관 소장)를 보낸 것으로 보아 이 무렵 국내에 한 차례 들어온 것으로 여겨진다. 그러나 이는 좀 더 검토해야 할 부분이다(윤병석, 『대한국인 안중근 사진과 유묵』, 안중근의사기념관, 2001, 198쪽).

상황 속에서 안중근은 연추일심회의 참여, 정천동맹의 결성, 부일세력의 응징 등의 활동을 하며 활로를 모색하였다.

무엇보다 안중근 세력의 형성이라는 측면에서 주목해야 할 것은 1909년 1월의 안중근이 30여 명의 의병을 이끌고 수청으로 이동했다는 사실이다. 당시 한인사회의 분위기와는 달리, 이러한 사실은 의병투쟁을 중심으로 한 무력항쟁의 지속적 전개라는 그의 구국노선의 견지를 의미하는 것이다. 이는 최재형의 영향에서 벗어나 독자적인 안중근세력의 형성을 의미한다는 면에서 자못 그 의의가 크다고 하겠다.

안중근세력의 형성은 향후 안중근의 행로와 깊은 관계가 있다. 사실상 연추한인일심회의 성립을 주도하였다고 평한 일제의 기록에서 보건대 안중근의 한인사회에서의 위치는 확고해졌음을 의미하는 것이다. 물론 이는 독자적인 안중근세력이 형성되었기 때문에 가능하였던 것이다.

완전한 안중근세력의 형성을 뒷받침한 것은 소장층의 지지를 받으며 1909년 3월 2일 결성한 정천동맹이다. 안중근은 세칭 단지동맹으로 알려진 단체의 회명을 하늘의 뜻(대한의 독립과 동양평화 유지)을 바르게 실천한다는 의미로 '정천(正天)동맹'이라고 하여 독립투쟁의 의지를 굳건히 하였다.

정천동맹은 이범윤·최재형세력의 영향에서 벗어나 안중근세력 구축의 선포라는 점에서 의미가 크다. 이러한 맥락에서 연추한인일심회는 정천동맹을 결성하기 위한 하나의 포석이며 그의 정치적 역량이 노령한인사회에서 확고하게 인정받는 시금석이 되었던 것이다. 따라서 일심회에서 정천동맹으로의 전환은 그의 정치적 지도력이 러시아 한인사회에 깊이 뿌리를 내리고 있었다는 증표인 것이다.

아울러 백규삼·황병길·조응순의 경우에서 보듯이 정천동맹 회원들은 이후 한국독립운동의 한 부분을 담당할 정도로 성장하였다. 이처럼 한국독립투쟁의 밑거름을 주체적으로 만들어 냈다는 점에서 그의 한국독립운동사상의 위치를 평가해야 한다.

안중근은 정천동맹을 만들어 한인사회의 지위를 공고히 하면서도 노령의 부일세력의 척결에도 진력하였다.

결론적으로 의병전쟁 이후의 안중근의 행로는 무력항쟁에 입각한 구국노선의 공고화의 과정이었으며 이는 이토 처단이라는 역사적 사건을 이루어내는 원동력이 되었다고 평가할 수 있다.

3부 안중근의거와 재판투쟁

1

안중근의거 과정과 그 의의

1. 들어가는 말

의병전쟁 이후 침체된 독립투쟁 분위기 속에서 안중근은 활로를 모색하기 위해 의병 30여 명과 수청으로 이동, 연추한인일심회, 정천동맹, 부일세력의 척결 등에 매진하였다.

그러나 이러한 일련의 활동으로 한국의 독립을 담보할 수 없음을 통감한 안중근은 연추 최재형의 집에서 머물며 국내 활동을 고려하는 등 진로모색에 진력하였다. 그리하여 안중근은 최재형에게 국내로 들어가기 위한 자금과 겨울옷의 지원을 요구하였으나 의병세력과 거리를 유지하고 있던 최재형의 반응은 전과 완전히 달랐다.

그리하여 더 이상 연추에 머물 수 없었던 안중근은 블라디보스톡으로 돌아왔다. 이토 히로부미(伊藤博文)의 만주방문 소문이 블라디보스톡에 도착한 안중근을 기다리고 있다. 안중근은 이 소식을 접하고 1905년 하야시 제거계획이라는 의열투쟁의 연장선에서 이토 히로부미의 처단을 결심하고 이석산으로부터 100루블을 강제로 제공받고, 우덕순을 거사동지로 하여 통역으로 유동하·조도선을 끌어들여 결국 1909년 10월 26일 이토를 하얼빈역에서 제거하는 데 성공하였다.

그런데 학계에서는 안중근의거를 합작의거로 보느냐 단독의거로 보느냐가 여전히 큰 논쟁거리이다. 물론 상당수의 학자들은 합작설에 무게를 두고 있는 것도 사실이다. 하지만 합작설을 뒷받침하는 사료의 신빙성을 볼 때 전적으로 합작설로 볼 수만 없는 이유가 있다. 이 문제에 대해서는 필자는 안중근의거는 우덕순의 도움을 받은 안중근 단독의거였음을 밝힌 바 있다.[1] 여기에서는 단독의거에 무게를 두고서 의거의 과정과 의의를 살펴보려고 한다.

단독의거라는 시각에서 안중근의거 과정과 의의에 대한 본격적인 논의는 이루어지고 있지 않다. 이러한 맥락에서 필자는 안중근의 이토 처단 과정을 재구성하면서 의거의 구상, 자금의 마련, 동지의 규합, 블라디보스톡에서 하얼빈으로 가는 과정, 하얼빈과 채가구 행적, 이토 처단 정황 등에 대해 이 글에서 살펴보려고 한다.

이와 같은 필자의 작업은 안중근의거를 새롭게 재구성한다는 면에서 안중근의거의 진실에 접근하는 통로를 제공할 것으로 생각한다.

2. 의거의 구상

안중근은 미조부치 타카오(溝淵孝雄) 검찰관에게 "富寧에서 이토의 訪滿 소식을 듣고 블라디보스톡에 와서 중국인에게 이토가 온다는 것을 재차 확

---

1 신운용, 「안중근의거와 대동공보사의 관계에 대한 재검토」, 『안중근의사 하얼빈의거100주년 기념국제학술대회』, 안중근의사기념사업회, 2009, 참조.

인하고 떡을 사먹으며 하얼빈역에서 숙박하였다"[2]고 둘러대는 등 사건의 진상을 감추려고 하였다. 그러나 그는 사카이 요시아키(境喜明) 경시의 우대에 마음이 움직였는지 1909년 12월 3일 제6회 공술 때부터 사건의 전모를 대략 밝히기 시작한다.[3]

안중근은 주로 블라디보스톡 이치권(李致權)의 집에 머물며 의병을 일으킬 방도를 이리저리 궁리한 끝에 연추·부령을 거쳐 함경도 등지로 가서 자금을 마련한 후 다시 거병을 도모하려고 하였다. 그래서 그는 블라디보스톡을 출발하여 1909년 7월경 김기룡(金起龍)과 함께 연추에 이르렀다.[4] 그는 최재형(崔在亨)에게 거병지원을 요청하였으나 뜻을 이루지 못했다. 최재형은 지원은 고사하고 심지어 동복(冬服)조차 원조해 주지 않았다. 결국 부령 방면으로 출발도 하지 못한 채 진퇴양난에 처하게 되었다.[5]

최재형은 1909년 1월 17·20일자『대동공보』에서 의병에 대한 비판적인 태도를 분명히 드러냈다. 즉, 그는 "지방의 소문을 들은 즉 무뢰배들이 의병이라고 사칭하며 그 애국심을 자랑하고 유명인의 이름을 도용하여 위조된 편지를 각지에 돌려 불법적으로 돈을 거두어 착복하고 있다. 그런 자에게 무용한 보조금을 주지 말아야 하고 그와 같은 폐단을 살펴 없애야 한다"[6]며 안중근을 비롯한 의병세력을 공격하였다. 이는 1908년 여름 의병전쟁이 실패한 후, 러시아의 압력과 한인사회의 내분 내지 최재형·최봉준 등의 강력한 요구에 기인한 것으로 여겨진다.[7]

이러한 상황에서 최재형은 안중근을 '무뢰배'로 단정하고 그의 지원요청을 거부하였던 것이다. 이는 "無賴로서 늘 사람의 財産을 掠奪하는데만 汲

---

2 국사편찬위원회, 「피고인 신문조서」,『한국독립운동사』자료 6, 10쪽.
3 국사편찬위원회, 「境경시의 신문에 대한 안응칠의 공술(제6회)」,『한국독립운동사』자료 7, 421~426쪽.
4 국사편찬위원회, 「기밀수 제5호」,『한국독립운동사』자료 7, 450쪽.
5 안중근, 「안응칠역사」, 169~170쪽.
6 『대동공보』1909년 1월 17·20일자, 「광고」.
7 반병률, 「노령연해주 한인사회와 한인민족운동(1905~1911)」,『한국근현대사연구』7, 1997, 83쪽.

汲하던 安重根이 이 壯擧를 했다니 앞서의 挾雜者가 지금 國家 第一功臣이 되었다"[8]는 최재형의 언급에서도 극명히 드러난다.

러시아 한인사회 유력자들의 의병에 대한 태도가 변하자, 안중근은 최봉준을 자신의 목숨과 돈만을 아는 인물이라고 평하였고, 최재형을 러시아의 일진회라고 표현할 정도로 비판적인 입장을 취하였다.[9] 이처럼 안중근은 러시아 한인사회의 유력자에 대해 대체로 부정적인 시각을 갖고 있었던 것 같다.

이와 같이 최재형의 지원중단과 한인사회의 의병에 대한 냉대라는 환경의 변화 속에서 안중근은 새로운 진로를 모색해야만 했다. 그러던 중 의병장 이석산(李錫山)이 연추에 와 있다는 소식을 듣고 그의 처소로 방문하였다. 이때 그는 이석산이 다액의 무기구입자금을 갖고 있고 이후 블라디보스톡으로 간다는 사실을 확인하였다.[10] 이로써 그는 다시 거병할 희망을 품고서 약 10일 후 그 자금을 마련할 목적으로 연추에서 블라디보스톡으로 출발하였다.[11] 안중근은 연추를 출발하여 포셋트항에서 기선 우수리호를 타고서 약 9시간 만에 블라디보스톡에 도착하였다.[12] 이 날은 1909년 10월 19일로 실로 안중근 개인사뿐만 아니라 한국근대사에 기록될 만한 날이었다.[13]

안중근이 블라디보스톡에 도착해 보니 이미 이토의 만주방문 소문이 파다하게 퍼져 있었다. 한인 열혈청년들은 "지금이야말로 이토를 처단할 절호의 기회"[14]라고 공공연하게 주창하고 있을 정도였다. 이러한 분위기 속에서

---

8 국사편찬위원회, 「헌기 제2634호」, 『한국독립운동사』 자료 7, 251쪽.
9 국사편찬위원회, 「境경시의 신문에 대한 안응칠의 공술(제3회)」, 『한국독립운동사』 자료 7, 407쪽.
10 국사편찬위원회, 「境경시의 신문에 대한 안응칠의 공술(제7회)」, 『한국독립운동사』 자료 7, 427쪽.
11 국사편찬위원회, 「기밀통발 제111호」, 『한국독립운동사』 자료 7, 297~298쪽.
12 국사편찬위원회, 「기밀통발 제111호」, 『한국독립운동사』 자료 7, 261쪽.
13 국사편찬위원회, 「境경시의 신문에 대한 안응칠의 공술(제6회)」, 『한국독립운동사』 자료 7, 422쪽
14 국사편찬위원회, 「境경시의 신문에 대한 안응칠의 공술」, 『한국독립운동사』 자료 7, 462쪽.

그가 처음으로 이토의 만주방문을 직접 확인한 것은 이치권의 집에서였다.[15]

그는 블라디보스톡 이치권 집에 주로 머물고 있었다. 그만큼 이치권은 그의 성격과 애국심을 누구보다 잘 알고 있었던 인물이다. 이치권은 그를 보자 "伊藤이 오는데 너의 意見은 어떠냐"[16]며 떠보기도 하였다. 그러나 안중근은 그런 소리는 하지 말라며 정색을 하면서 첫째 미인, 둘째 나폴레옹의 부인과 같은 부자, 셋째 프랑스의 잔다르크와 같은 사람을 중신해 달라는 엉뚱한 소리를 하며 속마음을 숨기었다.[17] 이때 의병투쟁의 한계를 절감하고 있던 그는 을사늑약 이후 꿈꾸어 왔던 이토 처단 기회가 드디어 왔음을 직감하였다.

그리하여 안중근은 타인에게 선수를 빼앗길까 우려하면서도 너무나 기쁜 나머지 곧 밖으로 나왔다. 즉,

> 한결같이 定宿인 李致權의 宅에 到着하였더니 同地에서 伊藤이 블라디보스톡에 온다는 評判이 높았고 同志間에 그를 殺害할 方法 等에 대해 때때로 凝議하고 있었으므로 나는 대단히 좋은 消息을 듣고 心中 기뻐 견딜 수가 없었으나 타인에게 선수를 빼앗길까 우려하여 누구에게도 입 밖에 내지 않고 곧 갔다.[18]

---

15 안중근의 이토 처단사건을 조사하기 위해 파견된 한국주차 헌병대 소속 무라이(村井) 대위는 이치권에 대해 다음과 같이 언급하였다. 즉, "忠淸道 사람이라고 한다. 十餘年來 오랫동안 블라디보스톡에 居住하여 家屋 二, 三戶를 소유하고 安應七 鄭淳萬 따위는 늘 이 집에 出入하고 있었다. 大東共報社와 李致權과는 그 집이 相接하여 志士가 止宿하는 집이다"(국사편찬위원회, 「기밀통발 제111호」, 『한국독립운동사』 자료 7, 269쪽).

16 국사편찬위원회, 「境경시의 신문에 대한 안응칠의 공술(제7회)」, 『한국독립운동사』 자료 7, 428쪽.

17 국사편찬위원회, 「境경시의 신문에 대한 안응칠의 공술(제7회)」, 428~429쪽.

18 국사편찬위원회, 「境경시의 신문에 대한 안응칠의 공술(제6회)」, 『한국독립운동사』 자료 7, 422~423쪽.

이치권으로부터 이토의 방만(訪滿)사실을 전해 들은 안중근은 사실여부를 보다 정확하게 조사할 필요성을 느꼈다. 그래서 그는 10월 20일 낮 12시경 대동공보사로 향하였다. 그곳에서 김만식(金萬植)을 만났다. 그의 성격을 잘 알고 있던 김만식은 "이번 伊藤이 온다는데 왔는가"[19]라고 그의 의중을 떠보려고 하였다. 이처럼 이치권과 김만식의 안중근에 대한 태도에서 블라디보스톡 한인사회에 이토를 처단할 적임자는 안중근뿐이라는 공감대가 형성되어 있었음을 알 수 있다.

그러나 안중근은 "이토 한 사람을 죽인다고 해서 문제가 해결될 것 같지 않다"[20]고 연막을 피웠다. 그러고 나서 영웅을 알아보는 미인을 얻고 싶으니 광고를 내겠다며 화제를 다른 방향으로 돌렸다.[21] 이에 대동공보사의 다른 동지들은 비싼 광고료를 받고 게재하자며 서로 농담을 주고받기도 하였다.[22] 이와 같이 안중근은 대동공보사 인사들의 초미의 관심사인 이토 처단 문제에 대해 관심이 없는 것처럼 행동하였다. 그 이유는 그가 블라디보스톡에 많은 밀정이 있었음을 잘 알고 있었고[23] 또한 선수를 타인에게 빼앗기고 싶지 않았기 때문이었다.[24]

---

19 국사편찬위원회, 「境경시의 신문에 대한 안응칠의 공술(제8회)」, 『한국독립운동사』 자료 7, 432쪽.
20 위와 같음.
21 위와 같음.
22 위와 같음.
23 국사편찬위원회, 「境경시의 신문에 대한 안응칠의 공술(제10회)」, 『한국독립운동사』 자료 7, 439쪽. 이에 대해 러시아 측의 사료에는 다음과 같이 기록되어 있다. 즉, "한국의 북부 지역에서는 인근 만주지역에 사는 여러 부류의 거주민들을 불안하게 만들고 있는 반란운동이 상당한 정도로 전개되고 있기 때문에, 여러 지역에 정보를 수집하고자 정보원을 파견하는 일이 점차로 어려워지고 있다. 여기저기서 주운 정보, 말하자면 시장통에서 정보와 말을 모으는 일은 적어도 도움이 안 된다. 방금 한국으로부터 돌아온 정보원은 노동자로 가장하여 일을 구하면서 돌아다녔는데, 매 순간 일본인들에 의하여 체포당할 위험에 처해 있었다. 일본인들은 지지자들, 종종은 예속당한 일진회 회원들을 가지고 곳곳에 정보망을 쳐놓고 있다. 일본의 첩자는 한국의 애국자들에 의하여 심지어 우리 영내에서조차도 무자비하게 박멸당하고 있기 때문에 양편의 밀정(密偵)은 똑같은 운명에 처한 셈이다"(국사편찬위원회, 「한국과 만주 국경에 대한 보고」, 국사편찬위원회, 『한국독립운동사』 자료 34, 1997, 24쪽).

안중근은 더 확실한 정보를 얻고자 20일 정오경 대동공보사 사원인 김치보(金致甫)의 집에서 정재관(鄭在寬)을[25] 만났다. 이때 "신문기사에 의하면 이토가 온다고 하는데 사실이냐"고 그가 물었다. 이에 정재관은 다음과 같이 말했다.

> 그렇다. 事實이다 이곳에서도 靑年輩가 모여서 伊藤公이 온다니 칼을 갈아가지고 가지 않으면 안 된다고들 말하고 있었으므로 自己(鄭)가 그런 일이 露國에 알려지면 그야말로 큰 일이다. 바보 같은 소리 말라고 制止하였다.[26]

이와 같이 정재관은 블라디보스톡의 분위기와 이토의 방만(訪滿) 사실을 확인해 주었다. 그러나 평소 친분이 있던 정재관이 이토에 대해 소극적인 태도를 취하자, 그는 당신의 말이 옳다며 더 이상 말을 하지 않았다.[27] 정재관의 이러한 태도는 의병전쟁 실패 후, 의병투쟁의 실효성에 의심을 품고 있던 블라디보스톡의 분위기와[28] 대동공보사 인사들의 점진적 성향이 반영된 것으로 보인다.[29]

---

24 일제는 안중근과 대동공보사의 인사들과 깊은 교감 속에서 안중근의거가 이루어졌다는 초기 첩보를 바탕으로 조사를 하였다. 그러나 조사결과 안중근의 주장처럼 우덕순이 관련된 단독거사였음이 드러났다(국사편찬위원회, 「헌기 제2624호」, 『한국독립운동사』 자료 7, 236쪽).
25 정재관에 대해서는 박환, 「정재관: 미주의 공립협회 총회에서 러시아 혁명가로」, 『한국민족운동사연구』 38, 2004, 참조
26 국사편찬위원회, 「境경시에 대한 안응칠의 공술」, 『한국독립운동사』 자료 7, 462쪽.
27 위와 같음.
28 반병률, 「노령연해주 한인사회와 한인민족운동(1905~1911)」, 『한국근현대사연구』, 84쪽.
29 국사편찬위원회, 「境경시의 신문에 대한 안응칠의 공술(제10회)」, 『한국독립운동사』 자료 7, 396~397쪽.

3. 동지 규합과 의거 추진

이토의 하얼빈 방문예정을 여러 경로를 통하여 확인한 안중근은 이토를 반드시 처단하리라고 다짐하며 국권회복투쟁의 방책을 의열투쟁으로 선회하였다. 물론 이는 그의 행보에 있어 이질적인 것은 아니었다. 이미 그는 1904년 하야시와 부일세력 처단계획에서 보듯이 의열투쟁론을 제시하고 있었다. 따라서 그는 이 시기에 가장 적합한 대일투쟁 방략을 고려하여 이토 처단이라는 의열투쟁을 택한 것이다.

이토 처단을 결심한 안중근은 무엇보다도 거사자금의 필요성을 더욱 절실하게 느꼈다.[30] 그래서 그는 연추에서 만난 적이 있던 이석산을 찾아가 25루블·10루블·5루블·1루블짜리 각각 1매와 은화 등 총 100루블을 강제로 빌렸다.[31] 이때 그는 필생의 위업을 이룰 절호의 기회를 얻은 듯이 기뻐하였다.[32]

여기에서 과연 이석산이 어떤 인물인지 살펴볼 필요가 있다. 일제의 기록에 따르면 이석산은 "유인석의 '生復'으로 이치권의 가택에서 340보 떨어진 좌측의 한국가옥에 머물고 있었으며, 연령은 34세로 평양출생"[33]이라고 한다. 물론 이러한 이석산에 대한 일제의 기록이 정확하다고 단정할 수는 없으나, 적어도 이를 통해 이석산이라는 인물의 존재를 확인할 수 있다.

그렇다면 이석산은 누구일까? 결론적으로 말하면 이석산은 의병장 이진룡(李鎭龍)으로 추정된다. 이진룡은 1908년 8월 유인석과 함께 연해주로 갔다가 1909년 초에 귀국하여 1909년 3월 모상(母喪)을 치렀다. 그 후 다시 연

---

30 국사편찬위원회, 「공판시말서 제2회」, 『한국독립운동사』 자료 6, 253쪽.
31 국사편찬위원회, 「공판시말서 제2회」, 『한국독립운동사』 자료 6, 258쪽.
32 국사편찬위원회, 「境경시의 신문에 대한 안응칠의 공술(제6회)」, 『한국독립운동사』 자료 7, 423쪽.
33 日本 外交史料館, 『伊藤公爵遭難ニ關シ倉知政務局長旅順出張竝ニ犯人訊問之件 聽取書』 第二卷(문서번호 : 4.2.5, 245-4).

해주로 가서 무기를 구입해 1909년 11월 하순에 한국으로 돌아온 것으로 보인다.[34] 필시 안중근이 블라디보스톡에서 이진룡을 만난 것도 이 무렵의 일로 보인다. 또한 이진룡이 그에게 이토를 처단한 무기를 제공하였다는 기록이 있다.[35] 물론 그 자신의 권총으로 의거를 단행하였다는 기록을 보건대, 이진룡이 무기를 제공하였다는 것은 사실이 아닐 것이다. 그러나 이는 적어도 안중근과 이진룡의 조우 가능성을 뒷받침해주는 증거임에 분명하다.

거사자금이 마련되자, 안중근은 "혼자서 거사를 실행하다가 만일 실패하면 세인의 조롱거리가 될 것이고 동지들에게도 명목이 없을 것"[36]이라고 생각하였다. 이 후 그는 거사를 함께 할 동지를 물색하기로 하였다. 그러던 중에 1908년 봄부터 한국의 현실에 대해 강개담을 나누는 등 평소 의중에 두고 있던 우덕순(禹德淳)을 거사동지로 낙점하였다.[37]

그는 1909년 10월 20일 고준문(高俊文)의 집에 있던 우덕순을 숙소로 데리고 와 이토 처단 계획을 상의하였다.[38] 이때 그는 우덕순에게 "이번 이토가 오므로 나는 살해할 작정이다. 너는 평소 교제로 보아 강개심이 있는 것으로 알고 있는데 같이 일을 하지 않겠는가. 너는 고국에 처자를 버리고 왔으므로 다시 귀국할 수 없을 것이다. 이번 나라를 위해 진충하면 어떤가"[39]라고 거사계획을 털어놓았다. 이에 대해 우덕순은 공판장에서 "나는 마음속

---

34 『朝鮮新聞』 1910年 3月 6日字, 「賊魁 李鎭龍」; 정제우, 「李鎭龍義兵將의 抗日武裝鬪爭」, 『한국독립운동사연구』 8, 1994, 82·85쪽.
35 이상봉·이선우 편, 『李鎭龍 義兵將 資料全集』, 국학자료원, 2005, 707쪽.
36 국사편찬위원회, 「境경시의 신문에 대한 안응칠의 공술(제6회)」, 『한국독립운동사』 자료 7, 423쪽.
37 국사편찬위원회, 「피고인 안응칠 제9회 신문조서」, 『한국독립운동사』 자료 6, 255~256쪽. 우덕순은 『禹德淳先生의 回顧談』(『獨立運動先驅 安重根先生公判記錄』, 경향잡지사, 1946, 196~197쪽)에서 안중근과 1908년 7월 의병전쟁에 참여하였다고 주장하고 있다. 이것이 사실이라면 의병전쟁을 함께 했다는 믿음에서 안중근은 우덕순을 거사동지로 낙점하였던 것이다. 또한 위에서 보듯이 공립협회 블라디보스톡지회의 같은 회원으로 활동한 적이 있었던 사실도 안중근이 우덕순을 거사동지로 낙점한 하나의 배경이 되었다.
38 국사편찬위원회, 「공판시말서 제2회」, 『한국독립운동사』 자료 6, 337쪽.
39 국사편찬위원회, 「공판시말서 제2회」, 『한국독립운동사』 자료 6, 256쪽.

으로 분개하고 있던 터라 안중근의 말을 듣자마자 동의했습니다"[40] 라고 증언하고 있다. 이처럼 이토의 만주방문을 알고 있던 우덕순은 평소 이토의 소행을 분개하고 있었던 차에 그의 제의에 전적으로 동의하여 참여하였던 것이다.[41]

우덕순이 어떻게 현실을 인식하였기에 안중근의 제의에 즉각 동의하였을까? 이는 다음에서 확인할 수 있다. 즉,

八, 나는 五條約의 이야기를 皇城新聞에서 보았고 또 大韓每日申報 新韓民報 等에는 伊藤公이 我國權을 强奪하고 皇室을 속이고 國民을 통틀어 僧侶로 만들어 人權까지도 빼앗으려고 한다. 또 伊藤公은 日本 天皇과 政府를 欺瞞하고 韓國에 대해 壓迫을 加하는 者다. 伊藤公을 죽이지 않으면 我東洋 三國의 平和維持는 到底히 希望이 없다. 伊藤公의 貪虐한 對韓政策은 天下를 속이고 至誠에서 나온 것이 아니라는 記事 等을 읽고 늘 憤慨하고 있었으므로 이번 安의 誘引에 應하여 殺意를 決心한 것이다.

九, 伊藤公을 죽이려고 까지는 생각한 일이 없다 나쁜 놈이라고는 생각하고 있었으므로 安의 誘引을 多幸으로 하여 同意하였던 것이다.[42]

위의 인용문에서 우덕순과 안중근은 현실인식을 공유하는 동지였음을 알 수 있다. 이러한 우덕순이었기에 그는 블라디보스톡의 쟁쟁한 인사들과 이토 처단을 상의도 하지 않고 거사동지로 택한 것이다.

---

40 滿洲日日新聞社, 『安重根事件公判速記錄』, 1910, 39쪽.
41 국사편찬위원회, 「공판시말서 제2회」, 『한국독립운동사』 자료 6, 337~338쪽.
42 국사편찬위원회, 「境경시의 신문에 대한 안응칠의 공술(제1회)」, 『한국독립운동사』 자료 7, 393쪽.

이토 처단을 위한 준비물 중에서 가장 중요한 무기에 대해서도 안중근은 우덕순이 권총을 갖고 있음을 확인하였다.[43] 이로써 모든 거사준비가 완료되었던 것이다. 이제 그에게는 하얼빈으로 가서 이토를 단죄할 일만이 남았다.[44]

우덕순은 일단 짐을 가져오기 위해 숙소로 갔다가 다시 안중근이 머물고 있던 이치권의 집으로 돌아왔다.[45] 그 후 안중근과 우덕순은 블라디보스톡역으로 나갔으나 이미 기차운행 시간이 지났다.[46] 때문에 이들은 20일 밤을 안중근의 숙소에서 보내고 그 다음 날인 10월 21일 아침 8시 50분에 3등 우편열차를 타고 블라디보스톡을 출발하였다.[47]

이들은 블라디보스톡을 출발한 지 약 6시간 16분 만인 오후 3시 6분 소왕령(小王領, 고고리스크)에서 일단 하차하였다. 그 이유는 첫째, 직통표를 사면 비용이 많이 들기 때문이었다. 둘째, 뽀그라니치아에 세관이 있는 관계로 3등 열차의 검사가 엄격하여 그렇지 않은 2등 열차로 갈아타기 위해서였다.[48] 안중근은 소왕령에서 30분간 정차하는 동안 뽀그라니치아까지 가는 2등 열차표를 샀다.[49] 이때 그는 우덕순에게 러시아어를 모르므로 통역이 없으면 곤란하다는 말을 하였다.[50]

이후 이들은 오후 9시 25분에 뽀그라니치아에 도착하였다.[51] 안중근은 우

---

43 위와 같음.
44 신용하는 안중근의거를 안중근과 대동공보사의 합작품으로 규정하였다(신용하, 「安重根의 思想과 義兵運動」, 『한민족독립운동사연구』, 을유문화사, 1985, 178쪽). 이후 그의 주장이 정설로 받아들여지고 있는 것 같다. 반면, 최서면은 안중근과 우덕순에 의해 이루어진 것으로 보고 있다(최서면, 『大韓國人 안중근』, 문화체육부・한국학술진흥원, 1993, 14쪽).
45 국사편찬위원회, 「피고인 안응칠 제9회 신문조서」, 『한국독립운동사』 자료 6, 257쪽.
46 국사편찬위원회, 「공판시말서 제2회」, 『한국독립운동사』 자료 6, 337쪽.
47 국사편찬위원회, 「피고인 안응칠 제9회 신문조서」, 『한국독립운동사』 자료 6, 261쪽.
48 국사편찬위원회, 「피고인 안응칠 제9회 신문조서」, 『한국독립운동사』 자료 6, 259쪽.
49 위와 같음.
50 위와 같음.
51 국사편찬위원회, 「피고인 안응칠 제9회 신문조서」, 『한국독립운동사』 자료 6, 261쪽.

덕순에게 잠깐 기다리라고 말한 다음 평소 친분이 있던 한의사 유경집(劉敬緝)을 방문하였다.[52] 방문목적은 정대호를 찾아갔을 때 만난 적이 있는 유경집의 아들 유동하(劉東夏)를 러시아어통역으로 데려가기 위해서였다. 그가 이런 생각을 한 연유는 1908년 음력 4월경에 유동하의 집을 방문한 후, 유동하가 그를 '숙부'라고 부를 정도로 서로 잘 아는 사이였기 때문이다.[53]

안중근은 유경집에게 이토 처단 계획을 숨긴 채, "정대호가 자기의 가족을 데리고 오므로 하얼빈으로 마중하러 가는데, 통역이 없어 곤란하다. 유동하를 데리고 갔으면 좋겠다"[54]는 취지의 말을 하였다. 이에 유경집은 "동하에게 하얼빈으로 약심부름을 시키려고 하는데 아직 어려 걱정하고 있었는데 자네와 함께 보내니 참으로 잘 된 일"[55]이라며 유동하의 동행을 승낙하였다. 게다가 유경집은 숙박문제로 걱정하고 있던 그에게 자기의 친척인 김성백(金成伯)의 집에서 유동하가 숙박할 예정이니 함께 가하면 좋을 것이라며 숙소까지 알선해 주었다.[56] 또한 유경집은 유동하에게 "할 일이 많으니 빨리 돌아오라"[57]는 당부의 말도 잊지 않았다.

이때 그는 1909년 7·8월경 자신의 가족을 데리고 올 것을 부탁한 적이 있는 정대호를 방문하였다. 하지만 정대호를 만나지 못하였으나 가족을 데리고 오기 위해 귀국한 사실은 확인할 수 있었다.[58] 그리하여 그는 유동하를 대동하고 3등 열차표를 산 후 다시 우덕순과 합류하였다.

안중근 일행은 21일 밤 10시 34분경에 뽀그라니치아를 출발하여 22일 밤 9시 15분에 하얼빈에 도착하였다.[59] 뽀그라니치아에서 하얼빈까지 오는 동

---

52 위와 같음.
53 日本 外交史料館, 『伊藤公爵遭難ニ關シ倉知政務局長旅順出張並ニ犯人訊問之件(聽取書)』 (문서번호 : 4.2.5, 245-4); 滿洲日日新聞社, 『安重根事件公判速記錄』, 72쪽.
54 국사편찬위원회, 「피고인 안응칠 제9회 신문조서」, 『한국독립운동사』 자료 6, 260·263쪽.
55 국사편찬위원회, 「피고인 안응칠 제9회 신문조서」, 『한국독립운동사』 자료 6, 260쪽.
56 국사편찬위원회, 「피고인 안응칠 제9회 신문조서」, 『한국독립운동사』 자료 6, 260~261쪽.
57 국사편찬위원회, 「피고인 안응칠 제9회 신문조서」, 『한국독립운동사』 자료 6, 262쪽.
58 국사편찬위원회, 「공판시말서」, 『한국독립운동사』 자료 6, 316쪽.

안 세 사람은 따로 앉아 있었다. 안중근과 우덕순은 비밀이 누설될 우려가 있었으므로 서로 이야기조차 나누지 않았다.[60]

안중근 일행은 하얼빈에 도착하였으나 김성백 집의 위치를 정확히 몰랐다. 때문에 마차를 타고 여러 곳을 헤매다가 어느 노인의 도움으로 겨우 숙소에 들어갈 수 있었다.[61] 안중근 일행을 맞이한 사람은 김성백의 부인이었다. 마침 김성백은 외출 중이었다. 유동하의 요청으로 얼마 후 김성백이 돌아왔다.[62] 서로 인사를 나누고 식사를 한 후, 안중근은 김성백에게 가족을 맞이하러 하얼빈에 왔다는 등의 이야기를 나누며 22일 밤을 보냈다.

23일 오전 안중근과 우덕순은 이발을 하였다.[63] 그리고 나서 안중근·우덕순·유동하 세 사람은 함께 사진을 찍었다.[64] 이때 안중근과 우덕순은 이것이 생애 마지막 사진이 될 것이라는 비장감을 느끼면서 이토 처단 결의를 다졌던 것으로 보인다. 또한 안중근과 우덕순은 옷을 사며 하얼빈 시내를 돌아다녔다.

그는 23일 점심때 이토가 하얼빈에 왔다는 김성백의 말을 들었고 또 그런 풍문이 있어 신문을 보고 사실여부를 확인하였다.[65] 『원동보』에는 "10월 20일 밤 11시 이토가 長春에서 哈爾賓으로 온다"[66]는 기사가 실려 있었다. 20일 온다는 이토가 아직 도착하지 않은 것으로 보아 소문과 신문기사가 사실이 아니었음을 알 수 있었다. 그러나 그는 조만간 이토가 올 것이라는 확신을 갖고 있었다.[67]

---

59 국사편찬위원회, 「피고인 안응칠 제9회 신문조서」, 『한국독립운동사』 자료 6, 261쪽.
60 국사편찬위원회, 「피고인 안응칠 제9회 신문조서」, 『한국독립운동사』 자료 6, 262쪽.
61 위와 같음.
62 滿洲日日新聞社, 『安重根事件公判速記錄』, 73쪽.
63 위와 같음.
64 『滿洲日日新聞』 1910年 2月 4日字, 「兇行三日前哈爾賓支那人寫眞館にて撮影せし紀念寫眞」.
65 국사편찬위원회, 「피고인 안응칠 제9회 신문조서」, 『한국독립운동사』 자료 6, 265쪽.
66 국사편찬위원회, 「피고인 안응칠 제9회 신문조서」, 『한국독립운동사』 자료 6, 264~265쪽.
67 국사편찬위원회, 「피고인 안응칠 제9회 신문조서」, 『한국독립운동사』 자료 6, 265쪽.

이토의 하얼빈 방문을 확인한 안중근과 우덕순에게는 세 가지 문제가 있었다. 첫째는 이토를 어디서 처단하는가 하는 것이었다.[68] 둘째는 곧 돌아갈 유동하를 대신할 다른 러시아어 통역을 구하는 것이었다.[69] 세 번째는 부족한 거사자금을 보충하는 것이었다.[70]

첫 번째 문제에 대해 안중근은 우덕순과 상의하여 장춘까지 남행하기로 하였다.[71] 두 번째 문제를 23일 아침 우덕순과 상의한 결과, 그는 1909년 7월경에 뽀그라니치아에서 인사를 나눈 적이 있는 조도선(曹道先)을 통역으로 쓰기로 하였다.[72] 김성백을 통하여 조도선을 찾을 수 있었다.[73] 조도선은 1909년 음력 8월 초 세탁업을 하기 위하여 하얼빈에 와 있었다.[74]

안중근과 우덕순은 김형재(金衡在)의 안내로 김성옥(金成玉) 댁에 있던 조도선의 숙소로 갔다.[75] 조도선을 찾아가면서 안중근은 김형재에게 자신의 가족을 맞이하기 위해, 우덕순은 신문대금을 수금하기 위해 하얼빈에 왔다고 둘러댔다. 조도선이 술자리를 마련하였으나 이들은 술을 마시지 않았다. 조도선과 안면이 있던 우덕순도 블라디보스톡의 신문사에서 신문대금을 수금하러 왔다고 자기소개를 하였다.[76]

술자리가 끝난 후 안중근은 조도선에게 정대호가 자신의 가족을 데리고 올 예정인데 러시아어 통역이 필요하므로 함께 가주었으면 한다며 통역을 부탁하였다.[77] 이에 조도선은 "자신의 처에게 하얼빈으로 오라는 전보를 쳤

---

68 위와 같음.
69 국사편찬위원회, 「피고인 안응칠 제9회 신문조서」, 『한국독립운동사』 자료 6, 265~266쪽.
70 위와 같음.
71 국사편찬위원회, 「피고인 안응칠 제9회 신문조서」, 『한국독립운동사』 자료 6, 265쪽.
72 국사편찬위원회, 「피고인 안응칠 제9회 신문조서」, 『한국독립운동사』 자료 6, 265~266; 滿洲日日新聞社, 『安重根 事件公判速記錄』, 63쪽.
73 국사편찬위원회, 「피고인 안응칠 제9회 신문조서」, 『한국독립운동사』 자료 6, 266쪽.
74 국사편찬위원회, 「피고인 조도선 제5회 신문조서」, 『한국독립운동사』 자료 6, 297쪽.
75 국사편찬위원회, 「피고인 우연준 제4회 신문조서」, 『한국독립운동사』 자료 6, 287쪽.
76 국사편찬위원회, 「피고인 우연준 제4회 신문조서」, 『한국독립운동사』 자료 6, 288쪽.
77 국사편찬위원회, 「피고인 조도선 제5회 신문조서」, 『한국독립운동사』 자료 6, 297쪽.

는데 2·3일 후에 오겠다는 답전이 왔으므로 갈 수 없다"[78]며 난색을 표하였다.

그러나 자금부족으로 세탁업을 못하고 있던 조도선은 "가능하면 도와주겠다"[79]고 한 정대호의 말이 생각나 그의 요청에 응하였다. 안중근·우덕순·조도선 세 사람은 저녁 6시경 안중근이 머물고 있던 김성백 댁으로 돌아왔다.

세 번째 문제에 대해 안중근은 우덕순과 상의한 결과 유동하를 시켜 김성백에게 50루블을 차용하기로 했다.[80] 그러나 유동하는 여러 이유를 들어 그에게 되갚을 방도를 강구해 줄 것을 요구하였다.[81] 그리하여 그는 유동하의 요구를 충족시키고 자신들의 거사계획을 대동공보사에 알리기 위해 대동공보사의 이강에게 보낼 편지를 썼다.[82] 그리고 안중근과 [83] 우덕순은,[84]

---

78 위와 같음.

79 滿洲日日新聞社, 『安重根事件公判速記錄』, 64쪽.

80 滿洲日日新聞社, 『安重根事件公判速記錄』, 74쪽.

81 국사편찬위원회, 「피고인 안응칠 제9회 신문조서」, 『한국독립운동사』 자료 6, 268~269쪽.

82 위와 같음.

83 안중근, 「안응칠역사」, 171쪽. "장부가 세상에 처홈이여 그 뜻이 크도다 / 떠가 영웅을 지음이여 영웅이 떠를 지으리로다 / 텬하를 웅시홈이여 어니 날에 업을 일울고 / 동풍이 점점 차미여 장사에 의긔가 쓰겁도다 / 분기히 한 번 가미여 반다시 목젹을 이루리로다 / 쥐젹 ○○이여 엇지 즐겨 목숨을 비길고 엇지 이에 이를 쥴을 시아려스리요 사졔가 고연흐도다 / 동포 동포여 속히 디업을 이룰지어다 / 만셰 만셰여 디한독립이로다 / 만셰 만셰여 디한동포로다." "丈夫處世兮 其志大矣 / 時造英雄兮 英雄造時 / 雄視天下兮 何日成業 / 東風漸寒兮 壯士義熱 / 憤慨一去兮 必成目的 / 鼠窃伊藤兮 豈肯比命 / 豈度至此兮 事勢固然 / 同胞同胞兮 速成大業 / 萬歲萬歲兮 大韓獨立 / 萬歲萬歲兮 大韓同胞."

84 日本 外交史料館, 『伊藤公爵遭難ニ關シ倉知政務局長旅順出張竝ニ犯人訊問之件 聽取書』(문서번호 : 4.2.5, 245-4); 『중앙일보』 2002년 10월 25일자, 「우덕순 '의거歌'원문 발견」, 참조 우덕순이 일병의 필사본은 필자가 발굴 소개하였다. "만나쉬나 원슈너롤 만나쉬나 평싱홍번 만나기가 엇지 그리 더듸든냐 너롤 훈번 보라호고 슈육으로 몃만리에 쳔심만고 다흐면서 륜션화챠 가러타며 아쳥양디 지놀 씨에 힝장검슈할 젹마다 하느님써 기도호고 예슈씨서 경비호되 살픔쇼샤 살픔쇼샤 동반도에 디한데국 살픔쇼샤 아못죠록 졔의롤 도옵쇼셔 저 간악흔 노적놈이 우리민족 이쳔만구 멸죵후에 삼쳔리 검슈강산 쇼리업시 먹으랴고 긍흉극악 독흔슈단 열강국을 쇽여가며 니쟝을 다 쎄먹고 무엇이 부죡하야 나문 욕심 치우고자 쥐식이 모양으로 요리죠리 단이면셔 누구롤 쏘 쇽이고 뉘짜룰 먹으라고 져갓치 단이는 간할흔 노젹을 만느랴고 이갓치 급히 간이 지공무사흐옵시고 지인지인 우리상쥬 디한민족 三千萬口 일쳬로 불상

각각 시(詩)를 지어 이토 처단 결의를 다지기도 하였다. 안중근은 얼마 후 돌아온 유동하에게 편지 겉봉에 러시아어로 주소를 쓰게 하여 곧 편지를 되돌려받았다.[85]

김성백 댁에서 저녁 식사를 하고 나자 김성옥에게 행선지를 알리지 못한 것이 마음에 걸린 조도선은 행선지를 고해야 한다고 안중근에게 말하였다.[86] 그래서 안중근은 조도선과 함께 다시 김성옥 집으로 향하였다. 와병 중인 김성옥을 조도선 혼자서 들어가 만났고 그는 실내에서 기다렸다.[87] 김성옥 집을 나와 김성백 댁으로 돌아가는 길에 그는 조도선에게 여비 걱정은 하지 말라는 따위의 이야기를 하였다. 그리고 시내 구경을 한 후 23일 밤 9시경 김성백의 집으로 돌아왔다.

이때 김성백은 유동하를 통하여 돈을 빌려 줄 수 없다는 의사를 안중근에게 전하였다. 결국 그의 거사자금 차용노력은 불발로 끝났다.[88] 그는 편지를 대동공보사에 보낼 필요가 없었으므로 그대로 갖고 있었다. 그런데 유동하가 그의 이름을 빌려 돈을 사취할 목적으로 대동공보사의 유진율에게 전보를 쳤던 것이다.[89] 차금계획은 실패하였으나 그는 계획대로 24일 남행하

<hr>

이 역이셔셔 노젹놈을 만늬보게 흐옵쇼셔 이갓치 빌기롤 졍거장마다 천만번을 기도흐며 곳에 당도하며 쥬야불망 보라흐든 저무리롤 만나쑤나 너 슈단이 간할키로 셰계에 유명하여 우리동포 어륙후에 우리강산 쎄여다가 기리 흥낙 못노리고 오늘 날에 너 먹슴이 늬 손의 주게되니 너 일도 쏙흐도다 갑오년가독립과 을사년신녁약후 양양자득 질식 쎠에 오늘일을 몰늬쓴냐 쥐진놈은 쥐당흐고 덕닥근 쎠 덕이온다 너만 이리되줄아니 너의 무리 사천마구 위셔부터 흐아둘식 우리숀에 다 죽을나 여화 우리 同胞들아 일심으로 단합흐여 왜구를 다멸흐고 우리국권 회복흐후 국부민강흐고 보면 셰계에 어네누가 우리를 압졔흐며 흐등이라 더우흐랴 어셔밧비 합심흐야 저무리를 이등 노흔 죽이듯이 어셔만 어셔밧비 거사흐셰 우리 일을 아니흐고 평안이 안져쓰면 국권회복 졀노될이 만무하니 용감역을 진발흐야 국민의무하여보셰(우슈산인 우덕슌)".

85 滿洲日日新聞社,『安重根事件公判速記錄』, 76~76쪽.
86 국사편찬위원회,「피고인 안응칠 제9회 신문조서」,『한국독립운동사』자료 6, 267쪽.
87 국사편찬위원회,「피고인 안응칠 제9회 신문조서」,『한국독립운동사』자료 6, 267~268쪽. 여기에 조도선이 김성백에게 행선지를 고하러갔다고 되어 있으나 이는 필시 일제의 오기로 '김성백'이 아니라 김성옥이다.
88 滿洲日日新聞社,『安重根事件公判速記錄』, 75쪽.

기로 하였다.

4. 의거의 결행과 의의

10월 24일 아침 안중근은 우덕순·조도선·유동하와 함께 하얼빈역으로
나갔다. 이때 안중근은 유동하에게 "러시아 대신도 오고 일본의 고관도 오
기 때문에 나는 가족을 맞으러 가지만 그것도 출영하고 싶으니 만약 만나지
못하면 전보를 치겠으니 알려 달라"[90]고 하였다. 이후 그는 조도선·우덕순
과 함께 9시 9분발 우편열차(郵便列車)를 타고 남행하였다. 이는 유동하를 거
사에 끌어들이지 않으면서도 이토의 도착여부를 확인하기 위한 그의 전략
에서 나온 것이라고 할 수 있다.

안중근은 유동하가 산 표로 삼협하(三挾河)까지 갈 수 있었다. 그러나 열
차가 교행하는 역이 채가구역(蔡家溝驛)이었으므로 이토가 반드시 열차를 갈
아탈 것으로 생각하여 채가구를 목적지로 정하였다.[91] 이리하여 일행은 24
일 12시 13분에 채가구에 도착하였다. 이후 그는 채가구를 통과하는 열차시
간을 역관리에게 물어보라고 조도선에게 부탁하였다. 조도선은 "일본대신을
태운 기차가 오늘 아침이나 내일쯤에 통과한다"[92]는 역무원의 말을 다시 그
에게 알려주었다.

이토가 탄 기차가 채가구역을 통과할 것이라는 사실을 확인한 안중근은
1시경에 유동하에게 "채가구에 도착했다 일이 있으면 알려라"[93]는 전보를
쳤다. 그리고 나서 채가구역에서 20미터가량 떨어져 있는 찻집에서 잠시 휴

---

89 국사편찬위원회, 「피고인 유강로 제7회 신문조서」, 『한국독립운동사』 자료 6, 300~301쪽.
90 滿洲日日新聞社, 『安重根事件公判速記錄』, 77쪽.
91 국사편찬위원회, 「피고인 안응칠 제10회 신문조서」, 『한국독립운동사』 자료 6, 277~278쪽.
92 滿洲日日新聞社, 『安重根事件公判速記錄』, 20쪽.
93 위와 같음.

식을 취하였다. 이때 이들은 찻집 2층에서, 조도선과 우덕순은 1층에서 24일을 보내기로 하였다. 그리고 그는 우덕순에게 거사를 할 때 탄환이 부족할지 모른다고 하면서 우덕순에게 탄환을 주었다.

저녁 7시경이 되어 하얼빈의 유동하로부터 전보가 왔다.[94] 전보를 받고서 안중근은 매우 당황스러웠다. 그 이유는 조도선도 그 내용을 정확히 해석할 수 없었기 때문이었다. 다만 조도선이 러시아인에게 물어본 즉 "내일 아침에 도착한다"[95]는 것이었다. 그는 일단 정대호가 블라디보스톡에서 온다는 뜻이라고 하여 조도선을 안심시켰다.[96]

하지만 그는 유동하의 전보가 이토에 관한 것인지, 자기 가족에 관한 것인지 그 뜻을 정확하게 알 수 없었다. 왜냐하면 그는 정대호에게 자신의 가족을 데리고 오라고 부탁한 적이 있었고 이 일로 정대호가 귀국한 사실을 알고 있었기 때문이다.[97] 또한 김성백에게 부족한 여비를 직접 빌려 볼 심산으로 하얼빈으로 돌아가기로 하였다.

이후 그는 우덕순에게 전보에 관한 이야기를 자세히 하지 않은 채, "여비도 부족하고 하얼빈의 형세도 알아볼 테니 여기서 기다리라"[98]는 말을 남기고서 25일 하얼빈으로 출발하였다. 기차 속에서 그는 26일 아침 이토가 하얼빈에 도착한다는 『원동보』의 기사를 보았다.[99]

안중근은 1시경 하얼빈에 도착하였다. 이어 그는 "전보가 무슨 내용인가"[100]라고 유동하를 다그쳤다. 유동하가 안중근에게 전보를 친 이유는 채가구로 출발하면서 "이토도 출영하고 싶다"는 그의 말을 기억하고 있었기 때문이다. 즉, 이에 대해 유동하는 "나는 家族과 伊藤을 迎接하러 간다는 이

---

94 국사편찬위원회, 「공판시말서」, 『한국독립운동사』 자료 6, 66쪽.
95 滿洲日日新聞社, 『安重根事件公判速記錄』, 69쪽.
96 위와 같음.
97 국사편찬위원회, 「공판시말서」, 『한국독립운동사』 자료 6, 316쪽.
98 국사편찬위원회, 「공판시말서」, 『한국독립운동사』 자료 6, 322쪽.
99 滿洲日日新聞社, 『安重根事件公判速記錄』, 23쪽.
100 국사편찬위원회, 「공판시말서」, 『한국독립운동사』 자료 6, 324~325쪽.

야기였으므로 家族의 일을 물었다고 하면 그 事緣이 씌어 있을 터인데 씌어 있지 않으므로 伊藤이 到着하는 것을 照會한 것이라고 생각하고 明朝 온다고 打電했다"[101] 라고 설명하고 있다. 이러한 이유로 평소 숙부라고 부르던 그의 반응에 오히려 당황한 유동하는 "곧 돌아가고 싶어서 전보를 쳤는데 러시아어가 서툴러 아마 잘못 쳤을지도 모른다"[102] 며 밖으로 나가 버렸다.

안중근은 채가구에서 하얼빈으로 돌아올 때 우덕순에게 연락하겠다고 하였다. 그러나 전보를 칠 겨를도 없었고 혼자서도 해낼 수 있다는 자신감에 단독으로 이토를 처단하기로 결심하였다. 10월 25일 김성백의 집에서 외출도 하지 않고서 이토 처단 준비를 하였다. 그는 밤잠을 이룰 수 없었다. 한시라도 빨리 이토를 처단하고 싶었기 때문이다.

드디어 이토를 단죄한 역사적인 날인 10월 26일이 밝아 왔다. 안중근은 6시 30분경에 일어나 새 옷을 수수한 양복으로 갈아입고 권총을 갖고서 7시경 하얼빈역에 도착하였다. 일제는 사건예방을 위한 동양인에 대한 러시아 당국의 검문요구를 일본인의 출입 자유가 보장되어야 한다며 거절하였다.[103] 때문에 그는 아무런 제재도 받지 않고 역내로 쉽게 들어갈 수 있었다.

안중근은 긴장감을 달래기 위하여 차를 서너 잔 마시면서 이토가 도착하기만을 기다렸다. 드디어 이토를 태운 기차가 9시 15분에 도착하였다. 이토와 러시아의 까깝쵸프(Коковцов) 장상(藏相)간의 회담은 간도협약으로 미국 등의 국제적 비난에 직면해 있던 국면을 타파하고 러시아와 관계강화를 통해 간도문제를 해결하려는 일제의 의도에서 추진되었던 것이다.[104]

---

101 국사편찬위원회, 「공판시말서(제3회)」, 『한국독립운동사』 자료, 372~373쪽.
102 滿洲日日新聞社, 『安重根事件公判速記錄』, 24쪽.
103 제정러시아 대외정책문서보관소(АВПРИ), 「재무부장관이 할빈에서 3등서기관 베베르 앞으로 보낸 1909년 10월 13일자 전문」(фонд 150, опись 493, дело 1379)
104 이에 대한 자세한 내용은 신운용, 「안중근의거의 국제 정치적 배경에 관한 연구」, 『역사문화연구』 33, 한국외국어대학교 역사문화연구소, 2009, 참조

안중근은 까깝쵸프가 기차 안으로 이토를 맞으러 들어간 사이에 언제 저격하면 좋을까 생각하며 적정을 살피었다. 잠시 후 이토와 까깝쵸프가 내려오자 군악대의 요란한 연주 소리가 그의 귀를 때리는 동시에 러시아 군인들이 경례를 하는 광경이 그의 눈에 들어왔다.

안중근은 이토의 만행에 분노하며, 용기 있게 걸어가 러시아 군대가 늘어서 있는 후방에 이르렀다.[105] 이때 러시아 관리의 안내를 받으며 맨 앞에서 걸어가고 있던 누런 얼굴에 흰 수염을 한 조그마한 노인이 눈에 띄었다. 바로 그 순간 그는 "저것이 필시 이토 老賊일 것"[106]이라고 생각하고 3발을 발사하였다. 그러나 이토의 모습을 신문의 삽화에서 보았지만 총을 맞은 자가 이토가 아닐지도 모른다는 생각이 들어 일본인 중에서 가장 의젓해 보이는 자들을 향하여 3발을 발사하였다.[107]

그때 혹시 죄 없는 사람을 쏘지 않았나 하는 생각에 잠시 멈춰 서 있었다. 그 순간 총소리에 놀라 뒤로 물러서 있던 러시아 병사들이 안중근을 덮쳤다. 순식간에 러시아 군인들에게 잡힌 상태에서 그는 하늘을 향하여 '코레아 우레'를 목 놓아 외쳤다. 이토는 함께 걷고 있던 까깝쵸프에게 쓰러져 주위의 일본인에 의해 기차 안으로 옮겨졌다. 그러나 이토는 그가 쏜 총탄이 심장을 관통하여 약 15분 후 한 마디 유언도 못하고 절명하였다.[108] 이후 안중근은 러시아 당국의 조사를 받고 나서 26일 오후 10시 10분에 일본 하얼빈 총영사관에 인계되었다.[109]

---

105 안중근, 「안응칠역사」, 173쪽.

106 국사편찬위원회, 174쪽.

107 위의 책, 174쪽.

108 일본의 많은 이토관계 전기에 이토가 "자신을 적격한 사람이 한국임을 알고서 '바보 같은 놈'이라고 하면서 다른 수행원들이 안부를 물어 보았다고 하는데, 이는 위인의 면모를 보인 것이다"고 기술되어 있다(中村吉藏, 『伊藤博文』, 大日本雄辯會 講談社, 1936, 306쪽). 그러나 이러한 기술은 전혀 사실이 아니다. 즉, 이토는 곧바로 절명했기 때문에 아무런 유언도 남기지 못하였다.

109 국사편찬위원회, 「전보 제160호」, 『한국독립운동사』 자료 7, 330쪽.

한편, 채가구역에 남아 있던 우덕순은 경비가 삼엄한 것을 보고 거사가 불가능한 것으로 판단하였다. 그래서 이토 처단을 포기하고 25일 밤을 그냥 보냈다. 그를 수상히 여긴 러시아 헌병에 의해 26일 11시 55분에 체포되고 말았다.

이상에서 보았듯이, 안중근의거는 의병전쟁의 한계성을 실천적으로 극복한 것으로 1904년 7월에 구상한 하야시와 부일세력 처단이라는 의열투쟁의 연장선에서 이루어진 것이다. 이러한 맥락에서 그를 의열투쟁의 선구로 간주해야 한다. 아울러 안중근의거는 "이토를 제거해야 한다"는 당시 독립운동가들의 일정한 공감대 위에 이루어진 역사적 사건이었다.

때문에 의열투쟁의 대표적인 인물인 김구는 그를 '사당의 신주'에 비유하여 독립운동가의 최고봉으로 섬기었다.[110] 특히 한국 의열투쟁의 이론을 주창한 신채호는 대한제국이 병탄된 이후 진정한 독립운동가는 '안중근뿐'이라고 역설하였다.[111] 무정부주의자 유자명과 1926년 사이토 마코토(齋藤實) 총독 처단을 시도하여 의열투쟁사의 한 페이지를 장식한 송학선도 그의 의열투쟁에 영향을 받았다.[112]

뿐만 아니라, 님웨일즈가 쓴 『아리랑』의 주인공인 사회주의 계열의 독립운동가 김산(장지락)도 그를 '독립운동의 모델'로 삼았을 정도였다.[113] 그리고 1941년 10월 조선의용대는 제3주년 기념을 맞이하여 특별 간행물에서 그를 '조선혁명투쟁사'의 기원으로 설정하고 있다.[114] 이는 안중근의 생애와 사상이 모든 계열의 독립운동을 추동시킨 원동력으로 작동되었음을 의미하는 것이다.[115]

---

110 백범학술원, 『백범일지』, 나남출판, 2002, 366~367쪽.
111 신채호, 『단재신채호전집』하, 형설출판사, 1979, 149쪽.
112 유자명, 『한 혁명자의 회고록』, 한국독립운동사연구소, 1999, 11쪽; 윤병석, 「해제 안중근전기 전집」, 『안중근전기전집』, 국가보훈처, 1999, 51쪽.
113 님웨일즈 지음, 조우화 옮김, 『아리랑』, 동녘, 1984, 41~42쪽.
114 『조선의용대』 제4기(조선의용대 제3주년 기념 특간) (독립기념관소장)
115 한상권, 「안중근의 하얼빈거사와 공판투쟁(1)~검찰관과의 논쟁을 중심으로」, 『역사와 현실』

5. 맺음말

이상에서 안중근의거의 과정과 의의에 대해 살펴보았다. 이를 다음과 같이 정리하는 것으로 이 글을 마무리하려고 한다.

안중근은 의병전쟁 이후 연추한인일심회의 참여, 정천동맹의 창설 등으로 활로를 모색하였으나 여의치 않았다. 때문에 최재형 집에 머물고 있으며 국내진입을 구상하였다. 그리하여 최재형에게 지원을 요청하였으나 거절당하였다. 그 후 안중근은 1909년 10월 19일 블라디보스톡으로 돌아왔다. 블라디보스톡에는 이미 이토의 방만 소문으로 가득 차 있었다. 이때 안중근은 이토 처단에서 민족운동의 활로를 찾기로 결심하였다.

10월 20일 안중근은 대동공보사와 이치권의 집에서 정재관 등으로부터 이토의 만주방문 사실을 확인하고 나서 거사자금 100원을 이석산으로부터 강제로 빌렸다. 이제 거사동지만 물색하면 되었다. 그는 평소에 우국지사로 생각하고 있던 우덕순을 의거를 함께할 동지로 낙점하고서 합류시켰다.

10월 21일 안중근은 우덕순과 함께 블리디보스톡으로 출발하였다. 통역의 필요성을 느낀 안중근은 뽀그라니치아의 유동하를 대동하고 출발하였다.

10월 22일에 하얼빈에 도착한 안중근은 유동하의 친척 김성백 집에 머물며『원동보』의 이토관계기사를 읽는 등 이토의 항로를 추적하였다. 10월 23일 오전에 안중근은 우덕순과 이발을 하고 나서 안중근·우덕순·유동하 세 사람은 함께 사진을 찍었다.

이때 안중근, 우덕순과 앞으로의 진로와 통역 등의 문제를 상의한 결과 장춘까지 남행하고 조도선을 통역으로 대동하며 유동하를 통하여 거사자금을 융통하기로 결정하였다. 안중근은 정대호가 가족과 함께 오므로 그들을 맞이하러 가는 데 통역이 필요하다는 구실로 조도선을 통역으로 끌어들

54, 2004, 288~289쪽.

였다.

이때 그는 김성백에게 50루블 차용을 유동하에게 부탁하였는데, 유동하가 갚을 방법을 강구해줄 것을 요구하자 이강에게 보내는 거사계획과 차용금을 갚아달라는 부탁의 편지를 썼다. 그러나 자금의 융통은 불발로 끝나 이강에게 보내려한 편지는 그대로 갖고 있었다. 아울러 이때 안중근·우덕순이 각각 이토 처단 결의를 다지는 시를 쓰기도 하였다.

10월 24일 안중근은 유동하에게 이토의 도착 여부를 전보로 알려달라는 말을 남기고 우덕순 조도선과 함께 우편열차를 타고 채가구로 출발하였다. 채가구에 도착한 안중근은 유동하에게 채가구 도착을 알리면서 일이 있으면 알려달라는 전보를 보냈다. 이때 유동하는 안중근에게 "내일 아침 도착한다"는 내용의 전보를 보냈다. 이날 저녁 안중근은 우덕순과 자금 마련의 상황파악을 위해 하얼빈으로 귀환하는 문제를 상의하고 우덕순에게 26일 오후까지 통지할 것이니 통지가 없으면 하얼빈으로 귀환하라는 말을 남기고 10월 25일 채가구로 출발하였다. 이때 그는 기차안에서 『원동보』를 통해 26일 이토가 6시 30분경 내지 7시경에 도착한다는 정보를 얻었다.

드디어 10월 26일 아침이 밝았다. 6시 30분 안중근은 새 양복과 모자를 쓰고 김성백의 집을 나와 7시경 하얼빈역에 도착하였다. 9시에 이토가 탄 기차가 하얼빈역에 도착하고서 까깝쵸프와 약 15분간의 환담을 한 이토는 9시 15분 하차하였다. 9시 30분 안중근은 러시아 의장대 사열을 마친 후 일본인 환영단으로 향하려던 이토에게 3발을 발사하여 즉사시켰다. 이때 안중근은 러시아병이 덮치자 쓰러지면서 권총을 땅바닥에 떨어뜨리고 '코레아우레'를 세 번 목 놓아 외치고 당당히 체포되었다.

안중근의거는 의병전쟁의 한계성을 실천적으로 극복한 것으로 의열투쟁의 선구로 평가할 수 있다. 이러한 맥락에서 김구·장지락 등 많은 독립투쟁가들이 독립전쟁의 모델로 안중근을 추모하고 따랐던 것이다.

2

안중근의 재판투쟁과 옥중활동

1. 들어가는 말

안중근은 의거의 목적을 이토 히로부미(伊藤博文) 처단에만 두지 않았다. 그는 재판투쟁을 궁극적인 목표로 삼았다. 일제는 대한제국이 자진하여 일제에 복속되기를 원하고 있다는 선전활동을 강력히 펼치고 있었고 국제사회도 일제의 한국병탄을 묵과하는 분위기가 만연되어 있었다. 이러한 상황 속에서 안중근은 결코 일제의 한국병탄을 용납할 수 없다는 한국인의 의지를 국제사회에 각인시키면서 일제의 한국침탈을 구체적으로 세계에 알리기 위한 방편으로 이토를 제거하였고 재판을 그 무대로 삼았던 것이다.

정치범의 재판은 나가사키(長崎) 지방법원이 담당하던 상례를 무시하고 일제는 안중근재판을 관동도독부지방법원이 관할하도록 결정하였다. 이는 재판을 일제의 침략상황을 폭로하는 무대로 삼고자 했던 안중근의 의도가 관철되기에는 한계가 있음을 의미하는 것이었다.

안중근은 불리한 상황 속에서도 일제의 한국침탈을 합리화하려는 미조부치(溝淵) 검찰관, 통감부에서 파견한 사카이(境) 경시, 재판부에 맞서 정연한 논리로 반침략 논리전쟁을 수행하였다. 이러한 맥락에서 필자는 일제의 침략논리에 맞서는 안중근의 대응논리를 살펴보려고 한다. 이는 당시 식민지 근대화론을 내세워 한국을 병탄하려는 일제의 침략논리에 맞서는 근대 지식인의 반침략이론을 살펴볼 수 있다는 데서 의미 있는 작업이다.

그리고 안중근의 재판투쟁의 의미에 대해서도 필자는 이 글에서 살펴보려고 한다. 그가 재판투쟁을 또 다른 대일투쟁의 방법론으로 제시하였다는 점을 주목할 필요가 있다. 이는 이후의 펼쳐진 독립투사들이 전개한 재판투쟁의 모델이라는 면에서 의미있는 것이다. 이러한 측면에서 그의 재판투쟁은 한국민족운동사상의 재판투쟁 효시로 볼 수 있다.

안중근은 두 동생에게 장봉금(張鳳今)에게서 50원을 받아 한인단체에 보내라고 유언하였다. 여기에서 필자는 타인에 대한 끝없는 배려와 도리를 느끼게 된다.

이처럼 안중근의 옥중생활은 그의 인간적인 면모, 종교인의 자세, 일제의 불법적인 재판에 대한 투쟁, 동양평화를 구현하려는 노력, 일본의 평화세력에 대한 기대, 현실인식 등 다양한 측면에서 그를 조명해 볼 수 있는 기회를 제공하고 있다.

이러한 맥락에서 필자는 빌렘 신부와 동생 안정근·안공근의 여순행, 그들과의 면회내용, 빌렘 신부의 안중근과의 대화, 안중근의 한국 천주교 상층부에 대한 인식 등을 구체적으로 살펴보려고 한다. 특히 안중근의 수의를 여순감옥 전옥 구리하라(栗原)의 장녀가 제공하였다는 일본인의 주장과, 어머니 조마리아가 만들어 보냈다는 한국인의 기술이 사실과 부합하지 않음을 밝히려고 한다. 또한 안중근이 정천동맹(단지동맹)을 하였을 때 자른 손가락의 행방에 대해서도 추적하려고 한다.

이러한 작업을 통하여 안중근의 마지막 순간을 재구성하여 안중근의 전체상을 이해하는 데 도움이 되었으면 한다.

2. 재판투쟁

1) 심문투쟁(반침략논리)

안중근은 의거의 최후 목적을 이토 처단이 아니라, 재판을 통하여 국제사회에 일제의 한국침략 실상을 알리는데 두었다. 그 때문에 그는 1909년 10월 26일 의거현장에서 자진하여 피체되었던 것이다. 이후 그는 2·3회의 신문을 받고서 1909년 11월 3일 연루 혐의자 9명과 함께 여순감옥에 수감되어[1] 12월 21일까지 미조부치 검찰관의 신문을 모두 11회 받았다. 또한 통감부 소속 사카이 경시에게 1909년 11월 26일부터 1910년 2월 6일까지 12회 이상의 신문을 받았다. 그 후 일제는 1910년 2월 7일부터 2월 14일까지 6회의 형식적인 공판을 한 후 3월 26일 그를 사형에 처하였다.

안중근은 1909년 11월 3일부터 1910년 3월 26일까지 약 5개월간의 감옥생활을 하면서 일제의 한국침략 정책을 고발하는 동시에 자신의 일대기를 기술한 『안응칠역사』와 전쟁의 소용돌이에서 동양을 구할 방책을 기술한 미완의 「동양평화론」을 저술하였다. 여순감옥 관리들은 매일 과일·담배·차·우유 및 상등품의 내복과 솜이불을 제공하였다. 이와 같이 일본 관리들은 안중근을 다른 죄수들과 달리 특별 대우하였다. 특히 미조부치 검찰관은 1909년 10월 30일 제1회 신문에서 '이토 히로부미 죄상(伊藤博文罪狀) 15개조'를 듣고서 '동양의 의사'라고 하기도 하였다.[2]

그러나 다른 측면에서 본다면 이는 '특별관리'라는 성격을 갖고 있었다. 왜냐하면 여순감옥의 일본인들은 개인적으로 그에게 호감을 갖고 있었다고 하더라도 일제의 한국정책을 본질적으로 비판하는 세력이 아니었다. 오히려

---

1 국사편찬위원회, 「전보」, 『한국독립운동사』 자료 7, 1977, 332쪽.
2 국사편찬위원회, 「피고인 신문조서 피고인 안중근」, 『한국독립운동사』 자료 6, 3~4쪽; 안중근, 「안응칠역사」(윤병석, 『안중근전기전집』, 국가보훈처, 1999), 174쪽.

이들은 관료로서 적극 한국침략에 협력한 세력이었다는 점을 주목해야 한다. 그러므로 그의 이토 평가는 이들과 본질적으로 합치될 수 없는 부분이 있었다. 따라서 그는 이토의 대한정책을 둘러싸고 일본인들과 충돌할 수밖에 없었다.

신문과 공판 기록을 분석한다면 일제의 한국침략 논리와 안중근에게 사형을 선고한 논리의 실상이 무엇인지를 확인할 수 있다. 또한 이에 대한 그의 대응논리도 엿볼 수 있다. 신문(訊問)을 받는 동안 안중근은 미조부치 검찰관과 일제의 한국침략을 둘러싸고 치열한 공방을 전개한다. 그는 한국 독립과 동양평화 유지의 정당성을 이토 처단의 필연성과 더불어 줄기차게 주장하였다. 이에 반하여 미조부치는 일제의 침략을 한국의 문명개화를 돕기 위한 것이라고 호도하면서(제2~5회, 7회, 9~11회) 이토 처단은 오해에서 비롯된 것임을 그 스스로 자백하도록 하는데 초점을 맞추어(제1회, 6회, 8회) 신문을 진행하였다. 이는 총론적으로 일본의 한국 지배정책을 둘러싼 침략과 반침략이라는 사상투쟁이며, 각론적으로 청일·러일전쟁, 병합·병탄론, 문명개화론, 을사늑약, 이토의 대한정책 등에 대한 한일양국의 인식상의 충돌이었다.[3] 이를 구체적으로 살펴보면 다음과 같다.

(1) 청일·러일전쟁을 둘러싼 논쟁

이는 제6회, 제8회 신문에서 엿볼 수 있다. 즉, 미조부치는 타국이 독립할 능력이 없는 한국을 점령하면 일본은 매우 불리해지므로 청일·러일전쟁을 일으킨 것이며, 또한 청일·러일전쟁은 청러로부터 한국의 독립을 지키기

---

3 한상권, 「안중근의 하얼빈거사와 공판투쟁(1)~검찰관과의 논쟁을 중심으로」, 『역사와 현실』 54, 한국역사연구회, 2004; 「안중근의 하얼빈 거사와 공판투쟁(2)–외무성 관리·통감부 특파원의 신문과 불공정한 재판진행에 대한 투쟁을 중심으로」, 『덕성여자대학논문집』 제33집, 2004, 참조.

위한 불가피한 선택이었다는 식민사관을 드러냈다.[4] 이에 대해 안중근은 "수많은 인명을 살상하면서도 이를 한국을 위한 것"이라며 거짓 선전을 일삼고 있다고 일제를 비판하면서 청일·러일전쟁의 성격을 침략전쟁으로 규정하였다.[5] 그러면서 이토의 행위를 "적을 경계하러 온 자가 도리어 도적질을 일삼는 격"[6]이라고 주장하면서 을사늑약 강제, 한국 황제 폐위 등 일제의 침략정책 때문에 한국민이 분개하고 있다고 미조부치의 식민사관을 반박하였다.[7]

(2) '병합'불가론

미조부치는 국제공법 때문에 일본이 한국을 '병합'하는 것은 불가능하나, '보호'하는 것은 국제사회가 인정하는 것이라고 주장하여 을사늑약을 합리화하였다.[8] 이에 대해 안중근은 "일본이 한국을 식민화하려는 야심이 있음에도 열국이 좌시만하고 있는 이유를 알고 있을 뿐만 아니라, 이토가 미쳐 한국을 병탄하려 하고 있다"[9]고 반박하였다. 이처럼 그는 보호정책의 목적이 한국 병탄에 있음을 명확히 인식하였고 이를 막기 위한 수단으로 이토를 처단하였으며, 이를 알리기 위한 방법으로 공판투쟁을 택했던 것이다.

---

4 국사편찬위원회, 「피고인 안응칠 제6회 신문조서」, 『한국독립운동사』 자료 6, 170~171쪽.
5 위와 같음.
6 국사편찬위원회, 「피고인 안응칠 제8회 신문조서」, 『한국독립운동사』 자료 6, 245쪽.
7 국사편찬위원회, 「피고인 안응칠 제8회 신문조서」, 『한국독립운동사』 자료 6, 244~245쪽.
8 국사편찬위원회, 「피고인 안응칠 제6회 신문조서」, 『한국독립운동사』 자료 6, 170~171쪽.
9 국사편찬위원회, 「피고인 안응칠 제6회 신문조서」, 『한국독립운동사』 자료 6, 171쪽.

(3) 문명개화론

미조부치는 한국의 진보를 위해 일본이 한국을 보호하고 있다고 주장하였다.[10] 이에 대해 안중근은 다음과 같이 반박하였다. ① 일본이 위생·교통 시설의 완비, 학교의 설립 등을 내세워 한국의 진보를 돕고 있다고는 하나 이는 일본을 위한 것이지, 한국을 위해 진력한 것이 아니다. ② 명치 초년의 일본은 문명하지도 진보하지도 않았다. 다시 미조부치는 일본이 진보하였으므로 한국을 보호하는 것은 당연하다는 논리로 일관하였다. 그러자 안중근은 "나는 전혀 그렇게 생각하지 않는다"[11]고 되받아쳤다.

(4) 을사늑약

미조부치는 한국의 독립과 문명개화를 위한 일본의 조치가 한일협약(을사늑약)이며 이는 합법적인 조치였다고 주장하였다.[12] 이에 대해 안중근은 병력으로 황제를 협박하여 강제로 체결한 것이라고 을사늑약의 문제성을 지적하면서[13] 을사늑약의 성격을 "거의 형제 동지간에 있어 한편의 사람이 다른 한편의 사람을 먹이로 한 것"[14]이라고 규정하였다.

(5) 이토의 대한정책

미조부치는 한국의 독립과 문명개화(진보)를 가능케 한 이토를 죽인 것은

---

10 국사편찬위원회, 「피고인 안응칠 제6회 신문조서」, 『한국독립운동사』 자료 6, 178쪽.
11 위와 같음.
12 국사편찬위원회, 「피고인 안응칠 제6회 신문조서」, 『한국독립운동사』 자료 6, 177쪽.
13 국사편찬위원회, 「피고인 안응칠 제6회 신문조서」, 『한국독립운동사』 자료 6, 176~177쪽.
14 위와 같음.

오해에서 비롯된 것이라고 주장하였다.[15] 이에 대해 안중근은 1909년 10월 30일 신문에서 '이토 히로부미 죄상(伊藤博文罪狀) 15개조'를 들어 하나하나 반박하였다.[16] 여기에서 그는 한국의 독립과 동양의 평화를 파괴한 이토를 단죄함으로써 일본을 각성시키고 침략행위를 중지시키려고 하였다는 반침략논리를 내세웠다.[17]

(6) 종교론

미조부치는 살인행위를 금하고 있는 천주교 교리를 들어 안중근의거의 정당성을 훼손하려고 하였다.[18] 이에 대해 그는 "남의 나라를 탈취하고 사람의 생명을 빼앗는 자가 있는데도 수수방관하는 것은 더 큰 죄이다"[19]라고 하여 결코 교리에 반하지 않음을 밝히면서 일제의 한국침략이야말로 인도에 반한 행위라고 반박하였다.[20]

2) 공판투쟁

안중근재판은 국내외의 관심을 집중시킨 국제적 사건이었다. 그렇기 때문에 일제는 재판에 대비하여 만반의 준비를 하였다. 이를테면 안중근·우덕순·조도선·유동하를 여순감옥에서 여순 지방법원까지 호송할 마차를 특

---

15 국사편찬위원회, 「피고인 안응칠 제6회 신문조서」, 『한국독립운동사』 자료 6, 178쪽.
16 국사편찬위원회, 「피고인 신문조서」, 『한국독립운동사』 자료 6, 3~4쪽.
17 국사편찬위원회, 「피고인 안응칠 제6회 신문조서」, 『한국독립운동사』 자료 6, 176쪽.
18 국사편찬위원회, 「피고인 안응칠 제10회 신문조서」, 『한국독립운동사』 자료 6, 284쪽.
19 위와 같음.
20 국사편찬위원회, 「피고인 안응칠 제10회 신문조서」, 『한국독립운동사』 자료 6, 284쪽.

별주문하여 경계를 강화하였다.[21] 또한 안중근재판을 여순 지방법원에서 가장 규모가 큰 고등법원 제1호 법정에서 진행하기로 하고 난방시설을 교체하고 의자와 탁자를 보강하는 등 300여 명을 수용할 수 있도록 법정시설을 확충하였다. 뿐만 아니라 옷차림 등 방청객이 지켜야 할 의무사항을 구체적으로 제시하였다.[22] 이는 방청객을 통제하려는 의도를 드러낸 것으로 볼 수 있다.

드디어 미조부치 검찰관은 신문조서를 마치고 2월 1일 안중근과 우덕순·조도선·유동하를 기소하였다. 이후 여순 지방법원에서 2월 7일 오전 10시 안중근 등에 대한 제1회 공판이 개정되었다. 이때 많은 일본인이 몰려들었다. 이들은 독립자유에 목숨을 건 한국 애국지사의 용모를 직접 눈으로 확인하고 싶었던 것이다. 물론 일본 방청객들은 안중근이란 사람이 어떠한 인물이기에 자신들의 영웅인 이토를 저격하였을까 하는 궁금증을 해소하기 위해 모여들었다.[23] 이러한 열기를 반영하듯 500여 명이 7일 오전 7시 30분부터 시작된 방청권 교부창구로 몰려 북새통을 이루었다. 이 중 230여 명만

---

21 안중근 등을 태운 호송용 마차의 구조와 호송경계에 대한 『滿洲日日新聞』의 보도는 일제가 재판에 얼마나 신경을 곤두세우고 있는지를 잘 보여주고 있다. 즉, "被告 四名을 監獄署에서 법원으로 押送하기 위해 새로 만든 馬車가 內地에서 到着하였는데 차내는 내 칸으로 나누어져 있고 그 後部에는 看守 二名이 탈 수 있다고 한다. 被告 등은 일단 마차로 法院 구내의 警務係留場에 收容하고 監視員으로 看守二名을 두고"(『滿洲日日新聞』 1910年 2月 5日字, 「被告用의 馬車」).
22 『滿洲日日新聞』 1910年 2月 6日字, 「傍聽人心得」.
23 이때의 정황에 대해 『滿洲日日新聞』은 다음과 같이 전하고 있다. "8시 40분 安重根을 선두로 피고인 등은 법정 내에 모습을 보였다. 지난 3개월여의 감옥생활도 그들에게는 오히려 너무 관대하나 그들이 약간의 苦痛도 느낀 것 같은 형적이 없다. 公判 전에 특별히 머리를 깎고 때를 밀었으니 一同의 面貌는 한결 건강하게 보였다. 복장은 어떠한가 하면 안중근은 깃을 접은 양복에 두 개의 단추가 달린 것을 입고 바지는 스카치로 상하 모두 매우 낡았다. 코밑에는 韓人 一流의 콧수염을 한 용모는 그다지 흉폭한 남자로는 보이지 않는다. 우덕순은 옷깃을 세운 양복, 유동하와 조도선은 검은색의 깃을 세운 양복을 입고 있고 유는 한 쪽 눈이 아프다. 장하도다. 망국의 괴로움에 못 견디어 獨立自由의 四字에 身命도 아깝게 여기지 않는 生死相契하고 愛國憂世하는 志士의 容貌 어떠한지를 예기한 수백의 방청인은 지금 눈앞의 이 초라한 복장 상태를 보고 상당히 의외로 느끼고 있었다. 그 중에는 낮은 목소리로 개죽음이라고 평하는 사람도 있었다"(『滿洲日日新聞』 1910年 2月 8日字, 「被告人の入廷」).

이 방청권을 교부받았다. 나머지 280여 명은 안중근의 모습을 보기 위해 법원 정문에서 일행의 도착을 기다렸다.[24]

제1회 공판에서 안중근은 의거의 이유에 대해 잘못된 일본의 정책이 그 원인임을 밝히었다. 그러면서 그는 대동공보사와의 관계를 전면 부인하면서 우덕순과 공모하여 의병 참모중장으로서 이토를 처단하였다고 주장하였다.[25]

2월 8일 오전 9시 15분에 제2회 공판이 시작되었다. 안중근의 두 동생과 안병찬 변호사도 방청하였다. 일제의 재판을 받고 있는 안중근의 모습을 보았을 이들의 심정이 어떠하였으리라는 것은 짐작하고도 남는다.[26] 안병찬도 불법적인 재판을 보고 분에 못 이겨 토혈까지 할 정도였다.[27] 제2회 공판의 주된 내용은 우덕순에 대한 신문을 중심으로 안중근·우덕순·조도선·유동하의 관계와 이토 처단 과정에 대한 것이었다. 이때 우덕순은 이토를 처단한 이유를 일본 천황을 속이고 한국인을 기만한 것이라는 안중근의 주장과 같은 논리를 내세웠다.[28] 이는 안중근과 우덕순의 대일인식이 같은 선상에 있었음을 증명하는 것이다.

안중근은 공판을 활용하여 일제의 한국침략실상을 국제사회에 폭로하고 한국에 유리한 분위기를 조성하고자 하였다.[29] 그러나 무엇보다도 재판 관계자 모두 일본인이었고 통역을 통하여 공판이 진행되었다. 따라서 공판은 처음부터 안중근의 의도대로 될 수 없는 구조였다.[30] 하여튼 안중근은 불리한 조건하에서도 일제의 침략실상과 이토 처단의 이유를 개진하여 재판부를 당혹스럽게 만들었다.

---

24 『滿洲日日新聞』 1910年 2月 8日字, 「開廷前の模樣」.
25 滿洲日日新聞社, 『安重根事件公判速記錄』, 1~33쪽.
26 『滿洲日日新聞』 1910年 2月 9日字, 「定根法廷を騷す」.
27 『대한매일신보』 1910년 2월 9일자, 「안병찬씨의 토혈」.
28 滿洲日日新聞社, 『安重根事件公判速記錄』, 33~71쪽.
29 『동아일보』 1979년 9월 19일자, 「安重根의사 東洋平和論」.
30 안중근, 「안응칠역사」, 178쪽; 『滿洲日日新聞』 1910年 2月 19日字, 「安の注文」.

공판의 백미는 2월 9일에 있었던 제3회 공판이었다. 이때 안중근은 의거의 정당성을 다시 한 번 강조하였다. 특히 이토가 일본 효명천황을 시해했다고 언급한 부분에 이르자, 재판부는 공공질서의 방해가 된다는 이유를 들어 그의 진술을 중지시키고 방청객을 모두 퇴정시켰다.[31] 이때 유동하는 그와 안중근이 처음부터 공모하였다는 검찰관의 주장이 조작되었다는 사실을 폭로하였다.[32]

2월 10일 제4회 공판에서 미조부치는 안중근 등에 대한 논고를 하였다. 미조부치는 이토의 대한정책을 옹호하면서 그가 '오해'하여 이토를 죽였다는 논리를 전개하였다. 또한 안중근과 우덕순은 공모하였고 조도선과 유동하도 통모하였다고[33] 재차 강조하였다. 더욱이 미조부치는 소송법상의 문제를 지적하면서 재판 관할권이 일본에 있음을 주장하는 등 공판의 정당성을 강조하였다. 더욱이 실제법상의 문제를 거론하며 "행위에 대한 법률적 응보"[34]에 따라 안중근을 정치범으로 인정할 수 없으므로 사형을 구형한다는 논리를 내세웠다. 이에 대해 2월 12일 제5회 공판에서 일본인 변호인들은 재판 관할권은 한국에 있으나 한국 형법의 결함으로 안중근을 무죄로 해야

---

31 「安重根事件裁判速記錄」, 『滿洲日日新聞』 1910年 2月 10日字; 『한국독립 운동사』 자료 7, 388쪽.
32 滿洲日日新聞社, 『安重根事件公判速記錄』, 71~106쪽.
33 국사편찬위원회, 「공판시말서 제4회」, 『한국독립운동사』 자료 6, 390쪽.
34 위의 책, 106~127쪽. 미조부치는 오오쓰(大津)사건의 주인공 쓰다(津田三藏)를 정치범으로 규정하였다. 그러나 그는 안중근을 정치범으로 인정하지 않았다. 쓰다가 정치범이었다면 안중근도 정치범으로 보는 것이 법논리상 타당하다. 미조부치의 이러한 주장과 달리, 안중근 변호를 맡은 미즈노 변호사는 그를 정치범으로 보았다(滿洲日日新聞社, 『安重根事件公判速記錄』, 157쪽). 또한 러시아 검사 밀레르는 "이토 히로부미 암살은 정치적인 이유를 바탕으로 하고 있으며, 대한제국의 일본통감에 대한 복수이다"라고 하여 안중근을 정치범으로 규정하고 있다(박보리스 드미 트리예비치·박벨라 보리소브나, 「안중근의사의 위업에 대한 러시아 문서 및 자료」, 『安重根義士의 偉業과 思想 再照明』, 안중근의사숭모회·안중근의사기념관, 2004, 134쪽). 이러한 러시아의 인식은 안중근에게 15년 내지 20년의 징역에 처해질 것이라는 주한 러시아 총영사의 안중근재판에 대한 예측에서도 엿볼 수 있다(국사편찬위원회, 「헌기 제2075호」, 『한국독립운동사서』 자료 7, 91쪽). 이처럼 일제 재판부를 제외하고 대체로 안중근을 정치범으로 인식한 경향이 강하였다.

한다는 법리를 펼쳤다.

그러나 안중근은 "사실관계가 조작되었으며 재판관·검찰관·변호인·통역관 모두 일본인으로 공판을 진행한 것은 국제적 재판임을 본다면 '편벽된 재판임을 면할 수 없다"[35]고 하여 일제를 신랄하게 비판하였다. 아울러 그는 "의거는 오해에 따른 것이 아니라, 이토의 정책을 간파하고 행한 정치적 사건"[36]이라고 강변하였다. 또한 그는 재판 관할권은 한국에 있으나 한국형법의 결함 때문에 무죄를 선고해야 한다는 변호인들의 주장을 심히 못마땅한 변론이라고 비판하면서 의병으로서 이토를 총살했기 때문에 국제공법에 의해 처리해야 한다고 강조하였다.[37]

또한 그는 일본형법을 적용하려면 구형법 제76조를 적용해야 한다고 주장하였다. 왜냐하면 그 형법으로 안중근에게 사형을 선고할 수 없기 때문이다.[38]

2월 10일 두 동생 정근과 공근·미하일로프·안병찬 변호사 등이 지켜보는 가운데 사형구형이라는 각본에 따라 미조부치 검찰관은 안중근에게 사형을, 우덕순·조도선에게 징역 2년 이하를 유동하에게 징역 1년 6개월을 각각 구형했다.[39] 이후 안중근은 미조부치의 구형을 듣고서 감옥으로 돌아와 "모레면 일본의 4천 7백만의 인격의 근수를 달아보는 날이다. 어디 경중고하를 지켜보리라"[40]라고 일제의 재판에 분노하며 2월 14일에 있을 최후의 판결을 기다렸다. 역시 예상대로 여순 지방법원의 마나베 주조(眞鍋十藏) 재판장은 각본대로 안중근 사형, 우덕순 징역 3년, 조도선·유동하 징역 1년 6개월이라는 판결을 내렸다.[41] 재판부의 판결은 검찰의 주장을 다시 반복하

35 국사편찬위원회, 「공판시말서 제5회」, 『한국독립운동사』 자료 6, 392~393쪽.
36 위의 책, 396쪽.
37 위와 같음.
38 신운용, 「일제의 국외한인에 대한 사법권 침탈과 안중근재판」, 『한국사연구』 146, 한국사연구회, 2009, 227~228쪽.
39 『대한매일신보』 1910년 2월 13일자, 「안씨공판」.
40 안중근, 「안응칠역사」, 180쪽.

는 수준이었다. 물론 이는 일제의 검찰과 재판부 및 정부가 사전에 공모한 결과임은 말할 필요도 없다.[42]

그는 감옥으로 돌아와

내가 생각했던 것에서 벗어나지 않았다. 예부터 허다한 충의로운 지사들이 죽음으로써 한하고 충간하고 정략을 세운 것이 뒷날의 역사에 맞지 않은 것이 없다. 이제 내가 동양의 대세를 걱정하여 정성을 다하고 몸을 바쳐 방책을 세우다가, 끝내 허사로 돌아가니 통탄한들 어찌하랴.

그러나 일본국 사천만 민족이 안중근의 날을 크게 외칠 날이 멀지 않을 것이다. 동양의 평화가 이렇게 깨어지니 백년 풍운이 어느 때에 그치리요. 이제 일본 당국자가 조금이라도 지식이 있다면 반드시 이 같은 정책은 쓰지 않을 것이다. 더구나 만일 염치와 공정한 마음이 있었던들 어찌 능히 이 같은 행동을 할 수 있을 것인가.[43]

라고 분노하면서 일제의 재판에 대해

진과(眞鍋)판사가 법률을 몰라서 이러한 것인가. 천황의 목숨이 대단치 않아서 이러한 것인가. 이토가 세운 관리라 이러한 것인가. 어째서 이런 것인가. 가을 바람에 술이 취해서 이런 것인가. 오늘 내가 당하는 이 일이 생시인가, 꿈속인가, 나는 당당한 대한민국 국민인데 왜 오늘 일본 감옥에 갇혀 있는 것인가. 더욱이 일본 법률의 재판을 받는 까닭

---

41 滿洲日日新聞社, 『安重根事件公判速記錄』, 178~189쪽.
42 국사편찬위원회, 「전보 제39호」, 『한국독립운동사』 자료 7, 477쪽(신운용, 「일제의 국외한인에 대한 사법권 침탈과 안중근재판」, 232쪽, 참조).
43 위와 같음.

이 무엇인가. 내가 언제 일본에 귀화한 사람인가. 판사도 일본인, 검사도 일본인 변호사도 일본인, 통역관도 일본인, 방청인도 일본인! 이야말로 벙어리 연설회냐. 귀머거리 방청이냐. 이것이 꿈속 세계냐, 만일 꿈이라면 어서 깨고, 확실히 깨려무나![44]

라고 비판하였다. 이처럼 그는 일제의 재판에 대해 분노를 느끼면서 이것이 현실이 아니기를 간절히 바랐다.

그러나 이는 엄연한 현실이었고 그러한 현실 속에서 자신의 목적을 실천해야만 했다. 그래서 안중근은 한국의 독립과 동양평화의 유지라는 '천명'을 실천할 수 있는 마지막 카드로 일본을 회개시키기 위한 방법을 강구하게 되었다. 그것은 바로 「동양평화론」이었다.

더욱이 그는 일본 4천만 민족이 '안중근의 날'을 외칠 때가 반드시 오리라는 희망을 버리지 않았다.[45] 그래서 그는 일제에 대한 분노를 종교의 힘으로 누르며 1910년 2월 17일 고등법원장 히라이시(平石)와 면회를 하였다. 그가 히라이시를 만난 이유는 다음과 같다. 첫째, 재판의 불법성을 항의하는 것이었다. 둘째, 「동양평화론」을 완성시키기 위한 시간을 벌기 위해서였다. 셋째, 재판의 부당성을 항의하면서 동양평화론의 내용을 일제의 상층부에 알려 대한정책을 수정시키기 위한 최후 수단이었다.[46] 그리고 안중근은 2월 7일 공판이 시작되기 전에 이미 상고를 포기할 뜻을 갖고 있었고,[47] 히라이시에게 상고를 하지 않겠다는 뜻을 공식적으로 알리면서 3월 25일 예수 승천일에 자신의 사형집행을 하도록 요청하였다.[48]

안중근은 상고를 포기한 이유를 "자기가 만약 항소를 하면 목숨을 바라서

---

44 안중근, 「안응칠역사」, 180쪽.
45 위와 같음.
46 국가보훈처·광복회, 「청취서」, 『21세기와 동양평화론』, 51~57쪽.
47 『滿洲日日新聞』 1910年 2月 7日字, 「安重根の決心」.
48 국가보훈처·광복회, 「청취서」, 『21세기와 동양평화론』, 57쪽.

떼를 쓰는 것으로 보이는 것도 서글픈 일이기 때문"[49]이라고 미즈노 변호사에게 전하기도 하였다. 하지만, 무엇보다도 이는 어머니 조마리아의 전언이 크게 작용한 결과였다. 조마리아는 매우 강직한 성격의 소유자인 것 같다. 당시 여순에 있던 정근·공근으로부터 한국 변호사를 보내달라는 전보를 받은 조마리아는 직접 평양으로 찾아가 안병찬 변호사에게 변호를 요청하였다. 안병찬도 조마리아에 감동되어 변호를 수락한 것으로 보인다. 평양의 경찰서와 헌병대는 순사와 헌병을 파견하여 조마리아를 여러 번 신문했다. 이때 조마리아는 "중근이가 이번에 행한 일을 생각한 것은 오래전 일로 러일전쟁 이후 밤낮으로 다만 나라를 위해 몸을 바칠 생각뿐이었다"[50]고 할 정도로 아들을 자랑스럽게 여겼다.

이를 들은 일제의 헌병과 순사가 그저 혀를 차며 말하기를 "안중근이 행한 일도 놀라울 뿐인데 그 모친의 인품은 한국에 드문 일이다"[51]라고 평할 정도였다. 이러한 어머니가 그에게 죽음을 택하라고 하였을 때 그 심정이 어떠하였으리라는 것은 짐작되는 바이다. 안중근은 "깨끗이 죽음을 택하라"[52]는 어머니의 전언을 두 동생으로부터 전해 들었다. 필시 그는 이것이 의미하는 바를 충분히 이해하였을 것이다. 이는 이들 모자의 천주교라는 종교적인 믿음이 있었기 때문에 가능한 일이었을 것이다.

항소를 포기하고 죽음을 택하기로 결심한 안중근은 2월 14·15일 양일에 걸쳐 친인척과 빌렘 신부·뮈텔 주교에게 남기는 유서를 작성하였다. 즉,

---

49 『滿洲日日新聞』1910年 2月 16日字,「宣告後の安」.
50 『대한매일신보』1910년 1월 30일자,「놀라은 부인」.
51 위와 같음.
52 이는 다음에서 엿볼 수 있다. 즉, "12일 아침 安重根의 동생 정근·공근 두 사람은 두려운 마음으로 검찰국에 출두하여 13일 형의 면회를 요망했는데 그 용건은 어머니로부터 온 전언으로, 결국 사형선고를 받는다면 깨끗이 죽어서 명문의 이름을 더럽히지 않도록 빨리 천국의 하느님 곁으로 가도록 하라는 내용으로 두 동생은 울면서 말하고서 허가를 얻은 후, 맥없이 물러났다. 당찬 부모의 마음에 매서운 검찰관도 暗淚에 목이 메었다"(『滿洲日日新聞』1910年 2月 13日字,「健氣の母」).

그는 장남 분도를 신부로 키워달라고 어머니에게 부탁하였고 두 동생과 부인 김아려에게는 어머니를 잘 모실 것을 당부하였다. 빌렘 신부에게는 자기를 잊지 말라고 하였고 뮈텔 주교에게는 천주교가 한국에서 발전할 수 있도록 노력해 주기 바란다고 유언하였다.

그런데 대개의 사람들은 사형선고를 받은 후, 죽음에 대한 불안감으로 몸무게가 현저하게 주는 것이 일반적인 현상이다. 그러나 안중근은 입감될 당시 14관(寬) 400양(兩, 54.5kg)이었는데, 사형선고를 받은 이후 14관(寬) 940양(兩, 56.5kg)으로 540양(兩, 2kg)이나 체중이 증가하였다. 이를 『만주일일신문(滿洲日日新聞)』은 특이한 일로 보도까지 하였다.[53] 이처럼 그의 체중이 증가한 것은 무엇보다 죽음을 앞두고서도 그의 심리상태가 안정되었음을 의미하는 것이다. 이는 한국의 독립과 동양의 평화를 지키라는 '천명'을 수행하였기 때문에 죽어 반드시 천당에 갈 것이라는 믿음에 기인하는 것으로 보인다. 이러한 의미에서 그가 유언장을 한결같이 "천당에서 만나자"[54]라는 말로 마무리한 이유를 이해할 수 있다.

이와 같이 동시대의 독립운동가와 달리, 안중근은 대일투쟁의 최후의 목표로 재판투쟁을 처음부터 염두에 두었다. 이러한 면에서 그의 독립투쟁이 갖는 특징을 지적할 수 있다. 또한 목숨을 담보로 한 재판을 통하여 한국의 비참한 현실과 일제의 실체를 국제사회에 환기시켰다. 동시에 독립투쟁세력의 단합과 향후 대일투쟁의 에너지를 제공하였다는 면에서 그의 재판투쟁이 갖는 민족운동사상의 의미를 부여할 수 있다. 따라서 재판투쟁을 민족운동의 방책으로 제시하였다는 면에서 민족운동사상에 안중근을 재판투쟁의 효시로 위치지울 수 있다. 이러한 의미에서 찰리 머리모 기자는 1910년 4월 16일자 영국 신문 『더그래픽(The Graphic)』의 기사에서 "세계적인 재판의 승리자는 안중근이었으며 그의 입을 통하여 이토 히로부미는 한낱 파렴치한

---

53 『滿洲日日新聞』 1910年 2月 23日字, 「安重根の體重」.
54 국사편찬위원회, 『한국독립운동사』 자료 7, 528~529쪽.

독재자로 전락하였다"고 하였던 것이다.

3. 옥중 활동과 순국

12월 1일 오후 2시 여순감옥에서 미하일로프와 더글라스 변호사는 안중근을 면회하였다. 일제의 기록에 의하면 그는 이들과 초면인 것으로 보인다. 이때 미하일로프는 사형을 면하도록 최선을 다하겠다며 그를 독려하였다.[55]

안중근의거를 접한 두 동생 정근과 공근은 12월 13일에 여순에 도착하였다.[56] 이들이 여순감옥에서 안중근을 처음 만난 날은 1910년 1월 7일이었다.[57] 이때 한국인 변호사를 청해 올 것과 천주교 신부를 청해서 성사(聖事)를 받는 일 등을 두 동생에게 부탁하였다. 전자의 경우, 두 동생이 1월 5일 한성법학협회를 통하여 변호사회에 변호를 의뢰하였다.[58] 변호를 수락한 안병찬은 1월 10일 출발하여 14일에 대련에 도착하였다.[59] 후자의 경우, 두 동생이 빌렘 신부를 여순으로 보내달라고 타전하였다. 이에 안중근의 사촌 동생 안명근이 빌렘 신부에게 여순행을 요청하였다.

안중근은 빌렘 신부로부터 죽기 전에 천주교 최후 의식인 '종부성사(終傅聖事)'를 꼭 받고 싶었다. 그래서 두 동생으로부터 이러한 뜻을 전달받은 빌렘 신부는 최후의 미사집전을 위해 여순행 허가를 뮈텔 주교에게 요청하였다. 그러나 정교분리의 원칙에 집착한 뮈텔 주교는 이를 허락하지 않았다. 그러자 빌렘 신부는 결단을 내려 대련을 거쳐 1910년 3월 7일 10시에 여순

---

55 국사편찬위원회, 「보고서」, 『한국독립운동사』 자료 7, 519~520쪽.
56 『대한매일신보』 1909년 12월 17일자, 「상면ㅎ랴고」.
57 『滿洲日日新聞』 1910年 1月 9日字, 「安重根公判日」.
58 『대한매일신보』 1910년 1월 11일자, 「안씨의 편지」.
59 『대한매일신보』 1910년 1월 11일자, 「안씨발정」;『대한매일신보』 1910년 1월 27일자, 「안씨의 쇼식」.

에 도착하였다.

안중근은 3월 8일부터 11일까지 총 4회에 걸쳐 빌렘 신부를 면회했다. 그는 3월 8일 오후 2시 여순감옥에서 구리하라(栗原) 전옥(典獄)과 소노키(園木) 통역관의 입회 아래 빌렘 신부와 첫 면회를 하였다.[60] 이때 빌렘 신부는 자신이 여순감옥에 온 이유를 다음과 같이 들고 있다. 즉, 첫째, 교자(敎子)인 그를 끝까지 인도하는 것이고, 둘째는 그의 이토 처단을 '뉘우치도록' 하는 것이며, 셋째는 그를 선량한 교도로 복귀시키기 위해서였다.[61] 이처럼 이때까지만 해도 빌렘 신부는 안중근의거를 부정적으로 보고 있었다. 특히 그는 안중근이 간도로 떠날 때 "국가 앞에서는 종교도 없다"고 한 말을 교리에 반한 행동이라고 단정하면서, 안중근이 자신의 말을 들었다면 이와 같은 어려움에 처하지 않았을 것이라고 책망하였다.[62] 그러면서 빌렘 신부는 안중근에게 "일각이라도 빨리 선량한 교도로 귀복한다면 하느님은 반드시 너의 대죄를 용서해 주실 것"[63]이라고까지 하였다.

3월 9일 빌렘 신부는 안중근과 두 번째 면회를 하였다. 면회에 앞서 빌렘 신부는 법원 측에 천주교의 관례에 따라 두 사람만의 만남을 요청하였다. 그러나 여순법원 측은 이를 거절하였다. 전날과 마찬가지로 구리하라와 소노키 등이 입회하였다.[64] 이때 안중근은 빌렘 신부에게 의병전쟁에 투신한 그날 밤의 기몽(奇夢)을 소개하였다. 즉, "성모마리아가 나타나 그의 흉간(胸間)을 위무하면서 놀라지 말라 염려해서는 안 된다"[65]는 분부를 남기고 사라

---

60 이때의 광경은 다음과 같이 전해지고 있다. "안은 간수에 끌려나와 용수를 쓴 채로 면회실에 웃으면서 들어와 신부와 얼굴을 맞대자 너무나 기쁜 나머지 쏜살같이 다가와 신부의 발밑에 무릎을 꾸니 신부도 2・3보 다가가 굳건한 악수를 교환하였다. 그 후 안에게 자리를 내주며 서서히 이야기를 시작했다. …… 이때까지 말한 빌렘 신부는 어느덧 시간도 예정이 지나자 일단 돌아가야 한다고 하자 소매를 잡고 중근은 계속 울었다"(『滿洲日日新聞』 1910年 3月 9日字,「神父と安の面會」).

61 국사편찬위원회,「보고서」,『한국독립운동사』 자료 7, 533~534쪽.

62 국사편찬위원회,「보고서」,『한국독립운동사』 자료 7, 534쪽.

63 국사편찬위원회,「보고서」,『한국독립운동사』 자료 7, 536쪽.

64 국사편찬위원회,「보고서」,『한국독립운동사』 자료 7, 536~537쪽.

졌다는 것이다. 이는 그가 의병전쟁을 앞두고 느낄 수 있는 두려움을 종교의 힘에 의해 극복하고 있음을 의미하는 것이다. 이 날의 면회에서 빌렘 신부는 '영성체식(領聖體式)'을 베풀고 3시 15분에 헤어졌다.

3월 10일 오전 9시부터 안중근은 그 전과 달리 수갑과 오랏줄을 풀고서 빌렘 신부를 만났다.[66] 이 날 빌렘 신부는 접견실 한구석에 임시제단을 설치하고서 '종부성사'를 행하였다. 그는 이로부터 매일 아침 식사도 하지 않고 오로지 기도하며 돌아갈 준비를 하였다.

3월 11일 두 동생도 빌렘 신부와 함께 형을 면회하였다.[67] 안중근은 정근에게 자신의 유해를 하얼빈에 묻어달라고 유언하였다. 빌렘 신부가 1907년 출국한 이후의 일들을 말해 줄 것을 청하였다. 이에 그는 기뻐하며 의거에 이르기까지의 과정을 고백성사하듯이 풀어놓았다. 그의 이야기를 다 듣고 난 후, 빌렘 신부는 크게 탄식하며 "國事를 우려한 나머지 나온 거사라면 왜 흉행에 앞서 나 또는 다른 신부와 일단 상의하지 않았느냐"[68]며 안중근의거를 일면 이해하는 태도를 보였다. 이는 그가 1912년 "이토가 죽은 것은 잘된 일이다"[69]라고 하여 안중근의거를 적극 옹호하는 발언을 할 수 있었던 단서가 된다는 면에서 주목되는 대목이다.

이러한 맥락에서 빌렘 신부가 안중근의거를 지지하기 시작한 시점은 바로 이 무렵으로 보인다. 말하자면 이때부터 빌렘 신부는 안중근이 국권회복 운동에 투신하게 된 이유가 한국 독립과 동양 평화 유지라는 천명을 실현하기 위한 것임을 이해하기 시작한 것으로 보인다.[70] 이처럼 그는 정교분리의

65 국사편찬위원회, 「보고서」, 『한국독립운동사』 자료 7, 536쪽.
66 국사편찬위원회, 「보고서」, 『한국독립운동사』 자료 7, 537~538쪽.
67 국사편찬위원회, 「보고서」, 『한국독립운동사』 자료 7, 538~540쪽.
68 국사편찬위원회, 「보고서」, 『한국독립운동사』 자료 7, 539쪽.
69 윤선자, 「'한일합병' 전후 황해도 천주교회와 빌렘 신부」, 『한국근대사와 종교』, 국학자료원, 2002, 224쪽.
70 안중근은 빌렘 신부·두 동생과 면회가 있을 때마다 한국의 독립과 동양의 평화를 입이 닳도록 말하였다(『滿洲日日新聞』 1910年 3月 21日字, 「安重根의 餘祿」). 이러한 측면에서 빌

원칙에 따라 안중근의거를 긍정하지 않았던 빌렘 신부의 마음을 바꾸어 놓았던 것이다.

이때 그는 교우에게 전하는 말이라고 하여 "인생이 있는 이상 죽음 또한 면치 못하는 바이라. 교자(敎子)는 먼저 성단에 오르니 교우의 힘에 의해 한국독립의 길보를 가져다주기를 기다릴 뿐"[71]이라는 최후의 유언을 남기었다. 그리고 안정근에게 한복을 넣어줄 것을 청하였다.[72] 이후 빌렘 신부는 1909년 3월 12일에 여순을 출발하여 한국으로 향하였다.[73]

안중근 형제들의 최후의 만남은 1910년 3월 25일 오후 12시 40분부터 오후 3시 30분까지 여순감옥에서 이루어졌다.[74] 최후의 면회에는 미조부치·구리하라·나카무라·소노키를 비롯하여 미즈노·가마다 두 변호사가 참석하였다. 일본인 변호사들은 그에게 "그대의 행동은 후세에 영원히 전해질 것이고 자신들도 그 뜻을 전할 것"[75]이라고 하며 천국에서 만나자고 하였다. 그는 천국은 천주교 신자만이 갈 수 있다며 개종을 권하는 등 죽는 순간까지도 천주교 신자로서의 책임을 다하였다.[76]

렘 신부도 안중근의 뜻이 무엇인지 3월 11일 면회에서 깨달은 것으로 보인다. 또한 빌렘 신부는 일본인에 의해 만들어진 교과서를 비판하면서 韓國立國史 및 國歌를 가르쳐야 한다고 강조하기도 하였다. 더욱이 그는 일본이 한국병탄을 단행하면 천주교도가 봉기하지 않는다는 보장을 할 수 없다고 하여 일본의 한국병탄은 불가하다는 입장을 취하였다(『滿洲日日新聞』 1910年 3月 12日字, 「統監政治の意見」). 이는 빌렘 신부의 성향을 파악하는 데 중요한 단서를 제공하고 있다고 볼 수 있다. 말하자면 이러한 발언과 이후 안중근의거를 지지한 그의 행동(윤선자, 「'한일합병' 전후 황해도 천주교회와 빌렘 신부」, 224쪽)을 보건대, 빌렘 신부에 대한 새로운 평가도 가능하리라고 생각된다.

71 국사편찬위원회, 「보고서」, 『한국독립운동사』 자료 7, 539쪽.
72 일본에서는 여순감옥의 典獄 구리하라의 명으로 그의 장녀가 안중근이 사형을 당하였을 때 입고 있던 한복을 만들어 주었다고 하여 구리하라의 인간됨을 상찬하기도 한다(齋藤充功, 「"新發見"寫眞六十点の檢討と安重根の眞筆, 處刑の謎追」, 『寶石』 4월호, 1994, 361쪽). 그러나 고향에서 56원을 주고 사서 보낸 것이라는 기록(『滿洲日日新聞』 1910年 3月 24日字, 「安の死裝束」)에서 이는 전혀 사실이 아님을 알 수 있다.
73 『滿洲日日新聞』 1910年 3月 12日字, 「洪神父の歸韓」.
74 국사편찬위원회, 「보고서」, 『한국독립운동사』 자료 7, 540~543쪽.
75 국사편찬위원회, 「보고서」, 『한국독립운동사』 자료 7, 542쪽.
76 위와 같음, 이는 "韓桐候 李勝孝 兩人은 나의 親友中의 親友인데 아직 天主教에 대한 信

안중근은 다음과 같이 두 동생에게 주문하면서 인척과 뮈텔 주교·빌렘 신부에게 남긴 유서를 받아가도록 하였다. 즉, 안중근은 모친 조마리아를 잘 모실 것, 장남 분도를 신부로 만들어 줄 것, 1909년 10월 23일 오전에 우덕순·유동하와 함께 하얼빈에서 찍은 사진을 찾아올 것, 이치권에게 단지한 손가락을 받을 것 등을 유언으로 남겼다. 그리고 안중근은 정근에게는 실업에 종사하는 것이 좋겠고, 공근에게는 학문 연구를 업으로 삼으라고 하여 두 동생의 진로에 대해서도 세심하게 지도하는 등 형으로서의 역할을 다하였다. 그리고 그는 두 동생에게 장봉금(張鳳今)으로부터 돈 50원을 받아 '동회(同會)'에 돌려주라고 하였다.[77] 여기에서 죽는 그 순간까지도 타인에게 피해를 끼치지 않고자 하는 그의 인간미를 다시금 느끼게 된다.[78]

3월 15일 『안응칠역사』를 완성한 안중근은 성경을 읽고 기도를 올리며 오직 돌아갈 준비를 하면서도 「동양평화론」의 완성에 심혈을 기울였다. 하지만 「동양평화론」을 완성하기에는 시간이 부족하였다. 그래서 그는 소노키에게 죽기를 원한 3월 25일 예수 승천일로부터 15일간 사형집행의 연기를 주선해 달라고 청하였다.[79] 일제는 3월 25일 사형을 집행하려고 하였는데 3월 25일이 고종의 탄생일이어서 하루 연기하여 3월 26일 그를 교수형에 처하였다. 결국 「동양평화론」은 완성되지 못했다.

안중근의 통역을 맡은 소노키(園木末喜)는 안중근의 최후를 다음과 같이 기록하고 있다.

心이 不足하니 한층 열심히 神을 믿으라고 전해다오"라는 기록에서도 엿볼 수 있다(『滿洲日日新聞』 1910年 3月 17日字, 「安未練を出す」).

77 국사편찬위원회, 「보고서」, 『한국독립운동사』 자료 7, 541쪽. '同會'가 무엇을 의미하는지 확실하지 않다.

78 이러한 안중근의 인간미는 "鄕里 檜禾의 申士를 만나면 나의 三百圓의 負債는 어떻게 되었는지 물어보아라 …… 두 동생은 三百圓은 이미 返濟 하였는데 그렇다면 安心이라고 하며 화제를 딴 곳으로 돌렸다"라는 기록에서도 엿볼 수 있다(『滿洲日日新聞』 1910年 3月 17日字, 「安未練を出す」).

79 『滿洲日日新聞』 1910年 3月 17日字, 「執行猶豫を乞す」.

살인 피고인 안중근에 대한 사형은 26일 오전 10시 감옥 내 형장에서 집행되었다. 그 상황은 다음과 같다.

오전 10시 미조부치(溝淵) 검찰관·구리하라(栗園) 전옥 및 소관 등이 형장 검시실에 착석과 동시에 안을 끌어내어 사형집행의 뜻을 알리고 유언이 있느냐고 질문하였는데 안은 달리 유언할 것이 없으나 원래 자기의 흉행이야 말로 오로지 동양의 평화를 도모하려는 성의에서 나온 것이므로 바라건대 오늘 여기에 온 일본관헌 제위도 다행히 나의 미세(微衷)함을 알아주고, 너나 구별이 없이 합심협력하여 동양의 평화를 꾀하기를 절망할 뿐이라고 하고 또 이 기회에 동양평화의 만세 삼창을 하고자 하니 특별히 허가하기 바란다고 신청하였다. 그러나 전옥은 그것은 들어줄 수 없는 일이라고 하고 간수를 시켜 곧 백지와 백포로 그 눈을 가리게 하고 특히 기도를 허가였다. 안은 약 2분간 여의 묵도를 올리고 이윽고 두 사람의 간수가 부축하여 계단에서 교수대에 올라가 조용히 형 집행을 받았다. 때는 10시 4분이며 10시 15분에 감옥의(監獄醫)는 주검을 검사하고 절명하였다고 보고하였다. 이에 드디어 집행을 끝내고 일동 퇴장하였다.

10시 20분 안의 주검을 특별히 감옥서에서 만든 침관에 넣고 백포를 덮어 교회당으로 운구하였다. 이윽고 그의 공범자인 우덕순·조도선·유동하 세 사람을 끌어내어 특별히 예배를 올리게 하고 오후 1시 감옥서의 묘지에 매장하였다.

이날 안의 복장은 어젯밤 고향에서 도착한 한복(상의는 백무지이며 바지는 흑색)을 입히고 품속에 성화를 넣었다. 그 태도는 매우 침착하여 안색과 말하는 모습에 이르기까지 일상과 조금도 다름이 없었고 종용자약(從容自若)하게 깨끗이 그 죽음으로 나아갔다.

이보다 앞서 안의 두 동생은 오늘 사형이 집행된다는 소식을 전해 듣고 그 주검을 넘겨받아 곧 귀국하려고 바야흐로 여장을 갖추고 감옥서에 출두할 준비를 하고 있다는 보고를 접하고 급히 수배하여 그들의 외출을 금시켰다. 형이 집행된 후에 불러 전옥이 피고의 주검은 감옥법 제74조와 정부의 명에 의해 넘겨주지 않을 뜻을 전하고 특별히 주검에 대한 예배를 허가할 뜻을 알렸다. 이에 대해 두 동생은 대단히 분격하면서 사형의 목적은 그 죄인의 생명을 끊음으로써 끝나는 것이므로 그 주검은 당연히 넘겨주어야 할 것이며 감옥법 제74조에 이른바 언제라도 교부할 수 있다고 함은 곧 교부하겠다는 뜻으로 그 하단의 법조문에 '합장(合葬) 후' 운운의 경우에 대처하기 위한 여지를 남긴 것에 불과하므로 정부의 명이나 관헌의 권한에 위임한 것이 아니라고 하여 분격하여 더욱 분노하였다. 그렇지 않다는 뜻으로 극력 온갖 말로 설득하여도 그 효과가 없을 뿐 아니라 도리어 세상 사람들의 동정마저 잃게 될 것이니 차라리 유순하게 주검에 예배를 올리고 속히 귀국하는 것이 낫다고 훈계하였다. 그래도 두 동생은 대성통곡하며 주검을 넘겨주지 않는 이상 예를 올릴 필요가 없다. 국사에 순사(殉死)한 형에게 사형이라는 극형을 과하기까지 하고 더욱이 그 주검도 넘겨주지 않으려는 너희들의 참혹한 소치는 죽어도 잊지 않겠다며 우리 관헌을 욕하며 언젠가 반드시 갚을 때가 있을 것이라고 하는 등 한 마디 한마디 더욱 불온한 언동으로 나왔다. 아무리 퇴장을 명해도 울고 넘어진 채 완강히 움직이지 않았다. 부득이 경찰의 힘을 빌려서 실외로 끌어내고 다시 백방으로 설득하여 차츰 다소 정상상태로 돌아갔다. 그래서 두 명의 형사가 경호하여 그대로 정차장으로 데리고 가 오후 5시 발 대련행 열차로 귀국시켰다.

또 안이 재감 중에 쓴 유고 중 전기만은 이미 탈고하였으나 동양평화론은 총론과 각론 일절에 그치고 탈고를 하지 못하였다.[80]

---

80 국가보훈처, 「安重根 死刑執行에 關한 要領」, 『아주제일의협 안중근』 제3권, 776~777쪽.

이처럼 안중근은 마지막까지 동양평화를 염원하면서 생을 마무리하였다.

안중근의 죽음으로 모든 문제가 끝난 것이 아니었다. 일제는 안중근의 주검이 몰고 올 제2의 폭풍을 의식하지 않을 수가 없었다. 그의 유언에 따라 유해를 하얼빈 공원묘지에 묻었다가는 감당할 수 없는 사태가 유발되리라고 여기고 있었던 것이다. 또한 한인들이 그의 묘비와 기념비를 세운다면, 이는 국외 한인들의 독립운동 성지가 되리라는 것을 너무나 잘 알고 있었다.[81] 때문에 일제는 감옥법 제74조마저 어기면서 동생들에게 유해를 인도하지 않았던 것이다.[82]

4. 맺음말

이상에서 필자는 안중근의 재판투쟁과 옥중생활을 살펴보았다. 이를 정리하면 아래와 같다. 일제의 한국병탄을 합리화하려는 미조부치의 주장에 대해 안중근은 일정한 논리를 갖고서 하나하나 반박을 하였다. 이는 일제의 식민지근대화론에 대한 대응이론이라는 면에서 특히 주목된다.

러일전쟁이 한국독립을 지키기 위한 불가피한 선택이라는 미조부치의 주장에 대해 안중근은 청일·러일전쟁을 침략전쟁이라고 규정하면서 이토를 도적에 지나지 않다고 평가했다.

을사늑약이 한국을 보호하기 위한 일본의 정책이라는 미조부치의 주장에 대해 "거의 형제 동지간에 있어 한편의 사람이 다른 한편의 사람을 먹이로

---

81 국가보훈처, 「기밀 제14호」, 『아주제일의협 안중근』 제3권, 690쪽.
82 『滿洲日日新聞』은 1910년 3월 26일자, 「最後の面會」에서 일제가 안중근의 유해를 돌려주지 않은 처사를 다음과 같이 옹호하였다. "중근의 유해는 혹은 대련에서 한국으로 수송될 것이라고 전해지나 일본 감옥법에 의하면 친족의 청구에 의해 내어 줄 수 있으나 주어야 한다는 것은 아니다. 또한 관동주에서는 이 규정이 없는 바, 오늘 안의 사체를 본국으로 보내면 인심을 자극하여 과격한 행동으로 나오는 일이 없다고 보장할 수 없으므로 오히려 허가를 하지 않는 것이 가하다고 하는 자가 있으므로 혹 하부하지 않을 것이라고 한다."

한 것"이 을사조약의 본질이라고 반박하면서 그의 목적이 한국을 병탄하는 데 있음을 명확히 하였다. 그는 일제의 한국병탄을 막기 위한 수단으로 이토를 처단하였으며, 이를 알리기 위한 방법으로 재판투쟁을 택했던 것이다.

이토의 한국정책을 지지하는 미조부치에 대해 이토를 척살한 15개조의 이유를 들어 반박하였다. 살인행위를 금하고 있는 천주교 교리를 들어 안중근의거의 정당성을 훼손하려는 미조부치에게 "남의 나라를 탈취하고 사람의 생명을 빼앗는 자가 있는 데도 수수방관하는 것은 더 큰 죄이다"라고 하여 그의 행위가 천주교 교리에 부합함을 강조하였다.

여순 지방법원에서 2월 7일 오전 10시 안중근 등에 대한 제1회 공판이 열렸다. 이때 안중근은 의거의 이유에 대해 잘못된 일본의 정책이 그 원인임을 밝히었다. 제2회 공판은 우덕순 신문을 중심으로 안중근·우덕순·조도선·유동하의 관계와 이토 처단 과정에 대한 것이었다. 특히 우덕순은 안중근과 현실인식을 공유하고 있으며 같은 이유에서 이토를 처단하려고 하였다고 주장하였다. 제3회 공판에서 안중근은 일본 코메이(孝明) 천황을 시해한 이토야말로 역신(逆臣)이라고 언급하자 재판부는 공공질서의 방해가 된다며 진술을 중지시키고 방청객을 모두 퇴정시켰다. 이때 유동하는 검찰관의 사건 조작을 폭로하였다. 제4회 공판에서 미조부치는 안중근의거는 이토에 대한 오해에서 비롯된 것으로 정치범으로 인정할 수 없다는 논고를 하였다. 이에 대해 제5회 공판에서 안중근은 불공정하고 편벽된 재판임을 밝히면서 의거가 오해에서 나온 것이 아니라, 이토의 한국침략정책에 반대한 정치적 사건임을 논증하였다. 또한 그는 사형을 구형할 수 없는 구형법 제76조를 적용해야 한다고 주장하였다. 이는 그의 일본법에 대한 인지수준을 알 수 있는 것이다. 결국 일제는 2월 10일 안중근에게 사형을 선고하였다.

이후 안중근은 2월 17일 관동도독부 법원에서 히라이시 고등법원장을 만났다. 이 자리에서 그는 동양평화론의 완성을 위해 재판의 불법성을 항의하면서 동양평화론의 구체적인 내용을 언급하였다.

안중근은 3월 8일부터 11일까지 총 4회 빌렘 신부와 면회를 했다. 특히 3

월 11일의 면회에서 망명이후의 일들을 들은 빌렘 신부는 안중근의거를 이해하는 모습을 보였다. 일제의 침략에 대한 다른 시각을 갖고 있던 이들은 이 무렵부터 같은 인식을 하였다는데 그 의미가 있다. 특히 안중근은 '교우의 힘에 의해 한국독립의 길보를 가져다주기를 기다릴 뿐'이라고 하여 천주교인들의 분발을 촉구하였다.

안중근 형제들은 1910년 3월 25일 오후 12시 40분부터 오후 3시 30분까지 여순감옥에서 마지막 면회를 하였다. 그는 모친 조마리아를 잘 모실 것, 장남 분도를 신부로 기를 것, 우덕순·유동하와 함께 하얼빈에서 찍은 사진을 찾아올 것, 이치권에게 단지한 손가락을 받을 것 등을 최후의 유언으로 남겼다. 안중근은 생의 마지막 순간까지도 동양평화를 염원하면서 저 세상으로 돌아갔다.

4부

안중근의 사상과 그 실현방안

안중근의거의 사상적 배경

1. 들어가는 말

안중근의 부 안태훈은 1894년 11월 황해도의 원일용 동학군을 진압한 후 그 전리품 문제로 쫓기어 천주교당에 피신하였다. 그때 천주교를 접한 안태훈은 청계동으로 돌아와 자진하여[1] 1897년 1월 10일 천주교에 입교하였다.[2]

---

1 안태훈의 천주교 입교 시기에 대해서 『황해도천주교회사』(황해도천주교회사간행위원회, 1984, 191쪽)에 안태훈이 과거를 치르기 위해 信川사람인 閔泳龜와 함께 상경하여 어느 가톨릭 신자 대감댁에 유숙하게 되었을 때부터였다는 내용도 있으나 이를 전적으로 신뢰할 수는 없다. 하지만 『백범일지』를 보면 적어도 1895년 7월 이전에 안태훈은 심정적으로 천주교를 받아들이고 있었던 것 같다(金九, 『金九自敍傳 白凡逸志』(백범학술원 총서①), 나남출판사, 2002, 44~45쪽). 안태훈은 동학군으로부터 획득한 군량미 문제로 고초를 겪기도 하였지만, 1895년 7월 9일 탁지부에서 '안태훈은 죄가 없다는 유권해석을 내려 군량미 문제는 최종적으로 해결되었다(서울대·규장각, 「全國 各道觀察府, 各郡과 度支部간의 훈령과 보고」, 『公文編案 要約』 1999, 1, 35쪽). 더군다나 군량미 문제로 안태훈을 추궁하던 어윤중이 아관파천 이후 1896년 2월 용인에서 개화정책에 반감을 갖고 있던 民들에 의해 사망하여 이 문제는 해결되는 듯하였

안중근도 아버지 안태훈의 천주교 입교에 따라 자연스럽게 천주교를 신봉하게 되었다.

안태훈일가의 천주교 입교는 한국 천주교사에 있어 많은 의미를 내포하고 있다. 이는 지방 토호세력인 안태훈 일가가 천주교에 입교할 정도로 천주교의 영향력이 당시 한국사회에 크게 확대되고 있었음을 의미하는 것이다.[3] 또한 서양종교가 한국사회에 유입되어 정착되는 과정을 안중근 일가의 천주교 수용사에서 엿볼 수 있다. 안태훈이 자신의 지역적 기반을 강화하기 위한 정치적 수단으로 천주교를 이용한 측면이 있다.[4] 반면에 안중근은 안태훈의 향촌사회 내의 세력 확장이라는 가문적 천주교를 민족의 위기를 극복하기 위한 방법을 모색하는 과정에서 민족사의 발전이라는 범주로까지 확대시켰던 것으로 생각된다. 말하자면, 천주교사에 있어 안중근단계에 들어와서야 천주교가 한국사회에 토착화될 가능성을 갖게 되었다고 볼 수 있다. 이는 종교와 민족의 운명을 같은 선상에서 인식하기 시작하였음을 의미

다. 그러나 다시 같은 문제로 안태훈은 민영준에 쫓겨 명동성당으로 피신하였다가 강론을 듣고 교리를 공부한 후, 1897년 1월 10일 빌렘 신부로부터 안중근과 더불어 세례를 받은 것으로 사료된다. 따라서 안태훈의 천주교 입교는 단순하게 '洋大人藉勢'로만 설명될 수 없는 측면이 있다. 말하자면 그의 종교적 열망이 천주교 입교의 동기로 작용하였던 것으로 보인다.

2 안중근 일가의 천주교 입교 상황은 다음과 같이 전해지고 있다. 즉, "1896년 성탄절이 다가왔다. 세례문답이 있을 예정이었다. 시험이 다가옴에 따라 시험에 대한 불안도 그만큼 커졌고, 마침내 그들은 시험을 2주일 연기해 줄 것을 요청하기에 이르렀다. 그리하여 시험일자는 삼왕래조축일로 연기됐다. 이 시험에 합격한 안베드로, 토마, 야곱 등 36명이 1월 10일에 세례를 받았고 열흘 후에 30명이, 그리고 부활절에는 33명이 또 세례를 받았다"(『조선일보사』, 1979년 9월 4일자, 「安義士의 故鄕 淸溪洞」(2)).

3 1895년 뮈텔 주교는 고종을 알현하였다. 이 자리에서 고종은 1866년 병인박해에 대해 유감을 표시하면서 "그대의 목적이 오직 조선에 지대한 이익을 가져다주는 것임도 알고 있어요. 그래서 짐이 그대를 보고자 한 것이오 짐은 이제부터 그대가 이곳 조선에 있다는 것을 유념할 것이며, 그대가 우리와 함께 미래의 고락을 나눌 것임을 또한 기억하겠오"라고 하였다. 이는 조선 내에서 전과 비교할 수 없을 정도로 천주교의 위상이 급상승하였음을 의미하는 것이다(明洞天主敎會, 「1895년도 보고서 민비(閔妃)시해와 일본의 야욕」, 『明洞天主敎會200年史 資料集 第1輯 서울敎區年報』(Ⅰ), 1984, 165쪽).

4 윤선자, 「'한일합병' 전후 황해도 천주교회와 빌렘 신부」, 『한국근대사와 종교』, 국학자료원, 2002, 209쪽.

하는 것이라고 하겠다.

이러한 측면에서 안중근은 아버지 안태훈대(代)뿐만 아니라 전(前)시기와는 전혀 다른 천주교 인식을 바탕으로 천주교 내부의 모순을 스스로 자각하였다.[5] 이를 바탕으로 종교와 민족문제를 동일한 궤도에서 일치시켜 역사문제를 실천적으로 해결하려고 하였던 것이다. 안중근은 한국의 독립과 동양의 평화 유지라는 당대의 역사문제를 해결하기 위한 방법론을 천주교에서 찾았고, 또한 이를 현실에 적용시킴으로써 서양종교인 천주교를 한국사에 전면적으로 부각시켰던 것이다. 이런 맥락에서 필자는 한국 천주교사에 있어 안중근의 위치와 의미를 이 글에서 살펴보려고 한다. 왜냐하면 이는 안중근과 그의 의거를 이해하는 데 있어 매우 중요한 작업이라고 생각하기 때문이다.

한편, 안중근의거의 사상적 배경에 대해서는 독립운동의 일환이라는 측면에서 설명되어 왔다.[6] 그러다가 1990년대 이후로 천주교 사가들이 천주교와 안중근의 관계를 분석한 일련의 연구 성과를 내기도 하였다.[7] 그러나 안중

---

5 안중근이 인식한 천주교 내부모순은 신부들의 권위적인 태도, 안중근의 대학설립계획 건의에 대한 뮈텔주교의 거부, 안중근의 독립투쟁 열의에 대한 신부들의 비난 등으로 볼 수 있다.

6 신용하, 「안중근의 사상과 의병운동」, 『한국민족독립운동사연구』, 을유문화사, 1985; 조광, 「安重根의 愛國啓蒙運動과 獨立戰爭」, 『교회사연구』 9, 한국교회사연구소, 1994; 김창수, 「安重根義擧의 歷史的 意義」, 『安重根과 韓國民族運動』, 한국민족운동사학회, 2002; 박환, 「러시아 沿海州에서의 安重根」, 『安重根과 韓國民族運動』, 2002; 윤경로, 「사상가 안중근의 생애와 활동」, 『한국근대사의 기독교사적 이해』, 역민사, 1992.

7 천주교 사가들을 중심으로 1980년대 이후 1990년대를 거치면서 현재까지 천주교와 안중근의 관계를 검토하는 과정에서 학계는 안중근의거의 사상적 배경으로 천주교에 착목하여 왔다. 이들의 대표적인 연구 성과는 다음과 같이 정리할 수 있다. ① 안중근의거가 천주교의 교리에 어긋나지 않는다는 점을 강조한 논문은 다음과 같다. 정인상, 「안중근의 신앙과 윤리」, 『교회사연구』 16, 한국교회사연구소, 2001; 김춘호, 「살인하지 말라는 계명의 사회적 차원─현대 '살인'(환경파괴)과 현대적 '살인'(안중근의거)」, 『가톨릭신학과사상』 35, 가톨릭대학교, 2001. ② 안중근이 언급한 천주교 교리를 분석한 논문은 다음과 같다. 차기진, 「安重根의 천주교 신앙과 그 영향」, 『교회사연구』 16; 황종렬, 「안중근편 교리서에 나타난 천─인─세계이해」, 『안중근의 신앙과 사상』, 안중근의사기념사업회, 2005. ③ 안중근의 의거에 대한 천주교의 반응을 살펴 본 논문은 다음과 같다. 최석우, 「安重根의 義擧와 敎會의 反應」, 『교회사연구』 9; 윤선자, 「민족운동과 교회」, 『한국근대사와 종교』. 그러나 이토를 처단할 수밖에 없었던 안중근의

근의거의 사상적 배경을 본격적으로 다룬 연구는 거의 이루어지고 있지 않다고 해도 과언이 아닐 것이다.[8] 특히 안중근의 사상적 연원이 천주교와 관련이 있다고 주장을 하는 연구는 있으나, 그것이 구체적으로 어떠한 양태로 존재하며 그 의미는 무엇인지를 언급한 논문은 드문 실정이다. 이를테면 안중근은 독립투쟁의 당위성을 천명론(天命論)에 입각하여 내세우면서 이토를 처단한 이유를 천주(天主)의 대리자인 천황(天皇)의 뜻을 따르지 않고 역천(逆天)했기 때문이라고 설명하고 있다.[9] 그렇다면 안중근이 이토를 처단한 사상적 배경이 바로 이 천명(天命)이라는 의미가 된다. 그러므로 이 천명(天命)의 실체는 무엇인지를 살펴보아야 안중근의거의 사상적 배경을 규명해낼 수 있을 것이다.

또한 통감부 통역생 소노키 스에키(園木末喜)는 "그 態度는 매우 沈着하여 顔色 言語에 이르기까지 居常과 조금도 다름이 없었고 從容自若하게 깨끗이 그 죽음으로 나아갔다"라고[10] 안중근의 임종순간을 전하고 있다. 심지어 만주에서 일제의 전위 선전기관 역할을 한 『만주일일신문(滿洲日日新聞)』조차 "아무리 봐도 수분 후에는 明에서 暗으로 가야할 刑人의 身上과 相應하여, 보는 사람으로서 一種의 感에 젖게 된다"라고 보도하였다.[11] 말하자면 안중근의 심리상태는 늘 '從容自若'하였던 것이다. 이처럼 안중근의 행동과 사상적 배경을 단순히 독립투쟁의 정신이라고만 설명할 수는 없는 것이다.

거의 사상적 배경을 실증적으로 언급한 연구는 거의 없는 실정이다. 이러한 가운데서 황종률의 연구가 주목되는 성과이다(황종렬, 「"천명"인식 살기의 두유형: 통합형과 분열형」, 『신앙과 민족의식이 만날 때』(안중근 토마스의 이토 히로부미 저격에 관한 신학적 응답), 분도출판사, 93~114쪽, 2000).

8 필자는 석사학위논문에서 안중근의 의거의 사상적 배경을 천주교와 관련하여 논증을 시도한 적이 있었으나 정치하게 다루지 못한 한계점이 있다(신운용, 「安重根의 生涯와 思想에 대한 一考-그의 君主觀과 東洋平和論을 中心으로」, 한국외국어대학교 대학원 석사학위논문, 1993).

9 국가보훈처·광복회, 「청취서」, 『21세기와 동양평화론』, 1996, 53쪽.

10 국사편찬위원회, 「보고서」, 『한국독립운동사』자료 7, 1977, 516쪽.

11 『滿洲日日新聞』, 1910年 3月 27日字, 「安重根の最後」

이러한 측면에서 필자는 그의 사상적 배경은 그가 믿고 있던 천주교라는 종교와 무관하지 않으므로 천주교 교리의 핵심인 천주(天主)에 대한 안중근의 인식을 살펴보려고 한다.

　또한 안중근은 "세상에서 가장 존귀한 이는 누군가 하면 인간으로서는 천황폐하입니다"[12]라고 하였다. 일본 천황이야말로 한국침략의 핵이라는 사실은 너무나 자명한 일이다. 그럼에도 안중근은 이토를 단죄한 것처럼, 일본 천황을 조선침략의 원흉으로 제거해야 할 적장(敵將)으로 인식하지 못한 것 같다. 오히려 그는 "세상에서 가장 존귀한 분"이라는 표현을 빌려 천황에 대해 존경을 표하고 있다. 과연 안중근의 이러한 천황인식이 이토를 사살할 수밖에 없었던 이유를 정당화하기 위해 편의적으로 내세운 논리 때문인지, 아니면 본질적으로 안중근은 일본 천황을 존중해야 할 대상으로 여긴 까닭에 기인하는 것인지 살펴볼 필요가 있다. 이는 그의 군주관을 규명해 보면 어느 정도 추정될 것이다. 그의 군주관에 대한 검토는 안중근의 사상적 지향성 즉, 그의 정치사상과 관련하여 안중근이 어떤 사회를 지향했는지를 추찰하는데 중요한 의미를 갖는다는 점도 지적해 두고자 한다.

　이러한 면에서 필자는 안중근의거의 사상적 배경을 ① 천주교사(天主教史)에 있어 안중근의 위치와 의미, ② 한국의 천명사상(天命思想)과 안중근의 천명관(天命觀) ③ 안중근의 천주관(天主觀)·군주관(君主觀), ④ 일본 '천황(天皇)'의 조칙의미(詔勅意味)와 이토 히로부미(伊藤博文)를 처단한 명분을 중심으로 살펴보고자 한다.

　이러한 필자의 작업으로 총체적으로 안중근이 이토 히로부미를 총살할 수밖에 없었던 사상적 배경이 밝혀질 것이다. 더 나아가 이러한 분석을 통하여 안중근에 대한 연구 성과를 풍부하게 하고 안중근과 그의 의거를 구조적으로 이해하는데 일조하였으면 하는 바람이다.

---

12 최이권 편역, 「안중근의사공판기록」, 『애국충정 안중근의사』, 법경출판사, 1990, 128쪽.

2. 한국 천주교사상(天主敎史上)의 안중근의 위치와 의미

한국 천주교사에 있어 안중근의 위치와 의미를 부여하기 위해서는 무엇보다도 안중근이 신봉하였던 천주교의 전래와 정착 과정에 대한 이해가 필요하다. 특히, 이를 위해서는 초기 한국 천주교에 큰 영향을 끼친 마테오리치의 『천주실의(天主實義)』(1603년)를 언급하지 않을 수 없다. 『천주실의』는 사신으로 중국에 드나들던 이수광이 1614년에 간행한 『지봉류설(芝峰類說)』에 의해 처음으로 국내에 소개되었다. 그 후 1621년에 유몽인(柳夢寅)도 『어우야담(於于野譚)』에 『천주실의』와 천주교 관련 내용을[13] 게재하여 조선사회에 천주교의 대체적인 정보를 제공하였다.

이수광은 『천주실의』를 소개하면서 왕을 정점으로 하는 조선사회와 달리 서역에서는 '왕보다 높은 존재'를 신앙의 대상으로 하고 있으며 교황의 권좌는 상속되지 않고, 선출된다는 내용을 조선사회에 소개하였다.[14] 이수광 등의 이와 같은 천주교에 대한 소개는 조선의 정치계와 사상계에 충격을 던져주었다.[15]

이에 대해 조선에서는 크게 상반되는 두 가지 반응이 나왔다. 즉 공서파(攻西派)로 불리는 조선의 식자층과 조선정부는 서양을 상대할 가치도 없는 오랑캐에 지나지 않는다고 하는 부정적인 서양인식을 확대시키면서 천주교의 유입과 확산을 방지하는 데 총력을 기울였다.[16] 반면에 임진·병자 양란 이후 사회적 혼란 속에서 성리학적 지배질서에 염증을 느끼던 세력 즉, 이벽·이승훈·김대건·정약종·정하상 등의 남인계통의 관료와 학자로 이루어진 신서파(信西派)는 조선사회·성리학과 다른 세계와 학문이 존재한다는

---

13 유몽인 저·이민수 편역, 「西教」, 『於于野談』, 정음사, 1975, 92~93쪽.
14 李晔光 著·丁海廉 譯註, 「마테오리치(李瑪竇)」, 『지봉유설 精選』, 현대실학사, 2000, 61~62쪽.
15 강만길, 「이익과 성호사설」, 『한국의 실학사상』, 1983, 132쪽.
16 조광, 「朝鮮政府의 天主敎對策」, 『朝鮮後期天主敎史硏究』, 고대민족문화연구소, 1988, 참조

사실에 깊은 사상적 충격을 받았고 그 결과 천주교를 새로운 사상을 넘어 종교로 받아들이게 되었다.[17]

이수광이 천주교를 조선에 소개한 이래, 이러한 천주교에 대한 태도와 인식의 차이는 조선사회 내부의 마찰과 변혁을 예고하고 있었다.[18] 자생적 천주교인의 출현으로 조선을 성리학 일변도의 사회로 이끌고 나가려는 집권층은 크나큰 위기감에 휩싸이게 되었다. 1791년 윤지충(尹持忠)의 위패소각 사건으로 야기된 제사문제에서 보듯이, 지배층은 천주교를 성리학적 지배질서를 전면적으로 부정하는 집단으로 여겼다.[19]

이러한 인식으로 인해 조선사회 내부에서는 이익이 『천주실의』를 비판적 입장에서 연구한 이래로[20] 그의 제자인 신후담(愼後聃)이 『서학변(西學辨)』[21] 등을, 안정복(安鼎福)이 『천학문답(天學問答)』[22] 등을 각각 저술하여 천주교를 비판하는 등 성리학적 지배질서를 강화하는 현상이 나타났다.[23]

이를 배경으로 노론(老論) 집권층은 정권안보차원에서 성리학 정통론을 내세워 천주교를 사교(邪敎)로 단정하였다.[24] 그 결과 조선내부의 당쟁과 맞물려 신해박해(1791년, 정조 15년)를 시작으로 신유(1801년, 순조 1년), 기해(1839년 헌종 5년), 병인(1866년 12월~1867년 9월) 등의 가혹한 박해가 지속적으로 천주교신자들에게 가해졌다.[25] 또한 민간에서는 천주교의 전래에 따른 위기의식으로 1860년에 최제우가 동학을 창도하기에 이르렀다.[26]

---

17 이광호, 「「上帝觀」을 중심으로 본 儒學과 基督敎의 만남」, 『儒敎思想硏究』 19, 한국유교학회, 2003, 557쪽.

18 한영우, 「星湖의 學風」, 『星湖 李翼硏究』, 한영우전집간행위원, 2001, 67쪽.

19 조광, 「安重根의 愛國啓蒙運動과 獨立戰爭」, 187쪽.

20 한영우, 「星湖의 學風」, 70쪽.

21 최동희, 「愼後聃의 西學批判」, 『西學에 대한 韓國實學의 反應』, 고대민족문화연구소, 1988, 참조.

22 금장태, 「安鼎福의 西學批判論」, 『韓國學』 19, 영신아카데미한국학연구소, 1978, 참조.

23 김옥희, 『광암 이벽의 서학사상』, 가톨릭출판사, 1979, 70쪽.

24 금장태, 『韓國儒敎의 再照明』, 전망사, 1982, 271쪽.

25 최석우, 「天主敎의 迫害」, 『韓國天主敎會의 歷史』, 한국교회사연구소, 1982, 참조.

조선 천주교인에게 지속적으로 가해진 박해는 황사영의 경우에서 보듯이 천주교인이 더욱 종교에 몰입하는 하나의 원인으로 작용하였다. 황사영은『백서』를 통하여 민족내부의 문제를 해소하는 데 천착하기보다 외세의 힘에 의지해서라도 종교적 자유의 획득을 무엇보다 우선시하였다. 이러한 황사영의 현실 타개책은 같은 천주교신자인 정약용(丁若鏞)과 정하상(丁夏祥)마저도 비판을 가했을 정도로[27] 몰역사적이었다는 평가를 받기도 한다.[28] 또한 1839년 기해박해 때 천주교 교리가 성리학적 질서에 반하지 않는다는 호교론적 입장에서 「상재상서(上梓上書)」를 저술한 정하상도 종교를 초월하여 민족내부의 제(諸)모순 관계를 해결하려고 한 것 같지 않다.[29] 이를테면 마테오리치가 『천주실의』에서

> 만약 하느님이 '만인의 아버지[公父]'인 점에 비견하면, 세상 사람들은—비록 '임금과 신하', '아버지와 아들'이라는 [차별]이 있지만— 평등하게 [모든] 형제가 될 뿐입니다.[30]

라고 평등사상을 주장하였다. 그러나 정하상은 이 평등의 구체적인 표현인 사회개혁을 추진하는 데 관심을 두지 않았다. 그보다는 국왕에게 천주교는 '무군무부(無君無父)'의 종교가 아님을 호소하는데 머물고 이었던 것이다. 이는 여전히 정하상 등의 천주교 신자들은 구복적 · 사적 신앙단계에 있었으

26 신용하, 「동학사상의 역사적 성격」, 『동학사상자료집』 2, 도서출판 열린문화사, 2002, 189쪽.
27 정약용, 「先仲氏墓誌銘」, 『여유당전서』 1 제15권, 麗江出版社, 1985, 623쪽; 「丁夏祥供招」, 『推案及鞫案』(아세아문화사, 『한국근세사회경제사총서』 28(헌종 · 철종), 1980, 323쪽).
28 허동현, 「근 · 현대 학계의 黃嗣永 帛書觀」, 『한국 근 · 현대 민족운동의 재인식』, 한국민족운동사학회, 2001, 10쪽.
29 유홍렬, 「척사윤음과 상재상서」, 『(增補)朝鮮天主敎會史』(上), 가톨릭출판사, 1962, 344~351쪽.
30 마테오리치, 『천주실의』 하권(송영배 · 임금차 · 장정란 · 정인재 · 조광 · 최소자 옮김, 서울대출판부, 1999), 412쪽.

며 종교적 자유의 획득을 국왕에 의존하여 이루려고 하는 국왕중심의 사고에서 벗어나지 못하고 있음을 보여주는 것이다.[31] 이후 천주교 세력은 대대적인 탄압을 받아 대부분 지하로 잠적하였기 때문에 사회세력으로서의 존재를 드러내지 못하였다.[32]

이러한 조선 집권층의 탄압에 의한 천주교 세력의 몰락은 조선사회가 근대적인 체제로 나가지 못한 내적 원인의 한 부분이 되었다고 볼 수 있다. 또한 이로 인하여 변화하고 있는 세계사의 흐름에 능동적으로 대처하지 못하는 결과를 초래하였다는 면에서 조선의 천주교 탄압은 한국사의 발전에 마이너스 작용을 하였다고 평가할 수 있다.

이처럼 조선후기 사회에 큰 영향을 미친 천주교는 1886년 프랑스와의 「조불수호통상조약(朝佛修好通商條約)」 체결을 계기로 선교의 자유를 획득하여 합법화되었다. 이후 천주교는 더욱 교세를 확장하여 조선사회의 중요한 사회세력으로 부상하게 되었다.[33] 그러나 천주교 교단은 '정교분리'라는 원칙 아래 조선선교를 하고 있었다. 이는 제국주의적 선교방법으로[34] 일제와 일정한 협력하에 수행되었던 것이다.[35]

이러한 의미에서 1886년 이후에도 한국의 천주교는 여전히 구복신앙이라는 사적(私的) 단계를 벗어나지 못하고 있는 것으로 보인다. 당시의 한국 천주교는 민족과 교회는 운명공동체라는 인식을 갖고서 사회모순을 주도적으로 해결하려는 의식을 체화시키고 있지 못하였다. 그러므로 당시 천주교는 민족의 한 구성원으로서 자기의 역할을 수행하는데 일정한 한계성을 안고 있었다고 보아야 할 것이다.

---

31 신운용, 「安重根의 生涯와 思想에 대한 一考」, 56쪽.
32 장동하, 「개항기 천주교회와 종교자유문제」, 『한국근현대사연구』, 제12호, 2000, 7쪽.
33 장동하, 「개항기 천주교회와 종교자유문제」, 15쪽.
34 최석우, 「東亞細亞에서의 敎會의 土着化 : 韓國敎會를 中心으로」, 『교회사연구』 7, 1990, 11쪽.
35 윤선자, 「일제의 종교정책과 기독교」, 『한국근대사와 종교』, 국학자료원, 2002, 19쪽.

이와 같이 구복신앙에 머물고 있던 한국 천주교는 일제의 한국 식민지화 과정에서 일거에 한계성을 극복하고 한국사에 전면적으로 등장할 수 있는 가능성을 보이게 된다. 그것은 바로 1909년 10월 26일의 안중근의거를 통해서였다. 이로써 천주교는 안중근을 통하여 자주독립이라는 민족문제를 실현시킬 사상적 원동력으로 한국사회에 재인식되는 기회를 갖게 되었다. 한국 천주교는 드디어 개인의 구복이라는 사적(私的) 영역에서 민족과 교회는 공동운명체라는 공적(公的) 영역으로 그 범위를 확대시킬 수 있는 가능성을 배태하게 되었다. 이는 다음에서 증명된다. 즉, 빌렘 신부는

> 回顧하면 三年前 너는 一時의 憤激心에 물리어 國家를 위해 크게 하는 바 있지 않으면 안 된다 하여 出國 「블라디보스톡」으로 向하려고 할 제 나는 너의 사람됨을 잘 알고 今日이 있을 것을 두려워하였기로 그 非望을 懇論하기를 네가 만약 참으로 國事에 盡瘁하려면 모름지기 敎育에 從事하고 곁드려 善良한 敎徒 着實한 國民이 되게 하라고 하는 同時 네가 一時의 憤激에 依해 輕擧하여 國事에 奔走하는 따위는 다만 너 一身을 亡칠 뿐 아니라 나가서는 國家를 危殆롭게 하는 所以를 懇切히 말했음에도 不拘하고 從來 나에 대해서는 絶對로 柔順하던 네가 國家 앞에서는 宗敎도 없다 하여 나의 敎旨에 背反한 當時의 光景은 지금도 아직 눈 앞에 彷佛함을 너는 記憶하느냐 않느냐 噫乎라 너로서 만약 當時 나의 말을 들었더라면 금일 如斯한 累絏의 戒는 받지 않았을 것을[36]

이라고 하였다. 사적 종교영역에 머물기를 간청한 빌렘 신부가 독립운동에 투신한 안중근을 질타한 것에 대해 안중근은 천주교의 공적 의무인 민족자

---

36 국사편찬위원회, 「보고서」, 『한국독립운동사』 자료 7, 1977, 534쪽.

주를 실현하기 위한 투쟁을 선언하였다. 안중근은 '구복적 신앙' 내지 '번역 신학관[37]을 철저히 거부하면서 민족 전체를 위한 종교로 천주교가 다시 태어나기를 바라는 마음에서 "국가 앞에서는 종교도 없다"고 선언하였다.

이러한 외침을 통하여 안중근은 종교와 국가의 관계를 "종교를 선택하느냐", "국가를 선택하느냐" 하는 획일적 인식론에서 벗어나, 종교사상을 바탕으로 국가를 위급에서 구하겠다는 민족의식을 표출하였던 것이다.[38] 때문에 안중근은 "敎子는 그 一日을 앞서 聖壇에 오르니 敎友의 힘에 依해 韓國 獨立의 吉報를 가져다주기를 기다릴 뿐이라"[39]라고 유언하여 천주교 신자들의 분발을 촉구하였던 것이다.

그러므로 이와 같은 종교사상을 바탕으로 한 안중근의 국가의식 내지 민족의식은 황사영에게서 보이는 종교 지상주의를 추구하거나, 구복적 신앙이 주류였던 한국 천주교의 한계성을 완전히 극복한 '전범(典範)'으로 평가해도 무방할 것이다. 이처럼 안중근 단계에 들어와서 한국 천주교의 토착화[40] 내

---

37 심상태 신부는 "한국 가톨릭 신앙은 지금까지 사상적 지평 속에서 형성 발전된 소위 '서구신학'을 번역소개 하는 단계에 머무르고 있는 실정이다"라고 하여 한국 천주교의 토착화 정도를 번역단계로 진단하였다(심상태, 「그리스도 신앙에서 본 샤머니즘」, 『사목』, 1978, 55·65쪽).
38 조광, 「安重根의 愛國啓蒙運動과 獨立戰爭」, 74쪽.
39 국사편찬위원회, 「보고서」, 『한국독립운동사』 자료 7, 1977, 539쪽.
40 한국 천주교의 '토착화'문제는 제2차 바티칸 공회(1962년~1965년)에서 토착화(선교교령 3.10 항목)문제가 언급된 이후, 웬텔 랭글리(양리완) 신부에 의해 본격적으로 제기되었다. 그는 "그리스도께서 백퍼센트 인간이 되신 것과 같이 이곳 한국교회는 백퍼센트 한국적인 교회가 되어야 한다"(양리완, 「토착화의 개념」, 『신학전망』, 1969)라고 하여 토착화의 의미를 한국화라고 하였다. 그리고 역사학계에서는 조광이 역사적 맥락에서 한국 천주교의 토착화문제를 언급하였다. 그는 천주교인들의 행동에 대해 전통문화인 효(국왕에 대한 충성)와 기독교의 보편적인 가치(천주에 대한 효)의 어우름이었다고 하면서 "순교는 가장 한국적 문화의 일환이었고, 또한 그리스도교적인 것으로 순교의 사례는 한국 그리스도교 문화의 토착적인 양태였다"라고 주장하였다. 이처럼 조광은 순교를 천주교 토착화의 한 양태로 보고 있다. 그러면서 조광은 토착화란 역사화라고 주장하고 있다(조광, 「기독교토착화 연구에 대한 한국 문화사적 평가」, 『사목』 247, 1999, 44쪽). 필자는 종교의 토착화란 "한 종교단체가 그 사회에서 타자와의 관계를 형성하면서 내외의 諸모순을 종교적 가르침에 따라 해소해 나가려고 하는 과정"이라고 정의하고 싶다. 그러므로 양리완 신부의 토착화 개념에서도, 필자의 토착화 개념에서도 안중근 이전단계의 천주교는 한국사회에 토착화되었다고 단언할 수 없을지도 모르겠다. 단순하게 말하면 안중근 이전의 한국 천주교인들은 민족내부 타자와의 관계 속에서 사회변혁에 대한 진

지 민족화[41]가 이루어지기 시작하였다는 사실에서 안중근이 한국 천주교회사에서 갖는 위치와 의미를 규정할 수 있다.

그런데 기독교가 비기독교지역에 전파되어 정착하기까지 <번역, 적응, 상황화>라는 과정을 거친다는 슈라이터의 이론[42]에 따른다면 안중근은 어느 단계에 와 있었던 것일까? 그것은 두말할 필요도 없이 '상황화 단계'라고 할 수 있을 것이다. 물론 안중근 단계에 들어와서도 한국 천주교가 전면적으로 민족의 문제인 자주독립 문제를 내세웠던 것은 아니다. 이러한 천주교의 정교분리 정책은 대일 항쟁기에도 지속되어 3·1 운동 등 한국사의 혁명적인 상황에서도 유지되었다.[43] 따라서 안중근 생존기의 한국 천주교는 번역 단계에 머물고 있는 반면, 안중근은 이미 상황화 단계에 와 있었던 것이다.

그러나 천주교사에 있어 안중근의 역사적 위치와 의미가 해방 후 독재정권기에 되살아나 한국 현대사에서 표출된 천주교 진보성의 사상적 근원으로 작용하였다. 즉, '천주교정의구현사제단'은 사제단발족 10주년을 맞이하여 펴낸 『한국 천주교회의 위상』에서 "교회의 자생력의 중요한 표지를 우리는 안중근의사에게서 찾는다"[44]라고 하였다. 이는 한국 민주화운동의 중추세력인 정의구현사제들의 사상적 원천이 안중근의 사상에 뿌리를 두고 있

지한 고민을 발견할 수 없었다는 면에서 그러하다. 따라서 본문에서 살펴본 바와 같이 필자는 안중근이야말로 안중근 이전의 천주교인들이 해내지 못한 천주교의 토착화를 이루어낸 최초의 천주교인이라고 본다. 그런 의미에서 필자는 안중근에 대해 한국 천주교의 '典範'이라는 표현을 사용하고 있는 것이다.

41 여기에서 '민족화'라는 개념은 토착화단계에서 더욱 발전된 상태로 민족전체의 이익을 위하여 종교적 집착을 초월한 경우를 말하는 것으로 필자는 보고 있다. 따라서 안중근이 "국가(민족) 앞에서는 종교가 없다"고 한 것이야말로 민족화의 한 예라고 하겠다. 이러한 면에서 안중근은 종교사상을 '민족화'한 최초의 천주교인이라고 할 수 있을 것이다.

42 Robert Schreiter, Construction Local Theologies-Orbis Books, NewYork, 1985, pp.6~16.

43 金正明, 「天主敎同胞に」, 『韓國獨立運動』 I, 原書房, 1967, 189~190쪽.

44 천주교정의구현사제단, 『한국 천주교회의 위상-'70년대 정의구현활동에 대한 종합적 평가』, 19~20쪽.

음을 의미하는 것이다.[45]

3. 동양의 천명사상(天命思想)과 안중근의 천명관(天命觀)

위에서 보았듯이 한국 천주교사상(史上) 안중근의 위치는 종교와 민족의 문제를 일치시킴으로써 한국 천주교의 토착화 내지 민족화의 전범이라고 규정할 수 있을 것이다. 그럼 이처럼 안중근이 종교와 민족문제를 일치시킬 수 있었던 사상적 배경은 무엇일까? 이를 구체적으로 살펴보기 위해서는 우선 안중근이 러일전쟁에서 일본이 승리한 원인과 이토를 처단한 명분에 대해 언급한 내용을 분석할 필요성이 있다. 즉, 안중근은 이에 대해

> 옛말에 "天命을 따르는 자는 일어나고 逆天한 자는 망한다"고 했다. 露日선전포고 詔勅 「한국의 독립을 공고히 하려 한다」고 돼 있어 이것은 天命을 따르는 것이며 일본 황제의 뜻이라고· 생각했다. 전쟁이 일어났을 때는 아무도 일본이 승리하리라고 생각하는 자가 없었다. 그럼에도 승리한 것은 즉 「하늘의 뜻을 따르면 일어난다」는 이치에서 온 것이었다. 그 후 이토 히로부미는 일본황제의 뜻에 반대하는 정책을 썼기 때문에 오늘과 같이 韓日양국이 궁지에 빠지게 된 것이다.[46]

라고 설명하였다. 요컨대 러일전쟁에서 일본이 승리한 것은 천명에 순응했기 때문이고 이토가 제거된 까닭은 역천(逆天)하였기 때문이라는 것이다.

그런데 안중근에게 있어서 천명이란 구체적으로 무엇을 의미하며 안중근

---

45 황종렬, 「새로운 전통의 형성: 안중근 정신의 계승」, 『민족과 신앙이 만날 때』, 2000, 135~144쪽.
46 국가보훈처 · 광복회, 「청취서」, 53쪽.

의 천명관이 갖는 사적(史的) 특징과 의미는 무엇일까? 이를 살펴보기 위해서는 우선 안중근시대까지 각 시대별로 천주교인들이 천명(天命)을 어떻게 인식해 왔는지에 대한 개략적인 고찰이 선행되어야 할 것이다.

양란 이후 세계사의 조류가 급격히 변화하는 가운데 국내적으로 사회질서의 붕괴양상이 나타나고 있었으나, 사상적 측면에서는 성리학 일변도의 사조가 더욱 고착화되는 상황으로 치달았다. 이러한 흐름 속에서 1614년 마테오리치의 『천주실의』가 이수광에 의해 국내에 소개되었다. 『천주실의』의 유입은 조선의 사상계에 '천(天)'문제를 수면위로 다시 부상시키는 결과를 초래하였다. 말하자면 '천즉민(天則民)'이라는 정치사상으로만 논의되던[47] 천의 문제가 '천즉상제(天則上帝, 天主)'라는 종교사상으로 조선사회에 본격적으로 등장하였던 것이다.

이런 와중에서 天(上帝)을 학문적 호기심을 넘어 종교적 숭배대상으로 삼은 일련의 세력 즉 천주교인들이 출현하였다. 이들의 출현은 필연적으로 천에 대한 해석을 둘러싸고 조선사회 내부에서 정치세력 간의 충돌을 야기시켰으며, 이는 일련의 박해로 이어졌다. 또한 이로 인해 조선의 성리학에도 질적 변화를 초래하게 되었고 나아가 이른바 실학의 출현으로까지 이어지게 된 하나의 원인으로 작용하였다.

그러나 정약용의 경우에서 보듯이 대체로 '천즉상제(天則上帝, 天主)'라는 입장을 지지하였던 조선의 학자들이 천의 문제를 보유론적(補儒論的) 입장에서 다루었기 때문에 '천명'문제는 여전히 관념적 사변체계에 머물고 있었을 뿐 사회변혁의 사상적 용매로 작동되지 않았다.[48] 이러한 문제는 천주교가 만민평등사상을 조선사회에 전면에 부각시켜 사회혁명을 주도하지 못하고 사적인 종교로 숨어버리는 현상을 낳게 된 원인이 되었다고 볼 수도 있다.[49]

---

47 박창희, 「용비어천가에서의 '天'과 '民'의 개념」, 『천관우선생환력기념한국사학논총』, 정음 문화사, 1985, 참조.
48 유종선, 「조선 후기 天 논쟁의 정치사상」, 『한국정치학회보』 31-3, 1997, 21쪽.

이는 분명 인내천을 내세워 사회변혁의 한 축을 담당한 동학의 경우와 현상적으로 다른 양상을 보이고 있는 것이다.

그 후, 1876년 조선은 세계사의 변화에 적응하기 위해 자의반 타의반 문호를 개방하였다. 그러나 조선은 사회의 내부모순을 해결하지 못한 채 외세의 침략에 직면하게 되었다. 말 그대로 조선사회는 모든 면에서 혁명적인 변혁을 실현하여 세계사의 조류에 편입해야만 식민지로 전락할 운명을 피할 수 있었던 것이다. 그러므로 외세의 간섭을 배제하면서 동시에 근대화를 이루어 근대적 독립국가를 만들어야 하는 것이 당시 한국의 역사문제이자 민족문제였던 것이다.

반외세라는 역사문제를 해결하기 위해 위정척사파는 소중화사상과 의리론을 바탕으로 반외세투쟁에 진력하였으나 그 자체의 사상적 한계성으로 조선을 근대화시킬 수 있는 세력은 아니었다.[50] 반면, 동학세력은 반외세투쟁을 하면서 조선사회의 내부모순을 해결하려고 하였으나 개화파 정부와 위정척사파의 협공을 당해 1895년 이후 그 동력이 소멸되고 말았다. 게다가 개화를 앞세운 정부관료 세력은 점차 일제의 하수인으로 전락하였던 것이다. 이리하여 외세에 대항할 수 있었던 한국 내부의 에너지가 내외의 모순에 의해 고갈됨에 따라 조선은 1905년 을사늑약, 1907년 정미7조약을 거치면서 결국 1910년 일제의 식민지로 추락하였던 것이다.

이와 같은 역사현실 속에서도 한국 천주교 교단은 정교분리정책을 기본적인 선교정책으로 내세우고 있었다.[51] 이는 한국 천주교인이 독립투쟁이라는 민족문제이자 역사문제의 해결을 적극적으로 추구하지 못한 원인이 되었다.

---

49 이원순, 「천주교의 수용과 전파」, 『한국사』 35, 국사편찬위원회, 1982.
50 진덕규, 「위정척사론의 민족주의적 비판」, 『한국문화연구원논문집』 31, 이화여대, 1978, 235~236쪽.
51 윤선자, 「일제의 종교정책과 기독교」, 2002, 19쪽.

그러나 이처럼 여전히 구복적인 상태에 머물고 있던 천주교 분위기 속에서도 안중근은 빌렘 신부 등 교단과의 노선갈등을 빚으면서까지 천주교라는 종교를 기반으로 '천명'문제를 천주교사 뿐만 아니라 한국사에 전면적으로 내세웠던 것이다.[52] 그리하여 한국의 독립과 민권자유라는 천주의 명령을 실현하기 위해 뮈텔 주교에게 천주교 대학 건립을 건의하였다. 그러나 주지하다시피 뮈텔 주교는 안중근의 대학설립계획을 부적절한 이유를 들어 거절하였다. 이에 안중근은 한국인인 자신이 생각하는 천명과 외국인인 뮈텔 주교가 생각하는 천명이 다름을 깨닫고 배우고 있던 불어도 그만두었던 것이다.[53]

이러한 안중근은 스스로 천명에 대해

이른바 천명(天命)의 본성이란 것은 그것이 바로 지극히 높으신 천주께서 사람의 태중에서부터 부어넣어 주는 것으로서, 영원무궁하고 죽지도 멸하지도 않는 것이오.[54]

라고 정의한 것처럼 인간 본성(本性)과 일치하는 것이다. 이러한 인간 본성인 천명을 역사 속에서 관철시키려고 했던 것이다. 그리하여 안중근은 당시 한국이 직면한 최대의 역사문제인 일제의 침략으로부터 조선을 보호하기 위한 독립전쟁을 '천명'이라고 여기게 되었다.

그러한 이유로 안중근은 이범윤에게 거병하여 일제를 공격하는 것을 하늘의 뜻, 곧 '천명'이라고 하였다. 이처럼 안중근은 독립투쟁의 이론적 근거를 천명에서 찾았던 것이다.[55] 그리하여 안중근은 러일전쟁 당시 천명이 러

---

52 황종렬, 「"천명"인식 살리기의 두 유형: 통합형과 분리형」, 『신앙과 민족의식이 만날 때』, 분도출판사, 2000, 93쪽.
53 안중근, 「안응칠역사」,(안중근의사숭모회, 『안중근의사자서전』, 1979), 55~56쪽.
54 안중근, 「안응칠역사」, 41~43쪽.
55 안중근, 「안응칠역사」, 117~118쪽.

시아의 동양침략을 저지한 일본에 있었지만, 이제 대일독립투쟁이 천명이라고 주장하였다. 이는 안중근이 『중용』의 "天命之謂性" 『맹자』의 "順天者存逆天者亡"라는 유교의 천명관을 천주교의 천명사상과 연결하여 한국사를 움직이게 하는 원동력으로 재해석하였기 때문에 가능한 일이었다. 이러한 측면에서 안중근은 이범윤에게 러일전쟁 때 이범윤이 러시아를 도운 것을 '역천행위(逆天行爲)'라고 비판하면서 역천한 일제를 치는 것이 '순천(順天)'이라는 논리로 이범윤을 설득하였던 것이다.[56] 따라서 안중근이 주장하는 천명의 실체는 한국의 독립과 동양평화의 유지라는 그 시대의 역사문제였던 것이다.[57]

이러한 의미에서 안중근은 다음과 같은 소명의식을 갖게 되었다.

> 나의 目的은 東洋平和問題에 있고 日本 天皇의 宣戰詔勅과 같이 韓國으로 하여금 獨立을 鞏固케 하는 것은 나의 終生의 目的이며 또 終生의 일이다. 무릇 世上에는 작은 蟲類라도 一身의 生命 財産의 安固를 빌지 않는 것은 없다. 하물며 人間된 者는 그들을 위해서는 十分 盡力하지 않으면 안 되는 것으로 생각한다.[58]

그러므로 안중근의 천명은 지배자 중심의 정치사상에 머물지 않았을 뿐만 아니라, 종교성을 바탕으로 초기 한국 천주교 신자들이 갖고 있던 시대인식의 한계성을 뛰어넘는 '시대사상'이라는 것을 지적하지 않을 수 없다. 안중근은 종교성에 바탕을 두면서 사회관계와 역사의 발전과정을 천명이라는 인식으로 내재화하였고 더 나아가 죽음까지 담보로 한 '천명의 절대성'을 체화하였던 것이다. 이러한 천명의 구체적인 실천방법론이 바로 그의 「동양

---

56 신운용, 「安重根의 生涯와 思想에 대한 一考」, 1993, 72쪽.
57 국가보훈처·광복회, 『21세기와 동양평화론』, 53쪽.
58 국사편찬위원회, 「공판시말서 제3회」, 『한국독립운동사』 자료 6, 1976, 386쪽.

평화론」으로 나타났다.

그에 반해 초기 한국 천주교인들은 천명을 역사발전 문제와 관련하여 인식하지 못하였던 것 같다. 이러한 면에서 안중근의 천명관(天命觀)은 종교적 영역에서 민족전체로 확장되었다. 바로 이 점에서 안중근의 천명관을 '민족사상'이라고 할 수 있다.

또한 천명을 실현하는 방법론에 있어 천명문제에 집착했던 정약용은 학인(學人)의 한계를 넘지 못하였다는 면에서 '관념적'이었다고 볼 수 있다.[59] 반면에 안중근의 천명관은 역천한 이토를 단죄했다는 점에서 '실천적'이었다고 할 수 있다. 즉 안중근의 천명관은 종교적 실천성을 담보한 것으로 이전 시기의 천명론과는 구별된다.

한편 마테오리치가 유교와의 습합과정을 거쳐 천주(天主)는 상제(上帝)라는 논법으로 천의 존재를 설명하였듯이, 안중근도 조선 성리학을 충분히 섭렵한 상태에서 천주교를 받아들였다.[60] 안중근도 천주교에 입문하기 전까지 약 10여 년간 성리학을 익혔고, 그 후 천주교를 받아들였으므로 마테오리치의 주장처럼 유학에서 말하는 천명과 천주교에서 말하는 천명이 결코 다른 것이 아니라는 것을 알고 있었을 것이다. 그렇기 때문에 안중근은 근왕적 배경을 갖고 있던 이범윤에게 거병의 당위성을 "하늘이 주는 것을 받지 않으면 도리어 벌을 받게 된다(若天與不受反受其殃)"[61]라고 하는 『춘추외전(春秋外傳)』의 구절을 인용하여 설명하고 있다.

물론 이범윤을 설득하기 위한 안중근의 논법은 '천명'으로 집약될 수 있을 것이다. 이러한 안중근의 논법은 이범윤이 1908년 여름 국내진공작전을 결정하는데 일조하였던 것으로 생각된다. 후술하겠지만, 안중근의 유학적 자질은 위정척사파와 대일독립투쟁이라는 면에서 사상적 접점을 이루면서

---

59 유종선, 「조선 후기 天 논쟁의 정치사상」, 21쪽.
60 최석우, 「東亞細亞에서의 敎會의 土着化; 韓國敎會를 中心으로」, 27쪽.
61 이는 『春秋外傳』에 있는 구절로 '天與不取反受其咎'의 오기이다.

독립투쟁의 당위성을 주창하게 되는 하나의 배경이라는 점도 주목할 필요가 있다.[62] 이 점은 안중근이 『논어』 등의 유교경전의 문구를 인용한 유묵을 많이 남긴 데서도 알 수 있다.[63]

4. 안중근의 천주관(天主觀)과 군주관(君主觀)

1) 안중근의 천주관(家主 · 君主 · 天主의 관계(三父論)에 대한 인식)

안중근의 사상을 이해하기 위해서 우선 안중근이 신봉하던 한국 천주교의 역사를 검토해야 한다. 특히 천명의 근원인 천주에 대한 안중근의 인식을 살펴보아야 한다. 이를 통하여 한국 천주교의 천주관은 무엇이며, 한국 천주교가 한국사의 전개과정에서 한국의 역사와 어떤 관계를 형성해왔는가 하는 문제를 규명할 수 있을 것이다. 더 나아가 안중근의 천주관이 갖는 특징이 무엇인지도 밝힐 수도 있다.

'천'에 대한 문제는 천주교뿐만 아니라 동양사상의 핵심이기도 하다. 『시경(詩經)』의 「탕고(湯誥)」에 "위대한 하느님께서 낮은 백성들에게 올바름을 내리시어 언제나 올바른 성품을 가진 사람을 따르도록 하였으니, 그분의 길을 따를 수 있다면, 임금 노릇을 제대로 할 것이요(惟皇上帝 降衷于下民 若有恒性 克綏厥猷 惟后)"[64]라고 하여 우주의 본질인 천을 상제(上帝)라고 표현하고 있다. 이러한 동양의 상제 개념을 마테오리치는 『천주실의』에서 "우리[서

---

62 박성수, 「민족수난기의 기독교신앙: 安義士와 金九의 입교동기가 주는 교훈」, 『廣場』, 세계 평화교수협의회, 1982, 50쪽.
63 안중근이 남긴 유묵 중 현재발견 된 56여 폭 중에서 유교 경전에서 인용된 것이 약 20여 폭에 이르고 천주교 관계유묵은 「天堂之福永遠之樂」이 있다.
64 차상원 역저, 『書經』, 명문당, 1975, 117쪽.

양)의 천주는 바로 중국의 옛 경전에서 말하는 '하느님'[上帝]이다[65]"(吾天主, 及古經書所稱上帝也)라고 천주(天主)에 대해 설명하였다. 마테오리치가 서양신 (西洋神)인 천주(天主)와 동양신(東洋神)인 상제(上帝)를 같은 개념으로 설명하고 있는 것이다. 물론 이러한 설명은 포교를 위한 수단으로 이해되기도 하지만 서양종교인 천주교를 동양사회에 정착시키는데 큰 기여를 한 것도 사실이다.

그런데 동양의 고전에서 나오는 상제(上帝)와 천주(天主)가 같은 개념이라고 주장한 마테오리치의 신관(神觀)은 중국에서 뿐만 아니라, 조선에서도 '천' 논쟁을 촉발시켰다.[66] 천(上帝)의 존재성에 대한 논쟁은 조선 성리학이 이황 중심의 심학(心學)으로 발전하는 흐름 속에서 성리학에 대해 비판적인 입장에 있던 허균·윤휴·박세당을 거쳐 안정복·신후담 등 성호 이익학파 학자들이 주도해 나갔으며 정약용이 정리하기에 이르렀다. 그러나 이들은 어디까지나 보유론적(補儒論的) 입장에서 상제(天主)문제를 다루었다. 이에 반하여 이벽·이승훈·황사영·정하상·정약종·정약전 등의 남인(南人)계열의 신서파(信西派)는 마테오리치가 『천주실의』에서 주장한 천주를 종교적인 차원으로 받아들였다.

그럼 구체적으로 보유론적 입장에서 천주교를 본 세력과 종교적 입장에서 천주교를 받아들인 세력 간의 천을 둘러싼 논쟁의 성격을 살펴보도록 하겠다.

마테오리치는 천주에 대해 "천주는 시작도 끝도 없으며 만물의 시조요, 만물의 뿌리인 것입니다"[67]라고 하여 천주를 우주 삼라만상(森羅萬象)의 근

---

65 마테오리치 지음, 『천주실의』 하권, 99~100쪽.
66 유종선, 「조선 후기 天 논쟁의 정치사상」, 1997, 15쪽; 금장태, 「丁若鏞의 天 槪念과 天人關係論」, 『한국문화』 24, 서울대학교한국문화연구소, 1999, 참조.
67 마테오리치 지음, 『천주실의』 하권, 56~57쪽.

원이자 창조주라고 설명하였다. 이에 대해 서학에 비판적이었던 안정복은 천주의 존재에 대한 주장에 동조하는 의견을 피력하면서도 "儒道에도 상제와 천당이 있는데 무엇 때문에 서학을 하겠는가"라고 반문하였다.[68] 천주의 존재에 대해서는 「척사윤음」에서조차 인정하는 것으로 보아,[69] 조선의 지배층이 천주를 믿는 그 자체를 문제로 삼지 않은 것 같다. 집권층은 군주를 정점으로 한 조선사회에서 천주를 군주나 부모의 상위개념(上位槪念)으로 설정한 천주교의 교리를 문제시하였던 것이다.

따라서 조선후기의 천주교와 성리학의 갈등관계는 천주의 존재를 인정하느냐 아니냐 하는 문제로 발생한 것이 아니라고 볼 수 있다. 즉, 안정복은 천주교에서 천이라는 말을 쓴 이유를 천자를 끼고 제후를 호령하는 것 같은 정치적 의도가 깔려 있다고 주장하였다.[70] 이처럼, 조선의 성리학자들은 천주교의 전래로 초래될 권력관계의 변화여부를 중심으로 천주교 논쟁을 전개하였다고 보는 것이 옳을 듯하다.

이러한 면에서 안중근 이전시기 천주와 군주의 관계를 천주학과 성리학에서 어떻게 논의되고 있었는가 하는 문제를 살펴보는 것은 안중근의 천주관이 갖는 사적(史的) 성격을 밝히기 위한 사전작업이 될 것이다.

마테오리치는 『천주실의』에서 천주와 군주의 관계에 대해 아버지를 세 부류로 나누어 첫째 아버지를 천주, 둘째 아버지를 임금, 셋째 아버지를 가장으로 나누어서 설명하고 있다. 그러면서 가주(家主)에서 군주(君主)로 다시 천주(天主)로 그 권위가 확대되어 일가(一家) 차원에서는 가주를, 일국(一國)

---

68 안정복 저·양홍렬 역, 「권기명에게 답함 갑진년」, 『국역 순암집』Ⅰ, 민족문화추진회, 1996, 320쪽.

69 "오호라 중용에 가로되, 천명(天命)을 성(性)이라 하고, 상서(尙書)에 가로되, 황상제(皇上帝)가 사람에게 내려와 항성(恒性)이 있게 된다 하니, 사람의 성되는 자 그 덕(德)이 넷이 있어 가로되, 인의예지(仁義禮智)요, 그 윤(倫)이 다섯이 있어 가로되, 부자, 군신, 부부, 장유, 붕우이다. 무릇 하늘을 받들고 상제를 섬기는 바는 어찌 사단(四端) 오륜의 밖에서 지나침이 있으랴"(유홍렬, 「척사윤음내용」, 『(증보)조선천주교회사』(상), 342쪽).

70 안정복 저·양홍렬 역, 「천학문답(天學問答)」, 『국역 순암집』Ⅲ, 1996, 229쪽.

차원에서는 군주를, 우주(宇宙) 차원에서는 천주를 각각 섬겨야 하는데 천주를 섬기는 것이 진정한 효라고 주장하였다.[71] 요컨대 진정한 효란 천주의 절대성을 인정하고 섬길 때 발휘된다고 마테오리치는 강조하고 있는 것이다.

그러나 성리학적 입장에서 보면 이러한 천주교의 교리는 군주를 정점으로 하는 조선사회에 대한 전면적인 도전으로 조선의 권력층은 인식하였다. 그 결과 성리학으로 무장한 조선의 지배층은 천주교를 무군무부(無君無父)의 사교(邪敎)라고 단정하고[72] 천주도 부처의 이명(異名)[73]이라고 공격하면서 천주교인들을 박해하였던 것이다. 즉, 안정복은 『천주실의』를 논파(論破)하기 위해 저술한 『천학문답(天學問答)』에서 천주교를 거부하는 이유에 대해 유가와 천주교인이 천주를 섬기는 것은 동일하다고 주장하면서도[74] 「여권개명서 갑진(與權槪明書甲辰)」에서 천주교를 불교의 아류라고 논박하였다.[75]

이처럼 천주교에 대한 지배계급의 부정적인 반응은 정권안보차원에서 나온 결과이기도 하나, 불교를 부정하던 조선사회의 성리학자들은 불교와 천주교를 이명동질(異名同質)로 여기고 있었기 때문이기도 하다. 따라서 천주교를 인정하면 불교도 인정해야 할 것이고 그렇게 되면 성리학적 기반 위에 이루어진 조선사회의 지배질서에 변화가 초래될 것은 자명한 일이었다.

그러므로 조선 지배층의 입장에서는 천주교를 받아들인다는 것은 그들의 모든 기득권을 포기해야 하기 때문에 성리학적 이상사회를 추구했던 조선

---

71 마테오리치 지음, 『천주실의』, 411~412쪽.
72 "오호라 아비 없이 누가 나고 어미 없이 누가 자랐겠느냐, 저들은 나를 낳은 자를 육신의 부모라 하고 천주를 영혼의 부모라 하여 친애숭봉(親愛崇奉)하는 것은 저것에 있고 이것에 있지 않아서 그 부모를 스스로 끊으니, 이 과연 혈기(血氣)의 윤(倫)으로 참을 수 있으랴"(유홍렬, 『(증보)조선천주교회사』(상), 342~343쪽).
73 최동희, 「安鼎福의 西學批判」, 『西學에 대한 韓國實學의 反應』, 고려대학교 민족문화연구소, 1988, 120쪽.
74 안정복 저·양홍렬 역, 「천학문답(天學問答)」, 227~228쪽.
75 안정복 저·양홍렬 역, 「권기명에게 답함 갑진년」, 317쪽.

사회가 받아들일 수 없는 일이었을 것이다. 전혀 경험해 보지 못한 서양 종교의 이질성과 인종적 차별 시각도 천주교가 조선사회에서 박해를 받는 하나의 원인으로 작용하였다.[76]

이러한 성리학자들의 천주교 인식과 공격에 대해 조선의 천주교인들은 유학에서 말하는 충과 효는 천주의 명령에 의한 것이므로 절대성을 갖는다는 논리를 앞세워 대항하였다.[77] 즉, 1791년 진산사건(珍山事件)의 주인공인 윤지충(尹持忠)은 『천주실의』의 '천·군관계론(天·君關係論)'[78]의 연장선에서 부모에 대한 효와 군주에 대한 충의 근원을 절대적인 천주에 직결시키고 있다. 천주의 명령에 따라 군주와 부모에게 복종하는 것이므로 천주를 섬기는 것이 오히려 유교의 삼강(三綱)을 지키는 것이라고 강변하였던 것이다.[79] 그러므로 천주의 권위에 의해 일국에서는 군주가 일가에서는 가주가 각각 그 권한을 보장받는다는 논리가 성립되는 것이다.

이는 그 시대의 대표적 천주교 교리서인 정하상의 「상재상서」에서도 확인된다. 정하상은 천주·군주·가주의 권한관계는 확대 축소되어 최고의 권한을 소유한 천주는 그 권한 범위가 전우주적이나 군주와 가주는 각각 일국과 일가에 한정된다는 논리를 구축하고 있다.[80]

그러므로 일국에서 일어나는 모든 일은 군주의 권한을 벗어나지 못하는

---

76 안정복이 유교나 천주교나 天을 섬기는 것은 같으나 천주교가 그르다고 한 것은 祈禱를 주로 하는 천주교의 의례와 내세관을 부정적으로 보고 있기 때문으로 보인다(최동희, 「愼後耼의 西學批判」, 1988, 129~130쪽).

77 조광은 천주교인의 군주를 '상대화'하여 인식하였다고 하면서 성리학적 군주관에 일정하게 벗어나고 있다고 주장하고 있다(조광, 「初期信徒들의 行動樣態」, 『朝鮮後期天主教會史研究』, 고대민족문화연구소 출판부, 1988, 153쪽).

78 "부모는 우리에게 신체와 머리털, 피부를 주셨으니 우리는 참으로 효도를 해야 마땅합니다. 임금이나 수령들이 우리들에게 전답과 거처할 동네를 내주어, 우리들로 하여금 곡식을 심고 가축을 길러서 위로는 부모를 섬기고 아래로는 처자를 양육하게 하였으니, 우리가 그들을 마땅히 높이 받들어야 할 것입니다"(마테오리치, 『천주실의』 하권, 109쪽).

79 유종선, 「조선 후기 天 논쟁의 정치사상」, 1997, 17쪽.

80 유홍렬, 「정하상의 상재상서」, 『(증보)조선천주교회사』(상), 348~349쪽.

것이다. 이 때문에 정하상은 "무릇 忠孝 두 글자는 萬代에 바꿀 수 없는 길이외다"[81]라고 하여 임금의 명령에 대해 국가 내에서 절대적인 의미를 부여하고 있다. 다만 군주의 명을 어긴 것은 천주교의 계명을 어길 수 없는 사정에 기인한다고 장하상은 강변하였다.

이러한 정하상의 군주에 대한 인식은 현실적으로 자신들에게 박해를 가하는 군주를 전면적으로 거부하지 못하고 군주체제를 그대로 인정하였음을 의미하는 것이다. 더 나아가 이는 신 아래 만민이 평등하다는 인식을 바탕으로 하여 새로운 사회로 과감하게 지향하지 못한 원인으로 작용하였던 것이다.

그런데, 안중근도 정하상을 비롯한 천주교인들이 갖고 있던 <천주(天主)⇔군주(君主)⇔가주(家主)>라는 '삼부론(三父論)'의 틀[82]에서 벗어나지 못하고 있는 듯하다. 즉, 그는 "한 집안 가운데는 그 집 주인이 있고, 한 나라 가운데는 임금이 있듯이, 이 천지 위에는 천주가 계시어"[83]라고 한데서 알 수 있듯이, 안중근의 인식체계는 천주라는 정하상의 논리범주에 머무르고 있다.

이를 보다 구체적으로 살펴보면 다음과 같이 정리될 수 있을 것이다. 안중근에게 있어 가주의 의미는 "부모의 뜻을 받들고서 몸을 봉양함은 사람의 자식이 마땅히 해야 할 일"이라는 정하상의 주장과 같다. 이러한 맥락에서 안중근은 어버이가 그 자식에 대해 모든 것을 다 주었으므로 그러한 어버이를 잘 섬기는 것이 부모에 대한 도리라고 하였다.[84] 여기에 안중근에게 가주는 일가 내에서 삶을 영위할 수 있도록 모든 것을 조건 없이 주는 절대적

---

81 유홍렬, 『(증보)조선천주교회사』(상), 348쪽.
82 이러한 관계는 천주교에서는 '三父論으로 설명되고 있다(황종렬, 「"안중근편교리서"에 나타난 천·인·세계 이해」, 『안중근의 신앙과 사상』(안중근의사 의거 96주년 기념학술대회), 안중근의사기념사업회, 2005, 16쪽).
83 안중근, 「안응칠역사」, 43쪽.
84 안중근, 「안응칠역사」, 43~44쪽.

존재인 것이다.

한편, 정하상의 주장에서 알 수 있듯이, 바로 이러한 가주를 국가에 적용시키면 군주의 의미가 된다.[85] 안중근도

> 또 한 나라의 임금이 정치를 공정히 하고 백성들의 생업을 보호하
> 여 모든 국민들이 태평을 누릴 수 있게 되었는데 백성이 그 명령에 복
> 종할 줄 모르고 전혀 충군 애국하는 성품이 없다면 그 죄는 가장 중하
> 다 할 것이오.[86]

라고 하여 일국 안에서 군주의 절대성을 인정하고 있어 정하상의 군주에 대한 인식체계와 같은 선상에 있음을 알 수 있다. 안중근은 군주에 대해 정치를 공정히 하는 존재이며, 백성의 생업을 보호하고 모든 백성들이 태평을 누릴 수 있게 하는 절대적인 실체라고 본 것 같다. 따라서 안중근에 있어 임금에 대한 충성은 가주에게 그 가족이 효를 다하듯 당연한 이치이며 천리인 것이다.

가주·군주가 각각 자신의 영역 안에서 최고의 절대적 존재이듯 우주에도 그에 상응하는 존재가 있을 것이다. 이것은 바로 천주이다. 안중근은 천주를 다음과 같이 설명하고 있다.

> 그런데 이 천지간에 큰 아버지요, 큰 임금이신 천주께서 하늘을 만들
> 어 우리를 덮어 주시고, 땅을 만들어 우리를 떠받쳐 주시고, 해와 달과
> 별들을 만들어 우리를 비추어 주시고 또 만물을 만들어 우리로 하여금

---

85 이는 정하상이 "그러므로 부모를 섬기되 그 예를 다하고, 봉양하되 그 힘을 다하며, 충(忠)을 임금에게 옮기어 몸을 바치고, 목숨을 던져 끓는 물에 뛰어 들어가고, 불을 밟아 감히 피하지 않소이다"라고 한 데서 드러난다(이홍렬, 『(증보)조선천주교회사』(상), 348쪽).
86 안중근, 「안응칠역사」, 44쪽.

쓰게 하시니 실로 그 크신 은혜가 그 같이 막대한데 만일 사람들이 망녕되이 제가 잘난 척, 충효를 다하지 못하고 근본을 보답하는 의리를 잊어버린다면 그 죄는 비길 데 없이 큰 것이니 어치 두려운 일이 아니며, 어치 삼갈 일이 아니겠소. 그러므로 공자(孔子)도 말하기를, 「하늘에 죄를 지으면 빌 데도 없다」했소.

천주님은 지극히 공정하여 착한 일에 갚아주지 않는 일이 없고 악한 일에 벌하지 않는 일이 없거니와, 공죄(公罪)의 심판은 몸이 죽는 날 내는 것이라 착한 이는 영혼이 천당에 올라가 영원무궁한 즐거움을 받는 것이요, 악한 자는 영혼이 지옥으로 들어가 영원히 다함없는 고통을 받게 되는 것이오.

한 나라의 임금도 상주고 벌주는 권세를 가졌거늘 하물며 천지를 다스리는 거룩한 큰 임금이겠소.[87]

위 내용의 요지는 일가의 가주, 일국의 군주와 같이 천주는 전능(全能)·전지(全知)·전선(全善)·지공(至公)·지의(至義)한 존재로 인간을 비롯한 천하 만물을 창조하였으므로 만물의 주재자인 천주에게 가주나 군주에게 하듯이 충효를 다해야 한다는 것이다. 이와 반대의 경우는 일국의 군주에게조차 부여된 권세가 천주에게도 있으므로 그에 상응하는 벌을 받게 된다는 것이다. 이처럼 천주와 군주의 관계에 대한 안중근의 인식은 정하상의 그것의 연장선에 있는 것이다.

이상에서 보듯이, 안중근을 비롯한 천주교인들의 의식세계에서는 일가의 주인은 가주이고 일국의 주인은 군주인 것처럼, 우주의 주인은 천주라는 논리가 성립된다. 구체적으로 말하면 이는 천주를 큰 아버지, 큰 임금이라고 하여 가주의 확대된 존재이자 군주를 지배하는 실체이며, 가주와 군주의 근

---

87 안중근, 「안응칠역사」, 44~45쪽.

원이 천주라는 논리에서 더욱 분명해진다. 바꾸어 말하면 천주의 축소된 실체가 군주이고 군주의 축소된 존재가 가주이다. 따라서 가주는 일가에서 군주는 일국에서 소천주(小天主)로서 각각의 권능을 갖는다. 이 권능이 가에 적용되면 가주는 천주(天主)와 같은 존재가 되고 국가에 적용되면 군주는 국민에 대해 천주와 같은 권능을 갖게 된다. 그러므로 다음에 구체적으로 살펴보겠지만 군주의 명은 곧 천주의 명인 천명과 같은 무게로 국가 내에 적용되는 것이다. 즉, 국내에서는 군명은 곧 천명을 의미하는 것이었다.

2) 안중근의 군주관(君主觀)

(1) 안중근의 한국황제관

안중근이 살던 시대는 정하상이 살던 시대와 비교하면 무엇보다 제국주의 출현이라는 면에서 큰 차이를 보인다. 정하상의 시대(1795~1839)는 내부문제는 있어도 조선이 식민지화되는 시점은 아니었다. 그러나 민족전체가 제국주의라는 세계사의 조류 속에서 민족의 독립을 유지하면서 독자적인 발전을 하기 위해서는 사회·정치·경제 등 여러 방면에서 일대 변혁을 추구해야할 당위성이 정하상 시대에 있었다. 특히 정치의 변혁을 위해서는 기존의 군주관을 다양한 측면에서 재검토해야 하는 것은 시대적 요청이었다.

안중근 시대(1879~1910)의 조선은 제국주의의 침략에 직면하였으므로 정하상 시대보다 근본적인 변혁이 요구되는 시대였다. 이를 위해서는 특히 군주를 정점으로 한 조선의 정치체제를 세계사의 흐름에 맞게 체계면에서나 의식면에서도 재조정해야만 했다.

이러한 맥락에서 위에서 살펴본 천주⇔군주⇔가주라는 조선 천주교인의 인식을 유념하면서 안중근이 한국 황제를 어떻게 인식하였으며 신하의 본분을 어떻게 보고 있는지 살펴보고 나서, 학계에서 안중근의 군주관을 어떻게 보고 있는지도 재검토하는 일은 안중근의 군주관을 살펴볼 때 반드시 필요한 작업이다.

우선 일국 내에서는 군명이 곧 천명이라는 안중근의 군주관이 역사현실 속에서 어떻게 작동되었는지 구체적으로 살펴보겠다.

안중근은 웅진군민이 돈 5천 냥을 김중환에게 빼앗긴 일로 한성부검사관 정명섭(丁明燮)과의 언쟁 중에 "이처럼 어지러운 시대에, 공들은 국가를 보필하는 신하로서 임금의 거룩한 뜻을 받들지 못하고, 이같이 백성을 학대하니 어찌 국가의 앞길이 통탄스럽지 아니하겠소"[88]라고 하였다. 또한 공판과정에서도

> 伊藤이 統監으로서 韓國에 와서부터 五個條와 七個條의 條約을 壓迫을 加해 强制로 締結케 하고 伊藤 그 사람은 韓國의 臣民으로 取扱되어야 할 것인데 甚하게도 皇帝를 抑留하여 드디어 廢位했다. 元來 社會에서 가장 尊貴한 것은 皇帝이므로 皇帝를 侵害한다는 것은 할 수 없는 터인데도 伊藤은 皇帝를 侵害한 것으로 그것은 臣下로서는 있을 수 없는 行爲이며 이 위에 더 있을 이 없는 不忠한 者다. 그러하므로 韓國에서는 지금도 오히려 義兵이 各處에서 일어나 싸우고 있는 것이다.[89]

라고 하였다. 이처럼, 안중근에 있어 군주는 신하가 받들어야 하는 절대적인 존재이며, 군주에 대한 도전은 천주에 대한 도발과 같은 의미로 현실세계에서 절대적으로 있을 수 없는 문제였다. 또한 현실의 잘못은 군주에게 있는 것이 아니라, 군주의 거룩한 뜻을 이어받지 못한 신하에게 있다는 천주교인의 군주관을 안중근을 통하여 엿볼 수 있다. 즉, 안중근은 상해에서

---

88 안중근, 「안응칠역사」, 72~73쪽.
89 국사편찬위원회, 「공판시말서 제3회」, 『한국독립운동사』 자료 6, 385쪽.

민영익을 방문하였으나 민영익이 안중근을 만나주지 않았다. 안중근은 "국가의 위급지망의 책임이 신하에게 있으니 신하된 자는 마치 모든 사람이 창조주이자 절대자인 천주의 뜻을 받들 듯이 군주의 뜻을 받들어 실현해야 한다"고 민영익을 책망하였던 것이다.[90]

그런데, 이는 마치 현실세계 타락의 책임이 군주에게 있는 것이 아니라, 임금의 뜻을 잘 살펴 실행에 옮기지 못한 신하에게 있다는 당시 조선인의 군주에 대한 인식체계와 일맥상통한다. 즉 1894년 5월 동학이 거병하면서 발표한 「무장동학배(당)포고문(茂長東學輩(黨)布告文)」에서 동학도는 "오늘의 朝臣들은 報國을 생각하지 않고 祿位를 도적하여 '聖上의 聰明을 가리고' 阿諂을 일삼아 忠諫의 材가 없고 밖으로 虐民의 官만이 늘어가니"[91]라고 하여 현실문제의 책임을 신하에게 돌리고 있다. 이는 동학의 군주관과 안중근의 그것이 같은 선상에 있음을 의미하는 것이다.[92]

또한, 이러한 군주관은 조선말 성리학의 거두 최익현의 경우에서도 엿볼 수 있다. 즉, 그는 "忠國愛人은 性이며 守信名義는 道이다. 사람에 이 성(性)이 없으면 죽는 것이고 나라에 이 도(道)가 없으면 亡하는 것이다"[93]고 하였다. 여기에서 성(性)은 『중용』에 따르면 '천명지위성(天命之謂性)'이라고

---

90 안중근, 「안응칠역사」, 99~100쪽.
91 박창희 편저, 「무장동학당포고문」, 『사료국사』, 한국외국어대학교 출판부, 1982, 522쪽; 국사편찬위원회, 「무장동학배포고문」, 『東學亂實記』上, 142~143쪽.
92 이러한 측면(동학의 군주관)에서 동학도를 중심으로 전개된 농민운동은 '忠君愛民' 사상을 바탕으로 한 양반위주의 '봉건적'사회체제를 전복하여 새로운 평등주의사회를 건설하려고 하기도 했던 사회혁명이 아니었다고 본다는 유영익의 주장에 일면 동의한다(유영익, 「甲午農民蜂起의 保守的 性格」, 『갑오동학농민혁명의 爭點』, 한국정치외교사학회 편, 1994, 354쪽). 그렇다고 동학의 사회변혁문제에 대한 유영익의 입장을 전적으로 지지하는 것은 아니다. 왜냐하면 동학도 안중근처럼 전제 군주체제를 변혁시키려는 시도를 하지 않았지만 당시의 어느 정치세력보다 진보적이었으며 당시 조선에 내재한 많은 문제의 해결방법을 제시하였다는 점에서, 그리고 온 민족이 힘을 합쳐 외세를 몰아내자고 주장한 면에서 동학의 역사적 의미를 부여할 수 있기 때문이다. 결국 동학농민도 안중근의 경우처럼 전제 군주제를 유지하면서 사회개혁을 추진하였다고 평가할 수 있을 것이다.
93 박창희 편저, 「致日本政府大臣書」, 『사료국사』, 579쪽.

한데서 알 수 있듯이 천명(天命)인 것이다. 따라서 충국(忠國)은 전근대사회에서 충군(忠君)의 의미로 또한 천명(天命)과 상통하는 것이다.

그러므로 충군(忠君)을 실현하지 못하는 것은 역천(逆天)하는 바가 되어 곧 존재성의 상실을 의미한다. 이는 대표적인 의병장 이강년(李康秊)의 군주관에서도 엿볼 수 있다.[94] 이처럼 당시 조선인의 대체적인 군주관은 천주교를 바탕으로 한 안중근의 군주에 대한 인식 방법론과는 다소 다를지라도 일국 내에서 절대적인 존재로 인식하였던 점은 같은 것이다.

한편 만약 신하된 자가 그 책임을 다하지 못할 경우 안중근은 다음과 같은 근거로 천벌을 받게 된다고 하였다. 즉, 그는 이범윤(李範允)에게 "군주의 은혜를 받고도 그 뜻을 시행하지 않으면 도리어 벌을 받게 된다"고 하였다.[95] 이는 천의 대리자인 군주의 뜻은 천명과 같은 의미이므로 마치 하늘의 뜻을 거부하는 바가 되어 오히려 천벌을 받게 된다는 뜻이다.

이상에서 살펴본 바와 같이 안중근에게서 군주에 대한 일관된 논리성을 발견할 수 있다. 안중근은 군주(君主)의 존엄성과 군주에 대한 신하의 도리를 뒷받침하는 논거를 군주는 천주의 축소된 '소천주(小天主)'라는 논리에서 찾고 있는 것이다. 군주의 뜻은 국가 내에서는 천주의 뜻과 마찬가지로 부정할 수 없는 절대적 진리이므로 신하된 자는 이를 잘 파악하여 실행해야 한다는 것이 그의 군주관이었다. 따라서 현실 문제의 책임은 군주에게 있지 않고 신하에게 있다는 논리가 성립된다. 이는 "만일 하늘이 주는 것을 받지 않으면 도리어 그 벌을 받게 된다"라는 안중근의 말에서 알 수 있듯이, 하늘이 주는 것이란 내용상 군주의 거룩한 뜻을 의미하는 것이다. 이는 군주의 거룩한 뜻(君命)과 하늘이 주는 것(天命)은 같은 논리선상에 있다는 의미

---

94 이는 이강년이 "군신의 대의는 천지의 떳떳한 법이니, 임금의 명령[君令]이 있는데도 따르지 않음은 반역이고 君令이 아닌 것을 君令으로 인정하는 것도 또한 반역이다"라고 한 데서 확인된다(이강년, 「曉告宣諭委員文」, 『國譯雲崗李崗秊全集』, 淸權祠, 1993, 93~94쪽).
95 안중근, 「안응칠역사」, 118쪽.

이다.

군주의 뜻은 국가 내에서는 우주에서의 천주의 뜻과 상통한다는 논리다. 따라서 군주의 뜻을 거부한다는 것은 천의(天意)를 거부하는 것이므로 천벌을 받게 되는 것이다. 정하상이 자신을 박해한 군주를 부정하지 못하듯 안중근도 군주제의 문제점을 본질적으로 인식하지 못하였던 것이다.[96]

안중근은 이러한 군주관[97]을 갖고 있었다. 때문에 미조부치(溝淵) 검찰관이 "일본이 한국을 보호하는 것은 한국이 독립(獨立)·자위(自衛)가 되지 못하기 때문"이라고 하자,[98] 안중근은 "한국이 자위할 수 없는 책임소재를 군주가 아니라 정부에 있다"고 답하였다.[99] 이는 위에서 보았듯이, 소천주인 군주에게 현실의 책임을 직접 묻지 않는다는 천주교인의 의식에서는 당연한 결과인지도 모르겠다. 더욱이 이는 황제에 대해 인민으로서 불평을 말하지 않는다고 한 안중근의 언급에서[100] 다시 한번 확인된다.

여기에서 안중근의 지향성과 관련하여 안중근의 군주관에 대한 학계의 논의를 검토할 필요성이 있을 것이다. 이를 통해 안중근이 어떠한 정치체계를 추구했는지도 살펴볼 수 있다. 더 나아가 안중근의 군주관이 의미하는 바를 추론할 수 있을 것이다.

안중근의 군주관과 그 추구한 정체(政體)에 대한 일련의 연구 성과는 다음

---

96 이와 같은 안중근의 군주관은 이토 포살을 함께 모의했던 우덕순에게서도 엿볼 수 있다. 즉, 그는 "지공무사ᄒ 옵시고 지인지인 우희상쥬 딕한민족 三千万口 일쳬로 불상이역이셔서 도적놈을 만느보게ᄒ 오쇼셔"라고 하여(日本 外交史料館, 「伊藤公爵遭難關倉知政務局長旅順出張竝二犯人訊問之件(聽取書)」, 『伊藤公爵滿洲視察一件』(문서번호 : 4.2.5, 245-4)) 한국 황제는 至公無私하고 至仁至愛한 존재라고 표현하면서 이토를 만나게 해달라고 국왕에게 빌었던 것이다. 이처럼 국왕은 당시 한국인에게는 절대적인 존재였던 것이다.

97 안중근의 군주관은 그가 남긴 유묵에서도 표출된다. 즉, 안중근은 군대에 대한 충심을 '思君千里 望眼欲穿 以表寸盛 幸勿負情'라고 표현하였다. 이를 계봉우는 『만고의ᄉ안중근젼』에서 '임금을 사랑하는 충성'이라고 해석하였다(윤병석 편역, 『安重根傳記全集』, 국가보훈처, 1999, 521쪽).

98 국사편찬위원회, 「안중근신문조서 제6회」, 『한국독립운동사』 자료 6, 173쪽.

99 위와 같음.

100 위와 같음.

과 같이 종합된다. 즉, ① 봉기의 원인에 있어 기존 의병들은 군주에 대한 충성심에서 기인한 반면, 안중근은 한국이 개화하여 문명국이 되는데 군주국이 방해 요인으로 작용하는 것으로 여겼고 그가 추구한 정체도 입헌적 국민국가를 지향했다. ② 안중근이 진술한 곳곳에서 봉건적 충의의 대상인 황제에 대한 비판적인 입장을 엿볼 수 있다. 그리고 안중근은 황제를 상징적인 존재로 인식하였다.[101]

그러나 안중근의 군주론은 1896년(18세) 천주교를 접하고 영세를 받기 이전에 익혔던 성리학을 근간으로 구축되었고, 이후 천주교의 군주론에 의하여 확립되었다고 볼 수 있다. 이상에서 보았듯이 안중근이 군주에 대해 전적으로 비판적인 시각을 지니고 있었고 결국 입헌적 군주론을 주창하였다고 보기에는 상당한 무리가 따른다.[102] 왜냐하면 안중근은 군주를 상징적인 존재가 아닌 소천주로서 조선 최고의 실체적 권력으로 인식하고 있었기 때문이다.

당시의 많은 지인들이 정체(正體)로써 군주제를 부정하거나 새로운 정체를 구상하였다고 하더라도 이것이 사회질서를 변화시킬 정도로 앞 시대와 다른 양태로 나타났다고는 볼 수 없다는 면에서도 그러하다. 예컨대, 한국 근대 정치체제를 본격적으로 연구한 유길준(兪吉濬)도 군주에 대해 군주에 대한 충성을 강조하고 군주의 절대성을 인정하였다.[103] 뿐만 아니라 개화파의 대표적인 인물 서재필[104]과 박영효[105]의 군주관도 이들의 범주에서 벗어나지 않고 있다.

---

101 안중근이 지향한 정체에 대한 선구적인 연구는 윤경로에 의해 이루어졌다(윤경로, 「사상가 안중근의 생애와 활동」, 참조). 이러한 관점은 한상권 등에 의해서도 대체로 동일한 의미로 주장되고 있다(한상권, 「안중근의 국권회복운동과 정치사상」, 『한국독립운동사연구』 21, 독립기념관 독립운동사연구소, 2003, 참조).
102 오영섭, 「안중근의 정치체제 구상」, 『한국독립운동사연구』 31, 2008, 참조.
103 유길준, 「西遊見聞」, 『유길준전서』 IV, 일조각, 1971, 161쪽.
104 임창영, 『위대한 선각자 서재필박사전기』, 공병우글자연구소, 1987, 165쪽.
105 이광수, 「박영효씨를 만난 이야기」, 『이광수전집』 17, 삼중당, 1962, 402쪽.

그리고 "韓國은 지금까지 진보하고 있으며 獨立 自衛가 되지 않는 것은 君主國인 結果에 基因하며"라는[106] 내용을 근거로 안중근이 입헌군주제를 추구하였다는 주장이 있다.[107] 그러나 이는 문맥상 일제의 한국침략을 지적한 것이지 정치체제를 비판한 것으로 볼 수 없다. 왜냐하면 위의 인용문 바로 다음의 "그 責任은 위에 있는지 밑에 있는지 의문일 것이다"라고 하는 부분에서[108] 알 수 있듯이, 안중근이 한국(韓國)이 독립(獨立)을 못하는 이유를 황제에게 돌리고 있다는 것으로만 볼 수 없기 때문이다. 게다가 안중근은 이토를 처단한 이유로 이천만 동포와 황제를 위해서라고 한 데서도[109] 안중근이 지향한 정체의 성격을 엿볼 수 있다. 또한 이는 군주제 자체에 대한 비판보다 일반민도 군주에 대해 일정한 발언권이 있다는 의미로 받아들여야 할 것이다. 그리고 안중근은 사료상 입헌군주제를 주창한 바가 없었다는 점도 지적될 부분이다. 그러므로 안중근이 개화를 지향하였다고 해서 정치체제도 입헌군주제를 추구했다는 주장은 근거가 약하다고 하지 않을 수 없다.[110]

또한 "세계의 독립국 중에서 法部와 外部의 권한이 없는 나라는 없다"[111]는 안중근의 발언을 근거로 국가통치의 실체가 황제가 아닌 입헌적 정부조직형태로 변화되어야 함을 안중근이 깨달았다고 주장되기도 한다.[112] 그러

---

106 국사편찬위원회, 「피고인 제6회 신문조서」, 『한국독립운동사』, 173쪽.
107 윤경로, 「사상가 안중근의 생애와 활동」, 318쪽.
108 국사편찬위원회, 「피고인 제6회 신문조서」, 『한국독립운동사』, 173쪽.
109 국사편찬위원회, 「피고인 제6회 신문조서」, 『한국독립운동사』, 173쪽.
110 입헌군주제를 지향했다고 하는 헌정회도 입헌군주제를 주창한 적이 없다. 이것이 의미하는 바는 당시 입헌 군주제에 대한 논의는 이론상에만 머물고 있었음을 의미하는 것이다(최기영, 「國民須知와 立憲君主論」, 『韓國近代啓蒙運動硏究』, 일조각, 1997, 35쪽). 또한 『황성신문』의 「樞院獻議」(1904년 3월 19일자)에 실린 '政治更張에 關한 主要事項'에도 "대황제폐하끠셔난 固有하신 主權으로 萬機를 親裁하야 帝國을 統治하실 事"라고 하는 기사를 보면 황제권의 절대성이 주장되고 있음을 알 수 있다.
111 국사편찬위원회, 「피고인 제6회 신문조서」, 『한국독립운동사』, 176쪽.
112 윤경로, 「사상가 안중근의 생애와 활동」, 318쪽.

나 안중근의 군주관을 보건대, 이러한 주장으로 안중근의 정체(政體)에 대한 인식이 적절히 설명되었다고 할 수 없다는 것은 자명하다. 오히려 이는 일제의 침략 상황을 지적한 것으로 정치체제 변화의 필요성을 강조한 것으로 볼 수 없는 것이다. 유인석에 대한 몇몇 비판적 발언을 근거로 안중근이 전근대성을 탈피한 것처럼 보고 있는 논자도 있다.[113]

그러나 이를 근거로 안중근의 군주관을 정확히 설명하였다고 볼 수 있을지 의문이다. 왜냐하면 성리학적 군주관이 철저한 최익현을 안중근은 "萬古에 얻기 어려운 近世 第一의 人物이다"[114]라고 한 평가에서 보듯이 동일한 사상적 기반을 갖고 있는 위정척사파의 거두 유인석과 최익현에 대해서는 전혀 다른 평가를 하고 있기 때문이다.

물론 안중근을 위정척사파의 연장선에 있던 인물로만 파악하는 것도 문제가 있는 것이다.[115] 말하자면 안중근은 안태훈의 개화적 성향의 영향과 천주교의 수용 그리고 세계사 변화추이를 인식하면서 개화를 실현하여 조선을 문명국 반열에 올려놓아야 한다는 안중근의 주장은 개화파와 같은 선상에 있다고 볼 수 있다. 반면, 군주를 절대시하는 안중근의 군주관은 위정척사파나 동학과 맞닿아 있다.

따라서 안중근의 시대인식은 국왕을 중심으로 한국의 근대화 문제를 고민하면서 자주적 입장을 취한 이기·박은식 등의 개신유학파와 그 궤도를 같이하고 있다고 보는 것이 타당할지 모르겠다. 다만 안중근이 개신유학파와 다른 점은 그 방법론에 있어 천주교를 기반으로 하여 한국을 세계 속에 당당한 문명국으로 세우려고 하였다는 데 있다. 결국 안중근은 전제군주제와 독립을 유지하면서 세계사의 흐름에 뒤지지 않기 위해 사회개혁을 추진

---

113 윤경로, 「사상가 안중근의 생애와 활동」, 314~315쪽.
114 국사편찬위원회, 「境경시의 신문에 대한 안응칠의 공술(제5회)」, 『한국독립운동사』 자료 7, 417쪽.
115 박성수, 「1907~1910年間의 義兵鬪爭에 對하여」, 『한국사연구』 1, 한국사연구회, 1968, 131쪽.

해야 한다는 생각을 갖고 있었던 것으로 볼 수 있다.[116]

(2) 안중근의 일본 천황관

위에서 안중근의 한국 군주관에 대한 인식을 살펴보았다. 이번에는 안중
근의 한국 군주관이 일본 군주관과 어떤 상관관계가 있는지 알아보고 또한
이를 통하여 안중근에게 일본 천황은 어떤 의미가 있는지 살펴보고자 한다.

안중근은 군주를 중심으로 한일관계를 바라보고 있었던 것으로 보인다.
안중근은 상대방 국가의 군주에 대해 한일양국 국민은 자국의 군주에 상응
하는 권위를 인정해야 한다고 주장하고 있다.[117] 예컨대, 한일관계는 전적으
로 한 사람과 같이 되어 있는 상황이므로 조선인은 자국의 국왕에게 충성하
듯 상대국 국왕에게도 충의를 다해야 하며, 일본인도 조선의 황제에게 충성
을 다 해야 한다고 그는 생각하였던 것이다.

그런데 안중근은 "일본인이 한국 황제에게 충의를 다하는 반대급부로 조
선인이 일본 천황에게 충의를 다해야 한다는 것"이나, "당시 한일관계가 한
사람과 같이 되었다'고 주장하고 있다. 그러나 이것만으로 양국 국민이 상
대방 국가의 최고통치자에게 충의를 다해야 하는 이유가 충분히 설명될 수
없을 것이다. 이를 뒷받침하는 어떤 논리적 근거가 있다.

---

116 오영섭은 근왕파를 '동도서기적 개혁노선과 반일·친구미 외교노선에 따라 전제군주제하
 에서 고종의 군주권을 수호하려는 중앙정계의 보수적인 정치세력'이라고 정의하면서(오영섭,
 「韓末 義兵運動의 勤王的 성격」, 『한국민족운동사연구』 15, 한국민족운동사학회, 1997, 48쪽)
 안중근을 최익현·허위·유인석·이강년 등과 더불어 근왕파로 분류하였다(오영섭, 「韓末 義
 兵運動의 勤王的 성격」, 1997, 61쪽). 그가 안중근을 근왕파로 분류한 것은 안중근의 군주관
 을 보건대 일면 타당성이 있다. 그러나 이들과 안중근이 다른 점은 외세의 간섭을 극력 배격
 하였다는 면에서는 최익현과 같은 노선에 있다고 하겠으나 최익현은 성리학적 기반 위에서
 조선을 개혁하려고 하였고, 안중근은 천주교라는 종교를 기반으로 세계사의 조류에 맞게 조
 선을 근대화시키려고 하였다는 면에서 분명히 구분된다.
117 최이권 편역, 『애국충정 안중근의사』, 128쪽.

그것은 무엇보다도 가주⇔군주⇔천주라는 논리를 염두에 두고 생각해 본다면 이해될 수 있을 것이다. 즉, 천주의 축소된 존재인 한국 황제, 일본 천황은 각각의 나라 안에서 천주의 권세와 부합되는 통치권을 갖고 있을 뿐만 아니라, 똑같이 각자의 권위가 상대국에 미치게 된다. 이러한 선상에서 한일양국은 상대국의 최고통치자에게 충성을 다해야 한다는 안중근의 논리 구조가 성립된다고 할 수 있다.

이상에서 보았듯이, 한국 황제와 일본 천황을 그 권위 면에서 동등하다고 인식한 안중근은 한국의 군주에 대해 "사회에서 가장 귀중한 것은 황제"라고 하였듯이[118] 일본 천황에 대해 다음과 같은 인식을 보이고 있다. 즉,

> 세상에서 존귀한 이는 누구인가 하면 인간으로서는 천황폐하입니다. 그 범할 수 없는 분을 자기 멋대로 침범한다는 것은 천황폐하보다 높은 더 높으신 분이라고 하지 않으면 안됩니다. 이등공작의 소위는 나라의 백성으로서의 행위는 아닙니다. 선량한 충신이 아니라고 알기 때문에 한국에 의병이 일어나 싸우고 있으며 또 그래서 일본의 군대가 진압하고 있습니다. 이것이야말로 일본과 한국과의 전쟁이라 아니할 수 없습니다.[119]

---

118 국사편찬위원회, 「공판시말서 제3회」, 『한국독립운동사』 자료 6, 1976, 385쪽.
119 이 인용문은 만주일일신문사가 출판한 『安重根事件公判速記錄』(1910년, 만주일일신문사)을 최이권이 번역 출판한 『애국충정 안중근의사』의 128쪽에서 인용하였는데, 일제 재판부의 공식기록을 국사편찬위원회에서 번역 출판한 『한국독립운동사』 자료 6의 「공판시말서 제3회」의 기록과 차이가 있다. 즉, 『한국독립운동사』 자료 6에 "元來 社會에서 가장 尊貴한 것은 皇帝이므로 皇帝를 侵害한다는 것은 할 수 없는 터인데도"라고 기록되어 있다. 따라서 『安重根事件公判速記錄』의 '천황폐하'는 문맥상 皇帝로 보는 것이 타당하다. 그러나 안중근의 군주에 대한 인식은 한국의 황제나 일본 천황은 상대국에 대해 같은 권한을 갖고 있는 것으로 볼 수 있으므로 이를 인용하였다. 또한 안중근의 천황에 대한 발언은 만주일일신문사에서 출판한 『安重根事件公判速記錄』에 기록되어 있으나, 일제당국이 이를 공식기록에서 삭제하였을 가능성도 고려해야 한다.

여기에서 안중근은 인간세상에서 가장 존엄한 존재는 일본 천황이며 이 일본 천황을 벌줄 수 있는 자는 천황보다 높은 존재 즉 천주 이외는 없다는 일본 천황관을 여실히 보여주고 있는 것이다. 특히 여기에서 한국에서 의병이 일어난 이유를 일본 천황의 한국침략성에서 찾기보다 일본 천황의 성지(聖志)에 반한 이토의 대한 정책에서 찾고 있는 안중근의 논리에 주목할 필요가 있다.

그런데 이러한 논리는 안중근만이 갖고 있는 것이 아니라, 당시의 상당수의 지식인에서도 보이는 공통된 인식이라는 사실에 또한 착목할 필요가 있다. 물론 이는 당시 지식인들의 군주론과 매우 밀접한 관계를 갖고 있는 것으로 보인다. 즉, 이기와 나철도 일본 천황에게 보낸 글에서 청일·러일 개전 시 발표된 천황의 선전조칙을 준수할 것을 일제에 요구하면서도 일제의 한국침략을 일본 천황의 뜻이 아니라고 여기고 있었다.[120] 심지어 의병장 이강년도 「격이등박문(檄伊藤博文)」에서 "이토 등의 신하가 침략의 의도가 없는 천황을 속이고 있다"[121]고 한 데서 보듯이, 위정척사파도 일본 천황을 타도의 대상으로 하여 항일전쟁을 전개한 것 같지는 않다.

이러한 맥락에서 안중근도 일본 천황을 천주의 대리자이자 일본국내의 절대자로 인식하였으므로 이토의 한국침략과 동양평화 파괴라는 역사현실 문제의 해결책을 일본 천황에게서 구하려고 하였던 것이다. 즉, 그는

내가 죽고 사는 것은 논할 것 없고 이 뜻을 속히 일본 천황폐하에게 아뢰어라. 그래서 속히 이토의 옳지 못한 정략을 고쳐서, 동양의 위급

---

120 이는 이기와 나철이 "대체로 이 두 칙서는 동일한 뜻을 담고 있어 日星처럼 명백하고 金石처럼 변할 수 없는 것으로서 이미 천하에 공포된 것입니다. 옛날 사람의 말에 '필부도 食言을 하지 않는데 하물며 萬乘天子야 말할 수 있겠는가?'라고 하였습니다. 그러므로 外臣들은 근일의 일이 폐하의 뜻이 아니라고 생각하고 있습니다"라고 한 데서도 알 수 있다(황현 저·김준 역, 「日皇에게 보낸 李沂등의 상서」, 『完譯 梅泉野錄』, 교문사, 1994, 608쪽).
121 박창희 편저, 「檄伊藤博文」, 『사료국사』, 598쪽.

라고 하였다. 이처럼 안중근은 일본의 한국 식민지화 정책에 대한 해결책을 천황에게서 찾고 있다.

안중근의 이러한 인식은 대표적인 위정척사파 최익현에게서도 발견된다. 즉, 최익현은 거병의 당위성을 주장하고 일제의 침략을 성토하기 위해 1906년 작성하여 보낸 「대일본정부대신서(對日本政府大臣書)」에서 16개 항목으로 나누어 조목조목 일제의 조선침략사실을 지적하였다. 여기에서 "귀국 황제에게 상주하여"라는 최익현의 표현에서 알 수 있듯이,[123] 최익현은 일면 일제의 침략을 일본 천황을 통하여 해결하려는 태도를 보이고 있다. 이러한 일본 천황에 대한 최익현의 태도가 성리학적 군주관에 기반하고 있다는 것은 부정할 수 없는 것이다. 최익현의 활동과 사상에 대해 잘 알고 있던[124] 안중근은 최익현을 근세 제일의 인물로 평가하였다.[125] 이처럼 최익현에 대한 안중근의 평가는 반침략이라는 맥락에서 최익현과 같은 궤도를 달리고

---

122 안중근, 「안응칠역사」, 181쪽.
123 박창희 편저, 「치일본정부대신서」, 『사료국사』, 583쪽.
124 국사편찬위원회, 「공판시말서 제5회」, 『한국독립운동사』 자료 6, 393쪽.
125 이로 보건대, 안중근은 위정척사파를 중심으로 한 의병투쟁사에 대해 잘 알고 있었던 것 같고 이들과 반일 독립투쟁이라는 측면에서는 같은 의식을 공유하였던 것으로 보인다. 즉, 안중근은 최익현에 대해 "崔益鉉은 高名한 士人이다. 激烈한 上書를 하기 數回 그가 도끼를 들고 大闕에 엎드려 臣의 머리를 베라고 强要한 따위는 참으로 國家를 憂慮한 人士이다. 또 五條約에 反對하여 上書하며 드디어 뜻과 같이 行해지지 않아 義兵을 일으키게 되었다. 日兵이 이를 잡았으나 나라의 義士라 하여 日本府間島로 보내 拘囚하였다. 그런데 그는 伯夷・叔齊보다 그 以上의 人物이다. 周의 栗을 먹지 않겠다고 말하였으나 崔先生은 물도 마시지 않았다. 萬古에 얻기 어려운 近世 第一의 人物이다"(국사편찬위원회, 「境경시의 신문에 대한 안응칠의 공술(제5회)」, 『한국독립운동사』 자료 7, 1976, 417쪽)라고 하여 평가하면서 독립운동가들을 다음과 같이 志士로 평가하였다. "그러한 志士는 많이 있다. 그 중에서 나는 가장 地位가 낮고 其他는 나보다 學識도 있고 財産 있는 분이므로 별로 交際는 하지 않고 있으나 그 氏名은 듣고 있다. 그러한 사람에는 閔泳煥 崔益鉉 趙秉世 金鳳學 閔肯鎬 等으로 特히 韓國의 義兵은 다 同一한 생각을 갖고 있다"(국사편찬위원회, 「피고인신문조서 피고인 안응칠」, 『한국독립운동사』 자료 6, 5쪽).

있는 까닭이기도 하지만 군주관을 공유한 점에서 일치감을 느꼈기 때문인지도 모를 일이다.

그런데 안중근이 이러한 사고를 갖게 된 이유가 다름 아닌 그의 군주관에 기인한다는 것은 위에서 살펴본 바와 같다. 말하자면 군주는 한 국가 내에서 천주에 상응하는 권한을 갖고 있는 동시에 천의를 행하는 자이므로 천황에게 그 해결책을 구하려고 하였던 것이다. 이와 같은 의미를 갖는 천황이기 때문에 안중근은

> 決코 나는 誤解하고 죽인 것은 아니다. 나의 目的을 達하는 機會를 얻기 위해 한 것이다. 까닭에 이제 伊藤이 그 施政方針을 그르치고 있었다는 것을 日本 天皇이 들었다면 반드시 나를 嘉尙할 것이라고 생각한다. 今後는 日本 天皇의 뜻에 따라 韓國에 대한 施政方針을 改善한다면 韓日間의 平和는 萬世에 維持될 것이며 나는 그것을 希望하고 있다.[126]

라고 하여 오히려 안중근 자신이 천황의 뜻을 배반한 이토를 처단한 것을 일본 천황도 가상하게 여길 것이라고 하였다.

이상과 같이, 안중근은 한국 황제의 연장선상에서 일본 천황을 인식하였고 군주는 천주의 대리자로 천주의 뜻을 현실화시키는 존재로 보았으므로 한국 침략의 선봉장인 천황을 부정하지 못하였던 것이다. 또한 안중근은 러일전쟁 개전 시 '한국의 독립'과 '동양의 평화 유지'를 러일전쟁의 명분으로 내세운 일본 천황의 조칙을 큰 비판 없이 믿었던 것도 군주는 소천주라는 안중근의 군주관에 의한 결과라고 볼 수 있다. 그러므로 안중근의 이러한 일본 천황관은 이토 포살에 대한 정당성과 당위성을 주장하기 위한 방편이

---

126 국사편찬위원회, 「공판시말서 제5회」, 『한국독립운동사』 자료 7, 396쪽.

었다[127]라고만 볼 수 없는 대일 인식의 한계성을 드러내고 있다는 것이다.

그러나 이와 같은 일본 천황에 대한 안중근의 인식의 한계에도 불과하고 안중근의 군주관은 당시 이토를 비롯한 침략세력에 대해 강력히 응징할 수 있었던 이론적 근거가 되었다는 점도 간과해서는 안 된다.

또한 안중근에서 보이는 전통적인 군주관에 바탕을 둔 한국인의 천황관이 관념을 넘어 행동으로 완전히 극복된 것은 1932년 1월 8일 이봉창의 일본 천황 폭살시도에서였다.[128] 이러한 측면에서 보아도 한국근대사에 있어 한국인들이 일본 천황관을 극복하기까지는 상당한 시간이 걸렸던 것이다.

5. 일본 천황의 조칙의미(詔勅意味)와 이토 히로부미 처단 명분

청일전쟁 개전 시 일본 명치천황(明治天皇)이 공포한 「선전조칙(宣戰詔勅)」 중에 "청국과의 전쟁은 한국의 독립국 권위(權威)를 확고히 하기 위한 것"이라고 하였다.[129] 러일전쟁 개전의 명분을 일본 명치천황은 '한국의 존망', '한국의 보전', '극동의 평화'를 위해서라고 하였다.[130] 그러나 '독립국의 권위'에서 '존망'·'보존'으로 바뀐 것에서 알 수 있듯이, 일본 천황이 러일전쟁(露日戰爭) 개전 시 발표한 선전조칙(宣戰詔勅)은 청일전쟁 때보다 한국에 대한 침략야욕을 노골적으로 드러내고 있었다.[131] 즉, 일본 명치천황은 러일전쟁 선전조칙을 통하여 한국의 존망은 일본의 결정에 달려있다는 협박을 은연중에 하였던 것이다.

---

127 최기영, 「안중근의 『동양평화론』」, 『한국근대계몽사상연구』, 일조각, 2003, 103쪽.
128 조동걸, 「이봉창의거의 역사성과 현재성」, 『이봉창 의사와 한국독립운동』, 이봉창의사장학회, 2002, 67쪽.
129 日本外務省 編纂, 「淸國에 對する善戰의 詔勅」, 『日本外交年表竝主要文書』 上, 1965, 154쪽.
130 日本外務省 編纂, 『日本外交年表竝主要文書』, 222~223쪽.
131 中野泰雄, 『安重根 日韓關係의 原像』, 亞紀書房, 1984, 147쪽.

이러한 러일전쟁 선전조칙과 이 조칙에 따라 수행된 러일전쟁에 대한 국내의 반응은 일본의 침략의도를 간파했느냐 하는 것과 별개의 문제로 하더라도 대체적으로 긍정적이었던 것으로 여겨진다. 예컨대, 계몽운동계열의 이승만은 「루즈벨트 대통령에게 보내는 하와이 교민의 청원서」에서 천황의 조칙에 대해 긍정적으로 평가하였다.[132] 또한 1919년 이광수가 기초한 『2·8독립선언서』에서조차 천황의 조칙에 따라 수행된 러일전쟁을 한국침략전쟁으로 보지 않았다.[133]

안중근도 이러한 당시의 많은 지식인들처럼 천황을 침략세력으로 인식하지 못했을 뿐만 아니라, 오히려 일본 천황에 대해 "한국의 독립을 공고히 하고 동양의 평화를 유지해 주는 존재"로 인식하였던 것은 분명한 사실인 것 같다.[134]

그 이유는 무엇일까? 이에 대한 해답을 구하기 위해서는 안중근이 "한국의 독립과 동양의 평화를 유지하기 위해 러시아와 개전한다"는 일본 천황의 선전조칙이 안중근에게 무슨 의미가 있는 것인지 규명할 필요가 있다.

안중근이 군주를 천주의 축소된 소천주로 보아 일본 천황을 "세상에서 인간으로 가장 존귀한 존재"라고 칭한 것은 주지하는 바이다. 이러한 맥락에서 안중근은 한국 황제나 일본 천황의 발언을 한일 양국민이 천명과 같은 절대적인 의미로 받아들일 뿐만 아니라, 상호 존수해야 할 것으로 인식하였던 것이다.

이와 같은 군주관은 천황의 대러선전조칙에 대한 안중근의 평가에 투영되어 있는 것이다. 안중근은 한국의 독립을 유지하고 동양의 평화를 보장하

---

132 F.A. McKenzie 지음, 신복룡 옮김, 『大韓帝國의 悲劇』, 평민사, 1985, 293쪽; 정창렬, 「露日戰爭에 대한 韓國人의 反應」, 『露日戰爭前後 日本의 韓國侵略』, 역사학회, 1986, 226쪽.
133 김삼웅, 「2·8 독립선언서」, 『抗日民族宣言』, 한겨레, 1989, 119쪽.
134 그렇다고 안중근이 러일전쟁 이전에 일본의 침략을 전혀 인식하지 못하였다는 의미는 아니다. 이에 대해서는 신운용, 「안중근의 대일의식」, 『한국민족운동사연구』 60, 한국민족운동사학회, 2009, 참조.

겠다는 일본 천황의 뜻이 그 선전조칙에 담겨져 있는 것으로 여겼던 것이다.[135] 군주의 말은 천주의 뜻과 같다고 여긴 안중근에게 당연한 결과인지 모르겠다. 따라서 러일전쟁에 대한 일본 천황의 선전조칙은 안중근에게 천명 그 자체였던 것으로 해석된다. 이러한 의미에서 안중근이 천황에 대해 "세상에서 가장 존귀한 분"이라고 표현한 것은 단순히 이토를 처단한 당위성을 내세우기 위한 명분에서 나온 것이 아니라, 안중근의 종교관, 천명관과 깊은 관련 속에서 드러난 것이라는 데 주목할 필요가 있다.

다음으로 안중근이 이토를 처단할 수밖에 없었던 명분에 대하여 살펴보려고 한다. 안중근은 천주가 이토와 같은 악인을 반드시 벌한다고 믿고 있었다.[136] 물론 이는 안중근만의 천주관이 아니라, 당시 천주교인의 공통된 인식기반 위에 형성된 것이라고 볼 수 있다. 이러한 측면에서 천주의 뜻인 한국의 독립과 동양의 평화 유지는 순천(順天)하는 첩경이지만, 이를 거역하는 것은 역천(逆天)행위가 되어 천의 심판을 받게 되는 것이다.

따라서 안중근에게 있어 천명을 실행한다는 것은 "한국의 독립과 동양의 평화 유지를 위한 실천적 행동"을 의미하는 것이다. 그러나 이에 역행하는 모든 행위는 곧 '역천행위'로 처단의 대상이 되는 것으로 안중근은 보았던 것이다.

이러한 맥락에서 안중근은 이범윤에게 거병을 종용하며 역천한 이토를 단죄하는 것이 순천(順天)하는 것이라고 강조하였다. 아울러 이범윤에게 이토는 군주와 백성을 속이고 한국을 침략하여 역천한 자이므로 얼마 지나지 않아 천벌을 받을 것이라고 특별히 부언하였던 것이다.[137] 이처럼, 안중근은 의병투쟁의 당위성을 천명이라는 논리에서 찾고 있음을 알 수 있다.

위에서 살펴보았듯이 군주의 말은 국가 내에서는 천주의 뜻과 마찬가지

---

135 최이권 편역, 『애국충정 안중근의사』, 127쪽.
136 안중근, 「안응칠역사」, 45쪽.
137 안중근, 「안응칠역사」, 168~169쪽.

인 것이다. 따라서 군주의 말은 절대적인 것이고 이를 어기는 것은 천의(天意)를 어기는 것이 되는 것이다. 그러므로 군주(한국 황제·일본 천왕)의 말을 듣지 않거나 속이면 천주가 천벌을 가하게 되는 것이다. 그래서 안중근은 일본 명치천황이 러일전쟁 선전조칙을 공포하자,

> 今後는 日本 天皇의 뜻에 따라 韓國에 대한 施政方針을 改善한다
> 면 韓日間의 平和는 萬世에 維持될 것이며 나는 그것을 希望하고 있
> 다.[138]

라고 하여 천황의 조칙대로만 된다면 필시 한국도 진보할 것이고 한국 독립과 동양평화의 유지가 실현될 수 있을 것으로 여겼다.

그러나 역사현실은 이와 정반대로 전개되었다. 러일 간의 한반도를 둘러싼 경쟁은 러일전쟁으로까지 이어졌다. 일제는 1902년 영일동맹을 체결하여 러일전쟁을 대비하였고, 1903년 10월 이후에는 이지용·이근택 등 부일파를 매수하는 등 조선을 침탈하기 위한 사전준비를 완료하였다. 1904년 1월 일제는 일본인 보호를 구실로 인천·군산·마산 등지로 군수품을 운반하였으며 일본군을 서울에 주둔시켰다.

한국정부는 이러한 상황에서 1월 21일 중외중립을 선언하였으나, 역사현실을 되돌릴 수는 없었다. 이미 1904년 1월에 러일전쟁이 일어날 것이라는 소문이 서울에 파다하게 펴져 있었다. 드디어 일제가 2월 8일 여순항을 공격하고 2월 10일 대러(對露) 선전포고 조칙에 의해 러일전쟁이 시작되었다.

이러한 일제의 침략과정에서 안중근은 이토의 침략을 다시 한번 확인하였을 것이다. 말하자면 한국의 독립과 동양의 평화 유지라는 천명에 따라 러일전쟁을 선언한 천황의 의도는 러시아의 침략에 대한 반침략전쟁이었으

---

138 국사편찬위원회, 「공판시말서 제5회」, 『한국독립운동사』 자료 6, 396쪽.

나, 이토가 이를 어기고 한국침략으로 나왔다는 것이다. 이러한 면에서 천황의 러일전쟁 선전조칙 자체는 한국 독립과 동양평화를 위한 것이기 때문에 한국인도 일본을 도와주었지만, 결국 이토가 러일전쟁을 일본국민과 천황을 속이고 '망령되이' 침략전쟁으로 변질시켰다고 안중근은 인식하였다. 때문에 안중근은 이토 처단 명분을 천명에 의해 수행된 러일전쟁을 이토가 역천하여 한국을 침략했으므로 천명에 의해 이토가 제거되어야 한다는 논리로 내세웠던 것이다.

사실 이토는 1900년 전후 러시아와 한국분할을 전제로 한 한국 중립화를 실현하기 위한 협상을 주도하였고, 그 후 1904년 3월 17일 특파대신으로 한국에 건너와 일제의 대한침략을 진두지휘하였다. 특히 안중근은 1905년 11월 을사늑약을 체결시킨 당사자인 이토를 처단해야 할 대표적인 침략자로 상정하였다. 그리하여 안중근은 이토는 천황을 속이고 일본국민을 죽음으로 몰아넣었을 뿐만 아니라, 한국 독립과 동양 평화를 유린한 역천한 악인(惡人)이라고 인식하였다.

이러한 맥락에서 안중근은 이토를 제거하지 않고는 천명이 실현될 수 없다고 보았던 것이다.

우덕순도 검찰관 미조부치(溝淵)가 이토를 처단하려고 했던 이유를 묻자, "이토 히로부미(伊藤博文)가 한국에 을사늑약과 정미7조약을 강제로 체결케 하고 한국 황제와 일본 천황을 속인 방약무인한 구적(仇敵)이기 때문에 이토를 죽이려고 하였다"고 진술하고 있다.[139] 이러한 우덕순의 주장은 안중근이 이토를 처단한 이유와 같은 선상에 있음을 알 수 있다. 필시 우덕순은 안중근과 반일독립투쟁뿐만 아니라 일본 천황관도 공유하고 있던 것으로 추정된다.

그리고 안중근은 이토를 처단해야 한다는 당위성을 한국을 침략하고 동

---

139 국사편찬위원회, 「공판시말서 제2회」, 『한국독립운동사』 자료 6, 338쪽.

양평화를 유린한 이토의 역천행위로만 내세우지 않았다. 안중근은 "일본국 민을 구원하기 위해 이토를 처단하였다"고 주장하였다.[140] 안중근은 이토를 "동양평화와 한일관계에 해악을 끼치는 악인이므로 일본인조차 이토를 증오하는데 한국인이야 말할 필요도 없다"고 평하면서 한일관계를 위해 이토를 제거해야 한다고 강조하였다.

안중근은 일본인 전부를 침략세력으로 보지 않았다는 사실에 주목할 필요가 있다. 즉, 안중근은 일본사회를 이토 히로부미를 비롯한 침략세력과, 이에 반대하는 국민과 일본의 천황으로 구분하여 보고 있다. 안중근이 1908년 7월경 국내진공작전 때 포로로 생포한 일본 군인과 상인들에게 이토가 일본 천왕의 뜻을 어기고 한국을 침략하고 동양을 유린하였다고 하였다. 이에 대해 일본인들은 이토의 침략으로 일본국민도 고통을 당하고 있다고 하여, 이토에 대한 인식을 안중근과 같이 하고 있음을 표출하였다.[141] 따라서 안중근은 일본국민을 위해서라도 일제의 대표적인 침략세력인 이토 히로부미를 처단함으로써 한국 독립과 동양 평화의 유지라는 천명을 실현하려고 하였던 것이다.

이처럼, 안중근은 이토가 생존해 있는 이상 한국 독립과 동양 평화의 유지라는 천명을 구현할 수 없다고 본 것 같다. 이러한 맥락에서 천명을 실현하기 위해 이토를 제거해야 한다는 안중근의 논리가 성립되는 것이다.

이러한 의미에서 안중근은 그 자신이 이토 히로부미를 포살한 것이 인도(人道)에 반하지 않을 뿐만 아니라, 천의(天意)에 순응하여 이토를 처단하였으므로 살인에 대한 죄의식을 전혀 느끼지 않았던 것이다. 그래서 검찰관 미조부치가 천주교에서도 살인을 금하고 있지 않느냐고 하면서 안중근의 이토 처단을 뉘우치도록 하는 술수를 구사하였다. 이에 대해 안중근은 수수방관하는 것이야말로 더 큰 죄악이기 때문에 이토를 처단하였다고 반박하

---

140 국사편찬위원회, 「공판시말서 제5회」, 『한국독립운동사』 자료 6, 395~396쪽.
141 국사편찬위원회, 「공판시말서 제5회」, 『한국독립운동사』 자료 6, 134~135쪽.

였다.[142] 즉, 안중근은

> 혹시 어째서 천주님이 사람들이 살아 있는 현세(現世)에서 착하고
> 악한 것을 상주고 벌주지 않느냐고 하겠지마는 그것은 그렇지 아니하
> 오 이 세상에서 주는 상벌은 한정이 있지마는 선악에는 한이 없는 것
> 이오 만일 어떤 사람이 한 사람을 죽여 시비를 판별할 적에 죄가 없으
> 면 그만이려니와 죄가 있어도 그 한 사람만 다스리는 것으로 족한 것
> 이오
>
> 그러나 어떤 사람이 여러 천만 명을 죽인 죄가 있을 적에 어찌 그
> 한 몸뚱이만 가지고 대신할 수 있겠소 그리고 또 만일 어떤 사람이 여
> 러 천만 명을 살린 공로가 있을 적에 어찌 잠깐 되는 세상영화로써 그
> 상을 다했다고 할 수 있겠소[143]

라고 하는 논리로 이토 처단의 정당성을 주장하였다. 즉, 이는 천만 명을 죽
인 죄인 이토를 처단함으로써 천만 명을 살린 공로가 안중근에게 있으므로
현세의 상으로 다할 수 없고 천주의 상(賞)으로 구원받을 것이라는 안중근의
종교관이 반영되어 있는 것이라고 할 수 있다.

이러한 안중근의 이토 제거논리는 유일한 거사동지였던 우덕순에게서도
발견된다. 즉,

> 내가 伊藤을 硏究한 것은 統監으로서 왔을 當時 다만 그때 伊藤은

---

142 이는 다음에서 엿볼 수 있다. 즉, "教에도 사람을 죽임은 그 局에 있는 者밖에는 할 수 없
는 일이라는 것도 알고 있다. 또 聖書에도 사람을 죽임은 罪惡이라고 있다. 그러나 남의 나라
를 奪取하고 사람의 生命을 빼앗고자 하는 者가 있는데도 袖手傍觀한다는 것은 罪惡이므로
나는 그 罪惡을 除去한 것뿐이다"(국사편찬위원회, 「피고인 안응칠 제10회 신문조서」, 『한국
독립운동사』 자료 6, 284쪽).
143 안중근, 「안응칠역사」, 45~46쪽.

日本政府를 代表하여 韓國의 獨立을 鞏固히 하기 위해 온 사람이라
고 생각했다. 그런데 事實은 그것에 反해 日本 天皇의 뜻을 가리고 韓
日 兩國의 사이를 疎隔케 하여 韓國을 今日과 같은 悲境에 빠뜨렸다.
自今 西洋은 平和를 假裝하고 東洋을 엿보고 있는 때이므로 脣亡齒
寒이란 말도 있듯이 韓國이 今日의 狀況으로는 東洋의 平和도 따라서
깨질 것이라고 생각한다. 까닭에 日本 天皇의 德을 가리고 또 韓日 兩
國을 疎隔케 하는 伊藤을 없애버리면 따라서 平和가 維持될 것으로
생각하고 殺害하기에 이르렀던 것이다. 나는 이 밖에는 말할 것이 없
다.[144]

요컨대, 우덕순의 이토 제거논리는 안중근과 같은 선상에 있다고 보아야
할 것이다. 또한 안중근이 우덕순과 이토 제거를 도모한 이유는 우덕순이
함께 국사를 논할 만큼 학식을 갖춘 사람이기 때문이기도 하였지만[145] 무엇
보다 안중근과 우덕순은 같은 한국인이자[146] 기독교인[147]으로서의 반일독립
투쟁 정신과 종교사상을 공유했기[148] 때문일 것이다. 이러한 맥락에서 한국
인들은 안중근의거를 천명에 따른 당연한 결과로 보았던 것이다.[149]

그리고 안중근이 죽기 전에 빌렘 신부와 가족에게 보낸 유언장에서 "천당
에서 만나자"고 한 것을 보건대, 그는 죽어서 꼭 천당에 갈 것이라고 굳게
믿고 있었던 것 같다.[150] 살인을 금한 천주교의 교리를 어기면 천당에 갈 수

144 국사편찬위원회, 「공판시말서 제3회」, 『한국독립운동사』 자료 6, 388쪽.
145 국사편찬위원회, 「피고인 안응칠 제9회 신문조서 피고인 안응칠」, 『한국독립운동사』 자료
   6, 255~257쪽.
146 국사편찬위원회, 「공판시말서 제2회」, 『한국독립운동사』 자료 6, 337쪽.
147 국사편찬위원회, 「공판시말서 제2회」, 『한국독립운동사』 자료 6, 336쪽.
148 이는 우덕순이 쓴 다음의 詩歌에서 엿볼 수 있다. 즉, "힝장검수할 젹마다 하ᄂᆞ님ᄭᅥ기도ᄒᆞ고
   예슈ᄭᅥ경비ᄒᆞ되 살핍쇼샤 살핍쇼샤 동반도에 더한뎨국살핍쇼샤 아뭇죠록 제의를 도옵쇼셔"(日
   本 外交史料館, 「伊藤公爵遭難關會知政務局長旅順出張立ニ犯人訊問ノ件(聽取書)」, 『伊
   藤公爵滿洲視察一件』(문서번호 : 4.2.5, 245-4)).
149 국사편찬위원회, 「헌제본349호」, 『한국독립운동사』 자료 7, 349쪽.

없을 것인데도 안중근이 친지들에게 "천당에서 만나자"라고 한 이유는 무엇일까? 그 이유는 한국 독립과 동양 평화 유지라는 천명을 실현하기 위해 역천한 이토를 천명에 따라 처단했기에 종교적 의미에서 죽어 천당으로 갈 수 있다고 안중근이 믿었기 때문인 것 같다. 이러한 면에서 안중근은 죽음에 임해서조차 '종용자약(從容自若)'할 수 있었던 것이다.

6. 맺음말

이상에서 안중근이 이토 히로부미를 처단할 수밖에 없었던 사상적 배경에 대해 살펴보았다. 필자는 다음과 같이 정리하여 이 글을 끝맺으려고 한다.

안중근은 황사영에게서 보이는 종교 지상주의를 추구하거나 구복적 신앙이 중심이었던 천주교의 한계성을 완전히 극복한 전범(典範)이라고 할 수 있다. 또한 안중근단계에 이르러 한국 천주교는 토착화 내지 민족화의 단초를 열었다는 면에서 천주교사에 있어 안중근의 위치와 의미를 부여할 수 있을 것이다.

안중근은 이토를 처단할 수밖에 없었던 논리를 '천명론'에 근거하여 설명하고 있는 것으로 생각된다. 또한 천명을 한국의 독립과 동양 평화의 유지로 보았다. 그런데 안중근은 한국침략의 최종 책임자라고 할 수 있는 일본 천황에 대해서는 "세상에서 가장 존귀한 분"이라고 하여 존중하였을 뿐만 아니라, 러일 선전조칙을 천명과 등치시켰다. 그 이유는 위에서 살펴보았듯이 안중근의 군주관에 기인하는 것으로 보인다. 또한 종교를 바탕으로 군주를 소천주로 인식하여 군명을 천명이라는 식으로 보았던 것 같다.

안중근은 한국침략의 최종책임자인 천황을 침략세력으로 보지 못한 반면

---

150 국사편찬위원회, 「안중근의 옥중 서한 및 서면광경에 관한 건」, 『한국독립운동사』 자료 7, 528~529쪽.

에 이토를 신하된 자로서 천명과 같은 천황의 선전조칙을 이행하지 않고 한일양국 국민을 모두 속이고 한국을 침략한 자로 보았던 것이다.

이러한 의미에서 안중근은 이토가 한국을 식민화시키고 동양의 평화를 유린하여 역천하였기 때문에 순천(順天)하기 위하여 천명에 따라 이토를 처단하였다고 주장하고 있다. 이러한 면에서 안중근은 천주교 10계명 중에서 제5계명인 '살인하지 말라'는 천주교의 교법이 있음에도 이토를 처단할 수밖에 없었고, 이를 곧 천명의 실현으로 여겼던 것이다. 그렇기 때문에 안중근은 그 자신이 천당에 갈 수 있다는 자신감을 갖고 있었고 독립투쟁과정에서 직면한 모든 어려움도 천명을 수행하는 과정으로 여겼기 때문에 죽는 그 순간에도 종용자약(從容自若)할 수 있었던 것이다.

이상에서 보았듯이 안중근이 이토를 처단한 사상적 배경은 한마디로 유학을 바탕으로 한 천주교 사상이었다. 그러나 안중근의 천주교 사상은 당시 풍미했던 서양이론이 아니라 우리 역사 속에서 안중근이 스스로 깨달은 천명론에 근거한 것이었다. 그렇기 때문에 안중근은 "국가 앞에서는 종교도 없다"고 선언할 수 있었던 것이다. 물론 이는 안중근이 천주교를 떠났다는 의미가 아니다. 오히려 안중근은 종교와 민족을 일치시킴으로써 천주교에 대한 믿음을 확인하였던 것이다.

2

안중근의 대일인식

1. 들어가는 말

안중근은 1879년 9월 2일에 황해도 해주에서 태어나 일제의 불법적인 사형집행으로 여순감옥에서 1910년 3월 26일 10시 4분 순국하기까지 32세라는 짧은 일생을 살았다. 32세로 단명한 안중근이지만 그의 생애는 한국근대사의 축소판이라고도 할 수 있을 만큼 많은 의미를 내포하고 있다. 그는 1897년 1월 천주교 신자가 되기 전까지 10여 년 유학을 익혔고, 명성황후시해사건 등 일제의 침략을 목격하면서 민족의식을 키워왔다. 천주교에 입교하고 나서는 천주교에 충실한 삶을 살면서도 천주교 지도층의 권위적 태도 등 천주교 내부의 불합리성에 대해 시정을 촉구하기도 하였다.

또한 안중근은 한국과 천주교의 발전을 위하여 뮈텔주교에게 대학설립을 건의하였다. 그러나 뮈텔주교는 대학교육이 당시 한국인의 종교생활에 방해가 된다는 이유를 들어 그의 대학설립 건의를 거절하였다. 이에 대해 그는

"천주는 믿을지언정 외국인은 못 믿겠다"는 민족의식을 표출한 사실이 많이 알려져 있다.

1900년대로 들어와서 한국을 둘러싼 국제정세는 급변하였다. 즉, 중국에서는 의화단 사건이 1900년에 일어나 중국대륙을 휩쓸고 있었다. 의화단의 등장은 중국에 대한 러시아의 간섭을 초래하는 하나의 원인이 되었다. 뿐만 아니라, 의화단 사건을 이용한 러시아의 중국 간섭은 곧바로 한국에까지 영향을 끼쳐, 1903년에는 용암포사건을 초래하였다. 용암포사건은 백인종 특히 러시아에 대한 한국인의 혐오감을 촉발시켜 러일전쟁에서 일본을 지지하는 하나의 원인으로 작용하였다. 이러한 상황에서 일제는 1904년 2월 8일 러일전쟁을 도발하였고, 곧이어 1904년 2월 23일 한국에 「한일의정서」를 무력으로 강요하여 한국을 군사적으로 장악하였던 것이다.

이와 같은 국제정세를 주시하면서 안중근은 러일전쟁 발발 이전부터 그 전쟁이 미칠 파장에 대비하였다. 그러한 결과 안중근은 해외이주계획을 세워 상해시찰을 하였다. 이후 르각 신부의 권유를 받아들여 일제로부터 독립을 견지하기 위한 방법으로 안중근은 삼흥학교·돈의학교를 운영하며 계몽운동에 진력하였다. 그러나 일제는 1905년 11월 17일 「을사늑약」을 한국에 강제하였다. 뿐만 아니라, 헤이그밀사 사건을 구실로 이토 히로부미(伊藤博文)는 1907년 7월 18일 고종을 강제 폐위시켰고, 1907년 7월 24일 「한일신협약(정미7조약)」을 한국에 강제하였으며 8월 1일 한국군대를 해산시켰다.

이러한 시대상황 속에서 안중근은 "국가 앞에는 종교도 없다"고[1] 선언하며 새로운 차원의 독립투쟁을 위해 활동무대를 국외로 옮겼던 것이다. 1907년 9월 10일경 안중근은 간도에 도착하여 일제의 탄압에 신음하는 간도 한인의 참상을 목격하고 본격적으로 무력투쟁에 투신할 결심을 하였다. 이후 1908년 7월 국내 진공작전을 벌였고 정천동맹(단지동맹)을 주도하는 등 무력

---

1 국사편찬위원회, 「報告書」, 『한국독립운동사』 자료 7, 543쪽.

투쟁을 전개하기도 하였다.

그러나 안중근은 의병을 중심으로 한 독립전쟁의 한계를 느껴 이토를 처단하는 길이 천주교의 교리에 충실하는 방법이자, 한국의 독립을 쟁취하는 초석이며 일제의 반성을 촉구하는 첩경이라고 생각하였다. 그 후 안중근은 민족의 자주독립을 염원하며 산화하였던 것이다. 안중근이 이처럼 불꽃같이 인생을 산 이유는 바로 한국의 독립과 동양의 평화 유지라는 천명(天命)을 실천하기 위해서였다.[2]

그런데 안중근의 시대인식과 시대문제 해결방법론을 종합적으로 규명하기 위해서는 다양한 측면에서 연구가 이루어져야 한다. 이러한 의미에서 그의 대외인식, 특히 대일인식을 살펴보는 것도 의미 있는 일이다. 물론 안중근도 역사인물이므로 동시대의 인물들이 갖고 있던 시대인식의 영향을 받고 있었음이 분명하다. 그렇다 하더라도 안중근만의 시대인식론이 있을 것이다. 또한 그러한 인식을 가능하게 한 사상적 바탕이 있었을 것이다.

그동안 학계에서는 안중근의 생애와 사상에 대해 다양한 검토가 이루어졌다.[3] 특히 그의 일본인식에 대한 다음과 같은 연구 성과를 거두었다. 즉, ① 안중근이 러일전쟁 이전에는 일본의 침략의도를 인식하지 못하였고 러일전쟁 당시 일제의 승리를 지지하였다.[4] ② 러일전쟁 이후 안중근은 일제의 침략의도를 인식하고 반일독립투쟁에 투신하였다는 것이다.[5]

---

2 신운용, 「안중근의거의 사상적 배경」, 『한국사상사학』 25, 한국사상사학회, 2005, 참조.
3 조광, 「安重根 연구의 현황과 과제」, 『한국근현대사연구』 12, 한국근현대사학회, 2000, 참조.
4 박창희, 「안중근의 동양관과 아시아의 어제와 오늘」, 『안중근의사 연구의 어제와 오늘』, 안중근의사기념관, 1993, 37쪽; 장석흥, 「安重根의 대일본인식과 하얼빈 의거」, 『교회사연구』 16, 교회사연구소, 2001, 41쪽; 최기영, 「안중근의 「동양평화론」」, 『한국근대계몽사상연구』, 일조각, 2003, 102쪽; 윤경로, 「안중근의거와 <동양평화론>의 현대사적 의의─동아시아의 평화미래 를 전망하며」, 『안중근의거의 국제적 영향』(광복64주년 및 개관 22주년 기념학술심포지엄), 독립기념관 한국독립운동사연구소, 2009. 168쪽.
5 신용하, 「安重根의 思想과 義兵運動」, 『한국민족 독립운동사연구』, 을유문화사, 1985, 157쪽; 박창희, 「안중근의 동양관과 아시아의 어제와 오늘」, 37쪽; 조광, 「安重根의 愛國啓蒙運動과 獨立運動」, 『교회사연구』 9, 74쪽; 장석흥, 「安重根의 대일본인식과 하얼빈 의거, 45쪽; 윤선

그러나 안중근은 이토를 제거한 첫 번째 이유를 '只今으로부터 十餘年前 伊藤의 指揮로 韓國 王妃를 殺害하였다'[6]고 하였듯이 안중근의 대일인식의 중심축은 역시 일제의 명성황후시해사건이었던 것이다[7]. 안중근의 대일인식은 일제의 침략양상에 따라 다르게 나타나고 있다. 안중근의 대일인식은 러일전쟁을 전후로 변한 것이 아니라, 명성황후시해사건의 연장선에서 일제의 침략 강도에 비례하여 일제의 침략을 인식하면서 민감하게 표출되었다. 또한 이러한 대일인식은 그의 종교와 결합하여 더욱더 정교하게 이론화되던 것이다.

이와 같은 맥락에서 안중근의 대일인식에 대한 연구가 충분히 되었다고 단정할 수 없다. 때문에 안중근의 대일인식에 대해 학계에서 "시대에 따른 안중근의 대일인식의 변천과정과 그 의의를 추적하는 작업은 충분히 이루어졌다고 할 수 없다"고 지적되기도 한다.[8]

이러한 의미에서 필자는 안중근의 대일인식이 러일전쟁을 전후로 긍정에서 부정으로 변하였다는 학계의 시각에 문제를 제기하면서 시대상황 속에 안중근의 대일인식의 변화과정을 구체적으로 추적하고 그 의미를 살펴보는데 이 글의 목적을 두고자 한다. 이 작업을 통하여 필자는 안중근의 대외인식에 대한 보다 심층적인 논의를 촉발시켜 안중근연구의 폭을 확대시켰으면 하는 바람이다.

자, 「안중근의 애국계몽운동」, 『한국근대사와 종교』, 국학자료원, 2002, 184쪽.
6 국사편찬위원회, 「피고인 신문조서 피고인 안응칠」, 『한국독립운동사』 자료 6, 1976, 3쪽.
7 이는 "一千八百六十七年 大日本明治天皇陛下父親太 皇帝陛下弑殺大逆不道事"(국가보훈처, 『亞洲第一義俠安重根』 1, 93쪽)라는 안중근의 지적에서도 확인된다.
8 윤경로, 「종합토론」, 『교회사연구』 16, 교회사연구소, 2001, 152쪽.

2. 명성황후 시해사건과 일본인식의 형성

안중근과 일본인의 인연은 1894년 11월 일본인 장교 스즈키(鈴木)가 안태훈에게 동학진압에 대한 축하를 보내온 무렵으로 거슬러 올라간다.[9] 이때 일본 군인을 처음 본 안중근은 어떤 생각을 하였을까? 안중근은 스즈키를 침략자로 여겼을까? 아니면 동학이라는 공동의 적을 앞에 두고 협력의 대상으로 여겼을까? 이에 대한 해답은 쉽사리 짐작할 수 있다. 왜냐하면 1894년 11월 19일 안태훈과 안중근은 동학세력을 진압하는 등 동학 출현의 역사적 의미를 깊이 이해하지 못하는 계급적 한계를 보이지만[10] 일제를 침략자로 여긴 것이 분명하기 때문이다.[11]

그 근거로 다음과 같이 두 가지를 들 수 있다. 첫 번째는 일본군 소위 스즈키에 대한 안태훈의 태도이고 두 번째는 안태훈의 교우관계이다. 첫 번째의 경우를 살펴보기 위해서는 안태훈이 스즈키를 이용하여 일제에 접근하지 않았다는 사실에 주목할 필요가 있다. 안태훈이 권력만을 지향한 인물이었다면 스즈키는 자신의 정치적 지위를 강화시킬 수 있는 좋은 상대였던 것이다. 따라서 스즈키에 접근하지 않았다는 것은 일제의 침략성을 인식하고 있었기 때문이었다.

두 번째의 경우, 안태훈이 1893년경 책사로 고능선(高能善, 高錫魯)을 청계동에 모셔왔다는 사실을 주목할 필요가 있다. 고능선은 유중교(柳重教)의 제자이며, 유인석(柳麟錫)의 동문으로 명망 있는 해서지방의 유학자이자 위정

9　동학농민전쟁 백주년기념사업 추진위원회, 「黃海道東學黨征討略記」, 『東學農民戰爭史料叢書』 12, 1996, 사운연구소, 344쪽.

10　안중근, 「안응칠역사」(윤병석 역편, 『안중근전기전집』, 국가보훈처, 1999), 133~135쪽; 동학농민전쟁 백주년기념사업 추진위원회, 「甲午海營匪擾顚末」, 『東學農民戰爭史料叢書』 12, 274쪽.

11　정은경은 안태훈이 김구를 숨겨주었던 것은 같은 민족으로서 대일인식을 공유하였기에 가능하였다고 평가했다(정은경, 「1894년 황해도·강원도 지역의 농민전쟁」, 『1894년 동학농민전쟁연구』4, 1995, 419쪽).

척사파에 속한 인물이다.[12] 고능선은 김구의 지적대로 일제의 침략성을 정확히 간파하고 있었음이 분명하다.[13] 안태훈은 이러한 고능선과 대일인식을 공유하는 바탕 위에서 나랏일을 논했던 것으로 보인다.[14] 물론 그렇다고 그를 고능선과 같은 위정척사계열의 인물로 단정할 수 없다. 그는 사상적 지향점에 있어 고능선과 노선을 달리하는 모습을 보였다. 하지만 국내의 개혁문제에 대해 개화파와 같은 선상에 있었던 그는 외세의 침략에 대해 방법론을 달리할지라도 기본적으로 고능선과 반침략이라는 점에서 접점을 이루고 있었다.

동학의 진압, 상해탐방 등 안중근은 중요한 일을 아버지 안태훈과 늘 상의하여 결정하였다. 여기에서 알 수 있듯이, 반일의식이 강한 고능선과 안태훈의 대일인식은 안중근의 그것과 연동되어 있었던 것이다. 따라서 안중근도 이러한 안태훈과 고능선의 대일인식에 영향을 받아 일본의 침략성을 잘 알고 있었던 것이다.

때문에 안중근은 1909년 10월 30일 미조부치 타카오(溝淵孝雄) 검찰관에게 제시한 '이토 히로부미 죄상(伊藤博文罪狀) 15개조'에서 분명히 이토를 제거할 수밖에 없었던 첫 번째 이유로 "只今으로부터 十餘年前 伊藤의 指揮로 韓國 王妃를 殺害하였다"[15]라고 명성황후시해사건을 들었던 것이다. 1895년 10월 8일의 명성황후시해사건은 한국민의 분노를 자아낸 사건으로 단발령과 더불어 의병전쟁이 전국적으로 확대된 원인이었다.

이러한 분위기 속에서 그와 동향인 김구도 김이언(金利彦)과 함께 명성황후시해의 치욕을 갚기 위해 의병을 일으킬 계획을 세우기도 하였다. 김구는 『백범일지(白凡逸志)』에서 "國母가 倭仇에게 被殺됨이 國民一般의 大辱이

---

12 김구, 『白凡逸志』(백범학술원 총서①), 나남출판, 2002, 39~40쪽.
13 김구, 『白凡逸志』, 44~45쪽.
14 안태훈에 대해서는 오영섭, 「安泰勳(1862~1905)의 생애와 활동」, 『한국근현대사를 수놓은 인물들』(Ⅰ), 경인문화사, 2007, 참조.
15 국사편찬위원회, 「피고인 신문조서」, 『한국독립운동사』 자료 6, 1976, 3쪽.

나 坐忍할 수 없다는 理由로 金奎鉉이 檄文을 지여 散布하고 起兵할 謀議에 우리 兩人도 參加해야"[16]라고 당시의 분위기를 전하고 있다. 이처럼 당시 명성황후시해사건으로 청계동은 반일투쟁의 열기로 달아올랐다.[17]

이러한 상황 속에서도 안태훈은 천주교에 관심을 갖고 있었고 단발에 대한 거부감도 없었다. 이는 이미 고능선 등의 위정척사파와 노선을 달리하고 있었음을 의미하는 것이다. 그러나 안태훈도 일제의 명성황후시해사건에 대한 분노는 고능선과 별반 차이가 없었다. 그렇지만 안태훈은 거병이라는 방법으로 일제를 물리칠 수 없다는 현실인식에서 창의(倡義)를 시기상조라고 반대하였다.

같은 맥락에서 안중근도 명성황후시해사건에 대해 분개하지 않을 수 없었다. 즉, 그는 "명성황후시해사건의 범인이 삼포(三浦)인데 그 배후에 반드시 명령한 자가 있을 것"[18]이라고 하여 이토를 배후세력으로 지적하였다. 그리고 안중근은 청일전쟁에 대해 "만일 일본이 먼저 청국을 침범하지 않았다면 러시아가 어찌 감히 이와 같이 행동했겠는가"[19]라고 하면서 청일전쟁의 책임소재가 일제에 있다고 주장하였다. 이처럼 그는 명성황후시해사건과 청일전쟁 발발의 원인이 일본의 침략성에 있음을 분명히 인식하고 있었다.

이상에서 보았듯이, 청일전쟁과 명성황후시해사건이 안중근의 대일인식을 가장 잘 드러낸 '이토 히로부미 죄상(伊藤博文罪狀) 15개조'에 반영된 것은 당연한 일이다. 그러므로 일제가 안중근이 배일성향을 갖게 된 시점을 청일전쟁 때부터라고 지적한 것은 상당히 신빙성이 있는 주장이다.[20]

한편, 안중근은 1897년 1월 빌렘 신부로부터 세례를 받고 천주교 신자가

---

16 김구, 『白凡逸志』, 53~54쪽.
17 김구, 『白凡逸志』, 59쪽.
18 안중근, 「안응칠역사」, 180쪽. 이는 다음에서도 엿볼 수 있다. 즉, "甲午年에 한국에 큰 불행이 있었다. 그것은 무엇인가 하면 皇后를 伊藤統監 그 자가 일본의 많은 병력으로 살해한 陰謀가 있었다"(滿洲日日新聞社, 『安重根事件公判速記錄』, 1910, 105쪽).
19 안중근, 「동양평화론」,(윤병석 역편, 『안중근전기전집』, 국가보훈처, 1999), 196쪽.
20 국사편찬위원회, 「발□□호」, 『한국독립운동사』 자료 7, 228쪽.

되었다.[21] 안중근의 천주교 입교에 대해 여러 측면에서 검토해야겠지만 무엇보다도 성리학적 세계관에서 벗어나는 기회가 되었다는 점을 주목해야 한다. 즉, 안중근의 천주교 입교는 신문물과 서구의 사상을 접하는 계기가 되었다는 면에서 일생의 전환점이었다. 그런데 당시 문명개화를 추구하던 세력은 일반 민이나 유생 등으로부터 '역도(逆徒)'라는 비난을 받고 있었다. 개화세력은 시대와 정치적 역학관계에 따라 부외적 경향을 보인 것도 사실이다.

그러나 안중근은 당시 한국사회의 진보를 열망하는 마음에서 한국의 독립과 동양의 평화 유지를 전제로 자주적 개화정책을 견지하였다. 예컨대, 그는 1899년경에 건의한 대학설립 요청에 대한 "한국인이 학문을 하게 되면 천주교를 믿는 데 도움이 안 된다"[22]는 뮈텔 주교의 태도에서 서양 선교사들의 제국주의적 성향을 간파하였다.

때문에 그는 "일본말을 배우는 자는 일본의 종놈이 되고 영어를 배우는 자는 영국의 종놈이 되며 불어를 배우는 자는 불란서의 종놈이 된다"[23]고 하여 배우고 있던 불어를 그만두었다. 그러면서 "한국이 세계에 위력을 떨치면 한국어가 통용될 것"[24]이라는 자주적인 언어관을 드러냈다. 이처럼 안중근은 자주성에 바탕을 두고서 현실을 인식하였다고 볼 수 있다. 특히 여기에서 그가 '일본의 종놈'이라고 표현한 대목을 주목할 필요가 있다. 이는 1894년 7월 23일 경복궁침입사건, 1895년 10월 8일 명성황후시해사건 등 일제의 침략이라는 시대상황을 반영한 용어라고 할 수 있다.

그리고 1895년도 보고서에서 보듯이, 당시 한국 천주교 교단에서는 「민비(閔妃)의 시해와 일본의 야욕」이라는 제목의 편지를 파리의 신학교 지도자

---

21 Weber, 『Norbert, Im Lande der Morgenstille : Reise-Erinnerungenan Korea』, Missionsverlag St. Ottilien, 1923, p.323; 『조선일보』 1979년 9월 4일자, 「안중근의사의 고향청계동(2)」.
22 안중근, 「안응칠역사」, 141쪽.
23 안중근, 「안응칠역사」, 142쪽.
24 위와 같음.

에게 보내 명성황후시해사건을 알렸다.[25] 또한 1896년도 보고서에서는 「3명의 방인사제탄생」이라는 제목하에 정치적 사건을 기록한다고 전제한 후 명성황후시해사건을 자세히 언급하였다. 이처럼 명성황후시해사건은 정치적인 문제에 대해 공식적으로 기록하지 않는다는 천주교 내부의 관례를 어기면서까지 기술될 정도로 의미 있는 사건이었다.[26] 그러므로 천주교인들 사이에 명성황후시해사건으로 일본에 대한 부정적인 인식이 확산되었을 것이며, 이는 안중근의 대일인식에도 영향을 끼쳤던 것으로 보이다.

이상에서 보았듯이, 러일전쟁 이전 시기 안중근은 청일전쟁과 명성황후시해사건의 연장선에서 일제의 침략성을 인식하고 있었다고 볼 수 있다. 그러나 이 시기 안중근은 천주교 전교와 교인의 억울한 송사를 해결하는 데 주력하고 있었기 때문에 이러한 대일인식을 구체적으로 실천할 수 있는 상황은 아니었다. 따라서 이 시기 안중근은 대체로 명성황후시해사건 등 일제의 한국침략 상황을 견문하면서 일본에 대해 관념적 적대의식을 갖고 있었다고 볼 수 있다.

3. 러일전쟁과 대일인식의 확대

1896년 2월 아관파천 이후 1900년에 러시아가 청국의 의화단사건을 이용하여 만주에 세력을 확대하는 상황에 이르기까지 러일 간의 한국분할 점령 시도가 지속되었다. 러일전쟁을 전후한 일본의 침략에 대한 한국인의 대처 방식은 크게 계몽운동과 의병전쟁이라는 두 흐름 속에 전개되었다.[27] 계몽

---

25 명동천주교회, 「1895년도 보고서 민비(閔妃)의 시해와 일본의 야욕」, 『명동천주교회 200년사 자료집』(제1집 서울 敎區年報 (Ⅰ)), 한국교회사연구소, 1984, 163~168쪽.
26 명동천주교회, 『명동천주교회 200년사 자료집』(제1집 서울 敎區年報 (Ⅰ)), 한국교회사연구소, 1984, 183~184쪽.
27 러일전쟁을 전후하여 적극적으로 일제를 지지한 부일파도 세력을 확장하고 있었다. 그 대표

운동가 중에는 일제의 침략의도에 경종을 울리며 그 대책강구를 강력히 요구한 인사들이 있었다.

특히 이기는 신기선·조병직·박제순 등 중추원고관들에게 수차례 러일의 한국침략에 대한 대응책을 건의했다.[28] 또한 1904년 2월 「한일의정서」가 체결되자, 『황성신문』은 "我獨立主權을 將讓與於外人之掌握 而終無返還 幾日乎"[29]라고 하며 일제의 침략성을 예리하게 지적하였다. 아울러 『대한매일신보』도 한일의정서 체결 이후 일제의 대한정책으로 드러난 문제점을 지적하기도 하였다.[30]

러일전쟁 발발에 직면하여 당시 한국은 어느 한 나라를 선택할 수밖에 없었던 것이다. 그 결과 같은 인종인 일본이 러시아보다 한국에 유리할 것이라고 생각하였던 것이다. 물론 이는 1900년을 전후한 러시아의 아시아침략에 기인한 것이다. 따라서 러시아의 대청·대한정책은 한국인으로 하여금 러일전쟁을 인종론적 시각에서 판단하도록 하는데 결정적인 역할을 하였다.[31] 그러한 영향과 한일 관계를 '순망치한(脣亡齒寒)' 관계로 인식한 한국인들은 황인종을 대표하는 일본이 백인종을 대표하는 러시아와의 전쟁에서 승리하기를 희망하였다.

하지만 이는 러일전쟁을 앞둔 상황에서 한국인이 일본을 지지한 것은 단

적인 단체는 일진회로 이들은 1905년 11월 5일 을사늑약 체결 직전에 "일제의 지도와 보호에 의해 한국의 독립과 안녕, 행복이 유지된다"고 주장하였다(조항래, 『一進會硏究』, 중앙대 사학과 박사학위논문, 1984, 119~120쪽). 특히 1907년 7월 정미조약 체결 약 두 달을 앞둔 5월 5일 일진회는 「朴齊純內閣彈劾文」을 정부에 제출하였다. 이 탄핵문에서 일진회는 국채보상운동으로 발생될 모든 사태를 한국정부가 책임져야 한다고 하면서 의병전쟁을 地方匪徒之假義暴動者"라고 매도하는 등 부일적 속성을 드러내기도 하였다(金正柱 編, 「議政府參政大臣朴齊純에게 公函을 繕送如左」, 『朝鮮統治史料』第4卷, 한국사료연구소, 1989, 643쪽).

28 이기, 『해학유서』 권5, 국사편찬위원회, 1958, 91~94쪽.
29 『皇城新聞』 1904년 3월 1일자, 「論韓日協商條約」.
30 『대한매일신보』 1904년 8월 9일자, 「論說」.
31 러일전쟁에 대한 중국인의 인식도 손문의 경우에서 보듯이 대체로 일본을 지지하였다고 볼 수 있다(竹內 好 編集·解說, 『アジア主義』(現代日本思想大系 9), 筑麻書房, 1963, 17~18쪽).

순한 인종론에 기반을 둔 삼국연대론 때문만은 아니라,[32] 독립을 유지하기 위한 전략적 선택이었다는 것이다.[33] 즉, 1903년 10월 1일자 『황성신문』은 "동양의 전 황인종이 비참하게 멸망하는 지경에 이르렀으니 일본이 어쩔 수 없이 러시아와 일전을 한 것은 이 때문이다(東洋之黃種全族이 將至殄滅之境矣리니 日本之不得不與俄一戰者又此也오)"[34]라고 보도한 기사에서 일본을 지지해야 하는 이유를 밝히고 있다. 이는 당시 여론을 주도하던 『황성신문』도 같은 황인종이라는 인종론적 관점에서 한·중·일의 관계를 순치(脣齒)관계로 설정한 데서도 볼 수 있다. 이러한 맥락에서 한국인들은 일본이 망하면 한국과 청국도 망할 운명이므로 한국의 생존을 위해 일본을 지지해야 한다고 주장하였던 것이다.

이러한 주장은 한국만으로는 서양세력을 막을 수 없다는 인식 아래 한·청·일의 공수동맹을 구축하자는 의미로 보인다. 이는 동양삼국의 공동의 군대 소유를 주장한 안중근의 「동양평화론」에 반영되기에 이른다.[35] 이처럼 러일전쟁에 대해 당시 한국인들은 삼국동맹을 강화해야 동양을 보존할 수 있다는 의미에서 일본을 지지하는 경향을 보였던 것이다.

하지만 일본을 지지한 결과에 대해서는 비관론과 낙관론이 혼재되어 있었다고 보는 것이 타당하다. 전자의 대표적인 인물로 이기를 들 수 있다. 이기는 "러일전쟁의 결과에 따라 한국은 일본이 아니면 러시아에 합병될 것이므로 이것을 소인이라도 걱정하고 있다"[36]고 하여 러일전쟁의 결과를 비관

---

32 러일전쟁에서 한국이 일본을 지지한 이유에 대해 기왕의 연구에서는 인종론에 바탕을 둔 삼국동맹론에서 찾고 있다(백동현, 「대한제국기 언론에 나타난 동양주의 논리와 그 극복」, 『한국사상사학』 17, 2001, 54쪽).
33 러일전쟁에서 러시아를 지지하는 의견(『皇城新聞』 1903년 6월 19일자, 「答或文」)도 일부 보이나, 황·백인종의 경쟁시대에서 황인종인 일본이 망하면 한국도 망한다는 입장에서 러일전쟁에서 일본을 지지해야 한다는 여론이 지배적이었던 것으로 보인다. 그러나 이는 국제 관계에 있어 어디까지나 한국의 독립을 유지하기 위한 하나의 선택이었다는 점을 염두에 둘 필요가 있다.
34 『皇城新聞』 1903년 10월 1일자, 「日不得不戰」.
35 국가보훈처·광복회, 「청취서」, 『21세기와 동양평화론』, 1996, 56쪽.

적으로 예측하였다. 이기는 러일전쟁에서 누가 승리하더라도 한국에 비극이 초래될 것이라는 전망을 내놓았던 것이다.

이에 반하여 러일전쟁의 결과를 낙관적으로 본 대표적인 인물로 손병희를 들 수 있다.[37] 그는 러일전쟁 때 한국이 일본을 도운 것은 '이이제이(以夷制夷)' 정책으로 결코 일본을 위한 것이 아니라, 한국의 자위를 위한 선택의 문제였다는 이른바 '일본이용론(日本利用論)'을 주장하였다. 일본을 우선 도와준 후에 일본 세력을 국내에서 구축한다면 동양을 주도할 수 있다는 것이 손병희의 구상이었다.

안중근은 러일전쟁이 한국에 미칠 영향에 대해 한국 지식인 특히 이기의 인식과 맥을 같이한 것으로 보인다. 그는 러일전쟁 전의 국내 정세를 관찰하면서 러일전쟁으로 초래될 결과를 예의주시하였다. 즉, 러일전쟁이 발발하였을 무렵, 빌렘 신부는 안중근에게 그 결과에 대해 "한국은 승리한 나라가 관할할 것"[38]이라고 하면서 한국의 미래를 걱정하고 있다고 덧붙였다. 이에 대해 안중근은 "신문·잡지와 각국 역사를 통하여 과거·현재·미래의 일들을 추측하였다"[39]고 기록하고 있다.

이와 같이 안중근은 러일전쟁으로 인해 파생될 상황을 예측하면서 러일전쟁이 한국의 장래에 어떠한 영향을 미칠지 각국의 역사를 상고하면서 국내외의 정세를 주시하고 있었다. 또한 그는 이기와 마찬가지로 '러일 모두를 침략세력으로 단정하면서 러일전쟁에서 승리한 나라가 한국을 장악할

---

36 이기, 『해학유서』권5, 108~109쪽. 이기는 러일전쟁 전후로 일제를 경계하는 의식을 표명하고 있으나 러일전쟁에 대한 천황의 조칙에 대해 안중근과 같은 의미를 부여하고 있다(황현 지음·임형택외 옮김, 『역주매천야록』하, 문학과지성사, 2005, 224쪽).
37 의암손병희선생기념사업회 편, 『義菴孫秉熙先生傳記』, 의암손병희선생기념사업회, 1967, 166쪽; 최기영, 「동학의 천도교로의 개편에 관한 검토」, 『한국근대계몽사상연구』, 일조각, 2003, 235쪽.
38 안중근, 「안응칠역사」, 152쪽.
39 위와 같음. 위의 내용은 안중근이 러일전쟁 개전 당시를 회상한 기록인데, 상황적으로 1905년이 아니라, 1904년 2월경의 대화내용인 것으로 보는 것이 타당하다.

것'이라는 판단을 하고 있었던 것이다.

안중근은 「동양평화론」에서 러일전쟁 당시 한국인이 명성황후시해사건에도 불구하고 동양평화를 위해 일본을 도왔다고 주장하였다. 여기에서도 알수 있듯이, 여전히 명성황후시해사건은 안중근의 대일인식의 핵심으로 작용하고 있는 것이다. 이러한 측면에서 국가의 장래를 걱정하는 우사(憂士)로자처한 안중근은[40] 일본의 침략의도를 정확하게 인식하였다고 볼 수 있다.

더욱이 최익현도 「기일본정부(寄日本政府)」에서 러일전쟁에서 일본의 승리를 기대했다.[41] 여기서 안중근이 명성황후시해사건의 치욕을 잠시 접고 일본을 도왔다는 것과 최익현이 일본을 신뢰해서가 아니라, 양국의 화친을 위해서 도왔다는 것은 같은 논리선상에 있음을 알 수 있다.

따라서 안중근도 일제의 침략사실을 누구보다 정확히 인지한 최익현처럼 러일전쟁 이전에 이미 일본의 침략성을 인식하고 있었다고 보아도 좋을 것이다. 그렇기 때문에 "어떤 충군애국하는 인사와 교제하고 있는가"라는 미조부치 타카오(溝淵孝雄) 검찰관의 질문에 대해 안중근은 최익현을 민영환·조병세·김봉학과 더불어 반일사상이 철저한 인물이라며 높이 평가하였던 것이다.[42] 더 나아가 그 자신도 국권회복이라는 면에서 의병과 같은 생각을 갖고 있음을 분명히 하였다.

그러나 일본 천황의 조칙 내용이 한국의 독립과 동양평화의 유지를 내세우고 있었고, 당시의 인종론에 입각한 동양주의가 지식계의 담론을 주도해가는 상황에서 안중근도 일정한 영향을 받았을 것이다. 물론 안중근이 러일전쟁에서 일본을 지지한 것은 그의 천주관 및 군주관과 밀접한 관련성이 있음을 필자가 이미 지적한 바 있다.[43] 이처럼 안중근은 일본의 침략성을 인

40 국사편찬위원회, 「境경시의 신문에 대한 안응칠의 공술(제5회)」, 『한국독립운동사』 자료 7, 415쪽.
41 민족문화추진위원회 편, 『(국역)면암집』 II, 1978, 229쪽.
42 국사편찬위원회, 「피고인 신문조서」, 『한국독립운동사』자료 6, 5쪽.
43 신운용, 「안중근의거의 사상적 배경」, 참조

식하면서도 일본을 지지할 수밖에 없었던 당시의 시대적 분위기를 표출하였던 것이다.

그렇지만 1904년 2월 23일 「한일의정서」 체결로 한국을 군사적으로 장악하고 6월에는 황무지개척권 요구와 어업권의 수탈, 8월 「제1차 한일협약」으로 이어지는 과정에서 안중근은 일본의 침략을 두고 볼 수만 없었다.[44] 모친 조마리아는 "러일전쟁 시기에 안중근이 밤낮으로 국사에 진력하였다"[45]고 증언하고 있다. 여기에서 알 수 있듯이, 안중근은 1904년 2월 한일의정서가 체결되면서 일제의 한국침탈과정에 상응하여 반일인식을 구체화시켰던 것이다.

위에서 살펴보았듯이, 일제의 명성황후시해사건 이후 부정적인 일본인식을 갖고 있던 안중근은 일제의 점증되는 침탈과정을 경험하면서 그 침략성을 재차 체득하였던 것이다. 이에 대해서는 좀 더 구체적으로 살펴볼 필요성이 있다.

안태훈이 1904년 6월 청국인 한의사 서가(舒哥, 舒元勛)에게 구타당하는 사건이 발생하였다. 이에 안중근은 서가에게 가서 전후사정을 알아보았다. 그 과정에서 안중근과 서가 사이에서 충돌이 발생하였다.[46] 그런데 사태는 서가가 안중근을 진남포 청국 영사관에 고발하는 데까지 이르렀다. 안중근도 쫓기는 상황에서 서가를 1904년 7월경 한국법원에 고소하는 대응조치를 취하였다.[47] 하지만 한국 법원은 서가를 외국인이라 재판할 수 없다는 통보를 하였다. 이렇게 되자, 안중근은 청국순사에게 쫓기어 서울로 피신하였다.[48]

---

44 안중근은 '伊藤博文罪狀 15개조' 제7조에서 "韓國의 政治 其他의 權利를 掠奪하였다"고 지적하고 있다(국사편찬위원회, 「피고인 신문조서」, 『한국독립운동사』 자료 6, 3쪽). 이러한 측면에서 안중근이 러일전쟁기에 분명히 일본의 침략을 인식하였다는 윤선자의 지적은 타당하다고 생각된다(윤선자, 「안중근의 애국계몽운동」, 184쪽).
45 『대한매일신보』 1910년 1월 30일자, 「놀라운 부인」.
46 안중근, 「안응칠역사」, 150~151쪽.
47 서울대규장각, 『外部訴狀』, 2000, 551~552쪽.

결국 이 사건은 당시 법무대신 이하영의 도움으로 진남포 재판소에 환부되어 안중근의 승소로 끝났다.[49] 그러나 한국의 법관이 외국인을 재판할 권한이 없다고 하였을 때, 그리고 청국인 순사가 그를 체포하려고 하였을 때, 그의 심정을 충분히 이해할 수 있을 것이다. 즉, 그는 "청국 의사의 소행이 이러할진대 우리백성의 생명을 어찌 유지할 방도가 있겠는가"[50]라고 당시의 현실을 개탄하였던 것이다. 이처럼 안중근은 한국의 사법권이 유린당하는 현실을 통탄하였고 이는 곧 국가독립의 중대성을 피부로 깨닫는 계기가 되었다.[51]

이러한 와중에서 일제는 황무지개척권을 요구하였다. 『황성신문』이 이를 집중적으로 보도하는 등 전국적인 반대운동이 일어나기에 이르렀다.[52] 그 결과 1904년 6월 일본인의 황무지개척권 요구에 대응하여 심상진(沈相震) 등을 중심으로 1904년 7월 13일 보안회가 창립되었다. 이 무렵 서가 사건으로 서울에 피신해 있던 안중근은 하야시(林權助)와 부일세력을 처단할 목적으로 보안회를 방문하였다.[53]

그러나 허약한 보안회와 더불어 대사를 도모할 수 없다고 판단한 안중근은 보안회를 조소하며 물러났다. 이러한 행적에서 적어도 1904년 7월 보안회가 창설되기 이전에 안중근이 일제의 침략정책을 의식하고 있었다는 사실을 알 수 있다. 물론 그가 천황을 문제로 삼은 것은 아니라, 그 밑에 있던 일제의 침략세력을 타도의 대상으로 설정하였고 하야시도 그 중의 한 명이었던 것이다. 특히 하야시를 단죄하려고 한 그의 행동은 의병전쟁과 이토

48 국사편찬위원회, 『각사등록』 25(황해도편 4), 1987, 338~339 · 427쪽.
49 국사편찬위원회, 「헌기 제2634호」, 『한국독립운동사』 자료 7, 243쪽; 안중근, 「안응칠역사」, 151쪽.
50 서울대규장각, 『外部訴狀』, 552쪽.
51 윤선자, 「안중근의 애국계몽운동」, 182쪽.
52 「辨巷說之謬」, 『황성신문』 1904년 6월 23일자.
53 『대한매일신보』 1909년 12월 3일자, 「안중근력력」; 국사편찬위원회, 「헌기 제2634호」, 『한국독립운동사』 자료 7, 243쪽.

처단으로 행로를 전환하게 되는 전조였다는 면에서 의미가 크다.

이와 같이 명성황후시해사건 등으로 일본의 침략성을 인식하고 있던 안중근은 러일전쟁 이후 잠시 한국의 독립과 동양의 평화를 위해 러시아와 개전한다는 천황의 조칙에 잠시 기대를 걸기도 하였다. 그러나 러일전쟁 와중에서 벌어진 침략을 목도하면서 일제의 본질을 재차 확인하였던 것이다. 그의 보안회 방문도 이러한 인식의 결과로 이루어진 것이다.

하야시와 부일세력 처단이라는 그의 의열투쟁 구상은 1년 후인 1905년 6월 상해시찰 때 르각 신부와의 대화에서 보듯이 한 차원 높은 진전을 보게 된다. 즉, 안중근은 '외교적 방법론을 바탕으로 일제의 침략을 견제하면서 분위기가 성숙되면 의병을 일으킨다'는 구상을 갖고 있었다.[54]

이처럼 그는 이미 1905년 6월경에도 의병전쟁으로의 방향전환을 고려하였던 것 같다. 물론 보안회를 찾아가 하야시와 부일세력 처단의지를 표명한 것이 소규모의 의열투쟁을 의미한다면, 이때의 구상은 대규모 의병전쟁을 시사하는 것으로 볼 수 있다.

하지만 안중근은 이 단계에서 현실적으로 의병전쟁을 전개하는 것은 무리라고 여긴 것 같다. 때문에 그는 구국의 방책을 교육의 발달·사회의 확장·민심의 단합·실력의 양성을 제시하면서 이렇게만 한다면 어떠한 외세의 공격도 능히 막아낼 수 있다는 르각 신부의 조언에 공감하였다.[55] 그러면서 한국의 독립을 굳건히 지키고 일제의 침략을 막을 수 있는 길은 '교육'이라고 확신하였던 것이다. 이러한 측면에서 안중근이 삼흥학교·돈의학교를 운영하게 된 배경이 설명될 수 있을 것이다.

이상에서 보았듯이 안중근은 러일전쟁이라는 일제의 침략과정에 상응하여 일본을 인식하였으며, 이는 구체적인 행동으로 이어졌다. 총체적으로 볼 때, 러일전쟁시기 안중근은 일제의 침략을 분명히 인식하고서 이에 맞서는

---

54 안중근, 「안응칠역사」, 154쪽.
55 안중근, 「안응칠역사」, 155~156쪽.

방법으로 소규모의 의열투쟁과 의병전쟁을 모색하는 모습을 보이기도 하지만 계몽운동론에 무게를 두면서 구국의 방책으로 교육에 전념하기로 결심하였다고 볼 수 있다.

4. 을사늑약과 일본인식의 심화

안중근은 러일전쟁이 미칠 파장에 대한 대책으로 해외이주계획을 1905년 6월경 실행에 옮기기 위해 상해 일대를 탐방한 후 그 해 12월 귀국하였다. 안중근이 해외탐방을 하는 동안 국내의 상황은 더욱 악화되어 1905년 11월 17일 일제는 을사늑약을 대한제국과 강제로 체결하였다. 특히 을사늑약 제2조에 명시된 "日本國政府는 韓國과 他國間에 現存하는 條約의 實行을 완전히 하는 任에 當하고 韓國政府는 今後에 日本政府의 仲介에 由치 아니하고 國際的 性質을 有하는 何等 條約이나 又 約束을 아니함을 約함"[56]이라는 불법적인 조약문을 근거로 일제는 한국의 외교권을 무력으로 박탈하였다.

을사늑약은 당시의 한국인에게는 그야말로 청천벽력이었다. 주지하다시피 을사늑약의 충격은 전국적인 의병전쟁의 전개로 이어졌다. 특히 장지연은 11월 20일자 『황성신문』에 「시일야방성대곡(是日也放聲大哭)」을 게재하여 을사늑약의 실상을 폭로하였다. 또한 최익현도 1906년 고종에게 올린 「창의토적소(倡義討賊疏)」에서 을사늑약의 불법성을 신랄하게 비판하였고,[57] 「기일본정부(寄日本政府)」에서 일제의 한국 침략상황을 16개 조목으로 나누어 구체적으로 지적하였다.[58]

---

56 국사편찬위원회, 『高宗時代史』六, 1972, 379쪽.
57 민족문화추진위원회, 『(국역)면암집』I, 1977, 236쪽.
58 민족문화추진위원회, 『(국역)면암집』I, 223쪽.

안중근이 본격적으로 나랏일에 진력하게 된 결정적인 계기는 을사늑약이었다. 그는 을사늑약에 대하여 이토가 황제를 협박하여 강제로 체결한 것이라고 확신하였으며 그 본질을 일제가 "한국민을 먹이로 삼고자 하는 데 있다"[59]고 보았다. 때문에 그는 한국의 독립과 동양의 평화 유지를 위해 이토 처단을 결심하였던 것이다.[60] 이와 같이 을사늑약은 그의 대일인식과 행로에 결정적인 영향을 끼쳤던 것이다.

그러나 안중근이 곧바로 의병전쟁에 투신한 것은 아니었다. 그는 전국적으로 의병이 일어나는 상황 속에서도 당시의 많은 지식인들처럼 계몽운동론에 입각하여 사재를 들여가며 1907년 7월경 간도로 떠나기 전까지 교육활동에 진력하였다.[61]

이 시기 그는 한국의 현실을 분개하면서도 국내외의 정세를 관망하고 있었다. 때마침 1907년 2월 대구에서 서상돈을 중심으로 일어난 국채보상운동은 5월에 이르러 수만 명이 참여하는 전국적인 운동으로 발전하였다.[62] 이 무렵, 삼흥학교의 교원과 학생들이 34원 60전을 보냈고 삼화항패물폐지부인회(삼화항은금폐지부인회)에 그의 모친과 제수들이 패물을 내놓았다.[63]

이때 국채보상운동에 적극적으로 참여하고 있는 이유를 묻는 일본 순사에게 그는 "재정은 1천 3백만 원을 거둔 다음에 보상하려 한다"[64]고 답하였다. 그러자 그 순사가 "한국인은 하등한 사람인데 무슨 일을 할 수 있느냐"[65]고 비꼬듯이 말하였다. 결국 그는 분을 이기지 못하고 그 순사와 주먹을 교환하기도 하였다.

---

59 국사편찬위원회, 「피고인 제6회 신문조서」, 『한국독립운동사』 자료 6, 177쪽.
60 滿洲日日新聞社, 『安重根事件公判速記錄』, 6쪽.
61 『대한매일신보』 1907년 5월 31일자, 「賣土寄校」.
62 조항래, 「國債報償運動의 發端과 展開過程」, 『한국민족운동사연구』 8, 1993, 84·93쪽.
63 『대한매일신보』 1907년 5월 29일자, 「國債報償義捐金收入廣告」;『대한매일신보』 1910년 1월 30일자, 「놀라운부인」.
64 안중근, 「안응칠역사」, 157쪽.
65 위와 같음.

이와 같이 안중근은 일제의 경제적 침략에 맞서 전개된 국채보상운동에 적극적으로 참여하였다. 이때 국채보상운동을 방해하던 일제 순사와의 대립을 통하여 안중근의 대일인식은 심화되었던 것이다.[66] 이러한 안중근의 현실인식은 1907년 봄경 평양에서 서북학회의 전신인 서우학회의 가입으로 이어졌다.[67] 서우학회는 김달하·이갑 등이 결성한 단체로 국권회복과 인권신장을 목적으로 창설되었다. 그는 서우학회의 회원 특히 안창호 등과의 교류를 통하여 국내외 정세에 대한 정보를 수집하였고 국권회복 의지를 다졌다.[68]

이와 같은 상황 속에서 안중근은 일제의 경제적 침탈에 대해 직접적인 경험을 하게 된다. 그것은 다름 아닌 삼합의라는 석탄판매회사를 안중근이 1907년 7월경 평양에 설립하였으나, 일본인의 방해로 실패한 일이다.[69] 이때 일제의 존재에 대해 다시 한 번 직시하였고 그에 따른 그의 반일의식과 독립정신이 더욱더 확고해졌다. 이처럼 안중근은 경제·군사·교육·정치 등 다양하게 전개된 일제의 침략양태를 직시하고 이를 해결하기 위해 일련의 반일투쟁에 동참하였다. 이는 그의 대일인식이 실천을 동반한 새로운 차원으로 심화 발전된 결과에 따른 것이라는데 주목할 필요가 있다.

한편, 이 무렵의 국내 상황은 더욱 급박하게 돌아갔다. 즉, 1907년 6월 헤이그사건 이후 7월 18일 일제는 고종을 강제 퇴위시켰다. 이어서 7월 24일 일제는 한일신협약으로 대한제국의 내정권마저 박탈하였다. 동시에 같은 날 신문지법을 반포하여 한국의 언론 출판을 일제의 통제 하에 두었다. 일제는 더 나아가 7월 27일 보안법을 공포하여 한국인의 결사를 금지시키는 등 반

---

66 안중근은 일제의 한국에 대한 압제의 근원을 한국이 일제에 경제적으로 종속되어 있는 구조에 있다고 보고 한국이 일제의 마수에서 벗어나려면 경제적 자립이 필수조건이라고 보았다. 이러한 측면에서 안중근이 동생 정근에게 공업에 종사하라고 유언으로 남긴 이유를 이해할 수 있다(국사편찬위원회, 「보고서」, 『한국독립운동사』 자료 7, 540쪽).
67 아세아문화사, 『西友』, 1978, 474쪽.
68 국사편찬위원회, 「복명서」, 『한국독립운동사』 자료 7, 337쪽.
69 안중근, 「안응칠역사」, 157쪽.

일세력에 대한 탄압을 한층 강화하였다.[70]

대한제국이 일제의 반식민지로 전락한 상황을 지켜보면서 안중근은 무엇인가 결단을 내려야만 했다. 그것은 바로 동생들의 만류에도 불구하고 간도지방으로 정치적 망명을 단행하는 것이었다.[71] 또한 안중근은 부친 안태훈과 친분이 있던 김진사로부터 1907년 봄 간도행 권유를 받기도 하였다. 이처럼 김진사가 안중근에게 간도행을 권한 것은 안중근이 객관적으로 국권회복을 위해 투쟁하고 있었다는 사실이 알려져 있음을 증명하는 것으로 보아야 한다.

이상에서 살펴본 바와 같이, 을사늑약 이후 안중근의 대일인식은 한편으로는 을사늑약과 고종황제 폐위 그리고 한일신협약으로 이어지는 상황 속에서, 다른 한편으로는 국채보상운동과 일제의 방해로 인한 삼합의 실패에서 얻은 경험에서 형성되었다. 이와 같은 일제침략에 따른 안중근의 대일인식은 현 단계의 한계성을 극복하고 새로운 단계로의 전환을 가져온 추진력이 되었던 것이다.

5. 독립전쟁과 분석적 대일인식

안중근은 1907년 8월 1일 서울에서 군대해산을 목격하고 김동억과 함께

---

70 이에 대해 안중근은 다음과 같이 언급하고 있다. 즉, "그 後도 獻策했으나 方針이 變更되지 않으므로 當時 李相卨을 海牙의 平和會議에 皇帝가 密使로 보내어 呼訴하기를 五個條의 條約은 伊藤이 兵力을 가지고 했으므로 萬國公法에 따라 處分하여 달라고 말했다. 그러나 當時 同 會議에는 物議가 일어나 있었기 때문에 그 일은 成事되지 않았다. 그래서 伊藤은 夜半에 拔劍하고 皇帝를 脅迫하여 七個條의 條約을 締結하여 皇帝를 廢位하고 日本으로 謝罪使를 보내게 되었다. 이러한 狀態이므로 京城 附近의 上下는 憤慨하여 그 中에는 割腹한 사람도 있었지만 人民과 兵은 손에 닿는 대로 兵器를 가지고 日兵과 싸웠으므로 京城의 變이 일어났던 것이다"(국사편찬위원회, 「공판시말 제5회」, 『한국독립운동사』 자료 6, 393쪽).
71 국사편찬위원회, 「복명서」, 『한국독립운동사』 자료 7, 339쪽.

부산을 경유하여 8월 15일 원산에 도착하였다. 안중근은 1907년 9월경 간도에 도착한 후 불동(佛洞, 天主敎 敎友村, 龍井村) 남 회장댁에 기숙하면서 이상설이 1906년 설립한 서전서숙을 방문하고 인근 동포들의 상황을 시찰하였다.[72] 이때 안중근은 이상설을 만나려고 하였다.[73] 그러나 이상설이 헤이그 만국평화회의에 파견되어 있었기 때문에 이들의 조우는 실현되지 못하였다.[74]

그런데 이 무렵 간도의 상황은 급격하게 악화되어 있었다. 1907년 7월 30일 「러일협약」이 성립되어 일본은 남만주와 한국에 대한 지배적 이익을 러시아로부터 보장받았다.[75] 이후 러일협약을 배경으로 일제는 청국의 반대를 무릅쓰고 간도 용정에 1907년 8월 23일 파출소를 세웠다.[76] 이처럼 이미 간도는 일제의 통제 아래 놓여 간도 한인들의 사정도 점차 국내와 같이 처참하게 변해갔다.

이에 안중근은 본격적으로 대일투쟁의 방법론을 수정하기에 이른다.[77] 말하자면 그는 간도에 온 당초의 목적을 국내에서 진력하던 교육사업 등의 민

---

72 국사편찬위원회, 「境경시의 신문에 대한 안응칠의 공술(제1회)」, 『한국독립운동사』 자료 7, 395쪽.
73 안중근은 이상설에 대해 다음과 같이 평가하고 있다. 즉, "李相㠖은 今年 여름 블라디보스톡에서 처음으로 만났다. 同人의 抱負는 매우 크다. 世界大勢에 通해 東洋의 時局을 看破하고 있었다. 李範允 따위는 萬人이 모여도 相㠖에는 미치지 못한다. 同人의 義兵에 대한 觀念은 義兵을 일으키나 韓人은 日本의 保護를 받는 것을 기뻐한다고 伊藤이 中外에 宣傳하고 있는데 그것은 決코 기뻐하는 것이 아니라는 反證으로서는 굳이 나쁘지 않을 것이다. 그러나 東洋人間에 不和를 招來하여 人心의 一致를 맺지 못하게 되면 東洋의 平和가 스스로 破壞되는 것을 우려한다고 말하고 있었다. 數回 面會하여 그의 人物을 보니 器量이 크고 事理에 通하는 大人物로서 大臣의 그릇이 됨을 잃지 않았다"(국사편찬위원회, 「境警視의 신문에 대한 안응칠의 공술(제3회)」, 『한국독립운동사』 자료 7, 408쪽).
74 국사편찬위원회, 「境경시의 신문에 대한 안응칠의 공술(제2회)」, 『한국독립운동사』 자료 7, 402쪽.
75 日本 外務省 編纂, 「日露第一回協約」, 『日本外交年표並主要文書』 上, 原書房, 1965, 280~282쪽.
76 최창근, 「일제의 간도 '統監府 臨時派出所'설치 경위」, 『한일관계사연구』 7, 1997, 참조.
77 국사편찬위원회, 「境경시의 신문에 대한 안응칠의 공술(제1회)」, 『한국독립운동사』 자료 7, 394쪽.

지(民智)개발이라는 계몽운동을 계속하려는 것과 국내의 정세를 간도 한인에게 알리려는데 두었다.[78] 그러나 간도 한인의 비극적인 상황을 목격하고서 그는 더 이상 계몽운동으로는 국권회복을 실현할 수 없음을 통감하였다. 그 결과 그는 의병활동으로 방향전환을 하였던 것이다.[79] 이와 같은 구국노선의 전환은 그의 대일인식의 본질적인 변화를 의미하는 것이었다.

이후 안중근은 블라디보스톡에서 청년회에 가입하여 임시사찰로 활동하면서, 엄인섭·김기룡과 의형제를 맺는 등 노령에서 활동범위를 넓혔다. 또한 1907년 11월경 이범윤을 찾아가 거병을 종용하였다.[80] 이제 일제와 이토는 그에게 무력투쟁이라는 천명에 의해 제거되어야 할 분명한 대상이 되었다.

노령에서 활동공간을 확보한 안중근은 1908년 3월 21일자 『해조신문』에 「긔서」를 발표하여 일제에 대항하기 위한 가장 중요한 일은 "단결"임을 강조하였다. 그런데 그의 글이 게재된 이틀 후인 3월 23일 미국에서 장인환과 전명운이 스티븐스를 처단한 의거가 일어났다. 장인환·전명운의 의거는 노령 독립투쟁가들을 자극하여 의병전쟁의 분위기를 고취시켰다.[81] 이러한 시대적 분위기 속에 동의회가 1908년 5월경 노령에서 창설되었다. 이는 곧바로 의병조직으로 전환되어 국내진입작전을 전개하였다. 물론 안중근은 이에 적극적으로 참여하였다.[82]

안중근은 의병전쟁 과정에서 군인·상인 등을 생포하였다. 이들 포로와의

---

78 국사편찬위원회, 「헌기 제2624호」, 『한국독립운동사』 자료 7, 235쪽.
79 안중근이 무력투쟁으로 전환한 시점에 대해 기존의 연구에서는 대체적으로 을사늑약 이후로 보고 있다. 이러한 시각의 대표적인 논문은 다음과 같다. 신용하, 「安重根의 思想과 義兵運動」, 157쪽, 장석홍, 「安重根의 대일본인식과 하얼빈 의거」, 45쪽.
80 국사편찬위원회, 「境경시의 신문에 대한 안응칠의 공술(제1회)」, 『한국독립운동사』 자료 7, 396쪽.
81 국사편찬위원회, 「헌기 제111호」, 『한국독립운동사』 자료 7, 291쪽; 김원모, 「장인환의 스티븐스 사살의거」, 『개화기 한미교 섭관계사』, 단국대학교 출판부, 2003, 참조.
82 안중근의 의병활동에 대해서는 신운용, 「안중근의 의병투쟁과 활동」, 『한국민족운동사연구』, 한국민족운동사학회, 2008, 참조.

대화에서 이 시기 안중근이 갖고 있던 대일인식의 단면을 엿볼 수 있다. 그는 일본사회를 이토를 중심으로 한 침략세력, 이 침략세력에 희생당하는 일본국민, 그리고 천황으로 구분하여 분석적으로 보고 있다.[83] 또한 그는 이토를 중심으로 하는 일제의 난신적자들이 한국의 독립과 동양의 평화 유지라는 '천황의 뜻'을 어기고[84] 한국을 침략했을 뿐만 아니라, 자국민마저 핍박하고 있다고 여기고 있었다. 이러한 의미에서 안중근이 포로를 풀어준 것은 단순한 국제법이라는 입장에서가 아니라, '인간의 본질이 평화의 실천에 있다고 본 그의 인간론에서 나온 결과이다. 때문에 안중근은 홍범도에게 일본인이라 할지라도 이토의 침략정책으로 고통을 당하는 양민을 적대시해서는 안된다고 주장하였던 것이다.[85]

안중근이 연추한인일심회에 참여하고 '정천동맹(正天同盟)'[86]을 조직하는 등 반일독립투쟁에 분투하고 있던 상황 속에서도 일제는 한국병탄을 위한 조치를 취해 나갔다. 즉, 1909년 4월 10일 레이난자카(靈南坂)에서 열린 회담에서 이토 히로부미(伊藤博文) 추밀원의장·까츠라 타로(桂太郎) 수상·고무라 쥬타로(小村壽太郎) 외상은 한국을 병탄하기로 합의하였다. 이후 일제는 1909년 7월 6일 각의에서 한국병탄을 의결하고 천황의 재가로 한국침략정책을 확정하였다.[87]

이후 일제는 1909년 9월 「간도협약」을 청국과 체결하였으나, 러시아와 미국의 반발에 직면하게 되었다. 이러한 국제적인 상황이 한국식민화 계획

---

83 안중근, 「안응칠역사」, 162~163쪽.
84 안중근은 일제의 한국침략에서 가장 큰 책임이 천황에게 있다는 인식을 한 것 같지 않다. 이는 비단 안중근만의 문제가 아니라 당시 지식인들이 갖고 있던 한계인 것이다(신운용, 「안중근의거의 사상적 배경」, 347~352쪽).
85 국사편찬위원회, 「境경시의 신문에 대한 안응칠의 공술(제3회)」, 『한국독립운동사』 자료 7, 406쪽.
86 안중근은 단지동맹의 회명을 '정천동맹'이라고 하였다(국사편찬위원회, 「피고인 안응칠 제8회 신문조서」, 『한국독립운동사』 자료 6, 246쪽).
87 日本 外務省 編纂, 「韓國併合に關する件」, 『日本外交年表竝主要文書』上, 原書房, 1965, 315쪽.

에 영향을 끼칠지도 모른다고 인식한 일제는 러시아와 타협점을 찾으려고 하였다. 이러한 배경 아래 이토는 러시아 까깝쵸프(Коковцов) 장상(藏相)과 만주문제를 비롯한 포괄적인 회견을 추진하였다.[88] 이와 같은 국제정세를 간파한 그는 결국 의병전쟁의 한계성을 자각하고 1904년 하야시와 부일세력 처단계획이라는 의열투쟁의 연장선에서 1909년 10월 26일 이토를 제거하였던 것이다.

이상에서 보았듯이, 이 시기 안중근은 관념적 대일인식 단계를 넘어 의병전쟁이라는 구체적인 방법론에 입각하여 일제를 무력으로 제압해야 할 대상으로 보았다. 그러나 의병전쟁의 한계성이 드러나자 다시 의열투쟁으로 선회하였고 그 결과가 이토 단죄로 이어졌던 것이다. 따라서 국외망명 이후 안중근은 간도 한인의 상황을 목격하면서 계몽적 운동단계에서 한 차원 높은 의병전쟁 단계로 전환하였으나 이 전쟁의 한계가 노출되자 다시 이토 처단이라는 의열투쟁을 전개하였다는 면에서 전시기와 확연히 구분된다.

여기에서 주목할 대목은 안중근이 의거 이후의 문제를 고려하였다는 것이다. 그는 의거만으로 대일투쟁을 한정한 것이 아니라 재판투쟁을 또 다른 의미의 전쟁으로 상정하였던 것이다. 안중근은 1909년 10월 26일 오전 9시경 30분경 체포되어 오후 10시 10분에 일제에 인계되었다. 10월 30일 미조부치 검찰관에게 제1회 신문을 받았다. 이때 그는 이토를 단죄한 15개조의 이유를 다음과 같이 제시하였다.

第一. 只今으로부터 十餘年前 伊藤의 指揮로 韓國 王妃를 殺害하였다.

第二. 只今으로부터 五年前 伊藤은 兵力으로써 五個條의 條約을 締結하였는데 그것은 모두 韓國에 對하여 非常히 不利益한

88 신운용, 「안중근의거의 국제 정치적 배경에 관한 연구」, 『역사문화연구』 33, 한국외국어대학교 역사문화연구소, 2009, 135쪽.

條項이다.

第三. 只今으로부터 三年前 伊藤이 締結한 十二個條의 條約은 모두 韓國에 對하여 軍事上 대단히 不利益한 事件이다.

第四. 伊藤은 기어이 韓國 皇帝의 廢立을 圖謀하였다.

第五. 韓國兵隊는 伊藤으로 因하여 解散되었다.

第六. 條約 締結에 對하여 韓國民이 憤怒하여 義兵이 일어났는데 이 關係로 伊藤은 韓國의 良民을 多數 殺害하였다.

第七. 韓國의 政治 其他의 權利를 掠奪하였다.

第八. 韓國의 學校에서 使用한 좋은 敎科書를 伊藤의 指揮下에 燒却하였다.

第九. 韓國 人民에게 新聞의 購讀을 禁하였다.

第十. 何等 充當시킬 돈이 없는데도 不拘하고 性質이 좋지 못한 韓國 官吏에게 돈을 주어 韓國民에게 아무 것도 알리지 않고 드디어 第一銀行券을 發行하고 있다.

第十一. 韓國民의 負擔으로 돌아갈 國債 二千三百萬圓을 募集하여 이를 韓國民에게 알리지 않고 그 돈은 官吏들 사이에서 마음 대로 分配하였다고도 하고 또는 土地를 掠奪하기 爲하여 使用하였다고도 하는데 이것이 韓國에 對하여는 대단히 不利益한 事件이다.

第十二. 伊藤은 東洋의 平和를 攪亂하였다. 그 까닭은 卽 露日戰爭 當時부터 東洋平和 維持라고 하면서 韓皇帝를 廢立하고 當初의 宣言과는 모조리 反對의 結果를 보기에 이르러 韓國民 二千萬은 다 憤慨하고 있다.

第十三. 韓國이 願하지 않음에도 不拘하고 伊藤은 韓國保護의 이름을 빌어 韓國 政府의 一部 人士와 意思를 通하여 韓國에 不利한 施政을 하고 있다.

第十四. 距今 四十二年前 現日本皇帝의 父君인 분을 伊藤이 없애

버린 그 事實은 韓國民이 다 알고 있다.

第十五. 伊藤은 韓國民이 憤慨하고 있음에도 不拘하고 日本 皇帝
나 其他 世界 各國에 對하여 韓國은 無事하다고 하여 속이고
있다.[89]

여기에서 알 수 있듯이, 안중근은 의거이유를 명료하게 제시하고 있으며
동시에 자신의 종합적인 대일인식을 표출하고 있다. 이처럼 그는 일제의 한
국침략 죄상을 세계에 알리기 위해 체계적으로 정리하고 이론화하였던 것
이다. 이를 듣고 미조부치 검찰관은 그를 '동양의 의사'라고 극찬하였다.[90]

안중근은 여순감옥에 수용되어 있는 동안 일제의 관리들에게 특별한 인
상을 남긴 것 같다. 그가 많은 유묵을 남긴 것도 여순감옥 관리들의 요청
때문이었다.[91] 이는 그만큼 여순감옥의 일본인들이 개인적으로 그를 존경하
였다는 의미이다.[92] 그렇기 때문에 그들은 일반범과 다른 호의를 안중근에
게 베풀었다. 그는 "풍토가 달라서 그런 것인가, 한국에 있는 일본인들은 권

---

89 국사편찬위원회, 「피고인 신문조서」, 『한국독립운동사』 자료 6, 3~4쪽.
90 안중근, 「안응칠역사」, 175쪽.
91 그에게 감명받은 여순감옥 관리들은 유묵을 요청하기도 하였다. 안중근의 유묵은 박은식의
『한국통사』에 따르면 200여 편에 이른다고 한다. 대부분의 유묵이 일본인의 요청에 의해 안중
근이 써준 것이다. 그런데 안중근이 한국인에 유묵을 보냈다는 기록이 주목을 끈다. 그것은 「中
庸章句書」에 나오는 「人心惟危 道心惟微」이다(『朝鮮新聞』 1910年 3月 30日字, 「安重根の
絶筆」). 또한 이는 안중근이 11月 24日 제6회 신문부터 미조부치 검찰관의 태도가 돌변한 것을
한탄하며 읊조린 내용과 같은 것이다(안중근, 「안응칠역사」, 177쪽). 여기에서 안중근은 당시를
道心은 희미해지고 인심은 위태로운 시대로 인식하고 있었음을 알 수 있다. 그리고 현재 안중
근의 최후의 유목으로 「爲國獻身軍人本分」이라는 유묵으로 알려져 있는데 이것이 안중근의
마지막 유묵일 가능성이 크다.
92 안중근에 대한 여순감옥 일본인들이 보인 초기의 호의는 안중근으로 하여금 이토 처단이 오
해에서 비롯된 것임을 실토케 하기 위한 전략적 수단이었을 가능성이 높다. 그러나 일본인들
이 안중근과 접하는 과정에서 안중근의 인간적 면모에 감화되면서 그에 대한 동정을 표했던
것으로 보인다. 그렇다고 해서 여순의 일본인들이 안중근의거를 인정하였다고는 볼 수 없을
것이다. 이는 『滿洲日日新聞』의 안중근에 대한 초기의 비판적인 논조가 점차 동정어린 시선
으로 변화를 보인 것과 같은 양상이다.

세 많은 이등이 악하기 때문에 그 마음을 본떠서 그러하고, 여순구에 있는 일본인들은 권세 많은 도독(都督)이 인자해서 그 덕에 감화되어 그런 것인 가"[93]라고 하며 스스로 놀라기도 하였다.

게다가 러시아인 변호사 미하일로프와 영국인 변호사 더글라스가 그를 찾아와 일본법원의 변호 허가를 받았다고 하였을 때 그는 일제를 오해했을 지도 모른다고 잠시 생각하기도 하였다.[94] 그렇다고 안중근의 대일인식이 본질적으로 바뀐 것은 아니었다. 오히려 일제의 의도가 무엇인지 정확히 파악하고 있었다.[95]

그런데 일제는 안중근의거로 드러난 한국침략의 실상에 대한 국제적인 비난을 무마시키기 위해 그로 하여금 "오해하여 이토를 죽였다"고 선언하도록 공작을 펼쳤다.[96] 그 일환으로 미조부치 검찰관은 기차의 개통·상수도와 위생 시설의 구비·병원의 설치 등 일본의 지원으로 한국의 공업이 발달하게 되었다는 논리를 들어, 일본이 한국의 진보에 결정적인 역할을 하였다고 주장하였다.[97] 이에 굴하지 않고 그는 일본에 의한 소위 개화정책이야말로 오히려 한국의 진보를 가로막는 장애물이라고 논박하면서[98] 일제의 본질을 지적하였다.[99]

고무라 외상은 1909년 12월 3일 구라치 테츠기치(倉知鐵吉) 정무국장에게 안중근을 사형에 처하라고 지시하였다.[100] 이후 미조부치 검찰관의 안중근

---

93 안중근, 「안응칠역사」, 175쪽.
94 안중근, 「안응칠역사」, 176쪽.
95 안중근, 「안응칠역사」, 177~180쪽.
96 『대한매일신보』 1910년 2월 26일자, 「정당훈말」.
97 국사편찬위원회, 「피고인 제6회 신문조서」, 『한국독립운동사』 자료 6, 178쪽.
98 위와 같음.
99 또한 안중근은 재판과정에서 다음과 같이 일제의 본질을 잘 알고 있음을 주장하였다. 즉, "檢察官이나 辯護人의 辯論을 들으니 모두 伊藤의 統監으로서의 施政方針은 完全無缺한데 내가 誤解하고 있다는 것이었지만 그것은 不當하다. 나는 誤解하고 있는 것이 아니고 도리어 너무 잘 알고 있다"(국사편찬위원회, 「공판시말서 제5회」, 『한국독립운동사』 자료 6, 393쪽).

에 대한 태도가 전과는 사뭇 달랐다. 때문에 그는 재판이 잘못될 것을 예감하였다. 그의 예감이 적중하여 1910년 2월 10일 미조부치는 그에게 사형을 구형하였고 결국 1910년 2월 14일 재판부는 사형을 선고했다. 그는 재판의 결과에 따라 일본의 인격의 근수가 결정될 것이라고 부르짖었다.[101] 그러나 그것은 저울질할 가치도 없다는 사실이 증명되었다. 그럼에도 그는 일본인들이 언젠가는 "안중근의 날을 외칠 날이 꼭 올 것"[102]이라고 굳게 믿고 있었다.

이와 같이 안중근은 일본인의 친절에 자신의 행위가 잘못되지 않았나 하는 생각을 하기도 하였다. 하지만 그는 재판부의 사형 선고로 일제의 정체가 무엇인지를 재차 확신하게 되었던 것으로 생각된다.

안중근의 대일투쟁은 재판으로 끝나지 않았다. 그는 일제의 침략정책을 멈추게 할 수 있는 최후의 방법을 구상하는데 몰두하였던 것이다. 그것은 그가 믿는 천주의 명령인 한국의 독립과 동양의 평화 유지라는 천명을 실천할 수 있는 최후의 방법으로 「동양평화론」을 작성하는 것이었다. 이는 그가 천명인 동양평화의 유지를 위해 "일제를 포용하면서 갈 수밖에 없다"고 여긴 것으로 천주교의 인류애에 근간을 둔 것임이 분명하다.[103]

「동양평화론」에서 밝힌 안중근의 최종목적은 '도덕세계'를 구현하는 것이었다. 이는 동양의 평화와 한국의 독립을 담보로 하였을 때 가능한 것으로 그는 보았던 것 같다. 이러한 의미에서 동양평화의 유지는 일본의 태도에 달려 있다고 생각하였다. 그리하여 일본이 취하여야 할 방안을 제시하였던 것이다. 특히 일제가 침략을 일삼는 이유를 경제적 곤궁에서 찾았다.[104] 이러한 일본의 경제적 어려움을 해결하는 방안으로 공동의 은행 설립을 제

---

100 국사편찬위원회, 「전보」, 『한국독립운동사』 자료 7, 477쪽.
101 안중근, 「안응칠역사」, 180쪽.
102 위와 같음.
103 홍순호, 「安重根의 「동양평화론」」, 『교회사연구』 9, 1994, 46쪽.
104 국가보훈처·광복회, 「청취서」, 『21세기와 동양평화론』, 53~54쪽.

시하였다. 이로 일본의 경제적 문제가 해결된다면 일제의 침략성을 통제할 수 있다는 것이 그의 생각이었다. 아울러 삼국 공동의 군대창설과 삼국군인에 대한 공통의 교육을 주창하였다.

그러면서도 그는 "일본이 사치로 망하기 직전 한국의 후견인 노릇을 한다고 奸策을 써서 한국인을 폭행하고 핍박하고 있다"[105]고 당시의 한일관계를 적절하게 묘사하였다. 이와 같이 그는 일본경제의 실태를 허용과 사치로 망해가고 있다고 진단하였다. 일본과 동양의 살길은 침략정책을 버리고 동양의 평화를 추구할 때만이 가능하다고 판단하였던 것이다.

이상에서 보았듯이, 의병전쟁·이토제거·재판투쟁을 거치는 동안 안중근은 일본사회를 절대적인 일황, 이토를 중심으로 한 침략세력, 평화세력인 민으로 분석적으로 접근하고 있었다는 사실에 주목할 필요가 있다. 그는 결국 일본의 침략세력을 무력화시키면서 동양의 '인민(人民)'이 평화롭게 살 수 있는 환경을 조성하기 위한 의도에서 최후의 수단으로 「동양평화론」을 저술하려고 하였던 것이다.

6. 맺음말

그동안 안중근의 대일인식에 대한 학계의 논의는 대체로 러일전쟁을 전후하여 긍정에서 부정으로 급변하였다는 주장이 주류를 이루고 있다. 그러나 안중근은 명성황후시해사건을 이토 처단의 첫 번째 이유로 내세우고 있다. 명성황후시해사건이 안중근의 대일인식 형성의 근간이 되었다는 사실에 필자는 주목하였다. 그리하여 본격적으로 안중근의 대일인식의 과정을 추적한 결과 다음과 같은 결론에 이르게 되었다.

---

105 국사편찬위원회, 「피고인 제6회 신문조서」, 『한국독립운동사』 자료 6, 176~177쪽.

러일전쟁 이전의 안중근의 대일인식을 이루는 핵심은 명성황후시해사건이었다. 이 사건은 안중근의 근거지인 청계동에도 큰 파장을 일으켰다. 이는 김구의『백범일지』에도 그대로 반영되어 있다. 안중근의 대일인식은 위정척사계열의 고능선과 반일의식을 공유한 아버지 안태훈의 그것과 연동되어 있었다. 또한 내부관례를 어기면서까지 명성황후시해사건을 공론화한 천주교의 대응도 안중근의 대일인식의 형성과 밀접한 관계가 있는 것으로 보인다.

이 시기 안중근은 일제의 한국침략을 주시하면서 천주교 전교와 천주교 교인의 억울한 송사를 해결하는 데 주력하였다. 대체로 명성황후시해사건을 견문한 막연한 적대의식이 이 시기의 안중근의 대일인식이라고 할 수 있을 것이다.

러일 전쟁이 발발하자, 안중근은 천황의 대러시아 선전조칙을 지지하였으나 이는 어디까지나 러일 간의 전쟁에 국한된 것이다. 안중근은 침략을 일삼지 않는 일본을 지지하였던 것이다. 그러므로 안중근이 천황의 조칙에 대해 완전히 매몰되어 일제의 침략을 전혀 의식하지 못한 것이 아니다. 오히려 러일전쟁 이전 일제의 침략성을 인식하면서 러일전쟁의 결과를 비관적으로 보고 있었다.

이러한 맥락에서 일제의 본격적인 침략성이 드러나는 황무지개척권 요구에 대해 안중근은 하야시 제거계획으로 대응하였던 것이다. 이는 구국의 방법으로 외교적 수단을 강구하다가 적당한 시기에 무력투쟁을 도모하기 위한 해외이주계획의 추진으로 이어졌다. 그러나 외교적 방법론을 통한 무력투쟁은 현실적으로 불가능하였으므로 교육에 의한 구국의 방책을 시도하였다.

무엇보다 이 시기 안중근의 대일인식은 이기·최익현의 그것과 같은 궤도에 있었음을 알 수 있었다. 이러한 의미에서 안중근의 대일인식이 러일전쟁을 전후하여 크게 변하였다는 주장은 타당성이 없다.

을사늑약 이후 안중근의 대일인식은 고종황제 폐위·한일신협약·군대해산으로 이어지는 상황 속에서 경험한 일제의 침략 즉, 국채보상운동 중 일본 순사와 충돌, 일제의 방해로 인한 삼합의 실패 등의 경험을 바탕으로 더욱 발전되었던 것이다. 이와 같은 안중근의 대일인식은 현 단계의 한계성을 극복하고 새로운 단계로의 전환을 가져온 추진력이 되었던 것이다.

국외망명 이후 안중근은 전단계의 대일인식의 한계성을 넘어 무력투쟁이라는 구체적인 방법론에 입각하여 일제를 제거해야 할 대상으로 규정하였다. 그리고 이를 실천하였다는 면에서 그의 대일인식은 한 차원 높은 발전된 모습을 보였다. 즉, 이 시기 안중근의 대일인식은 간도한인의 상황을 목격하면서 계몽운동 단계에서 무력투쟁 단계로 전환한 추진력이 되었다는 면에서 전시기와 확연히 구분된다.

무엇보다도 이 단계의 안중근은 천명이라는 종교적 의미를 바탕으로 천황, 이토를 비롯한 침략세력, 민을 중심으로 한 평화세력으로 일본을 구분하는 분석적인 대일인식을 보였다는 것에 특히 주목할 필요가 있다. 이는 안중근에게 일제는 타협의 대상이 아니라 천명에 의해 무력으로 제압해야 할 적이지만, 평화세력인 민은 협력해야 할 대상임을 분명히 하였다는 면에서 의미 있는 대목이다.

이러한 의미에서 안중근이 사로잡은 포로를 풀어준 것은 단순한 국제공법이라는 입장에서가 아니라, 인간의 본질이 평화의 실천에 있다는 그의 인간론의 결과였던 것이다.

안중근은 일본인의 친절에 자신의 행위가 잘못되지 않았나 하는 생각을 갖기도 하였다. 하지만 일제재판부의 사형 선고는 안중근이 일제의 정체를 재확인하는 계기가 되었던 것으로 생각된다.

안중근은 일제의 침략 실상을 알리고 동시에 일본의 잘못을 바로잡아 일본 민들의 평화를 보장할 수 있는 방안을 제시하기 위한 방법으로 재판투쟁을 선택하였다. 그는 재판을 활용하여 한국에 대한 일제의 침략을 막음으로써 그가 믿는 천주의 천명 즉, 한국의 독립과 동양의 평화 유지를 실천하려고 하였다. 또한 천명을 구체적으로 실천할 수 있는 최후의 방법론으로 「동양평화론」을 작성하려고 하였던 것이다. 이를 통하여 안중근은 동양의 평화를 유지하기 위해 일제를 포용하면서 나갈 수밖에 없다는 인식을 갖고 있었다. 결국 이러한 일본인식은 그가 추구했던 도덕세계(천명)를 구현하기 위한 선택이었던 것이다.

3

안중근의 '동양평화론'과
이토 히로부미(伊藤博文)의 '극동평화론'

1. 들어가는 말

19세기~20세기 전반기는 세계적 범위에서 서양세력의 동양침략으로 점철된 시대였다. 조선은 변화하는 세계의 조류에 적응하기 위해 1876년 강화도조약으로 문호를 개방하였으나 결국 일제의 식민지로 전락하고 말았다. 일본은 1853년 미국의 패리함대의 압력에 굴복하여 불평등한 조약을 체결한 후, 1868년 명치유신으로 국가체제를 일신하였으나 서구열강과 같은 제국주의의 길을 걷게 되었다.

19세기 서세동점에 대한 한일 양국의 반응은 다양한 양상으로 전개되었다. 각국의 서세에 대한 대응논리는 각론에서 차이를 보이지만, 총론에서는 대동소이한 양상을 드러내고 있다. 한일양국은 같은 유교문화권이라는 토대 위에 동문동족(同文同族)의식을 기반으로 하여 한국에서는 '동양평화론'으로, 일본에서는 '아시아주의'로 서양세력에 대한 대응논리를 구축하였던 것이다.[1] 하지만 각론에 들어가면 각국의 상황과 시대인식에 따라 이질성을 드러내고 있다. 이는 총론의 의미가 변질되는 경우, 각론의 내용과 의미도 또한 질적 변용이 초래될 수밖에 없음을 의미하는 것이다. 서양세력의 침략에 대한 한일양국의 대응논리는 양국의 이해관계, 국제적 역학관계, 시대의 변화에 따라 다양한 양상을 보이고 있다는 말이다. 이와 같은 의미를 내포하고 있는 동양평화론과 아시아주의에 대한 개별 국가의 연구 성과는 어느 정도 진척되어 있는 상황이라고 하겠다.

그러나 서양의 침략에 대한 대항이론인 '동양평화론', 또는 '아시아주의'가 한일양국에서 어떠한 상호관계와 양상 속에서 전개되어 왔는지에 대한 구체적인 연구는 충분히 축적되었다고 단언할 수는 없다. 한국의 동양평화론과 일제의 아시아주의의 성격, 특히 안중근의 동양평화론과 이토 히로부미(伊藤博文)의 극동평화론[2]을 일정한 연관관계 속에서 파악한 연구는 어느 정

---

1 竹內 好 編集·解說, 『アジア主義』(現代日本思想大系 9), 筑摩書房, 1963, 참조.
2 서세동점에 대한 대응논리로 일본에서는 아시아주의가 등장하였는데, 그 전개과정과 명칭도 복잡한 양상을 띠고 있다. 특히 명칭에 있어 아시아연대론·흥아론 등이 있으나, 대체적으로 일제의 대외침략을 합리화하기 위한 이론으로 아시아주의의 異名同意로 판단된다. 이토 히로부미의 경우도 어디까지나 아시아주의 선상에서 대외정책을 추진하였던 것이다. 그런데, 이토가 까깝쵸프와 회견을 하기 위해 만주로 갔을 때의 상황을 보도한 1909년 11월 4일자 『만주일일신문』의 「極東平和論」에서 이토의 對韓·中정책을 '극동평화론'이라고 명명하고 있다. 즉, "公의 연설은 요컨대, 極東平和論인 것이다. 公은 만주가 극동의 평화에 밀접한 관계가 있다고 말하고(중략) 公은 또 문명의 途上에 있어서 一日의 長인 자는 好意로써 후진국 국민을 誘導開發할 의무가 있다고 논하고, 그래서 당연히 청국에서의 각종 개혁의 성공을 희망하였다. 또한 일본정부는 개혁을 성공시키는 데 있어서, 직접 간접으로 원조해야 할 것이라고 믿는다고 하였다. 그 滿洲 在留국민이 청국인에 대해 언제나 親睦을 旨로 하고 共히 문명의 恩澤을 입을 것을 희망한다고 한 바, 역시 그 취지를 같이 하고 있다. 생각건대, 이것은 日淸國交의 大方針으로써, 극동평화의 기초가 역시 여기에 있으며, 兩國民이 잘 服膺해야 할 바이다" 이처럼, 일본인들은 이토의 극동평화론이란 선진국인 일본이 극동의 후진국을 지원, 개혁하여 문명의 은택을 입도록 하는 것이라고 주장하고 있다. 그러나 이 말은 표면적으로는 그럴 듯하나, 핵심은 아시아주의와 같은 의미로 아시아의 침략을 뜻하는 데 있다. 이러한 맥락에서 필자는 이 글에서 이토 히로부미의 침략적 對韓·中정책을 '이토 히로부미의 극동평화론'이라는 표현을 사용하고 있는 것이다. 결국 안중근과 이토의 대립은 동양평화론과 극동평화론의 이론적 상극에서 초래된 것이라고 할 수 있다.

도 이루어지고 있으나[3] 충분하다고는 할 수 없을 것이다.

이러한 측면에서 구체적으로 아시아주의와 같은 궤도에 있는 이토 히로부미의 한국침략 논리인 '극동평화론'의 실체와 그에 대한 대항논리인 안중근의 '동양평화론'의 내용과 특성을 밝히려고 한다. 이 글에서는 우선 이토의 '극동평화론'의 본질을 규명하기 위해 이토의 한국침략논리를 추적하겠다. 이를 통하여 구체적으로 이토의 '극동평화론'이 지향하는 바와 그 의미가 규명될 것이다.

안중근은 1910년 3월 26일 오전 10시경 사형이 집행되기 직전, 전옥(典獄) 구리하라(栗原)가 안중근에게 "최후의 유언을 하라"고 하자 안중근은 "동양평화 삼창을 하고 싶다"고 하였다.[4] 물론 일제가 이를 거절하여 안중근은 이 생에서의 마지막 소망을 이루지 못하였다. 이처럼 안중근은 일생 동안 목숨을 바칠 가치가 있다고 여긴 동양의 평화와 한국의 독립을 위해 살았던 것이다.

따라서 안중근에게 이와 같은 의미가 있는 동양평화론을 구체적으로 살펴보기 위해서는 안중근이 「동양평화론」을 저술하게 된 배경을 살펴보아야 한다. 동양평화론의 배경을 밝히는 데 있어 삼국공영론·삼국동맹론 등 당시 등장했던 반침략이론을 살펴보는 것이 중요한 과제일 것이다. 때문에 안중근이 주창한 동양평화론의 배경으로써 '삼국공영론'과 '삼국동맹론'을 개

---

3 안중근의 동양평화론에 대한 연구의 대표적 성과는 다음과 같다. 홍순호, 「安重根의『東洋平和論』」, 『교회사연구』 9, 한국교회사연구소, 1994; 김호일, 「舊韓末 安重根의 '東洋平和論' 연구」, 『중앙사론』 10·11, 1998, 55쪽; 김옥희, 「안중근의 자주독립사상과 동양평화사상」, 『安重根과 東洋平和』(안중근의사순국제87주년기념국제학술회의), 순국선열기념재단, 1997; 최기영, 「안중근의『동양평화론』」, 『한국근대계몽사상연구』, 일조각, 2003; 김현철, 「개화기 한국인의 대외인식과 '동양평화구상'」, 『평화연구』 11, 고려대학교 평화연구소, 2002; 현광호, 「안중근의 동양평화론과 그 성격」, 『아세아연구』 46, 고려대학교 아세아문제연구소, 2003; 김홍수, 「안중근의 생애와 동양평화론」, 『논문집』, 공군사관학교, 2002; 김길룡, 「동양평화론에 나타난 안중근의사의 미래지향 정신」, 『순국』 139, 순국선열유족회, 2002; 윤병석, 「안중근의사의 하얼빈 의거와 '동양평화론'」(1)·(2), 『순국』 166·7, 2004, 순국선열유족회.
4 국사편찬위원회, 「보고서」, 『한국독립운동사』 자료 7, 515쪽.

괄적으로 살펴보고자 한다. 이를 바탕으로 필자는 안중근이 제기한 동양평화론의 내용을 기술하고 나서 그 특징을 살펴보겠다.

그리고 또 다른 측면에서 안중근이 제시한 동양평화론의 형성배경을 논할 때, 천주교와의 관련성을 언급하지 않을 수 없을 것이다. 왜냐하면 안중근은 그에게 부여된 천명(天命)을 '한국의 독립'과 '동양의 평화 유지'라고 생각하였기 때문이다. 이에 대해서는 필자가 이미 설명한 적이 있기 때문에 여기에서는 구체적으로 언급하지 않겠다.[5]

이러한 필자의 작업을 통하여 안중근의 동양평화론이 어떠한 의미를 갖는지, 또한 이토의 극동평화론이 지향하는 바가 무엇인지 하는 문제가 극명하게 드러날 것이다. 이러한 의미에서 필자는 이 글이 안중근의 동양평화론이 갖는 의미를 규명함으로써 '안중근학(安重根學)'의 발전에 기여하고, 더 나아가 안중근의 동양평화론의 현재적 의미를 규정하는데 일조하였으면 하는 바람이다.

2. 일제의 침략논리와 이토 히로부미의 '극동평화론' 실체

일본 명치정부는 후쿠자와 유키치(福澤諭吉) 등과 같은 아시아주의자들과 밀접한 관계를 맺으면서 대한정책을 추진하였던 것은 알려진 사실이다. 특히 이토 히로부미는 아시아주의로 포장된 일제의 대외침략정책을 진두지휘하며 일제의 외교를 사실상 이끌었던 인물이다. 이토는 통감으로서 조선을 일제의 식민지로 만드는데 결정적인 역할을 하였다. 결국 조선이 일제의 식민지로 전락한 하나의 원인으로 이토의 아시아주의의 한 형태인 '시정개선'이라는 용어의 본질을 꿰뚫는 통찰력과 비판정신의 결여를 들 수 있을 것이

---

5 신운용, 「안중근의거의 사상적 배경」, 『한국사상사학』 25, 한국사상사학회, 2005, 참조.

다. 이러한 의미에서 이토가 조선을 식민지화하는 데 동원한 논리가 어떤 것인지 살펴보는 것은 의미 있는 작업일 것이다.

일본 명치정부는 1873년 정한론자들을 제거한 후, 1876년 조선과 강화도조약을 맺으면서 "朝鮮國은 自國의 邦으로 日本과 平等한 權을 保有한다"[6]고 선언하였다. 그 후 동양의 평화와 한국의 독립을 명분으로 1894년 청일전쟁과 1904년 러일전쟁을 도발하였던 것이다.

이러한 일제의 대외침략을 선두에서 이끈 대표적인 인물이 이토였다. 그는 1895년 청일 간의 강화조약 체결을 주도하였으며, 러일전쟁의 단계적 목표인 을사늑약의 체결을 총지휘한 인물이다. 일제는 청일·러일전쟁이 한국의 독립을 확고히 하기 위한 수단이라고 거짓주장을 하며 일진회 등의 부일세력을 앞세워 한국을 침략하였다. 특히, 일제가 한국을 침략하기 위해 내세운 논리는 '한국 독립'과 '동양의 평화 유지'였다. 이러한 일제의 논리에 편승하여 당시 많은 한국인들은 일본의 승리를 기원하였고 심지어 일제의 전쟁수행에 참여하기도 하였다.

한국인들이 이러한 양상을 보인 이유는 인종론에 입각한 삼국동맹론에서 엿볼 수 있을 것이다. 그렇다고 당시 한국인들이 일제의 침략성을 전혀 의식하지 못한 결과로 일제의 아시아주의에 매몰되어 러일전쟁에서 일제를 지지하였다고는 단정할 수 없다.[7] 예컨대, 안중근도 이기 등과 같이 일제의 침략성을 인식하면서도 서양 세력의 침탈로부터 조선을 보호하기 위한 수단으로써 일본의 승리를 기대하였던 것으로 보인다.[8] 하여튼 일제는 아시아주의의 또 다른 형태인 한국의 독립과 동양평화의 유지라는 위장된 명분을 내세워 반일세력을 제압하는 동시에 부일 세력의 활동력을 강화시키는 데 주력하였다.

---

6 日本外務省 編纂,「日韓修好條規」,『日本外交年表竝主要文書』上, 原書房, 1965, 65쪽.
7 신운용,「안중근의 대일인식」,『한국민족운동사연구』60, 한국민족운동사학회, 2009.
8 『皇城新聞』1903년 10월 1일자,「日不得不戰」.

청일·러일전쟁의 목적이 한국의 독립에 있다고 억지 주장을 하던 일제는 한국에서 청국과 러시아 세력이 제거되자 그 마각을 드러냈다. 즉, 1905년 4월 8일 일제의 내각회의에서 "東洋의 禍源을 없애어 일본의 자위를 保存하기 위해서 한국에 대한 保護權을 確立하고 該國의 對外關係를 我國의 手中에 넣어야 한다"라는 소위 「한국 보호권 확립의 건」을 결정하였다.[9] 그 후 일제는 한국의 외교권을 박탈하기 위한 구체적 계획으로 같은 해 10월 27일 각의에서 '한국보호권확립'을 실행에 옮기기로 결정하기에 이른다.[10] 이처럼 일제는 한국이 동양의 화근이라고 주장하면서 이 화근을 제거하기 위해 한국을 식민지로 삼지 않으면 안 된다는 논리를 내세웠던 것이다.

이러한 흐름에서 이토는 을사늑약의 사전 정지작업을 위해 1905년 11월 9일 서울에 도착한 후, 15일 고종을 알현하였다. 이때 이토는 한편으로 "我황제폐하는 일한양국 특수 관계에 비추어 동양의 평화를 영구히 유지하도록 하는 것을 軫念하신 결과 특히, 博文에게 大命을 내시어 친히 폐하에게 전달하도록 한 바"[11]라고 하며 동양평화를 들먹이고 있다.

다른 한편으로 이토는 "한국은 어떻게 하여 오늘날에 생존할 수 있겠는가 장차 또한 한국의 독립은 何人의 덕택인가"[12]라고 하여 고종을 협박하는 언사도 서슴지 않았다. 더욱이, 이토는 고종에게 한국을 병탄하려는 청국과 러시아 세력에 맞서 일본은 한국의 독립을 위해 이들 국가를 축출하였다는 궤변을 늘어놓기도 하였다.[13] 한걸음 더 나아가 이토는 을사늑약 체결 이틀 전인 1905년 11월 15일 고종황제를 알현하면서

---

9 日本外務省 編纂, 「韓國保護權確立の件」, 『日本外交年表竝主要文書』上, 233쪽.
10 金正明 編, 「韓國保護權確立實行ニ關スル閣議決定の件」, 『日韓外交資料集成』 6 上, 1964, 10~12쪽.
11 金正明 編, 「伊藤特派大使御親翰奉呈始末」, 『日韓外交資料集成』 6 上, 15쪽.
12 金正明 編, 「伊藤特派大使內謁見始末」, 『日韓外交資料集成』 6 上, 21쪽.
13 金正明 編, 「伊藤特派大使內謁見始末」, 『日韓外交資料集成』 6 上, 22쪽.

그 戰勝의 결과 貴國의 領土를 보전한 것은 사실이 증명하는 바이
고 또한 天下의 公論이 모두 인정하는 바로 (중략) 한국의 영토는 이로
인해 보전될 수 있었고 동양평화는 이제 극복되었다. 비록 그렇다고
할지라도 나아가 平和를 恒久히 유지하고 東亞將來의 滋端을 杜絶하
기 위해서는 양국간의 결합을 일층 견고히 하는 것이 극히 긴요하다고
인정된다.[14]

라는 망언을 하였다. 요컨대 이토는 일본의 한국지배는 세계가 인정하는
바[15]라고 하면서 한국에서 러시아와 청국 세력이 제거된 이후 일본이 독점
적으로 한국을 강점한 상태를 '동양평화'라고 표현하고 있다. 여기에서 이토
가 말하는 동양평화라는 것은 일제의 한국점령을 의미한다는 사실이 분명
히 드러난다. 청일전쟁의 이유로 내세웠던 '한국의 독립'과 '동양의 평화'라
는 것이 한국과 동양에 대한 침략을 뜻한다는 사실을 이토는 실토하였던 것
이다.

결국 일제는 1905년 11월 17일 을사늑약을 조선과 강제로 체결하였다.
일제가 을사늑약을 한국에 강제한 논법은 위에서 보았듯이, '동양장래의 자
단(滋端)을 두절하기 위해서'라는 논리의 연장선에서 이루어진 것으로 한국
과 동양평화의 유지를 위한 방편이라는 것이다.[16] 이처럼 침략성이 완전히
드러난 상황 속에서도 여전히 일제는 한국침략을 '동양평화'로 위장하는 전
술을 구사하고 있음을 주목할 필요가 있다.

이와 같은 상황 속에서 일진회는 을사늑약 직전인 1905년 11월 5일 「선

---

14 金正明 編, 「伊藤特派大使內謁見始末」, 『日韓外交資料集成』 6 上, 23쪽.
15 이러한 일제의 대한정책의 연장선에서 이토 히로부미는 1905년 1월 25일 美대통령에게 서
   한을 보내어 대한제국을 식민지화하겠다는 의지를 노골적으로 표출하기도 하였다(日本外務
   省 編纂, 「平和克復後における滿韓, 旅順に關する我政府の意思竝びに希望の件」, 『日本外
   交年表竝主要文書』上, 232쪽).
16 金正明 編, 「韓國外交委託ノ協約締結ノ必要ニ付キ大臣卜交涉ノ件」, 『日韓外交資料集成』
   6 上, 35쪽.

언서(宣言書)」를 발표하였다. 이 선언서에서 일진회는 "청일전쟁과 러일전쟁을 평화를 위한 의협심에서 행한 것"이라고 주장하면서, 외교는 "선진문명국 일본에 위임하고 내치는 한국정부가 맡되 선진고문관을 고빙하여 폐정(弊政)을 제거하는 것이 민복을 증진시키는 길이다"라는 허황된 주장을 하였다.[17] 이처럼 일진회는 일제의 논리를 적극적으로 받아들여 을사늑약을 찬성하였던 것이다. 이에 반대하여 장지연은 「시일야방성대곡」에서 일제의 침략을 폭로하였으며[18] 전국적으로 의병이 봉기하였던 것이다.

을사늑약 이후 한국의 대부분을 장악한 일제는 한국에 대해 즐겨 사용했던 '한국의 독립'·'동양의 평화'라는 용어를 이제 적극적으로 강조하지 않아도 되었다. 오히려 이토가 한국통감으로 온 이후, 한국인들의 저항을 무력화시키는 용어로 전부터 사용되던 '시정개선'이라는 구호의 사용빈도를 전에 비해 더욱 높여 한국을 장악하려고 하였다.

그러나 일제의 대한 정책은 한국인들의 전국적인 저항을 초래하였다. 을사의병이 전국적으로 번져가고 있는 가운데, 1907년 2월 이후 국채보상운동이 전국적으로 일어났으며, 1907년 3월 나철·오기호 등의 을사오적 처단시도사건이 발생하는 등 한국인의 반일투쟁열기가 고조되어 갔다.

이러한 상황을 타개하기 위해 이토는 1907년 5월 22일 이완용내각을 출범시켰다. 이후, 1907년 5월 30일에 개최된 소위 '제16회 한국시정개선에 관한 협의회'에서 이토는 한걸음 더 나아가 한국을 완전히 장악하기 위한 구체적인 논법을 제시하였다. 이토는 한국의 급무는 정치개선에 있다고 주장하면서 한국을 세계문명국의 반열에 올려놓기 위해 한국과 일본이 제휴해야 한다는 궤변[19]을 늘어놓았다. 더욱이 이토는 시정개선이라는 명목하에 이루어지고 있던 '교육의 보급', '산업의 발달'을 한국·일본 나아가 세계를

---

17 金正柱, 「韓國一進會日誌」, 『朝鮮統治史料』 제4권, 韓國史料研究所, 1970, 514~515쪽.
18 『皇城新聞』 1905년 11월 20일자, 「是日也放聲大哭」.
19 金正明 編, 「韓國施政改善ニ關スル協議會第十六回」, 『日韓外交資料集成』 6 上, 481쪽.

위한 것이라며 일제의 한국침략상황을 교묘하게 위장하여 한국인들을 기만하였다. 그러나 이러한 이토의 주장은 전국적으로 전개되던 반일투쟁을 희석하기 위한 수단에 지나지 않는 것이었다.

한국의 외교권을 장악하고서 한국을 세계문명국의 반열에 올려놓겠다는 주장은 그야말로 표리부동한 행동임을 이토 자신이 잘 알고 있었을 것이다. 이와 같은 이토의 망언에 대해 이완용은 "각하의 훈시를 듣고 행복을 이길 수 없다"[20]며 부일성향을 드러냈다.

을사늑약을 인정할 수 없었던 고종은 1905년 12월 11일 루즈벨트 미대통령에게 「친서」를 보내어 일본의 침략을 폭로하면서 미국의 지원을 요청하였으나 미국은 이에 응하지 않았다. 또한 고종은 1907년 6월 헤이그 평화회의에 이상설·이위종·헐버트를 파견하여 일제의 만행을 세계 각국에 호소하려고 하였다. 그러나 1907년 7월 2일 헤이그 밀사파견사건이 발각되자,[21] 이토는 "모든 책임이 고종에게 있고 일본에 대해 공연히 적의를 표하는 것은 협약위반이므로 한국에 선전포고(宣戰布告)를 할 권리가 있다"고 고종을 협박하였다.[22]

이후, 이토는 고종을 퇴위시키고 한국의 외교권에 이어 내정권마저 장악하려고 획책하였다. 일제는 한국병탄이라는 흉계를 합리화하기 위한 논리로 "한국의 독립을 위해 한국을 장악해야 한다"는 궤변을 내세우고 있다. 이는 다음의 하야시(林) 외상과 이즈볼스끼 러시아 외상 간의 대화내용에서도 엿볼 수 있다. 요컨대, 제3차 한일협약이 있기 3일 전인 1907년 7월 21일 일제의 하야시 외상이 한국의 공법상의 자격 변경여부 즉, 한국병탄에 대해 질문한 러시아 외상 이즈볼스끼에게

---

20 위와 같음.
21 국사편찬위원회, 「한제파견밀사에 대한 노국외상의 담화보고 건」, 『통감부문서』 5, 1999, 1쪽.
22 국사편찬위원회, 「밀사 해아파견에 대한 한제에의 엄중경고 및 대한정책에 관한 묘의결정 품신건」, 『통감부문서』 5, 5쪽.

일본이 非常한 위험에도 두 번이나 大戰爭을 한 것은 영구히 한국의 독립을 유지하기 위한 목적에서 나온 것이므로 조만간에 그 공법상의 자격의 변경이 초래될 것은 이제 豫期될 것이다. 본관이 알고 있는 바에 따르면 구주의 여론도 이에 대해 이의가 없는 것 같다.[23]

라고 답하였다. 이처럼 일제는 한국을 식민지화하려는 야욕을 숨기지 않고 드러내었다. 이즈볼스끼도 이에 대해 "러시아는 새로 할 말이 없다"고 하여 일제의 한국지배를 사실상 인정하였다.

러시아의 묵인과 고종의 헤이그밀사파견 사건을 악용하여 일제는 결국 1907년 7월 24일 「한일신협약」을 강제로 체결하였다. 특히 일제는 "日本政府 및 韓國政府는 신속하게 한국의 富強을 꾀하고 한국민의 幸福을 증진시킬 目的으로 다음의 條款을 約定한다" 라고 하여 한국을 위해 「한일신협약」을 체결하였다고 강조하고 있다.

그러나 일제는 「한일신협약」 제1조에서 "韓國政府는 施政改善에 관해 統監의 指揮를 받을 것"이라고 하여 한국을 병탄하려는 의지를 공공연하게 드러냈다. 결국 한국은 이 협약으로 외교권에 이어 내정권마저 일제에 빼앗기게 되어 사실상 일제의 식민지로 전락하였다. 이처럼 일제는 한국의 내정권을 강탈하면서도 한국민의 행복을 증진시킬 목적이라고 운운하고 있었던 것이다.

이러한 의미에서 일제가 말하는 시정개선이란 한국을 일제의 식민지로 만드는데 방해가 되는 걸림돌을 제거하는 행위를 뜻하는 것이다. 이와 같은 사실을 일제는 "日露戰役開始 以來 韓國에 대한 我勸力은 점차 커져 특히 재작년 日韓條約의 체결과 함께 同國에 있어 시정은 크게 그 면목을 개선시켰다"고[24] 실토하고 있는 것이다.

---

23 국사편찬위원회, 「한국문제에 관한 노국외상과의 회담요지 및 노국신문논조 이첩 건」, 『통감부문서』 5, 31쪽.

이처럼 이토는 아시아주의의 한 형태인 시정개선이라는 명분을 동원하여 한편으로 독립에 대한 한국인의 열의와 자신감을 잃도록 조장하고, 다른 한편으로 협박을 가하는 양동작전을 펼치고 있었다. 이를 간파하고 있었기 때문에 안중근은 "나는 이등통감(伊藤統監)의 시정방침은 어떻게 하든지 파괴하지 않으면 안 된다고 판단되었기 때문에 그 일을 위하여는 무엇이라도 해야만 한다"[25]라고 하였던 것이다.

1909년 6월 이토는 조선 통감직을 사직하고 추밀원의장으로 자리를 옮기었다. 일제는 이미 1907년 7월 24일 한일신협약, 1907년 8월 1일 한국군대 해산, 1908년 11월 30일 루트-다카히라협정[26] 등으로 한국을 식민지화할 만반의 준비를 마친 상태였기 때문에 한국에서의 이토의 역할은 끝났다고 보아야 한다. 이제 이토는 한국을 넘어 만주로 눈을 돌릴 수 있는 여력이 생겼다. 즉, 일제는 1909년 9월 청국과 일본 사이에 체결된 「간도협약」으로 만주 침략의 구체적인 교두보를 확보하였다.

그러나 미국이 만주의 문호개방을 요구하고, 러시아는 간도협약에 의구심을 갖고 있던 상황에서 러일 간의 전쟁이 임박하였다는 소문도 무성하였다. 이에 일제는 국제적인 압력을 피하면서 만주침략을 강화하기 위한 조치로써 이토와 까깝쵸프 간의 회담을 제안하였다. 그러나 안중근이 이토를 처단함으로써 러일 간의 접근은 일시 무산되었다.

이상에서 살펴본 이토의 침략적 '극동평화론'은 일제의 대외침략노선 위에서 형성된 것으로 당시 일본인의 대아시아 인식과 같은 궤도 위에 있었다. 한국에 있던 대부분의 일본인들은 일본이 한국을 보호하고 문명화시키는 후견인이라는 인식을 갖고 있었으며, 이들은 한국침략을 당연시하였고

---

24 日本外務省 編纂, 「韓國倂合ニ關スル件」, 『日本外交年表竝主要文書』 上, 315쪽.
25 최이권 편역, 『애국충정 안중근의사』, 법경출판사, 1992, 10쪽.
26 日本外務省 編纂, 「太平洋方面に關する日米交換公文」, 『日本外交年表竝主要文書』 上, 312~313쪽.

동시에 우월의식으로 가득 차 있었다. 게다가 이들은 일본이 한국을 보호하고 문명화시키고 있다고 허위선전을 하고 있던 이토의 한국 침략정책을 적극적으로 지지하였다. 그렇기 때문에 안중근이 이토를 제거한 이후 당시 학부차관(學部次官) 타와라(俵)는

> 그리고 日本은 地理上으로 一衣帶水의 隣國이므로써 韓國으로 하여금 오래 此狀態로 둔다는 것은 東洋의 平和를 破하고 延하여 自國의 存立을 危殆롭게 하는 所以이므로 日·淸 日·露의 大戰에 幾多의 生命과 財産을 犧牲에 供하고도 不辭한다. 要컨대 日本의 眞意는 外로 韓國에 對한 他國의 抑壓을 排除하고 內로 韓國의 擾亂을 治하여 此를 扶植하며 此를 輔導하여 文明의 域에 나아가게 하여 永久히 東洋平和의 禍根을 絶함에 있다. 그리하여 伊藤公爵 閣下는 明治三十八年(一九〇五) 十一月 親히 渡韓하여 日韓協約을 締結하고 이어 同三十九年(一九〇六) 二月 統監府를 設置하자, 統監으로 老軀를 이끌고 此地에 在任하여 誠意誠心 韓國을 指導開發하여 文明에 浴케 하는데 努力하였다.[27]

라는 인식을 드러내면서 이토를 한국을 문명화시킨 존재라고 망언하였던 것이다.

안중근을 신문(訊問)한 미조부치(溝淵) 검찰관도 이토와 동일한 대한인식을 갖고 있었다. 따라서 신문과정에서 이토 처단을 계기로 여순(旅順)을 일제의 한국 침략정책과 그 허구성을 폭로하는 장으로 삼으려고 했던 안중근[28]과, 이토의 대한정책의 정당성을 내세웠던 미조부치 간의 대립은 역사적 필연

---

27 국사편찬위원회, 「이등공작 홍거에 관하여 관립학교 직원에 대한 표 학부차관의 훈시요령」, 『한국독립운동사』 자료 7, 1976, 78~79쪽.
28 『동아일보』 1979년 9월 19일자, 「安重根의사 東洋平和論」.

성을 내포하고 있었던 것이다.

이러한 맥락에서 미조부치 검찰관은 안중근의 이토 처단이 오해에서 생긴 결과라는 논리를 내세우기 위해

> 만약 中國은 말할 것 없고 露國에 對抗할 힘이 없는 韓國을 그대로 放置하면 滅亡하는 수밖에 없다. 이것은 곧 東洋平和에 害가 있으므로 日本이 保護하고 있는 것이다. 그대는 그 事理를 알고 있지 않다고 생각하는데 如何한가.[29]

라며 '동양평화'를 앞세우는 논법을 구사하였던 것이다. 이에 대해 안중근은

> 結局 伊藤의 하는 方法이 나빴기 때문에 韓國이 今日과 같은 狀態에 이르른 것으로 만약 奸策 强判을 加하지 않았다면 말할 것 없이 東洋은 至極히 平和롭게 되어 있을 것으로 생각된다.[30]

라고 하여 동양평화가 유지되지 못한 원인을 밝히면서, 한국의 비참한 현실은 이토의 정책이 실패한 결과라고 반격을 가하였다.

이에 대해, 미조부치는 일본이 청국과 러시아의 침략으로부터 한국을 보호하고 문명개화를 돕고 있다는 논리를 내세웠다.[31] 그러자 안중근은 일본의 대한정책은 같은 인종인 한국을 먹이로 삼는 것에 지나지 않고[32] 이토가 내세운 시정개선은 한국의 진보를 오히려 방해하고 있다[33]는 논법으로 미조부치의 주장을 혁파해 나갔다. 이러한 안중근의 현실인식은 사회진화론의

---

29 국사편찬위원회, 「피고인 제6회 신문조서 피고인 안응칠」, 『한국독립운동사』 자료 6, 176쪽.
30 『한국독립운동사』 자료 6, 176~177쪽.
31 『한국독립운동사』 자료 6, 177쪽.
32 『한국독립운동사』 자료 6, 177쪽.
33 『한국독립운동사』 자료 6, 178쪽.

입장에서 일제의 대한정책을 지지하는 경향을 보이던 당시의 많은 한국지식인들[34]과는 궤도를 달리하고 있다는 사실에 주목할 필요가 있다.[35]

이처럼 안중근은 일제의 침략논리를 무력화시키면서 한국의 독립과 동양평화의 유지를 위한 방법으로서 '동양평화론'을 또 하나의 대일전쟁 이론으로 상정하여 일제의 대한침략이론에 맞서고 있었다.

하지만 한국 국내에서는 오히려 안중근을 성토하는 목소리가 높았던 것도 사실이다.[36] 물론 대부분의 한국인들은 안중근의 이토 처단을 역사적 의미가 있는 일로 여겼지만, 부일세력은 "嗚呼 東洋平和에 있어서 다시 公과 如한 者 그 누구인가"[37]라고 하여 이토를 찬양하였던 것이다. 민간 부일세력은 이토를 동양평화를 유지한 '위인'이라는 궤변으로 일관하였다.[38] 민간 부일배뿐만 아니라, 조선황실과 정부도 이토에 대해 민간 부일배와 같은 인식을 갖고 있었던 것으로 보인다. 즉, 순종의 예에서 보듯이[39] 안중근이 이토를 동양평화의 파괴자로 한국을 식민지화시킨 원흉으로 보는 것과는 정반대로, 조선의 지배층들은 동양평화의 보호자이자 한국개발의 대은인(大恩人)이라고 여기는 도착된 현상을 보이고 있다.[40]

한국인의 독립의지를 무력화하기 위한 논리로 '동양평화'를 내세우는 일제의 행태는 일제강점기에도 계속 이어졌다. 1910년 9월 한일병탄 때, '병탄선언서'에서 일제는 "조선인의 그 복리를 증진시키고 한일양국이 一家가 되어 영원히 동양평화의 慶을 향유하는 것을 절망해 마지않는 것이다"라고 하였다.[41] 또한 1919년 3·1 독립운동이 전국적으로 일어나자, 조선총독 하세

---

34 최기영, 「한말 사회진화론의 수용」, 『한국근대계몽사상연구』, 일조각, 2003, 28쪽.
35 신운용, 「안중근의 대일인식」, 참조.
36 신운용, 「안중근의거에 대한 국내의 인식과 반응」, 『한국근현대사연구』 33, 2005년 3월, 27~46쪽.
37 국사편찬위원회, 「고비발 제359호」, 『한국독립운동사』 자료7, 47쪽.
38 신운용, 「안중근의거에 대한 국내의 인식과 반응」, 44~45쪽.
39 국사편찬위원회, 「고비발 제359호」, 『한국독립운동사』 자료7, 83~85쪽.
40 신운용, 「안중근의거에 대한 국내의 인식과 반응」, 33쪽.

가와 요시미치(長谷川好道)는 "韓國에서 3 · 1獨立運動이 繼續됨에 日本의 韓國統治는 「東洋平和의 基礎確立」과 所謂 「一視同仁의 大義」에 準한 것으로 偏私가 없는 것"이라고[42] 하였다.

이처럼 일제는 한국을 식민지화하기 위한 논리에 머물지 않고 한국을 통치하기 위한 방법론으로 '동양평화'를 내세우고 있었던 것이다. 이러한 일제의 주장에 대해서 한국인들은 신규식의 예에서 보듯이, 안중근의 동양평화론이라는 궤도 위에서 일제의 허위선전에 맞서고 있었다는 사실에 주목해야 한다.[43]

3. 안중근의 '동양평화론' 형성배경

18세기 천주교의 전래로 인한 문화충돌 · 병인양요(1866년) · 신미양요(1871년), 영국과 청국 간의 아편전쟁(1840년~1842년) 등으로 인해 조선인의 척양(斥洋)의식이 고착화되어, 조선은 1876년 강화도 조약이 체결되기 이전까지는 쇄국정책으로 일관하였다. 그러나 강화도조약 이후, 조선은 서양제국과 국교를 맺고 국제사회에 등장하였다.

강화도조약 이후 러시아 등 서양 제국주의 세력의 동양 침략이 점증하는 상황에 직면하여, 인종적 문화적으로 비슷한 기반 위에 있던 동양 삼국은

---

41 金正柱, 「韓國倂合二關スル宣言」, 『朝鮮統治史料』 제4권, 481쪽.
42 조선총독부, 『朝鮮總督府官報』 1919년 7월 1일자.
43 임시정부의 國務總理代理 法務總長 申圭植이 1921년 7월 12일 英國 外務省 · 英國 上下議院에게 보낸 抗議 電報에서 다음과 같이 일제의 침략논리를 '동양평화'라는 측면에서 반박하고 있다. 즉, "13日은 英日同盟의 滿了期이다. 듣건대 貴國에서는 將次 續約을 改訂하려 한다고 한다. 政府는 國民 全體의 公意를 代表하여 懇告한다. 今後의 續約은 日本의 侵略政策을 助長하며 我國의 國際人格을 侵害하는 字句는 一切 이를 削除하고 또 韓英舊約을 잊지 말고 吾國의 獨立을 尊重하고 人道의 正義를 主張하여 東洋平和의 實現을 援助하기를 切望한다. 이는 我韓의 幸일 뿐 아니라 世界의 福이 되는 所以이다. 云云"(국사편찬위원회, 『日帝下三十六年史』 六, 1971, 291쪽).

공영 내지 동맹의 필요성을 인식하게 되었던 것이다. 그리하여 삼국공영론 또는 삼국동맹론이라는 시대적 담론이 주로 당시의 신문을 매개로 전개되었다.

이러한 맥락에서 안중근의 정치사상은 『대한매일신문』·『황성신문』·『제국신문』·『공립신문』·『대동공보』 등 당시의 신문에 큰 영향을 받으며 형성되었던 것 같다.[44] 따라서 안중근의 동양평화론을 살펴보기 위해서는 당시 신문지상에서 논의되던 삼국공영론·삼국동맹론·동양평화론 등의 담론을 우선 살펴보아야 한다.

강화도조약에 따라 1880년 김홍집은 수신사로 일본을 방문하게 된다. 일본에서 김홍집은 황준헌으로부터 『사의조선책략(私擬朝鮮策略)』을 받아 귀국하였다. 주지하다시피, 『사의조선책략』은 1860년 11월 러시아와 북경조약을 체결하여 우수리강 동쪽의 연해주를 러시아에 양도하는 등 러시아의 청국에 대한 압력을 배경으로 서술되었던 것이다. 황준헌이 『사의조선책략』에서 러시아를 견제하기 위해 서양문물을 받아들이고 기독교의 포교를 인정해야 하며, '친중국결일본연미(親中國結日本連美)'해야 한다는 내용을 담고 있다. 말하자면 친중(親中)이란 청국의 지도를 받아 대외정책을 취하는 속방 체제의 강화를 뜻하고, 결일(結日)은 근대화의 모델로 일본을 본받아야 한다는 것이며, 결미(結美)는 미국이 조선을 보호할 것이라는 의미이다. 결국 황준헌의 『사의조선책략』은 청국의 입장에서 러시아를 견제하기 위해 조선과 일본·미국을 대항세력으로 끌어들이려는 술책이었던 것이다. 조선의 개화정책이 청국의 영향력 아래 이루어지고 있는 상황에서 『사의조선책략』은 조선의 대외정책에 큰 영향을 끼쳤다.

"동양삼국이 동심협력하여 서양으로부터의 굴욕을 막자"라는 허울 좋은 슬로건을 내세우며 1880년 3월 흥아회가 창단되었다. 1880년 9월 5일 흥아

---

44 국사편찬위원회, 「피고인 신문조서 피고인 안응칠」, 『한국독립운동사』 자료 6, 5~6쪽.

회의 월례회에 이조연·윤웅렬·강위 등이 참석하였던 것으로 미루어 보아, 이들은 흥아회의 주장을 경청하였던 것으로 보인다.[45] 1881년 6월 23일 조사시찰단의 일원인 홍영식은 흥아회에 참석하여 "同生斯世又同洲三國衣冠共一樓"라는 시를 지어 화답하기도 하였다. 1882년 6월 김옥균 서광범·유길준 등이 흥아회에 참석하였고,[46] 이들은 1883년 1월 27일 아세아협회에도 참석하였다.

개화세력이 흥아회·아세아협회에 참석하여 일제의 논리에 노출되었던 것이다. 이는 1884년 7월 3일자 『한성순보』가 아세아협회를 "協心同力하여 피차가 서로 유익하게 하여 부강의 위치에 나아가 힘써 아시아 全洲의 대세를 진작하려고 하는 것이다"[47]라고 평가하는 등 일제의 아시아주의자들의 주장에 동조하는 듯한 논조에서 엿볼 수 있다.[48]

그러나 김홍집[49]·홍영식·어윤중[50] 등의 집권세력은 여전히 청국중심의 외교정책으로 일관하였기 때문에, 청국을 중심으로 일본을 서세의 방어망으로 이용하겠다는 서세에 대한 대항논리를 구축하려고 하였던 것이다. 말하

45 이광린, 「開化期 韓國人의 아시아連帶論」, 『開化派와 開化思想의 研究』, 일조각, 1989, 140~144쪽.
46 이광린, 「開化期 韓國人의 아시아連帶論」, 140~142쪽.
47 『漢城旬報』 1884년 7월 3일자, 「隣交論」.
48 이러한 측면에서 이광린과 조재권은 흥아회 등과의 교류를 통하여 삼국공영론·삼국동맹론이 형성되었다는 주장을 한다(이광린, 「開化期 韓國人의 아시아連帶論」, 140~144쪽; 조재권, 「한말 조선지식인의 동아시아 삼국제휴 인식과 논리」, 『역사와 현실』 37, 한국역사연구회, 2000, 156~157쪽).
49 1880년 7월 15일 황준헌과 김홍집의 대화 속에서 김홍집의 청국에 대한 인식의 일단을 엿볼 수 있다. 즉, "중국에 대한 저희나라의 義理는 屬邦과 같았으니 近日 바깥일이 어지러운 만큼 구하고자 하는 바가 더욱 간절합니다"(황준헌 원서, 조일문 역주, 「金弘集과 駐日淸國外交官과의 筆談」, 『조선책략』, 건국대학교출판부, 42쪽).
50 어윤중은 청의 周馥과의 나눈 대화에서 다음과 같이 청국에 대한 인식을 드러내고 있다. "왕년에 일본 유람하였는데, 일인이 독립으로서 일본의 지표로 삼는다고 하므로 중간에 큰소리로 그 말을 막고서 自主라면 가하나 獨立이라면 안 된다. 왜냐하면 청이 있기 때문이다. 自來로 正朔을 받들고 侯度를 닦았는데 어찌 독립을 말하는 것이 가하겠는가"(中央研究院近代史研究所, 『淸溪中日韓關係史料』 第二卷, 1979, 59쪽).

자면 당시 조선의 위정자들은 중국을 주변수로, 일본을 종속변수로 여겼던 것으로 보인다.

하지만 1882년 10월 17일 「조중상민수육무역장정(朝中商民水陸貿易章程)」이 체결된 이후, 청국의 조선 속방화와, 청일전쟁 이후 구습에 빠져 있어 국가의 유지도 곤란하다는[51] 청국에 대한 부정적인 인식 등으로 삼국공영론이 약화되는 현상을 보이기도 하였다. 반면에 '한일공영론'이 강화되는 현상마저 보이게 된다. 물론 이는 청일전쟁으로 청국세력의 몰락과 일본세력의 부상이라는 현실을 반영하는 것으로 보인다.

이러한 경향은 1898년 4월 7일자 『독립신문』의 「논설」에서도 엿볼 수 있다. 즉, "청국은 균세론적 현실을 이해하지 못하고, 자살지계(自殺之計)만 세우고 있으므로 삼국의 보존을 위해서는 한일 양국이 억지로라도 청국을 개화시켜야 한다"는 주장이 『독립신문』에 보인다. 더 나아가 『독립신문』은 한국의 독립과 동양의 보전을 위해 일본의 정책은 불가피한 것이었다고 주장하면서,[52] 일본을 동양삼국의 맹주로 받아들여야 한다고 강조하였다.[53] 특히 독립신문은 대한독립에 큰 공이 있는 사람으로 이토를 지목하기도 하였다.[54]

그렇다고 전적으로 조선의 지식인들이 일본의 논리에 경도되어 일본의 침략성을 인식하지 못한 것은 아니다. 예컨대, 1896년 5월 16일자 『독립신문』의 「논설」에서 러일의 조선 보호국화 논의를 비판하면서 조선인의 각성과 국익을 우선시할 것을 촉구하며 일본의 침략성을 경계하기도 하였다.

이처럼 독립신문에 나타난 일본관은 한편으로는 조선독립과 개화의 은인으로, 다른 한편으로는 한국을 침략하는 세력으로 보는 이중적 구조를 띠고

---

51 『皇城新聞』 1899년 5월 13일자, 「論說」.
52 『독립신문』 1898년 11월 9일자, 「논설」.
53 『皇城新聞』 1899년 4월 12일자, 「論說」.
54 『독립신문』 1898년 8월 27일자, 「잡보」.

있었던 것이다. 이는 독립과 문명개화라는 당시의 시대적 문제가 독립신문에 투영되어 나타나는 현상에서 기인하는 것으로 보인다.

주지하다시피, 서세동점이라는 상황을 극복하기 위해 동양삼국이 공동으로 대응해야 한다는 논리를 본격적으로 주장한 세력은 독립협회 세력이었다. 즉, 독립협회 세력은 『독립신문』을 통하여 그 시대를 서세동점의 시대로 인식하면서 동종(同種)·동문(同文)이라는 시각에서 인종적, 문화적 공동 기반 위에 있는 동양 삼국이 구라파의 학문과 교육을 본받아 협심동력으로 구라파 세력의 침략을 막아야 한다고 강조하고 있다.[55] 특히 1897년 후반 러시아가 대련과 여순을 점령하는 급박한 상황 속에서 러시아에 대한 독립협회세력의 인식은 삼국공영론을 강화시키는 계기가 되었음은 두말할 필요도 없다.[56]

독립협회세력의 이러한 현실인식은 『황성신문』에서도 엿볼 수 있다. 즉, 『황성신문』은 1899년 5월 24일자, 「논설(論說)」에서 현실을 '약육강식'의 시대라고 규정하고 동양이 약하고 서양이 강하다고 하면서, "약한 동양이 강한 서양을 상대하려면 동양 삼국을 단결시켜야 한다"는 논리를 구축하였다.[57] 그러면서도 『황성신문』은 일제의 침략정책에 대한 경계의식을 표출하기도 하였다.[58] 예컨대, 『황성신문』은 1900년 2월 8일자, 「북경사변(北京事

---

55 『독립신문』 1898년 4월 7일자, 「논설」.
56 邦俄論이 담겨져 있는 사료는 다음과 같다. 『漢城旬報』 1884년 9월 24일자, 「申報俄孤立約論」; 『漢城週報』 1886년 2월 8일자, 「邦俄助法論」; 『漢城週報』 1886년 10월 11일자, 「俄人自辯」; 『漢城週報』 1887년 6월 13일자, 「續瀛海各國統考」; 『독립신문』 1899년 2월 27일자, 「논설」; 『독립신문』 1899년 3월 25일자, 「동양풍운」; 민홍기 편·이민수 역, 『민충정공유고(전)』, 일조각, 2000년, 69~70·106~108쪽.
57 『皇城新聞』 1899년 5월 24일자, 「論說」. "汎我含生氣類之居於天淵之間者-有黃白泓黑四種而已인데 紅黑兩種은 非所與論於歐亞大勢어니와 至若黃白兩種하야는 此弱則彼强하고 此强則彼弱하니 唯此大衆이 息食於弱肉强食之天下而不知其慈闈身計則豈非冥頑無知하야 悍然不願者浩아 嗟 我同洲黃種之際에 甘爲奴隷於他洲白人之人者-豈其有人心云乎哉아 西勢東漸之勢에 誰能以一葦抗之하야 支那之四億萬과 大韓之二千萬과 日本之四千萬同胞가 繫是同洲同文之人而憂之如何오(중략) 吾난 以爲聯絡三國之英傑하야 萊會一社之文明則堅固我東亞하며 保護我人種이 自此爲始也라하노라"

變)의 경의통(驚疑慟)」이라는 기사에서 청국에 대한 러시아의 침략성을 성토하였다.

이처럼 삼국공영론이 강조된 배경은 1890년대의 열강의 청국분할[59]과 1900년 의화단 사건을 이용한 러시아의 만주침략[60]이라는 시대상황을 들 수 있다. 이는 물론 인종론적 시각에서 그 당위성을 강화하는 수단이었으나, 다른 측면에서 보건대, 일본의 침략을 삼국동맹의 테두리 안에서 처리하려는 의도였다는 해석도 가능하다. 당시 한국인이 침략성격이 강한 일제를 통제하기 위한 수단으로 내세울 수 있는 이론은 집단안보체제라는 삼국공영론 이외에 현실적으로 없었던 것이다. 이러한 정황이 언론에 반영되어 나타난 것으로 여겨진다.[61]

따라서 인종론에 바탕을 둔 삼국공영론자들이 일제의 침략을 인식하지 못하였다는 주장은 일면 타당성이 결여된 것이라고 할 수 있다.[62] 즉, 1901년 러일 사이에 소위 '만한교환론(滿韓交換論)'이 부상하자, 『황성신문』은 러일의 침략성을 성토하며 이들 국가로부터 한국을 보호하기 위한 방책으로써 '동양평화'를 내세우기도 하였다.[63] 더구나 일제의 경제침탈이 강화됨에 따라, 『황성신문』은 이를 적극적으로 보도하여 일제의 침략에 경종을 울리기도 하였다.[64]

---

58 『皇城新聞』 1900년 8월 8일자, 「韓淸危機」.
59 『皇城新聞』 1899년 6월 13일자, 「論說」.
60 『皇城新聞』 1900년 2월 8일자, 「北京事變의 驚疑慟」; 『皇城新聞』 1901년 4월 17일, 「日我淸之滿洲密約」.
61 『독립신문』 1899년 11월 9일자, 「논설」.
62 김신재, 「<獨立新聞>에 나타난 '三國共榮論'의 性格」, 135쪽. 이는 러일전쟁 직전 일본보다 러시아에 접근하려는 집권층의 태도(서영희,『光武政權의 국정운영과 日帝의 국권침탈에 대한 대응』, 서울대 대학원 박사학위논문, 1998년, 참조)와 皇城新聞의 기사(『皇城新聞』「辨朝鮮新報辨妄之謬」, 1902년 1월 28일자)에서도 엿볼 수 있다.
63 『皇城新聞』 1901년 2월 8일자, 「卞答滿韓交換說」.
64 『皇城新聞』 1902년 1월 28일자, 「論日本政府移民法改正」; 『皇城新聞』 1903년 3월 2일자, 「警告政府」; 『皇城新聞』 1903년 3월 4일자, 「卞朝鮮新報銀券性質」.

더욱이 1900년의 의화단 사건에 따른 러시아의 만주침략과 1903년 4월 용암포 점령사건은 한국인에게 크나큰 위기의식을 불러일으켰다. 이에 따라 러일전쟁의 부득이함을 강조하면서[65] 동양삼국이 연합하여 정치 사회적 공영관계를 넘어 군사적 관계를 발전시켜 러시아세력을 물리쳐야 한다는 여론이 한국사회내부에서 형성되었다.[66] 이러한 여론의 형성은 러일전쟁 직후 '삼국동맹론'이라는 형태로 등장하게 된다.

이러한 맥락에서 『황성신문』 1904년 2월 12일자 「논설」에서 러시아를 구축하기 위한 동양삼국의 단결을 호소하였던 것이다. 여기에서 러일전쟁을 전후로 삼국공영론이 삼국동맹론·동양평화론으로 담론의 변화를 보이고 있다는데 주목할 필요가 있다. 왜냐하면 이는 한국인의 한일관계에 대한 인식의 질적 변화를 의미하기 때문이다. 러일전쟁 이후 안중근의 경우에서 보듯이, 일제의 침략이 본격적으로 드러남에 따라, 동양평화론은 일본을 견제하기 위한 이론으로 작동되었던 것이다.

한편, 삼국동맹론은 황성신문사 세력만의 인식이 아니었다. 위정척사파도 동양삼국의 협력을 강조하는 삼국동맹론적 입장에서 러시아를 견제해야 한다고 주장하였다. 즉, 위정척사파의 거두 최익현도 "韓·日·淸 三國이 서로 緊密한 依存關係를 갖게 되어야 全東洋의 大局을 保全할 수 있다"고 하여 동양삼국 동맹의 필요성을 주장하였다.[67] 이처럼 삼국동맹론은 정치적 배경을 불문하고 당시 급변하는 시대상황 속에서 한국인이 취할 수 있는 자위수단으로 제기되었던 외교방책이었던 것이다.[68]

---

65 『皇城新聞』 1903년 10월 1일자, 「日不得不戰」.
66 『皇城新聞』 1903년 8월 13일자, 「論說」; 『皇城新聞』 1903년 6월 19일자, 「論說」; 유영렬, 「한말 애국계몽언론의 일본인식」, 『한일관계의 미래지향적 인식』, 국학자료원, 2000, 31쪽.
67 박창희 편저, 「致日本政府大臣書」, 『사료국사』, 580·582쪽. 허위도 일제가 명성황후를 시해한 원수이지만 동양평화를 구현하기 위해 협력해야 할 대상으로 보았다(한국문헌연구소 편, 「排日檄文」, 『(국역)허위전집』, 아세아문화사, 1985, 64~65쪽; 박성진, 「許蔿의 現實認識과 國權回復運動」, 『淸溪史學』 9, 1992, 247쪽).
68 삼국공영론은 문화, 정치, 경제적 측면에서 삼국의 발전을 추구하였다면, 삼국동맹론은 군사

그런데, 이처럼 삼국공영론에서 군사관계에 무게를 두는 삼국동맹론으로 전환되는데, 이는 삼국동맹론의 허상이 드러날 때 일제의 침략성에 맞설 이론의 등장을 예고하는 것이다. 결국, 삼국동맹론은 러일전쟁 이후 다시 한번 변화를 겪게 된다. 러일전쟁 이후 1904년 2월 한일의정서 체결, 6월 일제의 황무지 개간요구로 이어지는 일제의 정책은 한국지식인들이 일제의 침략을 재인식하는 계기가 되었다.

이에 따라 러일전쟁 전후로 형성된 삼국동맹론을 한국 지식인들은 회의적 시각으로 보게 되었던 것이다. 1904년 2월 23일 한일의정서가 체결된 후, 『황성신문』이 한일의정서 체결이야말로 보호국의 실례라고 주장한 데서[69] 알 수 있듯, 황성신문사 계열의 인사들은 일제의 침략속성을 확실히 인식하였다. 이처럼 삼국동맹론에 입각하여 서세(西勢)를 통제하려는 측면에서 삼국동맹론이 지속되는 경향을 보이기도 하지만, 상당수의 한국지식인들은 일본의 침략에 대해서는 대응태세를 분명히 하고 있었다는 점도 지적되어야 할 것이다.[70]

이러한 맥락에서 일본의 침략에 대한 대응책은 민족의식의 강화로 나타났던 것이다. 즉, 이는 1904년 11월 24일자 『황성신문』이 "將見四千年檀箕舊域이 屬在何人版圖하며 二千萬同胞民族이 淪爲誰家奴隷를 未可知也리니 오호 同胞여"[71]라고 보도한 데서 엿볼 수 있다. 러일전쟁 발발 이후 일제를 통제하는 수단으로써의 삼국동맹론의 한계성이 드러나자,[72] 당시 한국

적 관계 강화를 통한 동양의 보존을 강조했다는 면에서 차이점을 발견할 수 있다.

69 『皇城新聞』 1904년 3월 1일자, 「論韓日協商條約」.

70 『대한매일신보』 1904년 9월 2일·6일·7일자, 「한국에 일본위력이라」;『대한매일신보』 1904년 9월 14일자, 「영국과 일본을 비교함」;『대한매일신보』 1904년 8월 9일자, 「명예를 유지함」;『대한매일신보』, 1904년 12월 3일자, 「일본서 붕우에게 하는 일」; 유영렬, 「한말 애국계몽언론의 일본인식」, 『한일관계의 미래지향적 인식』, 국학자료원, 2000, 32쪽.

71 『皇城新聞』 1904년 11월 24일자, 「警告同胞」.

72 『대한매일신보』 1905년 11월 29일자, 「韓日交誼」;『대한매일신보』 1905년 11월 8일자, 「驅使韓人이 甚於牛馬」.

인들은 일제에 대한 대응이론으로써 '민족 간의 경쟁'이라는 현실인식론을 내세우게 되었던 것이다.[73]

이러한 분위기 속에서 『황성신문』은 현실을 민족경쟁(民族競爭)의 시대로 보았다.[74] 이와 같은 당시 지식인들의 민족에 대한 담론이 활성화되는 상황 속에서 안중근도 '민족'에 대한 일정한 인식을 드러냈던 것이다. 즉 안중근이 1905년 7월에서 12월 사이 해외이주를 준비하기 위해 상해에 갔다가 서상근(徐相根)을 만났다. 이때 안중근은 서상근에게 "지금은 민족세계인데, 어째서 홀로 한국민족만이 남의 밥이 되어, 앉아서 멸망하기를 기다리는 것이 옳겠소"[75]라고 하였다. 이처럼 안중근은 민족을 중심으로 국제정세를 인식하고 있었던 것이다.

반침략논리로써의 민족에 대한 이러한 한국인들의 착목은 '민족주의'를 반일투쟁의 주된 사상적 무기로 주창하는 배경이 되었던 것이다. 즉, 『황성신문』은

孕育於上古하고 長成於十六世紀하고 光輝活躍二十世紀之新天地
하야 震撼宇宙하며 衝突東西하고 灑盡英雄之熱血하며 擲盡人民之肝
腦하야 知此者는 興하며 昧此者는 亡하고 得此者는 生하며 失此者는
死하나니 此果何物哉아…즉 右揭한 問題 民族主義라는 것이 是라[76]

---

73 백동현은 1904년 11월 24일자 『皇城新聞』의 「警告同胞」를 예로 들면서 이를 한국의 주민 집단은 동양단위로부터 분리된 '韓人種族'으로 인식되기 시작하였다고 주장하고 있다(백동현, 「대한제국기 언론에 나타난 동양주의 논리와 그 극복」, 『한국사상사학』 제17집, 539쪽).

74 이는 다음에서 엿볼 수 있다. "或言 我韓이 雖爲被保護國이라도 其獨立二者는 猶得保存이라하야 訛言이 紛紛에 猜推 一萬端하니 此는 靡他라 皆其學識이 蒙陋하야 不知體之何爲獨立하며 何爲保護하고 但以從前依賴之痼性으로 希望於他人之扶待我袒護我하니 迨此에 民族競爭之世하야 有何宋襄之人이 捨自己之利益關係하고 爲他人而謨其成立者哉아"(『皇城新聞』 1904년 10월 21일자, 「對日俄講和條約第二條 警告當局諸公」).

75 안중근, 「안응칠역사」(안중근의사 숭모회, 『안중근의사자서전』), 101~102쪽.

76 『皇城新聞』 1907년 6월 10~11일자, 「民族主義」.

라고 보도하였던 것이다. 황성신문 세력은 한국의 민족주의는 근대국가 형성과정에서 만들어진 서양민족주의와 달리 상고시대에 시작되어 16세기에 광범위하게 확장되었으며[77] 20세기에 절정이 이른 것으로 파악하면서 민족주의를 아는 자만이 흥한다는 논리를 펴고 있었다.

이처럼 황성신문사 인사들은 한국의 민족주의를 20세기 일제의 침략에 대항하는 과정에서 처음 제시된 이론이 아니라, 한국사의 발전과정에서 민족의 최대 수난기인 20세기에 절정을 이루었던 것으로 보았던 것이다. 이러한 맥락에서 민족에 대한 인식은 '국혼(國魂)'[78]을 강조하거나 '국수보전론(國粹保全論)'[79]의 대두로 이어졌던 것이다.

이러한 배경 아래에 안중근은

> 世界의 大勢를 斟酌하고 海外에서 新呼吸을 하는 者 어찌 無謀하게 他人의 生命을 빼앗을 者가 있을 것인가. 伊藤의 政策이 東洋平和에 至大한 害를 끼치는 일은 一身 一家를 돌볼 餘地가 없어 決行한 것이라 하겠다.[80]

라고 주장하였다. 이처럼 안중근은 이토의 대한정책이 동양평화에 지극히 해를 끼쳤다고 비판하였다.

러일전쟁 발발을 전후하여 생겨난 삼국동맹론은 일제의 침략성이 드러나자, 일제의 침략논리에 대항하는 이론의 출현으로 이어져 동양평화론으로 발전하는 양상을 보였다. 당시 한국에서는 천황의 러일전쟁 선전조칙의 허

---

77 여기에서 16세기라 함은 임진왜란을 의미하는 것으로 보인다.
78 『皇城新聞』 1907년 7월 31일자, 「大呼國魂」; 『대한매일신보』 1908년 2월 15일자, 「韓國教育界의 悲觀」.
79 『대한매일신보』 1908년 8월 12일자, 「國粹保全說」.
80 국사편찬위원회, 「境경시의 신문에 대한 안응칠의 공술(제11회)」, 『한국독립운동사』 자료 7, 443쪽.

구성을 비판하는 가운데 '민족경쟁(民族競爭)'이라는 용어가 출현하는 분위기 속에서 동양평화론이 일제의 침략성을 적극적으로 비판하는 논리로 등장하였던 것이다.[81] 『황성신문』은 일제의 소위 '시정방침'과 '아시아주의'의 허구성을 폭로하면서 '동아평화론'을 반침략 논리로 제시하였다.[82] 이는 이기·나인영·오기호가 1905년 7월 26일 도일하여 일본 천황에게 보낸 글에서도 엿볼 수 있다.[83]

이상과 같은 시대의 흐름 속에서 안중근은 "害我伊藤不復活生我東洋平和本"[84]라는 유묵에서 알 수 있듯이, 오직 동양평화를 위해 일생을 살았다. 이처럼 안중근은 동양평화론에 입각하여 일제의 침략에 대항하는 논리를 구축하였던 것이다. 안중근은 「동양평화론」에서 이기와 나인영의 경우와 같은 논법으로 일제의 기의배신(棄義背信), 즉 천황이 청일전쟁과 러일전쟁에서 한국의 독립을 보장하고 동양의 평화를 유지하겠다고 천명한 조칙과 달리, 이토가 한국과 동양을 침략하였음을 지적하였던 것이다.

이러한 맥락에서 황성신문사는 1906년 9월 19일자 「고이등통감후각하(告伊藤統監侯閣下)」에서 이토를 비판하는 논리로 동양평화를 내세우고 있는 점을 주목할 필요가 있다. 이는 황성신문 등의 동양평화론이 일진회 등 일부 부일세력이 주장하는 동양평화론과는 성격을 달리하는 것으로,[85] 일제의 침

---

81 삼국공영론 또는 동맹론에서 보이는 인종적 시각의 한계성은 신채호에 의해 완전히 극복되었다고 평가되기도 한다. 이러한 맥락에서 현광호는 "신채호 같은 경우 국가주의·민족주의를 강조하고 동양평화론을 철저히 배격했다. 안중근은 민족주의적 애국사상을 소유하고 있었지만 동양평화론을 견지했다"고 하여 안중근의 동양평화론의 한계성을 지적하고 있다(현광호, 「안중근의 동양평화론과 그 성격」, 189쪽). 그러나 신채호가 배척한 동양평화론은 일제가 말하는 동양평화 즉, '滿肚男盜女娼'을 배격한 것으로(丹齋申采浩先生記念事業會, 『丹齋申采浩全集』, 1977년, 252~253쪽) 안중근의 동양평화론과 같은 궤도 위에 있었다고 볼 수 있다. 즉, 신채호의 동양평화론의 핵심도 안중근과 마찬가지로 한국의 독립을 전제로 하는 것이었다(丹齋申采浩先生記念事業會, 『丹齋申采浩全集』, 252쪽). 이러한 맥락에서 1908년 12월 17일자 『대한매일신보』의 「奇奇怪怪한 會名」에서 일제의 동양(아시아)주의가 비판되었던 것이다.
82 『皇城新聞』 1905년 4월 18일자, 「答示漢城報記者」.
83 日本 外交史料館, 「韓人李沂外二名より請願捧呈一件」(문서번호 : 1.1.2-38).
84 국사편찬위원회, 「기밀수 제5호」, 『한국독립운동사』 자료7, 425쪽.

략을 무력화시키기 위한 한국인의 논리로 정착되었음을 의미하는 것이다.

이처럼 적어도 러일전쟁 전후로 일제의 침략성을 인식한 한국인들은 한편으로는 일제와 대결 논리를 '민족경쟁'에서 찾았고, 다른 한편으로는 동양평화론을 일제에 대한 대항이론으로 내세웠던 것이다.[86] 안중근도 이와 같은 당시의 사상적 조류 속에서 일제에 대한 대항논리로 민족을 내세우면서 동시에 동양평화론을 주창하였던 것이다.

안중근의 동양평화론은 이처럼 당시 한국이 처한 시대문제를 해결하기 위한 방법론을 모색하는 과정에서 만들어진 삼국공영론·삼국동맹론 등으로 불리는 이론이 배경이 되었던 것이다. 말하자면, 안중근의 동양평화론은 당시 한국인들이 자위책으로 내세웠던 삼국공영론·삼국동맹론에서 이어지는 반침략논리의 최종단계라고 볼 수 있다. 이러한 면에서도 안중근의 동양평화론의 의미를 평가할 수 있을 것이다.

그리고 안중근의 동양평화론 형성과 관련하여 이상설을 주목할 필요가 있다. 안중근은 이상설에 대해 "東洋平和主義를 가지는 위에 있어 同人과 같은 親切한 마음을 가진 者는 드물다"[87]라고 평가하고 있다. 이로 보건대, 안중근이 이상설과 어떠한 관계를 맺고 있었는지는 정확히 알 수 없으나 안중근의 동양평화론 형성에 큰 영향을 끼쳤음은 분명하다.[88]

---

85 유영렬, 「한말 애국계몽언론의 일본일식」, 48~49쪽. 또한 이는 다음에서도 엿볼 수 있다. 즉, "국가가 주요 동양은 객인데 금일 동양주의를 제창하는 자를 보건대, 동양이 주되고 국가가 객되어, 국가의 흥망은 天外에 붙이고 오직 동양을 보호하려 한다"(『대한매일신보』 1908년 8월 10일자, 「東洋主義에 대한 批判」). "저 일본인들의 唱導하는 동양협회 동양척식회사도 동양주의가 아닌가. 일본인의 동양운운은 국가를 확장하여 동양을 병합함이요 한국인의 동양운운은 동양을 주장하여 국가를 소멸코자 함이라"(『대한매일신보』 1908년 12월 17일자, 「奇奇怪怪한 會名」).

86 유영렬, 「한말 애국계몽언론의 일본일식」, 56쪽.

87 국사편찬위원회, 「境경시의 신문에 대한 안응칠의 공술(제5회)」, 『한국독립운동사』 자료7, 418쪽.

88 최기영은 안중근의 동양평화론에 영향을 끼친 사람으로 안창호를 들고 있다(최기영, 「안중근의 『동양평화론』」, 『한국근대계몽사상연구』, 일조각, 2003, 111~112쪽).

이와 더불어 안중근의 동양평화론 형성에 결정적인 영향을 끼친 사상적 배경으로 천주교신앙을 지적하지 않을 수 없다. 안중근의 동양평화론은 필자가 이미 지적하였듯이,[89] 즉, 한국의 독립과 동양평화 유지라는 신(神)의 명령을 구체적으로 실천할 수 있는 방법론을 기술한 것으로 볼 수 있다.

4. 안중근의 동양평화론

1) 안중근의 동양평화론 내용

안중근은 1909년 12월 13일 『안응칠역사』를 쓰기 시작하여 1910년 3월 15일 탈고하기에 이른다. 그리고 그가 몇 해 동안 다듬은[90] 「동양평화론」을 집필하기 시작한 시점은 정확한 것을 알 수 없으나 적어도 1910년 2월 17일 이전임에는 분명하다.[91] 이는 안중근이 2월 17일 히라이시(平石) 고등법원장을 만나

> 나는 지금 옥중에서 동양정책과 전기를 쓰고 있는데 이것을 완성하
> 고 싶다. 또한 나의 사형은 빌렘 신부(프랑스인 洪錫九 신부)가 나를 만
> 나기 위해 오게 되었다고 하나 그를 만날 기회를 얻은 뒤 내가 믿는
> 천주교의 기념스러운 날 즉 3월 25일에 집행해주기 바란다.

라고 한데서 알 수 있다. 1910년 3월 15일 『안응칠역사』를 완성한 안중근은

---

89 신운용, 「안중근의거의 사상적 배경」, 55쪽.
90 국가보훈처·광복회, 「청취서」, 『21세기와 동양평화론』, 54쪽.
91 김호일은 안중근이 『동양평화론』 저술에 착수한 시점에 대해 3월 15일 이후로 보고 있다(김호일, 「舊韓末 安重根의 ‘東洋平和論’ 연구」, 55쪽). 김옥희는 3월 24일로 보고 있다(김옥희, 「안중근의 자주독립사상과 동양평화사상」, 33쪽).

돌아갈 준비를 하면서 동양평화론 집필에 박차를 가해 3월 18일 서론을 완성하였다. 안중근은 3월 25일을 자신의 사형 집행일로 요구하였으나,[92] 「동양평화론」 집필이 끝나지 않아 15일 정도 사형집행을 연기해 줄 것을 일제에 요구하였다. 그러나 일제는 안중근의 요구를 묵살하고 3월 26일에 사형을 집행하여[93] 결국 「동양평화론」은 완성되지 못하였다.

안중근은 동양평화론의 체제를 서문(序文)·전감(前鑑)·현상(現狀)·복선(伏線)·문답(問答)으로 잡았다. 안중근이 1910년 3월 26일 순국하였기 때문에 현상·복선·문답은 완성되지 못하였다.

안중근은 「동양평화론」을 저술하는 목적에 대해 그 서문에서 다음과 같이 주장하였다.

> 지금 서양세력이 동양으로 뻗쳐오는 환난을 동양인종이 일치단결해서 극력 방어해야 함이 제일의 上策임은 비록 어린 아일지라도 익히 아는 일이다. 그런데도 무슨 이유로 일본은 이러한 순연한 형세를 돌아보지 않고 같은 인종인 이웃나라를 깎고 友誼를 끊어 스스로 蚌鷸의 형세를 만들어 漁夫를 기리는 듯 하는가. 韓淸양국인의 소망이 크게 절단되어 버렸다. 만약 정략을 고치지 않고 핍박이 날로 심해진다면 부득이 차라리 다른 인종에게 망할지언정 차마 같은 인종에게 욕을 당하지 않겠다는 議論이 韓淸 양국인의 肺腑에서 용솟음쳐서 상하 일체가 되어 스스로 백인의 앞잡이가 될 것이 명약관화한 형세이다. 그렇게 되면 동양의 몇 억 황인종 중의 허다한 유지와 강개남아가 어찌 袖手傍觀하고 앉아서 동양전체의 까맣게 타죽은 참상을 기다릴 것이며 또 그것이 옳겠는가. 그래서 동양평화를 위한 義戰을 하얼빈에서 개전하고 談判하는 자리를 旅順口에 정했으며 이어 동양평화문제에

---

92 국가보훈처·광복회, 「청취서」, 57쪽.
93 윤병석, 「해제 안중근전지전집(安重根傳記全集)」, 『安重根傳記全集』, 국가보훈처, 1999, 36쪽.

관한 의견을 제출하는 바이니 諸公은 눈으로 깊이 살필지어다.[94]

　요컨대, 안중근은 서세동점이라는 시대 속에서 서양세력의 침략을 막을 방법을 강구하는데 「동양평화론」을 서술하는 목적을 두었다고 밝히고 있다. 또한 그는 동양평화를 실천하기 위해 이토를 처단한 의전(義戰)을 하얼빈(哈爾賓)에서 행하였으며 동양평화의 당위성을 알리기 위한 장으로써 여순을 선택하였다고 주장했다.[95] 결국 안중근은 동양평화론의 서술 목적을 일제의 침략정책의 수정에 두었던 것이다.[96]

　「전감(前鑑)」에서 안중근은 청일전쟁에서 청국의 패배 이유를 '중화대국'이라는 교만과 권신척족의 천농(擅弄) 때문이라고 진단하면서 반면, 일본의 승리 원인을 한 덩어리 애국당을 이루었기에 가능하였다고 분석하였다. 동시에 삼국간섭으로 요동반도를 차지한 러시아의 침략정책에 대해 주목해야 한다고도 주장하였다. 그러면서 동양평화가 유지되지 못한 원인을

　　그러나 그 이유를 따져 본다면 이것은 전연 日本의 過失인 것이다. 이것이 이른바 「구멍이 있으니 바람이 생긴다」고 하듯이 자기가 정벌한 뒤이기에 남이 정벌한 것이니, 만약 日本이 먼저 淸나라를 침범하지 않았더라면 러시아가 어찌 감히 이와 같은 행동을 하였겠는가? 「제 도끼로 발등 찍는 것」 같다고 말 할만 하겠다.[97]

라고 하여 일제의 정책과실을 지적하였다.

---

94 『동아일보』 1979년 9월 19일자, 「安重根의사 東洋平和論」.
95 『동아일보』 1979년 9월 19일자, 「安重根의사 東洋平和論」.
96 같은 맥락에서 1910년 1월 9일자 『皇城新聞』의 「時局에 對하여 猛省함이 可함」과 1910년 1월 15일자 『황선신문』의 「人種의 關係」에서도 일본은 황인종의 상호보호 방침을 강구해야 하며, 일제가 추진하고 있던 침략적 대한정책의 근본적인 수정을 요구하였다.
97 『주간조선』 1979년 9월 30일자, 「安重根義士의 「東洋平和論」」, 35쪽.

러일전쟁에서 일본 승리의 원인에 대해 안중근은 동양전체의 백년풍을 피하기 위해 즉, 동양평화를 위해 일본을 한청양국이 도왔기 때문이라고 진단하면서도, "한청 양국 유지인사의 허다한 소망을 절단하였다"고 일제를 책망하였다. 또한 러일강화조약에 한국이 러일 양국과 아무런 관계가 없음에도 불구하고, 일제가 한국문제를 조약문에 넣은 것은 같은 인종을 배신하는 행위라고 안중근은 일제를 질책하였다.

동양평화론을 완성하지 못하였으므로 현상·복선·문답 편에서 안중근이 무엇을 말하려고 하였는지 정확히 알 수 없다. 그러나 안중근의 동양평화론의 내용은 대체적으로 알려져 있기 때문에 이를 통하여 그 내용을 짐작할 수 있다.[98]

안중근이 현상(現狀)에서 기술하고자 한 것은 일제의 한국침략의 실상이었을 것으로 추정된다. 안중근이 이토 히로부미를 처단한 15개조 이유가 이에 해당된다. 즉,

一, 한국 민황후를 시해한 죄요
二, 한국 황제를 폐위시킨 죄요
三, 五조약과 七조약을 강제로 체결한 죄요
四, 무고한 한국인들을 학살한 죄요
五, 정권을 강제로 빼앗은 죄요
六, 철도, 광산, 산림, 천택을 강제로 빼앗은 죄요
七, 제일은행권 지폐를 강제로 사용한 죄요
八, 군대를 해산시킨 죄요

---

98 안중근의 동양평화론의 구체적인 내용은 소노키(園木) 통역생이 게재지 미상의 「安重根 園木通譯生の 談 東洋平和論」을 그의 딸이 최서면에게 제공함으로써 확인되었다. 이후 대체적인 안중근 동양평화론의 내용을 담은 사료인 「청취서」를 최서면이 『21세기와 동양평화론』(국가보훈처·광복회, 1996)에 소개하였다.

九, 교육을 방해한 죄요.

十, 한국인들의 외국유학을 금지시킨 죄요.

十一, 교과서를 압수하여 불태워 버린 죄요.

十二, 한국인이 일본인의 보호를 받고자 한다고 세계에 거짓말을 퍼
뜨린 죄요.

十三, 현재 한국과 일본 사이에 경쟁이 쉬지 않고 살육이 끊이지 않
는데, 한국이 태평무사한 것처럼 위로 천황을 속인 죄요.

十四, 동양평화를 깨뜨린 죄요.

十五, 일본 천황폐하의 아버지 태황제를 죽인 죄라.[99]

복선(伏線)이라는 사전적인 의미는 "뒷일의 준비로서 암암리에 방책을 마련해 둔다"는 것이므로, 「복선」에서는 동양평화를 지키기 위한 방책에 대해 서술하려고 하였을 것이다. 이는 안중근이 1910년 2월 14일 히라이시(平石) 고등법원장과의 면담하였을 때의 상황을 일본 외무성이 남긴 「청취서」에서 확인할 수 있다.

안중근은 동양의 평화를 유지하는 방법론을 다음과 같이 제시하였다. 즉, ① 세계 각국의 신용을 얻는 일이다. ② 일본이 해야 할 급선무는 현재의 재정을 정리하는 것이다. ③ 평화회의를 정착시키는 방법을 강구해야 한다. ④ 세계 각국의 지지를 얻는 일이다.[100] 여기에서 알 수 있듯이, 안중근의 동양평화론은 일본이 아시아에서 패권을 유지하기 위한 방책을 제시한 것이다. 안중근은 일본을 바로 잡음으로써 동양의 평화를 유지할 수 있다고 보았다. 일본이 대외정책을 시정하지 않는 한 동양의 평화와 한국의 독립은 보장되지 않을 것으로 여긴 것이다.

이러한 의미에서 안중근은 당시 일제의 대외정책에 대해

---

99 안중근, 「안응칠역사」, 179~180쪽.
100 국가보훈처·광복회, 「청취서」, 55쪽.

종래 외국에서 써오던 수법을 흉내 내고 있는 것으로 약한 나라를 병탄하는 수법이다. 이런 생각으로는 패권을 잡지 못한다. 아직 다른 강한 나라가 하지 않으면 안 된다. 이제 일본은 일등국으로서 세계열강과 나란히 하고 있지만 일본의 성질이 급해서 빨리 망하는 결함이 있다. 일본을 위해서는 애석한 일이다.[101]

라고 평가하였던 것이다. 안중근의 해법은 일본이 서양침략세력의 정책을 모방해서는 안 되며 새로운 방법론을 취해야 한다는 것이다.

　　그럼, 안중근이 「동양평화론」에서 제시한 '새로운' 방책이란 무엇일까. 이에 대해서는 다음에서 구체적으로 살펴보자.

① 세계 각국의 신용을 얻는 일이다

일본의 대외정책은 이미 신용을 잃었기 때문에 신용을 회복하기 위해서 이토와 같은 침략정책을 고쳐야 한다고 안중근은 주장하였다. 더 나아가 안중근은 일본이 신용을 회복할 수 있는 방법을 다음과 같이 제시하고 있다. 즉, 안중근은 우선 일본이 강점한 여순항을 청국에 돌려주는 동시에, 여순항을 한·청·일이 공동으로 관리하는 군항으로 만들자고 제안을 하였다. 그러면서 그는 여순항에 삼국의 대표로 구성된 '평화회의'를 조직하고[102] 이를 발표한다면 세계가 놀라 일본을 신뢰하게 될 것으로 보았던 것 같다.[103]

② 일본이 직면한 급선무는 현재의 재정을 정리하는 것이다

안중근은 평화회의가 조직되면 동양 삼국의 국민 수억 명으로부터 회비

---

101 국가보훈처·광복회, 「청취서」, 54~55쪽.
102 1883년 12월 20일자 『한성순보』의 「銷兵議」에서 세계정부와 국제평화군의 창설을 언급하고 있는데, 안중근의 평화회 창설론은 이러한 史的 궤적 위에 형성되었을 것으로 보인다(김현철, 「개화기 한국인의 대외인식과 '동양평화구상'」, 25~26쪽, 참조).
103 국가보훈처·광복회, 「청취서」, 55쪽.

1원씩 모금하여 은행을 설립하자고 제안하였다. 이 은행을 통해 공통의 화폐를 발행하고 중요한 곳에 평화회의 지부를 두고 그 지점을 병설한다면 재정문제는 완전히 해결될 것이라는 의견을 제시하였다.[104] 이는 일제가 동양을 침략하는 원인이 경제적 궁핍에 있다는 안중근의 진단에 따른 것으로 경제적 문제가 해결되면 일제가 침략으로 나오지 않을 것이라는 전제를 기반으로 한 것으로 보인다.

③ 평화회의를 정착시키는 방법을 강구해야 한다

이상의 방법으로 동양평화가 지켜지나, 열강이 일본을 노리고 있으므로 무장은 필수적인 일이다고 안중근은 강조하였다. 그러면서 이 문제를 해결하기 위해 동양 삼국의 청년들을 모아 군단을 편성하고 이들에게 2개국 이상의 어학을 배우게 하고 우방 또는 형제의 관념을 갖도록 한다면 일본에 야심이 있는 나라도 감히 일본을 넘볼 수 없다는 것이 안중근의 주장이었다.[105]

안중근은 이러한 과정을 통하여 인도·태국·베트남 등의 아시아 각국이 참여하게 될 것이고 동양의 상공업은 발전할 것이며, 결국 패권이라는 말부터 의미가 없어지고 만철(滿鐵)문제 등의 분쟁도 사라질 것이라는 동양의 미래상을 제시하고 있다.

④ 세계 각국의 지지를 얻는 일이다

안중근은 이와 같은 동양평화 체제를 확고히 하는 방법으로 세계 각국의 지지를 얻는 것이 필수적이라고 주장하였다. 이를 위해서 세계인구의 2/3를 차지하는 천주교 신자들의 왕인 로마교황을 만나 함께 맹세하고 관을 쓴다면 이 문제는 해결될 것으로 안중근은 보았다.[106] 이러한 측면에서 안중근이

---

104 국가보훈처·광복회, 「청취서」, 55~56쪽.
105 국가보훈처·광복회, 「청취서」, 56쪽.

인종론에만 집착하여 현실을 인식하지 못하였다는 지적[107]에 대해 재고할 필요가 있다. 안중근은 대체로 서양을 침략세력으로 동양을 평화세력으로 구분하여 보았는데 서양인 전체를 침략세력으로 인식한 것은 아니다. 이는 로마교황에게 평화회의를 추인받도록 하자는 그의 발언에서도 엿볼 수 있다. 이러한 맥락에서 안중근의 서양인식은 그 자신이 이토를 중심으로 한 침략세력과 이에 반대하는 천황과 일본국민으로 구분하는 분석적 일본인식을 보이고 있는 것과도 일맥상통한 것이라고 하겠다.[108]

「문답(問答)」은 일제의 대한(對韓)침략을 정당화하는 논법 즉 아시아주의로 무장한 미조부치 검찰관과 같은 일본인을 등장시키고, 이에 대한 대항이론으로써 안중근의 동양평화론을 내세워 상호논쟁을 통하여 일본인이 안중근의 동양평화에 설복당하는 내용으로 구성되었을 것으로 추측된다.

2) 안중근의 동양평화론 특징

이상에서 살펴본 안중근의 동양평화론 특징은 다음과 같이 정리될 수 있다. ① 종교적 절대성을 근간으로 하고 있다. ② 물질문명(사회진화론)에 대한

---

106 안중근의 동양평화론 구조와 비슷한 논리는 안경수의 '한청일동맹론'에서도 엿볼 수 있다. 즉, 안경수는 일제의 중심적 역할을 인정하면서 한국과 청국이 근대화를 이루는 가운데 군사동맹과 상업동맹을 통하여 국민적 동맹으로 발전시켜야 한다고 주장하였다. 군사동맹은 유학생을 통한 장교 양성 등 간접적인 방식으로 하고, 상업동맹은 조선은행을 설립하고 그 대가를 일본에게 주어야 한다는 것이다. 그러나 이러한 안경수의 한청일동맹론은 안중근의 동양평화론과는 달리, 일제의 한국병탄논리를 합리화시키는데 기여한 이론에 지나지 않다고 평가되기도 한다(조재곤, 「한말조선지식인의 동아시아 삼국제휴 인식과 논리」, 171쪽). 안경수의 한·청·일 삼국동맹론에 대해서는 다음의 논문과 사료가 참고된다. 김윤희, 「침략주의 앞에 일그러진 100년 전 동북아시아 발전 플랜: 안경수의 「日淸韓同盟論」」, 『(내일을 여는)역사』 15, 2004; 송경원, 「한말 안경수의 정치활동과 대외인식」, 『한국사상사학』 8, 한국사상사학회; 안경수, 「日淸韓同盟論」, 『日本人』 116, 1900.
107 최기영, 「안중근의 「동양평화론」」, 101쪽.
108 신운용, 「안중근의거의 사상적 배경」, 69쪽.

경고를 하고 있다. ③ 구체적이고 실천적이다. ④ 개방적이다. ⑤ 평화 지향적이다. ⑥ 현재적이다. 이를 보다 구체적으로 살펴보면 다음과 같다.

① 종교적 절대성을 내포하고 있다
이는 1910년 3월 26일 10시경 안중근의 순국 당시 상황에 대한 기록에서 엿볼 수 있다.

> 元來 自己의 兇行이야 말로 오로지 東洋의 平和를 圖謀하려는 誠意에서 나온 것이므로 바라건대 本日 臨檢한 日本 官憲 各位에 있어서도 多幸히 나의 微衷을 諒察하고 彼我의 別이 없이 合心協力하여 東洋의 平和를 期圖하기를 切望할 뿐이라고 陳述하고 또 이 機會에 臨하여 東洋平和의 萬歲를 三唱하고자 하니 特히 聽許있기 바란다고 申請하였으나[109]

말하자면, 안중근에게 동양평화는 죽는 그 순간까지도 놓칠 수 없는 절대적인 과제였던 것이다. 한국에는 많은 독립운동가들이 있었지만 안중근처럼 한국과 동양의 운명을 동일시할 뿐만 아니라, 관념의 한계를 넘어 실천적으로 동양평화를 구현하려고 한 독립운동가는 드물었다.
이러한 측면에서 안중근의 동양평화론의 특징을 엿볼 수 있다. 물론 안중근이 동양평화를 '삶의 화두'로 삼은 배경에는 당시의 시대적 조류도 있지만, 그 무엇보다 그의 종교에 대한 태도에서 비롯되었다고 할 수 있다. 그는 천주교 신자로서 그가 믿는 천주의 명령 즉 '천명(天命)'을 한국의 독립과 동양평화의 유지라고 확신하면서 이를 실천하기 위한 구체적인 방법론으로써 동양평화론을 제시하였던 것이다.[110]

---

109 국사편찬위원회, 「보고서」, 『한국독립운동사』 자료6, 515쪽.
110 신운용, 「안중근의거의 사상적 배경」, 55쪽.

이러한 맥락에서 한국의 독립을 천명이라고 전제한 안중근의 동양평화론은 종교성을 바탕으로 한 '선독립론(先獨立論)'에 무게를 두고 있다는 면에서 의미가 있는 것이다. 주지하다시피, 당시 많은 계몽운동계열의 인사들이 선실력양성 후독립론에 매몰되어 일제의 침략에 효과적으로 대응하지 못한 것이 사실이다. 반면에 안중근은 일제의 본질을 인식하면서 계몽운동에 머물지 않고 무력투쟁으로 전환하였다. 이는 안중근의 종교적 현실인식과 깊은 관계가 있는 것으로 보인다.

그러므로 안중근에게 있어 동양평화론은 관념적 목표가 아니라, 종교성을 기반으로 한 절대성을 함축하고 있는 신의 명령이다. 그렇기 때문에 현실에서 동양평화의 구현을 방해하는 역천행위자는 제거의 대상이 되는 것이다. 이러한 맥락에서 안중근은 이토 처단의 정당성을 내세울 수 있었으며, 한·청·일 삼국의 국왕이 로마 교황을 만나 동양평화 유지를 맹세하라고 주장하였던 것이다.

② 물질문명(사회진화론)에 대해 경고를 하고 있다

사회진화론의 영향을 받은[111] 한국 근대 지식인들은 물질문명을 발전시키는 것이 한국의 독립을 유지하는 길로 보았다. 이러한 맥락에서 그들은 일본의 한국 정책이 한국의 물질문명을 향상시키는 데 있어 긍정적으로 역할을 하고 있다고 보았던 것이다.

그러나 안중근이 「동양평화론」 서문에서 물질문명에 대한 경고를 함으로써[112] 사회진화론의 허상을 예리하게 지적하고 있는 것은 시사하는 바가 크

---

111 이러한 맥락에서 현광호는 안중근이 사회진화론에 입각하여 강자인 백인종이 약자인 황인종을 침략하고 있다고 인식하고 있으며 러일전쟁에 대한 안중근의 인식도 이에 근거하고 있다고 주장하고 있다(현광호, 「안중근의 동양평화론과 그 성격」, 176쪽).
112 안중근은 문명개화의 부정적인 측면에 대해 다음과 같이 경고하고 있다. 즉, "지금 세계는 東西로 나뉘어져 있고 인종도 각각 달라 서로 경쟁하고 있다. 일상생활에 있어서의 利器연구 같은 것을 보더라도 농업이 상업보다 대단하며 새발명인 電氣砲, 飛行船, 浸水艇은 모두 사람을 상하게 하고 物을 해치는 기계이다. 청년들을 훈련하여 전쟁터로 몰아넣어 수많은 귀중

다. 때문에 안중근은 물질문명이 지배하는 세계보다 도덕이 지배하는 시대를 이상세계로 보았던 것이다.[113]

③ 구체적이고 실천적이다

외세의 침략에 대한 대응논리는 시대상황에 따라 일정한 변화의 양상을 보이고 있다. 따라서 삼국동맹론 내지 동양평화론도 역사적 변화의 궤적을 형성하였다. 안중근의 동양평화론은 이러한 일제의 침략에 대한 대응논리 변화의 궤도 위에서 형성된 것이다. 게다가 그의 동양평화론은 전시기에 논의되어 삼국공영론·삼국동맹론 등의 담론을 통합하면서 그 실천방법을 구체적으로 제시하였다는 데서 의의가 있다.

한국에서 동양평화론이라고 볼 수 있는 대부분의 이론이 당위론적 입장에서 동종동문(同種同文)인 황인종을 백인종의 침략으로부터 보호하기 위해 단결해야 한다는 주장에 머물고 있다. 그에 반해 안중근의 동양평화론은 구체적인 실천방법론을 제시하고 있다는 것이다. 안중근은 동양의 문제를 해결하기 위해 경제적으로는 공동의 은행을 설립하고, 군사적으로는 공동의 군대를 소유하며 문화적으로는 상대국가의 언어를 익혀야 한다는 동양평화론을 제시하였다. 무엇보다 안중근이 천명(天命)인 동양평화를 실천하기 위한 기초 작업으로써 역천(逆天)행위를 한 이토를 제거하였다는 데서 그의 실천성을 엿볼 수 있다.

④ 개방적이다

일본의 아시아주의 또는 이토의 극동평화론은 일본이 한국을 비롯한 동

한 생령들을 犧牲처럼 버리고 피가 냇물을 이루고 고기가 질펀히 널려짐이 날마다 그치질 않는다. 삶을 좋아하고 죽음을 싫어하는 것은 모든 사람의 상정이거늘 밝은 세계에 이 무슨 광경이란 말인가. 말과 생각이 이에 미치면 뼈가 시리고 마음이 서늘해진다"(『동아일보』 1979년 9월 19일자, 「安重根의사 東洋平和論」).

113 안중근, 「안응칠역사」, 54쪽.

양 각국을 식민지로 삼아야 동양평화가 보장된다는 허구적·독선적·국수적 논리에 지나지 않다고 평할 수 있다. 그러나 안중근은 평등한 국제관계와 독립을 전제로 동양문제를 해결하기 위해 공동으로 대응하자는 이론을 제시하였다. 그것도 서구인의 지지를 받을 수 있는 구조를 창출함으로써 어느 세력도 동양평화를 위협하지 못하도록 하자는 '열린' 동양평화론을 안중근은 주장하고 있는 것이다. 때문에 안중근은 일본인이 반드시 안중근의 날을 외칠 것이라고 확신하였던 것이다.[114]

또한 안중근의 동양평화론은 일제의 침략정책의 수정을 촉구하면서 동양평화에 기여할 수 있는 방법을 제시하였다는 면에서 일본 전체를 적대시한 이론이 아니라는 점을 지적해 둘 필요가 있다. 이러한 면에서 안중근은 "내가 伊藤公爵을 죽인 것은 伊藤이 있으면 東洋의 平和를 어지럽게 하고 韓日間을 疏隔시키므로 韓國의 義兵中將의 資格으로 誅殺하였던 것이다"[115] 라고 하여 일본과 한국의 사이를 좁히기 위해 방해물인 이토를 제거하였다는 주장을 하였던 것이다. 따라서 안중근의 동양평화론은 일본의 아시아주의처럼 국수적 침략이론이 아니라 적국인 일본마저 품고 나가는 개방적 이론이라는 점에서 그 특징을 엿볼 수 있다.

⑤ 평화 지향적이다

일본의 아시아주의가 동양침략을 전제로 하였다면 안중근의 동양평화론은 아시아주의를 견제하기 위한 대항논리였으며 평화지향성을 바탕으로 하고 있다. 때문에 박은식은 그의 『안중근전』에서 안중근에 대해 평하기를

대국(大國)의 평화가 파괴 된 것은 실로 이토 히로부미(伊藤博文)가 침략주의를 실시하였기 때문이다. 중근은 세계의 평화를 위하여 이토

---

114 안중근, 「안응칠역사」, 203쪽.
115 국사편찬위원회, 「제5회 공판시말서」, 『한국독립운동사』 자료 6, 395~396쪽.

를 평화의 공적(公敵)으로, 그 괴수로 여기고 그를 없애 버리지 않으면
화를 면치 못하리라 여겼기에 자기의 목숨을 던져 세계의 평화를 이룩
하는 것을 무상의 행복으로 생각하였다. 주의(主義)가 상반되니 기필코
같이 살아 있을 수 없으며 결국 이런 사건이 발생하게 된 것이다. 이렇
게 논할 진대 세계로 시야를 넓히고 평화의 대표자를 자임한 안중근의
거사를 어찌 한국의 원수만을 갚기 위한 일이라 할 수 있으랴.[116]

라고 하였다. 이처럼 박은식은 안중근을 대표적인 '평화주의자'로 평가하였
던 것이다. 이러한 맥락에서 안중근에게 '평화'라는 것은 곧 '천명'으로 거부
할 수 없는 숙명인 것이었다.[117] 따라서 천주의 명인 동양평화를 사수하기
위해 자신을 희생시킬 수밖에 없었을 것이다.

⑥ 현재적이다

유럽은 하나로 통합되는 과정에 놓여 있고, 미주는 역내 협력을 강화하며
세계의 변화에 대응하고 있다. 그럼에도 동아시아는 아직도 평화정착을 위
한 어떠한 보장책도 마련하지 못하고 있는 가운데 오히려 역사인식 문제로
야기된 지역적 불안정성이 강화되는 경향마저 보이고 있다. 하지만 한중일
삼국은 세계사의 변화를 선도하기 위해서는 무엇보다 역내 안정전망을 갖
추어야 한다는 당위성론이 지속적으로 주창되어 왔다.[118] 문제는 어떠한 이
론으로 역내평화정착과 경제관계의 강화를 이룩하느냐 하는 데 있다. 이러
할 때 안중근의 동양평화론은 현재의 한·중·일 간의 문제를 해결하기 위

---

116 白巖 朴殷植 著, 李東源 譯, 『불멸의 민족혼 安重根』, 한국일보사, 1994, 53쪽.
117 신운용, 「안중근의거의 사상적 배경」, 55쪽.
118 김유혁, 「안중근 동양평화론과 신동북아경제권 전개의 이념」, 『21세기와 동양평화론』; 김
   영호, 「안중근의 동양평화론과 동북아 경제에 통합론」, 『2000년』, 2005, 현대사회문화연구소;
   이태준, 「동양평화론: '국제주의자' 안중근의 이루지 못한 꿈, 동북아의 수평적 연대 — 안중근
   과 신동북아시대」, 『말』 217, 2004.

한 원천적 이론임은 의심의 여지가 없을 것이다. 따라서 안중근의 동양평화론은 환경·군사·경제·문화 등 역내문제를 해결하기 위한 이론을 창출하는데 기본적 구조를 제시하고 있다는 점에서 '현재적'이라고 하겠다.

5. 맺음말

이상에서 살펴본 바를 다음과 같이 정리하는 것으로 맺음말을 대신하고자 한다.

이토의 극동평화론은 일제의 대외침략 논리인 아시아주의의 연장선에서 이루어진 것으로 국수적 침략성을 특징으로 하고 있다. 결국 이토의 극동평화론의 본질은 침략을 평화로 위장하면서 한국침탈을 정당화하기 위한 위장술에 지나지 않는 것이다.

안중근의 동양평화론은 무엇보다 한국의 독립과 동양의 평화 유지라는 천명의 구체적 실천방법이었다. 이러한 바탕 위에 서양, 특히 일제와 러시아의 침략이라는 구조 속에서 생겨난 '삼국공영론'·'삼국동맹론'에 일정한 영향을 받으면서 당시의 민족에 대한 관심과 열정 속에서 안중근의 동양평화론이 탄생되었다고 볼 수 있다.

동양평화론의 체제는 서문·전감·현상·복선·문답으로 구성되어 있다. 안중근은 「동양평화론」의 서술 목적을 서양의 침략을 동양의 단결로 물리치기 위한 방법을 강구하기 위한 것이라고 그 서문에서 밝히고 있다. 전감에서는 동양평화가 유지되지 못하는 원인을 일제의 침략정책 때문이라고 지적하였다.

현상·복선·문답을 완성하지 못하였기 때문에 그 내용을 정확히 알 수 없다. 추정컨대, 현상에서는 일본의 한국을 비롯한 아시아 침략 실태를 기록하였을 것이다. 필시 이는 '이토 히로부미 죄상 15개조'에서 안중근이 지적한 내용으로 되었을 것으로 보인다.

복선에서 안중근이 언급하려고 한 것은 1910년 2월 14일 히라이시 고등법원장과의 면담을 하였을 때 나눈 대화내용일 것으로 보인다. 즉, 일본이 세계 각국의 신용을 얻는 일, 일본의 재정적 어려움을 극복할 수 있는 방법, 일본의 약점을 보완하는 방안이었을 것이다. 대체로 본문에서 지적하였듯이, 복선의 내용이 동양평화론의 핵심으로 보인다.

그리고 안중근은 문답에서 동양평화론의 당위성을 미조부치 검찰관과 같은 일본인을 등장시켜 설복시킨다는 내용을 담으려 하였을 것이다.

안중근이 제시한 동양평화론의 특징은 종교적 절대성을 근저로 하면서 물질문명(사회진화론)의 위험성을 경고하는 데 있는 것으로 구체적이고 실천적이며, 개방적이고 평화 지향적이면서도 현재적이다고 할 수 있다.

결론적으로 일제의 아시아주의의 연장선에서 주장되던 이토의 극동평화론은 일제의 침략성을 평화로 호도하기 위한 위장전술에 불과하였다. 반면 안중근의 동양평화론은 한편으로는 서양의 침략에 직면하고 있고 다른 한편으로는 일제의 침탈을 막아내야 하는 이중구조 속에서 천주교의 평화사상에 바탕을 두면서 1910년까지 논의되던 반침략이론이자 평화이론을 종합하여 발전시킨 결정체라고 할 수 있다.

5부

안중근의거에 대한 국내외의 인식

1

안중근의거에 대한 국내의 인식과 반응

1. 머리말

청일전쟁과 러일전쟁을 통하여 일제는 한국을 강점할 수 있는 발판을 마련하였다. 이후 일제는 1905년 11월 「을사늑약」, 1907년 7월 「제3차 한일협약(정미7조약)」을 강제로 체결하여 사실상 한국을 병탄하였다. 한국의 대부분을 장악한 후, 일제는 1909년 9월 청국과 간도협약을 체결하여 한국을 넘어 만주로 세력을 확장하려고 획책하였다. 이와 같은 일제의 한국과 만주에 대한 정책은 주변열강의 의구심을 불러일으켰고 특히 러시아의 반발을 초래하였다. 이에 일제는 간도협약으로 초래된 국제적 압력을 회피하기 위해 하얼빈에서 까깝쵸프·이토 히로부미 회견을 추진하였던 것이다.[1]

---

1 신운용, 「안중근의거의 국제 정치적 배경에 관한 연구」, 『역사문화연구』, 한국외국어대학교 역사문화연구소, 2009, 134~140쪽.

이러한 역사과정 속에서 한국사회 내부에는 부청파(附淸派) · 부일파(附日派)[2] · 부로파(附露派)가 부침을 거듭하면서 외세와 결탁하여 정권을 획득하기 위한 각축을 벌여 왔다. 그 결과 러일전쟁 이후 조선 내부에서는 부일파들 사이의 일제에 대한 충성경쟁이 더욱 치열하게 전개되었다.

한편, 1894~1895년 반일투쟁을 주도하였던 동학농민의 봉기가 좌절되었지만 국내외의 의병들은 반일무장투쟁을 지속하였다. 러일전쟁 이후 1905년 을사늑약, 1907년 제3차 한일협약을 거치면서 일제가 한국을 무력으로 점령함에 따라 국내의 의병들은 국내의 근거지를 점차 상실하게 되었다. 이후 의병의 주력부대는 만주와 연해주로 이동하여 반일독립투쟁을 전개하였다.

국내에 남아 있던 반일성향의 지식인들은 소위 애국계몽운동이라는 개량적 운동방법론에 입각하여 교육과 신문발행 사업에 진력하면서 민족의 독립투쟁을 유도하였다. 그러나 독립운동세력의 활동은 일부 의병세력을 제외하고 1907년 이후 일제와 부일세력에 밀려 거의 고사상태나 다름없었다. 이처럼 국내적으로는 부일배 간의 일제에 대한 충성경쟁이 격화되고 있는 반면에 반일독립투쟁은 침체기에 접어들었다. 국외적으로는 일제가 만주를 삼키려는 야욕을 불태우고 있었다. 이와 같은 국내외적 상황을 배경으로 안중근의 거사가 이루어졌던 것이다.

그런데 안중근의 거사는 국내적으로 부일파들에 대한 반일독립투쟁세력

---

2 일제의 이익을 조선에 반영한 세력을 '친일파' 또는 '친일배'라는 용어가 일반화 되고 있음에도 이 글에서 일반적으로 말하는 친일파(배)대신에 부일세력(파)이라는 용어를 사용하는 것은 '親日'이라는 용어가 역사용어로 부적합하다고 필자는 보기 때문이다. 즉 안중근의 경우도 『安應七歷史』에서 "人情論之則漸次'親'近無異於如舊之誼也"라고 할 정도로 보통 일본인과 한국인은 친구와 같은 관계라고 설명하고 있다. 그러므로 '親日'이라는 용어는 오히려 한국과 일본의 관계를 대등하게 유지함으로써 양국관계를 발전시키려는 세력을 의미하는 것으로 보는 것이 좋을 듯하다. 따라서 필자는 친일파 또는 친일배보다 부일세력 또는 부일파라는 용어가 조선말기의 매국세력을 의미하는데 적당하다는 취지에서 이 용어를 이 글에서 사용하고 있다.

의 전면적인 반격이라는 역사적 의미를 갖는 사건이었고, 국제적으로 일제 침략세력에 대한 선전포고였던 것이다. 이러한 의미에서 해외의 독립투사들과 한인들은 이토 히로부미(伊藤博文)를 처단한 안중근의 위대성을 찬양하고 안중근의 유지를 계승 발전시킬 것을 다짐하면서 반일독립투쟁의 정신적 원동력으로 삼았다.[3] 이는 안중근 사후 노령의 한인들이 개최한 안중근 추도회에서 거류민회 서기 조창호(趙昌鎬)가 "사정은 여하튼간에 국가의 독립에 한줄기의 서광을 비추었다는 점에서 생각하면 이 이상 기쁜 일은 없다"[4]라고 한 연설에도 잘 나타나 있다.

물론 국내에서도 서북학회·대한매일신보사 등 사회운동세력, 천주교·개신교 계통의 종교세력, 의병·유생·학생세력이 안중근의 의거를 직·간접적으로 지지하거나 환영하였다. 하지만 해외 한인들과 달리, 을사늑약 이후 일제의 무력에 의해 장악된 국내현실 속에서 한국인들은 안중근의거의 정당성을 공개적으로 칭송하지 못하였으며 오히려 침묵 속에서 정세를 관망하고 있었다.

또한 안중근의거는 국제사회에서 크나큰 반향을 일으켰다. 예를 들면 중국의 유명한 문호인 노신은 안중근의거를 듣고서 호놀룰루의 『자유신보(自由申報)』에 "4억 중국인은 부끄럽게 여기고 죽어야 한다"라는 표현을 빌려 안중근의거의 위대성을 외치기도 하였다.[5] 하지만 국제정세와 자국의 정치적 이익에 따라 움직이는 러·청·미·불·독 등 주변 열강의 안중근의거에 대한 공식적인 입장은 전반적으로 부정적이었으며, 이토 히로부미의 죽음에 동정을 표하는 태도를 취하였다.[6]

---

3 신운용, 「露領韓人을 中心으로 본 安重根」, 『21世紀와 東洋平和論』, 국가보훈처·광복회, 1996, 175쪽.
4 국가보훈처, 『아주의협 안중근』 3, 1995, 753쪽; 국사편찬위원회, 『한국독립운동사』 자료 7, 1978, 143쪽.
5 국가보훈처, 『아주의협 안중근』 3, 157~158쪽.
6 국사편찬위원회, 『통감부문서』 7, 1999, 13쪽.

이와는 반대로, 국내에서는 1909년 9월 1일 일제의 남한대토벌로 인해 국내의 반일독립투쟁 세력이 거의 제거된 상황 속에서 부일성향의 황실·정부·민간인들은 안중근의거를 악용하여 반민족적인 행태를 주저 없이 연출하였다. 이들의 안중근의거에 대한 인식과 반응은 국내외의 반일독립운동 계열의 인사들이나 해외한인의 그것과 사뭇 달랐다.[7] 국내의 부일파들은 안중근의거를 자신들의 이익을 옹호하는데 망설임 없이 역이용하였다. 예컨대, 순종황제는 안중근의거 후 발표된 「조칙」에서 세계대세와 조선의 국시(國是)를 알지 못하고 일본의 성의를 오해하여 생긴 '일대한사(一大恨事)'라고 안중근의 의거를 폄하하였다. 반면에 순종황제는 이토에 대해서는 오히려 동양평화의 유지자이자 조선개발의 '일대은인(一大恩人)'이라고 극찬하는 대조적인 평가를 하였다.[8]

더욱이 이러한 황실의 반응은 안중근의 의거에 대해 일제에 사죄해야 한다는 극언을 마다하지 않는 부일세력의 주장을 강화시켰다는 점을 지적하지 않을 수 없다. 즉, 민간 부일파들이 안중근의거를 기화로 하여 적극적인 부일행동을 취하였다. 일진회 경북지부 총무원(總務員) 윤대섭(尹大燮) 등 민간 부일세력들은 일본에 사죄단을 파견해야 한다고 주장한 「고급서(告急書)」를 공개적으로 전국의 지방위원들에게 송부하였다. 「고급서」에서 부일분자들은 안중근의거를 '망국(亡國)'·'민멸(民滅)'의 원인이라고 주장하면서 이토의 힘에 의해 조선은 독립과 개명진보를 이루었다는 궤변으로 일관하였다.[9] 이러한 부일파의 역사인식은 한민족의 독자적인 역사전개에 막대한 지장을 초래하였다. 뿐만 아니라, 그들은 조선을 일제의 식민지로 전락시키는데 큰 역할을 하였다는 것도 주지의 사실이다.

그런데 안중근의거에 대한 연구는 상당히 진척되고 있는 상황이나,[10] 안

7 신운용, 「露領韓人을 中心으로 본 安重根」, 참조.
8 국사편찬위원회, 「헌기 제2566호의 1」, 『한국독립운동사』 자료 7, 83~84쪽.
9 국사편찬위원회, 「헌기 제2216호」, 『한국독립운동사』 자료 7, 52~53쪽.

중근의거에 대한 국내외의 인식을 본격적으로 다루고 있지 않은 것이 학계의 현실이다. 이러한 현실 속에서도 안중근의거를 해외한인들이 어떻게 인식하고 있는가 하는 문제를 살펴본 연구는 어느 정도 이루어지고 있다고 할 수 있다.[11] 그러나 당시 국내에서 안중근의거를 한국인들이 어떻게 보고 있는지에 대한 연구 성과는 거의 없다고 해도 과언이 아니다.

이에 필자는 이 글에서 안중근의 이토 처단이라는 역사적 사건에 대한 인식과 반응이 국내에서 어떻게 표출되었는가 하는 문제를 '독립운동계열과 종교·학생층의 인식과 반응'과 '대한제국 황실·정부와 민간부일세력의 인식과 반응'으로 대별하여 구체적으로 살펴보고자 한다.

필자는 전자에 대해 사회·종교세력, 의병·유림·학생세력을 한 축으로 검토하려고 한다. 특히 안중근의거에 대한 천주교 측의 인식과 반응을 학계는 대체로 부정적으로 평가하고 있는 것 같다. 그러나 본문에서 자세히 살펴보겠지만, 이러한 평가는 조선 선교정책의 일환으로 정교분리를 주장하면서 부일성향이 강했던 뮈텔 등의 지도부세력을 주된 분석대상으로 하였기 때문에 도출된 결과라고 볼 수 있다. 따라서 천주교 일반신자들의 안중근의거에 대한 인식까지 확대하여 종합적인 분석을 할 때, 안중근의거에 대한 천주교 측의 인식을 정확하게 이해할 수 있을 것이다.

그리고 후자에 대해 필자는 이토 조문사 파견·이토 추도회 개최·이토 송덕비 건립을 주도한 대한제국 황실·정부와 민간부일세력을 다른 한 축으로 서술할 것이다.[12] 이러한 작업을 통하여 필자는 안중근의거의 전체상을 파악하고, 나아가 대한제국 몰락원인의 한 측면을 밝히는데 이 글이 일

---

10 조광, 「安重根 연구의 현황과 과제」, 『한국근현대사연구』 12, 한국근현대사학회, 2000, 참조.
11 신운용, 「露領韓人을 中心으로 본 安重根」, 참조; 박환, 「러시아 沿海州에서의 安重根」, 『安重根과 韓人民族運動』, 한국민족운동사학회, 2002, 참조.
12 안중근의거 이후 부일파의 동향에 대한 선행연구는 다음과 같다. 임종국, 「이토 죽음에 '사죄단'꾸미며 법석떨어」, 『실록친일파』, 돌베개, 1991; 이용창, 「'伊藤博文追悼會개최전후' 사회세력의 동향과 친일정치세력의 형성」, 『史學硏究』 69, 韓國史學會, 2003.

조하기를 바란다.

2. 민족운동 세력의 인식

1909년 10월 26일 안중근의거는 일본어 신문인 『경성신보(京城新報)』와 『조선신문(朝鮮新聞)』에 호외로 보도됨으로써 처음으로 국내에 전해졌다.[13] 안중근의거가 국내에 알려지자 한국의 일본인들은 순종황제에게 "渡日謝罪하라"고 요구하였고, 심지어 순종황제를 동경으로 이거시키고 대한제국을 병탄하라고 주장할 정도로 광분하였다.[14]

1909년 10월 26일 오후 6시 대한매일신보사에 한인이 이토를 처단했다는 소식이 전해졌다. 이에 양기탁·신채호 등 『대한매일신보』의 사원들이 축하연을 베풀어 그 기쁨을 나누었다.[15] 그러나 이때 이미 인쇄를 완료하였기 때문에[16] 『대한매일신보』는 1909년 10월 27일자 하얼빈 전보로 「이등 총마졌다」라는 기사를 통하여 안중근의거를 국내에 소개하였다. 이러한 대한매일신보사 인사들의 안중근 인식은 안중근재판과 여순형무소에 수감되어 있던 그의 행적에 관한 보도에서도 그대로 드러난다. 즉, 대한매일신보사는 1909년 11월 21일자 「이등살해흐리유」, 1910년 2월 23~24일자 「안중근 우덕슌 량씨의 심문에 더한 답변」을 『대한매일신보』에 게재하는 등 안중근의거의 당위성을 대변하면서 공판의 정확한 상황을 집중적으로 보도하였다. 『대한매일신보』가 해외의 한인들처럼 직설적이고 적극적으로 안중근의 의거를 옹호하는 보도태도를 취한 것은 아니었다.

---

13 국사편찬위원회, 「헌기 제2130호」, 『한국독립운동사』 자료 7, 1977, 120쪽; 「驚倒すべき一大悲報 伊藤公爵暗殺さる」, 『朝鮮新聞』 1909年 10月 27日字.

14 국사편찬위원회, 「헌기 제2142호」, 『한국독립운동사』 자료 7, 122쪽.

15 국사편찬위원회, 「헌기 제2074호」, 『한국독립운동사』 자료 7, 90쪽.

16 국사편찬위원회, 「헌기 제2074호」, 『한국독립운동사』 자료 7, 90~91쪽.

하지만 당시 대한매일신보사 인사들은 안중근의거를 빌려 자신들이 하고 싶던 이야기 즉, 반일독립 쟁취라는 시대적 열망과 정당성을 주창할 수 있었던 것이다. 예컨대, 『황성신문』이나 『대한민보』는 안중근을 '흉도'로 매도하였다.[17] 이와 달리, 『대한매일신보』는 「안중근씨의 공판」·「안중근소식」·「안씨의 기서」 등의 제목을 붙여 안중근의거를 보도하면서도 그를 흉도라고 기술한 사례가 한 건도 없었다.

더욱이 안중근의 순국 이후 일제의 탄압이 가중되는 상황에서도 『대한매일신보』는 1910년 3월 30일자의 기사에서 안중근에게 '의사'라는 호칭을 부여했다.[18] 이러한 사실에서도 대한매일신보사 인사들의 안중근에 대한 인식을 엿볼 수 있다. 이와 같이 『대한매일신보』가 안중근의 법정투쟁을 집중적으로 보도함으로써 안중근에 대한 국내의 인식을 호전시키는 동시에 당시 한국인의 반일투쟁 의식을 고취시키는데 일조하였다는 것은 평가할 만한 것이다.[19]

한편, 『황성신문』은 1909년 10월 27일자 「이등피해(伊藤被害)」라는 기사로 안중근의거를 보도하였다. 그러나 『황성신문』은 『대한매일신보』와 달리, 안중근의거를 적극적으로 보도하지 않았다. 오히려 『황성신문』은 10월 27일 「조위이공(弔慰伊公)」이라는 기사로 이토의 죽음을 애도하였다. 이는 이미 부일(附日)로 경도된 『황성신문』의 성격을 드러낸 것이다. 이러한 황성신문의 부일성향은 황성신문사 사장 유근이 제국신문사 사장 정운복과 함께 "이토 장례식에 참석하기 위해 11월 1일 일본으로 향하였다"[20]는 기사에서도 알

---

17 『황성신문』 1909년 11월 28일자; 『대한민보』 1909년 11월 14일자, 참조
18 『대한매일신보』 1910년 3월 30일자, 「안씨ㅅ형후민정」.
19 안중근의거 이후에도 『대한매일신보』에 의병이라는 용어가 계속 등장한다. 이러한 사실에서 같은 의병인 안중근에 대한 대한매일신보사 인사들의 내면적 인식을 엿볼 수 있다. 반면에 유근(柳瑾)이 황성신문사 사장으로 온 이후 『황성신문』은 의병을 폭도, 안중근과 이재명을 각각 살인자와 흉악범이라고 하였다(정교 저, 『대한계년사』(조광 편·김우철 역주, 한국학술진흥원, 2004), 57쪽, 참조).
20 정교 저, 『대한계년사』, 33쪽. 황성신문 사장 유근이 이토 장례식에 참석하기 위해 일본에

수 있다. 그리고 안중근의거 이후 이와 같은 언론계의 부일성향은 『경남일보』의 경우에서 보듯이 지방의 언론으로 확대되어 갔다.[21]

안중근의거에 대한 언론보도는 한국 전체를 환영과 경악, 탄식과 우려의 상태로 몰아넣기에 충분했다.[22] 당시 한국인들은 안중근의거를 고종황제의 폐위 등 일제의 악행에 대한 보복으로 여겨 대체로 통쾌하게 받아들였다.[23] 안중근의거를 부정적으로 본 뮈텔 주교조차도[24] 안중근의거를 접한 당시 한국인들의 반응에 대해 "안중근의 이토 처단을 정당한 복수로 여겨 모두 기뻐하고들 있다"[25]고 기록할 정도였다. 민씨 일파는 일제에 의해 처참하게 죽은 명성황후의 원한을 안중근이 풀어주었다는 점에서 안중근의거를 높이 평가하였다.[26] 이처럼 대다수의 한국인들은 안중근의거를 일제의 만행에 대한 당연한 귀결로 여겨 크게 환영했다.[27] 뿐만 아니라 안중근의거는 일제의 억압 속에서 신음하고 있던 당시 한국인에게 독립에 대한 희망을 품을 수 있던 기회가 되었던 것이다.

그러나 안중근의거를 기뻐만 할 수 없었다. 당시의 많은 한국인들은 헤이그밀사사건 이후 한일신협약을 강제당한 경험을 떠올리며 일제가 안중근의거를 강경책의 구실로 악용하지 않을까 하는 우려의 시선으로 안중근의거

갔는지는 정확히 알 수 없다. 그러나 1909년 11월 16일자 『대한매일신보』에 제국신문사 사장 정운복과 김환이 신문단 대표로 일본에 있다는 내용이 실려 있으나 유근에 대한 기사는 보이지 않는다. 이로 미루어 보건대 유근의 일본행은 좌절된 것 같다.

21 『慶南日報』 1909년 11월 5일자, 「伊藤公輓詞」; 『경향신문』 2005년 3월 4일자, 「총독 기관지에 내놓고 日찬양」.

22 국사편찬위원회, 「경비 제288호」, 『한국독립운동사』 자료 7, 87~90쪽.

23 국사편찬위원회, 「헌기 제2139호」, 『한국독립운동사』 자료 7, 120~121쪽.

24 최석우, 「安重根의 義擧와 敎會의 反應」, 『교회사연구』 9, 1994, 108~113쪽.

25 뮈텔, 『뮈텔 주교 일기』 4, 한국교회사연구소, 1998, 413~414쪽.

26 국사편찬위원회, 「헌기 제2293호」, 『통감부문서』 7, 1999, 262쪽.

27 이와 같은 반응은 『대한매일신보』 1910년 3월 30일자의 「안씨수형후민정」에도 잘 드러나 있다. 즉, "지난 이십육일에 안중근씨가 려순감옥에서 수형집행을 당홈은 다아는 바―어니와 그 죽은 뒤에 일반 민졍은 개연호야 서로 칭찬하여 왈 의소의 표준이라 회한호 츙신이라 호며 심지어 ♀동주졸신지라도 모다 칭숑호니 일노인호야 보건터 한국 인민의 일반 의향을 가히 알겟다고 일인들도 찬탄호다더라."

를 바라보고 있었다. 때문에 황현의 표현대로 한국인들은 대체로 침묵 속에서 조심스럽게 정세를 관망하고 있었던 것이다.[28] 그 이유는 당시의 국내 상황에서 찾을 수 있을 것이다. 즉, 1907년 7월 23일 「신문지법」의 공포에 의한 일제의 언론탄압, 1909년 7월 12일 「한국사법 및 통감사무 위탁에 관한 각서」에 의한 일제의 한국사법 및 감옥 사무의 장악, 1909년 9월 1일 남한대토벌작전 실시에 따른 일제의 의병활동탄압, 부일분자들의 이토 추도분위기 확산이라는 상황 속에서 당시 한국인들은 안중근의거를 드러내 놓고 환영할 수 없었기 때문이었다.

이런 분위기 속에서 안중근이 회원으로 참여했던 서북학회의 안중근의거에 대한 반응과 배일성향은 일제를 자극하기에 충분하였다.[29] 때문에 일제는 서북학회를 안중근의거의 국내 배후로 지목하였다.[30] 그리하여 일제는 안창호·이갑 등 서북학회의 간부들을 체포하여[31] 탄압을 가하는 등 국내 반일세력을 진압하는 수단으로 안중근의거를 악용하였다.[32]

그러나 서북학회 회원들은 국제적 호소를 통하여 안중근의거를 빌미로 국내 독립운동세력을 탄압하는 일제의 정책에 맞서려고 하였다.[33] 이들은 안중근의거에 대한 지지를 표출하면서 어떠한 희생을 감수하더라도 순종황

---

28 황현은 안중근의 의거에 대한 국내의 반응을 다음과 같이 기술하였다. "이 소식이 서울에 알려지자 사람들은 감히 소리 내어 통쾌하다고 말하지 못하였지만, 만인(萬人)의 어깨가 모두 들썩하였으며, 저마다 깊은 방에서 술을 따라 마시며 서로 축하하였다"(황현 지음, 『역주 매천야록』(임형택 외 옮김, 문학과지성사, 2005), 601쪽).

29 국사편찬위원회, 「헌기 제288호」, 『한국독립운동사』 자료 7, 89쪽.

30 『朝鮮新聞』 1909年 10月 31日字, 「注目スベキ西北學會」.

31 안중근의거를 듣고 안창호는 매우 기뻐하였다고 한다(국사편찬위원회, 「고비발 제345호」, 『한국독립운동사』 자료 7, 106쪽). 그리고 서북학회 총무 이갑은 안중근의 의거를 쾌거라고 여기기보다 그로 인하여 한국의 장래에 미칠 영향을 우려했던 것 같다. 즉, "伊藤公의 兇變事件을 이야기했더니 그 때 李甲은 難處한 일이 되었다. 東洋平和를 위해 또 我國을 위해서도 不利하다고 말하고 其他는 한마디도 말하지 않았다"(국사편찬위원회, 「경비 제293호」, 『한국독립운동사』 자료 7, 151~152쪽).

32 국사편찬위원회, 「헌기 제2096호」, 『한국독립운동사』 자료 7, 154쪽.

33 국사편찬위원회, 「헌기 제2148호」, 『한국독립운동사』 자료 7, 124쪽.

제가 직접 도일하여 조문하는 치욕을 막아야 한다고 역설하였다.[34] 이처럼 서북학회는 한국 황제가 안중근의거를 직접 일본에 사죄할 수 없다는 국내의 여론을 대변하였던 것이다.[35]

이와 같은 반응은 안중근의 출생지 해주 주민들이 안중근의거를 듣고 그 기쁨을 표출하는 등 안중근의 지역적 기반인 서북지방민들에게서 두드러지게 나타났다.[36] 이를테면 안중근을 위한 변호비 모금 열의에 대해 일제의 대한정책의 첨병노릇을 하던 『경성신보(京城新報)』는

既報 安重根의 辯護料 支給이 어렵다는 것은 바로 同志들의 詭計로 事實은 전혀 그와는 반대이다. 當局이 偵知한 바에 따르면 排日同志가 同人에 傾注하는 同情은 대단하여 今日에 이르기까지의 釀出金은 七萬圓의 巨額에 달한다고 한다. 돈을 釀出한 사람은 경성에 오히려 적고 西北方面에 많다. 게다가 이 金額의 處分에 대해서는 단순히 同人의 身上을 위해서만 지불하지 않고 금후 同志의 秘密費로도 충당할 것이라는 內議가 있었다고 한다.[37]

라고 보도하였다. 서북지방에서 이처럼 많은 금액이 모였다고 하는 것은 이 지역 사람들의 안중근에 대한 인식이 어떠했는지를 여실히 보여주고 있는 하나의 증거인 것이다. 또한 이는 개화적이고 항일운동에 대한 열의가 높았던 서북 지역의 정치적 성향을 반영하는 것이기도 하다.

안중근의거로 모아진 자금은 노령의 경우에서 보듯이 이후 독립운동가들이 독립투쟁을 지속할 수 있는 물적 기반이 되었다는데 큰 의미가 있다.[38]

---

34 국사편찬위원회, 「경비 제3509호의 1」, 『한국독립운동사』 자료 7, 93쪽.
35 『朝鮮新聞』 1909年 10月 29日字, 「宣敎師の態度」.
36 국사편찬위원회, 「경비발 제353호」, 『한국독립운동사』 자료 7, 111~112쪽.
37 『京城新報』 1910年 2月 6日字, 「安重根への釀出」.
38 日本 外交史料館, 「朝鮮人狀況報告」, 『在西比利亞』 第3卷(不逞團關係雜件－韓國人ノ

또한 서북지방의 안중근에 대한 갈채와 경모 열기는 익명의 인사가 평양에서 관동도독부 고등법원장 앞으로 협박편지를 보냈다는 기록에서도 확인된다.[39] 즉, 그 내용은 "공판은 사설재판에 지나지 않으며 외국인 변호사를 허가하지 않은 것은 재판장의 私感에서 나온 것"[40]이라는 것이다. 이는 당시 한국인들의 안중근재판에 대한 입장을 살필 수 있는 중요한 사료이다.

한편, 국내의 의병들도 안중근의거에 적극적으로 부응하였다. 즉,

> 伊藤公暗殺의 急報가 韓人間에 전해지자 排日黨은 拍手喝采를 보내어 公의 遭難을 慶祝하고 혹자는 此際에 曾禰統監을 暗殺해야 한다고 絶叫하여 狂態를 보이고 있으므로 統監邸 內外를 엄중히 경계하고 있다.[41]

이와 같이 의병들은 이토를 처단한 안중근에게 갈채를 보내는 동시에 소네 아라스케(曾禰荒助) 통감을 처단해야 한다고 절규하는 등 독립투쟁 의지를 대내외에 천명하였다. 이에 따라 일제는 경계태세를 더욱 강화하면서 안중근의거로 자극받은 의병의 반격에 긴장하며 사태를 주시하였다.

주지하다시피, 일제는 의병을 소탕하기 위해 1909년 9월 1일부터 '남한폭도대토벌작전'을 전개하였다. 때문에 국내 의병의 활동무대는 점점 좁아지고 있는 상황이었다. 이러한 시기에 안중근의거는 김경식(金景植)의 경우에서 보듯이[42] 국내의병들에게 독립운동의 서광이었으며 본받아야 할 대일투쟁의 모범이었다. 뿐만 아니라, 안중근의거 이후 블라디보스톡 지역에 한인이 급증하였다는 사실에서도 알 수 있듯이, 국내 독립운동가들은 노령을 대

部, 문서번호 : 4.3.2, 2-1-2).

39 『滿洲日日新聞』 1910年 2月 24日字, 「法廷へ脅迫」.

40 『大阪朝日新聞』 1910年 2月 24日字, 「韓人の脅迫狀」.

41 『朝鮮新聞』 1909年 10月 28日字, 「排日黨の狂態」.

42 국사편찬위원회, 「헌기 제2252호」, 『통감부문서』 7, 236쪽.

일투쟁의 본거지로 재인식하기에 이르렀다.[43]

국내 종교계는 안중근의거를 놓고 상반된 시각과 반응을 보였다. 즉, 천주교·개신교 등 외국 선교단의 안중근의거에 대한 공식적인 입장은 대체로 부정적인 것이었다.[44] 예컨대, 평양주재 미국 장로파 선교사 미국인 S. 모우피트는 "장로교 교인이 안중근의거에 간여했다면 그것은 장로교의 오명"[45]이라고 안중근의 의거를 악평하다. 또한 천주교의 뮈텔 주교는 "안중근은 천주교 신자가 아니라고 하면서 그의 유해를 가족들에게 돌려주지 않은 일제의 처사를 당연한 일"[46]이라고 하여 안중근의거 자체를 부정하였다.

이와 같이 외국인 선교사들이 안중근의거에 대해 부정적인 시각을 갖게 된 원인은 그들의 한국 선교정책에 기인하는 것으로 생각된다.[47] 그들은 정치적 사건에 관여하지 않는다는 소위 정교분립의 원칙을 내세우면서 일제와 일정한 협력체계를 구축하는 속에서 자신들의 교권을 유지 확대하려고 하였던 것이다.

이에 반하여, 상당수의 국내 천주교 신자들은 안중근의거를 찬양하였다. 즉,

> 天主教 宣教師는 今回의 凶變은 唯獨 韓國을 爲해서만 아니라 東洋 及 歐洲의 將來를 爲하여서도 幸福하다고 기뻐하고 加害者를 爲하여 祈禱하자고 信徒를 교사한 듯한 所聞이 있다 [48]

이와 같은 분위기 속에서 안중근의거를 부정적으로 보았던 빌렘 신부조

---

43 『朝鮮新聞』 1909年 11月 11日字, 「浦鹽と韓人」.
44 『朝鮮新聞』 1909年 10月 28日字 「宣教師弔意訪問」.
45 국사편찬위원회, 「헌기 제2178호」, 『한국독립운동사』 자료 7, 127쪽.
46 뮈텔, 『뮈텔 주교 일기』 4, 414~415·453쪽.
47 윤선자, 「안중근의 계몽운동」, 『한국근대사와 종교』, 국학자료원, 2002, 232~243쪽.
48 국사편찬위원회, 「고비발 제348호」, 『한국독립운동사』 자료 7, 109쪽.

차 그의 가족을 위로하기도 하였다.[49] 특히 안중근의거를 긍정적으로 보았던 천주교 세력은 안중근의 순국일을 기해 기도회를 명동성당에서 개최하여 그의 명복을 빌고 의거의 뜻을 드높였다. 즉,

> 兇漢 安重根은 드디어 어제 二十六日 여순감옥에서 사형에 처해졌을 터이지만 京城 佛國敎會堂에서는 안이 처형시간이라고 여겨진 때 安을 위해 遙弔式을 거행했다고 한다. 安의 敎父 빌렘은 信川에서 그 遺族을 찾아 慰問할 참이라고 한다.[50]

뿐만 아니라, 이들은 교계차원에서 허락을 받지 못하였으나 안중근의 유족을 위해 의연금 2천 환을 모으기도 하였다.[51] 이렇게 모아진 의연금 중에서 평양의 안 신부(드망즈 플로리아노(Demange Florian), 1895~1938)[52]가 100원을 안중근의 두 동생 정근·공근이 체류하고 있던 여순으로 보내어 변호비용으로 충당하도록 하였다.[53]

---

49 빌렘 신부는 안중근의거에 대해 전적으로 동의한 것 같지 않다. 즉, 그는 1910년 3월 8일 안중근을 면회하는 자리에서 "너의 這般의 兇行이야말로 전연 誤解에서 나온 것으로서 그 犯한 罪惡은 天地가 다 용서하지 않을 바"라고 안중근의거를 악평하였다(국사편찬위원회, 「보고서」, 『한국독립운동사』 자료 7, 534쪽). 하지만 3월 11일 면회 이후 안중근에 대한 인식이 변하기 시작하여 1912년 무렵에는 안중근의거를 적극 옹호하였다. 즉, 그는 "이토가 죽은 것은 잘 된 일이다"라고 하면서 안중근의거를 "안중근의 목적은 너무나 등한시되던 한국문제에 국제적 관심을 이끌어내는 데 있다"고 평가하였다(윤선자, 「'한일합병'전후 황해도 천주교회와 빌렘 신부」, 『한국근대사와 종교』, 224쪽).
50 『朝鮮新聞』 1909年 3月 27日字, 「安處刑と敎會」.
51 『대한매일신보』 1910년 4월 1일자, 「잇나업나됴사」.
52 안세화 신부는 1895년 프랑스 로렌지방에서 태어났다. 1898년 신학교 졸업 후 신부가 되어 1898년 10월 6일 한국에 도착하였다. 그는 1906년 10월 『경향신문』창간을 주도하였고 1911년 6월 26일부터 1938년 2월 9일 임종하는 날까지 대구교구 초대교구장으로 활동하였다(한국가톨릭대사전편찬위원회 편, 『한국가톨릭대사전』 4, 한국교회사연구소, 2000, 1956~1958쪽).
53 이는 다음에서 엿볼 수 있다. 즉. "二·三日前 平壤에서 온 安重根의 從弟 安明根이 金四百圓정도를 휴대하고 있다는 것은 當時 二弟 恭根 定根 等의 想像에 지나지 않고 실제 餘分의 돈을 갖고 있지 않아 馬車貸도 곤란할 정도였는데 15일 電報爲替로 平壤의 宣敎師 安神父로부터 金百圓을 送付받았다고 한다"(『滿洲日日新聞』 1910年 2月 16日字, 「鄕里より」

이와 같이 천주교 지도부와는 달리, 일단의 국내 천주교 교인들은 안중근 추도미사를 행하였다. 더욱이 이들은 유족을 위해 의연금을 모집하는 등 공개적으로 안중근의거를 지지하였다. 이는 천주교 내에 민족의식과 독립정신을 안중근과 함께 공유하던 세력이 존재하였음을 의미하는 것이다. 즉,

韓國 京城中都 黃土峴 二十三通 卞榮順 同鏡峴 天主敎 宣敎師 佛
國 歸化人 安神父 즉 安世華 兩人은 安이 拘禁되었을 當時부터 安을
위해 八方奔走하여 辯護 其他에 관해서 熱心盡力 中이라고 한다.[54]

여기에서 안중근의거를 적극적으로 호응한 천주교 인사는 변영순과 안 신부를 주축으로 한 세력이었음을 알 수 있다.[55]

그런데 그동안 천주교 측의 안중근과 그의 의거에 대한 인식은 주로『뮈텔주교일기』·『경향신문』·『조선교구통신문』등 천주교 상부층에서 작성된 사료를 중심으로 연구되어 왔다. 그 때문인지 천주교 고위층의 인식을 마치 천주교 전체가 안중근의 의거를 부정적으로 본 것처럼 평가를 내리고 있고, 일반적으로도 그렇게 받아들이고 있는 것 같다.[56] 이러한 연구의 영향으로 안중근과 그의 의거를 부정한 천주교 측의 태도는 분명 반민족적임에도 불구하고 여전히 그것을 반성하지 않고 있다는 지적이 나오기도 하였다.[57]

送金」). 이러한 맥락에서 김세화 신부가 경영하고 있던『경향신문』의「안중근의ᄉ형집힝은」 (1910년 3월 28일자)이라는 기사에서 안중근이 의사로 표현된 배경을 이해할 수 있을 것이다.
54 『滿洲日日新聞』1910년 2월 5日字,「安の擁護者」.
55 변영순에 대해 정확히 알려진 것은 없으나 안세화 신부와 함께 안중근 변호비 모금활동을 한 것으로 보아 천주교 교인으로 추정된다. 그리고 안세화 신부에 대해 3월 12일자『滿洲日日新聞』의「安神父の人物」은 다음과 같이 전하고 있다. 즉, "記者는 또한 대단히 排日思想을 鼓舞하고 있다고 稱하는 京城 安 神父라는 사람에 대해 확인한 바, 安은 本名이 프로안도벤치유라고 하며, 千七百(필자―千八百의 誤記)七十五年 파리에서 태어난 者로 當年 三十五歲, 十年前 韓國에 와서 열심전도에 종사하고 있는 有爲의 인물이라 한다."
56 최석우,「安重根의 義擧와 敎會의 反應」, 109~113쪽; 노길명,「安重根의 가톨릭 信仰」,『교회사연구』9, 29쪽; 윤선자,「'한일합병'전후 황해도 천주교회와 빌렘 신부」, 241쪽.

하지만 위에서 살펴보았듯이, 일제와 부일세력의 폭정 속에서도 안중근의 거를 긍정적으로 인식하는데 머물지 않고 실천적으로 그의 구명과 추모를 위해 진력한 천주교 세력이 있었음을 상기해 둘 필요가 있다. 이러한 점에서 천주교 세력이 안중근과 그의 의거를 전적으로 부정하고 비판하였다는 일방적인 주장은 수정되어야 한다. 말하자면 안중근의거에 대한 천주교측의 반응을 보다 구조적이고 계층적으로 파악해야 천주교 세력의 안중근의거에 대한 인식을 정확히 이해할 수 있다는 것이다.

그리고 안중근을 '지사(志士)'라고 칭하면서 그의 의거를 "애국열정에서 나온 것"[58]이라고 주장한 기독청년회원의 경우에서 보듯이, 개신교신자들 중에 안중근을 추종한 세력이 존재하고 있었다는 사실도 지적되어야 한다. 이처럼 일단의 개신교 신자들도 안중근의거를 일제와 부일파들의 폭압정치 구조 속에서 한국인들을 독립투쟁으로 인도하는 한줄기의 서광으로 받아들였던 것이다.

이러한 개신교 신자들의 안중근 인식은 개신교 학생들의 집단행동으로 표출되기도 하였다. 예컨대, 당시 일제는 이토의 추도회에 참석하지 않는 학생에 대해 시험점수를 감하겠다는 협박을 하여 학생들을 이토 추도회에 강제로 동원하였다.[59] 이러한 분위기 속에서 개신교 학교인 이화학당의 여학생들은 어쩔 수 없이 이토 추도행사에 참여하였다. 그러나 종교상의 이유를 내세워 이토를 향해 머리를 숙이는 행위를 끝내 거부였다.[60] 이는 이들

---

57 안천, 『신흥무관학교』, 교육과학사, 1996, 45~53쪽.
58 국사편찬위원회, 「경비 제3494호의 1」, 『한국독립운동사』 자료 7, 92쪽.
59 국사편찬위원회, 「경비 제3638호의 1」, 『한국독립운동사』 자료 7, 45쪽.
60 이는 다음에서 확인된다. 즉, "一昨日 장충단 追慕會에서 市內 各學校 生徒 參列到着順에 의해 梅洞普通學校를 第一로 祭壇前面에 整列한 순서대로 예배를 행하였는데 오직 늦게 참회한 西小門外 梨花學校의 女生徒만은 제단 앞에 참렬하였을 뿐 예배를 촉구하였으나 종교상의 신념으로 결국 예배를 행하지 않았다. 덧붙여 말하면 同校는 감리교를 信奉하는 자이다"(『京城新報』 1909年 11月 5日字, 「學童禮拜を拒絶」). 그러나 이화학당의 여학생들이 이토 추모예배를 거절했다는 기록은 事實無根이라는 일제의 기록도 있다(국사편찬위원회, 「경비 제3638호의 1」, 『한국독립운동사』 자료 7, 45~46쪽). 따라서 이 부분은 좀 더 정밀한 검토

5부-안중근의거에 대한 국내외의 인식   363

이 안중근의거를 지지한다는 의사를 간접적으로 표출하였다는 의미에서 높이 평가할 만하다.

한편, 공자교회(孔子教會)와 같은 유생 일파가 사죄단 파견을 주장하기도 하였다.[61] 그러나 안중근의 이토 처단으로 정국이 불안한 상황 속에서 안중근의거를 어느 누구보다 직접적인 행동으로 호응했던 세력은 유생들이었다. 안중근의거를 기회로 의병으로 추정되는 유생 5인이 연서하여 "일본의 대한정책에 반대한다"[62]는 내용의 격문을 각국 영사관에 보내어 안중근의거를 지지하면서 일제의 대한정책의 부당성을 선전하였다. 뿐만 아니라, 유생 황현은 『매천야록(梅泉野錄)』에 안중근의거와 부일파의 반민족적 행위를 상세히 기록하였다.

국내에서 누구보다도 안중근의거에 열광한 세력은 청년학생들이었다. 조선 총독부 경무총장 아카시 겐지로(明石元二郎)의 명령을 받아 1911년 7월 7일 구니토모(國友) 경시가 「불령사건(不逞事件)에 의해 얻은 조선인(朝鮮人)의 측면관(側面觀)」라는 문건을 작성하였다. 여기에서 안중근의거에 대한 청년학생들을 비롯한 한국인의 반응이 어떠했는지를 엿볼 수 있다. 즉,

> 자객으로서 우선 안중근이 있고 그 후 이재명이 있다. 이 二人者 중 前者는 青年학생의 腦裏에 痛烈하게 깊이 각인되어 있는 상태이나 후자는 그들에게 심히 등한시되고 있는 것 같다. 실로 安重根의 繪葉書는 도처의 不平者의 家宅에서 發見되지 않는 곳이 없고 저명한 排日者 安泰國 等의 무리와 같은 자는 重根의 寫眞을 複寫하여 壁에 걸어 놓고 尊崇의 뜻을 表하였다. 不平者間의 선배만이 이와 같겠는가 그

가 요구된다.

61 국사편찬위원회, 「전보」, 『한국독립운동사』 자료 7, 28쪽.
62 이는 다음에서 엿볼 수 있다. 즉, "京城에서 儒生 등은 五名의 連書로 統監政治를 攻擊하고 伊藤公을 誹謗하는 檄文을 낭독하고 각국 영사관에 배포한 것이 발견되었다고 한다"(『京城新報』 1909年 10月 29日字, 「儒生の檄文配布」).

나머지에 있어서도 그 尊崇은 男子만에 그치는 것이 아니라 儆信 女學校 卒業生 洪恩喜와 같은 여자는 安重根의 초상을 名刺 형태로 만들어 日常 懷中에 넣고 본다. 現在 此等의 不逞者간에 불려지는 安重根 唱歌가 있다.[63]

위의 인용문에서 알 수 있듯이 안태국 등의 독립운동가뿐만 아니라 당시 많은 한국인들은 안중근을 흠모하고 닮고 싶어 하는 마음에서 그의 사진을 소장하였다. 특히 홍은희라는 경신 여학교 졸업생은 안중근 사진을 늘 가슴에 품고 다닐 정도로 그를 숭상하였다. 이와 같이 그는 학생들을 비롯한 당시 한국인들의 마음속 깊이 자리 잡고 있었다.

뿐만 아니라 1938년 10월 17일 당시 강원도 춘천의 춘천 공립중학교 학생 수십 명이 비밀결사 상록회(常綠會)를 조직하였다. 상록회의 학생 회원들은 한민족이 지금과 같이 곤궁한 원인을 일본에 나라를 빼앗긴 결과로 인식하고 안중근을 자신들이 숭배하고 본받아야 할 독립운동의 표상으로 삼았던 것이다.[64] 이는 일제의 대한정책이 실패하였음을 의미할 뿐만 아니라 한국의 반일독립투쟁사에 안중근이 정신적 지주로 작동되어 왔음을 증명하는 것이다.

그러한 이유로 일제는 안중근 사진의 발매를 중지시키는 등 그의 영향력을 차단하는데 혈안이 되었다.[65] 그러나 일제가 이를 중지시켰다고 해서 그를 본받으려는 열망을 한국인의 마음에서 제거할 수 없었다. 예를 들면 박기병(朴淇秉)이 안중근의 사진 1매를 구해 조기현(趙基鉉)에게 주었고 이를 다시 사진사 김영교(金永敎)가 30매를 복사하여 밀매하다가 발각당한 사건이

---

63 日本 外交史料館, 「不逞事件ニ依ッテ得タル朝鮮人ノ側面觀」, 『在內地』 第1卷(不逞團關係雜件—韓國人ノ部, 문서번호 : 4.3.2, 2-1-4).
64 朝鮮總督府, 「中學校內秘密結社件檢擧ニ關スル件」, 『昭和十四年思想ニ關スル情報綴』. 독립기념관 소장.
65 『朝鮮新聞』 1910年 3月 31日字, 「安重根の繪葉書」.

1926년 1월 17일자 『조선일보』에 보도되기도 하였다.

또한 안중근을 숭상하는 마음과 이토에 대한 증오심을 표현한 노래 즉, 창가(唱歌)가 당시 유행하였다고 하는 기록이 일제의 사료에 남아있다. 이러한 사실에서도 당시 한국인들의 안중근관을 엿볼 수 있다. 그것을 소개하면 다음과 같다.

> 노청 두 나라를 지날 때 / 앉으나 서나 드리는
> 저희 기도를 살펴주소서 / 주예수여 이 기도를 들어주소서
> 동쪽 반도 대제국을 / 우리 바라는 대로 구해주소서
> 오호라! 간악한 늙은 도적이여 / 우리 2천만을 죽이지 못하리라
> 금수강산 삼천리를 소리 없이 빼앗아 / 흉악한 수단을 쓰더니
> 이제야 너의 명줄을 끊었구나 / 너도 이제 한 없으리
> 갑오독립을 선언하고 / 을사조약을 맺었더라
> 이제 네가 북으로 가더니 / 너도 몰랐으리
> 덕을 닦으면 덕이 오고 / 죄를 지으면 죄가 온다
> 너만 아니라고는 생각 말지어라 / 너의 동포 5천만을
> 하나하나 이렇게 / 나의 손으로 죽여 보이리라[66]

이 노래를 통하여 당시 한국인들은 일제의 한국 침략사를 뇌리에 새기며 안중근이 이토를 처단했듯이 일제를 섬멸하리라는 의지를 다졌을 것이다. 그리고 이 노래의 내용 중에 "예수여 이 기도를 들어주소서"라는 구절을 보건대, 이는 기독교 계통의 세력에 의해 작가(作歌)되어 유행하였던 것으로 추정된다. 특히 이 노래는 구명운동을 적극적으로 펼친 안세화 신부를 중심으로 한 천주교 세력의 작품일 가능성도 배제할 수 없다.

---

66 日本 外交史料館, 「不逞事件ニ依ッテ得タル朝鮮人ノ側面觀」, 『在內地』 第1卷; 『동아일보』 1995년 2월 13일자, 참조

이외에도 안중근을 주제로 한 노래는『불령사건(不逞事件)에 의해 얻은 조선인(朝鮮人)의 측면관(側面觀)』중에 수록되어 있는 안중근의거를 최초로 소개한 작자미상의『근세역사(近世歷史)』에 '首陽山은 蒼蒼하고'로 시작되는 안중근 숭모시(崇慕詩) 한 수가 기록되어 있다.[67] 이는 사건 당시 국내에서 최초로 만들어져 널리 애용되던 안중근 찬양가라고 할 수 있다. 이 노래를 통하여 당시의 한국인들은 '독립'이라는 희망을 되살렸으며, 대일투쟁의식을 고취시켰다.

그리고 안중근을 예찬하는 내용을 담고 있는『근세역사』가 1910년 3월 26일 순국한 지 불과 3주 만인 1910년 4월 15일에 국내에서 출판될 만큼 한국인들에게 안중근은 한민족의 우상과 같은 존재로 부상하였다. 이를 통하여 당시 국내의 안중근 숭모 열기가 얼마나 대단하였는지를 또한 엿볼 수 있다.『근세역사』에 투영된 국내의 안중근 숭상열기를 일제는

> 左(필자-『近世歷史』)는 兇行者 安重根의 행동을 記述한 寫本으로 不逞者間에 애독된 것이다. 書中에 威迫을 당하나 끝내 자백하지 않고 從容히 죽음에 임했다고 허구의 사실을 게재하여 稱揚하고 있다. 더욱이 각 敎徒의 强情도 역시 此 寫本을 본받는데 있다. 빈번하게 안중근을 칭찬하고 근세역사라고 제목을 붙여 불손한 문자를 사용한 것은 흉도의 의중을 忖度할 만한 하나의 자료인 것이다.[68]

라고 기록하였다. 이와 같이 일제의 반식민지로 전락한 한국의 현실 속에서 학생들을 비롯한 당시 한국인들은『근세역사』를 읽고서 독립운동의 좌표를 설정하였을 것이다. 특히 '교도(敎徒)의 강정(强情)'이라는 표현에서 알 수 있듯이, 이것은 천주교나 개신교 등 종교계통에서 학생들을 교육시키기 위한

---

67 「근세역사」, 윤병석 역편, 『안중근전기전집』, 국가보훈처, 1999, 441쪽.
68 日本 外交史料館, 「不逞事件ニ依ッテ得タル朝鮮人ノ側面觀」, 『在內地』第1卷.

교재로 사용되었을 가능성이 높다. 『대한매일신보』의 기사 중에 "텬주교회 목사 법국인 모씨는 안중근씨의 젼긔를 편즙ᄒᆞ는 중이라더라"라는 내용이 보인다.[69] 이로 보건대, 필시 『근세역사』는 천주교에서 출판한 것일 개연성이 매우 높다. 이를테면 『근세역사』 중에는 다음과 같이 천주교 측에서 썼음을 짐작케 하는 내용이 있다. 즉, "17세에 천주교의 세례를 받은 뒤로는 행동에 있어 천주교를 잘 지켰다. 그는 한국 천주교 역사에서 평소 열심인 신자도 난(難)을 맞아 관(官)의 협박을 받으면 살기 위해 천주(天主)를 배반하고 살길만을 찾는 사례를 볼 수 있으니 개석(慨惜)할 일이라고 하였다. …… 안중근 씨는 영성(靈性)이 높아 보통이 넘는 터이므로 음식을 먹는 것이나 뇌성 같이 코를 골면서 자는 것이나 평상시와 다름없이 호탕한데 모두 놀랐다. …… 40일간 봉재기간 천주교 신자로서의 절개를 지키고 기도만을 올리니 안중근 씨의 지성은 하늘에 이른 듯 그 용모를 바로 볼 수 없을 만큼 성스러워 보였다."[70] 또한 『근세역사』의 저자에 대해 여러 가지 상황을 고려해 본 결과, 가장 열정적으로 안중근의 구명운동을 펼친 프랑스 출신 안세화(安世華) 신부를 중심으로 한 천주교 세력의 작품일 것으로 추정된다.[71]

국내외에서 이러한 안중근에 대한 숭모 열기는 안중근을 숭모하는 청년들이 삼삼오오 모여서 비밀리에 안중근 추모회를 개최하는 등 그의 순국 순간에도 이어졌다.[72] 이와 같이 국내의 한국인들은 제한적이기는 하지만 안중근의거를 찬양하고 그를 독립투쟁의 사상적 상징이자 본받아야 할 위인으로 받들고 있었던 것이다.

---

69 『대한매일신보』 1910년 3월 29일자, 「안씨젼긔편즙」.
70 「근세력사」, 434 · 437 · 440쪽.
71 최서면은 『근세역사』의 저자를 안중근 가계 내의 인물로 추정하고 있다. 『동아일보』 1995년 3월 13일자, 참조.
72 『대한매일신보』 1909년 4월 1일자, 「은근호츄도」.

3. 대한제국 황실·정부와 민간 부일세력

한인(안중근)이 이토를 처단하였다는 소식이 10월 26일 오후 국내에 전해졌다. 이 소식을 식사 중에 들은 고종은 숟가락을 떨어뜨릴 정도로 놀라 약을 먹고 침전에 들었다.[73] 순종 또한 이 사건이 미칠 파장 때문에 고종 이상으로 우려와 두려움 속에서 어찌할 바를 몰랐다.[74]

이러한 충격에 휩싸인 순종의 안중근의거에 대한 인식을 일제는 다음과 같이 전하고 있다. 즉,

> 一. 兩國의 親交를 破함은 恒常 愚昧한 徒輩로부터 나온다.
> 一. 伊藤太師와 如히 溫厚하고 篤德한 者가 없다.
> 一. 伊藤은 우리 國事를 爲하여 盡瘁한 것은 偉大하다.
> 一. 우리나라를 指導하고 太子를 輔育하는 恩人이다. 恩人을 我國
>   人이 暗殺한다는 것은 大恥辱이다 云云.[75]

이처럼 안중근의거에 대한 긍정적인 평가와는 정반대로 한국 황실은 안중근의거를 부정적으로 인식한 반면, 이토를 한국의 은인으로 칭송하였다. 또한 엄비(嚴妃)는 비탄에 겨워할 정도로 일본 동경에 있던 황태자의 미래를 걱정하였다. 고종도 이토를 처단한 사람이 한인이 아니기를 바랐고 한인이라고 하더라도 이토의 '진의'를 이해하지 못하는 해외 유랑자의 소행일 것이라고 여겼다.[76] 그리고 상식(常食)을 폐한 도쿄의 황태자는 김응선을 하얼빈에 파견할 것과 일본 황실에 조문친전(弔問親電)을 보낼 것을 황실에 요청하

---

73 『朝鮮新聞』 1909年 10月 28日字, 「太皇帝の深憂」.
74 국사편찬위원회, 「경비 제3479호의 1」, 『한국독립운동사』 자료 7, 71쪽.
75 국사편찬위원회, 「경비 제297호」, 『한국독립운동사』 자료 7, 82쪽.
76 국사편찬위원회, 「경비 제3479호의 1」, 『한국독립운동사』 자료 7, 72쪽.

기도 하였다.[77]

이러한 황실의 반응은 1907년 고종의 헤이그 밀사파견사건으로 한일신협약을 강제로 체결당한 경험에 기인하는 것으로도 볼 수 있다.[78] 말하자면 당시 한국인들은 안중근의거를 핑계로 일제가 대한강경책으로 나와 결국 대한제국을 병탄하지 않을까 하는 두려움에 싸여 있었다. 이와 같은 당시의 분위기는 안중근의거에 대한 한국 황실의 부정적인 반응이 반영된 것으로 해석될 수도 있다.[79]

한국 황실은 설사 안중근의거와 같은 독립투쟁이라 할지라도 황실의 안녕과 질서를 파괴하는 어떠한 정치적 행위도 용납할 수 없었다. 이러한 점에서 한국 황실은 안중근의거를 민족의 독립과 유지발전이라는 시각에서 접근하기보다는 황실보존이라는 관점에서 인식하고 있었던 것이다.

그리고 대한제국 정부는 1909년 10월 27일 대책회의를 열고서 각의에서 황족 1명을 선정하여 칙사로 파견하고, 이토 장례식 당일 통감부의 식장의 순종 참배를 결정하였다.[80] 그 다음날에 "諡號를 贈할 것, 葬具를 贈할 것"[81]을 추가하여 결의하기로 하였다. 특히 이토의 죽음을 듣고 통곡하였으며 궁(宮)의 일실(一室)에 폐거(閉居)하기까지 한 인사도 있었다.[82] 그리고 대한제국 정부는 28일부터 30일까지 3일간 각 학교, 상점, 조시(朝市), 연예장(演藝場)에 휴업명령을 내려 이토의 죽음을 추모하도록 하였다.[83]

이토가 제거된 정국에서 이와 같은 반응을 보였던 대한제국의 황실과 정부는 크게 세 가지의 문제에 봉착하였던 것 같다. 즉, 첫째, 안중근의거의 진상을 파악하는 것,[84] 둘째, 안중근의거로 야기될 일제로부터의 외교적 공

---

77 국사편찬위원회, 「경비 제3422호의 1」, 『한국독립운동사』 자료 7, 67쪽.
78 국사편찬위원회, 「경비 제3432호의 1」, 『한국독립운동사』 자료 7, 69쪽.
79 국사편찬위원회, 「헌기 제2102호」, 『한국독립운동사』 자료 7, 96~97쪽.
80 국사편찬위원회, 「경비 제3429호의 1」, 『한국독립운동사』 자료 7, 68쪽.
81 국사편찬위원회, 「전보 제20호」, 『한국독립운동사』 자료 7, 70쪽.
82 국사편찬위원회, 「경비 제3422호의 1」, 『한국독립운동사』 자료 7, 67쪽.
83 국사편찬위원회, 「헌기 제2082호」, 『한국독립운동사』 자료 7, 75쪽.

세를 막아내는 것,[85] 셋째, 일본에 있는 황태자의 신변안전문제를 일제로부터 보장받는 것으로[86] 정리할 수 있다.

첫 번째 문제를 해결하기 위하여 순종황제는 칙사(勅使) 시종원경(侍從院卿) 윤덕영(尹德榮)을, 고종황제는 총관(摠官) 조민희(趙民熙)를, 이완용(李完用), 일본인 나마시마(鍋島) 참여관(參與官), 시마이(島居) 통역관(通譯官)과 동행케 하여 하얼빈에 파견하도록 하였다.[87] 이에 이들은 이토의 유해가 안치되어 있는 군함 추율주(秋律洲)에 승선하려고 하였다. 그러나 일제는 한국인의 도선은 위험하다는 핑계를 들어 이들의 군함 승선을 거절하였다.[88] 이 문제는 진상만 확인하면 그리 큰 문제는 아니었을 것이다.

그러나 두 번째, 세 번째 문제는 한국 황실 측에서 볼 때 그리 간단한 사안이 아님이 분명하다. 한국 황실은 이러한 문제를 해결하는데 가장 효과적인 방법을 황실이 나서서 이토의 죽음에 대해 최대한의 조의를 표하고 적어도 표면적으로는 안중근의거에 정당성을 부여하지 않는 데서 찾은 것 같다. 이러한 선상에서 안중근의거로 야기될지도 모를 한국 병탄이라는 최악의 상황을 한국 황실은 모면해 보려고 하였던 것이다.[89]

이러한 맥락에서 두 번째 문제를 해결하기 위해 순종은 1909년 11월 4일로 이토의 장일(葬日)이 결정됨에 따라, 황실에서는 의친왕(義親王)을 조문사

84 국사편찬위원회, 「경비 제3422호의 1」, 『한국독립운동사』 자료 7, 67쪽.
85 안중근의거로 인해 야기될 외교문제를 우려한 당시 한국인들의 표정은 다음의 인용문에서도 확인된다. 즉, "日本은 此機會에 있어서 密使事件과 如히 國運問題를 提出하여 다시 國論에 刺擊을 주어 再次 피를 보는 不幸을 招來하는 일이 없겠는가 嗚呼라 我國 運挽回의 때는 언제 있겠는가 云云하고 長歎息하였다"(국사편찬위원회, 「경비 제3432호의 1」, 『한국독립운동사』 자료 7, 69쪽). "侍臣들도 頃者 秘語를 말하기를 日本은 반드시 機會에 반드시 무슨 抗議를 하여 올 것이라고 國難이 焦眉에 迫頭한 것으로 憂慮하는 자가 있다"(국사편찬위원회, 「경비 제297호」, 『한국독립운동사』 자료 7, 82쪽).
86 국사편찬위원회, 「경비 제3422호의 1」, 『한국독립운동사』 자료 7, 67쪽.
87 국사편찬위원회, 「전보 제117호」, 『한국독립운동사』 자료 7, 66쪽.
88 국사편찬위원회, 「전보」, 『한국독립운동사』 자료 7, 23~24쪽.
89 『朝鮮新聞』 1909年 11月 11日字, 「哈爾賓事件と韓人の外交術」.

로 특파하기로 결정하고 관보에 이를 발표하였다.[90] 이에 의친왕은 10월 28일 순종과 고종에게 걸가알현(乞暇謁見)을 하고 30일 아침에 일본국왕에게 줄 친서를 휴대하고 출발할 예정이었다.[91] 그리고 한국 황실은 장의비로 3만 원과 유족조위금 10만 원을 증정하겠다는 뜻을 일본정부에 전하였다.[92] 그러나 일제는 의친왕을 파견하는 것은 과중한 일이라고 거절하면서 황실 인사가 아닌 고위관료의 파견을 요구하였다.[93] 또한 장의비 3만 원은 무례하다고 하여 거절하였다.[94]

그런데 일제가 이처럼 의친왕을 거부한 이유는 무엇보다도 의친왕의 반일성향 때문이었다고 할 수 있다. 즉 이토는 "털끝만큼의 신용도 없고 어떻게 해 볼 수 없는 인물"[95]이라고 의친왕을 원색적으로 비난하였다. 이러한 이유로 일제는 황태자가 일본에 유학하는 동안 의친왕을 동경에 보내지 말라는 경고까지 하였다.[96] 이렇게 되자 한국 황실은 이토 장례식에 파견할 특사를 의친왕에서 궁내부대신 민병석으로 급히 변경하였다.[97]

이상과 같은 조문사 파견 준비과정을 거쳐 10월 30일 오후 2시 반에 조중응·김윤식은 이완용·윤덕영을 대동하고 순종을 알현하였다.[98] 이완용이 순종황제에게 조중응을 정부대표로 한 조문사를 이토의 회장(會葬) 및 치제(致祭)에 파견하겠다고 보고하였다. 다시 조중응은 원로대표로 김윤식을 파

---

90 국사편찬위원회, 「전보」, 『한국독립운동사』 자료 7, 25쪽.
91 국사편찬위원회, 「경비 제291호」, 『한국독립운동사』 자료 7, 30쪽.
92 국사편찬위원회, 「전보」, 『한국독립운동사』 자료 7, 25쪽.
93 국사편찬위원회, 「전보 제23호」, 『한국독립운동사』 자료 7, 27쪽.
94 국사편찬위원회, 「전보」, 『한국독립운동사』 자료 7, 25쪽.
95 국사편찬위원회, 「경비 제291호」, 『한국독립운동사』 자료 7, 30쪽.
96 위와 같음.
97 국사편찬위원회, 「전보 제23호」, 『한국독립운동사』 자료 7, 27쪽.
98 이들의 부일성향은 다음의 논문이 참고된다. 장석흥, 「조중응 친일의 길이라면 물불 가리지 않았던 매국노」, 『친일파 99인』 ①, 민족문제연구소, 1993, 137~143쪽; 배항섭, 「김윤식 죽어서도 민족운동의 분열에 '기여'한 노회한 정객」, 『친일파 99인』, 127~136쪽; 강만길, 「이완용 한일'합방'의 주역이었던 매국노의 대명사」, 『친일파 99인』, 49~55쪽; 오연숙, 「윤덕영 한일 '합방'에 앞장선 황실 외척세력의 주역」, 『친일파 99인』, 211~217쪽.

견할 것이라고 순종에게 고하였다.[99] 일제가 민병석·조중응·김윤식을 자작에 이완용·윤덕영을 후작에 임명할 만큼[100] 이들의 부일성향은 당시 일반적으로 알려졌다. 그러므로 일제도 오히려 이들을 반겼을 것이다. 그리고 고종은 김윤식에게 "일본에 있는 동안 실례를 범하는 일이 없도록 다른 참가자에게 주의시킬 것"[101]을 지시하는 등 이토의 장례식에 대해 예민하게 대응하였다.

결국, 의친왕이 배제된 가운데 1909년 11월 4일 이토 장례식에 순종은 원로대표 김윤식(金允植)·창덕궁대표 민병석·덕수궁대표 박제빈(朴齊斌)·국민대표 유길준(兪吉濬)·실업대표 조진태(趙鎭泰)·일진회대표 홍긍섭(洪肯燮)·종교대표 정병조(鄭丙朝)·유세(遊說)대표 고의준(高義駿)·신문대표 정운복(鄭雲復)·정부대표 조중응(趙重應)·궁내부대표 최석민(崔錫敏)을 각각 이토 조문사로 파견하였다.[102]

그런데 여기에서 이들 부일관료가 반민족적 행위를 감행한 배경을 살펴볼 필요가 있을 것이다. 즉, 안중근의거는 국내의 부일관료들에게 공포감과 위기감을 유발시켰다. 이들은 안중근의거로 이토의 보호 속에서 획득한 정치적 사회적 기득권이 이토가 제거됨과 동시에 와해될 것이라는 두려움을 느꼈던 것으로 보인다. 때문에 일제를 대표하는 이토를 배경으로 한국 내에서 모든 이익을 향유하고 있던 부일세력들은 안중근의거를 위기로 받아들였을 것이다. 이러한 이유로 이와 같은 조문사 파견소동을 일으켰던 것으로 보인다. 후술하겠지만, 이는 다시 이토 추도회와 민간 사죄단 파견 및 이토의 송덕비 건립 소동으로 이어지게 되었다.

그리고 안중근의거는 국내 부일파의 속성을 그대로 드러나게 하는 바로

99 국사편찬위원회, 「경비 제292호」, 『한국독립운동사』 자료 7, 31~32쪽.
100 『朝鮮新聞』 1909年 10月 8日字, 「朝鮮貴族敍爵式」; 임종국, 「이토 죽음에 '사죄단' 꾸미며 법석 떨어」, 『실록친일파』, 돌베개, 1991, 80~81쪽.
101 국사편찬위원회, 「경비 제292호」, 『한국독립운동사』 자료 7, 32쪽.
102 국사편찬위원회, 「전보 제25호」, 『한국독립운동사』 자료 7, 34쪽.

미터와 같은 작용을 하였던 점을 지적하지 않을 수 없다. 말하자면 안중근 의거는 1909년 10월 26일 이후 독립운동으로 나갈 것인지 아니면 일제의 식민지정책에 앞장설 것인지를 판가름하는 선택을 한국인에게 던져주었던 것이다. 안중근을 폄하하거나 이토를 드높인 세력은 일제의 주구로 전락하 였다. 그와는 반대로 안중근의거를 적극 지지한 세력은 이후 한국 독립운동 에 참여하였다.

이와 같은 의미를 함축하고 있는 안중근의거에 대해, 한국 황실과 정부의 부일관료들은 이토 장례식에 조문사를 파견하는 부일행위를 하고서도 불안 감을 떨치지 못하였다. 때문에 순종황제는 1909년 11월 4일 칙사(勅使) 시종 원경(侍從院卿) 윤덕영을 소네 아라스케(曾禰荒助) 통감에게 보내어 조의를 표 하였다. 또한 고종도 직접 소네의 관저로 찾아가서 "伊藤博文 國葬日을 당 하여 통감의 '痛悼의 情'이 가장 절실할 것을 생각하여 來訪하였다"[103]고 하 였다. 이러한 안중근의거에 대한 한국 황실의 태도는 국내의 부일세력들과 인식을 공유하고 있음을 의미하는 것이다.

이토의 장례식에 참석한 한국대표단의 도일 두 번째 목적 중의 하나는 안중근의거로 초래될 일제의 대한정책의 변화를 감지하는 것이었다.[104] 그 래서 덕수궁 대표 박제빈이 가츠라 타로(桂太郎) 수상에게 일본의 대한정책 에 대해 질문을 하였다. 이에 대해 가츠라는 "韓國에 對하여 政治上의 變 動은 없을 것"[105]이라고 답변하였다. 이로써 조문단은 대한제국의 미래에 대해 일말의 안도감을 느꼈을 것이다.

그러나 일제는 이미 1909년 7월 6일 각의에서 적당한 시기에 대한제국을 병탄한다는 소위 「한국병합에 관한 건」을 대한정책으로 확정해 놓고 있었 다.[106] 이처럼 한국병탄 계획을 짜놓은 상태에서 한국을 효과적으로 침탈하

---

103 위와 같음.
104 국사편찬위원회, 「경비 제3705호의 1」, 『한국독립운동사』 자료 7, 40쪽.
105 위와 같음.

기 위하여 한국 병탄계획을 숨길 필요성이 있었던 것이다. 그래서 가능한 한 이토 장례식에 참석한 조문단으로 하여금 일본의 후의(厚意)를 느끼게 함으로써 일제가 한국을 병탄할지도 모른다는 우려를 불식시키려고 하였다. 이처럼 일제는 한국을 용이하게 침탈하기 위한 위장전술을 구사하였던 것이다.

한국 황실은 조문단 파견의 세 번째 목적인 태자의 신변안전 문제를 왕조의 영속성이라는 면에서 중시하였다. 그러므로 한국 황실은 황태자에게 행동지침을 내리기까지 하면서 이토에 대한 감사와 조의를 표하도록 지시하였다.[107]

또한 일제는 한국병탄 계획을 숨기면서 한국의 대일경계 자세를 무력화시켜 그들의 한국침탈 계획을 실천할 수 있는 또 하나의 방법을 갖고 있었다. 그것은 일제가 황태자를 얼마나 잘 보살펴 주고 있는지를 황실과 정부에 과시하는 것이었다. 이러한 일제의 위략이 효과를 발휘했는지, 민병석은 순종에게 일본 궁상(宮相)이 한국 황태자의 교육에 대해 조금도 걱정하지 말라고 하였다는 보고를 하였다.[108] 또한 승령부 부총관 박제빈과 예식관 박숙양(朴叔陽)과 귀국대표단도 같은 내용을 전하였다.[109] 이에 한국 황실은 황태자에 대한 일제의 거짓 예우에 대단히 만족하고 있었던 것 같다.

그런데 안중근의거는 피해자가 가해자를 응징한 자위수단이었던 것이다. 그럼에도 한국 황실은 피해자인 대한제국을 가해자로 둔갑시킨 일제의 논리를 적극적으로 반박하기는커녕, 일제에 안중근의거를 사죄하는 태도를 취하였다. 이러한 황실과 정부의 자세에서 안중근의거에 대해 민족사적 의미를 부여하지 못하고 오히려 황실의 안전을 위협하는 '망동(妄動)'으로 인식한

---

106 日本 外務省 編纂, 「韓國併合に關する件」, 『日本外交年表竝主要文書』上, 原書房, 1965, 315~316쪽.
107 국사편찬위원회, 「경비 제3479호의 1」, 『한국독립운동사』 자료 7, 73쪽.
108 국사편찬위원회, 「경비 제2707호의 1」, 『한국독립운동사』 자료 7, 38쪽.
109 국사편찬위원회, 「경비 제3708호의 1」, 『한국독립운동사』 자료 7, 41~43쪽.

까닭을 찾을 수 있을 것이다. 이처럼 황실이 일제에 굴욕적인 태도로 일관한 원인은 '황실이 곧 국가'라는 전근대 시기의 국가론에 기인한 것으로 볼수 있다.

4. 부일세력의 반응

1) 국민사죄단 파견

이상에서 살펴본 조문단파견 문제는 황실과 정부차원에서만 논의되어 실행된 것이 아니다. 민간 부일세력도 안중근의거가 국내에 전해지자 신속하게 그 대책을 협의하였다.[110] 특히 대한협회는 통감을 방문하여 조사(弔辭)를 전달하였고 이토의 유족에게 조전(弔電)을 보냈다. 그리고 일진회와 대한협회는 안중근의거는 한국민의 의사와 전혀 관계가 없다는 내용을 적당한 방법을 찾아서 발표할 것을 협의하였다.[111] 이처럼 부일분자들은 자신들의 입신공명을 위하여 안중근의 위업을 비난하였다. 이들은 이에 그치지 않고 일제에 소위 '국민사죄단'을 파견해야 한다는 반민족적인 작태를 연출하였다.[112]

매국적인 국민사죄단 파견을 주동한 자들의 주축은 일진회 회원들이었다. 즉, 일진회 경북 지부 총무원 윤대섭(尹大燮)·일진회 경북지부 평의원 김영두(金榮斗)·일진회 경북지부 회원 강영주(姜永周)이다. 이들은 송병준과 이용구의 지시를 받고[113] 다른 한편으로는 『대구신문』의 주필 일본인 미우라 쇼

---

110 『京城新報』 1909年 10月 28日字, 「伊公遭難 兩派」.
111 『京城新報』 1909年 10月 29日字, 「一進會の弔問使」·「大韓協會の決議」.
112 이용창, 「'伊藤博文追悼會개최전후' 사회세력의 동향과 친일정치세력의 형성」, 127~128쪽.
113 정교 저·조광 편·김우철 역주, 『대한계년사』, 57쪽.

자부로(三浦庄三郎)와 깊은 관계를 갖고서[114] 국민사죄단을 파견해야 한다는 주장으로 일관하였다. 이러한 일진회의 행태는 '한일합방론'을 주장하기 위한 하나의 포석이라고 규정할 수 있다.

이들은 재빠르게도 안중근의 이토 처단 3일 후인 1909년 10월 29일 국민사죄단 파견을 본격적으로 거론한 「고급서(告急書)」를[115] 각도 및 각군에 발송하였다. 이 문서에서 이들은 일본을 배척하여 임진왜란·을사늑약·정미7조약을 한국이 자초하였다고 주장하면서 한국의 독립과 개명진보는 일본의 힘에 의한 것이라는 망언도 서슴지 않았다. 더구나 안중근의거를

> 或은 頑愚하여 國을 誤하고 或은 奸細하여 國을 誤하며 或은 個人의 名을 擧키 爲하여 國을 誤하였다. 今日의 事件이야말로 또 이 幾個 狂夫의 痛憤怪擧로 其國을 誤하기 甚하다.[116]

라고 비난하면서 매도하였다. 반면에 이들은 이토를

> 嗚呼. 伊藤太師의 我國에 賢勞한 것은 枚擧에 無遑이다. 我의 秘政을 除去하고 新法令을 改定하여 我의 迷夢을 警醒하고 新學問을 敎導하며 模範場을 起하고 農林業을 勸하며 傳習所를 設하여 工藝를 發展시키는 等 凡 利國便民에 係한 事業은 起치 않은 것이 없다. 이 我韓中興의 元勳이오, 日本 侍毗의 柱石이다. 嗚呼. 그 어찌 此에 그치랴. 東洋의 平和를 維持하고 黃色人種을 保護하는 大責任이 公의 一身에 있다. 我民인 者 義로써 家頌戶祝하여 其康壽를 바래야 할 것을 變이 此에 至하였으니 忿寃 限이 없다.[117]

---

114 국사편찬위원회, 「헌기 2216호」, 『한국독립운동사』 자료 7, 51쪽.
115 국사편찬위원회, 「헌기 2216호」, 『한국독립운동사』 자료 7, 52~53쪽.
116 국사편찬위원회, 「헌기 2216호」, 『한국독립운동사』 자료 7, 52쪽.

라고 미화하였다. 이처럼 부일세력의 안중근과 이토에 대한 평가는 민족운동 세력과 극한 대조를 이루고 있다.

이들은 이에 그치지 않고 안중근이 이토를 처단한 역사적인 사건을 '역도(狂逆)의 죄'라고 단정하고, 천황에게 사죄하는 것이 한국인의 의무라고 주장하면서 한국인들은 십삼도 대표를 따라 동경에 가서 천황에게 벌을 청해야 한다는 극언도 마다하지 않았다.[118] 또한 이들은 향후의 행동계획으로 각도의 대표 한 두 사람을 선정하여 11월 7일 경성 서대문 독립관에서 회합해야 한다는 결의를 하는 등 부일성향을 드러냈다.[119]

그러나 이에 동의하는 부일인사는 10명 내외에 불과하였다. 이는 이들의 주장과 행동이 대중으로부터 외면당하고 있음을 의미하는 것이라고 볼 수 있다.[120] 그래서 또 다시 윤대섭과 김영두 그리고 경상북도 신령군(新寧郡) 지방위원 황응두(黃應斗) 세 사람은 11월 21일부로 경성 남부(南部) 곡교(曲橋) 13통 5호의 회의소(會議所)에서 「지급(至急) 공함(公函)」이라는 것을 작성하여 다시 각 군에 송부하였다.[121] 이 문서에서 이들은 11월 17일 8~9명밖에 모이지 않은 것에 대해 국가의 화복관계를 잘 췌량(揣量)하지 못한 결과라고 비난하였다. 그러면서 이들은 '이에 불응하는 자는 안중근에 동정하는 자'[122]라고 하는 등 안중근을 모욕하였다. 더구나 12월 2일까지(陰 10월 19일) 상경 회합하라고 위협을 가하기까지 하였다. 그리고 신령군 지방위원 황응두와 같은 농민회 박상기(朴祥琦)도 일본정부에 안중근의거에 대한 사죄 문제를 논의하기 위해 11월 23일까지 회합하라고 요구한 「부배의상자(夫背儀傷者)는 난편소거(難編所擧)라」라는 '망언서(妄言書)'를 지방위원들에게 송부하

---

117 국사편찬위원회, 「헌기 2216호」, 『한국독립운동사』 자료 7, 52~53쪽.
118 국사편찬위원회, 「헌기 2216호」, 『한국독립운동사』 자료 7, 53쪽.
119 위와 같음.
120 국사편찬위원회, 「헌기 2216호」, 『한국독립운동사』 자료 7, 52쪽.
121 국사편찬위원회, 「헌기 제2269호」, 『한국독립운동사』 자료 7, 54쪽.
122 위와 같음.

는 행위도 마다하지 않았다.[123]

이리하여 윤대섭 등의 부일파들은 11월 23일 독립관에서 연설회를 개최하고 사죄단 파견을 결의할 예정이었다. 그러나 참석한 자가 50여 명에 지나지 않아 연설회는 무산되었다. 이들은 다시 「지급서(至急書)」를 발송한 결과 11월 24일 60여 명이 참석하였다. 그 다음날인 11월 25일 3시경부터 숙소 겸 사무실로 빌린 서울 중부 대사동 19통 9호 청국인 동순태(同順泰)의 집에서 48명이 모여 윤대섭을 임시의장으로 선출하는 등 국민사죄단 조직에 대한 협의회를 열고 다음과 같이 회칙과 임원을 정하였다.

會 則

一. 本會는 大韓全國民團會라고 稱한다.

二. 本會 會員은 各 道郡 民衆委託代表者로써 組織한다.

三. 目的은 伊藤의 遭難件에 對하여 大日本 天皇에게 伏誅하여 日韓兩國을 永久히 親睦케함을 目的으로 한다.

四. 任員은 左와 如히 두고 事務를 處理한다.

臨時總務長 一 議長 一 幹事長 一 書記 三

總務 三 議員 十三 會計 一

五. 總務長은 本會를 代表하고 一切의 事務를 總理한다.

六. 總務員은 總務長의 指揮를 받아 事務를 總理한다.

七. 議長은 會議 事項을 提出하고 會務를 擴充한다.

八. 議員은 議長의 諮問에 應하고 會務에 參與한다.

九. 幹事를 庶務를 擔當한다.

十. 會計員은 金錢을 出納 文簿의 備置를 總理하고 또 幹事長의 命을 受하여 名簿를 整理한다.

---

123 국사편찬위원회, 「황경고발 제2호」, 『한국독립운동사』 자료 7, 58쪽.

十一. 書記는 日記 帳簿를 備置하고 總務의 指揮에 依하여 一切의
　　事務를 處理한다.
　　役員
　　　總務長 黃應斗 慶北 新寧郡人
　　　會計長 金台煥 平北 義州郡人
　　　書記長 梁貞煥 江原道 楊口郡人
　　其他의 役員은 當日未定, 本日부터 每日 午前 十時부터 同 十一時
까지 會議를 열고 漸次 其組織을 完全히 하기로 決定하였다.[124]

　이와 같이 이들은 단체명을 '대한전국민단회'라고 정하고 총무장 황응두
를 비롯해 23명의 임원을 선출하였다. 특히 이 단체는 안중근의거에 대해
일본 천황에게 복주(伏奏)하여 한일 양국의 친목을 영원히 유지해야 한다고
발언하는 등 반민족적인 성격을 극명하게 드러내기도 하였다.

　이들 부일분자들은 다시 12월 2일 오전 10시 중부 대사동 회의소에서 회
의를 갖고 도일 각도대표 사죄단위원으로 경기도 대표 조달원(趙達元), 충청
남도 대표 이상철(李相喆), 충청북도대표 장사국(張思國), 전라남도 대표 윤승
혁(尹升赫), 전라북도 대표 정인창(鄭寅昌), 경상남도 대표 정병식(鄭秉湜), 경
상북도 대표 황응두(黃應斗), 황해도 대표 정정조(鄭廷朝), 강원도 대표 황종
남(黃鐘南), 평안도대표 김태환(金台煥)을 각각 선정하였다.[125]

　그러나 이들의 행위는 정당성을 부여받지 못한 것이었다. 즉 12월 5일에
윤대섭·김영두 두 사람은 원각사에서 개최된 국민대회 연설회에서 청중들
의 비난을 받고 놀라 귀향하였다.[126] 이 때문에 황응두는 12월 7일 부일인
사 10여 명과 협의한 바, 윤대섭·김영두의 귀향을 질책하고 단체의 목적을

---

124 국사편찬위원회, 「헌기 제2280호」, 『한국독립운동사』 자료 7, 56~57쪽.
125 국사편찬위원회, 「경비 제4095호의 1」, 『한국독립운동사』 자료 7, 61쪽.
126 위와 같음.

실현하기 위하여 도일해야 한다고 끝까지 주장하기도 하였다.

그렇지만 12월 16일 신천 지방위원 계응규 등 3명이 황응두를 만나 국민사죄단 파견 소동을 성토하고 사죄단 위임장을 빼앗는 등 부일적인 국민사죄단에 대한 한국인의 저항이 계속되었다.[127] 결국, 국민사죄단은 발기를 하지 못하여 거의 해체단계에 들어갔기 때문에 도일은 사실상 불가능한 상태였다.[128]

그런데 오히려 이들 부일세력들의 움직임을 적극적으로 지지해야 할 일제는

> 이번 此擧에 對하여도 誠心誠意 참으로 國家의 前途를 憂慮하고 또 伊藤公을 敬慕하는 念에서 나온 것인지 頗히 疑心스럽다. 畢竟 此擧로 現實에 行하여 진다면 日本人側의 歡心을 사고 또 謝罪委員으로 選定된다면 其名望을 全國에 博할 수 있다는 謀計에서 나온 策略이 아닌가 思料된다.[129]

라고 하여 이들의 행동이 부적절하다고 지적하였다. 일제는 이들의 행동을 일본의 환심과 명망을 얻어 자신들의 세력을 확대시키기 위한 계략이라고 단정하였다. 그러면서 이들의 부일행위가 결코 일본국민의 감정을 이해하여 나온 것이 아니라, 금전을 착복하려는 의도에 지나지 않는 것으로 평가하였다.[130] 한마디로 일제는 이들의 행동이 그들의 한국침탈 정략에 방해된다는 결론을 내리고 있었다. 때문에 이들 민간 사죄단의 해단을 결정하였던 것이

---

127 정교 저·조광 편·김우철 역주,『대한계년사』, 58쪽. 그러나 계응규는 이들 부일세력의 행위를 비판적 입장에서 본 것 같으나,『대한계년사』에 12월 27일 계응규 등이 이토 추도회를 거행했다는 기록도 있다. 위와 같음. 따라서 계응규의 부일행위에 대해서는 좀 더 검토할 부분이 있다.
128 국사편찬위원회,「경비 제4231호의 1」,『한국독립운동사』자료 7, 62쪽.
129 국사편찬위원회,「헌기 제2216호」,『한국독립운동사』자료 7, 51쪽.
130 국사편찬위원회,「헌기 제2301호」,『한국독립운동사』자료 7, 60~61쪽.

다. 이러한 맥락에서 12월 18일 도일예정이었던 총무장 황응두 이하 13명이 일본으로 출발하려고 하자, 일제는 12월 17일 10시경 경시청에 황응두를 비롯한 10명을 연행하여 이들에게 이토의 묘를 참배하는 것은 허락하겠지만 일본 천황과 일본정부에 문서를 제출하는 것은 불가하다는 통고를 하였다.[131]

이에 따라 참배만 할 것이면 도일할 이유가 없다는 여론이 일자, 이들은 12월 18일 정오부터 대책회의를 열었다. 그 결과 희망자만 이토 장례식에 참석하기로 결정하였다.[132] 당초 도일 의향이 있던 12명 중 5명이 여비를 조달하지 못하여 도일을 단념하고 7명이[133] 12월 19일 오전 10시 50분에 남대문을 출발하여 대구역에 도착하였다.[134] 황응두·최해규는 귀향했다가 23일 부산에서 합류하기로 하고 나머지 부일 인사들은 대구에서 하루를 머물고 다시 12월 20일 오후 3시 45분에 부산으로 향하였다.[135] 12월 23일에 부산에 도착한 이들은 12월 24일에 도일하여 「일본 각하에게 올리는 글」을 일본총리에게 제출할 예정이었다.

「일본 각하에게 올리는 글」에서 이들은 일제를 한국의 종주국이라고 미화하면서 안중근의거를 간세배(奸細輩)의 사욕을 채우기 위한 것으로 오해에서 생긴 사건이라고 호도하였던 것이다.[136] 더 나아가 이들은 천황의 칙어에 의해 수행된 모든 침략적 행위를 긍정하는 반면, 안중근의거에 대해서 일제에 용서를 구걸하는 언동을 서슴지 않았다.[137] 그러나 이들의 국민사죄

---

131 국사편찬위원회, 「헌기 제2506호」, 『한국독립운동사』 자료 7, 62쪽.
132 국사편찬위원회, 「헌기 제2522호」, 『한국독립운동사』 자료 7, 63쪽.
133 도일단은 『한국독립운동사』 자료 7의 「헌기 제2506호」에 의하면 7명으로 기록되어 있고, 「헌기 제2533호」에는 윤대섭이 새로 포함되어 8명이라는 기록이 있다. 문제는 윤대섭이 연설회 도중 비난을 받고 귀향하였다는 것이다. 이는 「헌기 제2506호」에 윤대섭의 성명이 누락되어 있는 것에 의해 뒷받침된다. 또한 일본총리에게 제출한 문서에는 윤대섭외 6명이라는 기록도 있다. 그러므로 이에 대해 앞으로 검토가 요구된다.
134 국사편찬위원회, 「고비발 제8522호의 1」, 『한국독립운동사』 자료 7, 64쪽.
135 위와 같음.
136 위와 같음.

단 파견계획은 자금부족과 일제의 국민사죄단 파단결정으로 실현되지 못하였다.

2) 이토 히로부미 추도회와 송덕비

위에서 보았듯이 한국 황실과 정부는 조문사를 11월 4일 일본에 파견하였다. 국내에서는 11월 8일 한성부민회 제9회 위원회에서 유길준·윤효정·오세창 등이 이토를 추모하기 위해 소위 '대한국민추도회(大韓國民追悼會)'를 발기하였다.[138] 이 추도회는 관주도로 565원이라는 거금을 들여[139] 같은 날 오후 2시부터 3시 45분경까지 한성부민회의 주최 아래 장충단에서 열렸다.[140] 이토 추도회에 황실·정부·민간 등 각계에서 위원장 한성부민회 부회장 윤효정(尹孝定)을 필두로 총리대신 이완용(李完用), 내부대신 박제순(朴齊純), 탁지부대신 고영희(高永喜), 학부대신 이용직(李容稙), 친위부장관 이병무(李秉武), 종원경 윤덕영(尹德榮), 내각서기장관 한창수(韓昌洙), 한성부윤 장헌식(張憲植), 황성신문사 사장 유근(柳瑾) 이외에 권중현(權重顯), 이지용(李址鎔), 이하영(李夏榮), 이근택(李根澤), 임선준(任善準), 민영기(閔泳綺), 이근상(李根湘), 윤웅열(尹雄烈), 윤치호(尹致昊), 남궁억(南宮檍), 이재만(李載晚), 이재원(李載元), 이재극(李載克), 이준용(李埈鎔) 등 당시 기회주의적 부일성향의 인사가 위원으로 대거 참석하였다.[141]

---

137 국사편찬위원회, 「고비수 제8616호의 1」, 『한국독립운동사』 자료 7, 65쪽.
138 『대한민보』 1909년 11월 10일자, 「追悼會順序」.
139 『대한매일신보』 1909년 11월 17일자, 「츄도비분비」.
140 또한 이 날의 분위기를 일본 경찰의 보고서는 다음과 같이 전한다. "當日 日·韓人은 軒頭에 弔旗를 揭揚하고(韓人은 警察의 注意 및 漢城 府尹의 諭告에 의함) 各國 領事도 또한 모두 半旗를 揭揚하고 日人은 大體로 休業하여 哀悼의 뜻을 表하였다. 特히 排日의 策源處로 稱해지고 있는 基督教靑年會館에서도 弔旗를 揭出하였음은 衆目을 끌었다"(국사편찬위원회, 「경비 제301호」, 『한국독립운동사』, 35쪽).

그리고 이토 추도회는 대신과 민간대표의 제문(祭文)낭독, 군대와 여러 학교의 학생들의 참배 순으로 진행되었다.[142] 그 대체적인 상황을 일제의 헌병 보고문을 통해 보면 다음과 같다.

一. 午後 二時에 式은 開始되어 同三時 五十分 解散.

二. 式은 韓國의 故式으로써 擧行되었다.

三. 參拜者는 現內閣 各大臣・各皇族・元老前大臣・官內府를 爲 始 各部의 高等官・陸・軍將校・皇后及 嚴妃의 御使 其他 女 官 數名.

四. 前項 參列者中에는 京城 以外의 地方으로부터 일부러 出京한 者도 不尠하다고 한다.

五. 學校生徒는 官・公・私立을 莫論하고 모두 參列하였다 한다.

六. 親衛府로부터 步兵 第二個中隊가 式에 參禮.

七. 式은 가장 嚴肅하게 거행되었다. 그리고 其 盛大한 것은 아직 일찍이 보지 못하던 盛會였다고 한다.

八. 午後 三時 五十分頃 下等의 異狀 없이 解散하였다고 한다.[143]

그리고 대표적인 부일분자인 이완용은 한성부민회가 주최한 이토 추도회에 제주(祭主)로 나서 직접 쓴 제문(祭文)을 당일 내각 서기관장 한창수(韓昌洙)에게 낭독하도록 하였다. 이 제문에서 이완용은 이토에 대해 "아시아를 개명시키고 평화를 유지하였으며, 강대국으로부터 조선을 보호하고 종묘사직을 지켜주었다"[144]고 평하는 등 부일파의 속성을 드러냈다. 그리고 한성부

141 국사편찬위원회, 「전보」, 『한국독립운동사』 자료 7, 34~35쪽; 정교 저・조광 편・김우철 역주, 『대한계년사』, 49~50쪽; 이용창, 「'伊藤博文追悼會개최전후' 사회세력의 동향과 친일 정치세력의 형성」, 116~126쪽.
142 국사편찬위원회, 「한헌경을 제1332호」, 『한국독립운동사』 자료 7, 47~48쪽.
143 국사편찬위원회, 「헌기 제2125호」, 『한국독립운동사』 자료 7, 44~45쪽.

민회 부회장 윤효정도 이토의 만주행은 한국과 동양의 평화를 위한 것으로 후인(後人)이 더욱 주의하여 동양평화를 유지한다면 이토도 구천에서 기뻐할 것이라는 내용의 제문을 작성하였다. 이를 천도교계 인사 오세창으로 하여금 이토의 추도회 현장에서 낭독케 하였다.[145] 이들뿐만 아니라, 윤덕영도 이토가 평화를 유지시켜 주었으며 한국의 문명도 발전시켰다는 조사(弔詞)를 읊기도 하였다.[146]

시위부 병력 290여 명의 감시 속에서 이토 추도회에 약 1만여 명의 군중이 모였다. 그 중 전체의 반수인 약 5,000명의 학생이 이토 추도회에 참석하였다.[147] 이로 미루어 보아 이토 추도회는 일제가 한국인을 강압적으로 동원하여 진행된 것이었음을 알 수 있다.[148]

이러한 행위 배경에는 필시 이토를 위인으로, 안중근을 흉도로 대한제국의 학생들을 세뇌시켜 반일민족투쟁의 싹을 미리 잘라내려는 일제와 부일세력의 의도가 숨겨져 있던 것이다. 이는 학부대신 이용식이 관립학교장·한성부윤·각도관찰사 앞으로 보낸 「학부훈령(學部訓令) 제칠호(第七號)」에서도 확인된다. 즉,

太子太師 伊藤博文 殿下께서 今回 合爾賓에서 兇漢의 毒手에 罹하여 蓋然히 夢逝ᄒ심은 上下가 均히 驚駭痛恨을 不堪ᄒᄂ 바이라. 惟 殿下ᄂ 統監으로 我國을 指導하며 太子太師로 皇太子輔育의 任에 膺ᄒ야 終始 我國의 休戚을 爲念ᄒ야 國家 及 國民의 福祉를 增進홈에 努ᄒ심은 特히 言을 不須홀지라.[149]

---

144 국사편찬위원회, 「헌기 제301호」, 『한국독립운동사』 자료 7, 34~36쪽.
145 국사편찬위원회, 「헌기 제301호」, 『한국독립운동사』 자료 7, 35쪽.
146 국사편찬위원회, 「헌기 제301호」, 『한국독립운동사』 자료 7, 36쪽.
147 국사편찬위원회, 「헌기 제301호」, 『한국독립운동사』 자료 7, 35쪽.
148 국사편찬위원회, 「경비 제3638호의 1」, 『한국독립운동사』 자료 7, 45쪽.
149 국사편찬위원회, 「학부훈령 제9호」, 『한국독립운동사』 자료 7, 75쪽.

이와 같은 상황 속에서 1909년 11월 3일자『대한매일신보』는「학도들서
지」라는 기사를 실어 은근히 이토 추도회를 비판하였다. 더 나아가 같은 11
월 9일자의「론설」을 통하여 "조선인이 國號를 크게 분발하며 國光을 크게
진흥하여 조선으로 하여금 우주 간에 부끄러움이 없게 해라"고 외쳤던 것이
다.

대한매일신보사의 이와 같은 절규를 비웃듯이 한성부민회 부회장 윤효정
은 11월 8일에 각 지방의원 등을 만나 11월 4일에 있었던 추도회를 확대하
여 이토 전국민추도회를 11월 26일에 개최할 예정이라고 하였다.[150] 그러나
11월 4일 도쿄의 이토 추도회에 참석한 한성부민회 회장 유길준이 전국민
추도회를 중지하라는 전보를 보낸 것으로 미루어 보아 이를 실천에 옮긴 것
같지 않다.[151]

대한제국 정부관계자들만이 이토 추도회를 개최하여 안중근의거를 모독
한 것이 아니었다. 민간에서도 이토를 추모하는 행위가 이어졌다. 일진회
회장 이용구를 비롯한 300여 명의 회원이 11월 4일 서대문 밖의 연설당(演
說堂)에서 개최한 이토 추도회에서 한석진(韓錫振)은 이토를 추모하는 제문낭
독을 감행하였다.[152] 그리고 대한광부회(大韓鑛夫會)도 종로(鐘路) 수전동(水典
洞) 사무소에서 일진회와 같은 방식으로 추도회를 거행하였다.[153]

12월에 들어와서도 이토 추도회는 계속되어 12월 12일 영도사에서도 통
일회의 주최로 이토 추도식이 열렸다. 이 추도식에서 전학부대신 이재곤이
이토 추도회를 개최하는 이유를 설명하였다. 그리고 같은 이토 추도회에서
종두법실시와 한글연구로 유명한 지석영은 추도문을 읽었으며, 이완용도 추

150『대한매일신보』1909년 11월 11일자,「대츄도회」; 국사편찬위원회,「헌기 제2158호」,『한국
　　　독립운동사』자료 7, 48~49쪽.
151『대한매일신보』1909년 11월 16일자,「츄도회명지」. 유길준의 부일성향에 대해서는 조재
　　　곤,「한말 조선지식인의 동아시아 삼국제휴 인식과 논리」,『역사와 현실』37, 2000, 166쪽, 참
　　　조.
152 국사편찬위원회,「헌기 제301호」,『한국독립운동사』자료 7, 35쪽.
153 위와 같음.

도사를 하였다.[154]

또한 언론계도 이토를 미화하고 안중근의거를 폄하하는 행렬에 적극적으로 참여하였다. 즉, 대한매일신보사를 제외한[155] 각 신문사 사장 또는 대표자로 구성된 경성(京城)의 한국신문단은 국민신보사에서 11월 7일 오후 2시경 회합을 갖고 이토 추도회 개최를 협의하였다. 그 결과 이들은 다음과 같은 결의를 하였다. 즉,

> 一. 追悼會는 來十四日 午後 二時(日曜)에 執行할 것.
>
> 一. 場所는 龍山 瑞龍寺로 選定할 것.
>
> 一. 但 東大門外 永導寺로 變更할지도 不測.
>
> 一. 祭主는 皇城日報社長 崔永年.
>
> 一. 追悼文 起草委員은 大韓民報社長 吳世昌.
>
> 一. 追悼文 朗讀委員은 大韓新聞社長 李人稙.
>
> 一. 執行委員은 帝國新聞社 及 漢成新聞社로부터 各一名式 選出할 것.
>
> 一. 準備委員은 各 新聞社로부터 各一名式 選出할 것.
>
> 一. 追悼會員은 各 新聞社에 限 할 것.
>
> 一. 服裝은 프록코-트 혹은 韓國平常服을 着用하고 喪章을 附할 것.[156]

그러나 이 추도회는 대한국민추도회와 중복된다는 이유로 중지되었다.[157]

---

154 『대한매일신보』, 1909년 12월 14일자, 「통일회츄도회」.
155 『대한매일신보』가 이토 추도회에서 제외된 이유는 대한매일신보사 사원들이 안중근의거를 접하고 축배를 들었기 때문이라고 한다(국사편찬위원회, 「헌기 제2165호」, 『한국독립운동사』 자료 7, 50쪽).
156 국사편찬위원회, 「헌기 제2165호」, 『한국독립운동사』 자료 7, 49~50쪽.
157 이용창, 「'伊藤博文追悼會개최전후' 사회세력의 동향과 친일정치세력의 형성」, 126쪽.

언론뿐만 아니라, 종교계도 이토를 미화하고 안중근을 역도(逆徒)로 만드는데 적극적으로 앞장섰다. 이를테면 해리스(M. C. Harris)는 10월 31일 기독교인들을 모아놓고 이토의 죽음에 대해 조의를 표하면서 11월 4일 정동교회에서 회합하여 이토 추도회 개최를 제안하는 등 부일언행을 일삼았다.[158]

그리고 일제의 지원으로 창설된 구세군도[159] 11월 5일 구세군 대장 정령(正領) 허가두(許嘉斗)의 집에서 장교회의(將校會議)를 열어 이토 추도회를 개최하기로 하였다.[160] 또한 천도교 교주 손병희(孫秉熙)도 "이토의 생애를 찬양하고 안중근의거를 동양의 불행이며 이로 인해 한국은 그 멸망을 초래하였다"[161]고 주장하였다.

이들의 또 다른 이토 추모 행위는 이른바 이토의 '송덕비(頌德碑)' 건립으로 나타났다. 즉, 부일단체인 대한상무조합(大韓商務組合)이 송덕비 건립문제를 들고 나왔던 것이다.[162] 1909년 10월 28일 정오 이 조합의 부장 이학재(李學宰)를 비롯해 관계자들은 대한상무조합에서 회합하여 이토가 동양평화에 지대한 공이 있다고 주장하면서 '송덕비건립건'을 협의하였다.[163]

이러한 협의내용을 근거로 하여 이학재・윤진학(尹進學)・김세제(金世濟)・조덕하(趙悳夏) 등 14명은 이토의 송덕비 건립을 위한 발기인을 자청하였다. 이들은 심지어 1909년 11월 4일자 『대한신문』에 「이등공(伊藤公)의 석비(石碑)와 동상(銅像) 건립(建立)의 발기(發起)」[164]라는 제목으로 이토 히로부미 동상건립을 위한 발기문을 게재하였다. 여기에서 민간 부일세력은 이토가 한국의 독립을 지켜주고 우매한 한국인을 이끌어 개화시켜 주었으며 동양평

---

158 국사편찬위원회, 「경비 제3536호」, 『한국독립운동사』 자료 7, 33쪽.
159 『朝鮮新聞』1910年 4月 5日字, 「救世軍學校創設 曾禰統監の寄附」.
160 국사편찬위원회, 「헌기 제2145호」, 『한국독립운동사』 자료 7, 48쪽.
161 국사편찬위원회, 「경비 제288호」, 『한국독립운동사』 자료 7, 89쪽.
162 국사편찬위원회, 「헌기 제2079호」, 『한국독립운동사』 자료 7, 44쪽; 임종국, 「이토 죽음에 '사죄단'꾸미며 법석 떨어」, 84쪽.
163 국사편찬위원회, 「헌기 제2125호」, 『한국독립운동사』 자료 7, 44쪽.
164 국사편찬위원회, 「고비발 제359호」, 『한국독립운동사』 자료 7, 46~47쪽.

화를 유지하였다는 왜곡된 역사인식을 드러냈다.

뿐만 아니라, 이들은 이토 단죄라는 안중근의 역사적 위업을 비난하는 매족행위를 선도하였던 것이다. 즉, 이들은 이토의 침략으로 한국이 망하였다는 당시의 세론을 오해이며 와전이라고 호도하여 일제의 논리를 선전하였다. 그리고 이토의 송덕비를 건립한다는 명목으로 중부(中部) 전동(典洞)에 거주하는 전군수 민영우(閔泳雨) 외 십수 명이 동아찬영회(東亞讚英會)를 조직하였다.[165] 또한 같은 목적으로 『대한계년사(大韓季年史)』의 저자로 유명한 정교와 전한성전기회사(前漢城電氣會社) 사무원(事務員) 한백원(韓百源) 외 수명도 단체를 설립하는 등의 매국행각에 동참하였다.[166]

그런데 정교는 『대한계년사』에 안중근의거와 재판과정, 부일파의 이토 추도회 등을 자세하게 소개하고 있다. 정작 그 자신의 이토 추모회 참석 사실에 대해서는 언급하고 있지 않다. 이러한 정교의 자세는 손병희·오세창·남궁억·윤효정·지석영 등의 경우에서 보듯이 기회주의적 부일태도로 평가받아야 할 것이다.[167]

이와 같은 주장은 재한 일본인의 주장과 조금도 다름이 없다는 사실에 주목할 필요가 있다. 즉, 일본인이 경영하던 『조선신문』은

> 伊藤公의 遭難은 천하의 비통한 일이다. 公이 君國을 위해 진력한 歷史는 실로 우리 明治史의 꽃이자 열매이다. 특히 한국이 우리 보호국이 된 이후 초대통감으로서 한국통치의 大綱을 정하고 日韓統一의 原則을 보이신 事蹟은 극동평화를 위해 千古에 움직일 수 없는 百世가 지나도 변할 수 없는 典範이다. 日韓 양국이 존재하는 한 公의 治蹟은 양국 국민의 영원히 牢記해야 할 것이다. 금회의 조난은 또한 公

165 임종국, 「이토 죽음에 '사죄단'꾸미며 법석 떨어」, 88쪽.
166 국사편찬위원회, 「헌기 제2164호」, 『한국독립운동사』 자료 7, 49쪽.
167 이용창, 「'伊藤博文追悼會개최전후' 사회세력의 동향과 친일정치세력의 형성」, 124쪽.

이 극동평화를 위해 확실히 日韓관계를 진전시키려 하는 至誠에서 滿
洲에 出遊하였다. 뜻밖에 이 兇厄을 당하여 진실로 극히 痛嘆해 마지
않는다. 그래서 日韓 官民은 차제에 京城에서 一大 追悼會를 개최하
여 公의 事蹟을 추억함과 동시에 他日에 公의 一大 銅像을 적당한 곳
에 건설하여 日韓 兩國의 영원한 紀念으로 삼도록 해야 할 것이다.[168]

라고 이토 동상건립의 당위성을 주장하였다. 이처럼 안중근을 흉도로 이토
를 평화주의자로 보는 재한 일본인의 인식을 부일세력도 공유하고 있었다.
　그러나 일제는 이들 부일인사들의 송덕비 건립 기도를

　　發起者 等은 모두 그날의 糊口조차 窮하고 平素 挾雜輩로서 誠實
　히 公의 德을 頌하고자 하는 意이 아니라 오직 此를 口實로 寄附金을
　募集하여 生計上에 資코자 하는 野心인 것 같다.[169]

라고 하여 국민사죄단 파견문제와 같은 선상에서 비판하였다. 이처럼 일제
당국조차도 이들의 언동을 비판적으로 지적하고 있다는 것은 시사하는 바
가 크다.

5. 맺음말

　필자는 이상과 같이 안중근의거에 따른 국내의 시각과 반응을 살펴보았
다. 이를 다음과 같이 정리하여 이 글을 마무리하고자 한다.
　서북학회 회원들은 국제적 호소를 통하여 일제의 탄압에 맞서려고 하였

---

168 『朝鮮新聞』 1909年 10月 28日字, 「紀念像を建てよ」.
169 국사편찬위원회, 「헌기 제2164호」, 『한국독립운동사』 자료 7, 49쪽.

을 뿐만 아니라, 어떠한 희생을 감수하더라도 순종의 도일조문(渡日弔問)을 요구하는 일제의 언론에 대항하여 행동해야 한다는 결의를 하였다. 『대한매일신보』는 국내 어느 신문보다 적극적으로 안중근의 주장과 재판관련 상황을 보도함으로써 안중근의 사상과 행동을 국내에 소개하였다. 김경식 등의 국내 의병들은 안중근의거를 크게 기뻐하면서 자신들이 이토를 처단하지 못한 것에 대해 분개하였다. 이후 이들 의병은 안중근의 활동무대인 블라디보스톡을 독립운동의 근거지로 재인식하였다.

일부 천주교 신자들은 안중근의 순국일인 1910년 3월 26일 명동성당에 모여 안중근을 위한 기도회를 열었으며, 안중근을 위해 의연금 2천 환을 모으기도 하였다. 또한 일단의 개신교 신자들도 안중근의거를 찬양하였다. 특히 이화 학당의 학생들은 이토의 추도회에 참석하였으나 이토를 위한 묵념을 거부함으로써 안중근의거를 기렸다. 그리고 유생들은 이토를 비난하는 격문을 각국 영사관에 보내어 안중근의거를 상찬하였다. 또한 홍은희와 춘천공립중학교 상록회의 예에서 보듯이 안중근은 학생들의 정신적 지주로 존재하였던 것이다.

한국 황실과 정부는 이토의 장례식에 대표단을 파견하는 소동을 벌였다. 요컨대, 한국 황실과 정부는 안중근의 이토 처단으로 발생한 양국의 외교문제 즉, 일본의 한국병탄문제와 황태자의 신변안전 문제를 한국사의 발전이라는 측면에서 접근하지 않았다. 오히려 한국 황실은 이 문제를 정권안보차원에서 이토의 장례식에 각계의 대표를 파견하여 해결하려고 하였다. 반면, 일제는 자신들의 한국병탄 계획을 숨기기 위하여 한국 대표단과 한국 황태자에게 최대한의 호의를 베풀어주었다. 이러한 일제가 조문단을 호의적으로 대한 진의를 한국 황실과 정부는 일제의 한국병탄 계획과 관련하여 파악하지 못하였다.

민간의 부일적인 인사들은 소위 국민사죄단 파견을 시도하였다. 이를 보는 일제는 이들이 국민사죄단 파견을 구실로 사욕을 채우려고 할 뿐만 아니라, 일제의 한국침략 정책에 방해가 된다고 단정하여 결국 파단조치를 취하였다.

또한 이들은 이토 추도회를 개최하고 송덕비 건립을 추진하였다. 일제는 이토 추도회에 부일관료와 일제 당국자가 학생들을 강제적으로 참여시키는 등 당시 한국의 잠재적인 반일세력을 없애려는 의도를 드러냈다. 이토 송덕비 건립을 추진한 부일세력의 안중근의거에 대한 인식은 재한일본인의 그것과 같은 선상에 있었다. 그리고 이들의 이토 추도회 개최와 송덕비 건립 소동에 대해 일제는 국민사죄단의 경우와 같이 비판적인 인식을 갖고 있었다.

이상과 같이 안중근의 의거에 대해 부일세력은 그들의 기득권에 대한 전면적인 도전으로 받아들였다. 게다가 그들은 자신들의 기득권을 지키기 위해 더욱 일제에 충성을 보이는 수단으로 안중근과 그의 의거를 악용하고 이토를 광적으로 추도하였다. 이러한 부일세력의 안중근의거에 대한 인식은 하루 아침에 형성된 것이 아니라 사적(史的) 궤적 위에서 이루어진 것이다. 또한 안중근의거는 한국이 일제의 식민지로 전락하기 직전, 사적(史的) 의미를 내포한 바로미터로 작용하였던 것이다.

말하자면 안중근의 의거는 당시 조선인에게 독립운동이냐 매국활동이냐는 선택의 길을 제공하였던 것이다. 그리하여 안중근의거에 대해 긍정적인 시각을 갖고 있던 세력은 해외로 망명하여 독립운동을 지속하였고, 부정적인 시각을 갖고 있던 세력은 일제의 주구가 되어 한국을 일제의 먹이로 바치기까지 하였던 것이다.

결국 한국 내부의 안중근의거를 바라보는 인식과 반응의 불일치는 일제의 파상적인 침략을 막지 못한 하나의 원인으로 작용하여 한국을 일제의 식민지로 전락시키는데 일정한 영향을 끼쳤다고 할 수 있을 것이다.

2

안중근의거에 대한 국외의 한인사회의 인식과 반응

1. 들어가는 말

1878년 9월 2일에 태어나 1910년 3월 26일 순국한 안중근의 일생은 한국근대사를 반영하고 있다고 해도 과언이 아니다. 즉, 1894년 동학농민전쟁, 1894~1895년 청일전쟁, 1904년 제1차 한일협약, 1905년 을사늑약, 1906년 통감부설치, 1907년 정미7조약 등의 역사적인 사건이 연속된 시대에 안중근은 생애를 보냈다. 안중근은 이러한 격동의 시대를 살면서 시대의 변천에 따라 독립국가의 건설이라는 대명제 하에 스스로 삶의 방법을 달리하였다.

러일전쟁이 일본의 승리로 끝난 결과 한국에 대한 일본의 식민지정책이 강화되자 안중근은 교육을 통하여 한국을 구하려고 진력하였다. 그러한 안중근의 교육사상의 결과물은 삼흥학교와 돈의학교의 건립과 운영으로 나타났다. 또한 1907년 국채보상운동이 일어나자 안중근은 국채보상운동에 그 가족까지 참여시키는 등 적극적으로 응했다.

1907년 7월 정미7조약을 통하여 일본은 한국의 사법권, 경찰권을 박탈하고 한국군대를 해산하는 등 노골적으로 한국을 일본의 식민지로 만들려는 의도를 드러냈다. 이에 안중근은 교육·계몽운동만으로는 한국을 구할 수 없음을 자각하였다. 이러한 안중근의 시대인식은 안중근이 의병전쟁에 투신하는 원동력이 되었으며, 그 결과가 이토 처단으로 나타난 것이다.

그리고 안중근은 이토 처단을 통해 독립국가 건설이라는 한국문제의 해결에 진력하고 더 나아가 아시아의 평화를 위해 아시아의 미래상을 제시하였다. 그것은 바로 안중근의 동양평화론으로 이론화되었던 것이다.

그런데 안중근의거에 대한 해외 한인의 인식과 반응 혹은 그 영향은 몇 편의 논문이 나와 있다.[1] 그중에서 국외 한인을 중심으로 기술된 연구는 3편이 있다. 그러나 이 논문들은 안중근의거 당시에 국한되어 있어 포괄적 연구라고 보기에는 한계성을 안고 있다. 말하자면 연극의 공연, 창가의 창작과 보급, 사진(초상)의 출판과 반포, 손가락(指頭)의 '신성화', 유족에 대한 극진한 대우 등 러시아 한인사회의 다양한 인식과 반응을 기왕의 연구에서는 세밀하게 다루고 있지 않다. 또한 미국 한인사회의 안중근의거에 대한 반응을 밝힌 기왕의 연구는 『신한민보』를 중심으로 이루어졌다. 때문에 기존의 연구는 한인사회의 인식과 반응을 종합적으로 규명하였다고 볼 수 없다. 특히 중국 한인사회의 안중근의거에 대한 반응을 본격적으로 다룬 연구는 아직 없는 실정이다.

따라서 국외 한인들이 안중근과 그의 의거를 시공간에 따라 어떠한 인식을 갖고 있었으며, 그 인식의 결과가 어떻게 표출되었는가 하는 문제에 대한 통합적 연구가 필요하다. 이러한 의미에서 필자는 국외 한인들의 안중근

---

1 김춘선, 「안중근의거에 대한 중국인의 인식」, 『한국근현대사연구』 33, 한국근현대사학회, 2005쪽; 한상권, 「안중근의거에 대한 미주 한인의 인식」, 『한국근현대사연구』 33; 이상일, 「안중근의거에 대한 각국의 동향과 신문논조」, 『한국민족운동사연구』 30, 한국민족운동사학회, 2002; 박환, 「러시아 沿海州에서의 安重根」, 『한국민족운동사연구』 30; 신운용, 「露領韓人을 中心으로 본 安重根」, 『21世紀와 東洋平和論』, 국가보훈처·광복회, 1996.

의거에 대한 인식과 반응에 대한 규명을 이 글의 목적으로 삼고자 한다.

이와 같은 목적을 달성하기 위해 필자는 러시아·중국·미국의 한인에 국한하여 신문과 전기류 및 추모운동 등에 나타난 한인의 안중근의거 인식과 반응을 밝히려고 한다. 그리고 국외한인이 안중근으로부터 독립투쟁의 추동력을 어떠한 방식으로 공급받고 있었는지도 아울러 살펴보고자 한다.

2. 러시아 한인사회

1) 『대동공보』 등의 신문보도

안중근은 1907년 11월경 간도를 거쳐 노령에 도착하였다. 그는 러시아 한인사회와 협력하면서 1908년 7월경 의병전쟁에 주도적으로 참여하였고, 1909년 3월 동지 11명과 생사를 함께 하기로 맹세한 '정천동맹'을 결성하는 등 국권회복 투쟁에 진력하였다.

이러한 연장선에서 안중근은 블라디보스톡에서 이토 처단을 계획하고 하얼빈에서 실행하였다. 이처럼 그의 의거는 한인의 대일투쟁 노선과 일정한 상관관계 속에서 이루어졌던 것이다. 또한 제2의 고향이라고 할 수 있는 러시아 한인사회는 그의 인적·물적·사상적 기반이 되었다. 이러한 맥락에서 안중근과 그의 의거에 대한 그들의 인식과 반응이 어떠했을지 구체적으로 살펴보는 일은 의미 있는 작업이다.

안중근의거는 1909년 10월 28일자 『대동공보(大東共報)』의 「일인 이등이 한인의 총에 맞아」라는 기사를 필두로 러시아 한인사회에 본격적으로 알려지게 되었다. 즉, 같은 신문은 "이토와 까깝쵸프가 만날 때 한 한국인이 이토를 향해 총을 쏘아 이토가 중상으로 기차로 되돌아가고 한인은 현장에서 체포되었다"[2]라고 큰 글씨로 짤막하게 보도하였다. 이후, 『대동공보』는 1909년 10월 31일자 「이등공작피살후문(伊藤公爵被殺後聞)」에서 거사정황과 이유를 상세히 다루었다. 특히 여기에서 그를 애국당이라고 하면서 그의 행동을 패망하는 조국을 위한 '애국자의 복수'라고 찬양하면서, 이토를 '침략의 원흉'이라고 비난하였다.

『대동공보』의 안중근의거 관련 기사는 다음과 같이 세 그룹으로 분류할 수 있다. 첫째는 안중근 구출운동 관계이다. 이는 "재판은 만국공법에 따라 사건발생지의 법률을 준수해야 하기 때문에 당연히 사법권이 러시아에 있다"[3]고 역설한 1909년 11월 1일자『대동공보』의 기사에 잘 드러나 있다.[4] 그러나 의거 당일인 10월 26일 오후 10시 10분경 러시아가 안중근을 일본 공사관에 넘겨 재판권을 일제가 행사하게 되었다. 이 소식은 구출방법을 강구하고 있던 러시아 한인들에게 큰 충격이었다.

이후,『대동공보』는『원동보(遠東報)』의 기사를 인용하여 1909년 11월 7일 재판장소가 일본이 아니라, 여순(旅順)이 될 것이라고 보도하였다.[5] 계속해서 1909년 12월 5일자의 기사에서 국내의 '이토 추모' 분위기를 비판하면서 안중근 변호를 맡은 미하일로프와 더글라스 두 변호사를 진정한 '영웅'이라고 칭송하였다.[6] 12월 5일자「권의문(權義文)」에서는 변호사 비용을 마련하기 위한 의연금을 대동공보사로 보내주도록 호소하는 내용을 실어 안중근재판을 대비하였다. 또한 러시아 한인들은 안중근 선양사업을 위해 만든 '안유족공동회(安遺族共同會)'가 그의 유지 계승사업을 지속하기 위한 의연금을 보내줄 것을 간청하는「광고」를 1910년 4월 24일과 5월 12일자『대동공보』에 게재하기도 하였다.

둘째는 안중근의거에 대한 외국 언론의 보도이다. 1909년 11월 25일자의「이등사건(伊藤事件)에 서보평론(西報評論)」에서 서양의 안중근의거에 대한

---

2 『대동공보』1909년 10월 28일자,「日人 伊藤이 韓人의 銃에 맞아」.
3 『대동공보』1909년 11월 1일자,「司法 어디 있는가」.
4 박환,「러시아 沿海州에서의 安重根」, 84쪽.
5 『대동공보』1909년 11월 7일자,「의사의 장뢰」.
6 『대동공보』1909년 12월 5일자,「兩個英雄活佛出乎아」.

인식을 소개하고 있다. 이후 안중근의거에 대한 중국신문의 기사가 번역되어 실리기도 하였다. 즉, 중국 『대동일보(大同日報)』의 「쾌재일격고려상유인야(快哉一擊高麗尙有人也)」를 역재한 1909년 12월 12일자 기사에서 "안중근의거로 조선은 망하였으나 그 인민은 망하지 않았음이 증명되었다"[7]고 주장하였다. 그리고 『대동공보』에 안중근의거를 칭송한 미주 중국어 신문기사가 중점적으로 소개되기도 하였다.

예컨대, 『세계일보(世界日報)』의 기사가 1909년 12월 2일자에 「한인불망의(韓人不忘矣)」라는 제목으로 역재(譯載)되었다. 특히 중국의 유명한 문호 노신(魯迅, 1881.9.25~ 1936.10.19)이 하와이 『자유신보(自由新報)』에 게재한 「고려불망의(高麗不忘矣)」가 1910년 1월 2일자 『대동공보』에 다시 실렸다. 이처럼 『대동공보』는 중국인이 안중근을 어떻게 평가하고 있는지를 보임으로써 러시아 한인의 분발을 촉구하였다.

그런데 12월 19일자 『대동공보』 「역주간노동지쾌론(譯週間勞動之快論)」이라는 기사를 특히 주목할 필요가 있다. 이는 미국 캘리포니아 프레스노에서 발행되던 일본어 잡지 『주간노동(週間勞動)』의 기사를 역재한 것으로 안중근을 '의사'로 이토를 '더러운 놈'으로 묘사하고 있다.[8] 이와 같은 인식을 갖고 있는 일본인이 있었다는 사실에서도 안중근의거의 의의를 평가할 수 있을 것이다. 이처럼 대동공보의 인사들은 중국인뿐만 아니라, 일본인도 안중근의거를 위대한 사건으로 보고 있음을 밝힘으로써 그 역사성을 객관화시키는 동시에 한인의 긍지를 드높였던 것이다.

셋째는 안중근의거에 대한 러시아 한인의 인식이다. 한 역사인물에 대한 평가는 성명 앞뒤에 붙는 수식어를 보면 알 수 있다. 즉, 1909년 11월 7일자 「의사의 쟝뢰」에서 안중근에게 '의사'라는 칭호를 부여하여 경의를 표하

---

7 『대동공보』 1909년 12월 12일자, 「쾌ᄒᆞ다 한번 격살ᄒᆞ이여 됴션에 오히려 사ᄅᆞᆷ이 잇도다」.
8 이는 『신한민보』 1909년 11월 10일자에 게재된 「譯 「週間勞動之快論」」을 다시 『대동공보』에 게재한 것이다.

였다.[9] 이처럼 러시아 한인은 의거 직후부터 안중근을 의사로 대우하였음을 알 수 있다. 그리고 1909년 12월 16일자 「일인(日人)의 재한행동(在韓行動)」에서는 일본의 한국병탄 의도를 상기시키는 동시에 안중근과 같은 행동이 필요함을 강조하였다.

그리고 1909년 12월 19일자 「토일노서(討日奴書)」를 통하여 안중근의거를 비난하는 일본인들의 논조를 반박하면서 그 당위성을 옹호하였다. 1909년 11월 21일자 「안의사(安義士)의 자약행(自若行)」에서는 그의 당당한 감옥생활을 소개하였다. 특히 11월 21일자 「이원봉격파」라는 기사에서는 안중근의거에 자극받은 국내의병의 봉기상황을 소개하고 있다. 이는 한인들이 그의 의거가 국내에 어떠한 파장을 미치고 있는지를 예의주시하고 있음을 엿볼 수 있는 하나의 예이다.

아울러 1909년 11월 25일자 「안의사예심결종(安義士豫審結終)」에서는 안중근이 이토를 처단할 수밖에 없었던 '이토 히로부미 죄상(伊藤博文罪狀) 15개조'를 게재하여 러시아 한인의 반일투쟁을 독려하였다. 또한 1909년 12월 2일자 「박랑일퇴가환기영웅이라」라는 기사에서는 안중근의거를 본받은 독립투사들이 많이 배출될 것이라는 기대감을 표출하기도 하였다.

그런데 『대동공보』는 1910년 1월 2일자를 발간하고 이후부터 정순만(鄭淳萬)의 양성춘(楊成春) 총살사건으로 인해 정간을 당하였다.[10] 다시 복간된 것은 1910년 4월 24일이다. 따라서 이 기간에 『대동공보』는 안중근 관련 소식을 실을 수 없었다. 이 신문에 안중근 관계 기사가 다시 게재된 것은 1910년 4월 24일 「안씨의 모친」과 「안의스츄도회」이다. 이후 4월 28일자부터 3회에 걸쳐 「안의사중근씨공판(安義士重根氏公判)」이라는 제목하에 안중근재판

---

9 이외에 안중근에게 의사라는 칭호를 부여한 신문은 다음과 같다. 『경향신문』 1910년 3월 28일자, 「안중근의스형집힝은」; 『대한매일신보』 1910년 3월 30일자, 「안씨스형후 민정」; 『신한민보』 1909년 11월 3일자, 「嚴義士擊殺伊賊雪公憤」.

10 박환, 「대동공보의 간행과 재러한인 민족운동의 고조」, 『러시아한인 민족운동사』, 탐구당, 1995, 85쪽.

을 본격적으로 보도하였다.

그리고 1910년 5월 12일자의 「의사 안중근씨의 수형집행시광경」에서는 뒤늦게 안중근의 순국사실을 보도하였다. 그러나 이 신문은 1910년 7월 4일 제2차 러일협약에 따른 러·일공조 강화의 결과로 1910년 9월 1일 폐간되는 운명을 맞이하였다. 이후 노령에서는 권업회의 기관지 『권업신문』이 러시아 한인의 대표적인 언론기관으로 등장하였다.

안중근의 유지를 계승 발전시키기 위해 그의 생애와 사상을 일반에 널리 알려야 한다는 여론이 거사 직후부터 러시아 한인들 사이에서 대두되었다. 그 결과가 바로 계봉우의 『만고의사 안중근전』이다. 그는 『만고의사 안중근전』에서 안중근을 상무가·대시가·대종교가·대교육가·대여행가라고 평하였다.[11] 이는 『권업신문』에 1914년 6월 6일부터 9회에 걸쳐 게재되어 안중근의 생애와 사상을 이해하는 데 큰 도움을 주었다.

『권업신문』에 게재된 또 다른 안중근 관계 기사는 「샤진사가시오 우이가 잇지못홀긔념물」, 「안의스아들조상홈」 등을 들 수가 있다. 특히 전자에는 안중근전기 간행비를 모금하기 위해 안중근 그림엽서를 한 장에 25전(코페이카)에 판다는 내용의 광고가 게재되어 있다.[12] 여기에서 말하는 안중근전은 계봉우의 『만고의사 안중근전』을 의미하는 것으로 추정된다. 후자에서는 안중근의거를 '하나님의 뜻'이라고 하면서 "의인의 자손을 하나님이 특히 사랑

---

11 계봉우, 「만고의사 안중근전」(윤병석 역편, 『안중근전기전집』), 510~528쪽.
12 『권업신문』 1914년 1월 17일자(음력) 1914년 1월 17일 (음력) 『권업신문』에 안중근전기 발간 비용을 마련하기 위해 5종의 안중근 그림엽서를 발매한다는 광고「샤진사가시오 우이가잇지 못홀 긔념」가 게재되어 있다. 이 회(그림)엽서는 25전(꼬페이까)에 판매되고 있었는데, 이는 『안중근전기』 발간 이외에 안중근 유족의 생활비로 충당하기 위한 것이라고 한다(日本 外交史料館, 「當地方 朝鮮人近況報告 ノ件」, 『在西比利亞』 第4卷(不逞團關係雜件-韓國人 ノ部, 문서번호: 4.3.2, 2-1-2)). 이 5종의 회엽서는 ① 「安重根先生」, ② 「대한의사안중근공」, ③ 「안의사중근공」, ④ 「대한의사안중근공·통감 일본인 이등박문」, ⑤ 「안의사중근공이 여순구 옥중에서 두 아우와 빌렘 신부에게 유언하는 모양」이라는 제목으로 발매되었다(日本 外交史料館, 「安重根寫眞繪葉書送付件」, 『在西比利亞』 第4卷). 이 회엽서는 미국·중국의 한인들에게도 보내져 애국심을 고취하기도 하였다.

하여 거두어 가시었느냐'[13]며 애도를 표하였다.

한편, 이범진은 『레치(Peyb, 말)』와 인터뷰에서 다음과 같이 안중근의거를 평가하였다. 즉, ① 이토의 죽음은 매우 감동적이었다. ② 이토를 처단한 안중근은 애국자의 한 사람임은 의심할 여지가 없다. ③ 이토는 한국에 전혀 이익을 준 일이 없다. 나는 실로 일본을 증오한다. 일본은 한국의 영토를 빼앗고 동포를 죽였기 때문에 한국인은 일본을 '불구대천지원수(不俱戴天之怨讐)'로 생각하고 있다. ④ 황제를 퇴위시키고 황후를 죽이고 한국을 자기의 영토로 만들고 평화의 민을 노예로 만든 일본에 대해 한국인들은 증오심을 갖고 있다. ⑤ 일본인은 우리의 육체를 없앨 수 있으나 정신은 없앨 수 없다.[14]

이와 같이 이범진은 일본의 한국침략 행위를 비판하는 동시에 결코 한인의 대일투쟁 정신을 일본이 저지하지 못할 것이라고 주장하였다. 당시 국제적으로도 유명한 이범진의 안중근의거에 대한 평가는 러시아 한인사회의 대표적인 안중근 인식으로 보아도 무방하다. 이처럼 안중근의거를 '민족적 복수'라고 보도한 러시아의 유력지 『레치』는 러시아인들이 안중근의거를 이해하는데 일조하였다.[15]

2) 구출 · 추모운동

안중근의거 이후, 러시아 한인의 당면한 과제는 안중근을 일제로부터 구출하는 것이었다. 안중근 구출작전은 크게 '파옥(破獄)'이라는 무력을 행사하

---

13 『권업신문』 1910년 7월 5일자, 「안의ㅅ아들조상흠」.
14 국가보훈처, 『아주제일의협 안중근』 3, 1995, 150~153쪽.
15 박보리스 드미트리예비치 · 박벨라 보리소브나, 「안중근의사에 대한 조선과 해외의 반응」, 『안중근연구의 초』(안중근의사 의거 100주년기념연구논문집2), 안중근의사기념사업회, 2009, 369쪽.

는 방법과 유능한 변호사를 선임하여 장인환·전명운 의거와 같은 재판결과를 얻어내는 것으로 나누어 볼 수 있다. 전자는 주로 의형제이자 정천동맹의 일원인 김기룡이 추진하였다. 그리하여 블라디보스톡 거류민회는 2백루블의 자금 지원을 결정하였다.[16] 물론 이러한 계획이 실행에 옮겨졌는지는 알 수 없다. 그러나 군사작전을 펴서라도 안중근을 구출해야 한다는 여론이 한인사회에 비등하였다는 사실은 두말할 필요가 없다.[17]

후자에 대하여 살펴보면 다음과 같다. 한인들은 안중근재판이 러시아의 관할지역인 하얼빈에서 개정되면 러시아가 재판을 관리할 것이고, 그렇게 되면 안중근의 무죄석방도 가능하리라고 생각하였다.[18] 최악의 경우에 직면하더라도 부일파 미국인 스티븐스를 처단한 장인환·전명운재판을 보건대 사형을 면할 수 있으리라고 그들은 예측하였다.

그러나 불행히도 이러한 예상은 빗나가고 말았다. 러시아는 전례(前例)를 핑계로 재판권을 일제에 넘겨주었을 뿐만 아니라,[19] 하얼빈의 반일성향의 한인들을 체포하여 일본 총영사관에 송치하였다.[20] 일제는 "淸國에 있어서의 한국인은 한국이 일본의 보호국이 된 결과 帝國의 법률 하에 立하기에 至하였으므로 그 범죄는 형법 제1조에 소위 제국 내에 있어서의 범죄로 간주하고 당연히 제국형법을 적용할 것"[21]이라는 억지논리로 일관하였다. 말하자면 일제는 "안중근의거를 일본 내에서 일어난 범죄로 보아 당연히 일본형법을 적용해야 한다"는 자의적인 법해석을 내세워 재판 관할권이 관동도독부에 있다고 주장하였던 것이다. 이후 체포된 한인은 모두 석방되었으나

16 국사편찬위원회, 「전보 제84호」, 『한국독립운동사』 자료 7, 1977, 232쪽.
17 국사편찬위원회, 「헌기 제2634호」, 『한국독립운동사』 자료 7, 252쪽.
18 국사편찬위원회, 「헌기 제2634호」, 『한국독립운동사』 자료 7, 251쪽.
19 日本 外交史料館, 「露國官憲取調飜譯文」, 『伊藤公爵遭難關倉知政務局長旅順出張立ニ 犯人訊問之件(聽取書)』第二卷(문서번호 : 4.2.5, 245-4); 신운용, 「일제의 국외한인에 대한 사법권 침탈과 안중근재판」, 『한국사연구』 146, 한국사연구회, 2009, 참조.
20 국사편찬위원회, 「송치서」, 『한국독립운동사』 자료 6, 1쪽.
21 국사편찬위원회, 「전보 제3호」, 『한국독립운동사』 자료 7, 475쪽.

안중근・우덕순・조도선・유동하는 일제의 재판장에 서게 되었다.

이렇게 되자, 러시아 독립투사들은 대동공보사를 중심으로 안중근 구출운동의 실질적인 전개를 급선무로 생각하였다. 무엇보다 시급한 것은 변호사 선임문제였다. 때문에 그들은 미하일로프를『대동공보사』발행 명의인을 그만두게 하고 중국 상하이(上海)로 급파하였다. 미하일로프는 당시 저명한 영국인 변호사 더글라스를 만나서 상해에 있던 민영철・민영익・현상건 등이 모금한 돈 1만 원을 받아 더글라스에게 주고 변호사 선임계약을 체결하였다.[22]

이후 이 두 사람은 여순으로 가서 일본 재판장을 만나 안중근의 변호를 신청했다. 또한 이들은 안중근을 만나 스티븐스를 처단한 전명운이 7년형을 받은 사실을 들어 중형을 받더라도 7년형이 선고될 것이고 설사 일본의 무법적인 재판으로 사형이 선고된다면 반드시 열국에 호소하여 만국공동재판을 할 것이라고 위로하였다.[23] 그러나 관동도독부 지방법원은 일본인 변호사 미즈노 기치타로(水野吉太郞)・카마다 세이지(鎌田正治)를 관선변호사로 선정하고 안중근 측의 변호사들을 불허하였다.[24]

이와 같이 러시아 한인의 안중근 구출 계획은 실현되기 어려웠던 것이다. 이제 남은 일은 그의 사상과 행동을 독립투쟁의 원동력으로 삼고, 체계적이

---

22 국가보훈처,「흉행자 급 흉행 협의자 조사서 제3보」,『아주제일의협 안중근』2, 446~449쪽. 안중근재판 비용의 마련은 미주의 샌프란시스코와 하와이에서는 鄭在寬・李剛 명의의, 노령과 상해에서는 鄭順萬・兪鎭律・尹一炳 명의 의연금 모금요청으로 이루어졌다. 또한 안중근의거를 듣고 최재형은 2백 루블을, 최봉준은 2천 루블을 의연금으로 대동공보사에 보냈다(국사 편찬위원회,「헌기 제2634호」,『한국독립운동사』자료 7, 250~251쪽). 그리고 이범진은 자살하기 3일전 블라디보스톡 최봉준에게 5천 루블과 서적 그리고 유서를 보냈다. 이 중에 500루블이 안중근 부인에게 제공되었다(日本 外交史料館,「朝鮮人狀況報告」,『在西比利亞』第3卷).

23 국가보훈처,「흉행자 급 흉행 혐의자 조사서 제3보」,『한국독립운동사』, 447~449쪽.

24 국사편찬위원회,「전보 제38호」,『한국독립운동사』자료 7, 480쪽. 안병찬은 이러한 일제의 결정에 대해 피고인은 신체나 명예를 방위할 권리가 있고, 변호사 선임권도 있다고 강변하며 분에 못 이겨 吐血하기도 하였다(『대한매일신보』1910년 2월 9일자,「안병찬씨의 토혈」).

고 지속적으로 계승하는 사업을 펼치는 것이었다. 그 결과 대동공보사의 인사들이 중심이 된 '안유족구제공동회'(이하 공동회)가 조직되었다.[25] 공동회는 1910년 1월 14일 블라디보스톡 한인촌에서 처음으로 개최되었다.[26] 이때 김기룡·유진율·고상준·이상운·차석보·최봉준 등이 참여하여 약 500루블이 모금되는 성과를 이루었다. 그중에 약 300루블은 블라디보스톡에 와 있던 안중근 유족의 가옥건립을 위해 지출하고 나머지 약 200루블은 재판비용으로 충당하도록 했다.[27] 이후 2월 16일에도 공동회가 블라디보스톡에서 개최되어 유진율·고상준·차석보 등 10여 명이 참석하였다. 이때까지 공동회는 9백 루블을 모금하였고 필요하면 언제라도 사용하기 위해 은행에 저축하기로 결정하였다.[28]

한편, 대동공보사의 인사들은 안중근을 러시아가 일본에 넘겨준 것에 대해 그 부당성을 항의하고 동시에 보호조치의 필요성을 느꼈다. 그래서 이들은 이범진과 이위종에게 그 일을 맡도록 타전하였다.[29] 이와 더불어 유동하의 부친 유경집이 그의 처자를 우선 수분하로 데려가 보호하였다. 이후 이들은 다시 블라디보스톡으로 보내어졌다. 유진률 등이 블라디보스톡 한인촌의 주택을 빌려 이들의 정착을 돕기도 하였다.

안중근의 위업을 계승하기 위한 노력은 독립투사들만의 몫은 아니었다. 일반 한인의 의지도 대단하였다. 즉, 이들은 모이기만 하면 안중근의거를 찬양하였고 공동회의 모금에 적극적으로 응하였으며, 안중근 구출을 위해

---

25 국가보훈처, 「기밀한 제2호」, 『아주제일의협 안중근』 3, 1995, 541~542쪽. 안중근을 위한 의연금은 1909년 11월경에 이미 3천 루블이 모금되었다고 한다(국사편찬위원회, 「헌기 제2277호」, 『한국독립운동사』 자료 7, 136쪽).
26 일제의 기록에 따르면 또 다른 공동회가 있었던 것 같다. 이는 李鍾浩를 중심으로 白奎三·嚴仁燮·張鳳漢·金翼瑢·金河錫·趙璋元·李鍾萬·李春植·金車煥·吳秉默·黃某 등으로 주로 안중근과 직간접적인 관계가 있는 독립운동가로 구성된 단체로 파악된다(日本 外交史料館, 『朝鮮人ノ海外移住並移住者ノ狀態取調一件』 第3卷(문서번호 : 3.8.2, 269)).
27 국가보훈처, 「기밀한 제2호」, 『아주제일의협 안중근』 3, 541~542쪽.
28 국가보훈처, 「기밀한 제2호」, 『아주제일의협 안중근』 3, 662~663쪽.
29 국사편찬위원회, 「헌기 제2634호」, 『한국독립운동사』 자료 7, 251쪽.

무슨 일이든지 해야 한다고 목소리를 높였다.[30] 이러한 분위기 속에서 러시아 한인들은 "만약 일본이 그를 사형에 처한다면 열국은 간과하지 않을 것"[31]이라고 주장하였다.

더 나아가 이들은 "나라가 망하면 돌아갈 천지가 없어지므로 창을 갈고 총을 모아 子孫相傳하여 장래에 일본과 한 번 대전쟁을 하여 국권회복을 해야 한다"[32]며 대일투쟁의 의지를 굳건히 하였다. 이처럼 한인들은 안중근 의거를 계기로 독립투쟁의 각오를 새로이 하였던 것이다.

이러한 분위기 속에서 독립투쟁의 의지를 고양시키고 안중근의 위업을 기리기 위한 다양한 방법론이 자연스럽게 대두되었다. 그 결과 한인들은 안중근의 유지를 계승하기 위한 사업을 담당할 기구로 '안중근추도회'를 결성하였다. 공동회는 안중근의 재판과 안중근 유족을 지원하기 위한 단체였다. 반면에 안중근추도회는 향후 그의 유지를 계승 발전시키고자 하는 한인의 독립투쟁 열망과 의지를 담고서 진행되었다.

1910년 4월 2일 오후 7시부터 11시경까지 윤선합성회사(輪船合成會社)의 주창으로 한민학교 내에서 안중근추도회가 개최되었다.[33] 당일 합성회사 사장 김인환·거류민회 회장 김학만·동양학원 강사 김현토·조창호·이치권·장명은·이성화·이중익 등 독립운동을 이끌고 있던 주요인사와 학생 80여 명 총 200여 명이 참석했다.

이렇게 성립된 안중근추도회의 취지와 그들의 안중근관은 어떤 것이었을까. 이 물음에 대한 해답은 당일에 발표된 한민회 서기 조창호의 개회사 속에 잘 나타나 있다.[34] 그 내용을 정리해 보면 대략 다음과 같다. ① 그는 단지동맹을 통하여 국가의 독립을 위하여 일신을 받칠 것을 맹세하였고, 결국

30 국가보훈처, 「흉행자 급 흉행 협의자 조사서 제3보」, 『아주제일의협 안중근』 2, 449~450쪽.
31 국가보훈처, 「흉행자 급 흉행 협의자 조사서 제3보」, 『아주제일의협 안중근』 2, 449쪽.
32 국가보훈처, 「흉행자 급 흉행 협의자 조사서 제3보」, 『아주제일의협 안중근』 2, 450쪽.
33 국가보훈처, 「기밀한 제14호」, 『아주제일의협 안중근』 3, 752~754쪽.
34 국가보훈처, 「기밀한 제14호」, 『아주제일의협 안중근』 3, 752~753쪽.

의거라는 대사를 실행했다. 그러나 일본정부는 그를 사형에 처했다. ② 사형을 당한 것은 오히려 그에게는 영광된 일이며, 또한 그의 거사는 대일투쟁의 모범이 되었다. ③ 이토 처단 그 자체는 큰일이 아니며, 오히려 한국의 독립을 위한 그의 결의야말로 건국이래의 위대한 일이다. ④ 그러므로 이러한 영웅을 추모하는 것은 슬픈 일이 아니고, 오히려 축하할 일이다. ⑤ 현재와 같은 상황에 이른 것은 국민 각자가 국가의 독립을 위해 결심하지 않았기 때문이다. 그러므로 여러분은 국권회복을 위해 투쟁하기로 한 그의 결심을 각자의 마음속에 각인하기 바란다. ⑥ 한국이 독립하는 날 이러한 위인을 위하여 거액의 자금을 들여서라도 큰 기념비를 건립해야 한다.[35]

또한 1910년 4월 4일 청년들의 지식발달과 교육을 위해 조직된 청년돈의회가 한민학교에서 김익용·윤면제·양주협·윤능효 등이 참석하여 추도회를 개최하였다.[36] 4월 17일에도 추풍 지역의 박기만·김병연 등이 4월 26일 제향(祭享)을 올린다는 안내문을 돌리기도 하였다.[37] 이외에도 한인들은 러시아력 3월 20·28·29일 연이어 안중근추도회를 개최하여 그의 위업과 정신 계승을 다짐하였다.[38]

그리고 안중근 순국 1주기인 1911년 3월 26일에도 한민학교에서 70여 명의 한인이 안중근추도회를 개최하였다. 이때 희랍정교회 전도사 황공도(黃公

---

35 이어서 동양학원의 김현토도 다음과 같은 내용으로 연설을 했다. 즉, ① 그의 죽음을 슬퍼할 필요는 없다. 국가독립에 한 줄의 서광이 될 것이므로 기쁜 일이기 때문이다. 그는 스티븐스를 처단한 분들과 더불어 우리 동포의 모범적인 인물이며, 그의 정신은 우리의 귀감이 될 뿐만 아니라, 우리는 그의 정신과 결심으로 국가의 참상을 구해야 한다. ② 그러기 위해서는 교육이 중요하다. 국민 각자는 교육을 중시해야 하고, 그리하면 독립은 이루어질 것이다. 그는 금세기의 위인이며 그의 위대한 업적은 一滴之熱血에서 나온 것이다. 이러한 열혈로 국민을 교육시켜야 한다. ③ 그러므로 본 추도회에 참석한 학생들은 그의 마음으로 각자의 학문에 정진하기 바라며, 그리하면 무슨 일이든지 이루어질 것이다(국가보훈처, 「기밀한 제14호」, 『아주제일의협 안중근』 3, 753~754쪽).
36 『대동공보』 1910년 4월 24일자, 「안의스의츄도회」.
37 박환, 「대동공보의 간행과 재러한인 민족운동의 고조」, 86쪽.
38 『대동공보』 1910년 4월 24일자, 「안의스의츄도회」.

道)는 안중근의 위업을 열렬하게 찬양하면서 배일독립정신을 주창하였다.[39] 이처럼 한인들은 그의 사상을 이어받아 독립투쟁의 '모델'로 삼았던 것이다.[40]

안중근 추모 열기는 지속적으로 이어져 연극의 공연, 창가의 창작과 보급, 사진(초상)의 출판과 반포, 손가락(指頭)의 '신성화', 유족에 대한 극진한 대우 등 다양한 양상으로 나타나기도 하였다. 우선 연극에 대해 살펴보면 다음과 같다. 즉, 1911년 2월 2일부터 3일간 블라디보스톡 개척리 한민학교에서 한인들이 연예회(演藝會)를 개최하였다. 특히, 2월 3일에 러시아 한인들은 의거와 신문상황, '이토 히로부미 죄상 15개조'를 상술하는 장면, 빌렘신부의 최후기도 장면 등으로 구성된 안중근 연극을 공연하려고 하였다.[41]

그러나 일제의 집요한 방해공작으로 블라디보스톡 경찰서장이 민회장 김학만을 엄유(嚴諭)한 결과, 공연은 이루어지지 못하였다. 한인들은 2월 3일 한민학교에서 안창호 등의 연설을 듣는 것만으로 만족해야 했다.[42] 또한 1917년경 김하구(金河球)는 김용식(金龍植) 등 8명으로 이루어진 신흥단(新興團)이라는 극단과 더불어 연극을 공연하여 안중근의거를 드높이면서 대일투쟁의지를 고양시키려고 했다.[43]

---

39 日本 外交史料館, 「三月二十五日以降 浦潮斯德地方朝鮮人動靜」, 『在西比利亞』 第2卷; 박환, 「대동공보의 간행과 재러한인 민족운동의 고조」, 87쪽.

40 이는 단적으로 1910년 3월 27일 블라디보스톡의 총영사대리 失野正雄이 外相 小村壽太郎에게 보낸 「기밀한 제10호」에서도 엿볼 수가 있다. 즉, "目下 安重根의 從弟 安明根이란 者 當地에 來着하였다고 하며 여순으로부터 歸途 目下 「니꼬리스크」市에 滯在中인 金起龍이 當地에 歸來하는 것을 기다려 安重根의 遺志를 이어 함께 何事인가를 實行하려는 計劃이 있다고 云云 또 前韓國 駐箚郡司令官 長谷川大將暗殺 云云하는 風說도 있다." (국가보훈처, 「기밀한 제10호」, 『아주제일의협 안중근』 3, 729쪽).

41 日本 外交史料館, 「開拓里二於ケル朝鮮人ノ第二回演藝會二關スル件」, 『在西比利亞』 第2卷. 박환, 「대동공보의 간행과 재러한인 민족운동의 고조」, 87쪽.

42 日本 外交史料館, 『在西比利亞』.

43 日本 外交史料館, 「大正八年一月調 朝鮮人近況概要」, 『在內地』 第6卷(不逞團關係雜件 一韓國人ノ部, 문서번호: 4.3.2, 2-1-4); 박환, 「대동공보의 간행과 재러한인 민족운동의 고조」, 90쪽.

그렇다고 한인들이 안중근 연극을 포기할 수는 없었다. 결국 이들의 염원은 1918년 8월 연추(크라스키노)에서 민회장 최재형·알마스학교 교사 정남수·니콜스크 우수리스키(우수리스크) 『청구신보(靑邱新報)』 기자 정안선 등의 노력으로 결실을 맺게 되었다. 이 연극은 1918년 8월 28일부터 4일간 오후 5시부터 11시까지 공연되었다. 그 주된 내용은 안중근의거를 중심으로 매국 5족·7족의 행동과 일본 최고위층의 언동을 풍자하는 것이었다.[44]

그리고 안중근 연극에 못지않게, 안중근의 독립투쟁 정신을 계승하고자 하는 노력은 창가를 통하여 되살아나고 있었다. 즉, 1910년 8월 한국이 일제에 병탄되는 상황 속에서 러시아 한인들은 그를 사상적 동력으로 삼아 독립투쟁의 열망을 다시 이어나갔다. 예컨대, 이들은 사기 고취를 위한 수단으로 '안중근 의가(義歌)'를 만들어 애창하기도 하였다.[45] 또한 추모가도 노령 지역에서 널리 불렸다. 예컨대, 「대한의사(大韓義士) 안중근씨 추도가(安重根 氏 追悼歌)」가 유행되어 안중근의거를 기리면서 민족의식을 고취시켰다.[46] 아울러 1917년 3월 25일 『한인신보』의 주필 김하구가 편찬한[47] 『애국혼(愛國魂)』에 편철되어 있는 「만고의사 안중근전」에도 '안중근 추모가'가 실려 애송되었다.[48]

또한 안중근 사진(초상)도 한인의 독립투쟁 의지를 유지하고 교육하는 데 이용되었다. 이를테면 1917년경 니코리스크의 조선인 소학교내에 안중근 초상을 게시하여 배일사상을 고취하였다.[49]

이와 같이 안중근이라는 존재는 한인의 단합을 유지하고 독립투쟁 의욕을 북돋는 매개체로 작용하였다. 뿐만 아니라, 안중근은 독립투쟁의 물적

---

44 日本 外交史料館,「煙秋在住鮮人ノ排日的演劇擧行ノ件」,『在西比利亞』第7卷.
45 日本 外交史料館,「暴徒ニ關スル報告ノ件」,『在滿洲』第1卷(不逞團關係雜件－韓國人ノ部, 문서번호 : 4.3.2, 2-1-3).
46 박환,「대동공보의 간행과 재러한인 민족운동의 고조」, 87~88쪽.
47 日本 外交史料館,「在露不逞鮮人ノ現況ニ關する報告ノ件」,『在西比利亞』第7卷.
48 박환,「대동공보의 간행과 재러한인 민족운동의 고조」, 89~90쪽.
49 日本 外交史料館,「大正八年一月調 朝鮮人近況槪要」,『在內地』第6卷.

기반을 마련하는데도 일정한 역할을 하였다. 즉, 편집 겸 발행인을 맡은 유진율은 1911년 6월 18일 블라디보스톡에서 『대양보(大洋報)』를 창간하였다. 그 창간 자본은 4천 불이었다. 그중에 안중근의거 당시 모금된 약 3천 루블이 투입되었다. 나머지는 김장호가 샌프란시스코에서 모금된 것을 가지고 와서 충당되었다.[50] 이처럼 『대양보』는 순국한 안중근에 의해 태어났다고 해도 지나친 말이 아니다.

그리고 대한인국민회가 1916년 이갑을 중심으로 톰스크에서 창립되었다. 이때 안중근 기념표(紀念票)를 발행하여 101루블을 모으기도 하였다.[51] 이처럼 안중근은 한인의 조직을 유지하기 위한 자금모금에도 효과를 발휘하고 있었다. 이는 안중근 숭모열기가 어느 정도였는지 가늠해 볼 수 있는 좋은 실례가 된다.

안중근의 육신도 러시아 한인에게는 신앙을 방불케 하는 믿음의 대상이 되었다. 말하자면 안중근의 손가락(指頭)을 정천동맹의 동지 백규삼(白奎三)이 보관하고 있었는데, 러시아 한인은 이를 마치 신불(神佛)처럼 숭배하였다.[52] 이러한 의미를 갖고 있던 그의 손가락을 안정근이 안중근의 유언에 따라 1911년 백삼규로부터 태극기와 함께 넘겨받았다.[53]

그뿐만 아니라, 안중근 유족도 독립운동의 중심으로 자리를 잡았다. 즉, 1911년 4월경 안중근의 유족은 안창호의 도움으로 동청철도 동부 물린(穆稜) 역에 정주하게 된다.[54] 이후 이들은 안중근의 혈육이라는 면에서 한인들로부터 존경을 받았다. 뿐만 아니라, 이들에게 각종 지원품과 감사편지·의연

---

50 日本 外交史料館, 「朝鮮人狀況報告」, 『在西比利亞』 第3卷.
51 日本 外交史料館, 「西比利亞ニ於ケル排日鮮人秘密團體調査報告提出ノ件」, 『在西比利亞』 第4卷.
52 日本 外交史料館, 「朝鮮人ノ動靜ニ關スル密偵ノ情報送付」, 『在西比利亞』 第3卷(不逞團 關係雜件-朝鮮人ノ部, 문서번호: 4.3.2, 2-1-2).
53 日本 外交史料館, 「大正元年十一月調 在外不逞鮮人ノ言動」, 『在西比利亞』 第4卷.
54 日本 外交史料館, 「四月七日以降浦潮斯德地方朝鮮人動靜」, 『在西比利亞』 第2卷; 한시준, 「안공근의 생애와 독립운동」, 『교회사연구』 15, 2000, 121~122쪽.

금 등이 쇄도하였다. 이처럼 안중근 유족이 정착한 이 지역은 새로운 독립운동의 메카로 급부상하게 되었다.[55]

3. 미국 한인사회

1) 『신한민보』 등의 신문보도

1902년 12월 121명의 하와이 이민으로부터 시작된 미국 한인사회는 안창호 등을 중심으로 1903년 상항친목회(桑港親睦會, 샌프란시스코 친목회)가 성립된 이후 항일투쟁을 목적으로 공립협회가 1905년 샌프란시스코에서 창립되어 『공립신보』를 발행하는 등 민족운동을 본격적으로 전개하였다. 특히 공립협회는 1908년 1월경 국내에서 신민회가 조직된 이후 2월 20일 총회에서 하와이와 블라디보스톡 지부 설치를 결의하였다. 이에 따라 1908년 9월 러시아 수찬(水淸)과 블라디보스톡에 지회가 설치되었다.

한편 하와이에서 1907년 9월 24개의 한인단체의 통합체인 한인합성협회(韓人合成協會)가 창립되었다. 공립협회는 한인합성협회와 통합을 적극 추진하여 1909년 2월에 국민회를 탄생시켰다. 국민회는 1910년 2월 대동보국회와 통합하고 5월에 대한인국민회로 개칭하여 기관지로 『신한민보』를 발행하는 등 명실상부한 국외 한인통합조직으로 발전하였다.

안중근의 민족운동은 바로 이러한 미국 한인들과의 일정한 연관관계 속에서 전개되었다. 말하자면 안중근은 공립협회에서 파견한 이강 등과 협력하에 국권회복운동을 전개하였다. 이는 공립협회의 블라디보스톡 지회 명부인 「아령해삼위지방회원명록속(俄領海參威地方會員名錄續)」(1908년 9월경)에 우

---

55 日本 外交史料館, 「哈爾賓地方ニ於ケル不逞鮮人動靜ニ關スル報告ノ件」, 『在滿洲』 第5卷.

덕순과 함께 안중근의 아명인 안응칠(安應七)이 남아있는 사실에서 확인된다.[56] 이로 보아, 그는 우덕순과 더불어 공립협회에서 파견한 인사들과 협력하면서 독립투쟁을 전개했던 것으로 보인다.[57] 이를테면 공립협회는 1907년 6월경 의열투쟁을 독립전쟁의 방략으로 설정하였다. 그리하여 1908년 장인환·전명운의거와 1910년 이재명의거라는 결과를 낳았고 안중근의거도 그러한 환경 속에서 이루어진 것이다.[58]

안중근의거 당시 재미 한인언론의 대표적인 신문은 1909년 2월 10일 샌프란시스코에서 창간된 『신한민보』[59]와 1909년 2월 12일 하와이에서 발행되기 시작한 『신한국보』[60]이다. 이 두 신문은 일제의 한국침략 상황을 폭로하여 한국의 독립에 대한 국제적 지원을 호소하는 동시에 재미 한인의 반일 독립투쟁 의식을 고취시키는데 일조하였다.

이러한 성격을 갖고 있던 『신한민보』와 『신한국보』는 안중근의거에 대해 비상한 관심을 갖고 있었다. 안중근의거가 미주사회에 알려진 것은 현지 시간 10월 25일 동경발 전보를 받아 작성된 『신한민보』 1909년 10월 27일자의 기사를 통해서였다. 그 내용은 "한인이 이토를 육혈포로 처단했으며 그 이유는 국가의 원수를 갚기 위해 이토를 죽였다"[61]는 것이다. 이를 보고 동

---

56 이상봉·이선우 편, 『李鎭龍 義兵將 資料全集』, 국학자료원, 2005, 68쪽.
57 노령에서의 안중근의 정치활동과 관련하여 안중근이 국민회를 조직하였다고 일제의 기록은 전해지고 있다(국사편찬위원회, 「헌기 제2634호」, 『한국독립운동사』 자료 7, 244쪽). 물론 안중근이 국민회라는 조직을 별도로 만들었다고 보기는 어렵다. 그러나 공립협회와 협성협회가 1909년 2월 1일 통합하여 미주에서 국민회가 조직되었고 1909년 7월 정재관과 이상설이 국민회 지부를 설치하기 위해 블라디보스톡에 도착하였다. 이때 이상설을 존경하던 안중근이 국민회 극동지부에 가입했을 가능성도 배제할 수 없다(국사편찬위원회, 「기밀 제78호」, 『要視察 韓國人擧動』 3, 2002, 362쪽).
58 김도훈, 「한말·일제초 재미한인의 민족운동」, 『미주한인의 민족운동』, 연세대 국학연구원, 2003, 133쪽.
59 최기영, 「한말-일제시기 미주의 한인언론」, 『한국근현대사연구』 8, 한국근현대사연구회, 1998년, 111~116쪽.
60 홍선표, 「『新韓國報』·『國民報』解題」, 『新韓國報·國民報』, 한국독립운동사연구소, 1997, 참조.
61 『신한민보』 1909년 10월 27일자, 「伊藤被殺於滿洲」.

포사회는 환희에 들끓었다.

이후 『신한국보』도 1909년 11월 2일자 「구한적이등지수육(寇韓賊伊藤之受戮)」이라는 논설을 통하여 안중근의거 사실과 의의를 한인 사회에 다음과 같이 전하면서 대일투쟁을 촉구하였다. ① 안중근은 열사이다. ② 이토를 죽이지 않으면 반드시 한국이 멸망할 것이다. 또한 이토를 죽인 것은 '천리'에 따른 것이다. ③ 이토는 동양평화의 파괴자로 천황의 조직을 위반하였으니 한국의 원수일 뿐 아니라 천황의 죄인이다.[62]

더욱이, 1909년 11월 11일자 『신한민보』도 「엄의사(嚴義士)-격살이적설공분(擊殺伊賊雪公憤)」에서 안중근의거를 "逆天者亡 順天者存"에 따른 결과라고 평가하였다. 그러면서 같은 신문은 특히 "안중근은 대한의 영웅이자 20세기의 귀남자이며, 천추에 광채를 발휘할 것이고, 한국이 독립하는 날에 제1위를 차지할 분으로 이천만 민족이 그의 충렬한 뜻을 헛되게 하지 않을 것"[63]이라고 주창하였다. 이와 같이 언론매체를 통하여 한인들은 안중근의 위대성을 찬양하면서 국권회복의 의지를 불태웠다.

그리고 「의연금사용방법(義捐金使用方法)에 대(對)ᄒᆞ야 재류동포(在留同胞)의 의견(意見)을 뭇노라」라는 1910년 8월 11일자의 「논설」에서 『신한국보』는 "전 지구상에서 대한의사라는 소리가 도처에 전파되어 한국의 독립을 기약하고 자유를 회복할 일대 광고문"이라고 안중근의거의 의미를 부여하였다. 게다가 『신한민보』는 1909년 11월 3일자의 「한인격살일병(韓人擊殺日兵)」에서, 『신한국보』는 1909년 11월 2일자의 「한국애국당(韓國愛國黨)의 격앙(激仰)」에서 각각 안중근의거에 격동되어 철도를 파괴하며 일본군과 맞서고 있는 국내의 상황을 전하였다. 그러면서 『신한국보』는 특히 안중근의거를 틈타 부상하던 부일세력에 대해 "그 九族을 멸하지 않으면 한국의 독립이 이루

---

62 일제의 한국침략의 최종적인 책임을 천황에게서 찾지 않고 이토에게 그 책임을 지우는 것은 『신한국보』도 안중근의 경우와 같다.
63 『신한민보』 1909년 11월 11일자, 「嚴義士-擊殺伊賊雪公憤」.

어질 날이 없을 것"[64]이라고 강력히 경고하였다.

아울러 영국의 압제에서 인도를 구하기 위해 영국인 총독 커슨 윌리 (Curzon Wylie)를 죽인 영국유학생 마단 랄 딩그라(Madan Lai Dhingra)에[65] 대한 기사를 게재한 1909년 11월 10일 『신한민보』의 기사를 주목할 필요가 있다.[66] 『신한민보』는 딩그라의 의거에 빗대어 안중근의거의 위대성을 재확인하는 동시에 제국주의 열강에 의해 압제를 당하는 약소국의 독립을 은연 중에 강조하였던 것이다.

안중근재판은 한인에게도 중요한 의미를 갖고 있었다. 즉, 『신한국보』는 1910년 3월 8일자 「안중근씨공판제일보(安重根氏公判第一報)」와 15일자 「안중근씨공판제이보(安重根氏公判第二報)」 등의 기사로 안중근재판 상황을 보도하였다. 그러면서 이 재판은 히라이시(平石) 고등법원장이 일본정부의 지시로 일본 법률의 적용을 내정하였기 때문에 판결은 형식에 지나지 않았다는 사실을 폭로하였다.[67] 특히 같은 신문은 1909년 11월 24일자 「박문피살후휘문(博文被殺後彙聞)」에서 안중근재판이 불공평하게 전개될 것이라고 단정하면서 한국의 독립운동세력을 제압할 의도로 사건을 확대시킬 흉계를 꾸미고 있다고 예리하게 일제의 속셈을 폭로하였다.

더불어 일제가 안중근 측의 변호사를 허락하지 않는 등 불법적으로 그에 대한 재판권을 행사한 것은 장인환·전명운재판과 같은 결과가 반복될까 두렵기 때문이라고 날카롭게 지적하였다.[68] 결국 안중근이 1910년 2월 14일의 재판에서 사형선고를 받게 되자, 같은 신문은 장인환·전명운의거를 예로 들면서 일제의 안목에는 공법도 의리도 없다고 비판하였다.[69]

---

64 『신한국보』 1909년 11월 2일자, 「日奴야 聽之哉어다」.
65 조길태, 『印度民族主義運動』, 신서원, 1993, 242~244쪽.
66 『신한민보』 1909년 11월 10일자, 「印度人의 論文」.
67 『신한국보』 1909년 3월 8일자, 「旅順通信」.
68 『신한민보』 1910년 3월 9일자, 「東亞時事 공소 청할 듯」.
69 『신한민보』 1910년 2월 16일자, 「嗚呼 安義士—强權者의 專行宣告」.

안중근재판에 대한 『신한민보』의 분노는 계속되었다. 즉, 1909년 12월 1 5·22·29일자, 1910년 1월 12·19일자에 5회에 걸쳐 「假眞沫新聞」에 이 토에 대한 가상재판 기사가 연재되었다. 이를 통하여 『신한민보』는 이토의 죄상을 폭로하면서 일제가 행한 안중근재판의 반역사성을 극명하게 드러냈 다.

『신한민보』는 「假眞沫新聞」에서 최익현·민영환을 원고로 반종례(潘宗 禮)[70]·니시자카 유타카(西坂豊)[71]·카르브를 원고 측의 변호사로 등장시키면 서, 이토를 피고로 스티븐스를 피고 측의 변호사로 각각 내세웠다. 이 기사 에서 이토의 죄상을 언급하였다. 즉, 원고 측 변호사들이 이토의 범죄사실을 2천만 가지나 들추어냈다. 반면, 피고 측 변호인 스티븐스는 이토가 자신에 게 5만 원을 주며 일본의 대한정책을 한국인들이 환영하고 있다는 식으로 미국의 여론을 조작하라고 지시한 일화를 소개하면서, 한국민에 대해 여러 가지 선책(善策)을 취한 이토는 무죄라고 강변하였다. 결국 염라대왕이 이토 에게 유죄판결을 내린다는 내용으로 그 결말을 맺었다.[72] 이러한 『신한민보』 의 활동은 안중근을 소재로 희극을 창작하고 공연하면서 반일정서를 고조시 킨 시원이 된다는 평가를 받기도 한다.[73]

안중근이 1910년 3월 26일 순국을 하자, 『신한민보』는 「오호의사안공중 근(嗚呼義士安公重根)」이라는 제목의 추모 기사를 게재하면서 "舍(捨)生取義 殺身成仁 安君一擧天地皆振"[74]이라는 추도의 글을 안중근 사진과 함께 신

---

70 백암 박은식 저, 이동원 역, 『불멸의 민족혼 安重根』, 65쪽. 반종례에 대해서는 계봉우의 『오 수불망』에 "閔忠正의 유서를 읽고 일제의 침략을 원망하며 인천바다에 투신자살한 淸國志士" 라고 기술되어 있다. 이처럼 반종례는 중국인으로서 일제의 식민지로 전락한 한국의 현실을 분노하여 자결한 위인으로 보인다.
71 니시자카(西坂豊)는 일제의 한국침략 상황을 일본에 알리기 위해 渡韓하여 통신사를 설립 하고자 하였다. 그러나 이토가 이를 허락하지 않자, 일제의 한국 침략에 분노하여 투신자살한 인물이다(『대한매일신보』 1907년 1월 19일자, 「西坂豊論」; 황현 저·임형택 외, 「서판풍과 대 원장부」, 『매천야록』 하, 문학과지성사, 2005, 362~363쪽).
72 한상권, 「안중근의거에 대한 미주 한인의 인식」, 101~105쪽.
73 한상권, 「안중근의거에 대한 미주 한인의 인식」, 105쪽.

기도 하였다.

『신한국보』·『신한민보』이외에도 안중근의거에 대한 보도는 계속 이어졌다. 이를테면 1909년 10월 하와이 『한인교보사(韓人敎報社)』[75]는 다음과 같은 내용으로 호외를 발행하였다. ① 우리의 독립을 저해하고 우리의 자유를 속박하는 이토는 만주문제에 관한 중요한 사건을 처리하기 위해 만주에 왔다가 하얼빈에서 한국 애국열사에 의해 처단됐다. ② 우리 2천만 동포가 희망하는 독립은 지금부터 회복되어야 한다.[76] 이처럼 일제의 침략을 전면적으로 거부할 영웅의 출현을 기원하던 미주한인들은[77] 안중근의거를 한인의 단합과 항일투쟁의 의지를 되살리는 모델로 삼았다.

2) 추모 · 정신계승운동

노령의 경우와 마찬가지로 미주 한인사회에서도 안중근의거에 격동되어 반일투쟁의 열기가 고조되었다. 이러한 상황 속에서 1909년 10월 하와이의 애국협회(愛國協會)는 다음과 같은 내용의 격문을 발표하였다. 즉, ① 우리의 산수명연(山水明娟)인 팔만이천만리(八萬二千万里)의 한국을 일본의 포악한 정치 아래에 두고서 우리의 친애하는 이천만 민중을 노예로 만든 이토는 죽었다. ② 이토의 죽음이야말로 오직 수많은 그의 죄악을 갚는 길이다. ③ 안중근은 한국과 한국민을 멸망에서 구해낸 지사이다. ④ 안지사의 방명(芳名)은 우리의 역사에 천지가 있는 한 기억될 것이다. ⑤ 안지사는 일생을 희생함과 동시에 한국을 위해 노력한 애국적 행위의 좋은 실례를 남겼다.[78]

---

74 『신한민보』 1910년 3월 30일자, 「嗚呼義士安公重根」.
75 이덕희, 「하와이 한글언론, 1904~1970」, 『미주한인의 민족운동』, 연세대학교 국학연구원, 2003, 214~216쪽, 참조.
76 국가보훈처, 「기밀 제29」, 『아주제일의협 안중근』 3, 159쪽.
77 『신한국보』 1909년 8월 31일자, 「忘國恥者不能挽國權」.

또한 한인교보사 사장이자 하와이 『한인기독교회보』의 주필로 공진회를 조직하는 등 민족운동을 진력하던 민찬호는[79] 안중근이 이토를 처단했다는 소식을 듣고 교회에 한인을 소집하여 다음과 같은 연설로 대일투쟁의 열기를 고조시켰다. 즉, ① 이토를 죽인 열사의 행위는 찬양받을 만하다. ② 일본인은 한인에게 약속하기를 일본정부는 정당한 방법으로 한국민의 생명과 재산을 보호한다고 했으나 그 약속을 이행하기는커녕 도리어 한국에서 일본세력을 계속 확장하고 있다. ③ 이 때문에 한국민은 자유와 독립을 절규하고 있다. 그러므로 한국민은 일어나야 한다.[80] 이처럼 재미한인들은 그를 한국의 자유와 독립을 위해 희생한 애국지사로 인식하였고 그의 유지계승을 위해 노력해야 한다고 주창하였다.

이와 같은 인식을 갖고 있던 미국 한인들은 안중근의 유지를 받들기 위한 추모활동을 대개 두 가지 방면에서 전개하였다. 하나는 전기를 출판하는 것이었고 다른 하나는 추모사업과 유족을 위한 모금활동이었다. 전자의 경우, 대표적으로 『신한국보』 주필 애산자(哀汕子) 홍종표(洪宗杓, 洪焉)가 1911년 8월 출간한 『대동위인안중근전(大東偉人安重根傳)』을 들 수 있다.[81] 그는 여기에서 "한국의 위인이오 동양의 영걸이라 칼을 잡고 세상에 나온 후에 국가를 구함에 집을 잊었고 동양을 위하여 몸을 빌렸으니 공의 사업은 곧 국가요 공의 역사는 곧 동양이라"[82]라고 안중근을 극찬하였다.

후자의 경우는 모금된 의연금의 사용방법에 대한 『신한국보』의 주필 한재명의 제안을 통하여 살펴볼 수 있다. 즉, 그는 ① 안유족구제공동회에 보내는 방법, ② 하와이 공동회의 재정으로 유치하는 방법, ③ 국민회의 자금으로 쓰는 방법 등 여러 방안을 제기하기도 하였다. 특히 그는 안중근의 유

---

78 국가보훈처, 「기밀 제29」, 『아주제일의협 안중근』 3, 160쪽.
79 유동식, 『하와이 한인과 교회』, 그리스도연합감리교회, 1988, 52쪽, 참조.
80 국가보훈처, 「기밀 제29」, 『아주제일의협 안중근』 3, 161쪽.
81 윤병석, 「해제 안중근전기전집」, 『안중근전기전집』, 국가보훈처, 1999, 47~50쪽.
82 홍종표, 「대동위인 안중근전」(윤병석 역편, 『안중근전기전집』), 479쪽.

지를 발전시키기 위해 교육이 가장 중요하다고 강조하면서 그 의연금으로 노령에 학교를 건립하는 것이 바람직하다는 의견을 제시하였다.[83] 결국 재미한인들은 그 의연금을 안유족구제공동회의 차석보에게 송금하기로 결정하였다.[84]

그런데 이러한 안중근 추모 열기는 1910년 5월 대한인국민회가 성립된 이후 1911년 만주와 시베리아 지역에서 지방회가 성립되고 1911년 8월 대한인국민회의 중앙총회의 임원이 선정되어 중앙총회가 출범하는 가운데서 이루어진 것으로 미국 한인사회의 단결과 대일투쟁 의지를 고취시키는데 일조하였다고 볼 수 있다.

이후에도 재미한인들의 추모사업은 간단없이 이어지고 있었다. 즉, 신한민보사는 '안의ㅅ중근공'이라고 설명되어 있는 안중근 사진[85]과 호랑이 그림으로 상징화된 '대한전도(大韓全圖)'로 구성되어 있는 1913년도 달력[86]을 만들어 한인 사회에 두루 제공하였다. 아울러 신한국보사는 이 달력과 함께 안중근의 약력 10부를 대한인국민회 하얼빈 지방회에 보내기도 하였다.[87]

---

83 『신한국보』 1910년 6월, 28일자, 「義捐金使用方法에 對ᄒᆞ야 在留同胞의 意見을 뭇노라」.
84 홍종표, 「義捐金總決算報告書」, 『大東偉人安重根傳』, 신한국보사, 24쪽. 재미 한인들이 안유족구제공동회에 보낸 의연금 총액이 3,236달러에 이르렀다고 한다(윤병석, 「해제 안중근전기전집」, 49쪽).
85 이는 안정근이 블라디보스톡에서 만든 회엽서의 사진을 이용한 것 같다.
86 日本 外交史料館, 「鮮人動靜ニ關スル件」, 『在滿洲』 第2卷.
87 위와 같음. 그렇다고 모든 재미한인들이 안중근의거를 긍정적으로 평가한 것은 아니었다. 예컨대, 외교독립론을 주창하던 이승만은 "스티븐스를 죽인 장인환·전명운, 그리고 하얼빈에서 이토를 죽인 안중근은 일국의 명예를 더럽힌 범죄적 암살자"라고 하여 안중근의거를 전면적으로 부정하였다(방선주, 『재미한인의 독립운동』, 한림대학교 출판부, 1989, 200쪽).

4. 중국 한인사회

1) 『독립신문』 등의 신문보도 · 전기류

안중근은 해외에서 구국운동을 전개하기 위해 1907년 9월 간도로 망명을 하였다. 간도지방에서 안중근은 일제의 폭압에 신음하고 있던 한인의 실상을 보고서 의병투쟁을 전개하기로 결심하였다. 이처럼 간도는 안중근의 구국운동의 새로운 전기를 마련해준 지역이기도 하다. 이 후 그는 1908년 7월 경 국내 진공작전 때 간도를 거쳐 국내로 진공하는 의병전쟁을 전개하였다. 현재 중국 훈춘에 안중근이 머물렀다는 가옥을 복원하여 전시하고 있다. 이처럼 독립운동가들은 물론이고 여전히 중국의 한인들은 안중근과 그의 의거를 본받아야 할 표상으로 삼고 있다.

이러한 안중근에 대한 중국 한인의 인식을 본격적으로 살펴볼 수 있는 것은 1914년경에 출판된 박은식의 『안중근(安重根)』이다.[88] 무엇보다 이 『안중근』에서 안중근과 그의 의거가 재중한인의 독립투쟁과 단결을 고취시키는데 중요한 동력을 제공하였다는 역사성을 발견할 수 있다. 예컨대, 유하현 삼원포에 본거지를 두고 있던 신흥학우단은 이를 『신흥학우보』 제2권 제1호(1916년 10월)와[89] 제2권 제2호(1917년 6월)에[90] 한글로 재록하였다. 이는 안중근의 의열투쟁 정신을 본받아 학우단 단원들의 반일독립투쟁을 굳건히

---

88 윤병석은 『安重根』의 저자가 박은식이라는 사실을 1920년 6월 10일자 『독립신문』의 기사를 근거로 밝혔다(윤병석, 「해제 안중근전기전집」, 41쪽). 이는 日本 外交史料館의 『不逞團關係雜件－朝鮮人ノ部』에 편철되어 있는 『在上海地方』 第5卷의 「上海 政 府並ニ義烈團其他 不逞鮮人ノ狀況ニ關スル件」에서도 확인된다.

89 日本 外交史料館, 「柳河縣地方朝鮮人ニ關スル調査」, 『在滿洲』 第6卷.

90 박은식의 『안중근』은 「안중근전」이란 제목으로 『신흥학우보』 제2권 제1 · 2호에 실린 것은 확실하다(한국독립운동사연구소, 『한국독립운동사연구』 5, 1991, 59~65쪽). 제2권 제2호에 제2장부터 번역 게재되어 있는 것으로 보아 제2권 제1호에는 그 앞부분이 역재되어 있을 가능성이 크다. 이후 이것이 계속해서 실렸는지는 확인되지 않고 있다.

하고자 하는 신흥학우단 지도부의 의중이 반영된 결과로 보인다.[91]

또한 박은식의 『안중근』은 『독립신문』에 1920년 6월 10일부터 4회에 걸쳐 연재되었다. 여기에서 안중근에 대해 "배달민족을 위해 대한민국을 위해 우리 민족을 위해 신성한 피로 조국강산을 물들이고 정의의 탄으로 세계 만국을 놀라게 한 아주 제일의협"이라고 소개하면서 『안중근』을 재록하는 이유를 밝히고 있다.[92]

물론 상해임시정부 요인들은 안중근과 같은 위대한 독립투쟁가의 재출현을 바라는 마음에서 그것을 게재하였을 것이다. 이 전기의 또 다른 의미는 "안중근은 세계적 안광을 가지고 있으며 스스로 평화의 대표로 자임(自任)한 자이다"[93]라고 평가한 데서 보듯이 안중근의 위대성을 한인뿐만 아니라 중국인에게도 널리 알렸다는 데에 있다. 이처럼 박은식은 한국인의 독립투쟁을 넘어서 인류가 추구해야 할 보편적 가치인 '평화'라는 관점에서 안중근을 주목하였다.

박은식뿐만 아니라 1911년에 김택영(金澤榮)이,[94] 1916년에 이건승(李建昇)이[95] 각각 『안중근전(安重根傳)』을 저술하여 안중근의 사상과 행동을 계승하는 운동에 적극적으로 참여하였다. 김택영은 "옛날의 충신은 죽음으로도 항상 뜻을 이루지 못하였지만 그는 죽어 능히 그 뜻을 이룰 수 있었다"[96]라고 의미를 부여하였다. 또한 이건승은 그의 일대기를 간략하게 기술하면서 "이러한 역사는 본적이 없다. 마땅히 천하 사람들을 위해 그를 칭송할 것이

---

91 日本 外交史料館, 「柳河縣地方朝鮮人ニ關スル調査進達의 件」, 『在滿洲』 第6卷.
92 박은식, 「안중근전」, 『독립신문』 1920년 6월 10일자.
93 박은식, 「안중근」(윤병석 역편, 『안중근전기전집』), 287쪽.
94 윤병석, 「해제 안중근전기전집」, 44~45쪽.
95 윤병석, 「해제 안중근전기전집」, 46~47쪽. 이건승이 안중근전을 저작한 시기는 정확히 알수 없다. 다만, 1910년 12월 1일 이건승이 간도 회인현 횡도천으로 망명한 이후의 작품으로 추정된다. 왜냐하면 적어도 1910년 8월 국치를 겪으면서 안중근과 같은 독립투쟁가를 열망하는 분위기 속에서 이 책이 저술되었을 가능성이 크기 때문이다.
96 김택영, 「안중근전」(윤병석 역편, 『안중근전기전집』), 455쪽.

다"[97]라는 안병찬의 말을 인용하여 그를 평하였다.

한편, 간도 두도구(頭道溝) 수신구(守信區) 사립 제일소학교는 수신 교과서로 계봉우가 저술한 『오수불망(吾讐不忘)』[98]을 1916년에 출판하여 교재로 활용하였다. 이것은 「신라시대의 수적일본(讎敵日本)」에서 시작하여 「한국과 제외국의 조약」으로 끝을 맺고 있다. 그 서문에 "일제의 兇視奸惡의 遺傳性이 한국 역사상에 나타난 것을 개략하였다"[99]고 한 데서 그 성격을 추찰할 수 있다. 특히 이 책에 "8월 沿海州 倡義大將 安重根 姜允赫은 會寧으로 嚴仁燮은 慶興으로 出軍하여 新阿山의 大勝利를 거두었으나 衆寡不敵으로 퇴병하였다"[100]라고 안중근의 의병전쟁을 기록하고 있음이 주목된다.

그리고 민족주의 계열의 독립운동단체인 정의부(正義府)의 기관지 『大東民報』를 발행하던 대동민보사에서 1927년 7월 1일 발행된 『전우』 제3호에 안중근의 공판기록이 조소앙의 번역으로 게재되었다는 사실도 주목할 필요가 있다.[101] 특히 정의부가 좌우합작에 집중하고 있던 시기에, 안중근의 공판기록을 번역하여 『전우』에 게재한 조소앙의 의도를 충분히 짐작할 수 있을 것이다. 말하자면 조소앙은 좌우합작의 동력을 안중근의 정신으로부터 얻고자 한 것으로 볼 수 있다. 이처럼 안중근은 반일독립투쟁의 추진력이라고 할 수 있는 민족내부의 단결을 강화시키는 촉진제 역할을 하였다고 평가할 수 있다.

---

97 이건승, 「안중근전」, (윤병석 역편, 『안중근전기전집』), 467쪽.
98 계봉우, 『北愚 桂奉瑀 資料集』 1, 한국독립운동연구소, 1996, 174쪽.
99 日本 外務省 陸·海軍省 編, 『日本의 韓國侵略史料叢書』 20, 한국출판문화원, 1989, 657쪽.
100 日本 外務省 陸·海軍省 編, 『日本의 韓國侵略史料叢書』 20, 716쪽.
101 『동아일보』 1989년 2월 25일자, 「大東民報 전우誌 원본발견」.

2) 추모 · 유지계승운동

안중근의 유지 계승운동은 러시아 · 미국 한인사회에서와 마찬가지로 중국 한인사회에서도 다양한 형태로 분출되었다. 특히, 하얼빈 한인들은 안중근의 유언대로 한인묘지에 그의 유해를 안치하여 하얼빈을 독립운동의 중심지로 삼고자 하였다. 이는 하얼빈 총영사대리 영사관보 오오노(大野守衛)가 고무라(小村壽太郎) 외상에게 보낸 기밀전보에서 엿볼 수 있다. 즉,

> 諜報에 의하면 이번 旅順 地方法院에서 死刑을 宣告받은 伊藤公加害犯 安重根의 死刑執行後 其遺體를 인계받아 同人의 凶行地인 當地의 韓國人 墓地에 厚葬하고 韓國人의 醵金으로 壯麗한 墓碑 및 記念碑을 建設하여 愛國志士로서 一般 韓國人들의 崇敬하는 中心으로 만들 計劃을 세워 盡力 中[102]

이와 같이 한인들은 그의 유해를 일본정부로부터 넘겨받아 의거 현장인 하얼빈에 모셔 장려(壯麗)한 묘지와 기념비를 건립하려고 했다. 또한 이를 통하여 그들은 한인의 독립투쟁과 단결력을 고양하려고 하였다. 하지만 이러한 열망을 일제가 들어줄 가망성은 전혀 없었다.

그러나 일제가 안중근의 유해를 인도하지 않았다고 해서 한인의 추모열기와 유지 계승의지를 막을 수 없었다. 즉, 1913년경 300여 명의 하얼빈 한인들은 대부분 담배를 말아 생계를 유지하는 어려운 삶 속에서도 안중근을 영웅으로 숭배하였다. 더욱이 "이들이 안중근을 늘 숭모하고 있다고 大言壯語하고 있을 정도였다"[103]는 일제의 기록에서도 그들의 안중근에 대한 인식의 일단을 엿볼 수 있다. 이처럼 안중근에 대한 추모와 존경심은 독립투쟁

---

102 국가보훈처, 「기밀 제14호」, 『아주제일의협 안중근』 3, 690쪽.
103 日本 外交史料館, 「鮮人動靜ニ關スル件」, 『在滿洲』 第2卷.

가들에게만 국한된 것이 아닌, 일반적인 현상이었다.

한편, 안중근이 순국한 지 약 5개월 후인 1910년 8월 22일 한국은 일본에 병탄되었다. 이후 이회영 일가의 만주망명에서 보듯이, 독립투쟁가들의 만주망명이 점증되고 있었다. 이에 따라 만주지방의 반일독립투쟁 열기는 더욱 고조되었다. 이러한 분위기에서 1911년 2월 21일 간도 국자가(局子街)에서 한인 300여 명이 모여 간도 간민교육회 임시회의를 개최하였다. 이 자리에서 유규원은 안중근의 희생정신을 본받아야 독립을 이룰 수 있다는 연설을 하는 등 간도한인의 독립투쟁 열기를 증폭시켰다.[104] 이러한 연설에서 안중근의 유지를 계승하고자 하는 이들의 열정을 발견하게 된다.

한인들은 안중근의 독립투쟁 정신을 자라나는 세대에게 필히 전해야 한다는 일종의 의무감마저 갖고 있었다. 특히 그들은 교육을 통하여 안중근의 유지를 체화하고 이를 실천하기 위한 정신자세를 확립하려고 하였다. 이는 안중근을 주인공으로 한 창가·사진·연극 등의 형태로 나타났다.

우선 안중근을 주제로 한 창가를 살펴보고자 한다. 소영자(小營子)중학교는 안중근 관계 창가 등 각종 배일창가를 애창하도록 교육하여 학생들의 민족독립 의지를 고양시켰다.[105] 그리고 1912년 9월경 일제가 국자가 한인의 가택을 수색하여 여러 종의 서신과 독립투쟁을 고취시킬 목적으로 만든 다수의 창가를 압수하는 사건이 발생했다. 특히 이때 빼앗긴 「영웅모범가(英雄模範歌)」에 "늙은 이토가 하얼빈에 도착하자 단포 3발을 연속하여 쏘아 장쾌하게 죽인 안중근의 그 의기를 우리의 모범으로 삼아야 한다"[106]는 내용이 실려 있다. 이 또한 한인들이 그를 어떻게 인식하고 있는지 살펴볼 수 있는 하나의 실례이다. 이와 같이 안중근을 주제로 한 창가는 배일창가의 근간을 이루고 있었던 것이다.

104 日本 外交史料館, 「間島墾民教育會 臨時會ノ政況ニ關スル件」, 『在滿洲』 第1卷.
105 日本 外交史料館, 「在間島小營子中學校ニ關スル件回答」, 『在滿洲』 第2卷.
106 日本 外交史料館, 「局子街ニ於ケル排日鮮人家宅搜索結果具申」, 『在滿洲』 第2卷.

이러한 숭모열기는 이후에도 지속되었다. 예컨대, 1914년 간도 국자가 소영자 광성학교(光成學校)는 교실의 벽에 "弱國罪人强國相 縱然易地亦藤公 功盖三國名萬國 生無百世死千秋"[107]라는 손문의 안중근 추모시 「조안중근(弔安重根)」을 게시하여 안중근정신 계승교육을 집중적으로 하였다.[108] 이는 김하구가 1917년에 편찬한 『애국혼』에도 실려 있을 정도로 재외한인들 사이에서 애송되었던 것으로 여겨진다.

그리고 우덕순이 1917년에 만들었다는 「보구가(報仇歌)」도 노령과 중국 동변(東邊)의 학생들 사이에서 유행하였다. 이것은 "만났도다 만났도다"로 시작하여 "너희 동포 오천만을 이제부터 한 사람 한 사람 만날 때마다 찌르고 찔러 죽일 것이다"[109]로 끝난다. 그런데 이 창가는 1909년 10월 23일 밤 하얼빈에서 안중근과 함께 거사의 성공을 기원하면서 만든 시가(詩歌)와 유사한 것으로 보인다. 따라서 이는 우덕순이 거사 직전 지은 것을 기억하여 기록한 것으로 추정된다.

또한 평양 숭실대학 교사 김종열이 1917년경에 만든 것으로 추정되는 「영웅모범가」 중에 "안중근의 義氣는 실로 우리들의 모범이어라"[110]라고 안중근을 찬양하였다. 이 창가도 러청 국경지대의 한인들 사이에서 크게 유행하였다. 이후에도 안중근은 독립정신을 고취하기 위해 만든 창가의 중요한 소재로 지속적으로 원용되었다. 이를테면 1926년 2월 22일 3·1운동 기념호로 길림성 영안현 지방의 한인들이 발행한 『신진소년(新進少年)』 제4호의 「독립군가(獨立軍歌)」 중에 "안중근의 의열심으로 우리도 적을 쳐부수자"라는 내용이 보인다. 이처럼 창가 또는 조시의 형태로 안중근은 재중 한인의 가슴 속에 살아 숨 쉬고 있었다. 뿐만 아니라, 한인들은 안중근을 통하여 그들이 지

---

107 日本 外交史料館, 「排日鮮人ノ行動ニ關スル件」, 『在滿洲』 第3卷.
108 윤병석, 「해제 안중근전기전집」, 43쪽.
109 日本 外交史料館, 「排日鮮人學生間ニ於ケル流行歌一斑」, 『在滿洲』 第6卷.
110 위와 같음.

향해야 할 방향을 확실하게 잡고 있었던 것이다.

한인들의 안중근 유지 계승노력은 이것만으로 그친 것은 아니었다. 국내와 러시아에서처럼 독립운동의 상징으로써 안중근 사진을 간직하려는 한인들의 열망은 대단하였다. 즉, 1919년 3·1독립운동이 국내외에서 펼쳐지고 있는 가운데, 어느 독립투쟁가가 「조선독립선언서」를 갖고서 장춘의 조선인민회를 찾아왔다.[111] 이때 그는 안중근 사진을 휴대하고 조선독립선언서의 배포방법과 가두행진에 대한 협의를 민회장과 하였다.[112] 그는 안중근이 자신을 보호해 주기를 간절히 바라는 마음과 그 자신도 안중근처럼 두려움 없이 독립투쟁을 하고자 하는 각오를 다지기 위해 안중근 사진을 소지했던 것이다. 이처럼 안중근 사진은 독립투쟁가들에게는 부적과 같은 존재였음이 여기에서도 확인된다.

안중근 숭모 열기는 사진을 소장하는데 그치지 않고 활동사진 촬영으로도 이어졌다. 즉, 1914년경 간도 국자가 소영자 광성학교 교사 신최수(申最秀)와 장기영(張基永)은 학생들에게 독립투쟁을 교육하기 위한 방법으로 블라디보스톡에서 활동사진기를 구입하였다. 이것으로 단군·왕건·정몽주·이순신·민영환·최익현·이준을 비롯하여 '안중근의 이토 처단 장면'을 촬영하려고 하였다.[113] 그러나 이것이 실제로 실행에 옮겨졌는지는 확실하지 않다. 안중근의거의 영화화 작업은 1928년 상해 소재의 상해대중영화공사에서 만든 '애국혼'(감독 정기탁·시나리오 정찬근)으로 절정에 이르게 된다.[114]

안중근의 정신을 선양하고 계승하는 또 하나의 방법은 안중근 연극을 공연하는 것이었다. 1918년 6월 13~14일 양일 간 간도 조선인이 경영하는 사립학교 38개교에서 온 13,000여 명이 참석한 가운데 국자가 이파통하반(爾

---

111 日本 外交史料館, 「獨立宣言書配布 ノ件」, 『在滿洲』 第10卷.

112 위와 같음.

113 日本 外交史料館, 「排日鮮人 ノ行動二關スル件」, 『在滿洲』 第3卷.

114 任范松 主編, 『中國朝鮮民族藝術論』, 遼寧民族出版社, 1991, 161쪽.

巴通河畔)에서 춘계 연합운동회가 개최되었다. 이 운동회기간 동안, 일본영사관 경찰관 3명이 참관하는 등 일제의 감시를 받고 있기 때문에 간도 한인들은 민족정신의 고취행위를 할 수 없었다. 그러나 6월 14일 운동회를 개회한 후, 명동학교중학과(明東學校中學科)·정동학교중학과(正東學校中學科)·국자가도립중학교(局子街道立中學校) 생도들이 국자가 이동춘의 집에서 친목회를 개최하였다. 이때 이들은 위험을 감수하면서까지 안중근 연극을 공연하였다. 이들은 이를 통하여 안중근과 같은 사람이 되고자 하였으며 비분강개하여 애국가를 고창하였다.[115]

이처럼 안중근은 학생들의 의식세계에서 살아 움직이고 있었으며, 안중근 연극을 통하여 한인들은 독립투쟁 의지와 동지적 연대의식을 고양시켰다. 특히 여기에서 주목할 것은 이 시기의 간도학생들은 피교육자로서 안중근을 받아들인 것이 아니라, 민족의 진로를 고민하는 가운데서 스스로 안중근을 정신적 지주로 내세우고 있다는 점이다. 이는 한인들이 향후 독립투쟁을 이어갈 수 있는 사상적 동력을 안중근으로부터 공급받고 있음을 의미하는 것으로 평가된다.

안중근 연극은 한인과 중국인의 가교역할로 이어지기도 하였다. 즉, 한·중 양국인의 단결을 바탕으로 양국의 독립을 쟁취하기 위해 김규식·여운형 등의 한국 측 인사와 오산(吳山)·황경완(黃敬頑) 등의 중국 측 인사가 '한중호조사(韓中互助社)'를 1921년 4월에 건립하였다. 이들은 양국의 의사소통이 원활해야 목적한 바를 이룰 수 있다는 인식을 공유하였다. 이를 위해 어학강습소를 세우기로 하였다. 그러나 운영자금이 없어 곤란을 겪고 있었다. 이들은 자금모금 방안으로 당시에도 인기가 있었던 안중근 연극을 하기로 하였다.[116] 그리하여 한중호조사는 1923년 3월 2일 상해 사천로 중국기독교

---

115 日本 外交史料館, 「間島鮮人經營支那官許私立學校聯合運動會開催ノ件」, 『在滿洲』 第7卷.
116 日本 外交史料館, 「中韓互助社經費募集遊藝大會狀況ニ關スル件」, 『在上海地方』 第5卷.

청년회당(上海 四川路 中國基督敎靑年會堂)에서 안중근 연극을 공연하였다. 물론 안중근 연극은 어학강습 운영자금의 충당과 독립운동사상 고취라는 일석이조의 성과를 거두었다.

안중근을 매개로 한 한중인 사이의 우호는 이것만으로 끝나지 않았다. 한국인·중국인할 것 없이 안중근을 위대한 존재로 받들었기 때문에 '훌륭한 한인'을 중국인들은 안중근에 비유하여 부르기도 하였다. 즉, 1918년 4월 13일 길림 소동문외(吉林 小東門外) 정안립(鄭安立)의 집에서 여준이 회장에 선출되어 동삼성한족생계회(東三省韓族生計會)가 출발하였다. 이는 1918년 3월 이동휘가 정안립의 집에 머문 것을 계기로 정안립의 주도로 결성된 단체였다.[117] 중국 관헌들도 동삼성한족생계회의 탄생을 적극 지원하였는데, 특히 정안립을 안중근에 비유하여 칭양하기도 하였다.[118] 이처럼 안중근은 독립투쟁의 모범을 보이는 한인의 별칭이 되어 중국에서 살아 있는 존재로 지속적으로 부각되었던 것이다.

안중근의 정신은 독립투쟁가들의 신문기사나 격문에서도 지속적으로 등장하고 있다. 예컨대, 『조선독립신문(朝鮮獨立新聞)』 제3호[119]·1926년(단기 4259년) 3월 1일 고려학생회에서 발표된 「삼일기념선언(三一紀念宣言)」[120] 등에서 보듯이 재중 한인들은 안중근을 본받아 한국의 독립을 완수하고자 하였다.

안중근에 대한 재중한인의 존경심은 단순히 정신적인 측면에 한정된 것이 아니었다. 독립투쟁의 방법론에서도 안중근의 영향은 실로 대단하였다. 이를테면 1922년 4월경 중국 파언현(巴彦縣)에 활동하던 결사대장 유소돈은 의거를 위해 폭탄을 갖고서 국내 진공을 시도하였으나 국경지대의 경비가

---

117 日本 外交史料館, 「東省韓族生計會組織ニ關スル件續報」, 『在滿洲』 第7卷.
118 위와 같음.
119 日本 外交史料館, 「朝鮮獨立ニ關スル秘密出版譯文送付ノ件」, 『在滿洲』 第10卷.
120 日本 外交史料館, 「印刷物送付ノ件」, 『在上海地方』 第6卷.

엄중하여 매번 실패하였다. 그래서 그는 안중근의 전법을 모방하여 권총만 소지한 소수의 병력을 국내로 침투시키는 전술로 바꾸었다. 그리하여 유소 돈은 안중근이 사용했던 것과 같은 종류의 브라우닝 권총을 부하 2명에게 주어 국내 진공계획을 세우기도 하였다.[121] 이처럼 안중근은 독립투쟁가들 의 대일투쟁 방법론에도 일정한 영향을 끼치고 있었다.

5. 맺음말

이상에서 안중근의거에 대한 재외한인의 인식과 반응을 살펴보았다. 필자 는 이를 다음과 같이 정리하여 이 글을 끝맺고자 한다.

노령 한인의 안중근의거에 대한 인식과 반응은 『대동공보』에 그대로 투 영되어 있다. 『대동공보』는 안중근 구출운동을 전개하였고, 이것이 불가능 해지자 안중근의 유지를 계승하고 발전시키기 위한 노력을 경주하였다. 특 히 대동공보는 미주의 중국계 신문에 보도된 기사와 일본인의 안중근의거 에 대한 인식을 보도함으로써 안중근의거의 정당성을 부여하였을 뿐만 아 니라, 독립투쟁의 의론을 안중근의거에서 찾고 있다. 『대동공보』가 폐간당 한 후에는 『권업신문』이 뒤를 이어 계봉우의 『만고의사안중근전』을 연재하 여 안중근의 유지를 계승하기도 하였다.

안중근의거에 대한 노령한인의 인식은 이범윤의 인터뷰기사, 미하일로프 의 안중근 변호 자임, 김기용을 중심으로 한 파옥구출기도, 안중근의 변호 비와 유족의 구제를 위한 모금활동 등에서 엿볼 수 있다. 특히 노령한인의 안중근 인식은 '안유족구제공동회'로 결실을 보기도 하였다. 일반 노령한인 들의 안중근에 대한 존경심은 독립투사와 견줄만하였다. 말하자면 일반 한

---

121 日本 外交史料館, 「暗四九0一 第五六號」, 『在滿洲』 第32卷.

인들의 안중근에 대한 인식은 안중근 추모회로 이어져 안중근 유지를 계승하고자 하는 열기는 더욱 고조되었다. 특히 조창호와 김현토의 안중근추도회 당일에 있었던 연설은 안중근이 노령한인의 대일투쟁의 사상적 기반이 되고 있음을 보이고 있다. 이는 다시 연예회에서 학생들의 안중근 연극 공연시도로 나타나기도 하였다. 특히 백삼규가 보관하고 있던 안중근의 손가락은 마치 신불처럼 노령한인의 숭배의 대상이 되었다는 점도 특별히 지적해 두고자 한다.

미주에서의 안중근의거에 대한 인식은 『신한민보』와 『신한국보』에서 엿볼 수 있다. 『신한민보』는 영웅의 출현을 갈망하고 있었는데 안중근이야말로 재미한인이 기다리던 영웅이라는 안중근 평가를 보이고 있다. 특히 『신한민보』는 「가진말신문」을 총 5차례에 걸쳐 연재하여 이토의 죄상을 드러내는 동시에 안중근의거의 정당성을 옹호하기도 하였다. 『신한국보』도 안중근을 열사로 칭하면서, 안중근의거는 천리를 따른 것이라는 인식을 표출하고 있다. 이외에 한인교보사도 호외로 안중근의 이토 처단을 소개하면서 이토가 애국지사에 의해 처단되었다고 흥분을 감추지 않으며 독립은 지금부터 회복되어야 한다고 목소리를 높였다.

재미한인의 안중근인식은 한인교보사 사장 민찬호의 경우에서 엿볼 수 있다. 그는 안중근을 열사로 묘사하면서 독립투쟁의 당위성을 호소하였다. 이러한 재미한인의 안중근인식은 홍준표의 『대동위인전』으로 표출되기도 하였다. 이들은 안중근의 유지계승을 위한 사업에 필요한 자금을 모금하기 위해 안중근 사진과 달력을 판매하였다.

안중근의거를 대일투쟁의 사상적 무기로 중국의 한인 언론기관에 본격적으로 반영된 것은 신흥학우단의 기관지 『신흥학우보』이다. 즉, 『신흥학우보』 제2권 제호(1916년)와 제2권 제2호(1917년)에 한글로 박은식의 『안중근전』을 역재하여 신흥학우단 단원의 사상적 동력으로 삼기도 하였다. 이후 『독립신문』에 1914년에 출판된 박은식의 『안중근전』을 4회에 걸쳐 연재하기도 하였다. 1927년 정의부와 관련이 있는 『전우』에 조소앙의 번역으로 안중근의 공판기록이 번역 게재되어 독립투쟁의 이론을 제공하기도 하였다. 김택영·이건승 등이 안중근전기를 저작하기도 하였다. 또한 계봉우의 저작으로 보이는 『오수불망』에 안중근의 의병활동이 소개되기도 하였다.

재중한인의 안중근의거에 대한 인식은 안중근전기의 저작과 유포 등 다양한 형태로 표출되었다. 그것은 때로는 연설회의 형태로, 시가(詩歌) 연극, 사진과 영화의 형태로 나타났던 것이다. 연설회는 대표적으로 유규원의 경우에서 살펴볼 수 있고, 시가는 손문의 「조안중근」·우덕순의 「보구가」·김종렬의 「영웅모범가」를 들 수 있다. 사진은 안정근이 노령에서 만든 안중근 회엽서 5종이 재중국한인들 사이에서 유행하였다. 사진은 한인뿐만 아니라, 중국인 장아형의 경우에서 보듯이 중국인들도 그 소장을 열망하였다. 연극은 명동학교와 정동학교의 학생들의 예로 들 수 있다. 이처럼 안중근은 청년학생들의 희망이자 대일투쟁의 사상적 근거가 되었던 것이다.

또한 안중근 연극은 중한호조사의 경우에서 보듯이 한중우호의 상징적 존재로 자리매김을 하였다는 사실이 주목된다. 특히 중국인이 훌륭한 한인을 안중근에 비유하여 부르기도 하였다. 영화의 경우는 정찬근의 애국혼을 들 수 있다. 이외에도 유소돈의 예에서 알 수 있듯이 안중근의 독립투쟁 전술도 독립투쟁의 방략에 영향을 끼쳤다는 사실도 지적되어야 할 것이다.

6부 안중근의거의 국제 정치적 배경과 재판의 역사적 배경

안중근의거의
국제 정치적 배경에 관한 연구

1. 들어가는 말

오늘날의 안중근연구가 갖는 의미는 안중근이라는 인물이 "역사의 소용돌이 속에서 어떠한 현실인식 위에 당시의 문제를 해결하고자 하였는가"라는 문제를 공론화하는데 두어야 할 것이다. 말하자면 안중근연구는 현실 문제해결의 좌표를 제시할 때만이 그 의미를 발견할 수 있는 것이다.

100여 년 전의 한국은 일제의 침략에 직면하여 안중근 등이 분투하였으나 결국 식민지로 전락하고 말았다. 일제가 한국을 식민지화하는 데 내세운 논리 중의 하나가 바로 안중근의 이토 처단이었다. 안중근의거로 인해 일제가 한국을 식민지화하였다는 논리가 일본의 역사교과서에서조차 주장되고 있고 일부의 한국인 학자도 동조하는 경향마저 보이는 것도 사실이다.

일본의 한국 침략은 당시 국제질서 속에서 이루어졌던 것이다. 일제의 한국 식민지화는 한국인의 의사와 관계없이 미국을 비롯한 열강의 동의를 전제로 이루어진 것이다. 이러한 맥락에서 안중근의거는 단순히 일제의 침략에 대응하는 과정에서 일어난 것으로만 보아서는 안 될 것이고 열강의 약소국의 침략을 온몸으로 저항한 반침략 평화의 사자로 그의 의거를 평가해야 한다. 이러한 측면에서 안중근의거를 "100만대군의 혁명에 버금가는 것으로 세계의 군주정치 및 인도(人道)철학에 관한 학설을 일변시킬 위대한 사건"이라고 한 중국의 신문 『민우일보(民吁日報)』의 논평을 이해할 수 있다.

그런데 현재까지 안중근의거가 국제적 의미를 갖는 사건임에 분명한데도 이에 대한 연구는 거의 진척을 보이지 않고 있다. 이러한 의미에서 필자는 1905년부터 안중근의거가 있던 1909년까지의 동아시아를 중심으로 국제질서의 변화과정을 살펴보겠다. 그리고 나서 러일 간의 현안을 규명하고 이토 히로부미(伊藤博文)의 만주방문 목적과 러시아의 목적, 한국·중국·서방세계의 시각을 구체적으로 논증하겠다.

이를 통하여 안중근의거의 국제 정치적 배경과 까깝쵸프·이토회담의 목적이 구체적으로 드러날 것이고 안중근의거의 국제적 의미를 찾을 수 있다. 특히 안중근의거가 일본의 한국식민화의 한 원인이 되었다는 논리의 허구성이 밝혀질 것이다.

이러한 필자의 연구가 안중근의거가 어떠한 국제 정치적 배경 속에서 이루어졌는가 하는 문제를 구체적으로 밝혀 안중근의거의 전체상을 파악하는 데 도움이 되었으면 한다.

2. 의거 이전의 국제 정치적 상황과 러·미·청·일의 대립

대한제국을 장악하기 위한 러일 간의 경쟁이 절정에 이른 사건은 러일전쟁이었다. 이 전쟁으로 일제는 대한제국을 식민지화하기 위한 발판을 마련하였고, 만주를 강점할 수 있는 단초를 열었다. 특히 1905년 9월 5일 체결된 「러일강화조약」으로 일제는 한국과 남만주에 대한 지배력을 더욱 강화하였다. 이 조약으로 일제는 ① 한국에 대한 일본의 지도·보호·감리권, ② 여순·대련의 조차권과 장춘 이남의 철도부설권, ③ 북위 50° 이남 사할린, ④ 오호츠크해·베링해 등 노령 연안의 어업권을 각각 러시아로부터 승인 내지 할양받았다. 이후 일제는 대한제국을 서서히 무력화시키면서 만주 침략을 본격화하여 국제적 외교 분쟁을 초래하였다.

그런데 이 조약이 있기 전인 1905년 7월 29일 일제는 「태프트－가쓰라밀약」을 맺어 미국으로부터 대한제국에 대한 독점적 지배권을 인정받았고, 8월 12일에는 「제2차 영일협약」을 통하여 영국으로부터도 그 지배권을 승인받았다. 이러한 국제적 협약을 배경으로 일제는 러시아와 강화조약을 체결하였다.

러일전쟁 이후 대한제국에 대한 독점적인 지배권을 열강으로부터 인정받은 사정을 배경으로 일제는 조선의 외교권을 강탈하였다. 그것은 바로 1905년 11월 17일 을사늑약이라는 형태로 나타났다. 또한 남만주에 대한 일제의 침략은 1905년 12월 22일 「만주에 관한 청일협약」[1]으로 가시화되었다.

1906년에 들어와서도 일제는 1906년 4월 14일 사이온지 긴모치(西園寺公望) 수상의 만주시찰여행, 5월 22일 이토의 요구로 「만주에 관한 협의회」 개최, 6월 동청철도 남부지선을 남만주철도로 개칭, 8월 1일 관동도독부관제령공포, 11월 26일 남만주철도회사 설립 등으로 만주에 대한 지배구조를 심화시켰다.[2] 이처럼, 일제는 대한제국에 대한 지배를 어느 정도 고착화시키면서 만주에 대한 지배권을 강화시켜 나갔던 것이다.

그러나 만주에 대한 러시아의 영향력은 여전히 강하였으며, 청국의 경계심도 더욱 고조되었다. 이러한 상황에서 미영은 문호개방과 기회균등을 주장하면서 만주문제에 적극 개입하기 시작하였다. 즉, 주일 영국공사 맥도널드(MacDonald)는 1906년 2월 13일 가토 다카아키(加藤高明) 외상에게 일본의

---

1 日本外務外省交 編, 『日本外交文書』 38-1, 183쪽.
2 掘眞琴, 『日露戰爭前後』(近代日本歷史講座), 1940, 252쪽.

만주 문호폐쇄정책을 항의하였으며, 2월 19일 사이온지 수상에게 만주 문호 개방을 촉구하였다.[3] 하지만 얼마 후 영국은 유럽에서의 상황변화와 일본과의 관계악화를 우려하여[4] 일제의 만주지배정책을 더 이상 문제 삼지 않았다.

반면, 2월 23일에는 주일 미국공사 윌슨(Huntington Wilson)도 가토 외상에게 담배업 등의 폐쇄적인 일제의 만주정책에 대해 우려를 표하였다. 1906년 3월 15일에도 윌슨은 1906년 2월 23일에 미국이 제기한 문제에 대한 일제의 회답을 요청하였다. 1906년 3월 26일에는 한 차원 목소리를 높여, 루트(Elihu Root) 국무장관이 사이온지 수상에게 만주의 문호개방을 촉구하였다. 그리고 1906년 3월 31일에는 맥도널드가 이토에게 일본의 현 만주정책은 러일전쟁에서 일본을 도운 미·영을 위협하는 자살적 정략이라는 내용의 서신을 보내기도 하였다.

이러한 미국의 강공정책을 우려하는 보고서를 주미대리공사 히오키 마스(日置益)가 외무성에 보내는 등 일본은 미국의 압력에 대한 대책마련에 분주했다.[5] 그리하여 4월 11일 사이온지는 "일본군 철수에 따른 혼란을 방지하기 위해 외국인의 출입을 제안했지만 점진적으로 만주를 개방할 것"이라고 맥도널드와 윌슨에게 언명하였다. 또한 1906년 5월 22일 일제는 수상관저에서 「만주에 관한 협의회」를 열어 미국의 공세에 대한 대응책을 강구하는데 혈안이 되었다.[6]

이 협의회에서 이토를 중심으로 한 세력과 고다마 겐다로(兒玉源太郎) 참모총장을 축으로 한 세력 간의 대립이 있었다. 그러나 대외강경파인 고다마 세력의 입지가 강화되어 만주 폐쇄정책은 지속되었다.[7] 그리하여 1907년 1

3 최문형,「전후의 정황과 일본의 한국병합」,『(국제관계로 본)러일전쟁과 일본의 한국병합』, 지식산업사, 2004, 347쪽.
4 黑羽武,「南滿洲鐵道中立化問題」,『日本歷史』125, 日本歷史學會, 1958, 17쪽.
5 日本外務省 編,『日本外交文書』39-1, 221~222쪽.
6 日本外務省 編纂,「第三回日露協約」,『日本外交年表竝主要文書』, 原書房, 1965, 260~269쪽.
7 林敏,「日露戰爭直後滿洲問題-韓國統監伊藤博文に對する一分析」,『史學硏究』197, 廣

월 야마가타 아리토모(山縣有朋)가 「대청정책소견(對淸政策所見)」을 발표하고, 1907년 2월 8일 각의에서 일본 관리를 간도에 파견하기로 결정하는 등[8] 만주지배정책을 더욱 강화하였다.

이와 같은 일제의 만주지배력 강화는 러시아의 대외정책 변화와 깊은 관계 속에 이루어졌다. 즉, 1905년 러시아황제의 만국평화회의에의 한국 대표단 초청, 러일전쟁 이후 러시아 리네비치 장군의 제2차 러일전쟁추진, 1906년 주한러시아 총영사 플란슨(George de Planson)의 신임장 문제 등으로 러일 간의 긴장이 더욱 고조되었다.[9]

그러나 이즈볼스키(A.P.Izvolskii)가 1906년 5월 12일 러시아의 외상이 되면서 러시아의 대일정책에 변화를 보이기 시작하였다. 이즈볼스키는 정통적인 우방인 독일과 일정한 거리를 유지하면서 영국과 접근을 강화하는 등 외교정책의 중심축을 극동에서 서방으로 전환하는 외교방침을 취하였던 것이다.[10] 이러한 상황으로 말미암아 러시아는 극동에서 일제와의 충돌을 가능한 한 회피하는 정책을 취하게 되었다.

그리하여 1907년 2월 4일 이즈볼스키 러시아 외상은 일본에 협상을 제의하였다.[11] 이 협상에서 이즈볼스키는 일본의 한국 지배권을 인정하는 듯한 발언을 하여 러시아의 대한정책의 변화를 시사하였다.[12] 이처럼 일제의 대한강경책을 러시아가 반대하지 않으리라고 확신한 일제는 한국의 내정권마저 장악하는 「제3차 한일협약(정미7조약)」을 1907년 7월 24일 체결하였다. 이후 일제는 1907년 7월 30일 러시아 상트뻬쩨르부르그에서 본조약·비밀협약·추가약관으로 구성된 「제1차 러일협약」을 러시아와 체결하고 「외몽

島史學硏究會, 1992, 24~25쪽.

8 최장근, 「일제의 간도 '統監府 臨時派出所'설치 경위」, 『韓日關係史硏究』 7, 한일관계사학회, 1997, 87쪽.

9 森山茂德, 『近代日韓關係史硏究』, 東京大學出版會, 1987, 207~208쪽.

10 최문형, 「전후의 정황과 일본의 한국병합」, 355~358쪽.

11 日本外務外省交 編, 『日本外交文書』 40-1, 98~99쪽.

12 日本外務外省交 編纂, 『日本外交年表竝騈文書』, 280~281쪽.

고에 있어서의 청국의 현상유지 및 영토보전에 관한 문서」[13]를 교환하였다.

러일은 비밀조약 제1조에서 「그리니치」 동경 122도의 교차점을 중심으로 만주를 남북으로 분리하여 각각의 지배권을 인정하였다. 비밀조약 제2조에서 "露西亞國은 日本國과 韓國과의 사이의 현행 諸條約 및 協約에 기초하여 존재하는 政事上 利害共通의 關係를 承認하고"[14]라고 한데서 알 수 있듯이, 러시아는 일제의 대한제국 지배에 대한 독점적 지배력을 인정하였다. 또한 비밀조약 제3조에서 일제는 러시아의 외몽고 독점적 지배권을 역시 인정하였다. 결국 러시아와 일제는 제1차 러일협약을 통하여 러시아가 북만주와 외몽고를, 일본이 대한제국을 각각 분할 통치하려는 야욕을 드러냈던 것이다.

한편, 제1차 러일협약 체결을 위한 사전정지 작업으로 일제는 1907년 6월 10일 프랑스와 「불일협정」을 체결하였다. 이 협정에서 프랑스는 한국과 만주에 대한 일본의 특수지위를 인정하고 일본은 프랑스에 인도차이나에 대한 영토권을 승인하였다. 이처럼 「불일협정」도 일제의 만주정책에 대한 미국의 압력과 더불어 러일협정이 체결된 중요한 배경 중의 하나였다.

그런데, 유럽에서의 영·불·러 삼국동맹으로 인한 독일의 고립과 러일협정으로 인한 청국의 만주 지배력 약화, 러일의 만주에 대한 문호폐쇄정책으로 야기된 미국의 불만은 영·불·러에 대항하여 독·청·미 삼국연합전선의 구축을 촉진시켰다.[15] 그리하여 주청 독일대사 렉스(Graf von Rex)는 1907년 7월경부터 원세개(袁世凱)와의 협력관계를 구축하였던 것이다. 그리고 봉천성 순무인 당소의(唐紹儀)와 봉천주재 미총영사 스트레이트(Willard Staight)[16]는 영화공사(英華公司, British and Chinese Corporations)의 블랜드(J.O.P.Bland)

---

13 日本外務省交 編纂, 『日本外交年表竝駢文書』, 281~282쪽.
14 日本外務省交 編纂, 『日本外交年表竝駢文書』, 282쪽.
15 최문형, 「전후의 정황과 일본의 한국병합」, 363~365쪽.
16 스트레이트에 대해서는 Herbert Croly, 『Willard Straight』, New York, 1925, 참조.

와 폴링사(Pauling & Co.)의 플렌치(Lord Ffrench) 경으로부터 각각 자금과 기술을 들여와 신법철도(新法鐵道) 부설구상을 하였다.

결국, 1907년 11월 8일 영국의 건설회사인 폴링사가 신법철도 공사를 수주하였다. 이 신법철도의 건설 계획에 스트레이트는 해리먼(Edward Henry Harriman)을 끌어들여 신법철도를 치치하얼까지 연장하고 종국에는 시베리아철도와 연결시켜 세계철도망 구축이라는 미국의 원대한 계획을 추진하려고 하였다. 그리고 당소의의 계획은 영미의 자본을 유인하여 러일세력을 만주로부터 축출하려는 의도에서 이루어졌던 것이다.

하지만 이러한 당소의와 스트레이트의 계획은 ① 만철에 영향을 주는 어떠한 철도도 건설할 수 없다는 북경협약의 비밀부속협약 제3조를 위반하였다는 일제의 항의, ② 영일동맹이라는 상황, ③ 미국의 공항으로 해리먼의 자금사정이 어려웠다는 점 등에서 그 가능성은 희박하였다.[17]

그런데 1908년 봄이 되자, 미국의 경제사정이 풀리기 시작하면서 해리먼은 스트레이트와 다시 만주에 대한 이권개입을 시도하게 된다. 즉, 해리먼은 러시아가 동청철도를 매각한다는 정보를 입수하고 쿤로에브 회사의 시프와 협력하여 동청철도를 국제 신디케이트로 매입하려고 하였다. 한편 이와 보조를 맞추어 스트레이트도 당소의와 동청철도의 매수와 금애(錦璦)철도의 건설을 위한 자금조달 방법으로 만주은행 설립을 계획하여 1908년 8월·9월 말 각각 미국에 입국하였다.

그러나 1907년 9월 28일 태프트(Wiliam Howard Taft)의 일본방문으로 미국은 일본과 전쟁을 할 의사가 없음을 표명하였으며, 1907년 12월 31일 신사협정 체결로 미일 간의 현안인 이민문제도 해결되었다. 게다가 1908년 10월 18일 미함대의 요코하마(橫浜)항 입항 및 일본인들의 열렬한 환영 등으로 미일관계는 호전된 상태였다. 무엇보다 1908년 7월 미국과의 관계계선을 추

---

17 최문형, 「전후의 정황과 일본의 한국병합」, 381~382쪽.

구한 제2차 가쓰라(桂) 내각의 성립과 고무라 쥬타로(小村壽太郞) 외상의 취임
은 미·일의 관계강화로 이어졌다. 또한 1908년 10월 6일 오스트리아가 보
스니아와 헤르체고비나의 합병을 선언하여 독일은 유럽에서 외교적으로 고
립상태에 빠지게 되었다. 이러한 배경하에 미·영·불·러 4강 동맹체제가
구축된 상황에서 미국은 만주문제로 일본을 자극할 필요성이 없었다. 이와
같이 미일관계의 개선으로 당소의와 스트레이트의 구상은 타격을 입게 되
었다.

그리하여 일본은 만주의 문호개방과 영토보존을 미국에 약속하였고 미국
은 일본에 이민문제를 보장해 주면서, 만주에 대한 일본의 지배권을 묵인한
1908년 11월 30일 「루트-다카하라 협약」을 미·일 양국이 체결하였다.[18]
미국이 이 협약을 맺은 배경은 루즈벨트(Franklin Delano Roosevelt)가 "만주에
는 일본과 전쟁을 무릅쓸 만한 우리의 이권이 없다"라고[19] 한 말에 잘 드러
나 있다. 이는 만주에서보다 필리핀에 대한 일본의 간섭을 배제하면서[20] 대
서양에서 이권을 확보하려는 미국의 대외정책에 기인한 결과였다.[21] 이 협
약은 무엇보다도 미국의 만주에 대한 간섭을 어느 정도 차단하였다는데서
일본으로서는 의미가 있었다.

그러나 이러한 미일의 밀월관계도 1909년 3월 4일 일제를 배제하는 스트
레이트의 만주정책에 일정한 지지를 표명하는 등 반일성향을 갖고 있던 태
프트가 미대통령에 취임하면서 급변하였다.[22] 태프트는 만주정책을 만주문

---

18 日本外務外省交 編纂, 『日本外交年表並主要文書』上, 312~313쪽.
19 日本外務外省交 編, 『日本外交文書』41-1, 78~81쪽.
20 이러한 미국의 입장은 태프트의 보고서에도 잘 나타나 있다. 즉, "하야시는 필리핀에 대해
어떤 야욕도 없다고 거듭 강조했다. 이민 문제는 유럽 이민과 동등한 수준에서 해결되기 바란
다고 했다. 일본은 전쟁회피를 열망하고 있다. 그들은 전쟁을 감당할 재정적 여유도 없다. 그
들은 한국을 수중에 넣는데 예상했던 것보다 어려움이 많다는 사실도 알고 있다. 이에 나는
미·일 사이에 전쟁이 발발하면 일본의 한국지배에도 영향을 미칠 수 있다는 점을 지적해 두
었다"(Henry F. Pringle, 『The Life and Times of Wiliam Howard Taft : a biography』, New York, 1939,
pp.303~304).
21 최문형, 「전후의 정황과 일본의 한국병합」, 388쪽.

제에 문외한인 녹스(Philander C. Knox) 국무장관에게 일임하였다. 그리고 만주문제 전문가인 윌슨과 스트레이트를 각각 동아시아담당 차관보와 동아시아부 부장에 임명하여 녹스의 약점을 보강토록 하였다. 이는 만주에서 미국의 이권이 해리먼 등의 '개인적인 차원'에서 '미정부의 차원'으로, '문화개방주장'에서 '자본의 투자'로 확대되었음을 의미하는 것이었다.[23] 그리하여 미국의 주된 만주정책은 두 방향에서 전개되었다. 하나는 동삼성 총독 석량(錫良)의 금애철도건설 계획을 청과 최종적으로 마무리 짓는 것이었다. 다른 하나는 동청철도를 러시아로부터 매수하는 것이었다. 그러나 금애철도 건설문제는 러시아의 반대로 성공할 수 없었다.[24]

스트레이트와 협력관계에 있던 쿤 로에브 회사(Kuhn, Loeb and Company)의 시프(Jacob H. Schiff)는 1908년 11월 러시아 대장성의 주미 재무관 빌라킨(Gregory Wilenkin)으로부터 일본이 남만주철도를 매각하면 러시아도 동청철도를 매각할 의사가 있다는 정보를 입수하였다. 그러나 일본이 남만주철도를 매각할 의사가 없다는 사실이 밝혀지자, 까갑쵸프(V. N. Kokovtsov)도 1909년 2월 미국과의 철도매각 교섭을 중단하였다.[25]

이와 같은 미국의 만주정책 선회는 1909년 3월 30일 내각회의에서 「한국병합에 관한 건」을 고무라 외상이 가쓰라 수상에게 제출하여 대한제국을 적당한 시기에 병탄하기로 결정하도록 한 하나의 배경으로 작용한 것으로 보인다. 말하자면, 1909년 4월 29일의 야마가타의 의견서[26]에서 드러나듯이, 미국의 대일 강경정책으로 인하여 일제의 한국 지배력이 상실될지도 모른

---

22 재미 한인들에 태프트가 미대통령에 취임한 것은 실로 그 의미가 매우 큰 것이었다. 때문에 『신한국보』 1909년 10월 26일자, 「미국대통령의 戀情新話」에서 태프트를 을지문덕에 비유할 정도였다.
23 최문형, 「전후의 정황과 일본의 한국병합」, 396~397쪽.
24 植田捷雄, 「韓國併をまぐる國際關係－朝鮮獨立運動序說」, 『朝鮮中國の民族運動と國際環境』, アジア・アフリカ國際關係學會, 1967, 344쪽.
25 최문형, 「전후의 정황과 일본의 한국병합」, 400쪽.
26 森山茂德, 『近代日韓關係史研究』, 88~86쪽.

다는 인식을 일본정부는 갖게 되었을 가능성도 배제할 수 없다. 이러한 국제정세 속에서 일제는 「한국병합에 관한 건」을 1909년 7월 6일 일본 각의에서 결정하고 동일 일본 천황의 재가를 얻어 대한제국에 대한 병탄을 공식적으로 확정하였다.[27]

이처럼, 일제는 국제정세의 변화에 따라 한국병탄을 결정하고 나서 남만주에 대한 독점적 지배력 강화를 위해 1909년 9월 4일에는 「간도에 관한 일청조약」과 「만주5안건에 관한 협약」을 청국과 체결하였다.[28] 이로써 일본은 만주에 대한 침략의도를 더욱 노골적으로 드러냈던 것이다.

한편, 일본인이 태평양 지역에서 러시아인들을 완전히 구축하기 위해 청을 부추기면서 한국과 남만주를 전쟁 배후지로 이용하여 새로운 전쟁을 준비하여 1909년 봄까지 연해주 전체가 일본에 점령당할 것이라는 정보가 국내외로부터 러시아정부에 보고되고 있었다.[29] 특히 연해주 총독 운떼르베르게르(Pavel Unterberger)는 일제의 연해주 침략을 기정사실화하여 국방상 수호믈이노프(Vladmir Sukhomlinov)를 통하여 니콜라이 2세를 움직였다. 그 결과, 나중에 자세히 살펴보겠지만 까깝쵸프의 극동방문으로 이어졌던 것이다.

이러한 상황 속에서 미국은 청일의 접근을 차단하면서 금애철도를 지렛대로 이용하여 동청철도와 남만주철도를 미국에 매각하도록 하는 전략을 세웠다. 그 일환으로 1909년 10월 2일 스트레이트가 만주에 이해관계를 가진 미국 은행그룹과 폴링회사를 대표하여 청과 약 750마일의 금애철도 건설예비계약을 체결하였다.

반면, 1909년 9월 20일 이즈볼스키 외상은 일본이 한국에서 행한 군사행동과 청일 간의 간도협약에 대해 주러 대사 모토노 이치로(本野一郎) 대사에게 강력한 항의를 하였다.[30] 미국도 간도협약 체결 소식을 듣고, 이는 포츠

---

27 日本外務省 編纂, 『日本外交年表竝主要文書』上, 315~316쪽.
28 日本外務省 編纂, 『日本外交年表竝主要文書』上, 324~326쪽.
29 최문형, 「전후의 정황과 일본의 한국병합」, 401쪽.

머츠 조약과 문호개방주의를 유린하는 것이라고 일제를 비난하였다.[31] 이처럼, 공격적인 일본의 만주정책에 직면하여, 러미는 일본의 만주정책에 대항하면서 만주에서의 이권보호를 위하여 서로 접근할 필요성이 제기되었다. 그러한 결과가 바로 주러 미대사 녹힐(W. W. Rockhill)이 1909년 11월 21일 러시아에 동맹을 제휴하는 형태로 나타나게 되었다.[32]

이러한 위기사태를 감지한 일본이 선택할 수 있는 길은 오직 러시아와의 관계정상화를 통한 러미 동맹을 차단하는데 전력을 기울일 수밖에 없었다.[33] 왜냐하면 러미의 관계강화는 일본의 만주에 대한 지배력을 약화시킬 것이고, 그 결과 대한제국 병탄계획에도 영향을 미칠 수밖에 없는 상황이 연출되리라는 것을 일제는 간파하고 있었기 때문이다. 간도협정으로 야기된 러미의 접근이라는 위기에서 벗어나기 위한 일제의 히든카드가 바로 까갑쵸프·이토회담이었던 것이다. 이러한 맥락에서 이토는 "현재 중국에서 강국들의 상호이익이 충돌하는 상황에서 벗어나기 위해, 극동문제와 관련 양국 간의 긴밀한 연대가 필요하다"는 견해를 제시했던 것이다.[34]

그러나 안중근의거로 까갑쵸프·이토회담은 성공하지 못하였다. 이러한 상황에서 미 국무부 장관 녹스가 오브라이언(Thomas J. O'brien) 주일대사를 통하여, 「만주중립화방안」이라는 카드를 1909년 12월 16일 일본에 제의하였고, 거의 같은 시기에 러·영·불·독에도 제시하였다.[35] 러시아로서는 미일 중 어느 한 나라와 제휴할 것인가 하는 외교적 기로에 놓이게 되었다. 이러한 외교문제를 둘러싸고 러시아 국내에서 논쟁이 있었지만, 일본과의 제휴를 추진한 이즈볼스키 세력이 우세한 상황이었다.

30 日本外務外省交編, 『日本外交文書』 42-1, 358~360쪽.
31 『滿洲日日新聞』 1909年 10月 12日字, 「米國の反對」.
32 최문형, 「전후의 정황과 일본의 한국병합」, 408쪽.
33 外務省政務局第三課, 『日露交渉史』(明治百年史叢書), 原書房, 1965, 158쪽.
34 Б.Д.Пак, 『Возмездие на харБинском Вокзале』, Москва-Иркутск, 1999, стр 26.
35 外務省政務局第三課, 『日露交渉史』(明治百年史叢書), 164~165쪽.

급한 쪽은 일제였다. 러시아와의 관계가 악화되면 일제는 한국에 대한 우월권이 위협받는 상황에 직면하게 될 가능성이 있었기 때문이다. 그리하여 1909년 11월 21일 모토노가 이즈볼스키에게 공식적으로 동맹을 제의하였고,[36] 12월 18일 러시아황제가 일본과 협정을 체결하기로 내정하였다.

이러한 정황을 배경으로 1910년 1월 21일 러일 양국은 녹스의 만주중립화 방안을 거절하였던 것이다.[37] 결국, 일본의 집요한 러시아 접근과 만주분할정책을 통한 이권추구라는 러시아의 만주정책은 1910년 7월 4일 「제2차 러일협약」의 체결로 이어져 만주문제는 러일 간의 이권보장이라는 형태로 일단락되었다.[38] 그리고 까깝쵸프가 이토와의 회담에서 제기하려고 했을지도 모를 몽골문제[39]는 1913년 7월 8일 「제3차 러일협약」으로 일단락되었다.[40] 이처럼, 안중근의거는 1909년 9월 「간도협약」 이후 불리해진 상황을 반전시키려는 일제의 모략과정에서 이루어진 국제적 의미를 갖는 사건이었던 것이다.

3. 까깝쵸프·이토의 회담 목적과 관련국의 시각

1) 회담 전 러일 간의 현안

위에서 살펴보았듯이, 러일전쟁 이후 만주는 자국의 세력권하에 두려는 열강의 각축장이 되었다. 만주의 정세는 유럽의 정세와 연동되어 있었으며 기본적으로 러일 간의 대립과 협력 구조 속에서 각국의 이권에 따라 좌우되

---

36 外務省政務局第三課, 『日露交渉史』(明治百年史叢書), 184쪽.
37 최문형, 「전후의 정황과 일본의 한국병합」, 408쪽.
38 日本外務省 編纂, 『日本外交年表竝主要文書』 上, 336~337쪽.
39 박종효, 「安重根 義擧에 관련된 러시아 文書」, 『21세기와 동양평화론』, 국가보훈처·광복회, 1996, 179쪽.
40 日本外務省 編纂, 『日本外交年表竝主要文書』 上, 369쪽.

었다. 특히, 1909년 3월 태프트가 미국 대통령에 취임하면서 만주의 정세는 급변하였다. 즉, 러일은 각각 "미국과의 관계를 강화하느냐", 아니면 "러일 간의 관계를 강화하느냐" 하는 기로에 서게 되었다. 더구나 1909년 9월 4일 간도협약으로 러일관계는 더욱 악화되어 양국 간의 전쟁이 임박하였다는 분위기가 국제사회에 형성되었다.[41] 때문에 1907년 봄 고토 신페이(後藤新平) 가 제기한 이토의 방만 필요성이 일본의 정계에 급부상하게 되었던 것이다. 이처럼 까깝쵸프·이토회담은 만주에 대한 양국의 독점적 지위가 강화되는 쪽으로 전개되리라는 것을 상징적으로 보이고 있는 것이다. 이러한 측면에서 까깝쵸프·이토회담은 러일 간의 현안을 해결하기 위한 자리였던 것으로 보인다. 그러므로 러일 간의 현안이 이 회담의 목적이 되리라는 것은 불문 가지일 것이다.

그렇다면 당시 러일 간의 현안은 무엇이었을까? 이는 간도협약 체결 16 일 후, 안중근의거가 있기 약 한 달 전인 1909년 9월 20일에 열린 이즈볼스 키와 모토노 회담에서 엿볼 수 있다. 즉, 러일 간의 현안문제는 ① 철도에 관한 일청교섭(간도협약), ② 여순(旅順) 연대(烟臺) 탄광 문제, ③ 하얼빈 시제 문제(哈爾賓 市制問題)이었다.[42]

①의 문제에 대해 이즈볼스키는 간도협약과 한국에서 벌어지고 있는 일 본의 군사행동을 거론하며 이는 러시아에 대항하기 위한 목적임을 의심하 지 않을 수 없다고 모토노에게 선공을 가하였다. 이에 대해 모토노는 일본 의 군사행동은 한국의 질서유지를 위한 수단이며, 간도협약은 포츠머츠조약 에 따라 안봉선의 개축을 의미한다고 하면서 이즈볼스키의 예리한 질문을 회피하려고 하였다. 그러자 이번에는 이즈볼스키가 러시아가 문제시하는 바 는 안봉선이 아니라, 길림에서 한국으로 이어지는 선로라고 반박을 하였다.

---

41 外務省政務局第三課, 『日露交渉史』(明治百年史叢書), 159쪽.
42 日本外交史料館, 「露國外務大臣卜會談ノ要領報告ノ件」, 『韓國ニ於ケル統監政治及同國 併合後帝國ノ統治策ニ對スル論評關係雜纂』(문서번호 : 1.5.3, 14).

이에 대해 모토노는

본 선로는 한국 및 남만에서 일본의 권리이익 확보의 일반계획 중
에 포함되어 있는 것이다. 한국은 일본의 피보호국이고 만주는 일본의
세력범위 안에 있다. 고로 이 두 지방에서 필요한 조치를 하는 것은 당
연한 일이다.[43]

라고 하면서 대한제국과 남만주가 일본의 세력권 아래 있음을 강조하였고,
이즈볼스키의 간도협약에 대한 불만을 러시아의 아무르철도 건설을 들어
무마시켰다. 게다가 모토노는

일러양국은 상호 공동의 평화친선의 의사에 대해 의심하는 마음을
품지 말아야 할 것이다. 양국이 각자 하고 있는 경영은 필경 경제상 및
국방상의 목적에서 나온 것으로 결코 침략적 의의를 갖는 것은 아니다.
양국은 각자의 권리와 이익을 보호하기 위해 이러한 조치를 취할 권리
와 의무를 갖는다고 할 수 있을 것이다. 일본에 있어서도 또한 러시아
에 있어서도 지금 일부의 인사가 서로 다른 성의를 품고 있는 것은 사
실이다. 일본도 러시아도 공히 침략정책을 취하려고 하지 않는데 이러
한 사실이 존재하는 것은 실로 한탄스럽기 그지없다. 양국우호관계를
방해하는 시샘과 의심을 일소하기 위해 어떠한 적절한 방법의 강구를
실로 바라마지 않는다.[44]

---

43 日本外交史料館,「露國外務大臣卜會談ノ要領報告ノ件」,『韓國ニ於ケル統監政治及同國
併合後帝國ノ統治策ニ對スル論評關係雜纂』(문서번호: 1.5.3, 14).
44 日本外交史料館,「露國外務大臣卜會談ノ要領報告ノ件」,『韓國ニ於ケル統監政治及同國
併合後帝國ノ統治策ニ對スル論評關係雜纂』.

라며 양국의 조치는 서로의 이익을 위해서 이루어진 것이지 침략의도를 갖고 있지 않다고 전제한 후, 양국의 관계발전을 위한 적절한 방법을 강구해야 한다고 주장하였다. 물론 '적절한 방법'을 찾는 과정에서 까깝쵸프·이토 회담으로 이어졌다는 것은 두말할 필요가 없을 것이다.

②의 문제에 대해 이즈볼스키가 여순 탄광에 대한 러시아인의 권리문제를 주장하자, 모토노는 청국인 왕승요(王承堯)를 예로 들면서 연대탄광은 일본의 소유이므로 러시아인이 이에 대한 이권을 주장할 권리가 없다는 논리로 대응하였다.

③의 문제에 대해 양국은 철도부속지 내에서의 행정권문제에 대해 제삼자의 공격으로부터 그 권리를 방어할 필요가 있다는 데 동의하였다.

그러나 이러한 현안의 해결은 간단한 문제가 아니었다. 때문에 우선 러시아를 설득하기 위해 일제는 '나포된 러시아선박의 석방과 '러일전쟁 때 피해를 입은 민간인에 대한 보상'이라는 유인책을 러시아에 제시하였다.[45]

결국 이토는 만주의 이권을 노린 미국의 만주정책 강화에 따른 러·미·청·독의 접근을 차단하면서 만주의 지배권을 공고히 하기 위해 까깝쵸프와 회담을 구상하였던 것이다.

2) 까깝쵸프의 극동시찰과 그 목적

1909년 9월에 이르러 일본이 청과 「간도협약」을 체결하자, 열강이 만주

---

45 日本外交史料館, 「日露間諸懸案の解決に關する件」, 『對外政策竝態度關係雜纂』(문서번호 : 1.1.1, 3). 그러나 이러한 일제의 태도에 대해 1909년 10월 1일 말레프스키 밀레비치는 러시아의 나포선박에 대한 보상을 처리하지 않으려고 하는 상황을 까깝쵸프에게 알려주어 이토와 러일협상에 참조하라고 주문하였다(АВПРИ(제정러시아대외정책 문서보관소), Японский стол, Фонд No150, Опись No.493, Дело No. 1279, Лист No.3). 그리고 러일 양국 간의 현안 문제가 완전히 해결된 것은 러시아정부가 일본의 제안을 승인한 1911년 6월 23일의 일이다(外務省政務局第三課, 『日露交涉史』(明治百年史叢書), 193쪽).

에서 일제의 독점적 지배권에 대한 우려를 표한 것은 주지하는 바이다. 특히 러시아는 어느 열강보다도 「간도협약」으로 초래된 국제정세의 변화에 촉각을 세웠고 이를 둘러싸고 러시아 국내의 여론은 대일 강경론과 온건론으로 양분되는 갈등양상을 보였다.

이러한 배경 아래 까깝쵸프의 극동시찰의 직접적인 동기는 1909년 상반기에 연해주 총독 운테르베르게르가 뻬쩨르부르그에 보낸 보고서가 발단이 되었다.[46] 즉, 운테르베르게르 총독은 블라디보스톡이 일본의 새로운 침략음모에 무방비상태로 방치되어 있다는 내용으로 이루어진 많은 보고서를 중앙정부에 제출하여 조속한 조치의 강구를 촉구하였다. 이 보고문에 대해 러시아 국방상 수호믈리노프는 전적으로 공감을 표하였다. 게다가 그는 황제 니콜라이 2세에게 "러시아 태평양연안의 방위력이 허약한 원인은 블라디보스톡의 방어시설 구축을 위한 예산확보가 대장성의 반대로 불가능했기 때문이다"라고 보고하면서 그 책임을 까깝쵸프에게 전가하였다.[47] 이에 대해 까깝쵸프는 일본과 1905년 포츠머츠조약 체결 이후 3년간 국방성이 요구한 극동 방위비 전액을 참의원에 상정시켰다고 반박하고 나섰다.[48] 이후 이즈볼스키도 까깝쵸프를 지지하는 등 수호믈이노프 세력과 대립하는 양상을 연출하기도 하였다. 국무회의에서도 블라디보스톡 방위비 문제를 재심의하기로 하였으나 결론을 내리지 못하였다.

그러나 이러한 상황에서 중립을 견지하던 니콜라이 2세는 모토노와의 회견에서 "러시아의 블라디보스톡 방위태세가 불비하다"는 사실을 일본이 잘 알고 있다는 이야기를 듣고 놀라지 않을 수 없었다. 그래서 니콜라이 2세는 1909년 8월 까깝쵸프에게 블라디보스톡의 방위실태와 극동정세를 현지에

46 박종효, 「안중근(安重根)의사의 하얼빈(哈爾賓)의거 진상(眞相)과 러시아의 대응」, 『安重根義士의 偉業과 사상 再照明』, 안중근의사숭모회・안중근의사기념관, 2004, 113쪽.

47 Коковцов В.Н. 『Из Моего прошлого воспоминания 1903-1919гг』 Книга 1, МОСКВА, 1992, стр 314(이하 까깝쵸프 회고록).

48 『까깝쵸프 회고록』, 315쪽.

가서 자세히 조사 보고하라는 칙령을 내렸다.[49] 이에 따라 까깝초프는 11월 국회가 개회되기 전까지 뻬쩨르부르그로 귀환한다는 극동여행 계획을 세웠다. 그는 1909년 9월 18일

> 극동출장을 잘 수행하기 위하여 빠른 시일 내로 본인에게 다음과 같은 기회를 주었으면 합니다. 주북경 본국 공사와 북만주와 몽고에 관한 소정의 문제를 여러 가지 측면에서 논의하기 위한 여행시간과 계획을 서로 논의해야 하고 또한 이 문제 대해 북만주 본국 영사들의 견해를 직접 듣는 것이 바람직하다고 생각합니다. 각하께서 까라스또브츠를 하얼빈에 소집할 수 있도록 허락하시기를 삼가 부탁드립니다.[50]

라는 비밀전문을 이즈볼스키 외상에게 보내면서 만주시찰 준비에 착수하였다. 여기에서 알 수 있듯이 까깝쵸프가 극동을 방문한 또 다른 목적은 북만주와 몽고 처리방책을 수립하기 위한 것이었다. 따라서 까깝쵸프의 극동방문 목적은 일본의 위협과 그에 따른 연해주 방위책을 마련하기 위한 것이었고, 다른 하나는 북만주와 몽고에 대한 대책을 협의하기 위한 것으로 보인다.

이와 같은 까깝초프의 극동순방 계획이 세간에 전해지자, 「간도협약」 이후 악화된 러일관계를 정상화시킬 기회를 엿보고 있던 모토노는 까깝쵸프를 예방하여 극동 순방길에 일본을 방문해줄 것을 요청하였다.[51] 이에 대해 까깝쵸프는 11월 초에 상하 양원이 개회되므로 일본까지 갈 시간적 여력이 없다고 회답하였다.[52] 다시 모토노는 이즈볼스키 외상과 상의하여 까깝쵸프의 방일문제에 대해 러시아황제의 허락을 얻도록 하겠다고 하였다.[53] 그러

---

49 『까깝쵸프 회고록』, 323쪽.
50 АВПРИ, Японский стол, Фонд No.150, Опись No. 493, Дело No.1279, Лист No.3.
51 『까깝쵸프 회고록』, 323쪽.
52 『까깝쵸프 회고록』, 323쪽.
53 『까깝쵸프 회고록』, 324쪽.

나 이러한 모토노의 제안을 까깝쵸프는 황제의 의심을 초래할 수 있다는 이유를 들어 거절하였다.[54]

이처럼, 일제가 까깝쵸프의 극동방문에 촉각을 세우고 있을 때, 1909년 10월 14일 동경주재 러시아공사 말레프스끼 말레비치가 다음과 같은 비밀전문을 러시아정부에 타전했다.

> 나와 고토간의 만남을 통하여 본관은 이토공작과 재무부 장관(필자—까깝쵸프)의 회담에서 일본이 억류한 선박, 동청철도, 남만주철도에 관한 문제를 다룰 것이라는 나의 추측을 확인하였다.[55]

요컨대, 말레비치는 일제가 까깝쵸프·이토회담을 통하여 만주철도문제를 논의하려고 한다는 정보를 러시아정부에 보고하였던 것이다.[56] 이는 이토와 까깝쵸프 간의 회담에 대한 러일양국의 협의가 10월 14일 이전에 이미 이루어지고 있었음을 의미하는 것이다. 그리고 까깝쵸프·이토회담은 1909년 9월 4일 「간도협약」이 청일 사이에 체결되어 러일 간의 긴장이 고조되었고, 1909년 10월 2일 청국이 영·미와 금애철도 부설계약을 체결하는 등 미국을 중심으로 만주의 이권에 대한 열국의 개입이 증대되는 시점에서 까깝쵸프와 이토의 회담이 준비되고 있었던 것이다.

그리하여 1909년 10월 24일 동경주재 러시아 공사 말레비치는 이토가 까깝쵸프와 극동의 중요한 국제문제를 협의하기 위해 하얼빈으로 간다고 하면서 이토의 극동방문 일정을 보고하는 전문을 러시아 외무성에 급보하였다.[57] 이와 동시에 모토노도 이즈볼스키를 만나 이토가 극동순방길에 까깝

---

54 『까깝쵸프 회고록』, 325쪽.
55 АВПРИ, Японский стол, фонд No.150, опись No.493, дело No.1279.
56 이에 대해 『滿洲日日新聞』는 1909년 10월 14일자의 「露國と伊藤公」에서 다음과 같이 전하고 있다. 즉, "러시아 대사는 이토 공을 위해 송별연을 열고 또한 하얼빈에서 이토공 환영의 건에 대해 본국정부에 타전한 바 있다고 한다."

쵸프와 회동하여 남만주철도와 동청철도의 상호 화물협정을 체결하고 교역 확대를 도모하기 위해 관계개선을 협의하고자 한다는 내용을 전하였다.[58]

이로 보아, 1909년 10월 24일경 까깝쵸프・이토회담 일정이 1909년 10월 26일로 결정되었고, 회담의제로는 "남만주철도와 동청철도의 상호 화물협정과 교역확대 그리고 포괄적 양국의 관계개선"이 암묵적으로 설정되었던 것 같다.

그러나 10월 14일 극동으로 출발한 까깝쵸프는 이토와의 회담이 예정되어 있었다는 사실을 전혀 몰랐다. 그가 그것을 안 것은 1909년 10월 22일 만주역에 도착하고 나서였다.[59] 즉, 동청철도 장관 호르바트가 "이토가 까깝쵸프와의 회담을 희망한다"는 하얼빈주재 일본 총영사 카와카미 도시히코(川上俊彦)의 통보를 받아 까깝쵸프에게 전하였다.[60]

이처럼 까깝쵸프・이토회담은 정상적인 외교 루트를 통하여 이루어졌다기보다 일제의 요청으로 급박하게 결정되었던 것이다. 따라서 회담의 의제를 미리 조율할 여유가 없었다. 이 회담에서 러시아는 극동에 대한 일본의 위협론을 직접 확인하면서 동청철도 및 남만주철도 문제 등 양국관계 개선 논의에 그 목적을 둔 것으로 추측된다.

한편, 일본에 대한 러시아의 여론이 악화되어 있는 상황에서[61] 까깝쵸프와 이토 간의 회담이 있을 것이라는 사실이 알려지자, 이 회담에서 무엇을 논의할 것인가? 그리고 그 결과가 미칠 파장은 어느 정도인가 하는 문제에 러시아언론의 관심이 집중되었다. 러시아 사회당 기관지 『신생활(Новая жизнь)』은 1909년 10월 21일자 기사에서 "일본이 러일 간의 상업적 이익의 충

---

57 박종효, 「안중근(安重根)의사의 하얼빈(哈爾賓)의거 진상(眞相)과 러시아의 대응」, 114쪽.
58 박종효, 「안중근(安重根)의사의 하얼빈(哈爾賓)의거 진상(眞相)과 러시아의 대응」, 114~115쪽.
59 『까깝쵸프 회고록』, 323쪽.
60 『까깝쵸프 회고록』, 326쪽.
61 日本外交史料館, 「露國官憲の在留邦人に對する態度に關する件」, 『帝國諸外國外交關係雜纂 日露間』第一卷(문서번호 : 1.1.4, 1-2).

돌로 청국만 이익을 보고 있는 상황에서 러일 간의 문제를 해결하기 위해서는 일정한 방법이 있어야 하는데, 바로 그 방법이 까깝쵸프·이토회담"이라하면서, "까깝쵸프·이토회담은 만주에 대한 러시아의 이해관계와 동청철도문제에 중대한 영향을 미칠 것"이라고 까깝쵸프·이토회담의 배경을 설명하고 있다.[62]

또한 러시아 동청철도 기관지 『하얼빈일보(Харбинская вестник)』는 1909년 10월 24일자 기사에서[63] "일본정부차원에서 추진된 까깝쵸프·이토회견을 통해 일본은 간도협약으로 청국으로부터 얻은 철도부설권문제, 즉 길장철도를 회령까지 연장하여 한국철도와 연결시키는 계획을 러시아에 이해시

62 『Новая жизнь』 1909년 10월 21일자; 哈爾賓新聞社, 『伊藤公の最期』, 1927, 4~6쪽.
"이토공과 우리 북경공사 및 재무부장관과의 회견에 대해 우리 사원은 모외교관으로부터 다음과 같은 이야기를 들었다. 만약 이번 회견에서 만주에 있어서의 일러양국의 위치에 관해 일청러 간에 계속된 담판의 결과로 돌아갈 수 있다면 이 회견을 우연한 일로 여기는 것은 처음부터 잘못된 것이라고 하지 않을 수 없다. 포츠머츠조약은 紙上에 체결된 것이라고 해도 이것이 행해질 경우 全局의 정책과 충돌할 점이 적지 않다. 특히 만주에서의 일러의 상공업 이해에 관해서 가장 그렇다고 하다. 그리고 청국은 이 사이에 서서 어부지리를 얻고 있는 것이다. 일본은 종래, 철도연락 기타 여러 가지 방법으로 피아 사이에 걸쳐 있는 제문제를 해결하는데 노력하고 오로지 러시아의 동정에 영향하고자 하더라도 청국내부의 사정으로 속속 새로운 문제를 야기하고 있다. 당면한 제문제를 왕왕 없는 것으로 하려고 하고 있다. 생각컨대, 이번문제의 해결은 일러양국 간에 일정한 방법을 갖추어야 하는 것으로써 이러한 방안 중에, 특히 만주에 있어서 피아의 통상적 관계에 관해서는 가장 결여됨을 알 수 있다. 필경 이토공과 우리 외교당국자를 만주에 초래하여 회견하게 됨에 이른 소이이다. (전략) 이와 같은 제의(필자-일제의 동청철도매수)는 실제 이런 일이 있다고 하더라도 당시 폐기되었다. 그러나 혹은 이 기회에 재차 제의할 것이냐 하는 것은 알 수 없다. 요컨대, 까깝쵸프씨는 전권을 갖고 중대한 사명을 띤 것으로 이 회견은 만주에 있어서의 러시아의 이해문제와 동청철도에 관해 가장 중대한 결과를 초래할 것은 의심의 여지가 없다."
63 『Харбинская вестник』 1909년 10월 24일자; 哈爾賓新聞社, 『伊藤公の最期』, 7쪽.
"재팬타임즈지는 일러의 만주분할에 대해 기재한 바 있고 그리고 동경의 기타 외자신문에 이토공이 출발하기 전에 황제폐하를 알현하기도 하고 장기간에 걸쳐 내각회의가 열리기도 하였으며 이토공과 가쓰라 수상이 회견하기도 한 것에 대해서도 게재하였다. 이토공의 만주행은 단순히 폐하의 생각에 의한 것은 아니고 정부의 제의에 의한 것이다. 공의 귀조 후에는 공이 남만주 태수의 印綬를 휴대하리라는 사실이 관측된다. 정부는 특히 이토공에 대해 남만주철도를 정리할 것, 동청철도에 관해 모든 문제를 그 곳에서 처리할 것을 위촉하였다. 이토공에 나카무라 만철총재가 수행하는 것은 이 때문이다."

키고 동청철도에 관한 문제도 처리할 목적으로 만주순방을 결정하였다"고 보도하였다. 아울러 『하얼빈일보』는 같은 기사에서 "이토의 만주행은 남만주 태수(통감)가 되기 위한 사전공작"이라고 주장하는 등 여전히 일본에 대한 경계심을 고양시켰다. 이는 곧 일제에 대한 러시아인의 적대의식이 여전하다는 사실을 반영하고 있음을 의미하는 것이다. 또한 10월 20일자 같은 신문의 기사에서 "까깝쵸프·이토회담의 결과는 전연 예측할 수 없으나 러시아인은 상당한 성과가 있을 것으로 생각하고 있으며, 만주문제에 깊은 관심을 갖고 있던 영불이 이번 회담을 만주문제에 중대한 의미가 있는 것으로 보기 때문에 이 회담을 예의주시하고 있다"라고 분석하고 있다.[64]

3) 이토 히로부미의 만주방문과 그 목적

이토가 까깝쵸프와의 회담을 추진하게 된 연원은 1907년 봄 이토와 고토가 일본이 취해야 할 대외정책에 대해 3일간 논의했던 때로 거슬러 올라간다. 이때 고토가 이토에게 러일 간의 문제해결을 위해 만주방문을 제안하였다. 즉, 고토는 일본의 대한제국 식민지화 이후를 대비하기 위한 수단으로 '청의 보존'과 '동양평화'라는 명분으로 러·독·영·불의 협력을 이끌어내고, 청국에 대해서는 동양인 스스로 동양문제를 해결해야 한다는 '대아시아

---

64 『Харбинская вестник』 10월 20일자; 哈爾賓新聞社, 『伊藤公の最期』, 2~3쪽.
"滿市, 활기를 드러내며 各人의 두뇌는 외교문제에 지배되어 화두에 오른 한 가지는 이토공과 까깝쵸프씨와의 회견과 관련이 있다. 그리고 누구도 이 회견의 결과에 대해서는 전혀 예측할 수 없으나 이곳의 러시아는 양호한 성과가 있을 것이라고 하고 또한 구주에서도 이번 하얼빈 회견을 중대한 의미가 있는 것으로 관측하는 것 같다. 天津으로부터는 한 프랑스신문통신원이 특파되었다고 한다. 영국 상인의 말에 의하면 그 프랑스 신문기자는 上海에서 블라디보스톡을 경유하여 하얼빈에 오는 중이라고 한다. 또한 奉天의 영국 총영사관은 까깝쵸프씨와 회견일에 비공식적으로 하얼빈을 방문할 것이라고 말하였다. 요컨대 영국인은 가장 큰 호기심을 갖고 이 회견을 주목하고 있는 것 같다."

주의'를 내세우면 청·미의 접근을 차단할 수 있다고 이토를 설득하였다.[65] 또한 이는 안중근의거 당시의 외무성 정무국장 구라치 테츠기치(倉知鐵吉)가 "이토의 방만목적은 고토의 헌책에 의한 까깝쵸프와의 회담"이라고 한 데서도 확인된다.[66]

이러한 고토의 권유에 따른 이토의 방만 필요성이 1909년 9월 4일 간도협약 이후, 러시아와의 긴장이 극에 달하는 시점에서 일본정계에 급부상하였다. 특히 고토는 이토의 만주방문 준비의 일환으로 주일 러시아대사 말레비치와의 회담에서 이토와 까깝쵸프가 만나면 동청철도와 남만주철도 문제를 논의할 것이라고 피력하였다.[67] 이는 까깝쵸프·이토회담에서 일제가 제기할 주된 의제가 철도문제였음을 의미하는 것이다.

또한 이토의 방만목적에 대해 고무라 외상은 1909년 10월 9일 이토의 만주여행이 아무런 사명이 없는 것처럼 재외 각국 일본대사들에게 전전(轉電)하였다. 이처럼 이토의 방만 목적은 일제 외무성 내부에서도 비밀에 부쳤을 정도로 중대사건이었다.[68]

그러나 까깝쵸프·이토회담이 급작스럽게 열리었기 때문에 이토의 만주방문 목적이 특정한 의제에 한정된 회담이 아니라, 러일 간에 놓여 있는 현안문제에 대한 상호 탐색전의 성격을 갖고 있으므로 마치 특별한 사명이 없는 것처럼 보이는 것도 당연하다. 이러한 측면에서 까깝쵸프·이토회담은 특정한 의제가 없는 포괄적 협상을 목표로 하였던 것이다. 이 점은 밀레프스끼 말레비치가 일본정부가 광범한 정치 및 경제문제에 대한 협상권을 이토에게 위임했다는 전문을 1909년 10월 14일 러시아 외무성에 보낸 사실에서도 확인된다.[69] 또한 미국이 만주문제에 적극적으로 개입하고 있던 당시

---

65 『중앙일보』 1983년 4월 18일자, 「잃어버린 36년─安重根, 伊藤저격전에 義兵으로 일군과 항행」; 小松綠, 『外交秘密』, 株式會社中外商業新報社, 1927, 411~413쪽.
66 倉知鐵吉, 『韓國倂合의 經緯』(日本 外交史料館 소장, 문서번호 : 6.4.5-47), 10쪽.
67 АВПРИ, Японский стол, фонд No.150, опись No.493, дело No.1279.
68 국사편찬위원회, 『한국독립운동사』 자료 7, 1978, 1쪽.

의 국제정세 속에서 미국의 러시아에 대한 접근은 일제의 만주장악에 크나큰 타격을 줄 뿐만 아니라, 한국의 장래에도 영향을 미칠 가능성이 컸다. 그러므로 러미의 접근을 차단하기 위해 러시아를 설득해야만 했을 것이다. 이러한 배경 아래 러일양국은 서로의 의중을 확인하기 위해 까깝쵸프·이토 회담에 임하였던 것이다.

그런데 여기에서 일제는 이토의 회담상대로 왜 까깝쵸프를 택했는지 하는 문제에 대해서 살펴볼 필요가 있다. 모토노는 이즈볼스키에게 방일요청을 하였다.[70] 그러나 이즈볼스키는 간도협약에 대해 모토노와 첨예한 대립을 보이는 등 이토의 회담상대로 부담스러운 존재였던 것이다. 이에 비해 까깝쵸프는 모토노가 이즈볼스키를 통하여 러시아황제에게 상주하여 까깝쵸프를 일본에 초청하고 싶다고[71] 할 정도로 친일적인 인사라는 사실이 널리 알려져 있었다. 뿐만 아니라, 그는 운테르베르게르가 주장한 일제의 재침략설을 부정하면서 오히려 일본과 관계를 강화해야 한다고 주장할 만큼 일본과의 관계개선을 추구했던 인물이다. 그리고 극동으로 출발하기 하루 전, 모토노가 까깝쵸프를 만날 정도로 두 사람의 관계가 깊었다는 사정도 고려되었을 것이다.[72]

그러나 무엇보다도 이토로서는 동청철도의 매각설이 회자되고 있는 상황에서 그 총책임자인 까깝쵸프를 만나 사실여부를 확인할 필요가 있었다. 왜냐하면 러시아가 큰 손실을 보고 있는 동청철도를 미국에 매각하게 된다면 일제의 만주정책은 결정적으로 타격을 입기 때문이다. 이러한 복합적인 이유로 이토는 까깝쵸프를 회담상대로 선택하였던 것이다.

---

69 Б.Д.Пак, 『Возмездие на харБинском Вокзале』, Москва-Иркутск, 1999, стр 26; 박종효, 「안중근(安重根) 의사의 하얼 빈(哈爾賓)의거 진상(眞相)과 러시아의 대응」, 115쪽.

70 日本外交史料館, 「露國外務大臣卜會談ノ要領報告ノ件」, 『韓國ニ於ケル統監政治及同國併合後帝國ノ統治策ニ對スル論評關係雜纂』(문서번호 : 1.5.3, 14).

71 『까깝쵸프회고록』, 324쪽.

72 『까깝쵸프회고록』, 325쪽.

그리고 동맹관계에 있던 영국의 까깝쵸프·이토회담에 대한 의구심을 해소하기 위해 이토는 고무라에게 영국의 의향 탐지를 의뢰하는 등 전방위적 외교 노력을 경주했던 점도 주목해야 할 대목이다.[73]

그런데, 구라치는 『조선병합의 경위』에서 이토의 방만에 대해 다음과 같이 밝히었다.

> 또한 이(필자―고토의 헌책)는 틀림없지만 이와는 전연 상관없는 하나의 사정이 있다. 이를 포함하여 이토공은 하얼빈행을 결행한 것이다. 이에 대해서 아는 자가 많지 않지만 나는 이토공과 내밀한 이야기에 의해 이처럼 단행한 것이다. 그러나 이는 병합문제와 직접관계가 없으므로 다른 기회로 넘기겠다.[74]

요컨대 이토의 만주행이 고토의 헌책과 상관없는 또 하나의 이유가 있다는 구라치의 지적에서 있듯이, 이토가 만주여행을 단행한 진정한 목적이 또 있음을 암시하고 있다. 분명한 것은 구라치의 지적대로 일제의 한국병탄 방침을 러시아에 설명하기 위해 만주로 간 것이 아니라는 점이다.[75]

그럼, 구라치가 지적한 또 하나의 방만 목적이란 무엇을 의미하는 것일까? 이토의 만주방문 일정은 1909년 10월 16일 동경을 출발하여 11월 4일 귀국하는 것이었다.[76] 이 19일 동안 이토가 하려고 했던 바를 당시의 언론 논조와 사료를 통하여 추적해 보면 구라치가 말한 또 하나의 방만 이유를 어느 정도 추정해 낼 수 있을 것이다.

우선, 이토의 방만이 정치적인 목적이 아니라, 일신상의 문제로 결정되었

---

73 春畝公追頌會, 『伊藤博文傳』 下卷, 1940年, 春畝公追頌會, 855~857쪽.
74 倉知鐵吉, 『韓國倂合の經緯』, 10쪽.
75 대부분의 이토관계 전기에서는 이토의 방만목적을 일제의 대한제국 병탄에 대해 양해를 구하기 위해 간 것으로 잘못 설명하고 있다(春畝公追頌會, 『伊藤博文傳』 下卷, 855~857쪽).
76 『滿洲日日新聞』 1909年 10月 23日字, 「藤公歸程決す」.

다는 시각이 있다. 말하자면 이토는 고령에 따른 악화된 건강상태의 회복을 위해 만주여행을 계획하였다는 것이다.[77] 그러나 그 가능성은 희박하다고 하겠다. 왜냐하면 노구인 이토에게 장거리 여행은 오히려 건강을 해칠 수 있기 때문이다.

다른 하나의 가설은 청국 서태후(西太后)와의 회담도 이토의 방만 목적 중의 하나였다는 것이다.[78] 이는 1907년 고토가 청미의 접근을 차단하는 방법으로 '대아시아주의'에 입각하여 서태후를 설득하기 위해 방만해야 한다고 제기한 문제로, 그 타당성이 전혀 없다고는 볼 수 없다. 더욱이 이와 관련하여 이토의 청국 고문설은 중요한 의미를 갖는다.[79] 이것이 사실이라면 이는 까깝쵸프와의 회담에서 별 성과가 없을 시, 일제의 만주장악이라는 또 하나의 돌파구로 작동되었을 것이다.[80] 즉, 일제는 「간도협약」을 체결하였으나 러시아의 반발로 간도협약을 구체화시키지 못하는 상황에 직면해 있었다.[81]

---

77 『滿洲日日新聞』 1909年 10月 8日字, 「伊藤公の來滿」.

78 『중앙일보』 1983년 4월 18일자, 「잃어버린 36년-安重根, 伊藤저격전에 義兵으로 일군과 항쟁」.

79 이에 대해서는 다음에서 엿볼 수 있다. 즉, "伊藤公의 今回의 渡滿은 그 순서로 북경에 들려 同國政府의 고문으로 憲政施行準備에 관한 자문에 응하려고 하는 것이 그 주요목적 중 하나라는 說이 있다. 그리고 說者는 말하기를 청국정부와 이토공과의 사이에 서서 이렇게 알선의 勞를 取한 사람은 8월 하순에 귀국한 淸國 考察憲政大臣 李家駟氏로 씨가 이처럼 헌정조사의 사명을 띠고 국서를 들고 내조하여 大命 伊公에게 주었으나 당시 公은 간접책임의 위치에 있었다. 이렇게 된 憲政 조사안은 완벽에 가까운 것으로써 대단히 북경정부를 만족시킨 결과 그 임무를 맡은 李氏의 信任은 멀리 歐美에 派遣된 同僚各考察憲政大臣을 능가하는 無上의 光榮을 입고 귀국하기에 이르렀다. 씨는 깊이 公을 고맙게 여겨 歸國前 數日間은 兩者의 왕래가 매우 빈번하게 되었다. 公은 당시 渡淸해도 지장이 없다는 뜻을 흘렸다. 이에 李씨는 비상한 盡力과 奔走로 淸國政府의 意向 및 재청 외국사신의 동정을 탐지하였다. 이에 대체의 예상으로 서서히 공을 일으켜 세워 만주시찰을 기회로 북경에 들려 청국정부의 자문에 응하도록 궁리하여 외국과의 관계상 더욱 幾多의 난관이 생길 것이다. 한편 씨는 금후의 운동은 꽤 곤란할 것이라고 云云하였다는 일설이 있다"(『滿洲日日新聞』 1909년 10月 27日字, 「伊藤公の淸廷顧問說」).

80 『京城新報』는 1909년 10월 26일자의 「伊公北行は中止」에서 이토의 북경방문 계획이 취소되었다고 보도하고 있다. 그러나 같은 신문은 까깝쵸프와 회담 결과에 따라 이토는 행동방향을 결정하였을 것이기 때문에 이토가 북경을 방문할 가능성을 완전히 배제할 수는 없을 것이다 라고 덧붙였다.

그래서 이토는 까깝쵸프와의 회담 실패책임을 러시아에 전가하면서 간도협약의 실행을 포함한 대청정책의 전반적인 재검토를 하려고 하였을 가능성이 매우 높다. 즉, 이는 이토가

> 公爵은 本官의 意見과 本官이 今日까지 取하여온 方針을 가지고 至極히 適當한 것으로 認定한다고 陳述한 後 鐵道附屬地行政權問題에 對하여는 가장 깊이 露國의 態度를 研究할 必要가 있다. 日本에서 如何히 强硬한 主張을 維持하여도 露國에서 淸國에 對하여 料外로 交讓의 態度로 나온다고 한다면 日本의 所爲는 다만 世間의 嗤笑를 招來하는데 不過할 것이다. 故로 此次 自己는 哈爾賓에서 露國 藏相과 會見하고 敦篤히 露國의 態度도 探知한 後 我意見을 定하고 싶다.[82]

라고 한 바로 알 수 있듯이, 청러의 접근을 차단하기 위해 이토의 만주방문이 결정되었던 것 같다. 따라서 이토는 까깝쵸프의 의향을 탐지한 후 행동방향을 결정하고자 하였던 것이다. 즉, 일제는 간도협약에 대한 청국의 불만을 해소하면서 청국과의 관계강화를 바탕으로 만주에 대한 일제의 이권을 관철한다는 방침을 설정하였던 것으로 보인다.[83] 물론 러시아도 일본과의 협상이 실패할 경우, 청국 내지 미국과의 관계강화를 통하여 일제를 압

---

81 국사편찬위원회, 「기밀호외」, 『한국독립운동사』 자료 7, 5쪽.
82 위와 같음.
83 이러한 맥락에서 이토가 청국과의 관계에 대해 다음과 같이 유화적인 태도를 취하였음을 주목할 필요가 있다. 즉, "今日 滿洲에 있어서의 日本의 行動 及 日本의 行政組織에는 無理한 곳이 頗多하다. 附屬地課稅問題와 如함은 淸國이 말하는 바는 特히 酌量할 것이라고 생각된다. 또 關東都督府가 關東州 外에 行政權을 執行하고 있는 것 같은 不當한 制度라고 생각되나 其改正을 自己가 말하는 것이 得策이냐 아니냐는 것은 頗히 疑問이다. 滿洲에서 日本人이 睹博場을 默認 設置케 하는 것 같은 것은 滿洲에 있어서의 日本 無理한 行爲의 一例이다. 斷然 速히 禁止하지 않으면 안 된다" 위와 같음.

박하려고 하였을 가능성도 배제할 수 없다.[84]

결국 이토도 러시아와의 관계가 원만하게 처리되지 않으면 청국과의 담판을 통하여 만주문제를 해결하려고 하였을 것으로 추정된다. 다시 말해, 당시 신문에 언급된 것처럼 이토는 관동도독부의 도독을 맡아 한국에서와 같이 만주에서도 일제의 식민지를 건설하기 위한 사전포석으로 만주 현지 시찰을 추진하였을 가능성이 높다.[85] 추측컨대, 이것이 구라치가 말하는 또 하나의 방만 목적이 아니었을까?

이처럼 이토의 방만 목적은 한 가지에 국한된 것이 아니라 포괄적인 협상을 까깝쵸프와 하려는 데 있었던 것이다. 이것이 불발로 끝날 경우, 청국과의 협상을 추진하려고 하였을 개연성이 높다고 하겠다. 이를 통하여 북만주에 대한 일제의 영향력을 확대하려고 하였던 것이다.

이러한 가능성은 카와카미가 '북만주경영방안을 마련한 이유에서도 찾을 수 있다. 즉, 그는 ① 하얼빈·장춘 간의 철도를 일본이 영유할 것, ② 북만주에서의 일본 상공업자를 직간접적으로 보호하고 금융기관을 하얼빈에 설치할 것, ③ 청국으로 하여금 북만주에서 통상상 중요한 시읍을 개방하도록 할 것, ④ 일본의 영사관과 분관을 증설하도록 할 것, ⑤ 노령 치타에 일본 영사관을 설치하고 극동 노령에 일본인 직공의 이식을 장려할 것이라는 북만주경영방안을 일본 외무성에 제출하였다.[86] 이처럼, 일제는 이토의 방만을 전후하여 만주의 식민지화를 위한 기초 작업을 진행시켰던 것이다.

한편, 이토의 방만에 대한 일본 언론보도는 지역과 입장에 따라 약간의 시각 차이를 드러내고 있다. 『만주일일신문(滿洲日日新聞)』은 이토의 만주여행에 대해 정치상의 의의가 없다고[87] 하면서도 일본 외교의 중심을 한국에

---

84 이는 다음에서 엿볼 수 있다. 즉, "大藏大臣 까깝쵸프씨는 아마 오는 22·23일경 당지에 내착할 것이다. 도착 후는 目下 노청간의 현안인 철도부속지행정권 문제해결을 위해 북경으로 갈 것이라는 說이 있다"(『滿洲日日新聞』 1909年 10月 3日字, 「大藏大臣來期」).
85 국사편찬위원회, 「공신 제433호」, 『한국독립운동사』 자료 7, 99쪽.
86 日本外交史料館, 『露國ノ北萬州經營關係雜纂』(문서번호 : 1.2.4, 23).

서 만주로 옮기어 한국과 만주를 통일적으로 지배하기 위한 방책을 마련하기 위한 것이라고 논평하였다.[88]

또한 만주의 일본인들은 자신들의 이익증대를 위한 기회로 이토의 방만을 활용하려고 하였다. 그것은 『만주일일신문』 1909년 10월 23일·25일자의 「이등공(伊藤公)에게 증정(贈呈)한 서면(書面)」에 잘 나타나 있다. 즉, 만주 일본인들은 이토의 방만을 이용하여 금융기관의 설립, 세액경감, 공업의 보호장려, 만주자치체의 설립 등을 관철시키려고 하였던 것이다. 이는 기본적으로 카와카미의 북만주경영방안과 같은 궤도를 달리는 것으로 일제의 북만정책이 어느 방향으로 향하고 있는지 살펴볼 수 있는 시금석이 된다는 면에서 주목할 필요가 있다.

그리고 국내의 일본어 신문인 『경성신보(京城新報)』는 이토의 방만 목적에 대해 만주문제를 둘러싼 미영의 압력에 대한 대응책을 모색하기 위한 것이라고 논평하여 이토의 방만목적이 간도협약에 따른 미영의 압력에 대항하기 위한 것임을 표출하면서 이토의 방만을 옹호하는 논조로 일관하였다.[89]

87 『滿洲日日新聞』 1909年 10月 11日字, 「伊藤公の來滿」.
88 『滿洲日日新聞』 1909年 10月 9日字, 「伊公渡滿理由」. "伊藤公의 滿洲漫遊는 꽤 오래전에 계획한 것으로 일본의 외교기초가 滿洲本位로 나가기 위해 最高 元老로서 한번 視察할 필요가 있고 또한 將來에는 時勢의 進運이 滿韓開 拓統一的 制度의 創設을 재촉할 것이므로 이에 관한 의견을 마련해야 할 것이다. 그리고 伊藤公의 금회의 擧는 필시 皇太子殿下의 滿洲行啓의 기초를 닦기 위한 것이라고 추측된다."
89 『京城新報』 1909年 10月 23日字, 「伊公の用務一說」. "회견의 주요 용건은 그의 영미신디케이트의 계획에 관계있는 齊齊哈爾, 錦州間의 철도문제 및 동청철도에 관한 두 가지 사항인 것 같다. 공이 노구를 이끌고 冷寒의 땅에 들어갔다. 만주행을 생각하게 되어 외무성이 급거 小池 봉천 영사를 출장지에서 退換하도록 하여 어떤 사항의 조사를 명하였다. 川上 하얼빈 총영사의 출장을 정지시켰다. 공은 일정을 변경하여 26일에 하얼빈에 도착하도록 결정한 것 같다. 露相이 까라스또브츠씨를 하얼빈으로 招致하였다. 동청철도장관 호르바트씨에게 귀임을 명령한 것 같다. 이 모두 저간의 소식을 전하고 남음이 있다고 한다."

4) 회담에 대한 한·청·서방의 인식

이토의 방만에 대해 『대한매일신보』가 1909년 10월 12일자 「이토려힝」과 「만쥬문뎨」를 동경발로 처음으로 '간략한' 보도를 하였다. 『대한매일신보』는 전자의 기사에서 이토의 방만 목적을 간도협약에 따른 타국의 항의에 대한 답변을 위한 연구라고 주장하는 미국의 워싱턴 평론을 소개하였다. 또한 후자의 기사에서는 이토가 출발하기 전에 야마가타와 만주문제를 의논하였다고 보도하였다.

정교(鄭喬)도 『대한계년사』에서 간도협약에 대해 미국의 항의가 있었고 러시아는 조남(兆南)지역 철도 부설권을 청국에 요구하는 와중에서 이토가 까깝쵸프와 만주의 일을 논의하기 위해 하얼빈에 왔다고 기록하고 있다.[90] 미주한인 신문과 노령 한인신문에서도 지적되고 있는 이러한 논조에서 이토의 방만에 대한 재외한인의 관심을 알 수 있다.

특히 박은식은 1914년경 상해에서 발행된 그의 저서 『안중근』에서 이토의 방만 목적을 만주경영 시찰과 실시의 첫걸음이며, 간도협약에 대한 열강의 반대에 대한 변명 구실을 찾는 데 있다는 일본신문의 논조를 소개하였다. 그러면서 그는

> 이토가 죽은 다음 세상이 떠들썩하게 전해진 데 따르면 그의 목적은 관동도독부를 철폐하고 한국통감의 권력을 만주에까지 확장하려는 것이었다. 이토는 만주의 일을 다 처리하고서는 중국의 내정을 감독하기 위해 중국에 통감을 두어 중국의 재정사무를 감독하여야 한다고 주장하였다 한다.
>
> 이로 미루어 볼 때 이토의 이번 여행목적은 러시아 대신과 만주문

---

90 정교 저·조광 편·김우철 역주, 『대한계년사』 9, 2004, 44쪽.

제를 상론한 다음 각국의 밀사들과 함께 세계 각국의 대표들을 모아
놓고 중국의 재정감독에 관한 담판을 하여 이토자신이 그 통감을 담당
하려는 것이었으니 그의 야심이란 그야말로 크나큰 것이었다.[91]

라고 하여 이토의 방만목적은 까깝쵸프와의 만주문제를 논의한 후에 열강
의 대표와 중국의 재정감독에 관한 담판을 지으려는데 있다고 지적하고 있
다.

　어느 나라보다 까깝쵸프와 이토회담에 가장 촉각을 곤두세운 나라는 청
국이었다. 이에 대해 동청철도기관지 『하얼빈일보(Харбинская вестник)』는
1909년 10월 20일자의 기사에서

　　우리 藏相과 露淸公使 및 일본대표자가 동시에 하얼빈에 來遊하는
　것에 대해 當地 一般公衆은 여러 가지 억측을 하고 있다. 그런 가운데
　淸國에 있어서는 특히 까깝쵸프대신과 伊藤公과의 회견 모양을 탐지
　하도록 內命을 받은 외교부의 顯官 二名은 公使의 뒤를 따라 북경부
　터 하얼빈으로 파견될 예정으로 吉林交涉局에서는 宿舍準備의 명을
　받았다고 한다. 요컨대 淸國 관료계의 동요는 심히 커서 日露양국대관
　의 회견이 滿洲問題에 관해 청국으로서 불리한 악영향을 미치게 될
　것을 公言 歎息하고 있다고 한다.[92]

라고 하여 청국이 관리 2명을 하얼빈에 파견하여 까깝쵸프·이토회담의 추
이를 살피도록 하였다는 내용과 아울러 이 회담이 청국에게 불리한 방향으
로 전개될 것이라고 보도하였다. 이처럼 청국은 까깝쵸프·이토회담을 예의
주시하였다.

---

91 백암 박은식 저·이동원 역, 『불멸의 민족혼 安重根』, 82쪽.
92 『Харбинская вестник』는 10월 20일자; 哈爾賓新聞社, 『伊藤公の最期』, 1927, 2~3쪽.

이러한 청국의 위기의식은 『민우일보(民吁日報)』에서 여실히 엿볼 수 있다. 즉, 『민우일보』는 「논이등감국암살안(論伊藤監國暗殺安) 삼(三)」에서 "이토의 만주행은 세계 각국의 밀사를 청하여 중국재정을 감독할 것과 만주에 대한 최후의 분할방안 협의를 위한 것이다"고 주장하였다.[93]

한편, 이토의 방만 목적에 대해 영국에서는 일제가 청일조약을 통해 만주를 장악하고 각국을 배척하는 동시에 청국의 요인과 회견하여 만주에서 "일본의 이권을 강화하기 위한 것"이라는 논조가 지배적이었다.[94] 미국에서도 간도협약은 러일강화조약의 파기이며 일본이 청국을 위협하여 철도부설권을 획득하고 길림철도를 한국으로 연장하여 만주로부터 블라디보스톡까지 이권독점을 위한 일제의 포석으로 이토의 방만이 이루어졌다고 보는 시각이 주종을 이루고 있다.[95] 이처럼, 서구열강도 이토의 방만 결과가 국제정세에 미칠 영향을 주시하고 있었던 것이다.

4. 맺음말

이상에서 필자는 안중근의거의 국제 정치적 배경과 의의에 대해 살펴본 바, 다음과 같은 결론에 이르게 되었다.

러일전쟁 이후 만주에서의 기회균등과 문호개방을 주장하며 미국이 만주 문제에 적극적으로 개입하기 시작하였다. 적어도 반일성향의 태프트가 미대통령이 되기 이전, 미국의 만주정책은 일본과 대립·협력의 반복적 연속이었다. 그러나 태프트가 1909년 3월 미대통령으로 당선된 후, 미국의 대(對)만주정책은 급변하게 되었다. 특히 스트레이트와 해리먼은 금애철도를 이용

---

93 백암 박은식 저·이동원 역, 『불멸의 민족혼 安重根』, 한국일보사, 1994, 148쪽.
94 『신한국보』 大韓隆熙三年 十一月 十六日字, 「伊藤被殺詳情」.
95 『신한국보』 大韓隆熙三年 十一月 十六日字, 「伊藤被殺詳情(데一편속)」.

하여 러일을 압박하는 동시에 만주철도를 수중에 넣으려는 공작을 펼쳤다. 이러한 가운데 1908년 8월 러시아 대사가 러일전쟁 중 또는 그 이후에 일본관헌이 러시아 및 그 국민에 입힌 손해보상 문제를 일본정부에 제기하였다. 미국의 만주간섭과 러시아의 간도협약에 대한 불만으로 일본은 위기의식을 느끼고 있었다. 이러한 위기를 해결하기 위한 방책으로 일제는 까깝쵸프와 이토회담을 추진하였으나 안중근의 거사로 실패하고 말았던 것이다.

까깝쵸프·이토회담은 러일 간의 현안을 해결하여 대한제국과 만주에 대한 지배력을 강화시키기 위한 필요성에서 일제의 요청으로 급박하게 이루어졌다. 회담의 의제를 구체적으로 논의하지 못한 채, 까깝쵸프·이토회담이 급히 이루어진 것은 당시 일제가 얼마나 위기의식을 느끼고 있었는지를 반영하는 것이다.

이 회담에서 러시아의 목적은 "남만주철도와 동청철도의 상호 화물협정 체결과 포괄적 양국의 관계개선"이었던 것으로 추정된다. 반면 일제는 간도협약과 러일전쟁 이후 일본관헌이 저지른 러시아와 러시아인에 대한 피해보상이라는 유인책을 제시하면서 미국의 만주간섭을 배제하여 러일 간의 만주분할점령 등 포괄적인 목적으로 까깝쵸프·이토 회견을 추진하였던 것 같다.

까깝쵸프·이토회담에 대해 청국은 일제가 한국을 멸망시키고 다음으로 청국을 식민지화하기 위한 방법을 러시아와 논의하기 위한 것으로 보았다. 때문에 안중근의거에 대해 많은 중국인들은 이토의 방만으로 야기될 일제의 만주침략의도를 무력화시킨 것으로 평가하면서 본받아야 할 위인으로 안중근을 섬겼던 것이다.

그리고 국내외의 여론은 간도협약에 따른 미국의 항의에 대한 답변을 연구하기 위한 것으로 평가하였다. 특히 박은식은 이와 더불어 일제의 청국지배 모색에서 까깝쵸프·이토회담이 이루어졌다고 보았다. 그러나 당시 대다수의 한국인들은 까깝쵸프·이토회담의 국제 정치적 의미를 간파하지 못하였던 것 같다.

결론적으로 미국의 만주간섭 강화, 러일전쟁에 따른 일제가 러시아와 그 국민에 끼친 손해보상에 대한 러시아의 불만과 간도협약 등으로 국제사회의 압력이 일제에 가중되는 상황 속에서 까깝쵸프·이토회담이 개최되었다. 이러한 상황에서 안중근의거는 일시적으로 일제의 간도침탈이라는 목적을 무력화시키는 효과를 가져왔다.

2

일제의 국외한인에 대한 사법권침탈과 안중근재판

1. 들어가는 말

안중근은 1909년 10월 26일 9시 30분경 이토 히로부미(伊藤博文)를 하얼빈(哈爾賓)역에서 처단함으로써 일제의 한국침략상을 세계만방에 폭로하였다. 안중근의거는 이토의 죄상을 하나하나 밝히어 한국독립의 기반을 구축하기 위한 일환으로써 애초부터 재판을 염두에 두고서 거행된 것이다. 따라서 재판은 안중근에게 또 다른 의미의 대일투쟁이었다.

반면에 일제는 안중근재판을 한국침탈의 정당화를 위한 기회로 이용하려고 하였기 때문에 안중근재판은 처음부터 불공정하게 진행될 수밖에 없었다. 이에 대해 안중근은

오늘 내가 당하는 이 일이 생시인가. 꿈속인가. 나는 당당한 한국 국
민인데 왜 오늘 일본감옥에 갇혀 있는 것인가. 더우기 일본 법률의 재
판을 받는 까닭이 무엇인가. 내가 언제 일본에 귀화한 사람인가. 판사
도 일본인, 검사도 일본인, 변호사도 일본인, 통역관도 일본인, 방청인
도 일본인! 이야말로 벙어리 연설회냐. 귀머거리 방청이냐. 이것이 꿈
속 세계냐, 만일 꿈이라면 어서 깨고, 확실히 깨려무나![1]

라고 탄식하며 일제가 자행한 재판의 근원적 불법성을 폭로하였다.

그런데 "한국인임에도 불구하고 어찌하여 한국의 법률에 따라 재판을 받
지 못하고 일제의 재판을 받게 되었는가"라는 안중근의 물음에 대한 구체적
인 답으로서의 연구는 그리 많다고는 볼 수 없다.

안중근재판에 대한 연구가 부족한 가운데, 이에 대한 본격적인 문제 제기
는 일본인 가노 다쿠미(鹿野琢見)의 「안중근무죄론(安重根無罪論)」[2]이라는 논
문에 의해 이루어졌다. 그는 1910년 2월 12일 관동도독부지방법원에 출정,
변론하는 것을 가정하여 안중근의 무죄와 재판의 무효를 주장하였다. 이러한
주장은 역사적 맥락보다는 안중근 변호를 맡은 미즈노 기치타로(水野吉太
郎)·카마다 세이지(鎌田正治) 변호사와 같은 법리론에서 이루어졌음은 물론
이다.

안중근재판의 문제를 본격적으로 다룬 한국 학자는 명순구이다. 그는 「안
중근과 이토 히로부미의 접점에 대한 법적평가」[3]라는 논문에서 ① 재판 관
할권이 일제의 관동도독부 지방법원에 속한다고 볼 수 없다. ② 적용해야
할 법은 일제의 법률 또는 국내형법이 아니라 국제법이다. ③ 안중근은 군

---

1 안중근, 『안응칠역사』(윤병석 역편, 『안중근전기전집』, 국가보훈처, 1999), 176쪽.
2 최이권 편역, 「안중근무죄론(安重根無罪論)」, 『애국충정안중근의사』, 법경출판사, 1992,
297~242쪽.
3 명순구, 「안중근과 이토 히로부미의 접점에 대한 법적평가 : 일본인이 안중근을 흉한으로 부
른 법리적 이유」, 『고대법학』 43, 고려대학교법학연구소, 2004, 참조.

인이었으므로 '흉한'이라고 부를 수 없는 법적 이유가 있다는 결론을 도출해내어 안중근재판의 부당성을 지적하였다. 이 논문은 안중근재판의 불법성에 대한 '연구부재'라는 상황 속에서 국제법에 입각하여 비판적으로 검토하였다는 면에서 큰 의의가 있다. 이후 이장희는 비정규군의 교전권을 인정하는 국제법적 분석을 통하여 안중근의거의 정당성을 논증하였다.[4]

그런데 안중근재판을 다룬 논문들은 대체로 법리론에 치우친 경향이 있다. 이러한 연유로 안중근이 일제의 재판을 받게 된 배경 즉 재외한인 사법권 침탈, 재판논리, 안중근재판 선례, 재판공작 등 안중근재판과 관련하여 살펴보아야 할 사적 고찰을 간과한 면이 없지 않다.

이러한 맥락에서 필자는 우선 일제의 사법권침탈 과정[5] 속에서 1904년 9월 이루어진 일제의 한국외교기관철폐기도 및 그 과정, 그리고 그에 따른 재청 한인의 법적 지위에 끼친 영향을 살펴보고자 한다. 그리고 하얼빈 한인의 치외법권을 놓고 벌인 러일 간의 마찰을 규명하면서 안중근재판의 선례로 볼 수 있는 김재동(金在同)·서재근(徐在根)재판을 구체적으로 밝히려고 한다. 또한 필자는 일제의 안중근재판 시각을 분석하기 위해 재판 관할권의 문제점을 살펴볼 것이다. 아울러 안중근재판에서 일제가 얻고자 하는 최종 목적이 무엇인지를 규명하기 위해 안중근재판공작의 전개과정을 밝히려고 한다.

필자는 이러한 작업을 통하여 그동안 법리론에 근거하여 안중근재판을 연구해온 학계의 연구 축적에 사적 성과를 더함으로써 안중근의거의 전체상을 잡는데 일조하였으면 하는 바람이다.

---

4 이장희, 「안중근 재판에 대한 국제법적 평가」, 『외법논집』 33-2, 한국외국어대학교 전문분야 연구센터 법학연구소, 2009, 참조.
5 전봉덕, 「일제의 사법권 강탈 과정의 연구」, 『애산학보』 2, 애산학회, 1982, 참조.

2. 일제의 재외한인에 대한 사법권침탈의 논리와 전개

1) 재외한인 치외법권 침탈 준비와 한국외교기관철폐

일제는 청일전쟁시기부터 조선의 외교권을 박탈하기 위한 공작을 벌였다. 즉, 1894년 6월 7일 일본각의에서 '재판을 공정히 할 것'을 조선에 '권고'하기로 결정한 후 7월 3일 오오토리(大鳥) 공사는 2차에 걸쳐 조선에 대한 사법침탈 야욕을 본격적으로 드러냈다. 일제는 1차 내정개혁방안 강령 제3조의 「법률의 정돈 및 재판법의 개정」과 2차 내정개혁방안 강목 제21조의 「구법의 개폐와 신법의 제정」・「재판법의 개혁과 재판의 공정」을 조선정부에 강요하였다.[6]

이후 조선정부는 1895년 1월 7일 홍범14조를 발표하여 「왕실전범(王室典範)」을 제정하고 민법과 형법을 엄정하게 작정하도록 하였으며, 1895년 4월 19일 「재판소 구성법」과 「법관양성소 규정」을 공포하여 한국사법사의 한 획을 그었다.[7] 그리고 1896년 8월 15일에는 법률 제7호로 「재판소 구성법 제정」과 칙령 제55호로 「개항장 및 지방재판소 개정에 관한 건」을 공포하였다.[8] 그러나 법령 제7호와 칙령 제55호는 아관파천 이후 고종의 왕권강화 정책을 뒷받침하기 위한 것으로 복고적인 성격이 강하다는 평가를 받기도 하였다.[9]

일제가 한국 사법권의 침탈야욕을 확실하게 드러낸 사건은 1904년 2월 23일 체결된 「한일의정서」였다. 이 협정문 중에서 문제가 된 부분은 제4조의 군사행동의 자유권에 관한 조항과 제5조의 한일의정서의 취지에 위반되

---

6 전봉덕, 「일제의 사법권 강탈 과정의 연구」, 153~161쪽.
7 『관보』, 개국 504년 6월 11일자.
8 『관보』, 건양 원년 8월 18일자.
9 전봉덕, 「일제의 사법권 강탈 과정의 연구」, 173~174쪽.

는 조약을 한국은 다른 나라와 체결할 수 없다는 규정이다. 일제는 제4조를 앞세워 한국인에 대한 군사재판을 불법적으로 자행하였으며[10] 제5조를 근거로 한국의 외교주권과 재외한인의 치외법권을 강탈할 수 있는 기반을 만들었다.

일제는 한일의정서만으로는 국방·외교·재정 등 모든 방면에서 한국을 완전히 제압하기에는 부족하다고 판단하였다. 그리하여 일제는 1904년 5월 한국 침략을 위한 적절한 조약을 체결하고, 제반설비를 강화하면서 경제적 착취에 박차를 가한다는 대한기본정책을 각의에서 결정하였다.[11]

이와 같은 목적 달성을 위한 사전 정지작업으로써 일제는 재외 한인의 사법권을 완전히 무력화시키는 공작에 들어갔던 것이다. 그리하여 1904년 9월 6일 주한일본대리공사 하야시 곤스케(林權助)가 외상 고무라 쥬타로(小村壽太郎)에게 전문을 보내어 재외 한국외교기관의 철폐를 처음으로 주장하였다.[12] 그 후, 일제는 1905년 4월 8일 각의에서 한국의 사법권과 외교권 강탈을 위해

帝國은 차제에 一步를 내디디어 韓國에 대한 保護權을 확립하고 該國의 對外關係를 모두 我의 수중에 두지 않으면 안 된다. 그리고 이를 위해 韓國政府와 아래와 같은 趣旨의 保護條約을 締結할 必要가 있다.

第一, 韓國의 對外關係는 全然 帝國에서 이를 擔任하고 在外韓國 臣民은 帝國의 保護에 둘 것.

---

10 이하영(李夏榮)은 일제의 한국인에 대한 군사재판의 불법성에 대해 영사재판의 성질에서 벗어난 행위라고 항의하였으나 일제는 지속적으로 한국법률을 유린하였다. 국사편찬위원회, 1972『高宗時代史』六, 247쪽.

11 日本外務省編纂,「韓國併合に關する件」,『日本外交年表及主要文書』上, 原書房, 1965, 224쪽.

12 日本 外交史料館,「在外韓國外交官ノ召喚ニ關スル件」,『韓國外交機關撤廢一件』第1卷 (문서번호 : 6.1.3-12).

第二, 韓國은 直接 外國과 條約을 締結하지 못하게 할 것.

第三, 韓國과 列國과의 條約의 實行은 제국에서 책임을 맡을 것.[13]

라고 하는 이른바 「한국보호권 확립의 건」을 결정하였다. 특히 일제의 한국 사법권침탈과 관련하여 재외한인의 사법권을 강탈하려는 의지를 분명히 함으로써 한인에 대한 철저한 지배야욕을 드러낸 제1항을 주목할 필요가 있다. 이러한 일제의 계획은 1905년 2월 21일 하야시가 고종을 알현하는 자리에서 공식적으로 재외 한국외교기관철폐를 제기함에 따라 더욱 구체화되었던 것이다.[14] 이처럼 을사늑약 이전 이미 일제는 재외한인의 사법권과 한국의 외교권 강탈을 추진하였던 것이다.

러일강화조약과 을사늑약의 체결 이후 일제는 재외 한국외교기관철폐에 대한 열망을 더욱 노골적으로 드러냈다. 1905년 12월 5일 하야시는 의정부에서 내부 탁지부 대신을 제외한 한국 대신들과의 회의에서 외부의 폐지와 재외 공사관 철폐를 강제하였다.[15] 그러나 이러한 일제의 일방적인 조치는 강력한 반대여론에 직면하게 되었다.[16]

하야시는 고무라에게 고종의 칙령을 이용하여 반대여론을 일거에 제압하겠다는 계획을 보고하면서 일제의 재외 공사관을 통해 외교기관철폐를 한국공사관에 통보하도록 요청하였다.[17] 이에 대해 고무라는 "고종의 칙령으로 한국외교기관의 철폐를 유도하는 것은 불가능하므로 우선 주재국에 한일협약을 내세워 한국공관을 철폐한다는 내용을 일방적으로 통보하라"는 지시를 재외 일본공사관에 내렸다.[18]

---

13 市川正明, 「韓國保護確立ノ件」, 『韓國倂合史料』 第一卷, 原書房, 1978, 3쪽.
14 日本 外交史料館, 「電受第一五七」, 『韓國外交機關撤廢一件』 第1卷.
15 日本 外交史料館, 「電受第一三六號」(第五〇〇號), 『韓國外交機關撤廢一件』 第1卷.
16 日本 外交史料館, 『韓國外交機關撤廢一件』 第1卷.
17 日本 外交史料館, 「第五〇九號」, 『韓國外交機關撤廢一件』 第1卷.
18 日本 外交史料館, 「第二八三號」, 『韓國外交機關撤廢一件』 第1卷.

그리하여 1905년 12월 11일 고무라는 주청 우치다(內田) 공사 등에게 한국의 외교기관 존폐문제에 대해

> 貴館은 任國 政府에 書柬을 보내어 1905년 11월 17일 체결한 日韓
> 條約에 따라 在外韓國公使館 및 公使館의 職權과 職務는 我 外交代
> 表者 및 영사관에 이전하였으므로 右(韓國)公使館 및 領事館은 철폐
> 한다는 뜻을 통고하도록 할 것.[19]

이라는 훈령을 하달하였다. 이를 다시 독일·프랑스·미국·오스트리아·벨기에·덴마크 등의 일본공사들에게도 전훈하여 각국에 알리도록 지시하였다. 이처럼 일제는 을사늑약 조문에 한국외교기관철폐에 대한 어떠한 조항도 없음에도 한국 외교기관을 강압적으로 철폐시켰다.

이상의 과정을 거쳐 1905년 12월 14일 외부대신 이완용은 주독·주프·주미·주청·주일 공사들에게 을사늑약에 따라 공사관을 철폐하라고 하면서 보유 중인 기록과 관유재산을 주재지 일본공사에게 인도하고, 봉급·귀국경비 등은 주재지 일본 공사관을 통하여 신청하라고 지시했다.[20] 그 결과 대부분의 재외 한국 외교기관은 1905년 말·1906년 초에 철폐되기에 이르렀다. 이처럼 일제의 재외 한국 외교기관 강제철폐는 재외한인의 사법권이 일제의 통제 하에 들어갔음을 의미하는 것이라는데 주목할 필요가 있다.

2) 「동청철도민정처훈령 19호」 문제와 안중근재판의 선례(金在同·徐在根재판)

일제가 한국외교기관이 철폐된 1905년 말·1906년 초 이후부터 1907년

---

19 日本 外交史料館, 『韓國外交機關撤廢一件』 第1卷.
20 日本 外交史料館, 「第五一四號」, 『韓國外交機關撤廢一件』 第1卷.

전반기까지 재외한인의 사법권을 어떻게 침탈하였는가 하는 문제는 일제 측의 사료에 자세하게 드러나 있지 않다. 이로 보건대, 일제는 영사재판의 행정절차 등 재외한인의 사법권 통제에 대한 구체적인 정책을 세워놓지 않았던 것으로 보인다.

이는 미국의 만주개방 요구에 대처하기 위해 1906년 5월 22일 개최된 「만주에 관한 협의회」에서 행한 이토의 언급이 증명해준다. 즉, 이토는 "만주에서의 일본의 권리는 러일강화조약으로 러시아로부터 물려받은 요동반도 조차지와 철도뿐이며, 만주는 일본의 속지가 아니므로 일본의 주권이 행사될 수 없는 지역"이라는 발언을 하였다.[21] 또한 러시아도 러일강화조약에서 한국에 대한 일제의 우선권을 인정하는 듯한 태도를 취하였으나, 실질적인 지배권을 완전히 인정한 것은 아니었다.[22]

그러나 1907년에 들어와서 러일 간의 외교정책 변화에 따라 양국의 접근이 강화되는 상황이 초래되었다.[23] 그러한 결과 일제의 만주지배력은 더욱 강화되어 한인에 대한 통제력을 강화시킬 필요성이 제기되었던 것이다. 이러한 맥락에서 1907년 전반기에 들어와, 일제는 재외한인의 사법권 문제에 대한 입장을 표출하였다. 즉, 1907년 2월 5일자 『원동보(遠東報)』에 게재된 「동청철도민정처훈령 제19호」 문제와 1907년 3월 일본인을 살해한 「김재동(金在同)·서재근(徐在根)사건」을 계기로 일제는 구체적으로 재외한인의 치외법권과 재판 관할권을 강탈하기 위한 조치를 취하였다.

이 두 사건은 안중근의거 이후 러시아가 안중근을 신속하게 일제에 넘긴 이유를 밝힐 수 있는 매우 중요한 사건이므로 이를 자세히 밝힐 필요가 있다. 우선 동청철도민정처훈령 제19호 문제를 살펴보고자 한다. 러시아 동청철도장관은 1907년 2월 5일자 『원동보』에

---

21 角田順, 『滿洲問題と國防政策』, 原書房, 1967, 310~331쪽.
22 森山茂德, 『近代日韓關係史研究』, 東京大學出版會, 1987, 207~208쪽.
23 최문형, 『러일전쟁과 일본의 한국병합』, 지식산업사, 2004, 357~365쪽.

中國界內에 있는 朝鮮國民은 治外法權의 利益이 없으며 華官府의
拘斷에 귀속시킨다. 東淸鐵道界內 또한 此例를 援照하고 또는 華署로
移牒하고 또는 外務部委員衙門으로 送付하여 拘禁할 權利를 가지므로
華署로 轉交한다.[24]

라고 하는 동청철도민정처훈령 제19호를 공시하여 동청철도 내에 거주하는
재청한인의 치외법권을 부정하였다. 이는 러시아가 동청철도내의 한인에 대
한 영사재판권마저도 청국에 넘겨주는 청러 간의 불법적인 외교적 야합을
의미하는 것이다.

재외한인의 사법권을 침탈하려는 청러의 외교적 야합에 일제는 적지 않
게 당황하였다. 왜냐하면 일제는 이러한 러시아의 행위를 한국 지배권에 대
한 도전으로 여겼기 때문이다. 청국의 하얼빈 한인에 대한 치외법권 행사는
한청 사이에 1899년 9월 11일 체결된 「한청통상조약」 제5조의 "청국에 있
는 한국신민이 어떤 죄과를 범하면 한국영사관은 한국법률에 의하여 이를
재판하며 처벌한다"[25]는 규정을 정면으로 부정하는 것이었다. 이는 재청 한
인의 치외법권 상실인 동시에 한인에 대한 일제의 통제력 약화를 의미하는
것이었다. 그러므로 일제는 위와 같은 러시아 동청철도장관의 주장을 그대
로 받아들일 수 없었다.

그리하여 외상 고무라의 훈령에 따라, 하얼빈주재 일본 총영사관 사무대
리 영사관보 오오타(太田喜平)가 하얼빈주재 러시아 총영사에게

　　　1889년 9월 11일 청한양국 간에 체결된 통상조약 제5조 2항에 의하
　　면 한국신민은 청국 영토내에서 치외법권을 향유한다고 되어 있다. 이

---

24 국사편찬위원회, 「東淸鐵道租借地內 韓人犯罪處辦에 대한 東淸鐵道民政處訓令」, 『통감
부문서』 1, 2000, 94쪽.
25 국회도서관, 『구한말법령자료집－구한말조약휘찬』 하, 1965, 372쪽.

에 의해 보건대 동청철도장관이 별지 금년 1월 23일 발행 원동보 제86
호로 공시한 명령 중 한국신민에 관한 사항은 주의상 위 조약에 적합
하지 않다고 한다. 그러므로 청한통상조약에 입각하여 이 명령 중 동
사항을 급속히 更正하고 또한 그 갱정사항을 동 신문지상에 공시하도
록 조치하기 바란다.[26]

라고 하는 내용의 외교문서를 보내어 재청 한인의 치외법권을 유지하도록
러시아에 압력을 가하였다.

이후, 오오타는 1907년 4월 24일 일제의 의견이 강하게 반영된 내용을 『원
동보』에 게재하도록 요구하는 등 러시아에 압력을 가하여[27] 민정처훈령 제
19호를 번복시키는 데 성공하였다. 즉, 러시아는 일제의 요구대로 5월 26일
자 『원동보』에

동청철도 내에서 범죄를 범한 경우 1902년 칙령에 의해 모두 청국관
헌에게 인도하고 청국법률에 의해 심판 받아야 한다는 취지를 1906년
발포한 민정처훈령 제19호로 공포하였다. 그러나 하얼빈 러시아 공사
가 동청철도장관에 이첩한 공문에 의하면 이번 외무성의 명령에 따라
이 후 한국신민이 범죄를 범한 경우에는 모두 가장 가까이에 있는 일
본영사관에 인도하여 처분해야 한다는 것으로 개정해야 할 것이라고
재청철도 조차지내의 일반민정諸官에 훈령하고 이에 따라 辦理하도록
엄중히 그리고 특별히 告諭한다[28]

---

26 日本 外交史料館, 「韓國人民ノ治外法權享有ニ關スル件」, 『淸國ニ於ケル韓國臣民治外法
權享有ニ關シ在哈爾賓帝國總領事露國總領事ト交涉一件』(문서번호 : 4.1.2-39).
27 위와 같음.
28 日本 外交史料館, 「東淸鐵道民政廳訓令」, 『淸國ニ於ケル韓國臣民治外法權享有ニ關シ
在哈爾賓帝國總領事露國總領事ト交涉一件』.

라고「동청철도민정처훈령」을 게재하였다. 이에 그치지 않고 일제는 러시아에 5월 28일 그 개정을 주장하는 서면을 다시 보내어 공식문서를 요구하는 등 외교적 공세를 늦추지 않았다.[29]

결국 러시아는 1907년 5월 30일 오오타에게 일제의 요구가 반영된 동청철도민정처훈령을 게재한『원동보』기사를 보냈다. 이리하여 재외한인의 영사재판권은 형식상 유지되었으나 영사재판의 '행정절차'는 일제의 영향 아래 들어가게 되었다. 이는 하얼빈 한인을 직접 통제할 수 있는 수단이 일제에 넘어갔음을 의미하는 것이다.

하지만 치외법권 등 행정절차를 일제의 외교기관이 담당하더라도 재외한인 형사범에게 어떤 법을 적용할 것인가 또한 재판권과 감옥절차는 어떻게 할 것인가 하는 문제는 여전히 남아 있었다. 물론 일제의 재청한인에 대한 장악력이 1907년 7월 30일「제1차 러일협약」으로 더욱 확대 강화되는 상황 속에서 한인의 법적지위 손상은 예기된 것이었다.

일제가 동청철도 내의 한인 형사범에 대한 재판권 문제를 구체적으로 검토하기 시작한 계기는 1907년 하얼빈에서 일본인을 살해한 김재동·서재근 사건[30]이었다. 즉, 이 사건이 발생하자, 하얼빈 주재 카와카미 도시히코(川上俊彦) 총영사는 1907년 3월 6일 고무라 외상에게

제5호

귀동청철도 내지에서 한국인으로서 본방인을 살해한 자 중죄범인 목하 노국 총영사가 본관에 인도하려고 하지 않는 뜻이 있다. 본관은 한국인에 대해서는 보호를 하더라도 재판권을 갖지 않는다고 하면 이

29 日本 外交史料館,『淸國ニ於ケル韓國臣民治外法權享有ニ關シ在哈爾賓帝國總領事露國總領事卜交涉一件』.

30 日本 外交史料館,「在外韓國人ノ殺人事件ニ關スル判決通牒ノ件」,『在外韓國民保護並ニ同國民ニ對スル帝國領事ノ職務執行方關係一件』(문서번호 : 6.1.2-47).

를 인도받지 않는 것이 지당하다고 사료되나 어떠한 조치를 취해야 하
지는 전훈을 청한다.[31]

라고 하여 동청철도 내에서 발생한 한인 형사범에 대한 재판 관할권 문제를
외무성에 문의하였다. 이러한 사실은 적어도 1907년 3월경까지 일제는 한
청통상조약을 근거로 러시아를 외교적으로 압박하여 한인의 치외법권을 유
지할 수 있었으나 재판권의 귀속여부에 대한 구체적 조치를 취하지 않았음
을 의미하는 것이다.

　주지하는 바와 같이, 러시아는 한인의 치외법권을 부정한 1907년 2월의
동청철도민정처훈령 제19호를 일제의 압력으로 취소하고 5월 동청철도민정
처훈령을 다시 공시하여 한인의 치외법권을 인정하는 수모를 겪었다. 그렇
다고 러시아가 하얼빈 한인에 대한 일제의 사법적 지배를 완전히 인정한 것
은 아니었다. 때문에 일제는 김재동·서상근사건을 계기로 한인의 사법권귀
속 문제의 종지부를 찍으려고 했던 것이다.

　이러한 배경 아래 김재동·서재근사건에 대한 처리방침을 고무라는 1907
년 4월 2일 카와카미 도시히코(川上俊彦) 하얼빈 총영사에게 다음과 같이 지
시하였다. 즉,

　　왕전 제5호에 관해
　　한국인의 범죄자 이에 관한 서류 및 피해자의 재산과 함께 인도를
　　받아라. 귀전 제삼호의 훈령대로 예심재료를 수집하여 萩原 총영사에
　　게 송부할 것.[32]

31　日本 外交史料館, 「来電第五號」, 『在外韓國民保護並ニ同國民ニ對スル帝國領事ノ職務
　　執行方關係一件』.
32　위와 같음.

이처럼 일제는 김재동·서재근사건을 이용하여 행정절차에 지나지 않는 영사재판을 훼손시키는데 머물지 않고 사법권의 핵심이라고 할 수 있는 재판 관할권마저 강탈하였던 것이다.[33] 이는 재외한인이 일제 사법권에 종속됨을 의미하는 것이다.

여기에서 한인에 대한 일제의 사법적 지배논리를 살펴볼 필요가 있다. 이에 대해서 1907년 4월 13일 이토 히로부미가 하야시 다다스(林董) 외상에게 보낸 전문을 통하여 구체적으로 확인해 보면 다음과 같이 정리된다. 즉, ① 제2차 한일협약의 내용 중 재외 한국 신민의 이권을 보호한다는 의미는 일본의 법령을 재외한인에게 적용시킬 수 있다고 해석된다. ② 그 근거로 일본인을 대상으로 한 영사관의 직무에 관한 일본법률 제6조의 조약 또는 관례에 따라 영사재판권을 행사할 수 있다. 또한 영사관은 제7조 내지 제17조의 규정에 따라 재판사무를 행할 수 있다. ③ 재외 일본영사관이 한인에게 행한 예심의 공판은 일본인에 준하여 나가사키(長崎) 지방재판소가 관할하고 또한 재외일본영사관이 행한 재판 또는 판결에 대한 공소항고를 나가사키(長崎) 지방재판소 공소원에서 관할하는 것이 적당하다. ④ 재외한인의 재판사무에 대해 한국정부와 협의해야 한다는 당위성은 인정하나 이 문제에 대해 한국정부와 협의할 경우 법률관제 등의 개정이 필요로 할 뿐만 아니라, 실행 상 지장이 적지 않기 때문으로 한국정부와 협의할 필요성이 없다.[34]

특히 여기에서 주목되는 대목은 일제가 "재외한인의 재판사무에 대해 협의해야 한다"는 당위성을 인정하고 있다는 것이다. 이는 재외한인에 대한 일본법의 적용이 불법적인 것이라는 사실을 스스로 드러내고 있다는 면에서 중요한 의미를 갖는다.

---

33 김재동·서재근재판과정은 『在外韓國民保護並ニ同國民ニ對スル帝國領事ノ職務執行方關係一件』, 참조.

34 日本 外交史料館,「韓國臣民ニ對スル領事裁判手續ニ關スル件」,『在外韓國民保護並ニ同國民ニ對スル帝國領事ノ職務執行方關係一件』; 국사편찬위원회,「기말통발제29호」,『間島·沿海州 關係』2, 359쪽.

이상에서 보았듯이, 일제는 하얼빈 한인의 치외법권을 부정하는 동청철도 민정처의 주장을 한청통상조약을 근거로 내세워 러시아에 한인의 치외법권을 인정하도록 강요하였다. 그럼에도 불구하고 일제는 자국민에게만 적용되는 국내법을 근거로 하얼빈 한인에 대한 영사재판권을 일제에 귀속시키는 법해석을 통하여, 그것도 '편의상'이라는 단서를 붙여 하얼빈 한인에게 일본 법률을 적용시키는 불법적인 조치를 취하였다.

이와 같은 일제의 재외한인에 대한 사법권침탈을 배경으로 김재동·서재근은 일제의 재판에 회부되어 각각 사형과 무기형 선고를 받았다.[35] 이는 1910년 8월 일제의 한국병탄 이전에 이미 재외한인이 일제의 법률을 강제적이고 불법적으로 적용받는 법률적 지위에 놓여 있었음을 뒷받침하는 사적 증거이다.

그런데 여기에서 김재동·서재근에게 적용한 일제의 법논리가 안중근재판에도 그대로 적용된다는 사실에 주목할 필요가 있다. 일제의 안중근재판 논리가 하루아침에 만들어진 것이 아니었다. 이는 적어도 1907년 2월 5일 『원동보』에 동청철도민정처훈령 제19호가 게재된 이후, 김재동·서재근의 일본인 피살사건을 거치면서, 어떤 면에서는 국내의 사법권침탈과 보조를 같이하면서[36] 일제의 침략적 법리론에 따른 예견된 결과였던 것이다. 이러한 의미에서 안중근재판은 일제의 한국사법권 침탈을 극명하게 드러내는 대표적인 사건이었다는 데서 이 재판의 역사성을 찾을 수 있다.

그러나 이와 같은 일제의 재청한인에 대한 불법적인 영사재판이 재청한인 모두에게 일률적으로 적용된 것은 아니다. 즉, 일제는 자신들에게 유리

---

35 日本 外交史料館, 「在外韓國人ノ殺害事件ニ關スル判決通牒ノ件」, 『在外韓國民保護並ニ同國民ニ對スル帝國領事ノ職務執行方關係一件』. "淸國 哈爾賓에서 本邦人을 殺害하고 金品을 强奪한 朝鮮人 金在同 徐在根 兩名의 被告事件에 關해 일찍이 奉天領事館(奉天의 分은 貴官)豫審判定에 依해 長崎地方裁判所로 送致하여 心理中인 바 本月 七日에 金在同을 死刑에 徐在根을 無期懲役에 處하기로 判決하였다고 한다."
36 전봉덕, 「일제의 사법권 강탈 과정의 연구」, 참조

한 쪽으로 한인의 영사재판권을 악용하였다. 일제는 간도문제를 둘러싸고 중국과 대립하는 와중에서도 「한청통상조약」을 무시한 채, 간도 한인의 치외법권과 영사재판권이 일본에 있음을 주장하였다.[37]

하지만 청국과 본격적인 간도협상을 시작하면서 일제는 태도를 돌변하였다. 즉, 일제는 1909년 8월 13일 일본각의에서 「간도의 조선인재판권문제에 관해 양보방침」을 결정하고[38] 1909년 9월 4일 「간도에 관한 일청조약」을 불법적으로 체결하였던 것이다. 특히 제4조에

　　　圖們江北地方 雜居地 區域內에서 墾地 居住하는 韓民은 淸國의 法權에 服從하고 淸國地方官의 管轄裁判으로 歸屬한다. 淸國官憲은 右 韓民을 淸國民과 同一하게 待遇할 것이며 納稅 其他 一切 行政上 의 處分도 淸國民과 同一하게 하여야 한다.

　　　右 韓民에 關係되는 民事 刑事 一切의 訴訟事件은 淸國官憲에서 淸國의 法律을 按照하여 公平하게 裁判할 것이며 日本國領事官 또는 그 委任을 받은 官吏는 自由로히 法廷에 立會할 수 있다. 但 人命에 관한 重案에 대해서는 모름지기 먼저 日本領事官에 知照해야 할 것으로 한다. 日本國領事官에서 만약 法律을 按치 않고 判斷한 點이 있는 것을 인정할 때는 公正한 裁判을 期하기 위하여 따로 官吏를 派하여 覆審할 것을 淸國에 請求할 수 있다.[39]

라는 조문을 두어 간도 한인의 법적 지위를 일방적으로 변경하여 청국의 법권에 종속시켰던 것이다.

---

37 국회도서관, 「往明治四十年十二月二日字 第一〇六號公文」, 『간도영유권관계발췌문서』, 1975, 158쪽.
38 日本外務省編纂, 「間道問題に關する閣議決定」, 『日本外交年表竝主要文書』上, 原書房, 1965, 318~320쪽.
39 국회도서관, 「間島에 關한 日淸條約」, 『日本外交年表竝主要文書』上, 251쪽.

3. 안중근재판의 관할권 침탈과 재판공작

1) 재판 관할권

러시아는 의거가 일어난 지 12시간 40여 분만인 오후 10시 10분 안중근을 일제에 넘겨주었다.[40] 이 문제에 대해 러시아 군첩보원인 비류꼬프는

> 일본인들은 범죄자들과 이들의 공모자들을 체포 및 구속하는데 러시아 측이 전적인 공조를 해주었다고 말하며 기술하고 있다. 하지만 나는 이는 일본인들이 이를 고의로 퍼뜨리고 있다고 생각한다. 즉 러시아에 우호적인 태도를 취해온 나라들이 분개하고, 일본 측에 서서 일본인들과 함께 러시아에 대항해 활동하도록 한 말이다. 살해자와 공모자들은 상황에 밀려 일본인들에게 넘겨졌다.[41]

라고 하는 보고서를 남겼다. 이로 보아 러시아가 서둘러 안중근을 일제에 넘긴 이유를 안중근의거가 러시아 관리구역인 동청철도 내에서 일어난 정치적 상황에서 찾는 것도 일면 타당성이 있는 주장으로 보인다. 이러한 맥락에서 러시아가 신속하게 안중근을 일제에 인도한 이유는 러시아의 정치적 부담이라는 측면에서 설명되어 왔다.[42]

그런데 일제는 사건예방을 위한 동양인에 대한 러시아 당국의 검문요구를 "일본인의 출입 자유가 보장되어야 한다"는 구실로 거절하였다. 이러한 상황 속에서 안중근의거가 발생하였기 때문에[43] 러시아의 정치적 부담은 생

---

40 국사편찬위원회, 1978 「전보 제160호(암호)」, 『한국독립운동사자료』 7, 330쪽.

41 군첩보원 비류꼬프보고서(보고서NO 145)(РГВИА, фонд No.2,000, опись No.1, дело No. 4134).

42 박종효, 「안중근(安重根)의사의 하얼빈(哈爾賓)의거 진상(眞相)과 러시아의 대응」, 『安重根 義士의 偉業과 사상 再照明』, 안중근의사숭모회·안중근의사기념관, 2004, 124쪽.

각보다 크지 않았다. 이는 일제가 특별히 사건의 책임을 러시아에 추궁하지 않았다는 사실에서도 입증된다.

따라서 러시아가 안중근을 일본에 넘긴 결정적인 원인은 러시아의 정치적 부담이라기보다[44] "동청철도 내의 한인은 치외법권을 향유한다"는 내용으로 1907년 2월 5일자 『원동보』에 공시한 동청철도민정처훈령 19호와 김재동·서재근사건이라는 러일 간의 선례에 따른 결과로 보인다. 이는 1909년 11월 7일 구라치 테츠기치(倉知鐵吉) 정무국장이 이시이 기쿠지로(石井菊次郎) 외무차관에게

> 兇徒의 處罰에 關한 外務本省의 意見照會의 件
> 伊藤公에 對한 兇徒의 處罰은 帝國刑法에 據할 것인가에 對하여 目下 都督府에서 考究中인 바 右는 檢察官에서 公訴를 提起함에 當하여 此를 決定할 必要가 있으므로써 刑法 三條·韓淸條約 五條 及 先年 在淸 領事에게 發한 訓令 等 參照後 本省의 意見 至急電報를 바란다.[45]

라고 문의한 점에서 확인된다. 즉, "先年 在淸 領事에게 發한 訓令"라는 내용은 필시 김재동·서재근사건 관련훈령을 뜻하는 것이다. 이것이 의미하는 바는 한인이 안중근의거와 같은 사건을 일으키면 결국 일본의 재판에 회부된다는 것이다.

이러한 배경 아래 러시아관헌은 취조문에 "「우치 안(안중근)」은 한국 국적

---

43 제정러시아 대외정책문서보관소(АВПРИ), 「재무부장관이 하얼빈에서 3등서기관 베베르 앞으로 보낸 1909년 10월 13일자 전문」(фонд 150, опись 493, дело 1379).

44 안중근을 러시아가 일제에 넘겨준 주된 이유를 러시아의 정치적 부담으로 보는 시각이 주류를 이루고 있다. 대표적인 논문은 박종효, 「안중근(安重根)의사의 하얼빈(哈爾賓)의거 진상(眞相)과 러시아의 대응」을 들 수 있다.

45 국사편찬위원회, 「전보 제3호」, 『한국독립운동사자료』 7, 474~475쪽.

임을 인정할 만한 증거가 충분하므로 러시아재판에 회부할 성질이 아니다"
라고[46] 하여 안중근을 일제에 넘긴 사실을 기록하였던 것이다. 또한 밀레르
검찰관도 예심기록 목록에 「자신을 안가이(안중근)라고 부르던 한국인 범인
을 밝혀냈다는 것과 일본 사법권에 한국민들이 예속되어 있음을 고려하여
국경지방법원 검사를 통해 일본 당국에 예심을 이관시키는 것에 관한 치안
판사의 결정서」[47]를 포함시켰던 것이다.

그렇다고 안중근재판과 관련하여 러시아의 고민이 전혀 없었다고는 볼
수 없는 측면이 있다. 러시아는 국제 정치적 역학관계라는 상황 속에서 재
외한인에 대한 일제의 재판 관할권에 대해 부정하지 않으면서도 일제의 사
법권행사에 대해 전적으로 공조하였다는 세론을 부인하는 애매모호한 자세
를 취하였다. 러시아의 이런 태도는 필시 안중근을 일제에 인도하는 것이
국익에 부합하느냐 하지 않느냐 하는 러시아의 고민을 반증하고 있는 것으
로 사료된다. 이는

> 동 대신(필자-까깝쵸프)은 이름은 이미 명료하나 자신은 기억하고
> 있지 않다고 답한 고로 소관은 범죄사건에 관한 자세한 보고를 빠른
> 시일 안에 총영사관에 넘겨줄 것을 요구하였는 바, 대신은 쾌락하지
> 않고 그 범인의 국적이 한국임이 명백하므로 귀국을 경유하여 한국에
> 인도해야 하므로, 그 보고는 물론 총영사에 보냈다고 답하였다[48]

라는 일제의 사료에서도 확인된다. 즉, 까깝쵸프는 안중근이 일본당국을 거
쳐 한국정부에 인도될 것이라고 생각한 것 같다. 이러한 까깝쵸프의 언급은

---

46 日本 外交史料館, 「露國官憲取調飜譯文」, 『伊藤公爵遭難關倉知政務局長旅順出張竝ニ
犯人訊問之件(聽取書)』 第二卷(문서번호 : 4.2.5, 245-4).
47 박보리스 저, 신운용・이병조 역, 『하얼빈역의 보복』, 채륜, 2009, 82쪽.
48 日本 外交史料館, 『伊藤公爵滿洲視察一件』(문서번호 : 6.4.5, 47).

일제의 전면적인 한국 사법권 장악을 인정하고 싶지 않은 러시아의 심정을 단적으로 드러낸 증거이다. 1909년 9월 청일 간의 간도협약으로 러일관계가 극도로 악화된 상황 속에서 하얼빈 한인의 사법권을 둘러싼 일제의 일방적인 행위에 대해 까깝쵸프는 이런 식으로 불만을 드러낸 것으로 보인다.

그럼, 여기에서 "안중근재판 관할권이 일본에 있다"는 일제의 주장을 구체적으로 살펴볼 필요성이 있다. 안중근에 대한 사법적 처리에 대한 구라치의 질의에 대해 외무성은

> 貴電 第三號에 關하여
> 清國에 있어서의 韓國은 韓國이 日本의 保護國이 된 결과 帝國의 法律下에 立하기에 至하였으므로 其 犯罪는 刑法 第一條에 所謂 帝國內에 있어서의 犯罪로 看做하고 當然히 帝國刑法을 適用할 것이라고 한다 刑法 第一條・第二條・第三條에 所謂 帝國 內外의 區別은 原則으로 帝國領土 內外 區別을 指하는 것이다 帝國이 治外法權을 갖는 國은 帝國臣民에 關하여는 刑法의 適用上 帝國의 領土와 同視할 것으로 解釋되어 司法省과도 協議後 其旨를 昨年에 三各領事에게 訓令하였다 帝國의 法權下에 立하는 韓國人도 帝國臣民과 同一의 地位에 있는 것으로서 右解釋에 依하여 相關이 없을 것으로 따라서 清國에 있어서의 韓人은 刑法 第三條에 列記된 犯罪에 限치 않고 其他一切의 犯罪에 對하여 帝國刑法의 適用을 受하는 것이라고 解釋한다.[49]

라고 하는 훈령을 내렸다. 이러한 안중근에 대한 사법처리방침은 김재동・서재근사건에 대한 대응책으로 재외한인에 대한 재판 관할 및 항소・항고

---

49 국사편찬위원회, 「전보 제3호」, 『한국독립운동사자료』 7, 475쪽.

권을 일본국민에 준하여 나가사키(長崎) 지방재판소 공소원에서 담당하도록 한다는 1908년 4월 13일 이토가 하야시 외상에게 보낸 전문의 연장선에서 이루어졌다는 것은 두말할 필요가 없다.[50]

그런데, 일제는 한인에 대한 재판을 나가사키(長崎) 지방법원에서 관할한다는 사법절차를 스스로 어기고, 관동도독부지방법원이 안중근재판을 관할하도록 하였다. 이 문제에 대해서는 두 가지 측면에서 살펴볼 필요가 있다. 하나는 국제적 여론이 안중근재판에 미칠 영향이다. 즉, 일제는 일본 내에서 안중근을 재판할 경우 일본뿐만 아니라 세계적 관심이 안중근재판에 집중되어 재판을 뜻대로 끌고 가지 못할 수도 있다고 판단하여, 관동도독부지방법원이 재판을 맡도록 결정한 것으로 보인다.[51]

다른 하나는 정치범에 대한 외무성의 경험을 들 수 있다. 예컨대, 1891년 5월 시베리아 철도 기공식에 참석하러 가고 있던 러시아 니콜라이 황태자가 현역 경찰관 쓰다산조(津田三藏)에게 오오쓰(大津)에서 피격당한 이른바 오오쓰사건이 일어났다. 이 사건으로 곤경에 빠진 이토는 일본 사법대신에게 쓰다를 사형에 처하도록 지시하고, 일본 정부도 적극적으로 나서 쓰다에게 사형을 선고하도록 나가사키 지방재판소의 판사들에게 압력을 가하였다.

그러나 일본 대법원은 파렴치범이 아니라 '정치적 확신범'이라는 이유로 무기형을 선고하였다. 그 이유는 행정부의 요구를 수용하면 사법부의 독립성을 훼손하게 되며 내외국인을 불문하고 모든 사람은 법 앞에 평등하기 때문이라는 것이었다.[52]

이러한 경험으로 인해 일제는 안중근을 정치범으로 취급하여 일본 국내에서 재판을 한다면 안중근에게 사형을 선고할 수 없을지도 모른다는 우려

---

50 日本 外交史料館, 「韓國臣民ニ對スル領事裁判手續ニ關スル件」, 『伊藤公爵滿洲視察一件』 (문서번호 : 6.4.5, 47).
51 倉知鐵吉, 『朝鮮倂合の經緯』 11쪽(日本 外交史料館 소장 문서번호 : 6.4.5, 47).
52 成瀨恭, 「露國皇太子ノ大津ニ於ケル遭難事件」, 『日露交涉史』, 外務省政務局第三課, 1969, 156~164쪽.

를 하고 있었다.[53] 때문에 안중근 변호사들은

明治四十一年(一九〇八) 四月 勅令 第五十一號는 韓國人까지도 包
含한다는 明文이 없다. 韓國의 保護勸은 國交上의 委任이므로 司法
權에 까지도 干涉할 수 있느냐 곧 裁判管轄에 대해 싸우는 수밖에 없
을 것.[54]

라고 하여 일제의 재판 관할권 행사에 문제를 제기하였던 것이다. 이는 안
중근에게 일제의 형법을 적용하는 것은 무리한 법리론이라는 사실이 일본
내에서도 문제가 되고 있음을 드러내고 있다는 점에서도 특히 의미 있는 대
목이다.

이러한 문제로 정치범에 대한 일본의 선례(오오쓰사건)와의 법리적 모순과
국외 한인에게 일본의 형법을 적용할 수 있는가 하는 논쟁을 잠재우기 위해
검찰관 미조부치 타카오(溝淵孝雄)는 궁색한 방법을 동원하였다. 그것은 "안
중근이 정치범이 아니라"는 논리였다. 그리하여 안중근을 정치범이 아니라
는 주장의 근거를 미조부치는 "정치범이란 정치적 상황에 변동을 초래할 만
한 결과를 이루어낸 자"로 단정하였다.

이러한 측면에서 안중근의거로 이토는 제거되었지만, 정치적 변동을 의미
하는 한일 간의 모든 조약의 폐기 즉, 한국에서 일본을 완전히 축출하지 못
하였으므로 안중근을 정치범으로 볼 수 없다는 논리를 미조부치는 내세웠
다.[55] 따라서 그의 논리대로라면 한국의 독립이 실현되기 전에는 어떠한 정
치세력도 정치범이 될 수 없는 것이다.

---

53 일제가 관동도독부로 안중근재판 장소를 옮긴 또 다른 이유는 일본 국내에서의 재판은 재판
관들의 합의제로 운영되는 반면, 관동도독부에서의 재판은 재판관 한 사람에 의해 이루어진
다는 면도 고려되었던 것이다(『滿洲日日新聞』 1910年 2月 10日字, 「裁判管轄權」).
54 국사편찬위원회, 「전보 제10호(암호)」, 『한국독립운동사자료』 7, 469쪽.
55 최이권 편역, 『애국충정안중근의사』, 146쪽.

그러나 이러한 해석은 쓰다가 정치범이라면 안중근도 정치범으로 보는 것이 법논리상 타당하다는 역사적 진실을 호도하고 있는 것이다. 미조부치의 이러한 주장과 달리, 안중근의거를 조사하기 위해 블라디보스톡에 파견되었던 헌병대위 무라이(村井)도 안중근을 포함한 노령의 배일단체를 정치상 의미를 가진 조직으로 보아 안중근을 정치범으로 보았다.[56] 특히 의거 직후 안중근을 심문한 러시아 검사 밀레르는

이토 히로부미 암살은 정치적인 이유를 바탕으로 하고 있다 이는 한국 국민의 일본통감에 대한 복수이다.[57]

라고 하여 안중근의거의 성격을 '정치적'이라고 규정하였다.

이처럼 일제를 제외하고 국내외에서는 안중근을 정치범으로 인식하는 경향이 강했던 것이다. 이러한 러시아의 인식은 안중근에게 15년 내지 20년의 징역이 구형될 것이라는 주한 러시아총영사의 안중근재판 예측에서도 엿볼 수 있다.[58]

또한 외무성은 스티브스를 처단한 장인환·전명운에 대한 사형구형 공작의 실패경험 때문에[59] 장인환·전명운의 재판이 다시 안중근의 재판에서 되풀이되지 않으리라는 확신을 갖고 있지 않았다. 그리하여 외무성은 스티브스사건의 실패경험을 되풀이하지 않기 위하여 다방면에 걸쳐 연구를 하였던 것이다. 그러한 흔적이 일본 외교사료관의 자료들에 그대로 남아 있다는 사실[60]에서 일제가 안중근에게 일본 법률을 적용하고 사형에 처하는 데 얼

56 국사편찬위원회, 「헌기 제147호」, 『한국독립운동사자료』 7, 262쪽.
57 박보리스 드미트리예비치·박 벨라 보리숍나, 「안중근의사의 위업에 대한 露國문서 및 자료」, 『安重根義士의 偉業과 思想 再照明』, 안중근의사기념관, 2004, 135쪽.
58 국사편찬위원회, 「伊藤公凶變續報」, 『통감부문서』 7, 1999, 14쪽.
59 정제우, 「죽암(竹嵒) 전명운(田明雲)연구(研究)」, 『한국독립운동사연구』 10, 1996, 251쪽.
60 日本 外交史料館, 「スチ-ブンス被殺事件法院記錄複寫旅順法院ヘ」, 『在米國帝國大使館雇兼韓國議政府顧問「テ-、ダブリュウ, スチ-ブンス」氏遭難逝去一件』(문서번호 : 4.2.5, 233).

마나 집착을 하였는지를 엿볼 수 있다.[61]

안중근재판 관할권을 강탈한 일제의 아전인수격 법리론에 대해 일본인조차도 문제성을 지적하였다. 카마다 관선변호사는 피격자가 이토라는 이유로 안중근재판을 특별 취급한다면 오오쓰사건 재판으로 지켜낸 사법권의 독립성을 훼손시킬 것이라고 주장하면서 구체적으로 재판의 불법성을 지적하였다. 즉, ① 일본의 안중근재판 관할권 행사는 외국인에 대한 재판권 행사를 인정하지 않는 한청통상조약을 무시한 폭론이다. ② 재외한인에 대한 재판은 한청통상조약에 따라 한국법을 적용해야 한다. 왜냐하면 을사늑약 제1조의 내용은 한국의 대외적 주권이 소멸되지 않은 것으로 외교권의 위임에 지나지 않은 바, 일본이 한국을 대신하여 영사재판을 행사한다고 하더라도 적용해야 할 법은 한국법이다. ③ 을사늑약은 일본에 형법의 제정마저도 위임한 것이 아니므로 일본형법의 적용은 외교위임에 대한 월권행위이며, 관동도독부 지방법원이 재판권을 갖는다고 하더라도 한국법을 적용해야 한다. ④ 한국형법을 적용한다고 하더라도 국외의 형사범에 대해 적용할 법률이 한국법에는 없다.[62]

이상에서 일본인 변호사마저 안중근재판의 불법성을 조목조목 지적하고 있음을 보더라도 일제가 한국의 사법권을 독단적으로 유린하는 가운데, 안중근재판의 관할권을 불법적으로 행사해 왔음을 알 수 있는 것이다.

그러나 이에 대하여 안중근은

辯護人의 말에 의하면 光武三年(一八九九年)에 締結된 條約에 의

---

61 『伊藤公爵滿洲視察一件』(문서번호 : 4.2.5, 245)에 장인환·전명운 관계 사료가 남아 있는 또 하나의 이유는 일제가 사건초기에 안중근의 배후에 헤이그사건과 스티븐스처단을 주동한 세력이 있다고 일제는 사건초기에 보아 이를 조사하기 위해 자료를 외무성이 요청한 때문인 것으로 사료된다(국사편찬위원회, 「伊藤公事件과 「스티븐스」, 殺害事件 및 海牙事件과의 相互 關聯說 件」, 『통감부문서』 7, 271쪽).

62 최이권 편역, 『애국충정안중근의사』, 149~154쪽.

해 韓國民은 淸國內에서 治外法權을 가지며 本件은 韓國 刑法大全에 依해 治罪할 것이며 韓國刑法에 依하면 罰할 規定이 없다는 것인데 그것은 不當하며 愚論이라고나 말할 것으로 생각한다. 今日의 人間은 모두 法에 依하여 生活하고 있는데 現實로 사람을 죽인 者가 罰을 받지 않고 生存할 道理는 없는 것이다. 그러면 나는 어떠한 法에 依해 處罰되는가 하는 問題이지만 이것은 나는 韓國의 義兵이며 지금 敵軍의 捕虜가 되어 와 있으므로 마땅히 萬國公法에 依해 處斷되어야 할 것으로 생각한다.[63]

라고 하여 일본인 변호인들과 다른 법리론으로 이토 처단의 적법성을 내세우고 있다. 즉, 안중근은 군인으로서 이토를 처단하였으므로 민간인을 대상으로 한 법률을 적용할 것이 아니라, 군인신분에 맞게 1907년 헤이그에서 열린 제2차 만국평화회의에서 채택된 육군규정에 따라[64] 포로로 대우해야 한다고 주장하였다. 즉, 그는 한국 법률 내지 일본 법률이 아니라 국제법을 적용해야 한다고 강조하였던 것이다.

안중근이 국제법에 입각하여 대우해 줄 것을 요구할 수 있었던 이유는 이인영(李麟榮)의 경우에서 보듯이[65] 당시 지식인들에게 일반적으로 알려져 있던 만국공법에 대한 지식을 갖고 있었기 때문인 것으로 생각된다.[66] 이를테면 안중근이 1908년 7월 의병전쟁을 수행하던 중에 일본 군인을 생포하였을 때

만국공법에 사로잡은 적병을 죽이는 법은 전혀 없다 어디다가 가두

63 국사편찬위원회, 1976 「공판시말서 제5회」, 『한국독립운동사 자료』 6, 396쪽.
64 맹순구, 「안중근과 이토 히로부미의 접점에 대한 법적 평가: 일본인이 안중근을 흉한으로 부른 법리적 이유」, 159~160쪽.
65 신용하, 「安重根의 思想과 義兵運動」, 『한국민족운동사연구』, 을유문화사, 1986, 169쪽.
66 국사편찬위원회, 「피고인 제6회 신문조서」, 『한국독립운동사 자료』 6, 170쪽.

어 두었다가 뒷날 배상을 받고 돌려보내 주는 것이다.[67]

라고 하였다. 여기에서 만국공법에 입각하여 교전권을 갖는 군인으로서 일제와 전쟁 중에 적의 괴수인 이토를 처단하였으므로 포로로 대우해야 한다는 안중근의 주장에서 만국공법에 대한 그의 인식정도를 알 수 있다.

특히 안중근은 일본형법을 적용하려면 「구형법 제76조」를 적용해야 한다고 주장하였다.[68] 구형법 제76조이란 "本屬長官의 命令에 따라 그 職務로써 한 者는 그 罪를 論하지 않는다"는 것이다. 말하자면 '본속장관의 명령에 따라'라는 것은 안중근에게 의병사령관 즉, 독립특파대장이라는 임무를 부여한[69] 김두성(金斗星)의 명령을 의미하고, '그 직무로써 한·자는 그 죄를 논하지 않는다는 것'은 의병 참모중장의 자격으로 이토를 처단했다는 뜻이다. 따라서 구형법 제76조를 적용하면 일제는 안중근에게 형법을 적용할 수 없게 되는 것이다.

이처럼 안중근은 정확하게 일본의 구법까지 잘 알고 있었던 것이다. 이는 일본에 넘겨질 경우 재판투쟁을 통하여 한국의 비참한 상황을 효과적으로 알리려면 일본의 형법도 알아야 한다는 그의 지론에 따른 결과이다. 하지만 안중근은 독립투쟁에 경주하였기 때문에 구체적인 일본법에 대한 지식을 습득할 시간이 없었을 것이다. 그러므로 안중근의 일본형법에 대한 지식은 안병찬이 보낸 일본육법전서를 통하여 형성된 것으로 보는 것이 타당하

---

67 안중근, 『안응칠역사』, 137쪽.
68 국사편찬위원회, 「전보」, 『한국독립운동사 자료』7, 685~486쪽. "今朝 十時 開廷, 安을 死刑에 禹를 三年에, 曹와 柳를 各各 一年 六月에 處한다고 判決을 言渡하였다. 또 安은 義兵總督 金도세이의 命令에 依해 露領과 淸國에 있어서의 義兵의 司令官 參謀中將의 資格으로 伊藤公을 죽이고 目下 捕虜의 몸이 되어 있으므로 一般人犯으로 裁判하는 것은 不當하다고 하고 만약 굳이 日本刑法을 適用하려고 한다면 第七十六條(舊刑法을 가리킴)에 依하지 않으면 안 된다고 主張하고 있었다. 右는 昨夜 小官에 接見을 求하고 呼訴한 要領으로 아울러 이에 報告한다."
69 국사편찬위원회, 「공판시말서」, 『한국독립운동사 자료』7, 333쪽.

다.[70]

안중근재판 관할권 문제에 대해 일제의 재판부는 1910년 2월 14일의 판결서에서 다음과 같이 주장하였다. ① 안중근이 한국 국적이므로 러시아 재판에 회부해서는 안 된다. ② 한청통상조약 제5조에 따라 안중근재판의 관할권은 한국에 있으나 '한일조약 제1조'에 따라 일본이 한국의 외교에 대해 관리 지휘를 하며, 일본 외교대표와 영사는 재외한인의 이익을 보호하도록 되어 있다. ③ 그런데 법률 제71호 영사관의 집무에 관한 법률에 따라 일본에 재판 관할권이 있다. ④ 외무대신은 법률 제52호 제3조에 따라 만주에 주재하는 영사관의 관할에 속하는 형사재판은 관동도독부의 지방법원에서 할 수 있다.[71]

그런데 이러한 일제의 안중근재판 관할권문제에 대한 견해는 두말할 것도 없이 김재동·서재근사건의 연장선에서 형성되었다는 점을 주목할 필요가 있다. 즉, 이는 일제가 김재동·서재근사건의 재판 관할권 문제에 대해

　　哈爾賓 東淸鐵道敷地內에서 本邦人을 殺害한 韓國人 某에 대한 貴館에서 豫審取調中의 件에 대해서는 本月 十一日發 往電 第六六號로 훈령한 바대로 事件豫審終決後 이를 公判에 移牒할 경우에는 이를 長崎地方裁判所에 移送해야 한다.

　　右者 今番 在外韓國人에 대한 領事裁判權 行使所屬에 따라 司法省과 協議한 바 手續에 관해서는 何等 新法規의 制定 또는 現行法規의 改廢를 할 필요는 없다. 그러므로 從來의 領事裁判에 관한 法令을 適用하기로 결정하였다. 韓國人에 대한 領事裁判手續은 本邦人에 대

---

70 『대한매일신보』 1910년 2월 9일자, 「旅順通信(二)」; 안정근도 일본 육법전서로 형법을 연구하면서 안중근재판을 대비하였다. 국사편찬위원회, 「기밀통발 제1982호」, 『한국독립운동사 자료』 7, 1978, 448쪽.
71 최이권 편역, 『애국충정안중근의사』, 1992, 204~205쪽.

한 경우와 전연 다름이 없다. 一般 韓國人에 대한 領事裁判權의 行使
는 在外韓人의 保護에 관한 帝國領事官의 職務執行에 관해서 미루어
解釋하도록 訓令한다.[72]

라고 한데서도 증명된다. 이처럼 김재동·서재근사건과 같은 논리로 일제는
안중근을 한국의 신민이 아닌 일제의 신민으로 보아 안중근재판의 관할권
이 일제에 있다는 억측으로 일관하였다. 그리고 일제가 김재동·서재근재판
의 불법성을 스스로 인정하였다는 것은 앞에서 본 바와 같다. 따라서 일제
가 안중근에게 일본법을 적용하여 재판하는 것 그 자체도 불법적인 것임은
명백한 사실이다.

이러한 일제의 판결을 인정할 수 없었던 안중근은 1910년 2월 17일 고등
재판장 히라이시 우지토(平石氏人)를 찾아가 '재판결과를 받아들인다면 그 침
략행위에 동의하는 것이므로 이를 인정할 수 없고, 군인의 자격으로 이토를
처단하였으므로 국제공법을 적용해야 하며 여순 지방재판소에서 재판을 받
는 것은 한일협약(을사늑약)에도 위반되는 것으로[73] 국제사회도 일본의 이러
한 처사를 비난할 것'이라며 일제의 주장을 반박하였다.[74] 그러나 히라이시
는 "일개 살인범의 그 어떠한 주장도 받아들일 수 없다"며[75] 안중근의 요구
를 묵살하였다.

그런데, 여기에서 하얼빈에서 발생한 제삼국 형사범에 대한 판례를 살펴
볼 필요가 있다. 이를 통하여 재외한인에 대한 일제의 사법권 행사의 의미
가 무엇인지 극명하게 드러날 것이다. 청러양국은 하얼빈에서 발생한 중국

---

72 日本 外交史料館,「送第七六號」「哈爾賓東淸鐵道敷地內ニ於テ本邦人ヲ殺害セル韓國人ノ
裁判ニ關スル件」,『在外韓國民保護並ニ同國民ニ對スル帝國領事ノ職務執行方關係一件』.
73 이는 안중근이「을사늑약」에 재판 관할권이 일제에 있다는 규정이 없음을 염두에 두고 한
말인 것 같다.
74 국가보훈처·광복회,「청취서」,『21세기와 동양평화론』, 1996, 51~52쪽.
75 국가보훈처·광복회,『21세기와 동양평화론』, 59쪽.

인 형사사건에 대해 러시아법률을 적용하기로 합의하였으나 제삼국인 형사범에 대한 규정을 별도로 정하지 않았다. 따라서 제삼국 형사범의 재판 사례는 안중근재판의 성격을 엿볼 수 있다는 면에서 특별한 의미를 갖는다. 이는 다음에서 살펴볼 수 있다. 즉,

> 최근의 실례를 보건대 하얼빈에 거류하는 독일인이 러시아 관헌으로부터 강제징세를 당하자 이를 거부하였다. 그 결과 형사사건으로 발전하여 결국 러시아는 행정권을 가지므로 외국인은 납부의무가 있을지라도 재판권을 집행할 수 없다. 그러므로 범죄인은 독일영사의 관할에 속하는 것으로 결정되었다.[76]

이처럼 독일인이 하얼빈에서 범한 형사사건의 재판권을 러시아가 아닌 독일이 행사했던 것이다. 이러한 사례를 안중근에게 적용한다면 안중근은 한국의 법정에 회부될 가능성이 컸다. 결과적으로 이와 같은 판례가 있음에도 안중근재판 관할권을 일제에 귀속시킨 것은 국제법을 무시한 러일 간의 '야합'에 따른 결과라고밖에 볼 수 없다.

일제의 안중근재판의 부당성을 극명하게 증명하기 위한 방법론으로써 한국과 일본 간에 체결된 법률의 재검토도 필요하다. 이를 통하여 안중근재판의 불법성이 확연히 드러날 것이다. 일제는 통감부재판소를 설치함으로써 한국의 사법권을 완전히 장악하려는 목적 아래 1909년 7월 12일 「한국사법 및 감옥사무 위탁에 관한 한일 각서」를 한국정부와 강제 체결하였다. 그런데, 이 각서 제3조에

> 재한국 일본재판소는 협약 또는 법령에 특별한 규정이 있는 외 한

---

76 『朝鮮新聞』 1909年 10月 29日字, 「兇漢の裁判管轄」.

국신민에 대하여는 한국법규를 적용할 것.[77]

라고 기술된 규정을 주목할 필요가 있다. 한국과 일제는 재외한인에 관한
어떠한 협약이나 법령 등 특별한 규정을 체결하지 않았던 것은 주지의 사실
이다. 그러므로 이 협정서의 취지대로 안중근에게 한국법률을 적용해야 했
던 것이다.

더구나 청국의 한인 형사범에 대한 한청통상조약의 "청국령의 한인에게
치외법권을 적용한다"는 규정에 따라 안중근은 한국에서 재판받아야만 했
다. 따라서 일제가 불법적으로 안중근재판을 하지 않았다면 안중근은 한국
에서 재판을 받았을 것이다. 그렇게 되었다면 한국에서 정치적 사건은 국왕
의 권한에 속하므로 그 결과를 누구도 예측할 수 없었던 것이다.

그런데 무엇보다도 안중근재판이 침탈의 상징이자 '국제적 야합'이라는
필자의 주장을 뒷받침할 수 있는 결정적인 증거가 있다는데 주목할 필요가
있다. 그것은 일제가 병탄 전인 1910년 4월 5일에 명치 천황의 재가를 얻어
동년 4월 6일에 공포한 「칙령 제196호」이다. 즉,

한국인에게 일본법규를 적용할 경우에 관한 건

짐은 한국인에 일본법규를 적용할 경우에 관한 건을 재가하고 이에
이를 공포한다.

御 名 御 璽

明治 43년 4월 5일

칙령 제196호(관보 4월 6일)

통감부재판소는 明治 43년 법률 제40호에 의해 재판을 할 경우에는

---

77 市川正明, 『日韓併合史料』第二卷, 原書房, 1978, 1257쪽.

한국인에 대해 일본 법규를 적용한다.[78]

이 칙령의 주된 내용은 "일제의 법령을 한국인에게 적용한다"는 것이다. 이는 안중근의 재판을 검토할 시, 매우 중요한 문제로 재외한인의 재판 관할권을 '편의상' 일제의 사법권에 종속시켰다는 불법성을 증명할 수 있는 중요한 논거가 된다.

다시 말해 일제 스스로 인정하듯이, 1910년 4월 5일 이전에 일제가 한국인에게 적용한 법령은 일본 국내법조차 위반한 불법행위였던 것이다. 그러므로 일제의 안중근재판은 국제법은 물론이고 일본 국내법조차 위반한 '사법상의 편의적 발상'에서 자의적으로 행해진 것으로 한국의 법권을 침탈하는 과정의 정점에서 이루어진 일제의 폭거였음이 증명되는 것이다.

2) 사형공작

안중근이 이토를 처단했다는 소식은 일제에 큰 충격과 두려움을 주었다. 왜냐하면 일제는 안중근의거가 당시 만주지역에서 대규모 한인의 봉기가 일어날 것이라는 소문의 신호탄이라고 보았기 때문이다.[79] 뿐만 아니라 안중근의거는 다음의 두 가지 측면에서 일제의 대한정책에 대한 의구심을 국내외적으로 증폭시켜 일제를 당혹케 하였던 것이다. 하나는 안중근의거로 "한국이 자진하여 일본의 보호국이 되었다"는 일제의 국제적 선전의 허구성

---

78 일본 공문서관, 「廢布令勅 明治四十三年(上)」, 『總理府公文書(廢布領)』.
79 일본이 안중근의거를 보고 얼마나 두려워했는지는 "그때 동경에서는 만주일대에 걸쳐 한인의 대폭동 계획이 있는 것으로 생각되어 만주로 가는 것은 목숨을 거는 것이라는 풍설이 있었다. 그래서 내가 출발할 때에 탄환을 막는 札을 여기저기에서 받았을 정도이다"라고 한 구라치의 언급에 잘 나타나 있다(倉知鐵吉, 『朝鮮倂合の經緯』, 日本 外交史料館 소장, 문서번호 : 6.4.5-47, 11쪽).

이 드러나게 되었다는 것이다. 다른 하나는 국내외 항일세력의 결집과 대일투쟁 의식의 고양을 가져왔다는 것이다.[80]

통감부는 안중근의거가 고종과 모종의 관계가 있는 것으로 여기고 이 기회를 최대한 활용하여 안중근의거로 야기된 국면을 일거에 타개하면서 한국병탄을 가속화하려는 의지를 갖고서 실태파악에 적극적으로 나섰다.[81] 우선 통감부는 안창호 등 국내 반일활동가를 연일 검거하여 조사하였고,[82] 안중근의거의 배후로 지목된 최재형 등 블라디보스톡 방면의 독립운동가들, 김성백 등 하얼빈 지역 반일운동가들과 안중근의 관계 조사를 급선무로 여겼다.

그리하여 통감부의 헌병대는 헌병을 하얼빈·블라디보스톡·여순으로 파견하였다. 그 결과가 첩보를 기초로 작성된 「헌기 제2624호」[83]·「헌기 제2634호」[84]·「기밀 제86호」[85] 등의 보고서이다.[86] 하얼빈 한인에 대한 조사는 러시아의 간접적인 협조를 받아 이루어졌다.[87] 일제는 러시아의 첩보를

---

80 신운용, 「노령한인을 중심으로 본 안중근인」, 『21세기와 동양평화론』, 국가보훈처·광복회, 1996, 171~175쪽.
81 倉知鐵吉, 『朝鮮併合の經緯』, 11~12쪽.
82 국사편찬위원회, 「헌기 제2096호」, 『한국독립운동사』 자료 7, 154쪽.
83 이는 스기야마(杉山) 중위가 계통조사를 목적으로 11월 4일부터 12월 22일까지 여순에 파견되어 조사한 보고서이다(국사편찬위원회, 「헌기 제2624호」, 『한국독립운동사』 자료 7, 232~273쪽).
84 이는 블라디보스톡·하얼빈에 파견된 무라이의 보고와 여순에 파견된 스기야마의 보고를 1909년 12월 30일 종합정리한 보고서로 밀정의 보고를 근간으로 한 것이다(국사편찬위원회, 『한국독립운동사』 자료 7, 237~255쪽).
85 이는 1909년 12월 28 일까지의 블라디보스톡의 안중근 관련 정보를 블라디보스톡 총영사 오오토리(大鳥)가 고무라 외상에게 보고한 문건이다. 국가보훈처, 『아주제일의협 안중근』 2, 1995, 154~166쪽.
86 노령지역의 안중근관계 조사를 통감부는 헌병을 보내 직접한 데 반하여 외무성은 하얼빈 러시아 시심재판소「밀레르」에 의뢰하거나(국사편찬위원회, 「고비발 제382호」, 『한국독립운동사』 자료 7, 176~179쪽) 블라디보스톡의 오오토리 총영사가 수집한 정보에 의존하였다. 그러나 일제는 '러시아와 사법상의 협약이 없는 상황에서 조사는 그 자체로 한계를 드러내고 있었다'고 조사의 어려움을 실토하였다(국사편찬위원회, 「전보」, 『한국독립운동사』 자료 7, 383쪽).
87 국사편찬위원회, 「헌기 제2157」, 『한국독립운동사』 자료 7, 163~166쪽.

바탕으로 한 조사와 신문[88]을 근거로 하여 안중근의거와 노령 한인이 깊은 관련성이 있는 것으로 단정하고 수사에 착수하였다.

한편 일제는 1909년 7월 6일 각의에서 열린 회의에서 한국을 적당한 시기에 병탄시키겠다는 결정을 내렸다.[89] 이러한 상황에서 안중근이 의거를 단행하자, 통감부 등의 일부세력은 한국을 당장 식민지화하자는 주장을 하였다. 반면, 외무성의 입장은 일제와 제외국 간의 불평등한 외교관계를 청산하지 못하는 상태에서 당장 한국을 식민화하는 것은 불가능하다는 인식을 갖고 있었다.[90]

그러한 이유로 안중근의거에 대한 진상파악과 재판을 실질적으로 총지휘한 구라치를 비롯한 일제 당국자들은 안중근의거를 한국병탄의 기회라고 생각하지 않았다. 오히려 외무성은 안중근의거를 한국 식민화에 이용하려는 통감부를 통제하려고 하였던 것이다.[91] 따라서 외무성은 안중근을 한국에서 재판하려는 통감부와 안중근재판을 통감부에 빼앗기지 않을까 우려하던 관동도독부 소속 검찰의 마찰을 조정하면서 안중근재판을 의도대로 이끌 필요성이 있었다.[92]

이러한 배경 아래 고무라 외상은 구라치에게

第一, 各被告人의 地位, 經歷, 性行, 住居地 及 徘徊地方, 所屬黨派, 平素 가진 政治上의 意見, 所屬宗敎, 平素 往來 通信하는 人物, 資産狀態, 特히 生活費의 出處, 兇行을 하고 또는 企圖하기에 止한 經路.

---

88 박보리스 드미트리예비치·박벨라 보리소브나, 「안중근의사의 위업에 대한 露國문서 및 자료」, 132쪽.

89 日本外務省編纂, 「韓國併合에 關する件」, 『日本外交年表竝主要文書』 上, 原書房, 1965, 315쪽.

90 倉知鐵吉, 『朝鮮併合의 經緯』, 9~10쪽.

91 倉知鐵吉, 『朝鮮併合의 經緯』, 27쪽.

92 국사편찬위원회, 「헌기 제2624호」, 『한국독립운동사』 자료 7, 33~234쪽.

第二, 被告人과 關係 있는 組織的 團體의 有無, 萬若있다고 하면
其目的, 組織, 根據地, 首領 及 主된 團體員, 團體의 要하는 費用의
出處.

第三, 被告人에 對한 敎唆者의 有無, 萬若에 있다고 하면 敎唆者及
其元敎唆者에 對하여 第一에 揭載한 事項, 敎唆의 方法 及 敎唆者와
彼敎唆者와의 平素의 關係.[93]

라는 내용을 조사하여 보고하라는 명령을 1909년 10월 28일 내렸다.

이에 구라치는 1909년 10월 31일 여순으로 출발하여 11월 3일 도착 후,
11월 13일부터 관동도독부 여순감옥에서 안중근의거에 대한 조사에 본격적
으로 착수하였다. 결국, 안중근의거에 대한 일제의 조사는 러시아의 신문기
록, 통감부의 조사기록, 「헌기 제2624」 등 첩보의 신빙성을 확인하는 과정
이었다고 해도 과언이 아니다.[94]

첩보들과 안중근의 신문을 통해 얻은 정보를 바탕으로 한 조사결과에 대
해 통감부가 파견한 사카이 요시아키(境喜明) 경시는 한국과 노령 등에 연루
자가 없는 '단독행위'라는 결론을 내렸다.[95] 그러면서 안중근의거를 기화로
한국 병탄을 추진하던 통감부의 의도와 상반된 조사결과에 대해 그는 '세인
의 기대하는 바에 맞지 않으며', '유감'이라며 아쉬움을 표하였던 것이다. 관
동헌병대장도 사카이와 같은 의견을 보고하였으며,[96] 구라치도 "안중근·우
덕순·조도선·유동하 이외에는 안중근의거와 관련이 없다"는 보고를 하였
다.[97] 이처럼 사건조사를 담당했던 사카이·관동헌병대장과 총괄책임을 맡
았던 구라치는 안중근의거를 단독행위로 결론을 내렸던 것이다.

---

93 국사편찬위원회, 「전보」, 『한국독립운동사』 자료 7, 145~146쪽.

94 국사편찬위원회, 「고비수 제1022호의 1」, 『한국독립운동사』 자료 7, 417~418쪽.

95 국사편찬위원회, 「전보」, 『한국독립운동사』 자료 7, 444~445쪽.

96 국사편찬위원회, 「헌기 제2166호」, 『한국독립운동사』 자료 7, 352쪽.

97 국사편찬위원회, 「전보 제26호」, 『한국독립운동사』 자료 7, 389~390쪽.

조사를 통하여 일제는 대동공보사의 인사가 안중근의거에 직접적인 관련성이 없다는 사실이 밝혀지자, 안중근의거를 두 가지 방향에서 수습하려고 하였다. 하나는 안중근으로 하여금 오해하여 이토를 저격했다고 진술하도록 하는 것이었다. 그러나 일제의 이러한 공작은 안중근이 이토를 제거한 것은 결코 오해에서 나온 것이 아님을 단호하게 주장함에 따라 실패로 돌아갔다.[98]

이제 남은 방법은 재판을 통하여 안중근을 처리하는 것이었다. 그리하여 고무라는 "조도선과 유동하는 안중근의거와 직접적인 관계가 없다"는 결론을 내리면서 구라치에게 "우덕순에게 살인미수죄를, 안중근에게 사형을 각각 선고하도록 한다"는 재판방침을 지시하였다.[99]

그러나 구라치는 안중근의 이토 처단이 '사리(私利)'에서 나온 것이 아님이 명백하므로 여순지방법원 재판부가 안중근을 무기형에 처할 가능성이 있는 것으로 보았다.[100] 또한 구라치는 우덕순에게도 범죄예비 중지를 고려하여 무죄판결이 내려질 가능성이 있는 것으로 여겼다.[101] 때문에 구라치는 안중근재판이 오오쓰사건과 스티븐스재판과 같은 결과가 도출되지 않으리라는 보장이 없음을 너무나 잘 알고 있었다.[102] 게다가 직접 지방법원에 사형선고를 하도록 압력을 넣는다면 재판관 등이 사법권에 대한 행정부의 도전으로 여겨 역효과가 날 가능성도 있었다.[103]

그리하여 구라치의 안중근사형 공작결과,[104] 히라이시 고등법원장은 외무성의 의견을 수용하였다.[105] 그 결과 구라치와 히라이시는 안중근재판의 처리 방향에 대해

---

98 『대한매일신보』 1910년 2월 26일자, 「정당혼말」.
99 국사편찬위원회, 「전보」, 『한국독립운동사』 자료 7, 477쪽.
100 국사편찬위원회, 「전보 제34호(극비)」, 『한국독립운동사』 자료 7, 476쪽.
101 국사편찬위원회, 「전보」, 『한국독립운동사』 자료 7, 447쪽.
102 국사편찬위원회, 「전보 제34호(극비)」, 『한국독립운동사』 자료 7, 476쪽.
103 국사편찬위원회, 「전보 제34호(극비)」, 『한국독립운동사』 자료 7, 476~477쪽.
104 국가보훈처, 「제33호」, 『아주제일의협 안중근』 2, 624쪽.
105 국사편찬위원회, 「전보 제37호」, 『한국독립운동사』 자료 7, 478쪽.

一. 安重根에 對하여는 法院長 自身은 死刑을 科하리라는 論임으로써 政府의 希望도 此에 있는 以上은 于先 檢察官으로 하여금 死刑의 求刑을 하게 함으로써 地方法院에서 目的을 達하도록 努力할 것이고 萬若에 同院에서 無期徒刑의 判決을 與하는 일이 있다면 檢察官으로 하여금 控訴케하여 高等法院에서 死刑을 言渡하도록 한다.

二. 禹連俊의 件은 政府 意思가 있는 바 明瞭하므로써 法院에서 今後 禹連俊에 對한 取調를 할 때 特히 手心을 加하여 犯罪를 斷念한 것을 主張할 수 없도록 努力한다.[106]

라는 합의를 하였다. 이처럼 구라치와 히라이시는 우선 미조부치 검찰관에게 안중근에 대해 사형을 구형하도록 하고 설사 지방법원에서 무기형을 언도하더라도 미조부치로 하여금 항소케 하여 고등법원에서 사형을 선고하는 동시에, 우덕순이 안중근의거 가담을 부인하지 못 하도록 공작을 펼쳤던 것이다.[107]

또한 안중근 사형공작에 매진한 일제는 더욱이 재판의 기본권이자 정당한 권리인 변호권[108]마저 강탈하였다. 미하일로프·더글라스·안병찬은 안중근변호 선임계를 일제 재판부에 제출했다. 그러나 히라이시가 동경에 갔다 온 이후 안중근 쪽에서 신청한 변호사 선임계를 기각하고 미즈노와 카마다를 관선변호사로 임명하였다.[109] 이는 안중근을 사형에 처하겠다는 일제의 의지를 대외적으로 표방하였음을 의미하는 것이었다.[110]

한편, 미조부치는 안중근과 우덕순이 통모한 것으로 확신하였으나, 조도선과 유동하는 공모하기에는 부적당하다는 결론을 내렸다.[111] 그럼에도 미

---

106 국가보훈처, 「전보 제39호」, 『한국독립운동사』 자료 7, 478쪽.
107 『대한매일신보』 1910년 2월 9일자, 「판경이속히되여」.
108 『대한매일신보』 1910년 2월 8일자, 「려순통신 면회련말」.
109 『대한매일신보』 1910년 2月 9일자, 「안씨의 아우가 낙심」.
110 『대한매일신보』 1910년 2월 9일자, 「지판제도」·「허락지아니흐리유」.

조부치는 유동하를 사건에 연루시키기 위한 공작을 폈다. 그 결과 안중근의 거 계획을 미리 알고 있었으며,[112] 안중근이 26일 총성이 나면 이강에게 편지를 보내라고 하였다는 유동하의 진술이 허위자백임을 잘 알고 있으면서도[113] 미조부치는 재판과정에서 유동하와 조도선이 의거에 관여하였다고 거짓주장을 하였다.[114]

이와 같은 일제의 안중근사형공작을 볼 때, 미조부치가 안중근에게 사형, 우덕순에게 징역 3년, 유동하와 조도선에게 징역 1년 6개월을 각각 구형한 것은 오히려 예기된 결과였다. 특히 유동하와 조도선에게 형이 선고되리라고 기대하지 않았던 구라치를 비롯한 외무성 최고위 관리들은 유동하와 조도선에게 징역 1년 6개월이 선고되는 예상외의 목적을 달성하였던 것이다.

항소하는 것은 목숨을 연명하기 위한 것에 지나지 않다고 여긴 안중근은 "가문의 명예를 더럽히지 말라"고 한 어머니의 말씀에 따라 공소를 포기하고[115] 1910년 3월 26일 순국하는 길을 택하였다.

4. 맺음말

이상에서 필자는 안중근재판의 사적 배경을 밝히기 위해 일제의 국외 한인사법권 침탈과정 특히 안중근재판의 배경으로써 김재동·서재근재판을 살펴보면서 안중근재판 관할권문제와 재판공작에 대해 살펴본 바 아래와 같은 결론에 이르게 되었다.

러시아가 안중근을 신속하게 일제에 넘긴 사적 배경은 일제의 재외한인

---

111 최이권 편역, 『애국충정안중근의사』, 137쪽.
112 최이권 편역, 『애국충정안중근의사』, 100쪽.
113 국사편찬위원회, 「피고인 유강로 제7회 신문조서」, 『한국독립운동사』 자료 6, 301~302쪽.
114 국사편찬위원회, 「공판시말서 제4회」, 『한국독립운동사』 자료 6, 389~390쪽.
115 『대한매일신보』 1910년 2월 18일자, 「안씨에쇼식」.

에 대한 사법권 침탈이었다. 사법권 침탈은 한국 외교기관의 철폐로부터 시도되었다. 1905 · 6년에 걸쳐 한국 외교기관이 철폐되었고 이는 곧바로 재외한인의 사법권문제를 야기시켰다. 즉, 재청한인의 치외법권을 부정하면서 사법권을 청국에 넘기겠다는 「동청철도민정처훈령 19호」를 러시아가 1907년 2월 5일 『원동보』에 게재하였다. 이를 둘러싸고서 러일은 마찰을 빚었다. 한인의 사법권이 청국에 넘어간다는 것은 일제의 재외한인에 대한 통제력의 상실을 의미하는 것이다. 때문에 일제는 「한청통상조약」을 근거로 들어 하얼빈 한인의 치외법권을 청국에 넘겨주지 못하도록 러시아에 압력을 가하였다. 우여곡절 끝에 결국 러시아는 한인의 치외법권을 인정할 수밖에 없었다.

일제는 속력을 가하여 한인을 일제의 사법에 종속시키는 조치를 취하였다. 그 계기는 1907년 벌어진 김재동 · 서재근의 일본인 피살사건이었다. 이 사건을 통해 일제는 한인에 대한 영사재판 시행 방침을 결정하였다. 물론 이는 한국정부와 협의를 요하는 부분이었으나 일제는 '편의상'이라는 이유를 들어 국내법과 국제법을 어기면서까지 자의적으로 한인의 사법권을 약탈하였던 것이다.

결국 이러한 사례는 안중근재판에도 영향을 미쳐, 일제가 불법적으로 일본 국내법을 안중근재판에 적용시킨 근거로 악용되었던 것이다. 그러나 일제는 김재동 · 서재근에게 일본법률을 적용한 것이 사법상의 '편의'를 위한 것임을 스스로 실토하고 있다. 따라서 일제의 안중근재판은 일본 국내법과 국제법을 위반하는 행위임을 의미하는 것이다.

더욱이 안중근재판이 일본 국내법 위반이라는 결정적인 증거는 1910년 4월 5일 발령된 칙령 제196호이다. 이는 "일본 국내법을 한국인에게 적용한다"는 것으로 그 이전 한인에 대한 일제의 일본법 적용이 불법적이었음을 증명하는 것이다.

일제는 안중근의거를 조사한 결과 안중근 단독의거로 결론을 내렸다. 그리하여 일제는 오오쓰사건과 스티브스사건의 경험에서 안중근을 사형에 처하기 위해 치밀한 공작을 전개하였다. 그러한 공작의 결과로 안중근재판을 관동도독부 지방법으로 이첩하고 변호사로 일본인만을 임명하는 등 안중근 사형공작을 전개하였다. 이에 안중근은 일제의 구형법 76조를 들며 대항하였던 것이다.

결론적으로 러시아가 안중근을 재빨리 일제에 넘긴 것은 정치적 고려라기보다는 한인에 대한 일제의 사법권 침탈에 대한 러시아의 묵인과 불법적인 재판선례에 따른 것이다. 따라서 안중근재판은 러시아가 일제에 안중근의 신병을 인도함으로써 발생한 문제가 아니라, 적어도 러일전쟁 이후 한국의 사법권을 장악하려는 일제의 끝임없는 공작과정의 최고정점에서 이루어진 사건이었다.

연표로 본 안중근의 삶과 사상

1세 1879년

• 9월 2일　　　　안중근, 황해도 해주부 수양산 아래에서 부 안태훈과 모 조마리아
　　　　　　　　사이에서 출생함.

6세 1884년

　　　　　　　　안태훈, 박영효의 70명 유학생 중에 선발되었으나, 갑신정변으로 유
　　　　　　　　학 못 감.
　　　　　　　　둘째 동생 안정근(1884~1949), 태어남.

7세 1885년

• 7, 8세 무렵　　안중근 일가, 청계동으로 이주함.[1]

8세 1886년

• 6월 4일　　　　한불조약, 체결됨.

11세 1889년

• 7월 11일　　　막내 동생 안공근(1899~1939), 태어남.

12세 1890년

• 9월 21일　　　뮈텔 신부(Journal de Mgr. Mutel, 閔德孝, 1854~1933), 제8대 조선
　　　　　　　　교구장으로 임명되어 파리에서 주교 서품을 받음.

13세 1891년

　　　　　　　　안태훈, 과거에 합격하여 진사가 됨.

　　　　　　　▶ 해설
　　　　　　　안태훈이 진사인 사실은 공문서와 다른 사료에서도 알 수 있듯이 분명
　　　　　　　한 것 같다. 문제는 그 시기가 언젠가 하는 것인데 과거합격자를 기록
　　　　　　　한 『사마방목』의 안태건이 안태훈이라면[2] 1891년에 진사병과에 합격

---

1 안태훈은 갑신정변 이후 정치적 핍박과 아울러 경제적 타격으로 해주를 떠나 청계동으로 들
　어가 자연을 벗삼고 세속과 거리를 두며 일생을 보내려고 하였다(안중근, 「안응칠역사」, 132
　쪽; Weber Norbert, 『Im Lande der Morgenstille : Reise-Erinnerungenan Korea』, Missionsverlag St.
　Ottilien, 1923. p.319; 「안중근義士의 故鄕 淸溪洞(1)」, 『조선일보』 1979년 9월 2일자).

한 것이 사실이다. 하지만 이에 대한 보다 정밀한 연구가 요구된다.

14세 1892년

안중근, 조부 안인수 별세로 정신적 충격을 받음.

15세 1893년

• 9월 25일　　　　　종현성당(명동성당), 완공됨.

16세 1894년

　　　　　　　　　안중근, 김아려와 결혼함.
• 6월　　　　　　　청일전쟁, 발발함.

> ▶ 해설
> 안중근은 청일전쟁을 침략전쟁으로 규정하였다.[3]

• 11월 13일　　　　안중근 일가, 동학과 충돌함.[4]

> ▶ 해설
> 안중근은 동학에 대해 끝까지 부정적으로 평가하였다. 물론 이는 안중
> 근의 가문이 지주계급이라는 측면에서 설명될 수 있지만 무엇보다 동학
> 을 일진회와 같은 무리로 본 그의 동학관과도 밀접한 관련이 있는 것으
> 로 보인다.
> 안중근, 소년시절 "친구와 의를 맺는 것", "술 마시고 노래하고 춤추는
> 것", "총으로 사냥하는 것", "말 타고 달리는 것"을 즐겨함.

17세 1895년

• 2월경　　　　　　김구, 안태훈의 배려로 청계동으로 이전함.[5]
• 2월~7월　　　　　안태훈, 천주교를 종교적으로 신봉.[6]

> ▶ 해설
> 안태훈이 천주교를 받아들인 시점은 『안응칠역사』를 근거로 어윤중이
> 죽고서 민영준이 다시 군량미문제를 제기한 이후 천주교 명동성당으로
> 피신하여 몇 달을 머물면서 천주교의 보호를 받고 교리를 공부하면서
> 천주교를 받아들였다는 것이 통설이었다.[7] 그러나 김구는 『백범일지』에

2　오영섭, 「개화기 안태훈의 생애와 활동」, 『한국근현대사를 수놓은 인물들』(1), 경인문화사,
　　2007, 231쪽.
3　국사편찬위원회, 「피고인 제6회 신문조서 피고인 안응칠」, 『한국독립운동사』 자료 6, 171쪽.
4　정현석, 「甲午海營匪擾顚末」, 『동학난기록』 하, 국사편찬위원회, 1971, 773~774쪽.
5　김구, 『金九自敍傳 白凡逸誌』, 나남출판사, 36~37쪽.
6　김구, 『金九自敍傳 白凡逸誌』, 44~45쪽.
7　노길명, 「안중근의 가톨릭 信仰」, 『敎會史硏究』 9, 10쪽.

서 "지금 왜놈의 세력이 전국에 횡일하고 궐내까지 침입하여 대신을 적의 의사대로 출척하고 만반시정이 제의의 외국이 아닌가 …… 내가필자—고능선) 안진사의 의향을 짐작하는 바 천주학을 하여 볼 마음이 있으니"[8]라고 기록하고 있다. 그런데 이는 김구가 청국시찰을 위해 1895년 7월경 갑산에 도착하기 이전의 일이라고 『백범일지』에 기록되어 있다. 그러므로 안태훈이 천주교에 관심을 갖게 된 시점은 동학 군량미 문제로 서울로 피신한 1895년 7월 이전의 일로 보는 것이 타당하다. 그러므로 안태훈은 이미 천주교를 종교적 차원에서 받아들인 상태에서 자신의 종교적 열정과 현실 도피로써 천주교를 선택하였다고 보아야 할 것이다.[9] 따라서 안태훈의 천주교 입교가 종교적인 목적보다 양대인으로 표현되는 천주교 세력에 의탁하기 위해서였다고만 평가하는 것은[10] 안태훈의 천주교 입교 동기를 종합적으로 설명할 수 없다. 아울러 안태훈은 천주교에 입문하기 전에는 김종한 등의 개화인사와 교류를 하였으나 일면에서는 고능선 등의 위정척사파와 반일사상을 공유하였던 것이다. 그러나 적어도 1895년 7월 이전에 드러냈던 천주교와 개화에 대한 안태훈의 관심은 1896년 1월 단발령을 계기로 더욱 분명히 드러나 김구·고능선 등의 위정척사파와 분리되는 현상을 보인다.

- 4월　　　　　청일전쟁, 끝남.
- 4·5월　　　안태훈, 동학당으로부터 빼앗은 군량미에 대해 그 절반은 어윤중의 것이고 나머지 절반은 민영준의 것이라고 하여 반환을 요구받음.[11]
- 5월·6월　　김종한, 안태훈 구명운동을 전개함.[12]
- 7월 9일　　군량미문제, 택지부의 유권해석으로 해결됨.[13]

8　金九, 『金九自敍傳 白凡逸誌』, 나남출판사, 2002, 44~45쪽.
9　천주교 측의 기록에 안태훈이 천주교에 대해 문교(聞敎)한 것이 그가 과거를 치르기 위해 信川사람인 閔泳龜와 함께 上京하여 어느 가톨릭 신자 대감댁에 유숙하게 되었을 때부터였다는 내용도 있다(황해도천주교회사간행위원회, 『황해도천주교회사』, 1984, 191쪽). 이는 전적으로 믿을 수 없지만 종교적 열망이 그의 입교 동기라는 것은 분명한 사실로 보인다. 이점은 Weber Norbert 신부가 "안태훈의 천주교 입교 동기는 명예나 지배욕 등 개인적인 필요성에 두어졌지만 근본적인 동기는 그의 자유의지에서 우러나온 것이다"라고 한데서도 엿볼 수 있다 (Weber Norbert, Im Lande der Morgenstille: Reise-Erinnerungenan Korea, p.319; 『조선일보』 1979년 9월 2일자, 「安重 根義士의 故鄕淸溪洞(1)」).
10　윤선자, 「안중근의 애국계몽운동」, 『한국근대사와 종교』, 국학자료원, 2002, 172쪽.
11　서울대규장각, 『공문편안 요약』, 1999. 322, 325쪽. 자세한 내용은 오영섭, 「개화기 안태훈의 생애와 활동」, 239~240쪽, 참조.
12　안중근, 「안응칠역사」(윤병석 역편, 『안중근 전기전집』, 국가보훈처, 1999), 135~136쪽, 참조.
13　서울대 규장각, 「全國 各道觀察府, 各郡과 度支部간의 훈령과 보고」, 『公文編案 要約』 1,

| • 10월 | 안중근, 을미사변을 통해 일본의 침략성을 인식함.[14] |

> ▶ 해설
>
> 을미사변과 단발령에 대해 의병을 일으켜 동도를 수호하고자 한 고능선과 김구[15]와 같이 이 무렵 안태훈과 안중근은 일본의 침략성을 인식하고 있던 것으로 보인다. 이러한 일본인식을 바탕으로 안중근은 이토를 저격한 첫 번째 이유로 명성황후시해사건을 들었던 것이다. 이러한 측면에서 안중근이 일본에 대한 지지와 신뢰가 러일전쟁을 겪으면서 반일노선으로 완전히 전환하였다는 주장은[16] 그의 대일인식 과정을 지나치게 단순화시킨 분석이다. 그리고 천주교에서는 명성황후를 일본인들이 시해했다는 사실을 인식하고 있었으며[17] 필시 이는 안중근을 비롯한 천주교인들에게 전파되었던 것이다.

18세 1896년

• 1월경	안태훈, 천주교를 신봉하겠다는 의지를 김구와 고능선에게 거듭 표출함.[18]
• 2월 11일	아관파천.
• 17일	전 탁지부 대신 어윤중, 용인에서 백성들에게 피살됨.

> ▶ 해설
>
> 탁지부(1895년 7월 9일)의 명령으로 군량미 문제는 해결되었으나 민영준의 압박은 계속되었다. 그리하여 종현(명동)성당으로 피신하였다. 물론 안태훈이 명동성당으로 피신한 것은 민영준의 추적을 피하기 위한 측면도 있으나 천주교 교리에 대한 깊이 있는 성찰을 위한 선택이었다는 점도 안태훈이 종현성당으로 들어간 중요한 이유이다.

| • 10월 | 안태훈, 『교리문답』 등 120권의 천주교 서적을 가지고 귀향함.[19] |
| • 12월 | 빌렘 신부(Wihelm, Nicolas Joseph Mare, 洪錫九, 1860~1938), 안태훈의 요청으로 청계동을 방문함.[20] |

1999, 335쪽.

14 신운용, 「안중근의 대일인식」, 『한국민족운동사연구』 60, 한국민족운동사학회, 2009, 참조.

15 김구, 『金九自敍傳 白凡逸誌』, 59쪽.

16 신용하, 「安重根의 思想과 義兵運動」, 『한국민족독립운동사연구』, 을유문화사, 1985, 157쪽; 장석흥, 「安重根의 대일본인식과 하얼빈의거」, 『교회사연구』 16, 2001, 45쪽.

17 명동천주교회, 「민비의 시해와 일본의 야욕」·「1896년도 보고서 3명의 방인사제탄생」, 『명동천주교회200년사 자료집 1 서울 敎區年報(Ⅰ)』, 한국교회사연구소, 1984, 163~168·183쪽.

18 김구, 『金九自敍傳 白凡逸誌』, 59쪽.

19 황해도천주교회사간행위원회, 『황해도천주교회사』, 1984, 191쪽.

20 차기진, 「안중근의 천주교 신앙과 그 영향」, 『교회사연구』 16집, 13쪽.

19세 1897년

• 1월 11일경   빌렘 신부, 안중근을 비롯한 안태훈일가에 세례를 줌.[21]

> ▶ 해설
> 안중근은 안태훈의 영향 아래 자연스럽게 천주교를 수용하였고 천주교
> 포교에 진력하였다.[22] 동시에 이는 안태훈가문의 세력확대와 지역사회
> 의 지배력 강화를 의미하는 것이었다.

• 4월 22일   빌렘 신부, 청계동에 공소를 설치하고 7월 오(oudot paul, 吳保祿,
                     1865~1913) 신부가 안악군 용문면 매호동 공소에 부임할 때까지
                     두 공소를 관할함.

• 4 · 5월   안태훈일가, 지방관리 · 민과 충돌함.[23]

• 11월   뮈텔 주교, 청계동 방문함.[24]

• 12월 1일   안중근, 뮈텔이 청계동에서 해주로 갈 때 안내를 함.[25]

20세 1898년

• 2월   빌렘 신부, 안태건을 구하려다 투옥된 안태훈을 해주감사에게 항의
                     하여 구함.[26]

• 4월 하순   빌렘 신부, 청계동에 본당을 세우고 부임함.

21세 1899년

• 2월   안중근 일가, 지방민과 충돌함.

• 3월 9일   천주교, 교민조약 체결로 선교자유 획득.

• 4월   빌렘 신부, 황해도 재령본당에 부임함.[27]

• 이 무렵   안중근, 금광감리 주가와 충돌함.
                     안중근, 만인계 채표회사 사장으로 피선됨.[28]

• 10월 이전   안중근, 뮈텔 주교에 천주교대학 건립 건의함.

---

21 Weber, Norbert, 『Im Lande der Morgenstille : Reise-Erinnerungenan Korea』, Missionsverlag St. Ottilien, 1923, p.323; 『조선일보』 1979년 9월 4일자, 「안중근의사의 고향청계동(2)」.

22 안중근, 「안응칠역사」, 137~141쪽, 참조.

23 오영섭, 「개화기 안태훈의 생애와 활동」, 248~249쪽.

24 교회사연구소 역, 『뮈텔 주교 일기』 2, 233~235쪽.

25 교회사연구소 역, 『뮈텔 주교 일기』 2, 235쪽.

26 최석우, 「해서교안연구」, 『한국교회사의 탐구』 II, 한국교회사연구소, 1991, 416~417쪽.

27 교회사연구소 역, 『뮈텔 주교 일기』 4, 21쪽.

28 독립신문 1897년 7월 4일자에 만인계 기사가 보이는데, 주가와 충동사건과 만인계 사장피선
은 대학실립 건의 무렵의 일로 안중근은 설명하고 있다. 이것이 사실이라면 안중근이 만인계
사장이 된 시점은 1899년 4월 이후 1899년 10월 이전의 일로 보는 것이 타당하다.

▶ 해설

안중근은 뮈텔 주교에게 대학설립을 건의하였으나 받아들여 지지 않자 프랑스 신부들을 불신하면서 프랑스어 학습도 단념하였다.[29] 이는 안중근이 서양 신부들의 제국주의적인 속성을 새롭게 인식하는 계기가 되었다. 그러나 천주교 그 자체를 부정한 것은 아니었다. 안중근의 천주교대학 설립건의와[30] 관련하여 학계의 논쟁이 되고 있는 부분은 그 시점이다. 안중근이 뮈텔 주교에게 대학설립을 건의한 시기에 대한 주장은 1900년설(최석우), 1902년설(원재연·윤선자·장석흥), 1907년설(조광)이 있다. 그러나 안중근이 공판과정에서 대학설립 주장시기를 '10년 전쯤'이라고 한 기록을 보면[31] 적어도 1907년설은 그 가능성이 없는 것으로 보아야 한다. 그런데 안중근이 「안응칠역사」를 대체로 연대기순으로 서술하였다는 것을 인정한다면, 그 시점은 홍 신부가 청계동에 본당이 완공되고 부임한 1898년 4월 이후 1899년 10월 이경주사건 이전의 일이다. 따라서 1900년설보다는 앞선 시기로 보는 것이 타당하다고 생각된다. 또한 1897년 12월 1일 안중근은 뮈텔 주교의 길 안내를 한 인연으로 뮈텔 주교에게 대학건립을 건의할 수 있었던 것으로 보인다.

• 10월경   안중근, 김중환의 웅진군민의 오천 냥 갈취사건[32]과 한원교가 이경주(이경룡, 안중근 친구)의 처와 재산 취한 사건[33]의 해결을 위한 총대로 피선됨.

▶ 해설

안중근의 민권사상은 "천명의 본성이란 천주가 태중에서부터 붙어넣은 것"[34]이라는 '천부인권론'에 근거한 것으로 볼 수 있다. 이처럼 그의 민권론에는 만민평등을 주장하는 천주교 교리가 깔려 있었던 것이다.[35]

22세 1900년

이경주, 출옥함.[36]

29 국사편찬위원회, 「피고인 안응칠 제8회 신문조서 피고인 안응칠」, 『한국독립운동사』 자료 6, 233쪽.
30 위와 같음.
31 국사편찬위원회, 「피고인 안응칠 제8회 신문조서 피고인 안응칠」, 『한국독립운동사』 자료 6, 233쪽.
32 안중근, 「안응칠역사」, 145쪽, 참조.
33 『司法稟報』 갑 제82권(규장각 소장 문서번호 : 규 17278); 『독립신문』 1899년 1월 3일자, 「필무시리」; 안중근, 「안응칠역사」, 146~147쪽, 참조.
34 안중근, 「안응칠역사」, 138쪽.
35 신운용, 「안중근의거의 사상적 배경」, 『한국사상학』 25, 한국사상학회, 2005, 참조.
36 안중근, 「안응칠역사」, 149쪽.

23세 1901년

- 3월 25일 문화 군수 민영석, 뮈텔 주교를 방문하여 안태훈과 접촉을 하여 천주교인사들과 지방민의 충돌을 막기 위해 빌렘 신부에게 편지 한 장을 써줄 것을 청함.[37]

24세 1902년

- 1월 영일협약, 체결됨.[38]
- 5월 김구, 신환포사건으로 일본인 응징.
- 10월 26일 이경주, 한원교의 살인교사로 사망함.[39]

25세 1903년

- 1월 해서교안.
  이응익, 빌렘 신부는 프랑스인으로 행정에 간여하지 않음이 없고 소송을 받아 재판을 하고 수갑을 채우고 함부로 백성들에게 형벌을 가한다고 보고함.[40]
- 4월 7일 빌렘 신부, 서울에 도착함.
- 5월 28일 빌렘 신부, 두세 신부를 통해 소환에 불만을 표시함.[41]
  해서교안으로 신자들이 불안해지면 본국에 군함을 요청하여 모든 교인을 프랑스로 실어갈 것이라고 언급함.[42]
- 9월 19일 천주교인들, 이경주 전답소송 승소함.[43]
  안중근, 이 무렵 관료들의 폭압으로 인한 교인의 인권문제를 해결하기 위해 적극적으로 황해도 지역 교인대표로 활동함.
- 11월 4일 해서교안, 타결됨.[44]

---

37 교회사연구소 역, 『뮈텔 주교 일기』 3, 43쪽.
38 안중근은 영일동맹에 대해 다음과 같이 평가하고 있다. 즉, 일본이 英國과 동맹하고 있다고 말하나 그것은 英國 自身의 利益으로 하고 있으므로 決코 依賴하기에는 不足한 일이다(국사편찬위원회, 「피고인 제6회 신문조서 피고인 안응칠」, 『독립운동사자료』 6, 175쪽.).
39 국사편찬위원회, 『각사등록』 제26권(황해도편5), 1987, 329~330쪽; 日本 外交史料館, 「陸軍步兵副尉 韓元敎履歷書」, 『倉知政務局長統監府參事官兼任中ニ於ケル主管書類雜纂(來住公信)』(문서번호 : 7.1.8, 21).
40 『해서사핵사보고서』; 윤선자, 「한일합방전후 황해도 천주교회와 빌렘 신부」, 『한국근대사와 종교』, 216쪽.
41 교회사연구소 역, 『뮈텔 주교 일기』 3 , 225~226쪽.
42 『The Korea Review』 Vol.3, 1903, 171쪽.
43 국사편찬위원회, 『각사등록』 제26권(황해도편 5), 1987, 329~330쪽.
44 「법안」, 1817호, 1903년 11월 4일; 「법안」 1821호, 1903년 11월 10일.

> ▶ 해설
> 해서교안으로 인해 황해도 천주교의 교세는 1903년 4·5월에 1/3로
> 급락하였다. 이러한 교세의 급락은 천주교뿐만 아니라 안태훈 세력의
> 약화를 의미하는 것이었다. 세력의 약화는 러일전쟁 이후 일본의 본격
> 적 침략이라는 시대상황 속에서 해외로 본거지를 이전하려는 계획으로
> 나타나게 된다.

• 11월 24일　　　　빌렘 신부, 청계동으로 귀환함.

26세 1904년
• 2월 23일　　　　제1차 한일의정서, 체결됨.
• 2월 8일　　　　　안중근, 러일전쟁 개전과 동시에 일본의 침략을 걱정함.[45]

> ▶ 해설
> 안중근은 러일전쟁을 청일전쟁과 더불어 침략전쟁으로 규정하였다.[46]

• 6월　　　　　　　선교조약, 체결됨.
• 4월~7월　　　　　청국의사 서원훈과 안태훈·안중근 충돌사건.[47]

> ▶ 해설
> 이때 안중근은 "청국의사의 소행이 이러한 진데 우리 백성의 생명을 어
> 찌 유지할 방도가 있겠는가"[48]라고 서원훈과의 대립과정에서 느낀 바를
> 소장에 기입하기도 하였다. 이는 안중근이 중국을 비롯한 외세의 압제
> 에 처한 조선의 현실을 개탄하는 민족의식의 발로이다.

• 7월경　　　　　　안중근, 보안회를 방문하여 하야시 처단을 제안하였으나 보안회의
　　　　　　　　　　거부로 실행에 옮기지 못함.[49]

> ▶ 해설
> 이는 네 가지 측면에서 그 의미를 부여할 수 있다. 첫째 천주교인들의
> 문제 해결에 진력하던 사적 영역에서 민족문제의 구체적인 해결방법을
> 강구하는 공적 영역으로의 전환을 의미하는 것이다. 둘째, 학계에서는
> 대체적으로 의열투쟁의 효시를 1907년 나철 등의 을사적 처단시도로
> 부터 잡고 있는 것 같다. 그보다 약 3년 전인 1904년의 하야시와 부일
> 세력 처단 구상을 보건대 그의 민족 운동사상의 위치를 의열투쟁사의
> 효시로 볼 수 있다. 그의 의거도 바로 이러한 의열투쟁 구상의 연거선

---

45 안중근, 「안응칠역사」, 152쪽.
46 국사편찬위원회, 「피고인 제6회 신문조서 피고인 안응칠」, 『한국독립운동사』 자료 6, 171쪽.
47 서울대규장각, 『外部訴狀』, 2002, 551~552쪽; 국사편찬위원회, 『각사등록』 제25권(황해도편
　4), 1987, 427쪽; 국사편찬위원회, 「헌기 제2634호」, 『한국독립운동사』 자료 7, 243쪽.
48 서울대규장각, 『外部訴狀』, 552쪽.
49 『대한매일신보』 1909년 12월 3일자, 「안중근리력」.

상에서 이루어진 것이라고 할 수 있다. 셋째, 안중근의 일본인식은 러일 전쟁을 전후하여 변한 것이 아니라고 볼 수 있다.[50] 넷째, 해외이주와 무력투쟁을 이 무렵부터 고려한 것으로 보인다.

27세 1905년

- 5월 19일   안중근, 개간한 장토(庄土)의 수침문제로 제소함.[51]
- 6월 중순   안중근, 해외이주추진과 독립기지 건설을 모색하기 위해 상해를 방문하여 민영익을 만나지 못하고 서상근을 만났으나 실망만 함.[52]

  ▶ 해설

  안중근의 근거지 이전계획은 의병전쟁준비론에 입각하여 추진된 것으로 보인다.[53] 그러나 이는 즉각적인 의병투쟁을 염두에 두고 추진된 것이 아니라, 애국계몽주의적 준비론이라고 할 수 있을 것이다. 안중근이 애국계몽주의의 한계를 인식하고 무력투쟁으로 전환한 것은 1907년 8월 만주에서 비참한 한국인의 생활을 목격하고 나서부터라고 할 수 있다. 그리고 국외독립기지건설론이 1907년경부터 논의되었다고 한다면 국외 독립기지건설론의 시원은 안중근으로부터 잡는 것이 타당하다.

  이때, 르각 신부(Le Gac, Charles Joseph Ange, 郭元良, 1876~1914)에게서 애국 계몽운동에 입각한 교육사업에 헌신하라는 충고를 들음.

- 9월 5일   러일강화 조약, 조인됨.
- 11월 16일   을사늑약, 체결됨.

  ▶ 해설

  안중근은 을사늑약의 성격을 "거의 형제 동지 간에 있어 한편의 사람이 다른 한편의 사람을 먹이로 한 것"이라고 규정하였다.[54]

- 12월   안중근, 귀국함.

  안태훈, 사망함.

  안중근, 이때 독립이 될 때까지 '술을 끊겠다'는 맹세를 함.
- 25일   이토 히로부미, 한국통감에 임명됨.

28세 1906년

- 1월 19일   르각(곽) 신부, 홍콩에서 돌아옴.[55]

---

50 신운용, 「안중근의 대일인식」, 『한국민족운동사연구』 60, 한국민족운동사학회, 2009, 참조.
51 규장각, 「黃海道信川郡所在庄土安重根提出圖書文績類」, 『黃海道庄土文績』(19303-v.60).
52 안중근, 「안응칠역사」, 153~156쪽.
53 안중근, 「안응칠역사」, 154쪽.
54 위와 같음.

- 3월 28일 　　　　통감부, 업무시작.
- 3월 　　　　　　안중근일가, 진남포 억양기에서 용정동으로 다시 이사함.
- 3월~10월경 　　안중근, 삼흥학교 설립 운영하고, 돈의학교 운영함.[56]
　　　　　　　　정대호 · 김문규 · 오일환 등과 교류함.

　　　　▶ 해설
　　　　이때 상무정신을 강조하던 안중근은 오일환에게 "한국의 장래를 위해서
　　　　공부해야 한다"고 학문의 중요성을 강조하기도 하였다. 여기에서 그의
　　　　학문자세를 알 수 있다. 말하자면 그는 문무의 구비를 강조하면서 학문
　　　　의 목적을 개인이 아니라 국가발전에 두었던 것이다.

29세 1907년

- 3월경 　　　　　안중근, 미곡상과 삼합의(한재호 · 송병운과 평양에 설립한 석탄판매
　　　　　　　　회사) 운영계획을 세웠으나 일제의 방해로 실패함.

　　　　▶ 해설
　　　　안중근은 애국계몽운동에 입각하여 구국운동을 전개하였으나 그 한계성
　　　　을 인식하였다. 그리하여 새로 모색한 것이 노령으로 망명하였다. 해외
　　　　망명자금 미련을 위해 삼합의를 설립하였으나 실패하고 서울로 올라가
　　　　3월경부터 서울에 머문 것 같다.[57]
　　　　간도행에 대한 백 신부(Bret, Louis Eusébe Armand, 白類斯, 1958~
　　　　1908)의 편의제공을 요청하는 서한을 써줄 것을 빌렘 신부에게 요청하
　　　　면서[58] 간도망명을 알림.
　　　　이때, 망명을 만류하는 빌렘 신부에게 '국가 앞에는 종교도 없다'고 선
　　　　언함.

- 3월~7월 　　　안중근, 경성에 머물며 김달하 · 안창호 · 이동휘 · 김종한 등과 교류
　　　　　　　　하면서 향후 계획을 세움.[59]
- 4월 경 　　　　안중근, 간도행에 대한 브레 신부(Bret, Louis Eusébe Armand, 白類斯,
　　　　　　　　1858~1908)의 편의제공을 요청하는 서한을 홍 신부에게 받아 서
　　　　　　　　울로 올라감.
- 5월 　　　　　　안중근, 서북학회에 가입함.[60]

---

55 교회사연구소 역, 『뮈텔 주교 일기』 4, 21쪽.
56 국사편찬위원회, 『한국독립운동사』 자료 7, 201쪽; 『대한매일신보』 1907년 5월 31일자, 「賣
　土寄校」.
57 국사편찬위원회, 「헌기 제2634호」, 『한국독립운동사』 자료 7, 243쪽.
58 위와 같음.
59 위와 같음; 「황경고발 제2호」, 『한국독립운동사』 자료 6, 58쪽.
60 『西友』, 「第八回新入會員受納報告」, 光武十一年七月一日 發行, 48쪽; 국사편찬위원회, 「
　境경시의 신문에 대한 안응칠의 공술 제1호」, 『한국독립운동사』 자료 7, 397쪽.

	이 무렵, 안창호·김종한·김달하·김동억 등과 교류함.
• 7월경	안중근, 국채보상운동에 참여함.[61]
	삼합의는 실패하였지만 계획대로 간도행을 결심함.
	안정근, 노모를 두고 노령으로 망명하면 안 된다고 안중근의 망명계 획을 반대함.[62]
• 7월 18일	고종, 강제 퇴위당함.
• 7월 24일	정미7조약, 강제 체결됨.
• 7월 27일	일제, 보안법을 공포하여 결사를 금지함.
• 8월 1일	안중근, 군대해산을 목격하고 김동억과 함께 경성을 떠남.
• 8월 초	안중근, 부산 도착, 1·2일 머뭄.
• 8월 15일경	안중근, 원산 도착, 6·7일간 머뭄.
	이때, 백 신부를 누차 방문하여 만주행을 고했다. 그러나 안중근의 구국 활동을 못마땅하게 여긴 브레 신부는 성모승 천축일성사요 청도 거부[63]하고 안중근의 동향을 홍 신부에게 알렸다.[64]
• 9월 10일경	안중근, 간도에 도착함.
	이 무렵, 주로 불동(佛洞, 敎村) 남 회장(천주교)댁에 기숙하면서 서 전서숙을 방문하고 불동과 용정촌 등으로 동포들의 상황을 시찰 하고,[65] 의병투쟁을 전개하기로 결심하였다.[66]

▶ 해설

안중근이 의병전쟁으로 노선을 변경한 것은 두 가지 측면에서 의미가
있다. 첫째, 이 시기의 의병전쟁 결심은 이전 시기의 그것과 성격을 달
리하고 있다는 것이다. 즉, 그가 이전에 고려한 하야시와 부일세력 처단
계획은 개별적인 협력을 전제로 한 것이었다. 또한 해외망명 후 거병하
려던 안중근의 생각도 계획에 그치고 말았다. 이에 반하여, 간도에서의
의병전쟁 결심은 '현실타개책으로 거병밖에 없다'는 자각 위에서 노령지
역의 의병세력과 포괄적인 연대를 상정하여 이루어진 것이다. 둘째, 안

61 『대한매일신보』 1907년 5월 29자, 「國債報償義捐金收入廣告」.
62 국사편찬위원회, 「境경시의 신문에 대한 안응칠의 공술 제1호」, 『한국독립운동사』 자료 7,
394쪽.
63 천주교정의구현사제단, 『조선교구통신문』 1909년 11월 7일자, 『안중근(도마)의사 추모자료집』,
1990, 174쪽.
64 국사편찬위원회, 「복명서」, 『한국독립운동사』 자료 7, 337쪽.
65 국사편찬위원회, 「境경시의 신문에 대한 안응칠의 공술 제1호」, 『한국독립운동사』 자료 7,
395쪽.
66 국사편찬위원회, 「境경시의 신문에 대한 안응칠의 공술 제1호」, 『한국독립운동사』 자료 7,
394쪽.

중근이 의병전쟁에 투신했다는 것이다. 1904~1905년 러일전쟁·1905년 을사늑약·1907년 고종의 퇴위·한일신협약·군대해산 등 일제의 침략정책이 표면화되자, 계몽운동가들 사이에서 운동노선을 둘러싸고 좌우 분화현상이 나타났다. 말하자면 대한협회를 중심으로 한 계몽주의의 전통을 계승한 우파세력과 대일 강경론에 입각한 신민회를 중심으로 한 좌파세력으로 분화되어 갔다. 신민회로 대표되는 계몽운동의 좌파세력이 무력투쟁을 본격적으로 고려한 시점은 신민회 간부회의가 있었던 1910년 4월로 보인다. 이에 반해 한때 학교설립 등의 계몽운동을 통하여 구국을 실현하려고 하던 안중근은 계몽운동가들과 다른 노선을 걷고 있었다. 즉, 그는 1904년 하야시와 부일세력 처단계획과 1905년 거병을 목적으로 한 해외이주계획의 연장선에서 1907년 9월경 이미 계몽운동 방식의 한계를 직시하고 의병전쟁으로 전환하였던 것이다. 물론 이는 반일투쟁이라는 일관된 그의 의식 흐름 속에서 나온 것이다. 따라서 계몽운동계열 인사 중에서 그에게 독립 전쟁론의 '주창자'라는 위치를 민족운동사에 부여할 수 있다.

- 10월 말경   안중근, 종성·경흥을 거쳐 포세트에서 블라디보스톡에 도착함.[67] 블라디보스톡의 청년회에 가입하여[68] 임시사찰로 활동하다가 누군가와 충돌하여 귓병을 얻음.[69]

30세 1908년
- 겨울   안중근, 수청에서 엄인섭·김기용과 의형제를 맺음.[70]

    ▶ 해설
이들은 의리와 정을 두터이 하고 향후 거사를 모의하면서 노령 각지를 다니며 한인들에게 독립운동 참여를 호소하였다.[71] 이때 그는 노령의 한인들에게 ① 고향을 떠나온 자에게 고향집에서 사람이 와서 강도가 부모를 내쫓고 집을 강탈하여 살며 형제들을 죽이고 재산을 약탈하였다고 하는 데도 무관심하다면 이는 사람이 아니고 짐승이나 하는 짓이다. ② 이런 사람은 친구와 친척으로부터 배척당할 것이므로 무슨 면목으로 살겠는가라고 비유하여 조국의 현실을 설명하면서 의병을 일으켜야 하는 당위성을 역설하였다. 이범윤과 회담하여 거병을 건의함. 이범윤, 이를 거절함.[72]

---

67 국사편찬위원회, 「境경시의 신문에 대한 안응칠의 공술 제1호」, 『한국독립운동사』 자료 7, 395쪽.
68 국사편찬위원회, 「전보 제82호」, 『한국독립운동사』 자료 7, 231쪽.
69 안중근, 「안응칠역사」, 157~159쪽.
70 안중근, 「안응칠역사」, 159쪽.
71 안중근, 「안응칠역사」, 159~161쪽.
72 안중근, 「안응칠역사」, 158~159쪽.

- 3월 21일 　　　　안중근, 『해조신문』에 「긔서」 인심결합론을 발표함.[73]

> ▶ 해설
> 「긔서」는 이 시기 안중근의 시대인식과 그 해결책을 다음과 같이 엿볼 수 있는 중요한 사료이다. 첫째, 안중근의 현실인식이다. 즉, 그는 대한제국이 일제의 침략을 당하는 이유를 개인·가족·국가의 단결력 부족과 교만함에 있다고 진단하고 있다. 결국 그는 대한제국이 단결된 일본을 이기기 위해서는 '불합' 두 자를 거두어내고 단합할 때만이 가능하다고 판단하고 있는 것이다. 이러한 인식은 미국 한인사회의 운동노선과도 일정한 관련성이 있는 것으로 보인다. 이를테면 공립협회는 국권회복운동의 선결과제로 '국민단합론'을 제기하면서 한인단체의 '통일연합론'을 주창하는 등 한인사회의 통합운동을 전개하였다. 이러한 운동방략은 러시아 한인사회와 연동되어 있었고 미주에서 발행된 한인신문을 읽고 있던 안중근도 이에 공감하는 위에서 '인심단합론'을 주장하였던 것으로 보인다. 둘째, 러시아 한인사회를 어떻게 바라보고 있는가 하는 문제를 엿볼 수 있다. 그는 한인사회의 분열양상을 정확히 인식하였고 그 해결책으로 단합론을 제시했다. 러시아 한인사회는 지방색에 따른 분열양상을 보이고 있었다. 특히 의병세력은 최재형 등을 중심으로 토착세력과 이범윤 등을 중심으로 한 이주세력으로 양분되어 있었다. 이는 대일투쟁의 걸림돌로 작동되었다. 따라서 그의 인심단합론은 본토와의 관계를 깊이 생각하지 못하고 분열되어 있는 러시아 한인사회에 대한 안중근의 안타까움의 표현이며 단결을 촉구한 호소문이라고 할 수 있다. 이러한 주장은 「동의회 취지서」의 단합론과 맥락을 같이 하는 것이다. 셋째, 「동양평화론」의 근간이 이미 이 무렵에 성립되었음을 알 수 있다. 즉, 그는 「동양평화론」에서 일본이 러일전쟁에서 승리한 원인을 단결에 있다고 보았다. 반면 청국이 청일전쟁에서 패한 이유를 교만에 있다고 주장하였다. 또한 죽음을 앞둔 국왕의 왕자들처럼 단결해야 한다는 논리는 서양세력의 침략을 막기 위해 한·청·일 삼국의 단결이 절대적이라는 「동양평화론」과 궤를 같이하는 것이다. 넷째, 안중근이 러시아 한인사회의 여론형성에 일정한 역할을 하고 있다는 사실을 이를 통해 알 수 있다. 뿐만 아니라 이는 안중근이 한인사회의 지도자로 성장하였음을 보여주는 증거이다. 이러한 면에서 안중근이 동의회 참여와 국내진입작전을 이끌 수 있었던 배경을 이해할 수 있다.

- 3월 23일 　　　　장인환·전명운, 부일미국인 스티븐스 처단함.
- 5월경 　　　　　안중근, 동의회(총장 최재형·부총장 이범윤·회장 이위종·부회장 엄인섭)에 평의원으로 참여함.[74]

---

73 『해조신문』 1908년 3월 31일자, 「긔서」.
74 日本 外交史料館, 「排日鮮人退露處分ニ關スル件」, 『在西比利亞』 第5卷(不逞團關係雜件-朝鮮人ノ部, 문서번호 : 4.3.2, 1-2-2).

- 6월 　　　　　　 안중근, 홍범도를 만남.[75]
- 6월~8월 　　　 안중근, 연합의병부대(김두성 총독, 이범윤 대장) 중에서 최재형 부대
　　　　　　　　 (도영장 전제익, 참모 장봉한·지운경, 참모장 오내범, 좌영장, 엄
　　　　　　　　 인섭)의 우영장으로 국내진공작전을 이끌었으나[76] 실패함.[77]

▶ 해설

안중근이 의병전쟁을 수행할 수 있었던 원동력이 무엇인지에 대해 몇
가지 측면에서 살펴볼 필요가 있다. 첫째는 안중근에게 통솔력이 있었
다는 점이다. 그는 국내진격 출정식에서 ① 한 번의 의거로써 성공할
수 없으니 백 번을 실패하여도 굴하지 말고 싸워 백년토록 이 전쟁을
계속해야 한다. ② 이 전쟁을 우리 시대에 못 끝낸다고 하더라도 손자
대까지 지속한다면 독립을 회복할 수 있을 것이다. ③ 목적을 달성하려
면 지속적인 교육과 사회를 조직하고 실업에 힘쓰고 민심을 단합해야
한다라고 역설하였다. 그러나 그의 권위를 존중하는 분위기는 아니었다.
왜냐하면 그는 권력과 재산이 있는 것도 아니고, 나이도 많지 않았기
때문이다. 그럼에도 부대를 독자적으로 운영하였다는 사실은 그에게 특
별한 통솔력이 있었기 때문에 가능하였던 것이다.[78] 둘째, 안중근은 의
병전쟁의 목적과 대상을 분명히 하였다는 점이다. 그는 전쟁 중에 사로
잡은 일본인 포로들을 한국인들과 같이 이토를 '적'으로 여긴다는 이유
로 풀어주었다. 이에 대해 장교들 사이에서 불만이 나오자, 그는 일본
국민 전부를 상대로 하는 전쟁은 불가능하며, 충성된 행동과 의로운 거
사로 이토의 포악성을 세상에 알리고 열강의 동정을 얻은 뒤에 독립을
쟁취할 수 있다고 의병들을 설득하였다.[79] 이는 전쟁의 대상이 일본의
일반 국민이 아니라, 일본인들을 위험에 빠뜨린 이토와 같은 침략세력
임을 분명히 하였음을 의미하는 것이다. 말하자면 그는 의병전쟁을 통
하여 이토가 한일 양국의 공적이라는 확신을 더욱 굳히게 되었던 것이
다. 셋째, 안중근의 의병활동은 종교성을 바탕으로 하고 있다는 점이다.
그는 의병 전쟁을 '천명'으로 여겼다. 이러한 의미로 그는 국내에서 간
도로 출발하기 전에 빌렘 신부와의 의견충돌 과정에서 "국가 앞에는 종
교도 없다"고 선언했다. 이는 안중근이 국가·종교·민을 분리할 수
없는 삼위일체로 보았음을 뜻하는 것이다. 이러한 종교관이 의병전쟁
중에도 발휘되었다. 예컨대 그는 의병전쟁 동안 일병에 쫓기며 굶주림
과 죽음의 공포로 삶의 의지마저 잃어가는 동지 두 사람에게 "천주님을

75 국사편찬위원회, 『한국독립운동사』 자료 7, 434쪽.
76 日本 外交史料館, 「排日鮮人退露處分ニ關スル件」, 『在西比利亞』 第5卷.
77 국사편찬위원회, 「境경시의 신문에 대한 안응칠의 공술 제9회」, 『한국독립운동사』 자료 7,
　 434~438쪽.
78 안중근, 「안응칠역사」, 161~162쪽.
79 안중근, 「안응칠역사」, 163쪽.

믿어 영생하는 구원을 받는 것이 어떻소.[80]라고 하여 천주교에 귀의하기를 권하였다. 이 두 사람은 그의 대세를 받고 천주교에 입교하였다. 이들은 이로써 삶의 희망을 갖게 되었을 것이고 전쟁의 의미를 되새기게 되었을 것이다.

• 9월경   안중근, 이강이 설립한 블라디보스톡 공립협회의 회원으로 활동함.

    ▶ 해설

    안중근이 블라디보스톡 공립협회지부에 참여하였다는 사실은 블라디보스톡 공립협회 지부 명부인 「아령해삼위지방회원명록속」에 우덕순과 함께 안중근의 이명인 안응칠이 기록되어 있는 것에서 확인된다.[81] 이는 안중근이 우덕순과 더불어 공립협회와 연결고리를 유지하면서 독립투쟁의 방략을 다양하게 모색하고 있었던 것으로 해석된다.

겨울~1909년 봄

     안중근, 민지개발을 역설하면서 이지미 · 시지미 · 소왕령 지방으로 탐방하며 지냄.

31세 1909년

• 2월 15일   일심회(一心會), 발기됨(아편금지, 사망시 상호부조를 목적으로 함).[82]

    ▶ 해설

    안중근은 연추한인일심회에 평의원으로 활동하였지만, 일제는 안중근과 김기룡이 연추한인일심회를 주도한 것으로 보고 있다. 이는 그만큼 그의 지위가 한인사회에 확고히 뿌리내리고 있었음을 의미하는 것이다.

• 3월 2일   안중근, 황병길 등 11인과 정천동맹(正天同盟, 단지동맹)을 결성함.[83]

    ▶ 해설

    안중근은 단지동맹의 명칭을 '정천동맹'이라고 하였다. 그가 회명을 '정천'이라고 한 것은 그의 종교사상이 반영된 결과로 추정된다. 말하자면 안중근은 한국의 독립과 동양평화의 유지라는 천명을 실천하리라는 그의 의지를 회명에 투영하고 있는 것으로 보인다. 정천동맹은 몇 가지 측면에서 분석할 필요가 있다. 먼저 정천동맹 회원들은 공통적으로 의병출신이라는 사실이 주목 된다. 황병길 · 조응순의 경우를 보아도 알 수 있듯이, 이들은 1908년 7 · 8월 의병전쟁 때 함께 했던 안중근 세

---

80 안중근, 「안응칠역사」, 167쪽.
81 이상봉 · 이선우 편, 『李鎭龍 義兵將 資料全集』, 국학자료원, 2005, 68쪽.
82 국사편찬위원회, 『한국독립운동사』 자료 13, 157쪽.
83 국사편찬위원회, 「피고인 안응칠 제8회 신문조서 피고인 안응칠」, 『한국독립운동사』 자료 6, 246~248쪽; 계봉우, 「만고의사 안중근전」(윤병석, 『안중근전기전집』), 525쪽.

력으로 보인다. 정천동맹 이후 이들은 행동을 같이하는 모습을 보였다. 그 구성에 있어서도 함경도 출신이 7명, 평안도 출신이 3명, 황해도 출신 1명이, 강원도 출신이 1명으로 전체적으로 함경도 출신과 평안도 출신의 연합으로 주로 20대 중후반 혹은 30대 초반의 젊은이들로 이루어져 있다. 이것이 의미하는 바는 안중근이 소장층의 지지를 받고 있었다는 것이다. 또한 정천동맹은 안중근이 친로파로 단정한 이범윤·최재형파와 결별을 선언하는 동시에 대내외에 안중근 세력의 건재함을 선포하였다는 점에서 의미가 깊다. 이러한 측면에서 연추한인일심회는 정천동맹을 결성하기 위한 하나의 포석으로 그의 정치적 역량이 노령사회에서 확고하게 인정받는 시금석이 되었던 것이다. 그러므로 일심회에서 정천동맹으로의 전환은 그의 정치적 지도력이 러시아 한인사회에 깊이 뿌리를 내리고 있었다는 증표로 해석될 여지가 충분하다.[84] 아울러 그가 주도한 정천동맹은 구체적으로 계획된 행동을 하지 못하였다고 하더라도 동지들의 대일투쟁 의지를 다지는 원동력이 되었다. 특히 정천동맹 회원들은 백규삼·황병길·조응순의 경우에서 보듯이 이후 한국독립운동의 한 부분을 담당할 정도로 성장하였다. 이처럼 안중근이 한국독립투쟁의 밑거름을 주체적으로 만들어 냈다는 점에서 그의 한국독립운동사상의 위치를 평가해야 한다.

- 3월 5일 　　　　안중근, 총기를 휴대한 약 300명의 의병을 이끌고 수청방면으로부터 합십마(哈什媽) 부근으로 이동하는 등 의병활동을 계속함.[85]
- 3월 6일 　　　　안중근, 일진회 회원 박모를 응징함.[86]

1909년 봄~여름

　　　　안중근, 국내의 동정을 살피려는 계획을 하는 등 활로를 모색하였으나[87] 경비부족으로 실행에 옮기지 못함.[88]
- 4월 10일 　　　　이토, 레이난자카 회담에서 한국병탄을 찬성함.
- 7월 6일 　　　　일본각의, 한국병탄을 의결하고 일본 천황은 그날 재가함.[89]

---

84 이는 "應七은 非凡한 腕力을 가졌으며 平安 黃海 및 露領에서도 日常 腕力에 依해 勢力을 가지고 大衆에 畏敬받고 있다"는 일제의 기록에서도 엿볼 수 있다(국사편찬위원회, 「헌기 제2634」, 『한국독립운동사』 자료 7, 244쪽).

85 국사편찬위원회, 『한국독립운동사』 자료 13, 808쪽.

86 국사편찬위원회, 『한국독립운동사』 자료 13, 803~804쪽.

87 안중근, 「안응칠역사」, 169쪽.

88 안중근은 노령으로 망명한 이후 1908년 10월 1일 수원에서 빌렘 신부에게 엽서(안의사기념관 소장)를 보낸 것으로 보아 이 무렵 국내에 한 차례 들어온 것으로 여겨진다. 그러나 이는 좀 더 검토해야 할 부분이다(윤병석, 『대한국인 안중근 사진과 유묵』, 안중근의사기념관, 2001, 198쪽).

• 9월경	안중근, 활로를 모색하기 위해 연추에 머물며 최재형에게 지원을 요청하였으나 실패함.
	이 무렵 연추에서 이석산을 만남.
• 10월 9일	이토, 일본 천황과 만나 3~4주간 예정의 만주여행을 알림.
• 10월 10일	카와카미(川上) 하얼빈 총영사, 시베리아·북만여행에서 돌아옴.
• 10월 12일	카와카미 하얼빈 총영사, 한국문제를 건의함.
• 10월 14일	이토, 오이소(大磯) 출발함.
• 10월 16일	이토, 철령환(鐵嶺丸)으로 출발함.
• 10월 17일	청국, 이토 환영을 위해 조여림(曹汝霖)을 파견함.
• 10월 18일	이토, 12시 대련에 도착함.
• 10월 19일	안중근, 저녁무렵 블라디보스톡 숙소 이치권 집에 도착하여 그로부터 이토의 만주방문 사실을 들음.
• 10월 20일	안중근, 대동공보사와 이치권의 집에서 정재관 등에게서 이토의 만주방문 사실 확인함.
	블라디보스톡의 우덕순의 숙소인 고준문집에서 우덕순을 만나 안중근의 숙소로 함께 돌아와 이토 처단계획을 합의함.
	우덕순과 이치권 집에서 1박 함.
• 10월 21일	안중근, 우덕순과 함께 8시 30분발 3등 우편열차를 타고 하얼빈으로 출발함.
	우덕순을 데리고 오후 3시 6분 소왕령에 도착하여 비용절감과 검문을 피하려고 삼등열차로 갈아타고서 소왕령에서 30분간 정차. 통역으로 유동하를 데리고 하얼빈으로 가기로 함.
	7시 51분경에 뽀그라니치아에 도착하여 유동하의 부 유경에게 유동하의 대동을 허락받아 세 사람 10시 34분에 하얼빈으로 출발함.
• 10월 22일	안중근, 우덕순·유동하와 함께 9시 15분경 하얼빈에 도착하여 유동하의 친척 김성백집에서 숙박함.
	이토, 아침 여순을 출발하여 저녁에 봉천(심양)에 도착함.
	청국 총독순무, 이토를 환영함.
• 10월 23일	안중근, 김성백의 집에서 이토의 만주방문기사가 게재된 원동보를 읽음.[90]
• 23일 오전	안중근, 우덕순과 이발을 하고 나서 우덕순·유동하와 함께 사진을 찍음.[91]

---

89 日本 外務省 編纂, 『日本外交年表並主要文書』上, 原書房, 1965, 315쪽.
90 국사편찬위원회, 「피고인 안응칠 제9회 신문조서」, 『한국독립운동사』 자료 6, 264~265쪽.

이때 우덕순과 통역교체를 상의한 결과 (1) 장춘까지 남행하고 (2) 조도선을 통역으로 대동하며 (3) 유동하를 통하여 의거자금을 융통하기로 함.[92]

김성옥댁에 머물던 조도선을 방문하여 정대호가 가족을 대동하고 오므로 가족을 맞이하러 가는 데 통역이 필요하다는 구실로 조도선과 함께 6시경 김성백의 집으로 돌아옴.

김성백의 집에 머묾.

저녁에 거사자금 차용문제로 유동하를 시켜 김성백에게 50원 차용을 부탁을 하였으나 유동하가 갚을 방법을 강구해줄 것을 요구하여 이강에게 거사계획 통지와 차용금을 갚아달라는 부탁의 편지를 썼으나 보내지 않음.[93]

우덕순과 더불어 이토 처단의 결의를 다지는 시를 씀.

유동하, 김성백으로부터 50원 차용 불가함을 안중근에게 통보함.

안중근, 9시경 취침.

이토, 환영답례로 봉천성 공서(奉天省 公署)를 방문하여 약 2시간 회담.

- 10월 24일

9시 9분　　안중근, 유동하에게 가족을 마중하러 남행하지만 이토도 보고 싶으므로 이토가 도착하면 전보하라는 말을 남기고 우덕순·조도선과 함께 우편열차를 타고 채가구로 출발함.

12시 13분　안중근 일행, 채가구역에 도착함.

1시경(오후)　안중근, '유동하에게 채가구에 도착했다 일이 있으면 전보쳐라'는 내용으로 유동하에게 타전함.[94]

7시경(오후)　안중근, 유동하로부터 "내일 아침 도착한다"는 내용의 전보를 받음.[95]

저녁　　　안중근, 우덕순과 자금마련과 상황파악을 위해 하얼빈으로 귀환하는 문제를 상의하고 우덕순에게 26일 오후까지 통지할 것이니 통지가 없으면 하얼빈으로 귀환하라고 함.[96]

---

91 『滿洲日日新聞』 1910年 2月 4日字, 「兇行三日前哈爾賓支那人寫眞館にて撮影せし紀念寫眞」.
92 국사편찬위원회, 「피고인 안응칠 제9회 신문조서 피고인 안응칠」, 『한국독립운동사』 자료 6, 264~266쪽.
93 국사편찬위원회, 「피고인 안응칠 제9회 신문조서 피고인 안응칠」, 『한국독립운동사』 자료 6, 268~269쪽.
94 위와 같음.
95 만주일일신문사, 『안중근사건공판속기록』, 69쪽.

- 10월 25일
  - 9시경   안중근, 채가구로 출발함. 기차 안에서 원동보를 보고 26일 이토가 6시 30분 내지 7시경에 도착한다는 정보를 얻음.[97]
  - 12시경   안중근, 하얼빈에 도착하여 유동하에게 전보내용이 무슨 뜻인지 추궁함.[98]
              그날 밤, 김성백의 집에서 1박 함.
- 10월 26일
  - 6시경(오전)   우덕순, 오전 6시경 채가구역에서 이토가 탄 열차소리를 듣고도 그대로 잠.
  - 6시 30분   안중근, 새 양복과 모자를 쓰고 김성백의 집을 나옴.
  - 7시경   안중근, 하얼빈역에 도착함.
  - 9시   이토, 하얼빈역에 도착함.
  - 약 15분간   이토, 까깝쵸프와 환담함.
  - 9시 15분   이토, 하차함.
  - 9시 30분   안중근, 의거단행.
                  러시아 의장대 사열을 마친 후 일본인 환영단으로 향하려던 이토에게 3발을 발사하여 즉석에서 처단하고 그 수행원 네 사람을 응징함.
                  이때, 러시아 병사가 안중근을 덮치자 쓰러지면서 권총을 땅바닥에 떨어뜨리고 '코레아 우레'를 세 번 목 놓아 외침.
  - 10시   이토, 절명함.

    ▶ 해설
    일본의 많은 이토관계 전기에 이토가 "자신을 저격한 사람이 한국인임을 알고서 '바보 같은 놈'이라고 하면서 다른 수행원들의 안부를 물어보았다고 하는데, 이는 위인의 면모를 보인 것이다"는 식으로 기술되어있다.[99] 그러나 이러한 기술은 전혀 사실이 아니다. 즉, 이토는 곧바로 절명했기 때문에 아무런 유언도 남기지 못하였다.
    안중근, 하얼빈역 구내 숙직실에서 러시아 관헌의 조사를 받음.[100]

  - 11시 35분   러시아 당국, 안중근을 일제에 인도하기로 결정함.

---

96 국사편찬위원회, 「공판시말서」, 『한국독립운동사』 자료 6, 322쪽.
97 만주일일신문사, 『안중근사건공판속기록』, 23쪽.
98 국사편찬위원회, 「공판시말서」, 『한국독립운동사』 자료 6, 324쪽.
99 中村吉藏, 『伊藤博文』, 大日本雄辯會 講談社, 1936, 306쪽.
100 日本 外交史料館, 「露國官憲取調飜譯文」, 『伊藤公爵遭難關會知政務局長旅順出張並二犯人訊問之件(聽取書)』 第二卷(문서번호 : 4.2.5, 245-4).

일제, 명치 41년 법률 제52호 제3조를 안중근에게 적용하기로 불법적으로 결정함.

11시 55분   우덕순·조도선, 피체.

일제, 법률 52호 3조에 입각하여 관동도독부 지방법원에서 안중근을 재판하기로 불법적으로 결정함.

하얼빈으로 헌병사관 1명, 헌병 10명을 급파함.

8시 30분(오후)   안중근, 러시아 관헌의 취조를 받음.

러시아 당국, 안중근이 한국인으로 판명되어 일본 측에 인도하기로 결정함.[101]

10시 10분(오후)   안중근, 하얼빈 일본총영사관으로 인계됨.

한국에서 발행되던 일본어 신문 『경성신보』와 『조선신문』, 안중근의 거를 호외로 보도함.

• 10월 27일   고무라 쥬타로(小村壽太郎) 외상, 안중근재판관할을 관동도독부로 결정하였음을 카와카미 도시히코(川上俊彦) 하얼빈 총영사에게 통보함.[102]

▶ 해설

일제는 한인에 대한 재판을 나가사키(長崎)지방법원에서 관할한다는 불법적인 결정조차 스스로 무시하고, "만주에 주재하는 영사관의 관할에 속하는 형사(刑事)에 관하여 국교상 필요가 있을 때는 외무대신은 관동도독부 지방법원으로 하여금 그 재판을 시킬 수 있다"는 법률 제52호 제3호를 내세워 안중근재판을 관동도독부 지방법원으로 하여금 관할하도록 하였다. 이에 대해서는 세 가지 측면에서 살펴볼 필요가 있다. 첫째, 국제적 여론이 안중근재판에 미칠 영향이다. 즉, 일제는 일본 내에서 안중근을 재판할 경우 일본뿐만 아니라, 세계적 관심이 안중근재판에 집중되어 재판을 일제의 의도대로 이끌고 가지 못할 수도 있다고 판단하여 그 재판지를 관동도독부 지방법원으로 결정한 것 같다. 둘째, 정치범에 대한 일본 외무성의 경험을 들 수 있다. 예컨대, 1891년 5월 러시아 니콜라이 황태자가 시베리아철도 기공식에 참석하러 가던 중 일제 현역 경찰관 쓰다(津田三藏)에 의해 오오쓰(大津)에서 피격당한 이른바 '오오쓰사건'이 일어났다. 이 사건으로 공경에 처한 귀족원 의장이자 궁중 고문관이었던 이토가 사법대신에게 쓰다를 사형에 처하도록 지시하였다. 그리고 일본 정부도 적극적으로 나서 사형을 선고하도록 나가

---

101 日本 外交史料館, 「露國官憲取調飜譯文」, 『伊藤公爵遭難關倉知政務局長旅順出張竝二犯人訊問之件(聽取書)』 第二卷.

102 국사편찬위원회, 「전보 제153호」, 『한국독립운동사』 자료 7, 472쪽; 신운용, 「일제의 국외 한인에 대한 사법권 침탈과 안중근재판」, 『한국사연구』 146, 한국사연구회, 2009, 참조.

사키 지방재판소의 판사들에게 압력을 가하였다. 그러나 대법원은 파렴
치범이 아니라, '정치적 확신범'이라는 이유로 무기형을 선고하였다. 그
이유는 행정부의 요구를 수용하면 사법부의 독립성을 훼손하게 될 것이
고, 또한 내외국인을 불문하고 법 앞에 평등하기 때문이라는 것이었다.
이러한 경험으로 인해 외무성은 정치범으로 취급하여 일본 국내에서 재
판을 한다면 외무성의 의도대로 안중근에게 사형을 구형할 수 없을 것
이라고 우려하였다. 셋째, 일본 국내에서의 재판은 재판관들의 합의제로
운영되는 반면, 관동도독부에서의 재판은 재판관 한 사람에 의해 이루
어진다는 점도 고려되었던 것이다. 이러한 맥락에서 외무성이 히라이시
(平石) 고등법원장을 일본으로 소환하여 안중근재판에 대한 외무성의
방침을 전하였고, 외무성 정무국장 구라치가 히라이시와 안중근재판에
대해 구체적으로 협의한 배경을 이해할 수 있다.

	『대한매일신보』, 「이등 총마졌다」라는 기사로 안중근의거를 국내에 소개함.
• 10월 28일	고무라 외상, 안중근의 경력, 소속 당파, 종교, 정치상의 의견, 생활비의 출처, 사건의 경로, 교사자의 유무, 교사자와 피교사자의 관계 등을 조사하여 보고하라는 명령을 구라치 정무국장에게 내림.[103]
3시	순종, 통감부 위문방문함.
3시경	뮈텔 주교, 이토를 죽인 사람이 천주교신자라는 내용이 일본신문에 실려 있는데 그 사실여부를 알려달라는 일본 요코하마(橫浜)뮈가뷔르(Mugabure) 신부의 요청을 받음.
8시	뮈텔 주교, 뮈가뷔르 신부에게 사실이 아니라는 전보를 보냄.[104]
	뮈텔 주교, 이토를 죽인 사람이 천주교인이라는 일본발 전보를 보도한 『서울프레스』 기사를 부정하며 항의서한을 보냄.[105]
• 10월 29일	부일세력, 일본에 국민사죄단 파견을 본격적으로 거론한 「고급서(告急書)」를 각도·각군에 발송함.[106]
• 10월 30일	김려수·방사담·이진옥·정대호·김성엽, 피체됨.
	이갑, 피체됨.
	일제, 안중근 여순감옥 구류 결정함.
	미조부치 검사, 하얼빈에 도착하여 제1회 안중근 신문을 함.[107]

---

103 국사편찬위원회, 「전보」, 『한국독립운동사』 자료 7, 145~146쪽.
104 교회사연구소 역, 『뮈텔 주교 일기』 4, 414쪽.
105 위와 같음.
106 국사편찬위원회, 「헌기 제2216호」, 『한국독립운동사』 자료 7, 52~53쪽.

이때 안중근, 미조부치 검사에게 이토 죄상 15개조를 진술함.

1. 한국 민황후를 시해한 죄요
2. 한국 황제를 폐위시킨 죄요
3. 5조약과 7조약을 강제로 체결한 죄요
4. 무고한 한국인들을 학살한 죄요
5. 정권을 강제로 빼앗은 죄요
6. 철도, 광산, 산림, 천택을 강제로 빼앗은 죄요
7. 제일은행권 지폐를 강제로 사용한 죄요
8. 군대를 해산시킨 죄요
9. 교육을 방해한 죄요
10. 한국인들의 외국유학을 금지시킨 죄요
11. 교과서를 압수하여 불태워 버린 죄요
12. 한국인이 일본인의 보호를 받고자 한다고 세계에 거짓
    말을 퍼뜨린 죄요
13. 현재 한국과 일본 사이에 경쟁이 쉬지 않고 살육이 끊
    이지 않는데, 한국이 태평무사한 것처럼 위로 천황을
    속인 죄요
14. 동양평화를 깨뜨린 죄요
15. 일본 천황폐하의 아버지 태황제를 죽인 죄.[108]

- 10월 31일　　　구라치 외무성 정무국장, 일본 도쿄를 출발함.

　　　　　　　미조부치, 우덕순 제1회 신문.
　　　　　　　　　조도선 제1회 신문.
　　　　　　　　　유동하 제1회 신문.
　　　　　　　　　정대호 제1회 신문.
　　　　　　　　　정서우 제1차 신문.

　　　　　　　안창호, 피체됨.

- 11월 1일
　　11시 25분　　안중근 외 한인 연루혐의자 9명, 11시 25분발로 여순으로 출발함.

- 11월 2일　　　미조부치 검사, 방사담・이진옥 2차 신문함.

---

107 국사편찬위원회, 「피고인 신문조서 피고인 안응칠」, 『한국독립운동사』 자료 6, 1~13쪽.
108 국사편찬위원회, 「피고인 신문조서 피고인 안응칠」, 『한국독립운동사』 자료 6, 3~4쪽.

- 11월 3일
  - 10시　　　안중근, 연루 혐의자 9명과 함께 여순감옥에 도착 수감됨.[109]

- 11월 4일
  - 8시　　　뮈텔 주교, 이토 추모식에 '천주교회(天主敎會)'라고 쓴 화환을 보냄.
  - 10시　　　고종, 통감부를 방문하여 이토의 죽음에 대해 애도를 표시함.
  - 2시(오후)　뮈텔 주교 외 세 명의 신부, 이토추모식에 참석함.[110]
  - 　　　　　순종, 이토 장례식에 원로대표 김윤식 · 창덕궁대표 민병석 · 덕수궁
  - 　　　　　대표 박제빈 · 국민대표 유길준 · 실업대표 조진태 · 일진회대표
  - 　　　　　홍긍섭 · 종교대표 정병조 · 유세대표 고의준 · 신문대표 정운복 ·
  - 　　　　　정부대표 조중응 · 궁내부대표 최석민을 각각 이토 조문사로 파
  - 　　　　　견함.[111]

- 11월 5일　　미조부치 검사, 정씨(안중근의 처) 제1회 신문.
  - 　　　　　김씨(정대호의 처) 제1회 신문.
  - 　　　　　김씨(정대호의 모) 신문.
  - 　　　　　정서우 제2회 신문.
  - 　　　　　구라치, 여순에 도착함.
  - 　　　　　이토, 장례식 일본에서 거행됨.

- 11월 6일
  - 2시 30분(오후)　안중근, 안중근소회 제출함.
- 11월 7일　　미조부치 검사, 안중근 장남 신문함.
- 11월 8일　　미조부치 검사, 김성백 신문.
  - 　　　　　고무라, 안중근에게 일본형법을 적용하라고 지시함.
  - 　　　　　부일세력, '대한국민추도회'를 발기함.
  - 　　　　　한성부민회 제9회 위원회에서 유길준 · 윤효정 · 오세창 등이 이토를
  - 　　　　　추모하기 위해 소위 '대한국민추도회'를 발기하였다. 이 추도회는
  - 　　　　　관주도로 565원이라는 거금을 들여 같은 날 오후 2시부터 3시 45
  - 　　　　　분경까지 한성부민회의 주최 아래 장충단에서 열렸다. 이토 추도

---

109 국사편찬위원회, 「전보 제28호(哈爾貧) · 第一六七號(京城) 無號(旅順)」, 『한국독립운동사』
자료 7, 332쪽.
110 천주교정의구현전국사제단, 「조선교구통신」 1909년11월 3일자, 『안중근(도마)의사 추모
자료집 ─ 서거 80주년을 맞이하여』, 1990. 172~173쪽.
111 국사편찬위원회, 「전보」, 『한국독립운동사』 자료 7, 34쪽.

회에 황실·정부·민간 등 각계에서 위원장 한성부민회 부회장 윤효정을 필두로 총리대신 이완용, 내부대신 박제순, 탁지부대신 고영희, 학부대신 이용직, 친위부장관 이병무, 종원경 윤덕영, 내각서기장관 한창수, 한성부윤 장헌식, 황성신문사 사장 유근 이외에 권중현, 이지용, 이하영, 이근택, 임선준, 민영기, 이근상, 윤웅열, 윤치호, 남궁억, 이재만, 이재원, 이재극, 이준용 등 당시 기회주의적 부일성향의 인사가 위원으로 대거 참석하였다. 그리고 이토 추도회는 대신과 민간대표의 제문낭독, 군대와 여러 학교의 학생들의 참배 순으로 진행되었다.

- 11월 9일   미조부치 검사, 정씨(안중근의 처) 제2회 신문.
                김씨(정대호의 처) 제2회 신문.
- 11월 10일   유치 중인 하얼빈 한인 5명, 석방됨.
- 11월 13일   미조부치 검사, 정대호 제3회 신문.
                         유동하 제2회 신문.
- 11월 14일   미조부치 검사, 안중근 제2회 신문.[112]
- 11월 15일   미조부치 검사, 안중근 제3회 신문.[113]
                         유동하 제3회 신문.
- 11월 16일   미조부치 검사, 안중근 제4회 신문.[114]
                         우덕순 제2회 신문.
- 11월 17일   미조부치 검사, 조도선 제2회 신문.
                         유동하 제4회 신문.
                         정대호 제3회 신문.
- 11월 18일   미조부치 검사, 안중근 제5회 신문 및 우덕순·유동하 대질신문.[115]
                         유동하 신문 제5회.
- 11월 19일   미조부치 검사, 조도선 신문 제3회.
                         안정근 신문.

---

112 국사편찬위원회, 「피고인 제2회 신문조서 피고인 안응칠」, 『한국독립운동사』 자료 6, 54~73쪽.
113 국사편찬위원회, 「피고인 제3회 신문조서 피고인 안응칠」, 『한국독립운동사』 자료 6, 73~83쪽.
114 국사편찬위원회, 「피고인 제4회 신문조서 피고인 안응칠」, 『한국독립운동사』 자료 6, 116~122쪽.
115 국사편찬위원회, 「피고인 제5회 신문 및 안응칠 우연준 유동하 대질 신문조서」, 『한국독립운동사』 자료 6, 136~153쪽.

안공근 신문.

• 11월 21일	일제, 안중근 단독거사로 결론을 내림.[116]
• 11월 22일	통감부, 사카이(境)경시를 여순감옥에 파견하여 신문을 개시함.
• 11월 24일	미조부치 검사, 안중근 제6회 신문.[117]

이때, 미조부치는 한국의 진보를 위해 일본이 한국을 보호하고 있다고 주장하였다. 이에 대해 안중근은 다음과 같이 반박하였다. ① 일본이 위생·교통시설의 완비, 학교의 설립 등을 내세워 한국의 진보를 돕고 있다고는 하나 이는 일본을 위한 것이지, 한국을 위해 진력한 것이 아니다. ② 명치 초년의 일본은 문명하지도 진보하지도 않았다. 이에 대해 미조부치는 일본이 진보하였으므로 한국을 보호하는 것은 당연하다는 논리로 일관하였다. 그러자 안중근은 "나는 전혀 그렇게 생각하지 않는다"[118]고 단언하여 미조부치의 입을 막아버렸다. 미조부치는 타국이 독립할 능력이 없는 한국을 점령하면 일본은 매우 불리해지므로 청일·러일전쟁을 일으킨 것이며, 또한 청일·러일전쟁은 청러로부터 한국의 독립을 지키기 위한 불가피한 선택이었다는 식민사관을 드러냈다. 이에 대해 안중근은 "수많은 인명을 살상하면서도 이를 한국을 위한 것"이라며 거짓 선전을 일삼고 있다고 일제를 비판하면서 청일·러일전쟁의 성격을 침략전쟁으로 규정하였다. 미조부치는 한국의 독립과 문명개화(진보)를 가능케 한 이토를 죽인 것은 오해에서 비롯된 것이라고 주장하였다. 이에 대해 안중근은 한국의 독립과 동양의 평화를 파괴한 이토를 단죄함으로써 일본을 각성시키고 침략행위를 중지시키려고 하였다는 반침략논리를 내세웠다.

이때, 안중근과 정대호를 대질신문함.

• 11월 25일	미조부치 검사, 우덕순 제3회 신문.
	유동하 제6회 신문.
	조도선 제4회 신문.
	사카이 경시, 우덕순 제1회 신문.
	조도선 제1회 신문.

116 국사편찬위원회, 「전보 제26호」, 『한국독립운동사』 자료 7, 389~390쪽; 신운용, 「일제의 국외한인에 대한 사법권 침탈과 안중근재판」, 『한국사연구』 146, 한국사연구회, 2009, 참조
117 국사편찬위원회, 「피고인 제6회 신문조서 피고인 안응칠」, 『한국독립운동사』 자료 6, 165~182쪽.
118 위와 같음.

- 11월 26일　　　미조부치 검사, 안중근 제7회 신문.[119]

　　　　　　　　　사카이 경시, 안중근 제1회 신문.[120]

　　　　　　　　　　　　우덕순 제2회 신문.

　　　　　　　　　　　　조도선 제2회 신문.

- 11월 27일　　　사카이 경시, 안중근 제2회 신문(정천동맹에 대해 진술함).[121]

- 11월 29일　　　사카이 경시, 안중근 제3회 신문.[122]

　　　　　　　　　　　　우덕순 제ᅟ회 신문.

- 11월 30일　　　구라치, 안중근 처벌수위에 대해 일본정부에 질의함.

- 12월 1일

　　2시(오후)　　미하일로프 변호사, 안중근과 면담하고 변호계 제출함.

　　　　　　　　　사카이 경시, 안중근 제4회 신문.[123]

　　　　　　　　　　　　정대호 제3회 신문.

　　　　　　　　　　　　우덕순 제4회 신문.

　　　　　　　　고무라, 안중근을 사형에 처하라고 구라치에게 지시함.

- 12월 2일　　　사카이 경시, 안중근 제5회 신문(독립운동가들에 대한 안중근의 인물론).[124]

　　　　　　　　　　　　우덕순 제5회 신문.

　　　　　　　　부일세력, 오전 10시 중부 대사동 회의소에서 회의를 갖고 도일 각 도대표 사죄단위원으로 경기도 대표 조달원, 충청남도 대표 이상철, 충청북도 대표 장사국, 전라남도 대표 윤승혁, 전라북도 대표 정인창, 경상남도 대표 정병식, 경상북도 대표 황응두, 황해도 대표 정정조, 강원도 대표 황종남, 평안도 대표 김태환을 각각 선정함.[125]

---

119 국사편찬위원회, 「피고인 제7회 신문조서 피고인 안응칠」, 『한국독립운동사』 자료 6, 203~206쪽.

120 국사편찬위원회, 「境경시의 시문에 대한 안응칠의 공술(제1회)」, 『한국독립운동사』 자료 7, 394~397쪽.

121 국사편찬위원회, 「境경시의 시문에 대한 안응칠의 공술(제2회)」, 『한국독립운동사』 자료 7, 398~403쪽.

122 국사편찬위원회, 「境경시의 시문에 대한 안응칠의 공술(제3회)」, 『한국독립운동사』 자료 7, 403~408쪽.

123 국사편찬위원회, 「境경시의 시문에 대한 안응칠의 공술(제4회)」, 『한국독립운동사』 자료 7, 410쪽.

124 국사편찬위원회, 「境경시의 시문에 대한 안응칠의 공술(제5회)」, 『한국독립운동사』 자료 7, 413~419쪽.

• 12월 3일	사카이 경시, 안중근 제6회 신문(정천동맹, 불가사의한 사건 피력).[126]
	구라치, 히라이시(平石) 고등법원장과 안중근 등의 처리방향에 대해 상의함.
	히라이시, 일본정부의 지시대로 미조부치 검사에게 사형을 구형하도록 하고 상고하면 고등법원에서 처리하고 우덕순으로 하여금 사건가담 사실을 부인 못하도록 공작을 한다는 방침에 동의함.
• 12월 4일	사카이, 안중근 제7회 신문(연추 출발에서 블라디보스톡을 떠나기까지의 행적을 진술함).[127]
	우덕순 제6회 신문.
• 12월 5일	사카이 경시, 안중근 제8회 신문.[128]
• 12월 6일	사카이 경시, 안중근 제9회 신문(국내진공작전을 진술함).[129]
• 12월 9일	사카이 경시, 안중근 제10회 신문.[130]
	안중근 · 유동하 대질신문.
• 12월 10일	사카이 경시, 김형재 제2회 신문.
	탁공규 제2회 신문.
• 12월 11일	사카이 경시, 안중근 제11회 신문.
	조도선 제4회 신문.
• 12월 13일	안중근, 『안응칠역사』 집필 시작함.
• 12월 14일	두 동생, 뮈텔 주교를 방문함.[131]
	대련으로 출발함.[132]
• 12월 16일	일본인 기시(紀志), 변호 신청함.
	사카이 경시, 안정근 · 안공근 신문.
• 12월 20일	미조부치 검사, 안중근 제8회 신문.

---

125 국사편찬위원회, 「경비 제4231호의 1」, 『한국독립운동사』 자료 7, 61쪽.
126 국사편찬위원회, 「境경시의 시문에 대한 안응칠의 공술(제6회)」, 『한국독립운동사』 자료 7, 421~426쪽.
127 국사편찬위원회, 「境경시의 시문에 대한 안응칠의 공술(제7회)」, 『한국독립운동사』 자료 7, 427~429쪽.
128 국사편찬위원회, 「境경시의 시문에 대한 안응칠의 공술(제8회)」, 『한국독립운동사』 자료 7, 431~433쪽.
129 국사편찬위원회, 「境경시의 시문에 대한 안응칠의 공술(제9회)」, 『한국독립운동사』 자료 7, 434~438쪽.
130 국사편찬위원회, 「境경시의 시문에 대한 안응칠의 공술(제10회)」, 『한국독립운동사』 자료 7, 438~440쪽.
131 교회사연구소 역, 『뮈텔 주교 일기』4, 431쪽.
132 위와 같음.

- 12월 21일　　　　사카이 경시, 안중근 제9회 신문.[133]
- 12월 22일　　　　미조부치 경시, 안중근 제10회 신문.[134]
　　　　　　　　　이때, 안중근은 이토의 행위를 "적을 경계하러 온 자가 도리어 도적
　　　　　　　　　질을 일삼는 격"이라고 주장하면서 을사늑약 강제, 한국황제 폐
　　　　　　　　　위 등 일제의 침략정책 때문에 한국민이 분개하고 있다고 미조부
　　　　　　　　　치의 식민사관을 반박하였다. 또한 미조부치는 살인행위를 금하
　　　　　　　　　고 있는 천주교 교리를 들어 안중근의거의 정당성을 훼손하려고
　　　　　　　　　하였다. 이에 대해 안중근은 "남의 나라를 탈취하고 사람의 생명
　　　　　　　　　을 빼앗는 자가 있는 데도 수수방관하는 것은 더 큰 죄이다"라고
　　　　　　　　　하여 결코 교리에 반하지 않음을 밝히면서 일제의 한국침략이야
　　　　　　　　　말로 인도에 반한 행위라고 반박하였다.
　　　　　　　　　이때, 천주교대학건립 건의 경위를 진술함.

32세 1910년
- 1월 14일　　　　안유족구제공동회, 블라디보스톡 한인촌에서 개최됨.[135]
- 1월 17일　　　　안병찬 변호사, 대련에 도착함.
- 1월 18일　　　　안병찬 변호사, 고등법원 방문함.
- 1월 25일　　　　미조부치 검사, 우덕순 제4회 신문.
　　　　　　　　　　　　　　조도선 제5회 신문.
- 1월 26일　　　　미조부치 검사, 안중근 제11회 신문.[136]
　　　　　　　　　　　　　　유동하 제7회 신문(안중근과의 관계를 전면적으로 부
　　　　　　　　　　　　　　정함).
- 1월 27일　　　　히라이시 고등법원장, 도쿄에서 귀임함.
- 2월 1일　　　　　사카이 경시, 안중근 신문(~6일).
　　　　　　　　　안병찬, 정근·공근과 함께 안중근을 면회함.
　　　　　　　　　일제, 외국인 변호사는 불가하다는 결정을 함.
- 2월 2일　　　　　정대호, 석방됨.
　　　　　　　　　안병찬, 토혈함.

---

133 국사편찬위원회, 「피고인 안응칠 제9회 신문조서 피고인 안응칠」, 『한국독립운동사』 자료
　　6, 251~274쪽.
134 국사편찬위원회, 「피고인 안응칠 제10회 신문조서 피고인 안응칠」, 『한국독립운동사』 자료
　　6, 274~285쪽.
135 국가보훈처, 「기밀 한 제2호」, 『아주제일의협 안중근』 3, 1995, 541~542쪽.
136 국사편찬위원회, 「피고인 안응칠 제11회 신문조서 피고인 안응칠」, 『한국독립운동사』 자료
　　6, 303~306쪽.

- 2월 4일   안중근, 안병찬의 변호불허로 함구함.
- 2월 5일   사카이 경시, 우덕순 신문.
- 2월 6일   사카이 경시, 조도선 신문.
             ◆   유동하 신문.
- 2월 7일   제1회 공판.[137]
             이때 안중근은 의거의 이유에 대해 잘못된 일본의 대한정책이 그 원
                인임을 밝혔다. 그러면서 그는 대동공보사와의 관계를 전면적으
                로 부인하면서 우덕순과 공모하여 의병 참모중장으로서 이토를
                처단하였다고 주장하였다.
             일제, 안병찬·안정근·안공근 제1회 공판방청 허용함.
- 2월 8일   제2회 공판.[138]
             이때 안중근의 두 동생과 안병찬 변호사도 방청하였다. 일제의 재판
                을 받고 있는 안중근의 모습을 보았을 이들의 심정이 어떠하였으
                리라는 것은 짐작하고도 남는다. 안병찬도 불법적인 재판을 보고
                분에 못 이겨 토혈까지 할 정도였다.[139] 제2회 공판의 주된 내용
                은 우덕순에 대한 신문을 중심으로 안중근·우덕순·조도선·유
                동하의 관계와 이토 처단 과정에 대한 것이었다. 이때 우덕순은
                이토를 처단한 이유를 일본 천황을 속이고 한국인을 기만한 것이
                라는 안중근의 주장과 같은 논리를 내세웠다. 이는 안중근과 우
                덕순의 대일인식이 같은 선상에 있었음을 증명하는 것이다.
- 2월 9일   제3회 공판.[140]
             이때 안중근은 의거의 정당성을 다시 한 번 강조하였다. 특히 이토
                가 일본 효명 천황을 시해했다고 언급한 부분에 이르자, 재판부
                는 공공질서의 방해가 된다는 이유를 들어 그의 진술을 중지시키
                고 방청객을 모두 퇴정시켰다.[141] 이때 유동하는 그와 안중근이
                처음부터 공모하였다는 검찰관의 주장이 조작되었다는 사실을
                폭로하였다.[142]
             더글라스 변호사, 야마토(大和)호텔에서 재판의 부당성에 대한 기자

---

137 국사편찬위원회, 「공판시말서 제1회」, 『한국독립운동사』 자료 6, 306~334쪽.
138 국사편찬위원회, 「공판시말서 제2회」, 『한국독립운동사』 자료 6, 335~365쪽.
139 『대한매일신보』 1910년 2월 9일자, 「안병찬씨의 토혈」.
140 국사편찬위원회, 「공판시말서 제3회」, 『한국독립운동사』 자료 6, 365~388쪽.
141 국사편찬위원회, 「공판시말서 제3회 피고 안응칠이라하는 안중근 외 3명」, 『한국독립 운동
   사』 자료 6, 388쪽.
142 滿洲日日新聞社, 『安重根事件公判速記錄』, 71~106쪽.

회견을 함.

안병찬, 일본육법전서를 안중근에게 전함.

• 2월 10일 제4회 공판.[143]

이때 미조부치는 이토의 대한정책을 옹호하면서 그가 '오해'하여 이토를 죽였다는 논리를 전개하였다. 또한 안중근과 우덕순은 공모하였고 조도선과 유동하도 통모하였다고 재차 강조하였다. 더욱이 미조부치는 소송법상의 문제를 지적하면서 재판 관할권이 일본에 있음을 주장하는 등 공판의 정당성을 강조하였다. 더욱이 실제법상 문제를 거론하며 "행위에 대한 법률적 응보"에 따라 안중근을 정치범으로 인정할 수 없으므로 사형을 구형한다는 논리를 내세웠다. 이에 대해 안중근의 일본인 변호인들은 재판 관할권은 한국에 있으나 한국 형법의 결함으로 안중근은 무죄라는 법리를 펼쳤다. 그러나 안중근은 "사실관계가 조작되었으며 재판관·검찰관·변호인·통역관 모두 일본인으로 공판을 진행한 것은 국제적 재판임을 본다면 '편벽된 재판'임을 면할 수 없다"고 하여 일제를 신랄하게 비판하였다. 아울러 그는 "의거는 오해에 따른 것이 아니라, 이토의 정책을 간파하고 행한 정치적 사건"이라고 강변하였다. 또한 그는 재판 관할권은 한국에 있으나 한국 형법의 결함 때문에 무죄를 선고해야 한다는 변호인들의 주장을 심히 못마땅한 변론이라고 비판하면서 의병으로서 이토를 총살했기 때문에 국제공법에 의해 처리해야 한다고 강조하였다. 미조부치는 안중근에게 사형을, 우덕순·조도선에게 징역 2년을 유동하에게 징역 1년 6개월을 각각 구형했다. 안중근은 미조부치의 구형을 듣고서 감옥으로 돌아와 "모레면 일본의 4천 7백만의 인격의 근수를 달아보는 날이다. 어디 경중 고하를 지켜보리라"라고 일제의 재판에 분노하였다.

• 2월 12일 제5회 공판.[144]

이때 안중근, 이토의 죄악을 진술함.

일제 재판부, 공판을 일시 중지시킴.

• 2월 13일 안명근, 여순에 도착.

• 2월 14일 제6회 공판.[145]

---

143 국사편찬위원회, 「공판시말서 제4회」, 『한국독립운동사』 자료 6, 389~390쪽.
144 국사편찬위원회, 「공판시말서 제5회」, 『한국독립운동사』 자료 6, 390~396쪽.
145 국사편찬위원회, 「공판시말서 제6회」, 『한국독립운동사』 자료 6, 396~397쪽.

	안중근에게 사형, 우덕순에게 징역 3년, 조도선·유동하에게 징역 1년 6개월 언도함.
	뮈텔 주교, 전보를 받음(안중근 사형언도를 받았다 신부 한 명을 보내달라).[146]
• 2월 15일	안중근, 안병찬을 통해 동포에게 유언을 남김.
	안세화(Demange Florian, 安世華, 1895~1938) 신부, 빌렘 신부를 보내달라는 동생들의 전보에 대해 보낼 수 없다는 회신을 보냄.[147]
• 2월 16일	안병찬, 귀국함.
	우덕순·유동하·조도선, 공소를 포기함.
5시경(오후)	뮈텔 주교, 여순지방법원이 빌렘 신부와 안중근의 면회를 허가했다는 전보를 받음.[148]
• 2월 17일	안중근, 3시 히라이시 고등법원장과 면담하고 동양평화론을 설파함.[149]

▶ 해설

1910년 2월 17일 고등법원장 히라이시와 면회를 하였다. 그가 히라이시를 만난 이유는 다음과 같다. 첫째, 재판의 불법성을 항의하는 것이었다. 둘째, 「동양평화론」을 완성시키기 위한 시간을 벌기 위해서였다. 셋째, 재판의 부당성을 항의하면서 동양평화론의 내용을 일제의 상층부에 알려 대한정책을 수정시키기 위한 최후 수단이었다. 그리고 안중근은 2월 7일 공판이 시작되기 전에 이미 상고를 포기할 뜻을 갖고 있었으나, 이때 히라이시에게 상고를 하지 않겠다는 뜻을 공식적으로 알리면서 3월 25일 예수 승천일에 자신의 사형집행을 하도록 요청하였다.

안명근, 귀국하여 빌렘 신부에게 여순으로 가도록 부탁하였으나 홍 신부는 확답을 하지 않음.

• 2월 17일 이전	「동양평화론」 집필 시작함.

▶ 해설

안중근의 동양평화론이 갖는 특징은 다음과 같이 규정될 수 있다. 첫째, "구체적이다"는 것이다. 즉, 안중근은 근대 한국사의 궤적 위에서 형성된 삼국공영론·삼국동맹론의 관념적 한계를 넘어 민족주의와 연결된 실천성을 담보로 하면서도 공동의 은행과 군대창설이라는 구체적 방안을 제시했다. 둘째, "주체적이다"는 것이다. 즉, 안중근은 삼국공영론·삼국동맹론자들처럼 일본맹주론을 주장하지만 이는 어디까지나 한국의 독립과 동양의 평화를 담보하는 위에 일본의 침략을 저지하는데 그 목

146 교회사연구소 역, 『뮈텔 주교 일기』, 447쪽.
147 교회사연구소 역, 『뮈텔 주교 일기』, 448쪽.
148 위와 같음.
149 국가보훈처·광복회, 「청취서」, 『21世紀와 東洋平和論』, 1996. 51~71쪽.

적을 둔 것이다. 따라서 일본의 침략에 소극적으로 대응한 문명개화론
자들의 그것과는 성격을 달리하는 것이다. 셋째, "종교적 평화 지향성과
도덕성을 바탕으로 하고 있다"는 것이다. 즉, 안중근의 동양평화론은 천
주교의 '천명론'을 근간으로 한 것이다. 말하자면 이는 한국독립과 동양
평화의 유지라는 천명을 구체적으로 실천하기 위한 방법론이었던 것이
다. 이러한 면에서 그는 현실의 모순을 물질문명에 따른 것으로 보고
'도덕세계'가 구축될 때만이 평화가 이루어진다고 보았던 것이다. 넷째
로 "인종론에 집착하지 않았다"는 것이다. 즉, 안중근이 서양(러시아)의
침략세력에 대해 적대적 태도를 취한 근본적인 원인은 인종문제라기보
다 동양 침략이라는 도덕성의 결여에 있었다. 아울러 그가 동양평화론
의 대상을 동남아시아까지 확대시킨 것은 삼국동맹론자들이 동양삼국만
을 고려한 것과 대조를 이룬다. 이는 민에 대한 그의 인식확대에 따른
것이다. 상대적으로 열악한 동남아시아까지 동양평화론의 범주에 포함
시킨 것은 한국인과 같은 인권이 동남아인에게도 있음을 인식한 결과로
보인다.

- 2월 19일   안중근, 항소를 포기함.
- 2월 21일
  8시(오후)   안명근, 빌렘 신부를 여순에 보내도록 뮈텔 주교에게 간청하였으나
                  뮈텔 주교 거절함.[150]
- 3월 2일   빌렘 신부, 출발한다는 내용의 서신을 재령의 우체국에서 여순으로
                  보내고 출발함.
- 3월 4일   뮈텔 주교, 빌렘 신부가 보낸 서신을 받고서 빌렘 신부 파송 전제조
                  건으로 안중근이 거사이유를 취소한다면 허락할 것이라고 회답
                  함.[151]
- 3월 5일   뮈텔 주교, 여순으로 출발을 알리는 빌렘 신부의 서신을 받음.[152]
- 3월 7일
  9시 55분   빌렘 신부, 여순에 도착함.
  3시(오후)   빌렘 신부, 마나베(眞鍋) 지방법원장 방문함.
- 3월 8일
  2시   안중근, 빌렘 신부와 첫 번째 면회.[153]
                  이때, 빌렘 신부는 그 자신이 여순감옥에 온 이유를 다음과 같이 들
                  고 있다. 즉, 첫째, 교자인 그를 끝까지 인도하는 것이고, 둘째 그

---

150 교회사연구소 역, 『뮈텔 주교 일기』 4, 448~449쪽.
151 교회사연구소 역, 『뮈텔 주교 일기』 4, 450쪽.
152 교회사연구소 역, 『뮈텔 주교 일기』 4, 451쪽.
153 국사편찬위원회, 「보고서」, 『한국독립운동사』 자료 7, 533~536쪽.

의 이토 처단을 '뉘우치도록 하는' 것이며, 셋째 그를 선량한 교도로 복귀시키기 위해서였다. 이처럼 이때까지만 해도 홍 신부는 안중근의거를 부정적으로 보고 있었다. 특히 그는 안중근이 간도로 떠날 때 "국가 앞에서는 종교도 없다"고 한 말을 교리에 반한 행동이라고 단정하면서, 안중근이 자신의 말을 들었다면 이와 같은 어려움에 처하지 않았을 것이라고 책망하였다. 그러면서 빌렘 신부는 안중근에게 "일각이라도 빨리 선량한 교도로 귀복한다면 하느님은 반드시 너의 대죄를 용서해 주실 것"이라고까지 하였다.

- 3월 9일

  2시   안중근, 빌렘 신부와 두 번째 면회함.[154]

  이때 안중근은 빌렘 신부에게 의병전쟁에 투신한 그날 밤의 기몽을 소개하였다. 즉, "성모마리아가 나타나 그의 가슴을 위무하면서 놀라지 말라 염려해서는 안 된다"는 분부를 남기고 사라졌다는 것이다. 이는 그가 의병전쟁을 앞두고 느낄 수 있는 두려움을 종교의 힘으로 극복하고 있음을 의미하는 것이다.

- 3월 10일

  9시(오전)   안중근, 빌렘 신부와 세 번째 면회함.

  이때, 안중근은 그전과 달리 수갑과 오랏줄을 풀고서 빌렘 신부와 만났다.[155] 이 날 빌렘 신부는 접견실 한구석에 임시제단을 설치하고서 '종부성사'를 행하였다. 그는 이때부터 매일 아침 식사도 하지 않고 오로지 기도하며 돌아갈 준비를 하였다.

- 3월 11일

  2시   안중근, 빌렘 신부와 마지막 면회함.[156]

  이때 안중근은 정근에게 자신의 유해를 하얼빈에 묻어달라고 유언하였다. 빌렘 신부가 1907년 출국한 이후의 일들을 말해 줄 것을 청하였다. 이에 그는 기뻐하며 의거에 이르기까지의 과정을 고백성사하듯이 풀어놓았다. 그의 이야기를 다 듣고 난 후, 홍 신부는 크게 탄식하며 "국사를 우려한 나머지 나온 거사라면 왜 흉행에 앞서 나 또는 다른 신부와 일단 상의하지 않았느냐"며 안중근의거를 일면 이해하는 태도를 보였다. 이러한 빌렘 신부의 태도는

---

154 국사편찬위원회, 「보고서」, 『한국독립운동사』 자료 7, 536~537쪽.
155 국사편찬위원회, 「보고서」, 『한국독립운동사』 자료 7, 537~538쪽.
156 국사편찬위원회, 「보고서」, 『한국독립운동사』 자료 7, 538~539쪽.

그가 1912년 "이토가 죽은 것은 잘된 일이다"라고 하여 안중근의
거를 적극 옹호한 발언을 할 수 있었던 단서가 된다는 면에서 주
목되는 대목이다. 이러한 맥락에서 빌렘 신부가 안중근의거를 지
지하기 시작한 시점은 바로 이 무렵으로 보인다. 말하자면 이때
부터 빌렘 신부는 안중근이 국권회복운동에 투신하게 된 이유가
한국의 독립과 동양의 평화 유지라는 천명을 실현하기 위한 것임
을 이해하기 시작한 것으로 보인다. 이처럼 그는 정교분리의 원
칙에 따라 안중근의거를 긍정하지 않았던 빌렘 신부의 마음을 바
꾸어 놓았던 것이다. 이때 그는 교우에게 전하는 말이라고 하여
"인생이 있는 이상 죽음 또한 면치 못하는 바이라. 교자는 먼저
성단에 오르니 교우의 힘에 의해 한국독립의 길보를 가져다주기
를 기다릴 뿐"이라는 최후의 유언을 남기었다. 그리고 안정근에
게 한복을 넣어줄 것을 청하였다. 이후 빌렘 신부는 1909년 3월
12일에 여순을 출발하여 한국으로 향하였다.

- 3월 12일   빌렘 신부, 안동환(安東丸)으로 대련을 출발함.
- 3월 15일   안중근, 『안응칠역사』를 탈고함.
            뮈텔 주교, 빌렘 신부에게 명령을 따르지 않았다는 이유로 2개월간
            미사 집전금지라는 징계처분을 내림.[157]
- 3월 24일   안중근, 유서 6통 남김.[158]
- 3월 25일
  12시 40분   안중근, 안정근·공근, 미즈노(水野)·카마다(鎌田) 변호사와 면회
            함.[159]
            이때, 일본인 변호사들은 그에게 "그대의 행동은 후세에 영원히 전
            해질 것이고 자신들도 그 뜻을 전할 것"이라고 하며 천국에서 만
            나자고 하였다. 이에 그는 천국은 천주교 신자만이 갈 수 있다며
            개종을 권하는 등 죽는 순간까지도 천주교 신자로서의 책임을 다
            하였다.
            수의, 밤늦게 고향에서 도착함.
- 3월 26일   안중근, '동양평화'를 유언으로 남기고 여순감옥 공동묘지에 묻힘.
            이에 대해 『만주일일신문』은 다음과 같이 전하고 있다.
            오전 10시 안중근의 사형은 여순감옥에서 행하였다. 당시의 상황을

---

157 교회사연구소 역, 『뮈텔 주교 일기』 4, 452쪽.
158 국사편찬위원회, 「보고서」, 『한국독립운동사』 자료 7, 528~531쪽.
159 국사편찬위원회, 「보고서」, 『한국독립운동사』 자료 7, 540~543쪽.

들은 바에 따르면 안은 예정시각보다 일찍 어젯밤 향리에서 온 수의를 입고 간수 4명이 앞뒤에서 경호하여 형장의 교수대 옆에 있는 대기실로 우선 끌려갔다. 당일의 수의는 겉옷과 속옷 모두 순백의 조선 명주복으로 바지는 흑색의 같은 조선명주로 만들어 흑백이 선명하게 나뉘어져 있는 바, 아무리 봐도 수분 후에 명(이 세상)에서 암(저 세상)으로 가야할 사형수의 신상과 상응하여 보는 사람으로서 일종의 감에 젖게 된다. 드디어 미조부치(溝淵) 검찰관 구리하라(栗原) 전옥 소노키(園木) 통역 기시다(岸田) 서기 등은 교수대의 전면에 있는 검시실에 착석하였다. 이후 안을 대기실에서 끌어내어 구리하라 전옥은 안에게 올 2월 14일 여순지방법원에서 재판언도 확정명령에 의해 사형을 집행한다는 취지를 알리고 소노키(園木) 통역의 통역이 끝나자 안은 아무 말하지 않은 채 알았다는 듯이 고개만 끄덕였다. 전옥은 재차 안에게 뭔가 유언하고 싶은 말이 없느냐고 하였다. 그 말에 안은 아무것도 없다 다만 자신의 범죄는 동양평화를 위해서 한 것이니 자신의 사후에도 한일 양국인이 서로 일치 협력하여 동양평화의 유지를 꾀하기를 바란다고 하였다. 이때 간수가 반지 두 장을 접어 안에게 씌우고 그 위에 백포를 씌어 눈을 가린 안의 최후는 시시각각 다가왔다. 재판 당초부터 판결언도에 이르기까지 제반취급에 정중하고 시종 친절하게 대한 관헌은 안이 최후의 순간에 이르자 한층 관대한 대우를 하여 우선 그에게 마음대로 최후의 기도를 하라고 허가하였다. 안은 전옥의 말에 따라 수분간 묵도를 하고 나서 몇 명의 간수의 부축을 받아 교수대에 올랐다. 교수대의 구조는 마치 중 2층과 같은 것으로 작은 계단 7개를 오르면 그 위에 화덕만 한 크기로 잘라 판자를 덮었다. 안은 조용히 한 계단 한 계단 죽음의 길로 다가가는 그 찰나의 감인가 아마도 얼굴색은 백의와 대조적으로 한층 창백해진 것 같다. 드디어 사형대 위에 책상다리를 하고 밧줄이 조용히 그의 목에 걸렸다. 한 사람의 옥리가 그 한쪽 끝을 밟자 판이 꿈틀거리며 뒤집힘과 동시에 교수형은 아무 일 없이 끝났다. 10시 15분 안은 완전히 숨이 끊어졌다. 그 시간은 불과 수분간이었다.[160]

일제, 안정공·공근의 안중근 유해인도 요구를 거부함.

---

160 『滿洲日日新聞』 1910年 3月 27日字, 「安重根の最後」.

▶ 해설

안중근의 죽음으로 모든 문제가 끝난 것이 아니었다. 일제는 안중근의 주검이 몰고 올 제2의 폭풍을 의식하지 않을 수가 없었다. 말하자면 일제는 그의 유언에 따라 유해를 하얼빈 공원묘지에 묻었다가는 감당할 수 없는 사태가 유발되리라고 여기고 있었다. 또한 일제는 한인들이 그의 묘비와 기념비를 세운다면, 이는 국외 한인들의 독립운동 성지가 되리라는 것을 너무나 잘 알고 있었다. 때문에 일제는 감옥법 제74조 마저 어기면서 동생들에게 유해를 인도하지 않았던 것이다.

- 3월 28일   뮈텔 주교, 일본인들이 안중근의 유해를 가족에게 인도하지 않을 것은 극히 당연한 일이라고 함.[161]
                  만주일일신문사, 『안중근사건공판속기록』을 발행함.
- 4월 2일   블라디보스톡 한인, 안중근추도회 개최.[162]
                  합성회사 사장 김인환·거류민회 회장 김학만·동양학원 강사 김현토·조창호·이치권·장명은·이성화·이중익 등 독립운동을 이끌고 있던 주요인사와 학생 80여 명 총 200여 명이 참석하였다.
- 4월 15일   작자미상, 『근세역사』 출간됨.

1911년
- 2월 2일~4일   안중근 연극.
                  블라디보스톡 개척리 한민학교에서 한인들이 연예회를 개최하였다. 특히, 2월 3일에 러시아 한인들은 의거와 신문상황, 「이토 히로부미 죄상」 15개조를 상술하는 장면, 빌렘 신부의 최후기도 장면 등으로 구성된 안중근 연극을 공연하였다.
- 3월 26일   블라디보스톡 한민학교, 안중근추도회를 개최함.
- 8월   홍종표(홍언), 『대동위인안중근전』을 발간함.
                  안정근, 안중근의 손가락을 안중근의 유언에 따라 1911년 백삼규에게서 태극기와 함께 넘겨받았음.[163]

1914년
                  빌렘 신부, 프랑스로 귀국함.

---

161 교회사연구소 역, 『뮈텔 주교 일기』, 453쪽.
162 국가보훈처, 「기밀한 제14호」, 『아주제일의협 안중근』 3, 752~754쪽.
163 日本 外交史料館, 「大正元年十一月調 在外不逞鮮人ノ言動」, 『在西比利亞』 第4卷.

1915년

박은식, 『안중근』 간행함.

1916년

김택영, 『안중근전』 간행함.

1917년
• 3월 25일   김하구, 『애국혼』 「만고의사 안중근전」 출간함.

1918년
• 8월 28일   안중근 연극.
　　　　　　　연추(크라스키노)에서 민회장 최재형·알마스학교 교사 정남수·니
　　　　　　　콜스크『청구신보』 기자 정안선 등의 노력으로 결실을 맺게 되었
　　　　　　　다. 이 연극은 1918년 8월 28일부터 4일간 오후 5시부터 11시까
　　　　　　　지 공연되었다. 그 주된 내용은 안중근의거를 중심으로 소위 매
　　　　　　　국 5족·7족의 행동 및 일본 최고위층의 언동을 풍자한 것이었
　　　　　　　다.[164]

1923년
• 3월 2일   한중호조사, 상해 사천로 중국기독교청년회당에서 안중근 연극을 공
　　　　　　　연함.

1928년

감독 정기탁·시나리오 정찬근, 안중근영화 애국혼을 만듦.[165]

---

164 日本 外交史料館, 「煙秋在住鮮人ノ排日的演劇擧行ノ件」, 『在西比利亞』 第7卷.
165 任范松 主編, 『中國朝鮮民族藝術論』, 遼寧民族出版社, 1991, 161쪽.

안중근의거의 백 년과 우리의 나아갈 길

안중근은 우리나라의 역사적 인물 가운데 가장 잘 알려진 사람 가운데 한 분이다. 안중근은 의거 직후부터 의사로 인식되었고, 순국한 다음 곧 위인의 반열에 포함되었다. 일제강점 아래에서 독립운동에 투신했던 사람들은 좌우익을 막론하고 안중근에게서 자신의 역할모델을 구하고자 했다. 반제국주의 투쟁에 일어섰던 근대중국의 인사들에게 있어서도 안중근은 숭배의 대상이었다.

이러한 가운데 안중근은 중국인과 한국인의 마음속에 자리 잡은 위대한 위인이요 영웅이 되었다. 그러나 위인이며 영웅이요, 의사로 불리거나 열사로 모셔졌던 안중근의 정신에 대한 대중적 보급이 필요했다. 동시에 안중근에 대한 객관적 연구의 필요성은 안중근에 대한 숭배와 상찬에 비례하여 요청되어왔다.

이 과정에서 그의 업적을 기리고 그를 찬양하는 각종 공연예술을 통해서, 그를 찬양하고 기리려던 시도들이 이와 같은 배경에서 출현했다. 그리하여 많은 연극대본이 작성되어 공연되었고, 안중근은 영화를 통해서 다시 태어났다. 그는 문학작품의 주인공이 되었고, 시인은 그의 삶과 죽음을 읊는 장시를 지었다. 안중근을 주인공으로 하는 수많은 아동문학작품이나 위인전을 통해서 자라나는 세대의 뇌리에는 안중근의거라는 역사적 사실이 심어졌다. 안중근은 이렇게 문학과 예술의 형식을 통해 형상화되어 갔다. 그리고 그의 의거는 더욱 널리 알려져 나갔다. 이와 함께 그의 삶과 순국의 의미를 널리 알리기 위해서는 그에 대한 본격적 연구가 요청되기에 이르렀다.

안중근에 관한 학술적 연구는 1970년대에 이르러서야 본격적으로 시작될 수 있었다. 연구자들은 안중근의 생애와 사상 그리고 그의 의거에 관한 사실들을 밝히기 위해 많은 노력을 기울여왔다. 일부 연구자들은 간혹 그의 일대기를 정리하고자 하는 목적으로 단행본을 간행하기도 했다. 그리고 역사학분야에서뿐만 아니라 법학과 같은 사회과학분야에서 그리고 그리스도교신학의 영역에서 그의 삶에 대한 평가가 진행되어오고 있다.

이러한 다각적 연구를 통해서 안중근에 관한 연구는 한 걸음씩 진전되어 갔다. 이 또한 반가운 일임이 틀림없다. 그러나 이와 같은 연구는 해방 직후부터 당연히 이루어져야 했지만, 너무나 뒤늦게 시작되었다. 그리고 안중근의 시대와 사상을 집중적으로 조명하는 본격적 작업의 필요성이 더욱 절실히 요청되기에 이르렀다.

이 책의 저자인 신운용 박사는 안중근 연구의 필요성을 충족시키고, 장기간에 걸친 본격적 연구가 필요하다는 그 요청에 응답하고자 했다. 그는 안중근에 관한 연구를 필생의 과업으로 삼았다. 그는 오늘도 연구와 강의를 통해서 안중근의 삶과 정신을 정확히 정리하여 널리 알리고자 노력하고 있다. 그는 안중근의사기념사업회 안중근연구소의 책임연구원으로서 안중근 연구에 전념하고 있다. 그리고 안중근전집의 간행을 위해 사방에 흩어져 있는 자료를 수집하는 데에 혼신의 노력을 기울이고 있다.

이제 신운용 박사는 자신의 박사논문을 정리하여 『안중근과 한국근대사』라는 제목의 책자를 간행하게 되었다. 이 책자는 그가 15여 년에 걸쳐 집중적으로 전개해왔던 안중근 연구의 일차적 결실이다. 이 귀중한 결실을 통해서 우리는 안중근의 삶과 사상이 가지고 있는 실체에 좀 더 가까이 다가설

수 있게 되었다. 그의 연구를 통해서 안중근의 시대가 좀 더 선명히 밝혀졌고, 안중근의거의 배경 내지는 원인과 그 의미를 더욱 잘 알게 되었다. 그러므로 우리는 그의 이 작업에 적절한 경의를 표하게 된다.

그러나 역사학에 관한 모든 연구업적은 과도기적 성격을 가질 수밖에 없다. 한 사건을 해석하는 데에 필수적인 새로운 자료의 발견이나, 기성의 자료에 대한 새로운 의미 부여를 통해서 역사학은 늘 새롭게 씌어져야 할 운명을 가지고 있다. 또한 역사를 해석하는 시각의 넓이와 깊이가 더해짐에 따라 기존의 해석이 또한 새롭게 바뀔 수밖에 없다. 이는 역사학의 속성에서 유래한 특징이다.

신운용 박사의 이 역작도 역사학이 가지고 있는 이 특성에서 자유로울 수 없다. 그러므로 그를 비롯한 모든 안중근 연구자들은 새로운 자료에 대한 탐색과 더불어 기존의 사료들이 가지고 있는 새로운 의미의 발견을 위해서 거침없이 노력해야 한다. 이러한 노력을 통해서 신운용 박사의 안중근 연구도 더욱 진전되어 나갈 수 있을 것이고, 우리는 좀 더 역사적 진실에 가까운 안중근의 실체를 이해하게 될 것이다. 신운용 박사가 저술한 이 책은 100여 년에 걸쳐 진행되었던 안중근 연구의 결산이며 동시에 안중근 연구의 새로운 장을 여는 출발점이다. 그의 힘찬 정진에 박수와 기대를 보낸다. 안중근은 우리의 사표요, 시대에 따라 새롭게 해석되어야 할 우리의 위인이기 때문이다.

2009년 10월
고려대학교 한국사학과 교수
안중근전집편찬위원회위원장
조 광

참고문헌

1. 1차 사료

1) 한국

(1) 일반 사료

안중근, 「안응칠역사」(안중근의사숭모회, 『안중근의사자서전』, 1979년; 윤병석, 『안중근전기전집』, 국가보훈처, 1999).

_____, 「동양평화론」(『동아일보』 1979년 9월 19일자, 「安重根의사 東洋平和」; 윤병석, 『안중근전기전집』, 국가보훈처).

안태훈, 『定溪旧錄』(국사편찬위원회 소장).

국가보훈처, 『海外의 韓國獨立運動史料(VI)』中國編 ②, 1992.

국가보훈처, 『亞洲第一義俠 安重根』 1・2・3, 1995.

국가보훈처・광복회, 『21世紀와 東洋平和論』, 1996.

국사편찬위원회, 『韓國獨立運動史』資料 6・7, 1976・1977.

_____, 『韓國獨立運動史』資料 11・13・14, 1982・1984・1985.

_____, 『주한일본공사관기록』 38・39・40, 1994.

_____, 『要視察韓國人擧動』 3, 2001.

_____, 『韓國獨立運動史』資料 34・39・40, 1997・2003・2004.

_____, 『統監府文書』 7, 1999.

역민사 편집부, 『재판장 마음대로 하시오』, 역민사, 1993.

신용하, 『안중근유고집』, 역민사, 1995.

서울대 규장각, 『公文編案』.

_____, 『內部去來案』.

_____, 『各司謄錄』.

_____, 『起案』.

_____, 『外部訴狀』.

_____, 『黃海道庄土文績』.

_____, 『司法稟報』.

김 구, 『白凡逸志』.

동학농민전쟁백주년기념사업추진위원회, 『東學農民戰爭史料叢書』 12, 史芸硏究所, 1996.

정 교, 『大韓季年史』.

황 현, 『梅泉野錄』.

박성강 편, 『獨立運動 先驅 安重根先生 公判記』, 경향잡지사, 1946.

최홍규, 『安重根事件公判記』, 정음사, 1975.

최이권 편역, 『애국충정 안중근의사』, 법경출판사, 1990.

이기웅, 『안중근전쟁은 끝나지 않았다』, 열화당, 2000.

한국교회사연구소, 『뮈텔 주교 일기』 Ⅱ・Ⅲ・4, 한국교회사연구소, 1993・1998.

한국교회사연구소, 『뮈텔문서』(한국교회사연구소 소장)

천주교정의구현전국사제단, 『안중근(도마)의사 추모자료집』, 1990.

(2) 한국 신문 사료

『대한매일신보』, 『황성신문』, 『대한민보』, 『경향신문』, 『대동공보』, 『해조신문』, 『권업신문』, 『신한민보』, 『신한국보』, 『조선일보』, 『동아일보』.

2) 일본

(1) 일반 사료

金正柱, 『朝鮮統治史料』 5, 韓國史料硏究所, 1970.

日本 外交史料館, 『要視察外國人ノ擧動關係雜纂－韓國人之部』(문서번호 : 4.3.1, 2-1).

＿＿＿＿＿＿＿, 『不逞團關係雜件－韓國人ノ部』(문서번호 : 4.3.2, 2).

＿＿＿＿＿＿＿, 『伊藤公爵滿洲視察一件』(문서번호 : 4.2.5, 245).

＿＿＿＿＿＿＿, 『淸國ニ於ケル治外法權享有ニ關シ在哈爾賓帝國總領事露國總領事ト交涉一 件』(문서번호 : 4.1.2, 39).

＿＿＿＿＿＿＿, 『倉知政務局長統監府參事官兼任中ニ於ケル主管書類纂』(문서번호 : 7.1.8, 21).

＿＿＿＿＿＿＿, 『伊藤公爵滿洲視察一件』(문서번호 : 6.4.4, 47).

日本 國際連合協會, 『日本外交文書』 第42卷 第1冊, 1961.

日本 公文書館, 『韓國警察報告資料』 卷ノ三 (內務省警保局).

日本 國會圖書館 憲政史料室, 『三條家文書』.

＿＿＿＿＿＿＿＿＿＿＿＿＿＿＿, 『桂太郎文書』.

＿＿＿＿＿＿＿＿＿＿＿＿＿＿＿, 『後藤新坪文書』.

＿＿＿＿＿＿＿＿＿＿＿＿＿＿＿, 『川上俊彦關係文書』.

滿洲日日新聞社, 『安重根事件公判速記錄』, 1910.

佐藤四郎, 『伊藤公の最後』, 哈爾賓日日新聞社, 1927.

安重根,「安重根自傳」,『外交時報』一○七四號, 外交時報社, 1970
_____,「東洋平和論－日本語譯」,『統一日報』1979年 9月 26日~28日字.
國際文化協會,「安重根義士の自傳(上)」,『アジア公論』第七卷 第一二號, 1978.
市川正明,『安重根と日韓關係史』(明治百年史叢書), 原書房, 1979.
學習院大學 東洋文化研究所,「安重根·間島問題」,『東洋文化研究』第3号, 2001.

(2) 일본 신문 사료

『滿洲日日新聞』,『滿洲新報』,『朝鮮新聞』,『京城新報』,『朝日新聞』,『每日新聞』,『法律新聞』,
『週間勞動』.

3) 러시아

(1) 일반 사료

『군 첩보원 비류꼬프(Бирюков Н. Н) 보고서』(РГВИА, фонд No.2,000, опись No.1, дело
    No4134).
『이토 히로부미의 암살범 안중근의사의 공범체포에 관한 보고서』(РГИА, фонд No.2000, опис
    ь No.1, дело No. 41349).
『안중근의거 첩보 보고서』(РГВИА, фонд No.2,000 опись No.1, дело No.4107).
『재상의 극동 출장과 하얼삔역 伊藤博文사살 사건』(РГВИА, фонд No.150, опись No.493 де
    ло No.1379).
Коковцов В.Н. 『Из Моего прошлого воспоминания 1903-1919гг』 Книга 1, Москва,
    1992.

(2) 러시아 신문 사료

『Восточная заря』,『Новая жизнь』,『Приамурье』,『Далекая окраина』,『Уссурий ская ок
раина』,『Дальний Восток』,『Речь』.

4) 중국

(1) 일반 사료

『高等小學校文範』.

田漢等 編著, 「安重根刺伊藤」, 『中國話劇運動 50年史資料集』, 中國戱劇出版社, 1957.

(2) 중국 신문 사료

『民吁日報』, 『上海申報』, 『香港華磁日報』, 『東方雜誌』, 『世界日報』, 『自由新報』, 『中西日報』,
『遠東報』, 『遼東新報』『中華日報』.

5) 기타

Weber, Norbert, 『Im Lande der Morgenstille : Reise-Erinnerungenan Korea』, Missionsverlag
St.Ottilien, 1923.

2. 2차 사료(전기류)

류동신, 「안중근과 그의 동료들」, 『송화강』, 1985.

이태호, 『哈爾賓驛頭의 銃聲』, 三中堂書店, 1931.

윤병석 역편, 『安重根傳記全集』, 국가보훈처, 1999.

李 剛, 『내가 본 안중근의사』(윤병석, 『안중근전기전집』, 국가보훈처, 1999).

朴殷植, 「安重根傳」, 『朴殷植全書』, 단국대학교 동양학연구소, 1975.

백암 박은식 저·이동원 역, 『불멸의 민족혼 安重根』, 한국일보사, 1994.

玉史 編書, 『만고의 안중근전』(윤병석, 『안중근전기전집』).

金澤榮, 『安重根傳』, 1911(윤병석, 『안중근전기전집』).

李建昇, 『安重根傳』, 1916(윤병석, 『안중근전기전집』).

洪宗均, 『大韓偉人 安重根傳』, 新韓國社, 1911.

桂奉瑀, 「만고의ㅅ 안중근젼」, 『권업신문』, 1910.

鄭 沅, 『安重根』(윤병석, 『안중근전기전집』).

鄭 淯, 『安重根傳』(윤병석, 『안중근전기전집』).

金振福, 『왜 놈 이등박문 죽인 安重根實記』, 중앙출판사, 1946.

金道泰, 「義擧 40周年 安重根義士를 追慕함」, 『新人』 第一卷 第四號, 서울 문예서림, 1949.

普賢山人, 『義士安重根』, 漢城出版社, 1947.

安鶴植, 『安重根義士傳記』, 萬壽祠保存會, 1962.

李 全, 『安重根血闘記 一名義彈의 凱歌』, 延白 延泉中學校期成會, 1949.

劉庚煥, 『安重根』, 太極出版社, 1972.

鷄林冷血生 著, 「安重根路收三義友」, 『醒世小說 英雄淚』.

楊昭全, 『朝鮮 愛國志士 安重根』.

滄海老紡室(박은식), 『安重根傳』, 上海 大同編輯局, 1914.

3. 단행본

1) 한국어

김우종 · 리동원, 『안중근의사』, 흑룡강조선민족출판사, 1998.

나명순 · 조규석, 『大韓國人 安重根』, 世界日報社, 1993.

박노련, 『안중근과 평화』, 을지출판공사, 2000.

박보리스 저, 신운용 · 이병조 역, 『하얼빈역의 보복』, 채륜, 2009.

박준황, 『안중근(열사)'일패전'경고』, 역사비평사, 2001.

안중근의사숭모회, 『대한국인 안중근 학술연구지』, 2005.

윤병석 편저, 『大韓國人 安重根 사진과 유묵』, 안중근의사기념관, 2001.

장석홍, 『安重根의 生涯와 救國運動』, 한국독립운동사연구소, 1992.

황종렬, 『신앙과 민족의식이 만날 때』(안중근 토마스의 이토 히로부미 저격에 관한 신학적 응답), 분도출판사, 2000.

최서면, 『새로 쓴 안중근의사』, 집문당, 1994.

_____, 『大韓國人 안중근』, 문화체육부 · 한국문화예술진흥원, 1993.

2) 일본어

市川正明, 『安重根と朝鮮獨立運動の原流』, 原書房, 2005.

大野芳, 『伊藤博文暗殺事件』, 新潮社, 2003.

齋藤充功, 『伊藤博文を擊った男』, 中公文庫, 1994.

中野泰雄, 『安重根 韓日關係の原像』, 東京 亞紀書房, 1979.

佐木隆三, 『伊藤博文と安重根』, 文藝文庫, 1996.

谷讓次, 『安重根 戲曲』, 東京 中央公論社, 1931.
齋藤泰彦, 『わが心の安重根』, 五月書房, 1994.
谷讓次, 『安重根 四十の 場面』, 五望書房, 1989.

3) 중국어

金宇鐘·崔書勉, 『安重根』, 遼寧民族出版社, 1994.

4) 러시아어

Б.Д.Пак, 『Возмездие На Харбинском Вокзале』, Москва-Иркутск, 1999.

4. 연구논문

1) 학위논문

김갑득, 「안중근에 관한 일연구: 국권회복운동과의 관련에서」, 이화여대 대학원 석사학위논문, 1975.
노형오, 「안중근 토마스의 포살에 대한 윤리학적 고찰: 신앙과 민족의식의 통합측면에서」, 인천 가톨릭대 대학원 석사학위논문, 2002.
백기인, 「안중근연구」, 한국정신문화연구원 한국학대학원 석사학위논문, 1994.
진병섭, 「한국 그리스도인 안중근의 이토 히로부미 저격에 관한 윤리신학적 성찰」, 광주가톨릭 대 대학원 석사학위 논문, 2005.
유미애, 「안중근의 '동양평화' 연구」, 국방대 석사학위논문, 2002.
이득규, 「안중근에 대한 한국 천주교회의 반응을 통해 바라본 교회의 국가와의 관계반성」, 대전 카톨릭대학원 석사학위논문, 2005.
이중기, 「신앙인 안중근과 그의 의거에 대한 교회의 이해」, 부산가톨릭대학교 대학원 석사학위 논문, 1999.
오태효, 「안중근의 교육사상연구」, 중앙대 교육대학원 석사학위논문, 1999.
신운용, 「안중근의 생애와 사상에 대한 일고-그의 군주관과 동양평화론을 중심으로」, 한국외 국어대학교 대학원 석사학위논문, 1993.
蓧原智子, 「일본에 있어서의 안중근 고찰: 안중근 지지 언설과 그 배경에 대해서」, 충남대학교

대학원 석사학위논문, 2005.

한규영, 「안중근의 평화사상 연구: '동양평화론'을 중심으로」, 공주대 교육대학원 석사학위논문, 2006.

최영재, 「안중근의사의 동양평화사상 일고: 동양평화론과 이의 교육적 접목을 중심으로」, 서울교대 교육대학원 석사학위논문, 2007.

2) 일반논문

(1) 한국어 논문

김길룡, 「동양평화론에 나타난 안중근의사의 미래지향 정신」, 『순국』 139호, 순국선열유족회, 2002.

김우종, 「안중근 동양평화론의 현실적 의의」, 『21세기와 동양평화론』, 국가보훈처, 1996.

김경태, 「안중근의거와 국내외 언론의 방향」, 『이해창선생회갑기념논문집』, 1976.

김유혁, 「안중근 동양평화론과 신동북아경제권 전망의 이념」, 『21세기와 동양평화론』, 국가보훈처, 1996.

김옥희, 「안중근의 자주독립운동과 동양평화사상」, 『安重根과 東洋平和論』, 안중근의사 순국 87주년기념국제학술회의, 여순순국선열기념재단, 1997.

김영숙, 「열렬한 반일 애국렬사 안중근의 생애와 그의 옥중 투쟁」, 『력사과학』 1965년 3호, 평양 사회과학원 력사연구소, 1965.

김흥수, 「안중근의 생애와 동양평화론」, 『논문집』, 공군사관학교, 2002.

김현철, 「개화기 한국인의 대외인식과 '동양평화구상'」, 『평화연구』 11, 고려대학교 평화연구소, 2002.

金 穎, 「근대 한국 반일 애국의병장 안중근」, 『安重根과 東洋平和論』(안중근의사순국 87주년기념 국제학술회의), 여순순국선열기념재단, 1997.

김호일, 「舊韓末 安重根의 '東洋平和論' 연구」, 『중앙사론』 10·11합집, 1998.

김창수, 「安重根義擧의 역사적 意義」, 『한국민족운동사연구』 30, 국학자료원, 2002.

김춘선, 「안중근의거에 대한 중국인의 인식」, 『한국근현대사연구』 33, 한국근현대사학회, 2005.

노길명, 「安重根의 信仰」, 『교회사연구』 9, 한국교회사연구소, 1994.

藤田義郎, 「안중근에 대한 일본의 인식」, 『21세기와 동양평화론』, 국가보훈처, 1996.

馬維頤, 「중국인 시각으로 보는 안중근」, 『21세기와 동양평화론』, 국가보훈처, 1996.

명순구, 「안중근과 이토 히로부미의 접점에 대한 법적평가」, 『인권과 정의』 5월호, 2004.

문정진, 「중국 근대소설과 安重根」, 『안중근연구의 기초』(안중근의사 의거 100주년기념연구논문집 2), 안중근의사기념사업회, 2009.

박보리스 보리소브나, 「안중근의사에 대한조선과 해외의 반응」, 『안중근연구의 기초』(안중근의사 의거 100주년기념연구논문집 2), 안중근의사기념사업회, 2009.

_____, 「안중근의사의 위업에 대한 러시아 신문들의 반응」, 『안중근연구의 기초』 (안중근의사 의거 100주년기념연구논문집 2), 안중근의사기념사업회, 2009.

박보리스, 「안중근의 위대한 업적」, 『安重根과 東洋平和論』, 여순순국선열 기념재단, 1997.

박성수, 「민족수난기의 기독교신앙: 安義士와 金九의 입교동기가 주는 교훈」, 『광장』 109, 세 계평화 교수협의회. 1982.

박종효, 「안중근의거에 관련된 러시아 문서」, 『21세기와 동양평화론』, 국가보훈처, 1996.

_____, 「안중근(安重根)의사의 하얼빈(哈爾賓)의거 진상(眞相)과 러시아의 대응」, 『安重根義 士의 偉業과 사상 再照明』, 안중근의사숭모회 · 안중근의사기념관, 2004.

박창희, 「안중근의 동양관과 아시아의 어제와 오늘」, 『안중근의사 연구의 어제와 오늘』, 안중근 의사기념관, 1993.

박 환, 「러시아 沿海州에서의 安重根」, 『한국민족운동사연구』 30, 국학자료원, 2002.

반병률, 「러시아에서의 안중근의 항일독립운동에 대한 재해석」, 『안중근의거의 국제적 영향』(광 복 64주년및개관22주년기념학술심포지엄), 독립기념관 한국독립운동사연구소, 2009.

변기찬, 「안중근의 신앙과 헌양에 대한 비교사적 검토」, 『교회사연구』 16, 한국교회사연구소, 2001.

楊國順 · 姜天明, 「안중근의사 의거의 민족사적 의의」, 『安重根과 東洋平和論』, 여순순국선열 기념재단, 1997.

山下靖田, 「안중근의 저격과 피격자」, 『21세기와 동양평화론』, 국가보훈처, 1996.

徐 勇, 「중국에서의 安重根 문제에 대한 반응과 인식」, 『안중근연구의 기초』(안중근의사 의거 100주년기념연구논문집 2), 안중근의사기념사업회, 2009.

石源華, 「일본군국주의 아시아 침략의 거듭되는 망언은 되풀이 돼서는 안 된다」, 『21세기와 동 양평화론』, 국가보훈처, 1996.

손염홍, 「안중근의거와 중국의 반제민족운동」, 『안중근의거의 국제적 영향』(광복 64주년및개관 22주년기념학술심포지엄), 독립기념관 한국독립운동사연구소, 2009.

신용하, 「安重根의 思想과 義兵運動」, 『韓國獨立運動史研究』, 을유문화사, 1985.

신운용, 「일제의 국외한인에 대한 사법권침탈과 안중근재판」, 『한국사연구』 146, 한국사연구회, 2009.

_____, 「안중근의거의 국제 정치적 배경과 의의」, 『역사문화연구』33, 한국외국어대학교 역사문 화연구소, 2009.

_____, 「안중근의 대일인식」, 『한국민족운동사연구』 60, 한국민족운동사학회, 2009.

_____, 「안중근에 관한 新聞자료의 연구」, 『안중근연구의 기초』(안중근의사 의거 100주년기념 연구논문집 2), 안중근의사기념사업회, 2009.

_____, 「안중근의 의병투쟁과 활동」, 『한국민족운동사연구』 54, 한국민족운동사학회, 2008.

_____, 「안중근의거에 대한 구외 한인사회의 인식과 반응」, 『한국독립운동사연구』 28, 한국민 족운동사학회, 2007.

_____, 「안중근의거에 대한 국내의 인식과 반응」, 『한국근현대사연구』 33, 한국근현대사학회,

2005.

_____, 「安重根의 東洋平和論과 伊藤博文의 極東平和論」, 『역사문화연구』 23, 한국외국어대학교 역사문화연구소, 2005.

_____, 「안중근의거의 사상적배경」, 『한국사상사학』 25, 한국사상사학회, 2005.

_____, 「露領韓人을 中心으로 본 安重根」, 『21世紀와 東洋平和論』, 국가보훈처·광복회, 1996.

신주백, 「한일역사교과서는 安重根을 어떻게 기술해 왔는가?(1945~2007)」, 『안중근연구의 기초』(안중근의사 의거 100주년기념연구논문집 2), 안중근의사기념사업회, 2009.

李 帆, 「안중근의거가 보여준 민족정신과 중국에 대한 영향」, 『안중근연구의 기초』(안중근의사 의거 100주년기념연구논문집 2), 안중근의사기념사업회, 2009.

윤경로, 「사상가 안중근의 생애와 활동」, 『한국근대사의 기독교사적 이해』, 역민사, 1992.

_____, 「안중근의거와 <동양평화론>의 현대적 해석」, 『안중근의거의 국제적 영향』(광복 64주년및개관22주년기념학술심포지엄), 독립기념관 한국독립운동사연구소, 2009.

윤병석, 「안중근의사의 하얼빈 의거와 '동양평화론'」 (1)·(2), 『순국』 166·167호, 2004.11~12, 순국 선열유족회.

_____, 「安重根의 沿海州 義兵運動과 同義斷指會」, 『한국독립운동사연구』 14, 한국독립운동사연구소, 2000.

_____, 「安重根의사 전기의 종합적 검토」, 『한국근현대사연구』 9, 1998.

윤선자, 「안중근의거에 대한 천주교의 인식」, 『한국근현대사연구』 33, 2005.

_____, 「안중근의 계몽운동」, 『한국근대사와 종교』, 국학자료원, 2002.

오영섭, 「안중근의 옥중 문필활동」, 『한국민족운동사연구』 55, 2008.

_____, 「안중근의 정치체제 구상」, 『한국독립운동사연구』 31, 2008.

_____, 「일제시기 안공근의 항일독립운동」, 『한국근현대사를 수놓은 인물들』(Ⅰ), 경인문화사, 2007.

_____, 「安泰勳(1862~1905)의 생애와 활동」, 『한국근현대사를 수놓은 인물들』(Ⅰ), 경인문화사, 2007.

_____, 「안중근 가문의 독립운동」, 『한국민족운동사연구』 30, 국학자료원, 2002.

이규수, 「안중근의거에 대한 일본 언론계의 인식」, 『안중근의거의 국제적 영향』(광복 64주년및개관22주년기념학술심포지엄), 독립기념관 한국독립운동사연구소, 2009.

이상일, 「안중근의거에 대한 각국의 동향과 신문논조」, 『한국민족운동사연구』 30, 국학자료원, 2002.

이태진, 「안중근-불의·불법을 쏜 의병장」, 『한국사시민강좌』 30, 2002.

林建彦, 「일본인이 본 안중근」, 『21세기와 동양평화론』, 국가보훈처, 1996.

송우혜, 「독립운동가 안정근의 생애」, 『한민족독립운동사논총』, 수촌박영석 교수화갑기념논총 간행위원회, 1992.

장석흥, 「안중근의거의 국제적 성격과 위상」, 『안중근의거의 국제적 영향』(광복 64주년및개관22

주년기념학술심포지엄), 독립기념관 한국독립운동사연구소, 2009.

_____, 「19세기말 安泰勳 書翰의 자료적 성격」, 『한국학논총』 26, 국민대학교, 2004.

_____, 「백범과 안중근집안의 인연과 독립운동」, 『백범과 민족운동』 2, 2004.

_____, 「안중근의 대일본의식과 하얼빈의거」, 『교회사연구』 16, 한국교회사연구소, 2001.

전달수, 「안중근 토마스의 신앙과 덕행」, 『교회사연구』 16, 2001.

조 광, 「안중근 연구의 현황과 과제」, 『한국근현대사연구』 12, 2000.

_____, 「安重根의 愛國啓蒙運動과 獨立戰爭」, 『교회사연구』 9, 1994.

조동걸, 「安重根義士 재판기록상의 인물 金斗星考」, 『韓國近現代史의 理想과 形象』, 푸른역사, 2001.

中野泰雄, 「평화의 사도 안중근과 동양평화」, 『安重根과 東洋平和論』, 여순순국선열기념재단, 1997.

차기진, 「安重根의 천주교 신앙과 그 영향」, 『교회사연구』 16, 2001.

최기영, 「안중근의 「동양평화론」」, 『한국근대계몽사상연구』, 일조각, 2003.

최이권, 「安重根義士의 生涯와 思想－正義感과 平和思想을 中心으로」, 『安重根義士의 生涯와 思想』, 안중근의사기념관, 1991.

최서면, 「安重根自傳攷」, 『靑坡盧道陽博士 古稀紀念文集』, 靑坡盧道陽博士 古稀紀念文集간행위원회, 1979.

_____, 「일본의 한국병합과 안중근의 동양평화론」, 『21세기와 동양평화론』, 국가보훈처, 1996.

최석우, 「安重根의 義擧와 教會의 反應」, 『교회사연구』 9, 1994.

한상권·김현영, 「안중근 공판기록 관련 자료에 대하여」, 『안중근과 이등박문 / 안중근자료집 편찬을 위한 기초연구』(안중근의사 의거 100주년 기념준비 제5회 학술대회), 안중근의사기념사업회, 2006.

한상권, 「안중근의거에 대한 미주 한인의 인식」, 『한국근현대사연구』 33, 2005.

_____, 「안중근의 하얼빈거사와 공판투쟁(1)~검찰관과의 논쟁을 중심으로」, 『역사와 현실』 54, 한국역사연구회, 2004.

_____, 「안중근의 하얼빈 거사와 공판투쟁(2)－외무성 관리·통감부 특파원의 신문과 불공정한 재판진행에 대한 투쟁을 중심으로」, 『덕성여자대학 논문집』 33, 2004.

_____, 「안중근의 국권회복운동과 정치사상」, 『한국독립운동사연구』 21, 한국독립운동사연구소, 2003.

한시준, 「안공근의 생애와 독립운동」, 『교회사연구』 15, 2000.

함동주, 「이토 히로부미」, 『역사비평』 39, 역사비평사, 1997.

현광호, 「안중근의 동양평화론과 그 성격」, 『아세아연구』 46, 고려대학교 아세아문제연구소, 2003.

홍순호, 「安重根의 東洋平和論」, 『교회사연구』 9, 1994.

황종렬, 「"안중근편 교리서"에 나타난 천·인·세계 이해」, 『안중근의 신앙과 사상』(안중근의사 의거 96주년 기념학술대회), 안중근의사기념사업회, 2005.

(2) 일본어 논문

姜德相, 「安重根の思想と行動」, 『朝鮮獨立運動の群像』, 靑林書店, 1984.

鈴木卓郎, 「義士安重根は生きている」, 『諸君!』11-12, 東京：文藝春秋社, 1979.

鹿野塚見, 「安重根無罪論」, 『安重根義士の生涯と思想』(殉國第81周忌追念國際學術 심포지엄 報告書), 1991.

朴慶植, 「安重根とその思想」, 東京： 未來社『未來』51號, 1970.

山岸一章, 「安重根と千円札」, 『民主文學』172, 新日本出版社, 1980.

山協重雄, 「安重根關係書類」, 『歷史敎育』4-2, 歷史敎育硏究會, 1956.

峠憲治, 「特別取材 伊藤博文暗殺者. 安重根の獄中記 暗殺の決意と當時の模樣をつづる」, 『歷史讀本』23-7, 新人物往來社, 1978.

市川正明, 「伊藤博文暗殺事件の槪要とその背景」, 『安重根と日韓關係史』, 原書房, 1979.

安宇植, 「安重根と長谷川海太郎」, 『季刊 三千里』9, 三千里社 1977.

_____, 「不發で終った皇后爆破事件 朝鮮テロリスト群像」, 『歷史讀本』23-7, 新人物往來社, 1978.

_____, 「伊藤博文の暗殺と安重根(カメラレポート)」, 『歷史讀本』23-7, 新人物往來, 1978.

_____, 「伊藤博文暗殺とその背景 狙擊者 安重根の行動と論理」, 『歷史讀本』18-3, 新人物往來社, 1973.

李文郁, 「安重根義士の人と思想」, 『今日の韓國』25, 大韓民國 文化公報部, 1978.

井田泉, 「安重根とキリスト敎」, 『キリスト敎學』26, 立敎大學キリスト敎學會, 1984.

中野泰雄, 「義兵參謀中將」, 『自由』10월호, 自由社, 1987.

_____, 「「歷史와 審判」補遺」, 『經濟學紀要』9-1, 細亞大學 經濟學會, 1983.

_____, 「安重根義士と東洋平和論」, 『安重根義士의 生涯와 思想』(殉國 第81周忌追念 國際學術심포지엄 報告書), 1991.

崔書勉, 「日本人がみた安重根義士」, 『韓』9-45, 1980.

崔永禧, 「歷史上からみた安重根義士」, 『韓』9-45, 1980.

橫山春一, 「安重根の畵幅と蘆花」, 『民友』, 1979.

(3) 중국어 논문

金宇鐘, 「安重根愛國精神的影響及其東洋平和思想」, 『安重根』, 遼寧民族出版社, 1994.

_____, 「在中國的安重根硏究和紀念活動」, 『中韓抗日愛國運動硏究論文集』1, 北京大學校 東北硏究所, 1999.

金裕赫, 「韓國人心目中的安重根」, 『安重根』, 遼寧民族出版社, 1994.

鹿野琢見, 「安重根無罪論」, 『安重根』, 遼寧民族出版社, 1994.

徐德根, 「安重根生涯簡介」, 『中韓抗日愛國運動硏究論文集』 1, 北京大學校 東北硏究所, 1999.

徐　勇,「論安重根抗日活動的意義及其在中國的影響」,『中韓抗日愛國運動研究論文集』 1, 北京大學校 東北研究所, 1999.

尹慶老,「思想家安重根的生活和活動」,『中韓抗日愛國運動研究論文集』 1, 北京大學校 東北研究所, 1999.

李　帆,「安重根在旅順」,『中韓抗日愛國運動研究論文集』 1, 北京大學校 東北研究所, 1999.

崔書勉,「安重根擧義的歷史背景及其教訓」,『安重根』, 遼寧民族出版社, 1994.

黃義敦,「韓國民族英雄安重根行刺伊藤博文始末」,『震檀風雲』, 民權文汕出版有限公司, 1971.

찾아보기

안중근과 한국근대사 차례